Renate Müller-

„Betrifft: Tod der ...

Dr. Renate Müller-Martens

Kulturwissenschaftlerin

Renate Müller-Martens

„Betrifft: Tod der Ehefrau"

Familienschicksal in zwei Weltkriegen

Bibliografische Information der Deutschen Nationalbibliothek:
Die Deutsche Nationalbibliothek verzeichnet diese Publikation in der Deutschen Nationalbibliografie; detaillierte bibliografische Daten sind im Internet über http://dnb.dnb.de abrufbar.

Die automatisierte Analyse des Werkes, um daraus Informationen insbesondere über Muster, Trends und Korrelationen gemäß §44b UrhG („Text und Data Mining") zu gewinnen, ist untersagt.

© 2024   Dr. Renate Müller-Martens

Verlag: BoD – Books on Demand GmbH, In de Tarpen 42, 22848 Norderstedt
Druck: Libri Plureos GmbH, Friedensallee 273, 22763 Hamburg

ISBN: 978-3-7597-1892-1

Inhaltsverzeichnis

Prolog	7
1. Teil: Stoppelkamps Heinrich	11
Meine Kinder, deine Kinder, unsere Kinder	13
Lehrjahre	20
Baugewerkschüler	26
Die Reifeprüfung	34
Bei den Hacketäuern	43
Der Weg in den Krieg	51
Im Kugelregen	59
„Lieber Bruder, schick mir Zigaretten"	72
2. Teil: Ein katholisches Mädchen	87
Kriegswirtschaft und Liebesgaben	89
Die Rationierung des Küssens	100
Eine schwierige Beziehung	111
Glaubensfragen und der Krieg als Tollerei	122
Zeit des Umbruchs	132
Lisbeths Opfer	143
Volksmission in Daseburg – Krawalle in Kassel	155
Ein Paar ohne Wohnung	171
3. Teil: Familie Heinrich und Elisabeth Müller	185
Von Eheglück, Kartoffelmangel und Personenzugsperren	187
„Ein Jeder sucht seinen eigenen Vorteil"	199
Hyperinflation	211
Eine neue Kamera, das eigene Haus und neue Nachbarn	222
Alltag und Politik in der Diaspora	232
Wenn alle gewählt hätten wie die Katholiken	242
4. Teil: Betrifft Tod der Ehefrau	257
Die katholischen Vereine und der Ärger mit der Hitlerjugend	259
Nach der Machtergreifung der Nationalsozialisten	270
Mitläufer, die sich widersetzen	282

Pogrome und ein makabrer Scherz	291
„Dieser Verbrecher, den Krieg verliert er"	302
Grenzen des Denkbaren und die Realität des Krieges	310
Briefe von Kassel nach Reval und von Greifswald nach Kassel	321
Die trauernde Madonna	334
5. Teil: Der Witwer und seine Söhne	345
Das Leben geht weiter	347
„Es sieht eben zur Zeit böse aus"	360
Kassels Innenstadt brennt	372
(Heinrich hat in der Reichsbahndirektion Brandwache)	
Das Ende trägt die Last	384
Zerstörte Städte, verlorene Schlachten, aber keine Kapitulation	398
Der Dienstzug nach Melsungen	410
Epilog	423
Abbildungen	425
Literatur	443
Zeitungen/Zeitungsartikel	450
Publizierte Primärquellen	451

Prolog

„Der Herr Müller ist für mich vom Charakter her ein ganz korrekter, pflichtbewusster Mensch gewesen. Er war vom Aussehen her ein schöner Mann. Als Mann stellte er was dar. Ist ein richtiger, waschechter, guter Mann gewesen. So hab ich ihn in Erinnerung. Frau Müller war eine zurückhaltende Frau, die versucht hat, manchen Streit unter uns Kindern zu schlichten. Sie war eher eine ruhige Person – sachlich und ausgleichend. So hab ich sie in Erinnerung."

Diese Beschreibung meiner Großeltern, die ich niemals kennengelernt habe, stammt von unserem Nachbarn Mathias Endrich, der zusammen mit meinem Vater in einem Doppelhaus in Kassel aufgewachsen ist. Mein Vater hingegen hat mir wenig von seinen Eltern erzählt. Viel präsenter waren für ihn die entsetzlichen Erinnerungen an seine Soldatenzeit. Eines hat sich mir jedoch mitgeteilt: Mein Großvater Heinrich Müller muss im totalitären Getriebe des Nationalsozialismus ein Querdenker gewesen sein, der 1942 seinen Arbeitgeber, die Deutsche Reichsbahn, der Mitschuld am Tod seiner Frau bezichtigte. Auf diesen Brief mit dem Betreff: *„Tod der Ehefrau durch Mitschuld der RBD"* hat die Reichsbahndirektion Kassel lediglich mit einem Verweis reagiert. Dieser Brief hätte damals vor dem Hintergrund des 2. Weltkriegs sehr viel üblere Sanktionen für den unglücklichen Witwer nach sich ziehen können.

Mein Bild vom unangepassten Großvater hat sich im Laufe der Familienrecherche etwas relativiert. Er war weniger rebellisch als gedacht, und seine Frau, meine Großmutter, hat wohl manchen Streit der Kinder untereinander geschlichtet. Sie selber aber scheute kein Wortgefecht, wenn es galt, ihren Standpunkt zu vertreten.

Meine Großeltern Heinrich und Lisbeth Müller, die aus Daseburg in Westfalen stammten und in Kassel lebten, gehörten zu den zahlreichen Familien, die vom 2. Weltkrieg sehr hart getroffen wurden. Von der fünfköpfigen Familie überlebten nur zwei Familienmitglieder: Mein Vater, Kurt Müller, und sein um elf Jahre jüngerer Bruder Erik. Das Doppelhaus der Familien Endrich und Müller überstand jedoch die Bombenangriffe auf Kassel, und damit blieb auch ein umfangreiches Familienarchiv erhalten, das Anlass und Basis der folgenden Familiengeschichte ist.

Das Doppelhaus, das mein Großvater zusammen mit seinem Nachbarn Walter Endrich bauen ließ, steht im Westen Kassels in der Nähe des Bahnhofs Wilhelmshöhe. Als meine Mutter 1948 kurz nach ihrer Hochzeit dort einzog, musste sie die ohnehin nicht sehr große Wohnung mit einer Familie teilen, die ausgebombt worden war und in diesem Haus eine Bleibe gefunden hatte. Meine Mutter richtete sich in zwei Zimmern ein, in denen, wie sie erzählte, die Möbel mehr übereinander als nebeneinander standen. „Ich habe alles an altem Krempel weggeschmissen, was mir in die Hände kam", sagte sie, „nur der alte Schreibtisch war für mich tabu." Ich kann mich genau daran erinnern, wie sie die rechte Tür dieses großen furnierbesetzten Möbels öffnete und mir eine alte Taschenuhr zeigte, die mit dem Ziffernblatt nach unten lag und auf ihrer silbernen Rückseite mit einem dunklen Fleck beschmutzt war. „Dein Großvater ist erschossen worden", so erzählte sie weiter, „das hier ist seine Taschenuhr, an der noch sein Blut klebt." Mir war diese abgegriffene Taschenuhr mit ihrer stumpfen Oberfläche unheimlich, meiner Mutter offensichtlich auch. Beide mochten wir dieses schaurige Relikt aus einer düsteren Vergangenheit nicht berühren, weder an diesem Tag noch in den folgenden Jahren. Wie ein Torwächter lag die alte Taschenuhr im Schreibtisch und gab seinem Inhalt etwas Unantastbares, fast Abgründiges.

Meine Mutter hat keineswegs alles aus dem Haushalt ihrer Schwiegereltern weggeworfen, im Gegenteil. Nach dem Tod meiner Eltern fanden meine Schwester und ich einen Nachlass von ungeahntem Umfang vor. Vom Hausbau waren alle Belege vorhanden: neben den Bauzeichnungen nicht nur die Handwerkerrechnungen, sondern sogar noch die Kostenvoranschläge. Daneben Rechnungen über diverse Anschaffungen meiner Großeltern, Arztrechnungen, Bankunterlagen, Zeugnisse und handschriftliche Lebensläufe von meinem Großvater und seinen Söhnen, amtliche Schreiben aller Art, private Notizbücher, Festzeitungen, die Unterlagen von einem Rechtsstreit, etliche Feldpostbriefe aus beiden Weltkriegen, die Liebesbriefe meiner Großeltern und nicht zuletzt ein umfangreiches Konvolut an Fotos, denn Heinrich Müller war Hobbyfotograf, und dies bereits seit dem 1. Weltkrieg.

Diese Dokumente zusammen mit den zahlreichen Interviews, zu denen sich Verwandte, Nachbarn und Freunde bereit erklärten, ließen mich in so manches Zeitfenster hineingleiten: Sie versetzten mich z. B. in die Nacht vom 22. auf den 23. Oktober 1943, als die Innenstadt Kassels unter den Brandbomben englischer Kampfflieger in Flammen aufging. In dieser Nacht saß der jüngste Sohn meiner Großeltern, Erik Müller, als achtjähriger Junge auf einem Dach in Daseburg und beobachtete das Inferno von weitem, während sein Vater als Brandwache in der Reichsbahndirektion Kassel Dienst hatte. Sie versetzten mich in den März 1934, als die Hitlerjugend einen Brandanschlag auf das Blockhaus der St. Georgs-Pfadfinder im Habichtswald bei Kassel verübte. Hiervon betroffen waren mein Vater und sein älterer Bruder Heinz, beide St. Georgs-Pfadfinder in Kassel. Sie versetzten mich an die West- und Ostfront im 1. Weltkrieg, von wo aus die Brüder meiner Großeltern in ihrer Feldpost, aller Zensur zum Trotz, ihren Unmut über einen nicht enden wollenden Krieg preisgaben.

Heinrich und Lisbeth Müller gehörten einer Generation an, die beide Weltkriege im Erwachsenenalter miterlebt hat. Ihre langjährige Liebesbeziehung verlief vor dem Hintergrund des 1. Weltkriegs und die junge Ehe wurde geprägt von der Wohnungsnot in Kassel in der Zeit unmittelbar nach dem Krieg.

Als der 2. Weltkrieg ausbrach, war Heinrich bereits zu alt für den Dienst an der Waffe. Stattdessen wurde er von der Reichsbahndirektion an die Ostfront nach Riga versetzt, allerdings nur für kurze Zeit, weil er sich verzweifelt und letztendlich auch mit Erfolg gegen diese Versetzung gewehrt hatte. Seine Korrespondenz mit der Reichsbahndirektion während dieser Zeit blieb erhalten ebenso wie die bizarren Feldpostbriefe seiner beiden ältesten Söhne aus Frankreich, Russland und der Ukraine.

Der unvermeidbar große Anteil der Kriegserlebnisse in der Vita meiner Großeltern und die wechselhaften 21 Jahre zwischen den beiden Weltkriegen werden von einem Leitfaden durchzogen, der alle Lebensbereiche berührt, das Verhältnis von Heinrich und Lisbeth zueinander, die Wahl des Freundeskreises, die politisch-weltanschaulichen Standpunkte und nicht zuletzt ihr Verhältnis zum Nationalsozialismus. Gemeint ist die katholische Gläubigkeit meiner Großeltern: die kirchentreue Frömmigkeit meiner Großmutter und der liberale Katholizismus meines Großvaters.

Im Nachlass sind die Spuren ihrer Religiosität unübersehbar. Heiligenbilder, ein Rosenkranz, Andachtsbücher, die Fotos von Priestern, von drei Missionaren, die mit Heinrich verwandt waren, von zwei Nonnen, die mit Lisbeth befreundet waren, geben einen Einblick in die Lebenswelt des Ehepaares, vermitteln einen Eindruck von ihrer Gesinnung und ihrem sozialen Umfeld. Ich legte die Fotos der Patres und Nonnen meinem Onkel Erik Müller vor. Nicht alle Personen konnte er identifizieren. „Aber man sieht aus den Bildern hier, das war eine ziemlich katholische Angelegenheit", meinte er.

Vor Jahren beschrieb mir mein Vater die Szenarien im Wohn- und Esszimmer seiner Eltern: „Du glaubst nicht, was bei uns los war", erzählte er, „deine Großeltern waren gläubige Katholiken. Bei uns saßen die Patres am Mittagstisch, die ganze Seite runter wie Hühner auf der Stange." Er erzählte mir auch, warum die Wohnung meiner Großeltern Anziehungspunkt für die jungen Geistlichen war. Heinrich und Lisbeth hatten während des Krieges den in der Nähe stationierten Patres einen Kleiderschrank zur Verfügung gestellt, in dem die Zivilkleidung und die Soutanen der jungen Männer hingen. Grund für diese Aktion war der Wunsch der Patres, ihre ungeliebte Wehrmachtsuniform abzulegen und wenigstens in ihrer Freizeit dem Uniformzwang zu entgehen.

Von den zahlreichen Menschen, die den Lebensweg meiner Großeltern begleiteten, soll nur der engste Kreis namentlich erwähnt werden. Die Namen der Verwandten, Freunde und Nachbarn meiner Großeltern habe ich anonymisiert. Auch können aus Platz- und Datenschutzgründen nicht alle Fotos, die als Quelle dienen, veröffentlicht werden.

Die Familiengeschichte, in deren Mittelpunkt Heinrich und Lisbeth stehen, hätte in dieser Form nicht geschrieben werden können ohne die Gedächtnisleistung und das freundliche Entgegenkommen meiner Interviewpartnerinnen und Interviewpartner. Manche von ihnen leben nicht mehr. Den noch Lebenden sei an dieser Stelle herzlich gedankt. Mein Dank gilt auch denjenigen, die mich bei meinem Buchprojekt unterstützt haben als interessierte Gesprächspartner und durch sorgfältiges Korrekturlesen.

1. Teil: Stoppelkamps Heinrich

Meine Kinder, deine Kinder, unsere Kinder

Das westfälische Daseburg liegt 40 km nordwestlich von Kassel am Fuße des Desenbergs, der mit seiner Kegelform aussieht wie ein Vulkan. Als einzige auffällige Erhöhung inmitten einer flachen Ackerlandschaft erhebt sich der kleine Berg mit seiner Burgruine wie eine märchenhafte Erscheinung an der Straße zwischen Warburg und Daseburg.

Am 31. August 1891 ereignete sich in einer Scheune Daseburgs ein schwerer Unfall. Beim Versuch, eine Dreschmaschine genau waagerecht zu positionieren, war der Maurer und Maschinist Josef Müller zwischen das schwere Gefährt und die Scheunenwand geraten. Er starb noch am Unfallort, wie Dorfchronik und Kirchenbuch berichten, abends gegen 7 Uhr.

Josef Müller hinterließ seinen einjährigen Sohn Heinrich und seine Ehefrau Emilia Müller, geb. Stoppelkamp, die, als der Unfall passierte, im dritten Monat schwanger war. Die Witwe gebar gut ein halbes Jahr später am 13. Februar 1892 ihren zweiten Sohn, den sie nach ihrem verstorbenen Mann Josef nannte. Die wenigen Familiennamen und die begrenzte Auswahl an üblichen Eigennamen führten dazu, dass es in der kleinen Gemeinde Daseburg mehrere Heinrich und Josef Müllers gab. Aus diesem Grund versah man die beiden Knaben mit dem Mädchennamen ihrer Mutter und nannte sie im Dorf Stoppelkamps Heinrich und Stoppelkamps Josef.

Ebenfalls im Jahr 1892 am 24. August wurde in einem Daseburger Bauernhaus ein Mädchen geboren, das den Taufnamen Auguste Elisabeth Wienholt erhielt. Nach der Taufe der kleinen Auguste Elisabeth kam das Ehepaar Wienholt seiner Bürgerpflicht nach und suchte den Standesbeamten des Dorfes auf. Der zweite Vorname ihrer Tochter, Elisabeth, sollte der Rufname des Mädchens werden, so hatten sie entschieden. Dem Standesbeamten, wahrscheinlich ein mit den entsprechenden Befugnissen betrauter Bauer oder Händler, unterlief an diesem Tag jedoch ein Fehler, der noch zwei Generationen später die Phantasie der Einheimischen anregt, wenn man sie zu diesem Thema befragt: Es war in Daseburg und nicht nur dort üblich, die Geburt eines Kindes in der Stube des Standesbeamten mit hochprozentigem Schnaps zu begießen. So manches falsche Geburtsdatum soll seine Ursache in diesem Brauch haben. Wie auch immer es geschehen ist, der im Kirchenbuch eingetragene zweite Vorname Elisabeth, der eigentliche Rufname des Kindes, wurde vom Standesbeamten nicht aufgezeichnet. Das Mädchen, das im Dorf nur als Lisbeth bekannt war, hieß somit offiziell Auguste.

Lisbeth Wienholt und Heinrich Müller (Stoppelkamps Heinrich) wurden in unterschiedliche soziale Verhältnisse hineingeboren unabhängig von dem schweren Unglück, das der jungen Witwe Emilia Müller widerfahren war und den materiellen Folgen, die der Unfall ihres Mannes nach sich zog. Daseburg ist früher eigentlich eine Zweiklassengesellschaft gewesen, so berichten die Einheimischen: Auf der einen Seite die Bauern, die von den Erträgen ihres Vieh- und Landbesitzes leben konnten, sogar in der Regel gut leben konnten, weil der Boden der Warburger Börde fruchtbar war, und auf der anderen Seite die ländlichen Handwerker und Tagelöhner, die auf Lohnarbeit angewiesen waren, aber in den meisten Fällen auch über ein kleines Stück Ackerland oder zumindest über einen Gemüsegarten verfügten.

Nicht alle Mitglieder der damals kinderreichen Familien fanden in Daseburg ihr Auskommen. Die ländliche Unterschicht zog es in die Fabriken des Ruhrgebietes, wo sie mehr verdienten als die Landarbeiter im Heimatdorf, und die Bauernsöhne suchten in den Nachbargemeinden eine Anstellung in Gewerbe und Landwirtschaft oder waren in den Städten als Händler tätig, je nach Startkapital und der Möglichkeit, in ein Geschäft einzuheiraten.

Derartige Perspektiven boten sich der Witwe Emilia, geb. Stoppelkamp nicht. Als Mutter von einem Säugling und einem Kleinkind hätte sie in Daseburg eventuell als Hebamme oder Schneiderin arbeiten können. Es fehlte ihr aber die entsprechende Ausbildung. Ein glücklicher Umstand war, dass die Güter in der Nähe Daseburgs, vor allem im Sommer und im Herbst, Saisonarbeiter suchten. Sie wird also zusammen mit anderen Tagelöhnerinnen Rüben gehackt und Kartoffeln ausgegraben haben, gelegentlich nach ihren Söhnen schauend, wenn der Jüngere in seinem Körbchen schrie oder der Ältere sich gar zu weit aus ihrem Gesichtsfeld entfernt hatte. Wenn sie dann abends müde nach Hause kam, musste ihre Ziege gemolken und das Schwein gefüttert werden, der Säugling verlangte nach ihrer Brust und der kleine Heinrich forderte ihre Aufmerksamkeit. Aus der frühen Kindheit der Brüder Heinrich und Josef Müller, genannt Stoppelkamp, sind im Nachlass nur die Impfscheine überliefert worden. Man muss seine Phantasie jedoch nicht allzu sehr anstrengen, um zu ermessen, in welcher Situation sich die junge Witwe befand.

Emilia wohnte in ihrem Elternhaus, einem kleinen Fachwerkhäuschen, zu dem ein Garten gehörte. Sie verfügte also neben einer kleinen Invalidenrente über einen bescheidenen Besitz. Da aber ihre Eltern bereits vor der Geburt von Heinrich gestorben waren und ihre Geschwister Daseburg verlassen hatten, erhielt sie nicht die Unterstützung der nächsten Verwandten, auf die sie unter günstigeren Umständen ganz selbstverständlich hätte zählen können. Die kleine Rente ernährte keine Familie, sie verhinderte aber die Armenunterstützung aus der Gemeindekasse. Die Mutter von zwei Kleinkindern, zwischen denen der Altersunterschied noch nicht einmal zwei Jahre betrug, musste also arbeiten, um ihre Familie zu ernähren.

Emilias Leben war beschwerlich, sicher auch leidvoll, aber zu bewältigen vor dem Hintergrund von Nachbarschaftshilfe und der Unterstützung durch die Familie ihres Mannes. Mit Bedacht hatte die junge Witwe den Paten für ihren zweiten Sohn Josef gewählt. Es war August Müller, der jüngere Bruder ihres verstorbenen Mannes. August Müller wurde später, als Emilia nach einer zwölfjährigen Witwenschaft zum zweiten Mal heiratete, auch der Vormund von Heinrich und Josef. Er übernahm gegenüber seinen Neffen die Position des Vaters und hatte zu ihnen Zeit seines Lebens ein enges Verhältnis.

Emilia wird die Unterstützung durch ihren Schwager gebraucht haben, spätestens als offenkundig wurde, dass einer ihrer Mieter, mit denen sie ihr kleines Häuschen teilte, Alkoholiker war. Von ihm hieß es, dass er in die USA auswandern wollte, seine Absicht aber aufgab, nachdem er erfuhr, dass man in Amerika keinen Schnaps trinken durfte. Sein Haus war abgebrannt, sein Land hatte er verkauft. Nachdem er ein Jahr bei Emilia zur Miete gewohnt hatte, setzte sie ihn vor die Tür, mit oder ohne Hilfe von ihrem Schwager.

Mit Sicherheit haben Heinrich und Josef die Belastung, der ihre Mutter ausgesetzt war, gespürt. Ihre Kindheit verlief aber prinzipiell nicht anders als diejenige der besser gestellten Kinder im Dorf. Sie wurden mitgenommen aufs Feld, lagen auf dem Strohballen, während ihre Mutter die Kühe melkte, krabbelten im Garten umher, während sie im Gemüsebeet arbeitete, wurden ebenso wie die anderen Kleinkinder im Dorf kaum betreut, aber auch wenig kontrolliert. Nachdem die Brüder laufen und sprechen gelernt hatten, mischten sie sich unter die Kinderscharen, die in der Nachbarschaft, auf den Straßen und im nahe gelegenen Wäldchen unterwegs waren. Trotz allem jungenhaften Übermut waren beide friedvolle Naturen. Schnell lernten sie, dass man mit Verträglichkeit am weitesten kommt und die engsten Verwandten zusammenhalten müssen, vor allem zwei Brüder.

Auguste Elisabeth Wienholt wuchs in einer Familie auf, die zwar nicht zu den Großbauern des Dorfes gehörte, die aber durch ihren Landbesitz über eine gewisse materielle Sicherheit verfügte. Auch diese Familie wurde von den damals fast unvermeidlichen Schicksalsschlägen heimgesucht. Lisbeths Vater hatte zwei Mal geheiratet. Seine erste Frau gebar elf Kinder, von denen fünf das Erwachsenenalter nicht erreichten. Sie selbst starb im Wochenbett nach der Geburt ihres elften Kindes, einem Mädchen, das von ihrem Bruder, also dem Onkel des Kindes, adoptiert wurde. Der Witwer und Vater von fünf auf dem Hof verbleibenden Kindern heiratete kurz nach Ablauf des Trauerjahrs die 25jährige Theresa, die Mutter von Auguste Elisabeth. Lisbeth war das drittgeborene Kind ihrer Mutter. Sie hatte neben den fünf Halbgeschwistern aus der ersten Ehe ihres Vaters drei Brüder und eine ältere Schwester. Als Lisbeth sechs Jahre alt war, starb ihr Vater an einer Lungenentzündung, als sie neun Jahre alt war, erkrankte ihre ältere Schwester tödlich an Diphtherie.

Lisbeth blieb in der neunköpfigen Geschwisterschar die einzige leibliche Tochter der Witwe Theresa, eine Position, die sie zur Vertrauten und Stütze ihrer Mutter machte. Manchmal gab es morgens vor dem Aufstehen etwas zu besprechen zwischen Mutter und Tochter. Dann trippelte Lisbeth in die ungeheizte, im Winter bitter kalte Kammer ihrer Mutter und legte sich zu ihr ins Bett. Diese Nähe zum weiblichen Familienvorstand musste sie weder mit der um zehn Jahre älteren Halbschwester noch, zumindest in späteren Jahren, mit ihren beiden nachgeborenen Brüdern teilen.

In Daseburg Kind zu sein bedeutete, in ein durch und durch katholisches Umfeld hineinzuwachsen. Der Glaube an die göttliche Dreifaltigkeit, an die Versuchung durch den Teufel und an die liebevolle Unterstützung durch die Madonna und die Heiligen war nicht nur Teil sondern Basis des Lebens. Früh morgens noch vor dem Morgengebet fiel der erste Blick der Menschen auf die Heiligenbilder und das Kruzifix an der Wand. Abends nach getaner Arbeit oder in den Wintermonaten, in denen die Feldarbeit entfiel, nutzte die Landbevölkerung ihre kostbare Muße, um im Kreis der Familie den Rosenkranz zu beten. Sonntags fand sich die Gemeinde zwei Mal in der Kirche ein, vormittags zur heiligen Messe und nachmittags zur Andacht.

Auch der Jahresablauf wurde von kirchlichen Ritualen begleitet. Am Palmsonntag steckten die Dorfbewohner gesegnete Zweige in die Felder. Für die Prozession zu Ehren des heiligen Alexanders, des Kirchenpatrons, wurden körbeweise Blüten zusammengetragen und zu einem

Teppich ausgelegt, an dem die Gemeinde, angeführt von der Musikkapelle, dem Priester und seinen Messdienern, vorbeizog. Ebenso wie die Prozessionen waren auch die Wallfahrten eine gemeinschaftliche Demonstration katholischer Gläubigkeit, auch wenn sie nicht weiter als bis in das benachbarte Kleinenberg führten.

Für die schulpflichtigen Kinder begann der Tag mit einem Gottesdienst, nach dessen Zelebrierung Lehrer und Klasse zum Schulgebäude aufbrachen, wo dann vor dem Unterricht noch einmal gebetet wurde. Fast jedes Kind übernahm kirchliche Aufgaben bzw. Funktionen innerhalb der kirchlichen Rituale, manche Jungen als Messdiener, fast alle Mädchen als Engelchen. Jedem Kommunionkind, ob Junge oder Mädchen, war ein Engelchen zugeteilt, entweder eine kleine Schwester oder Cousine, die weiß gekleidet und mit einem weißen Blütenkranz auf dem Kopf für das Kommunionkind Blumen streute. Da Geburtstage nicht gefeiert wurden, sondern Namenstage, um die damals nicht allzu viel Aufhebens gemacht wurde, war der herausragende Moment im Leben eines Kindes bzw. eines Heranwachsenden die Erstkommunion, zumal dieses Fest zur Jugendzeit meiner Großeltern erst im Alter von vierzehn an der Schwelle zum Erwachsenenalter stattfand.

Die Mädchen waren an diesem Tag wie Bräute gekleidet, also, wie damals üblich, mit einem schwarzen Kleid und einem Myrtenkranz, aber ohne Schleier. Im Bewusstsein der Aufmerksamkeit, die ihnen an diesem Tag zuteilwurde, und natürlich auch in tief empfundener Gläubigkeit zogen die „Kommunianden" mit ihren Engelchen in die Kirche.

Man kann davon ausgehen, dass Heinrich und Lisbeth einander bereits als Kinder kannten. Zwar war Daseburg mit seinen ca. 1000 Einwohnerinnen und Einwohnern, verteilt auf 164 Häuser, für ein Kind unüberschaubar, Heinrich und Lisbeth besuchten aber gemeinsam die einzige Schule am Ort. Das kleine Daseburger Schulgebäude beherbergte die Wohnräume für das Lehrpersonal, bestehend aus einem Lehrer, der dort mit seiner Familie wohnte, und einer, wie damals üblich, unverheirateten Lehrerin, dem „Fräulein Lehrerin", wie sie in der Daseburger Schulchronik[1] genannt wird. Für die Schüler, deren Zahl um 1900 hundertneunzig Jungen und Mädchen betrug, standen nur zwei Klassenzimmer zur Verfügung, ein Unterrichtsraum für die Jungen und einer für die Mädchen. Die logistischen Probleme, die sich aus diesen beengten Verhältnissen ergaben, wurden durch die Zusammenlegung verschiedener Jahrgänge

---

[1] Schulchronik Daseburg, unveröffentlicht.

in eine „Unterklasse" und eine „Oberklasse" gelöst, wobei die unteren Jahrgänge vormittags unterrichtet wurden und die älteren nachmittags bzw. umgekehrt.

Nach dem Unterricht trafen sich Jungen und Mädchen im Rahmen familiärer und verwandtschaftlicher Geselligkeit, wozu z. B. Verlobungen und Hochzeiten den Anlass gaben. Auch die Schützenfeste boten eine Gelegenheit, einander näher kennen zu lernen. Selbstverständlich wurden die Schützenfeste von einem Gottesdienst eingeleitet. Dann folgten während der zweitägigen Feierlichkeiten Umzüge mit dem alten und dem neuen Schützenkönig und schließlich auch eine Tanzveranstaltung, deren fester Bestandteil die Polonaise war. Jungen und Mädchen, die beim Schützenfest zueinander gefunden hatten, tauschten im Verborgenen Vertraulichkeiten aus und vielleicht auch einmal einen Kuss. Weitere Intimitäten ohne das Sakrament der Ehe waren verpönt. Dies war ehernes Gesetz.

Heinrich dürfte etwa zwölf Jahre alt gewesen sein, als er bemerkte, dass seine Mutter sich nicht an dieses Gesetz hielt. In die vertraute Dreiecksbeziehung zwischen ihm, seiner Mutter und seinem Bruder Josef war der Schneidermeister Gustav Zabel eingedrungen, ein schlanker Mann mit einem passablen Gesicht und einer auffällig breiten Stirn. Im April 1902 hatte dieser an die Küchentür des Stoppelkampschen Hauses geklopft und mit verhaltener Verzweiflung erklärt, dass sich der Zustand seiner kranken Frau, Emilias bester Freundin, verschlechtert hätte und er nicht in der Lage sei, allein die nächtliche Pflege zu übernehmen. Emilia bezog Quartier im Haus von Gustav Zabel, pflegte ihre Freundin, versorgte die Kinder des Paares, kümmerte sich um den unglücklichen Schneider und nahm am Ende vielleicht sogar die Bitte der Sterbenden entgegen, nach deren Tod die Stelle der Ehefrau und Mutter in der Familie Zabel einzunehmen.

Dass Emilia nach dem Tod ihrer Freundin im Haus des Witwers wohnen blieb, soll nicht nur Heinrich unangenehm aufgefallen sein. Angeblich forderte der Dorfpfarrer die beiden Verwitweten auf, noch vor dem Ablauf des Trauerjahrs, in dem sich Gustav Zabel befand, zu heiraten. Wahrscheinlicher ist aber, dass Emilia den Pfarrer um eine baldige Trauung angefleht haben wird, weil sie die ersten Zeichen einer erneuten Schwangerschaft spürte.

Nach der Hochzeit verkaufte Emilia ihr Häuschen und zog mit ihren beiden Söhnen zu ihrem Mann. Laut mündlicher Überlieferung hatte sie als Ehefrau des Schneidermeisters Zabel zunächst einen schweren Stand.

Mit der Verheiratung verlor sie den Anspruch auf ihre Rente und Gustav schien durch die lange Krankheit seiner ersten Frau vergessen zu haben, dass er Schneider war. Sie musste ihn also dazu bewegen, wieder seinem erlernten Handwerk nachzugehen. Emilia soll ihn angeherrscht haben: „Du musst nicht die ganze Zeit um mich herum sein. Ich brauche deine Hilfe nicht. Da drüben ist dein Nähzeug und da gehst du jetzt hin!" - So wurde es mir erzählt.

Sechs Monate nach der Hochzeit von Emilia und Gustav Zabel wurde ihr gemeinsamer Sohn geboren. Durch die um drei Monate zu frühe Geburt wurde offensichtlich, dass sich das Paar die Intimität des Ehelebens gegönnt hatte, ohne den Segen der Kirche abzuwarten. Wie bereits erwähnt wurde im streng katholischen Daseburg ein solches Verhalten missbilligt. Allerdings dürfte auch bekannt gewesen sein, dass vor allem Emilia, aber auch Gustav harte Zeiten voller Entbehrungen erduldet hatten.

Mit der zweiten Eheschließung gab Emilia die Vormundschaft für Heinrich und Josef ab. Um die Interessen der beiden zu wahren, übernahm ihr Schwager August Müller, der jüngere Bruder ihres ersten Mannes und Patenonkel von Josef, die Vormundschaft für die Brüder. Die Jungen hatten seit langem in diesem Onkel einen Vaterersatz gefunden, einen Stiefvater brauchten sie nach ihrer Ansicht nicht und auch nicht die vier Stiefgeschwister, die Gustav Zabel in die Ehe brachte.

„Meine Kinder, deine Kinder, unsere Kinder", meinte mein Vater schmunzelnd, als er mir von den Verhältnissen in der Familie meines Großvaters erzählte. Witwer und Witwen, die zum zweiten Mal heirateten, versorgten ihre eigenen Kinder manchmal mit Stiefgeschwistern und schließlich auch mit Halbgeschwistern. Dass diese Familien mit Kindern aus drei Ehen gelegentlich vorkamen, resultierte im damaligen katholischen Milieu natürlich nicht aus Scheidungen, sondern aus der niedrigen Lebenserwartung und der Notwendigkeit oder dem Wunsch des zurückgebliebenen Ehegatten sich wieder zu verheiraten.

Heinrich hatte als erwachsener Mann ein gutes Verhältnis zu seinem Stiefvater und zu seinen Stiefgeschwistern. Er brauchte allerdings Jahre, um sich an die veränderte Situation zu gewöhnen. Als Heinrich während seiner Zeit als Maurergeselle die ersten Ansichtskarten an Gustav Zabel schreibt, vermeidet er eine persönliche Anrede. Erst die späteren Briefe, die er als junger Mann verfasste, versieht er mit der Anrede „lieber Vater".

Lehrjahre

Meine Großmutter Lisbeth wuchs in einem Bauernhaus auf, das inzwischen nicht mehr existiert, weil es einer neuen Straße weichen musste. Fotos und mündliche Überlieferung vermitteln jedoch ein detailreiches Bild von dem alten Bauernhof. Lisbeths Elternhaus soll zunächst im nordhessischen Wrexen gestanden haben. Dort ließen Lisbeths Großeltern das Gebäude abbauen, nachdem sie es günstig gekauft hatten. In seine Einzelteile zerlegt wurde der Fachwerkbau nach Daseburg transportiert und dort wieder aufgebaut. Ähnlich verfahren Freilichtmuseen, wenn sie ein altes Bauernhaus in ihren Bestand aufnehmen. Der Grund, weswegen sich Lisbeths Großeltern für diesen Weg entschieden haben, war jedoch eine Notlage. 1854 wurde ihr altes Haus Opfer eines Brandanschlages.[2] Schnell musste eine andere Bleibe gefunden werden, die erschwinglich war. Ein Neubau kam wegen der damaligen hohen Materialkosten offensichtlich nicht in Frage.

Im Laufe der Zeit erhielt das Bauernhaus weitere Nebengebäude, die direkt an das Hauptgebäude anschlossen. Zusammengenommen bildeten die Wohn- und Wirtschaftsgebäude einen Dreiseithof, der von der Straße aus gesehen nach links geöffnet war. Der an der Straße gelegene Komplex der Hofanlage bestand links aus dem Wohntrakt, rechts aus dem vorderen Teil des Wirtschaftsgebäudes, in das ein großes Einfahrtstor führte. Den hinteren Arm des Dreiseithofs bildeten der Kuhstall und der Pferdestall. Verbunden wurden der vordere und der hintere Trakt auf der rechten Seite durch das Wirtschaftsgebäude, in dem sich vorne die Diele und die Waschküche und hinten der Schweinestall befanden. Außen hatte man einen kleinen Schafstall angebaut, der nur wenigen Tieren Platz bot und später nur noch als Abstellraum genutzt wurde.

Der Wohnbereich war zweigeschossig und unterkellert. Ihn schmückte eine Rosenlaube direkt vor der Eingangstür. Der am häufigsten frequentierte Eingang in diesen Gebäudekomplex war aber das Einfahrtstor, das auf die große Diele führte, von der aus fast alle wichtigen Bereiche der Hofanlage zu erreichen waren. Eingelassen in das große Einfahrtstor war eine zweiteilige Tür, um den Bewohnern den Weg zu Fuß in die Gebäude zu erleichtern (siehe Skizze und Foto).

---

[2] Dorfchronik Daseburg, unveröffentlicht.

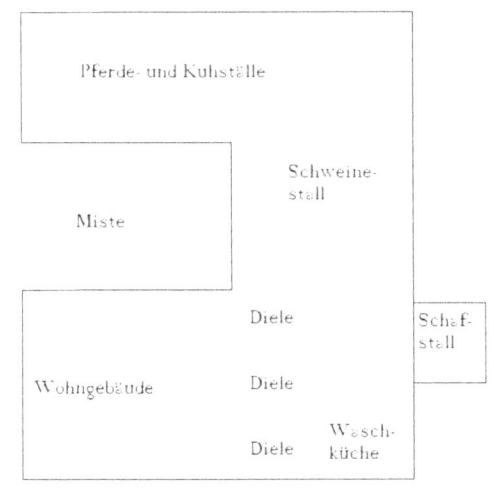

```
                    Pferde- und Kuhställe


                                    Schweine-
                                      stall
       Miste


                            Diele
                                          Schaf-
                                          stall
                            Diele
    Wohngebäude

                                   Wasch-
                            Diele   küche

                          STRASSE
```

Hofanlage von der Straße aus gesehen, Foto 1930er Jahre

Über der Diele befand sich der Heuboden, über dem Kuh- und Pferdestall wurde Stroh gelagert und über dem Schweinestall fand das gedroschene Korn seinen Platz.

Der dreiseitige Gebäudekomplex umschloss einen kleinen Innenhof, in dem der Mist aufgeschüttet wurde. Da die beiden Küchenfenster zum Innenhof zeigten, waren die Ausdünstungen des Viehs allgegenwärtig. Da half es auch nichts, dass man Wohnhaus und Ställe durch Wände voneinander getrennt hatte. Das Plumpsklo befand sich im Schweinestall. Wollte man zum Plumpsklo, ohne, z. B. bei Regenwetter, den Hof zu überqueren, führte der Weg über die Diele, vorbei an der Waschküche und der Kutsche in den Schweinestall.

Die Versorgung des Viehs war Aufgabe der Frauen und Mädchen. Jeden Morgen, gleichgültig ob an Werktagen, Sonn- oder Feiertagen wurden die Kühe von den Töchtern oder den Mägden des Hauses gemolken. Ich stelle mir meine jugendliche Großmutter vor, wie sie auf einem dreibeinigen Schemel vor dem Euter einer Kuh saß und schimpfte, wenn diese, gequält von den vielen Fliegen, ihr die Schwanzquaste ins Gesicht schlug. Vielleicht ist sie dann aufgestanden und hat den Schwanz an einem Hinterbein der Kuh festgebunden. Auf jeden Fall hatten ihre Kleider nach einer Stunde Arbeit im Stall den Geruch von Mist angenommen. Mathilda, die Nichte meiner Großmutter, die ebenfalls im Wienholtschen Haus aufgewachsen war, erzählte mir, dass sie sich als Kind jeden Sonntag mehrere Male umziehen musste: für die Stallarbeit, für den morgendlichen Kirchgang, für die Andacht und für andere Gelegenheiten. Dies betrifft die 30er Jahre des letzten Jahrhunderts. Gebadet wurde zu ihrer Zeit und wahrscheinlich auch zur Zeit meiner Großmutter in der Waschküche, in der auch das Viehfutter gemischt und gekocht wurde. Wieder stelle ich mir meine jugendliche Großmutter vor, wie sie in der Wanne kauerte zwischen diversen Gefäßen in einem düsteren Raum, der damals anstelle des Fensters nur eine kleine Luke besaß, den Blick scheu an die Zimmerdecke geheftet – „Gottes wachsames Auge blickt überall auf dich", so hatte der Pfarrer noch vor kurzem die Gemeinde gemahnt. „Ob Gott und die Heiligen mich auch jetzt sehen, wo ich nackt in der Wanne sitze", könnte sich das streng erzogene Mädchen gefragt haben.

Im Alter von vierzehn Jahren wird sie so manches Mal unglücklich in den Spiegel geschaut haben. Rote Haare und Sommersprossen galten damals als unschön. Zu ihrem Unglück hatte sie rotbraune Haare und ihre helle Haut war übersät mit Sommersprossen. Diese Makel wogen umso schwerer als ihre Freundin Sophia in sehr jungen Jahren eine kleine

Schönheit war. Die Tochter eines Großbauern aus der Nachbarschaft hatte einen Bruder, der in Dortmund als Augenarzt arbeitete. Als sie ihn in Dortmund besuchte, ging er mit ihr zu einem Fotografen. Wenn irgendetwas verdiente fotografiert zu werden, dann das Engelsgesicht seiner kleinen Schwester (Abb. 1). Sophia band ihr volles Haar nach oben und flocht es dann zu einem einzigen Zopf. Lisbeth versteckte ihre Haare in einem Knoten.

Sophias Schönheit verschwand bereits nach der Pubertät. Ihr Gesicht wurde breiter und gedrungener, während Lisbeths Aussehen, dies zeigen die ersten im Atelier aufgenommenen Jugendfotos, sich recht vorteilhaft entwickelte (Abb. 2). Die Dritte im Freundschaftsbund war Johanna, ebenfalls Tochter eines Bauern. An ihr hing Lisbeth besonders. Während Sophia zuweilen aufbrausend reagieren konnte, war Johanna verträglich und harmoniebedürftig.

Die drei fast gleichaltrigen Mädchen besuchten einander gegenseitig. Die Holzlaube unmittelbar vor der Eingangstür des Wienholtschen Wohnhauses bot einen schattigen Platz zum Verweilen. An warmen Sommerabenden saßen die Mädchen dort zusammen unter der roten Kletterrose und plauderten oder sangen Lieder. In ihren Briefen erwähnt meine Großmutter, dass sie mit ihren Freundinnen im nahe gelegenen Tannenwäldchen spazieren gegangen sei. Dort, weit weg vom Staub der Scheune und dem Mistgeruch der Ställe werden sie über Alltägliches gesprochen haben, z. B., was von der dritten Lehrkraft, die vor kurzem für die Dorfschule eingestellt worden war, zu halten sei, dass der Bau eines zweiten Schulgebäudes geplant würde und natürlich welcher Junge zu welchem Mädchen ging.

„Wie geht es Ursula?" Diese Frage wird 1906 als die Mädchen vierzehn Jahre alt waren, drängend gewesen sein. Ursula, die älteste Schwester Sophias war eine ambitionierte junge Frau. Ihren Wunsch, Lehrerin zu werden, hatte sie mit Rücksicht auf ihre Mutter, die ihre Hilfe im Haushalt brauchte, aufgegeben. Schließlich verliebte sie sich und ging eine, wahrscheinlich platonische, Beziehung ein, die jedoch scheiterte. Die verzweifelte junge Frau wählte den einzigen im katholischen Gebiet akzeptierten Ausweg aus einer hoffnungslos erscheinenden Situation. Sie zog sich in ein Kloster zurück. 1906 lebte sie als Novizin bei den „Schwestern der christlichen Liebe" in Paderborn. Während der ersten Jahre im Kloster hat sie gelitten, so heißt es in einer Daseburger Chronik.[3]

---

[3] Michels, Wilhelm: Familienchronik, unveröffentlicht (Privatbesitz).

Später jedoch fing sie sich. Ihren Wunsch, aus dem landwirtschaftlichen Umfeld herauszutreten, konnte sie im Kloster umsetzen. Sie absolvierte eine hauswirtschaftliche Ausbildung, wurde Nonne und stieg später sogar zur Oberin auf.[4] Der Eintritt ins Kloster war damals nicht selten. Die übliche Lebensperspektive einer jungen Bauerntochter blieb aber die Heirat, die Erziehung der Kinder und die Arbeit im eigenen landwirtschaftlichen Betrieb.

Während sich die drei Mädchen im letzten Schuljahr befanden oder gerade die Schule abgeschlossen hatten, war Heinrich bereits sechzehn und arbeitete als Knecht auf einem Bauernhof in Daseburg. Knechte und Mägde lebten damals im Haus ihrer Arbeitgeber. So waren sie gänzlich eingebunden in den Arbeitsalltag der Bauernfamilie und jeder Zeit abrufbar, wenn Wetter, Vieh oder auch Erkrankungen der Familienmitglieder schnelles Handeln erforderten.

Heinrich schlief in der Nähe der Pferde, um die er sich kümmern musste, hackte Holz, half bei der Ernte, schleppte Säcke voll mit Korn auf den Scheunenboden und warf dabei wahrscheinlich einen misstrauischen Blick auf die schwere Dreschmaschine, die über lange Riemen von einer mächtigen Lokomobile angetrieben wurde. Wehe demjenigen, der den rotierenden Lederriemen zu nahe kam, wenn die qualmende Lokomobile in Betrieb war. Mit der Bedienung dieser Maschinen hatte Heinrich nichts zu tun. Als Kleinknecht führte er körperlich schwere, aber anspruchslose Arbeiten aus. Ohnehin war die Arbeit als Knecht nur ein Lückenbüßer, der die Wartezeit auf eine Anstellung als Maurer ausfüllen sollte.

Im Oktober 1906 bekam Heinrich von der Phoenix Aktiengesellschaft für Bergbau & Hüttenbetrieb die erhoffte Zusage. Die Arbeit als Maurer war nicht weniger anstrengend als die Arbeit auf einem Bauernhof. Hatte er früher Kornsäcke geschleppt, so hievte er jetzt Paletten mit Backsteinen bis in die oberen Stockwerke der Baustelle. Fotos aus dieser Zeit zeigen ihn mit seinen Kollegen in abgetragener Alltagskleidung und mit einem alten Hut oder einer Schirmmütze auf dem Kopf. Eine spezielle Arbeitskleidung oder gar einen Kopfschutz gab es nicht. Einige der jungen Männer präsentierten sich dem Fotografen als harte Kerle mit verwegenen Gesichtern, andere schauten mit ausdruckslosem Blick in die Kamera (Abb. 3). Anderthalb Jahre war Heinrich bei der Phoenix Aktien-

---

[4] Nekrolog, Kongregation der „Schwestern der christlichen Liebe", Paderborn, unveröffentlicht.

gesellschaft beschäftigt; dann bot sich ihm die Möglichkeit in Letmathe zu arbeiten, wo er günstig leben konnte, weil er hier die Möglichkeit hatte, bei Verwandten unterzukommen.

Während Heinrich in Letmathe die Wände zukünftiger Beamtenhäuser mauerte, trauerte Lisbeth in Daseburg um ihren Halbbruder, der Anfang Juni 1908 bei seiner Arbeit als Knecht durch den Huftritt eines Pferdes umgekommen war. Zusammen mit ihrer Mutter, ihren Geschwistern und dem Dorfpastor saß sie in der Stube, das Taschentuch vor dem verweinten Gesicht, und leistete ihren Beitrag für den Text des Sterbezettels, der ihrem Bruder gewidmet war. Solche im damaligen katholischen Milieu üblichen Sterbezettel, oder auch Totenbildchen genannt, wurden an die Trauergäste verteilt und für einen längeren Zeitraum verwahrt, um sie später einem Freund oder einem Interessierten zustecken zu können. Der Sterbezettel für Lisbeths Bruder zeigt auf der Vorderseite den Gekreuzigten, auf der Rückseite finden sich Bibelzitate und eine Huldigung des Verstorbenen: „Er war ein treuer Sohn unserer hl. Kirche", heißt es da, „ein Vorbild tiefer Frömmigkeit und strenger Rechtschaffenheit".

Heinrich indessen hatte allen Grund optimistisch zu sein. Nach dreijähriger Tätigkeit im Baugewerbe hielt er die Zeugnisse seiner Arbeitgeber in der Hand, die ihm Zuverlässigkeit und gute Kenntnisse attestierten. Wahrscheinlich war es in Bochum, wo er sich zusammen mit anderen Maurern vor die Kamera des Fotografen stellte. Selbstbewusst legte er die Hand auf die Schulter seines Vordermanns, den Kopf mit dem vollen welligen Haar stolz erhoben. In der ersten Reihe der Gruppe hielten zwei junge Männer das Emblem der Maurer, bestehend aus Zirkel, Kelle, Dreieck und Hammer. „Hoch lebe der Maurer", steht auf dem Fähnchen. In der wilhelminischen Ära ließ man den Kollegen, den Vorgesetzten oder weniger fassbare Größen wie die eigene Standesgruppe bei allen festlichen Gelegenheiten „hochleben". Dies traf ganz den Tonfall der damaligen Zeit, zumindest für diejenigen, die sich unter den Erfolgreichen wähnten.

Auch der Ausblick auf eine Fachschulausbildung wird ihn mit Zuversicht erfüllt haben. Nach langen Überlegungen und noch längerem Rechnen kam Heinrich zu dem Schluss, dass er eine Ausbildung zum Techniker an einer Baugewerkschule aus seinem Ersparten finanzieren konnte. Allerdings waren die Ausgaben, die ein solcher Schulbesuch mit sich brachte, beträchtlich: Schulgeld und Lehrmaterialien mussten bezahlt werden, für Kleidung und Unterkunft musste gesorgt werden und es war anzunehmen, dass er als Baugewerkschüler einen Lebensstil pflegen würde, der kostspieliger war als der eines Maurergesellen. Leicht würde es nicht werden, aber einem Schüler an einer solchen Einrichtung war es gestattet, ein oder mehrere Sommersemester auszusetzen, um seine Kasse durch Arbeit im Baugewerbe wieder aufzufüllen. Vermutlich konnte Heinrich sich auch darauf verlassen, dass sein Stiefvater für eine standesgemäße Kleidung sorgen würde. Im Sommer 1909 sandte er seine Zeugnisse nebst polizeilichem Führungszeugnis vom 12.07.1909 an die Baugewerkschule Höxter. Dort musterte man seine Unterlagen und schickte ihm die Einladung zu einer Aufnahmeprüfung.

Baugewerkschüler

Als Heinrich im Herbst 1909 den Zug nach Höxter nahm, um sich dort zum Techniker ausbilden zu lassen, war der Eiffelturm, das monumentale Meisterwerk der Ingenieursbaukunst, bereits 20 Jahre alt, in den Großstädten fuhren sowohl Automobile als auch elektrische Straßenbahnen und das laute Klingeln der frühen Telefone schrillte durch das ein oder andere Büro. Ausgehend von Großbritannien hatte die Industrialisierung die Arbeitsbedingungen und den Alltag der Menschen von Grund auf verändert. In Preußen setzte diese Entwicklung später ein als in Großbritannien, vollzog sich dann aber im letzten Drittel des 19. Jahrhunderts mit umso größerer Geschwindigkeit.

Die neu entwickelten Technologien wurden von den Menschen bis zu einem gewissen Grad als Gewinn empfunden. Es war unbestreitbar von Vorteil, wenn der Schienenverkehr Fahrgäste und Güter schnell und sicher ans Ziel brachte und die Betätigung eines Schalters genügte, um einen ganzen Saal in elektrischem Licht erstrahlen zu lassen. Heinrich gehörte einer Generation an, die den Einsatz von urtümlichen Dampfmaschinen als Antrieb von landwirtschaftlichen und anderen Geräten bereits in ihrer Kindheit erlebt hatte. Im Jahr 1909 besuchten die Vertreter dieser Generation etwa 20-jährig die ersten Filmvorführungen, sie promenierten in manchen Städten unter elektrischer Straßenbeleuchtung, sie erfuhren in den Zeitungen von den ersten motorisierten Flugmaschinen und sahen Bilder von frühen Autorennen, an denen sich ein auf Geschwindigkeit eingeschworenes Publikum ergötzte. Man profitierte davon, dass in den Fabriken in immer höherem Tempo Waren produziert wurden, die das Leben erleichterten, womöglich auch verlängerten oder einfach nur der Unterhaltung dienten.

Doch die schnelle Industrialisierung hatte auch Nachteile, die nicht nur die Arbeiterschaft in den Fabriken zu spüren bekam. Auch in den Büros klagten die Menschen über eine neue Art des Leistungs- und Konkurrenzdrucks, über ein Beherrschtsein vom schnellen Takt der technischen Innovation. Es ist ein „Hasten und Jagen",[5] klagte das Stadtbürgertum, das den industriell geprägten Alltag entnervend fand, die Vorteile des technischen Fortschritts aber nicht missen wollte. Dass die Schöpfer der neuen Technologien, die Ingenieure, noch zu Beginn des 20. Jahrhunderts um soziale Anerkennung ringen mussten, ist auch vor dem Hintergrund einer gewissen Technikverdrossenheit zu verstehen, die der ebenfalls vorhandenen Technikbegeisterung zuwiderlief.

Die Ingenieure, eine relativ junge Berufsgruppe, gehörten aufgrund ihrer akademischen Ausbildung zum Bildungsbürgertum, stießen aber in diesen Kreisen auf Skepsis. Die Männer des Bildungsbürgertums also Theologen, Juristen, Philologen und Mediziner waren am altphilologischen Gymnasium im Sinne des neuhumanistischen Gedankenguts erzogen worden. Sie brachten der Erfindung von „seelenlosen" Maschinen und dem Entwurf von maschinenhaften Stahlbauten keine allzu hohe Wertschätzung entgegen. Die Ingenieure reagierten auf diese Vorbehalte, indem sie bei der Gestaltung ihrer Erfindungen und Konstruktionen besonders auf deren ästhetische Wirkung achteten.[6] Auf mehr Wohlwollen durften die Architekten hoffen, denn die Auseinandersetzung mit der antiken Formenlehre machte aus ihnen Kunstschaffende, die sich damit im Sinne des Neuhumanismus um die Charakterbildung des Menschen bemühten.

Gemeinsam war den Bauingenieuren, Maschinenbauingenieuren, Architekten und auch den in der Verwaltung tätigen Baubeamten ihre Ausbildung an technischen Hochschulen. Mit einem gewissen Argwohn betrachteten die Vertreter dieser Berufe die Etablierung der Baugewerkschulen, die Techniker mittleren Ranges und damit mögliche Konkurrenten ausbildeten.

Zunächst waren die Baugewerkschulen auf die Bedürfnisse der Maurer und Zimmerergesellen zugeschnitten, die sich in Winterkursen Kennt-

---

[5] Radkau, Joachim: Das Zeitalter der Nervosität. Deutschland zwischen Bismarck und Hitler. München, Wien 1998, S. 173, 191.
[6] Dietz, Burkhard; Fessner, Michael; Maier, Helmut: Der „Kulturwert der Technik" als Argument der Technischen Intelligenz für sozialen Aufstieg und Anerkennung. In: Dies. (Hrsg.): Technische Intelligenz und „Kulturfaktor Technik". Kulturvorstellungen von Technikern und Ingenieuren zwischen Kaiserreich und früher Bundesrepublik Deutschland. Münster u. a. 1996, S. 1f., 13-17.

nisse für die Meisterprüfung aneigneten und im Sommer im Baugewerbe arbeiteten, um ihre Ausbildung zu finanzieren. Das Ausbildungsniveau an diesen Schulen wurde u. a. auf Betreiben der dort angestellten Lehrer erhöht. Diese wünschten sich eine Gleichstellung mit den Gymnasiallehrern und gehörten aus diesem Grund zu den treibenden Kräften, die anspruchsvollere Ausbildungsziele im Lehrplan der Baugewerkschulen durchsetzten.[7] Damit schoben sich die Baugewerkschulen zwischen die Meisterausbildung und die technischen Hochschulen was Ausbildung und Qualifikation ihrer Absolventen betraf.[8] Um die Jahrhundertwende wurden in den Baugewerkschulen zusätzlich zu den Hochbauklassen auch Tiefbauklassen eingeführt. Die expandierenden Eisenbahndirektionen hatten einen immer höheren Bedarf an Tiefbauern für die mittlere Beamtenlaufbahn. Die Aussichten auf dem Arbeitsmarkt waren für Heinrich also sehr gut, natürlich unter der Voraussetzung einer bestandenen Abschlussprüfung an der Baugewerkschule.

Als Heinrich im Zug nach Höxter auf einer Holzbank der dritten Klasse saß und aus dem Fenster schaute, konnte er die Herbstlandschaft des Weserberglandes ganz entspannt an sich vorbeiziehen lassen. Die Aufnahmeprüfung an der Baugewerkschule Höxter hatte er bereits vor einigen Wochen bestanden und ein Zimmer in der Nähe des Schulgebäudes war auch schon gemietet. Das herrlich gelegene Städtchen Höxter mit seinem Fachwerk im Stil der Weserrenaissance war recht hübsch und damit genau das richtige Ambiente für ein munteres Schülerleben.

Am nächsten Morgen saß er zusammen mit seinen künftigen Mitschülern im großen Vortragsraum im Obergeschoss der Baugewerkschule und wartete auf die Einführungsrede des Direktors. Heinrich ließ den Blick durch die Runde schweifen. Die meisten jungen Männer waren, so wie er, glatt rasiert, keiner hatte einen Vollbart, einige von ihnen trugen einen Schnurrbart im Stil Kaiser Wilhelm II mit hochgezwirbelten Schnurrbartenden, eine Bartmode mit dem vielsagenden Namen „Es ist vollbracht", benannt nach dem Festigungsmittel, mit dem dieser Bart in Form gebracht wurde.[9] Der Direktor begrüßte die anwesenden Schüler freundlich und gratulierte ihnen zur bestandenen Aufnahmeprüfung. Sie seien nun Schüler an einer namhaften Lehranstalt, der 1864 gegründeten

---

[7] Bolenz, Eckhard: Vom Baubeamten zum freiberuflichen Architekten. Technische Berufe im Bauwesen (Preußen/Deutschland 1799-1931). Frankfurt a. M. u. a. 1991, S. 201, 203f. 289.
[8] Bolenz, Eckhard, a.a.O., S. 183f., 185, 190f.
[9] Diese Beschreibung belegen Fotos seiner Klassenkameraden aus dem Nachlass meiner Großeltern. „Es ist vollbracht", ursprünglich: „Es ist erreicht".

Königlich Preußischen Baugewerkschule Höxter, die sich mit derzeit 290 Schülern[10] eines wachsenden Zuspruchs erfreue und deren Lehrer zum überwiegenden Anteil Absolventen der technischen Hochschulen seien.

Es hatte sich bei der Vorprüfung herausgestellt, dass einige der Neuankömmlinge noch nicht die nötige Vorbildung für die erste Fachklasse vorweisen konnten, weswegen ihnen die Möglichkeit eingeräumt wurde, sich die fehlenden Kenntnisse in einer Vorklasse anzueignen. Ohnehin fiel auf, dass die Schüler gänzlich unterschiedliche Voraussetzungen hatten, was bei einem Altersspielraum von 17 bis 25 Jahren nicht verwundert. Die Siebzehnjährigen wiesen nicht mehr an Vorbildung auf als unbedingt erforderlich. Entsprechend der Schulordnung war das die Absolvierung der Volksschule und zwei Jahre Berufserfahrung im Baugewerbe. Ihnen gegenüber standen die examinierten Gesellen, unter ihnen ein Polier, der im Baugewerbe bereits in einer leitenden Position gearbeitet hatte. Von ihm soll später die Rede sein. Zwischen diesen beiden Polen dürfte sich die Mehrheit der Schüler bewegt haben mit ein bis zwei Jahren Gymnasial- oder Berufsschulausbildung und Berufserfahrungen als Maurer, seltener als Zimmerer.[11]

Im Jahr 1908 hatte das Handelsministerium, in dessen Zuständigkeit die Baugewerkschulen fielen, die Erhöhung der Studienzeit von vier auf fünf halbjährige Fachklassen bzw. Semester genehmigt. Das Grundstudium umfasste drei Fachklassen in der Abteilung Hochbau. Danach erst folgte in den beiden letzten Klassen die endgültige Spezialisierung auf Hoch- oder Tiefbau, je nach Berufswunsch des Schülers. Die Tiefbauer besaßen also durch das Grundstudium in der Hochbauabteilung auch solide Kenntnisse im Entwerfen von einfachen Hochbauten. Im Grundstudium wurde ein Basiswissen im Bereich Mathematik, Geometrie, Naturwissenschaften, Statik, Baukonstruktionslehre und Bauzeichnen vermittelt. Das Erlernte sollte die Schüler befähigen, in den letzten beiden Klassen anspruchsvolle Bauentwürfe entsprechend einer Aufgabenstellung zu Papier zu bringen. Der Unterricht umfasste im ersten Halbjahr 12 Fächer. In den nächsten Halbjahren würden neue Fächer hinzukommen und andere wegfallen. Am Ende würden Heinrich und seine Mitschüler in 20 Fächern geprüft werden. Vonnöten waren während der zweieinhalbjährigen Ausbildung ein gewisses mathematisches Talent, die Fähig-

---

[10] AVH 1924–1954, NG SCH 1864–1954. (Hrsg.): Altherrenvereinigung ehem. Studierender der Staatl. Ingenieurschule für Bauwesen. Höxter a. d. Weser 1954, S. 51.
[11] Liste der Absolventen der Baugewerkschule Höxter, Archiv der Technischen Hochschule Ostwestfalen-Lippe in Höxter.

keit sorgfältig zu zeichnen und nicht zuletzt Gelassenheit angesichts eines derart umfangreichen Lehrstoffs.

Von der Menge des Unterrichtsstoffs konnte sich Heinrich bereits in den ersten Wochen ein Bild machen. Er lernte Geschäftsbriefe zu schreiben, vervollständigte sein Wissen über Algebra, Physik und Chemie und produzierte den ersten Stapel von Zeichnungen, die Details von Hochbauten abbildeten, wie Mauerverbände, Dachkonstruktionen und Treppenanordnungen. Zum Freihandzeichnen verließen er und seine Klassenkameraden das Schulgebäude, um in Höxter nach interessanten Fachwerkmotiven Ausschau zu halten. Zurück im Klassenzimmer wurden dann aus den Bleistiftskizzen akkurate Zeichnungen z. T. mit Tusche, deren Verwendung eigentlich ein Privileg der Architekten war. Diese erachteten auch die Auseinandersetzung mit der antiken Formenlehre als ihr ureigenes Privileg, da die Absolventen der Baugewerkschulen nach ihrer Ansicht ohnehin nur Wohnhäuser einfachsten Zuschnitts entwerfen würden. Ihre Standesgenossen aber, die Lehrer der Baugewerkschulen, ließen ihren Schülern sehr wohl eine Ausbildung im Bereich der Stilkunde zuteilwerden und sie forderten von den jungen Männern Zeichnungen in hochwertiger Ausführung, auch unter Verwendung von Tusche.

Heinrich verbrachte Stunden im Klassenzimmer auf unbequemen Hockern ohne Rückenlehne, mit Zirkel und Reißschiene hantierend, während die Sonne durch die Fenster schien, und dann wieder Stunden in seinem gemieteten Zimmer über Hausaufgaben. Er wohnte in einem mehrgeschossigen Haus direkt am Stadtwall. Seine Vermieterin stellte ihm nicht nur ein Zimmer zur Verfügung, sondern sorgte, entsprechend den damaligen Gepflogenheiten, auch für einen gewissen Service, bestehend aus einer Verköstigung mit Getränken und kleineren Speisen. Die Bewohner von Höxter hatten sich mit den zahlreichen Bauschülern in ihrer Stadt bestens eingerichtet, denn die jungen Männer versprachen einen verlässlichen Zuverdienst. „Halte ich mir ein Schwein oder nehme ich mir einen Bauschüler", sagte man früher in Höxter. Man entschied sich für den Bauschüler und rückte in den Wohnungen enger zusammen.

Höxter stand im Mittelalter unter dem Schutz des nahe gelegenen Reichsklosters Corvey. Das Verhältnis zwischen den Stadtbürgern und den Äbten verschlechterte sich im Laufe der Jahrhunderte u. a. durch den Wunsch der Bürger nach mehr Eigenständigkeit und durch die Verbreitung des Protestantismus im Zuge der Reformation. Der Landkreis Höxter war im frühen 20. Jahrhundert vorwiegend katholisch, die

Stadtbevölkerung selber aber zu fast gleichen Anteilen katholisch und protestantisch bei einem geringen jüdischen Bevölkerungsanteil.[12] In der Regel kamen Katholiken und Protestanten gut miteinander aus, abgesehen von gelegentlichen, dann aber sehr dreisten Ausschreitungen.

Im Juni 2014 saß ich auf einer Bank an der Weser, die Altstadt Höxters hinter mir, die Weserbrücke zur rechten, als sich ein älteres Ehepaar zu mir setzte. Meine Familienforschung stieß bei ihnen auf Interesse und so erzählten sie mir von den üblen Streichen, die einige protestantische „Hardliner", wie sie sagten, den Katholiken spielten. Während der Kindheit ihrer Mütter, also zu Beginn des 20. Jahrhunderts, fanden in Höxter Fronleichnamsprozessionen statt vorbei an Altären, die man zu diesem Zweck am Prozessionsweg aufgestellt hatte. Einige Stunden bevor sich der Zug in Bewegung setzte, fuhren die protestantischen ‚Hardliner' den Prozessionsweg mit ihrem Güllewagen ab. In diesem Wagen befand sich der Inhalt der städtischen Plumpsklos und der Fahrer des Wagens richtete es so ein, dass die Prozessionsteilnehmer bei ihrem Umzug über menschliche Fäkalien gehen mussten. Meine Gesprächspartner versicherten mir, dass ihre Mütter, beide Protestantinnen, ihnen dies unabhängig voneinander erzählt hätten.

Die Lehrer der Baugewerkschulen, die gegenüber ihren Schülern eine gewisse Verantwortung über die eigentliche Lehrtätigkeit hinaus hatten, begrüßten eine christliche Lebensführung ihrer Schutzbefohlenen. Aber auch ohne diesen Einfluss hätte Heinrich, erzogen im katholischen Daseburg, an den Prozessionen teilgenommen. Er wird sich ebenso wie die anderen Prozessionsteilnehmer sehr geärgert haben, vorausgesetzt, er wurde Opfer dieser Streiche.

Während des ersten Semesters lernte Heinrich zwei junge Männer kennen, mit denen er Zeit seines Lebens befreundet blieb. Konrad Böhm und Wilhelm Dieck waren drei Jahre älter als er; sie besuchten die vorletzte Klasse der Tiefbauabteilung und erwiesen sich als sehr hilfsbereit. Sofern Heinrich es nicht bereits wusste, erfuhr er jetzt von ihnen, dass man nicht alle Zeichnungen selbst entwerfen musste. Es war gängige Praxis, die Arbeiten der älteren Mitschüler abzupausen. Die Lehrer schätzten zwar das Original höher, zeigten aber Verständnis, weil der Unterrichtsstoff ohne das Hilfsmittel des Abpausens kaum zu bewältigen war. Am Ende des ersten Halbjahres wurde Heinrich in die nächste Fachklasse

---

[12] Völker, Christoph: Der Kreis Höxter. In: Ders. (Hrsg.): Heimatbuch des Kreises Höxter, 1. Bd. Paderborn (1925), S. 154f.

versetzt. Fleiß und Aufmerksamkeit quittierten seine Lehrer im Zeugnis sogar mit einem „sehr gut". Im Laufe des nächsten Semesters sorgte er allerdings selbst dafür, dass sich dieser Eindruck etwas eintrübte.

Heinrichs Bekanntenkreis in Höxter, dies zeigt die spätere Korrespondenz, war groß. Er verbrachte seine Abende in der Kneipe, machte Ausflüge mit seinen Freunden in die Umgebung von Höxter, und vor allem suchte er die Gesellschaft der jungen Mädchen am Ort. *„Der Herr Müller war vom Aussehen her ein schöner Mann. Als Mann stellte er was dar"*, diese eingangs zitierten Worte von Mathias Endrich fallen mir in diesem Zusammenhang wieder ein. Laut seinem Personalausweis war Heinrich nur 1,65 m groß. Generell waren die Menschen vor einigen Generationen kleiner als jetzt; aber mit dieser Größe blieb er auch für damalige Verhältnisse unter dem Mittelmaß. Die Damenwelt von Höxter schien das nicht gestört zu haben. Nach seinem Abgang von der Baugewerkschule 1912 erhielt er von drei jungen Damen aus Höxter Post. Darunter ein junges Mädchen, das ihn „in Liebe" grüßte. Von der Rückseite der Ansichtskarte blickt ein Mädchen schmunzelnd in die Kamera eines Fotografen, den Zeigefinger neckisch an das Kinn gelegt. Dass die junge Dame nach heutigen Maßstäben ein wenig pummelig war, wird Heinrich gemocht haben. Mit ihrer vollschlanken Figur entsprach sie dem damaligen Schönheitsideal.

Als Heinrich am Ende der halbjährigen Fachklasse sein Zeugnis bekam, dürfte er wenig begeistert gewesen sein. Fleiß und Aufmerksamkeit beurteilten die Lehrer nicht mehr „sehr gut", sondern nur noch „fast gut" und zwei geschriebene Zeilen am unteren Rand des Zeugnisses waren dazu angetan, Panik auszulösen. Da stand: *„Seine Versetzung nach Klasse III wird abhängig gemacht vom Ausfall einer Nachprüfung im Fach ‚Veranschlagen und Bauführung'"* (24.08.1910). Er verbrachte daraufhin seine Abende zuhause und bestand die Nachprüfung. Damit stand seiner Versetzung nichts mehr im Weg.

Doch diese dritte Klasse verlief so hürdenreich, wie sie begonnen hatte. Heinrich war aktives Mitglied der Schülerturngruppe an der Baugewerkschule. Ein Foto zeigt ihn mit weiteren elf jungen Männern in einer hellen Turnerkleidung aus einem leichten Stoff. Die langärmligen Hemden waren eng anliegend, die Hosen knöchellang und zwischen Wade und Fuß mit einem dunklen Tuch zusammengebunden. Diese Maßnahme sollte wahrscheinlich verhindern, mit dem Hosenbein an einem Turngerät oder dergl. hängenzubleiben. Wie auch immer es geschehen ist, Heinrich verletzte sich bei einer der Turnübungen und diese Verletzung hatte 95 versäumte Schulstunden zur Folge, ein versäumtes Unterrichtspensum, das nachgeholt werden musste. Zu allem Übel ging ihm auch noch das Geld aus – alles in allem eine typische Situation für einen damaligen Baugewerkschüler. Chronische Geldsorgen und die Angst sitzen zu bleiben begleiteten viele der jungen Männer, ohne dabei aber das Vergnügen am Schülerleben ernsthaft zu beeinträchtigen.

Nach seiner Genesung bemühte sich Heinrich, den versäumten Unterrichtsstoff nachzuholen, und er plante, sein Studium zu unterbrechen, um im Baugewerbe Geld zu verdienen. Neidisch wird ihn in dieser Situation das Schreiben eines Freundes gemacht haben, ein Universitätsstudent, der ihm verzückt und auch etwas prahlerisch von seinen Reisen durch Holland und Österreich erzählte und dann durch eine Bemerkung bewies, dass er völlig überzogene Vorstellungen von Heinrichs Berufsziel hatte.

„Daß Du d.[die] Bauschule hast bestehen können u. gute Erfolge erzielt, dazu meine herzlichsten Glückwünsche. Hoffentlich wirst Du noch einmal ein tüchtiger reicher Baumeister [sein] oder sonst so etwas mit Säcken voll Gold, damit ich mir später mal etwas pumpen kann, wenn ich dessen bedürftig werden sollte. Doch bei d.[dem] Glückwunsch muß ich Dir zugleich auch mein Bedauern aussprechen, daß nämlich d.[die] alte Turnerei, wie ich denke, Dir so übel mitgespielt, Dich flügellahm gemacht. Doch wird wohl d.[die] edle Medizin mit Hilfe d.[der] Mutter Natur bald wieder heilen, was Sport und vielleicht auch etwas Übermut ver- oder besser gesagt zerbrochen hat u. es Dir eine Lehre für d.[die] Zukunft seie immer d.[den] Spruch zu befolgen: "Ne quid nimis", alles mit Maß" (02.04.1911).

Diesen Brief wird Heinrich wohl seufzend beiseite gelegt haben. Die Abschlussprüfung an der Baugewerkschule hatte er noch nicht absolviert und als mittlerer Techniker würde er niemals Säcke voll Gold erwirtschaften können, auch nicht im übertragenen Sinne. Die Berufsbezeichnung Baumeister war nicht geschützt. Vom Handwerker bis zum Architekten konnte sich jeder „Baumeister" nennen.[13] So war es vermutlich zu diesem Missverständnis gekommen.

Bei der Vergabe der Zeugnisse erwiesen sich seine Lehrer ihm gegenüber nachsichtig. Obwohl seine Leistungen im Fach Baukonstruktion nicht den Anforderungen entsprachen, wurde er versetzt mit der Auf-

---

[13] Bolenz, Eckard: Vom Baubeamten zum freiberuflichen Architekten. Technische Berufe im Bauwesen (Preußen/Deutschland 1799-1931). Frankfurt a. M. u. a. 1991. S. 22.

lage, sich in sechs Monaten nach seinem Freisemester einer Nachprüfung zu unterziehen. Auf der Suche nach einer Unterkunft wandte sich Heinrich an seinen Bruder Stoppelkamps Josef, mit dem er regelmäßig korrespondierte. Josef absolvierte in Köln eine Lehre als Gärtner und konnte ihn für einige Zeit beherbergen. Am Ende arbeitete Heinrich nicht in Köln, sondern in Bochum, und zwar bei der Errichtung eines Krankenhauses. Dank seiner dreisemestrigen Ausbildung an der Baugewerkschule wurde er in Bochum zum ersten Mal als Polier eingesetzt. Mit einem guten Zeugnis von seinem Arbeitgeber in der Tasche kehrte er nach Höxter zurück, bestand dort seine Nachprüfung und rüstete sich für die letzten beiden Fachklassen in der Tiefbauabteilung.

Die Reifeprüfung

Ein Blick auf Heinrichs neuen Stundenplan in der Tiefbauabteilung zeigt neben einigen bekannten Fächern wie Baukonstruktionslehre, Statik, Baustofflehre und Bauführung vier neue Fächer: Erd- und Straßenbau, Wasserbau, Brückenbau und Eisenbahnbau. Die Baugewerkschüler schätzten Fächer, die mit Ausflügen in die Umgebung verbunden waren. Zu den beliebten Übungen gehörten daher Feldmessen und Nivellieren, also Flächen- und Höhenmessung in einem zuvor festgelegten Gebiet. Beim Nivellieren stand Heinrich auf einer Anhöhe vor dem Stativ, auf dem ein Nivelliergerät befestigt war, und peilte durch dessen Objektiv die Nivellierlatte an, die ein Klassenkamerad zuvor exakt lotrecht in den Boden gesteckt hatte. Bereits im letzten Semester hatte der Herr Professor seinen Schülern die Konstruktion eines Nivelliergerätes erklärt. Es bestand aus einem Fernrohr und einer Wasserwaage, mit deren Hilfe das Gerät bzw. dessen Zielachse exakt waagerecht auf eine Messlatte ausgerichtet werden konnte.[14]

Auch die Funktion der unterschiedlichen Linsen im Fernrohr wird sein Lehrer erklärt haben. Lag es da nicht nahe, einen Vergleich mit dem Objektiv einer Kamera anzuschließen? Wenn Heinrich eine Inspiration benötigt hat, um seine Vorliebe für die Fotografie zu entwickeln, dann könnte er sie in Höxter bei dieser Gelegenheit bekommen haben, zumal

---

[14] Volquardts, G.: Feldmessen und Nivellieren. Leitfaden für den Unterricht an Baugewerkschulen, 3. Aufl. Leipzig, Berlin 1913. S. 23–25.

die Vermessungsarbeiten gelegentlich mit einem Gruppenfoto beendet wurden.

In der Tiefbauklasse saß Heinrich mit einigen jungen Männern zusammen, denen er bisher nur auf dem Schulhof und in der Kneipe begegnet war. Seine beiden Freunde Konrad Böhm und Wilhelm Dieck hatten die Schule nach bestandenem Examen verlassen, aber so umgänglich wie Heinrich war, schloss er schnell neue Freundschaften. Einer seiner Klassenkameraden, von seinen Mitschülern „Peppi" genannt, war 26 Jahre alt und hatte bereits auf dem Bau als Polier gearbeitet. Heinrichs und Peppis gemeinsamer Freund „Lude" war ein ehrgeiziger und guter Schüler, fand aber bei aller Strebsamkeit genügend Zeit für eine ausgelassene Freizeitgestaltung.

Womit sich die Baugewerkschüler die Zeit vertrieben, beschreibt ausführlich eine Festzeitung aus dem Jahr 1912, die von Heinrichs Mitschülern anlässlich ihrer Reifeprüfung verfasst wurde. Demnach liebte es besonders Lude, die Nächte durchzutanzen, wozu z. B. die Turnerbälle in Höxter Gelegenheit gaben. Alkoholische Getränke wurden während der Festbälle und natürlich auch in der Kneipe reichlich getrunken. Anschließend, nach einigen Gläsern Bier half ein nächtliches Bad in der Weser, um sich auszunüchtern. Mehrfach waren die jungen Männer jedoch so betrunken, dass sie zu einem Bad nicht mehr fähig waren und nur mit Mühe den Weg nach Hause fanden.

Heinrich stand nicht der Sinn nach zahlreichen Kneipengängen, denn er hatte sich verliebt. Liebesbriefe aus dieser Beziehung sind allerdings nicht überliefert worden. Somit lässt sich auch nicht mehr rekonstruieren, wie eng das Verhältnis mit seiner Freundin gewesen ist. Wem auch immer Heinrich sein Herz geschenkt hat, es war keine Mitschülerin, weil man in Höxter um 1910 vergeblich nach einer jungen Frau unter den Baugewerkschülern gesucht hätte. In Preußen wurden Frauen erst 1908 zum Studium zugelassen und der technische Bereich blieb noch lange Zeit eine Domäne der Männer.

Ein Mitschüler im Liebesglück war in den Augen der Baugewerkschüler ein willkommenes Opfer für einige mehr oder weniger harmlose Streiche. Die Festzeitung von 1912 berichtet in Form von drei Illustrationen von einem solchen Schülerstreich, den Lude und Peppi dem verliebten Heinrich spielten. Heinrich promenierte gelegentlich mit seiner Angebeteten auf einem schönen Weg im Grünen, der an Höxters alter Stadtmauer entlang führte. Dieser Spaziergang unter dem Laub einer Kastanienallee mit dem Blick auf den Ziegenberg war wie geschaffen für zwei Verliebte, die ein idyllisches Ambiente für ihre romantischen Spaziergänge suchten. Die erste der drei erwähnten Zeichnungen zeigt ihn und seine Liebste eng umschlungen auf ihrem Weg unter den hohen Kastanien, während die Sonne vom Himmel auf das Liebespaar strahlte (Abb. 4a).

Lude und Peppi hatten diesen Tag offensichtlich mit einem Frühschoppen begonnen. Während Heinrich mit seiner Liebsten promenierte, machten sich die beiden Freunde Gedanken, welche Unternehmung ihrer weiteren Unterhaltung dienen könnte. Wie auch immer sie in Heinrichs Zimmer gelangt waren, angeheitert räumten sie dort seine gesamte Einrichtung um, anschaulich illustriert von der zweiten Zeichnung (Abb. 4b). Als Heinrich von seinem Tete-a-Tete nach Hause zurückkehrte, war sein Bettzeug vom Bett genommen und im Schrank verstaut. Stattdessen stand der Tisch auf dem Bett. Seine Stühle hatten die Freunde umgekippt und ineinander verkeilt zurückgelassen. Die dritte Zeichnung zeigt Heinrich, wie er sein Zimmer betritt und mit erhobenen Armen und entsetzt aufgerissenen Augen das Arrangement anstarrt, das ihm seine Freunde hinterlassen haben. Die Festzeitung kommentiert diese Geschichte mit einer Mahnung an die Adresse von Heinrich, nämlich seinen Freunden diesen Streich nicht übel zu nehmen: Irgendwann würde auch er die Auswirkungen des Alkohols zu spüren bekommen.

„Über allen Bechern ist Ruh',
Über allen Zechern spürst Du
Des Katers Hauch.
Warte nur bald
Hast Du ihn auch."

Den *„Hauch des Katers",* also deutliche Anzeichen von Betrunkenheit hatten Lude und Peppi bei ihrem Freund Heinrich noch nicht bemerkt, und sie verspürten anscheinend das Bedürfnis, Heinrich in einen solchen Zustand zu versetzen. *„Mein Vater war kein starker Biertrinker",* erzählte mir Erik, der jüngste Sohn meines Großvaters, *„mehr als zwei Glas Bier trank er nicht".* Mit Sicherheit wird Heinrich während seiner Kneipengänge in Höxter mehr Alkohol konsumiert haben als jeweils zwei Glas Bier, denn eine gewisse Trinkfestigkeit wurde von seinen Freunden erwartet. Die Schüler, nicht nur an der Baugewerkschule in Höxter, genossen ihre Kneipengänge nach dem Vorbild der damaligen Verbindungsstudenten, und bei deren Geselligkeit spielte der Alkoholkonsum eine gewichtige Rolle.

Zur damaligen Zeit bevölkerten zahlreiche studentische Korporationen die Universitätsstädte, unter ihnen Burschenschaften, Landsmannschaften, Corps und christliche Verbindungen. Nicht ganz unumstritten, aber trotzdem mit dem höchsten Sozialprestige versehen, waren die Corpsstudenten. Die Beamtenelite der Wilhelminischen Zeit stammte zu einem großen Teil aus den studentischen Corps. Außerdem war Kaiser Wilhelm II ehemaliger Corpsstudent und galt als deren Schirmherr.[15] Manche Verbindungsstudenten, allen voran die Corpsstudenten, nahmen für sich in Anspruch, den Studienanfänger, „Fuchs" genannt, in ihrem Sinne zu erziehen, u. a. im Rahmen von Trinkgelagen.[16] Diese Trinkgelage, „Kommerse" genannt, folgten einem Regelwerk, dem so genannten Bierkomment, der z. B. den Brauch des Vor- und Nachtrinkens regelte. Dabei trank ein Student seinem Verbindungsbruder ein Glas Bier vor und nötigte ihn damit, dieselbe Menge Bier nachzutrinken. Auf diese Weise konnten mehrere Verbindungsbrüder einen „Fuchs" zum Verzehr einer beliebig hohen Menge Alkohol zwingen, wobei von dem jugendlichen Opfer erwartet wurde, bei dieser Tortur Haltung zu wahren.[17]

Nun war ein ausufernder Alkoholkonsum während der späten Wilhelminischen Ära keineswegs auf die Universitätsstädte oder die westfälische Stadtbevölkerung begrenzt. Die übereinander purzelnden Zecher, die völlig betrunken eine Dorfkneipe verlassen, waren ein beliebtes Ansichtskartenmotiv. Was die Kommerse aber von den Abenden in der Dorfkneipe unterschied, war die festgeschriebene Ritualisierung des Trinkzwangs im Bierkomment und das identitätsstiftende Moment der Trinkgelage, d. h. ein Corpsstudent und all diejenigen, die ihm nacheiferten, definierten sich u. a. über den mit stoischer Haltung durchgeführten Alkoholkonsum.

Zur Tradition der studentischen Kommerse gehörten die „Biernamen", die ursprünglich auf die Fähigkeiten des Namensträgers beim Alkoholkonsum anspielten.[18] Während bei den Corpsstudenten Anfang des 20. Jahrhunderts die Erfindung und Verwendung von „Biernamen" kaum noch gebräuchlich waren, wurden sie in den Schulen nach wie vor benutzt. Wie eine Namensliste in der Festzeitung verdeutlicht, hatten alle Schüler der Tiefbauklasse einen „Biernamen", der aber über die oben erwähnten Fähigkeiten beim Zechen hinausgehend, auf die Besonderheiten bzw. „Macken" des Einzelnen abzielte oder Erlebnisse aufgriff, die seine

---

[15] Studier, Manfred: Der Corpsstudent als Idealbild der Wilhelminischen Ära. Untersuchungen zum Zeitgeist 1888-1914. Erlangen 1990, S. 123, 132.
[16] Jarausch, Konrad H.: Deutsche Studenten. 1800-1970. Frankfurt a. M. 1984, S. 61.
[17] Studier, Manfred, a.a.O., S. 66.
[18] Vollmann, J.: Burschicoses Wörterbuch. Graz 1969, S. 72, 108.

Mitschüler mit der entsprechenden Person verbanden. „Lude" und „Peppi" waren solche „Biernamen".

Anders als manches Studienfach an den Universitäten war die Ausbildung der Baugewerkschüler in hohem Maße verschult. Natürlich ließ sich der komprimierte Unterrichtsstoff nicht in angetrunkenem Zustand bewältigen. Neben den Erzählungen vom Unfug der Baugewerkschüler nach dem Kneipenbesuch findet sich in der Festschrift auch die Beschreibung einer entspannten Geselligkeit, bei der Unterhaltung und Diskussion nicht zu kurz kamen.

Je näher die Abschlussprüfung an der Baugewerkschule rückte, desto besser wurden Heinrichs Zensuren. Keinesfalls wollte Heinrich seinen Berufsabschluss durch Naschlässigkeit gefährden. Am Ende des halbjährigen Sommersemesters 1912 war es schließlich soweit. Die Schüler der Tiefbauklasse mussten die Reifeprüfung absolvieren. Der schriftliche Teil der Prüfung dauerte zweieinhalb Wochen und fand im großen Vortragssaal statt. Dort konnte man die Tische so weit voneinander entfernt aufstellen, dass es den Prüflingen nicht möglich war voneinander abzuschreiben. Vor allem die Arbeit an den großflächigen Zeichnungen erforderte eine solche Maßnahme. Anschließend folgte eine mündliche Prüfung vor einem grünen Tisch, hinter dem die Prüfer saßen. Mit einem Augenzwinkern beschreiben die Klassenkameraden von Heinrich in ihrer Festzeitung Lampenfieber und Blackout der Prüfungskandidaten. Hier ein Ausschnitt:

„Morgen ach, Morgen ach
gibt es einen großen Krach
Früh wird da die Glocke schallen,
dann geh ich, um – durchzufallen
Ich und mancher Kamerad.
Ach wie schnell, ach wie schnell
ist versiegt der Wissensquell
Heute ging's noch wie am Schnürchen
Morgen ist davon kein Spürchen
Tret' ich an den grünen Tisch."

Die Sorge vor dem Durchfallen war unbegründet. Alle Schüler der Tiefbauklasse bestanden im Sommer 1912 die Reifeprüfung. Auf Heinrichs Freude fiel ein kleiner Schatten, denn ab dem Herbst desselben Jahres musste er seiner zweijährigen Wehrpflicht nachkommen. Dass der Militärdienst zwei Jahre und nicht ein Jahr dauerte, wird ihn geärgert haben. Hätte er ein Gymnasium bis einschließlich Obersekunda besuchen können, so wäre ihm das Privileg des einjährig-freiwilligen Militärdienstes zuteilgeworden. Er hätte am Gymnasium noch nicht einmal ein Abitur bestehen müssen. Die Reifeprüfung an der Baugewerkschule jedoch qualifizierte ihn nicht für den einjährigen Militärdienst, trotz der hohen Prüfungsanforderungen.

Im Sommer 1912 entstand die Festzeitung der nun examinierten, jungen Techniker der Tiefbauklasse I. Den Umschlag der Festzeitung zieren eine Ansicht von Höxter, eine Weserlandschaft und die von Eichenlaub umkränzten Symbole, von denen die angehenden Tiefbauer dachten, dass sie ihr zukünftiges Tätigkeitsfeld am besten beschreiben: Das sind Zirkel, Reißschiene und Dreieck, Nivelliergerät und Messlatte und als Symbol für die Reichsbahn das geflügelte Rad. Jeder Schüler der Tiefbauklasse leistete einen Beitrag. Für die Illustrationen waren diejenigen zuständig, die gut zeichnen konnten. Bei der Gestaltung ihrer Festzeitung und auch bei der Auswahl der Themen orientierten sich die jungen Männer an den zeitgenössischen Zeitungen wie „Die Fliegenden Blätter", „Simplizissimus", „Jugend" und „Die lustigen Blätter". Das Jahr 1912 gehört zur kurzen Ära des Jugendstils, dem auch die Festzeitung ihren Tribut zollt. Die jungen Tiefbauer umrahmten ihre in Schönschrift niedergeschriebenen Texte mit stilisierten Rankpflanzen, deren Blüten mal Rosen, mal Glockenblumen oder Margeriten ähnelten.

Die jungen Männer gaben ihr Bestes, aber nur einer von ihnen war wirklich künstlerisch begabt: „Genie", von dem seine Mitschüler schreiben:

„Sehr genial, 's sagt schon der Name,
Ist ‚Genie' ohn' viel Reklame,
Doch in Technik, Wissenschaft
Ist er keine große Kraft."

Wäre es nach seiner Begabung gegangen, „Genie" hätte seine Ausbildung an einer Kunstakademie absolviert. Aber nicht nur Heinrich stammte aus einfachen Verhältnissen. Für ihn und wohl auch für „Genie" verlief der Weg zum sozialen Aufstieg über die ersten Berufserfahrungen auf einer Baustelle und die anschließende Ausbildung an der Baugewerkschule.

Die bestandene Reifeprüfung der Tiefbauer wurde zum festlichen Ereignis, an dem auch die Bevölkerung von Höxter teilhatte. Die jungen Männer veranstalteten einen Umzug durch die Stadt mit einem geschmückten Wagen, der von zwei Pferden gezogen wurde. Bis auf vier

Tiefbauer, die in den Galauniformen ihrer Schülerverbindung auftraten, trugen die jungen Männer große gepunktete Schleifen um den Hals und helle Rosetten an ihren Anzügen. Einer von ihnen blies auf seiner Trompete, sodass der Umzug nicht nur unübersehbar, sondern auch nicht zu überhören war.

Am Abend versammelten sich die jungen Techniker und ihre ehemaligen Lehrer im „Felsenkeller", eine Gaststätte, die über einen großen Ballsaal verfügte. Auch viele Bürgerinnen und Bürger von Höxter waren dem Inserat der Tiefbauer gefolgt und hatten die Feier aufgesucht in Erwartung eines sehr unterhaltsamen Abends. Die Veranstaltung begann mit dem Singen von Liedern, die von den jungen Männern nach den Melodien bekannter Trinklieder getextet wurden, darunter ein Lied, das die Situation beschreibt, die für das Schülerdasein eigentlich prägend war: die Arbeit über dem Reißbrett und vor allem das Abpausen von Vorlagen. Dieses Lied nach der Melodie von „Im tiefen Keller sitz ich hier" stand nach einer kurzen musikalischen Einführung gleich am Anfang der Veranstaltung:

„An meinem Reißbrett sitz ich hier
Bei mattem Lampenschimmer,
Ein Koh i noor [sic!] [19] *und Pauspapier,*
Der Mond scheint in mein Zimmer.
Die Kneipe lockt mich heute nicht,
Ich bleibe hübsch zu Hause
Und denke nur an meine Pflicht
Und pause, pause, pause."

Als weiterer Programmpunkt folgte das Singen eines Liedes, von dem man wusste, dass jeder es mitsingen konnte: das Westfalenlied. Hier sei die 2. Strophe zitiert, so wie sie in der Festzeitung niedergeschrieben ist:

„Wir haben keine Reden
und schöner Worte Überfluß,
und haben nicht sofort für jeden
den Brudergruß und Bruderkuß.
Wenn du uns willst willkommen sein,
so schau aufs Herz, nicht auf den Schein
und schau uns grad hinein ins Aug';
gradaus das ist Westfalenbrauch."

---

[19] Zeichenstift der Firma Kohinoor

Vor vielen Jahren fragte ich Erik, den jüngsten Sohn von Heinrich und Lisbeth, was für Menschen seine Eltern und seine Brüder waren. Mein Onkel antwortete mir: *„Sie waren gradlinig. Die Müllers waren gradlinig."* Ich habe meinen Onkel damals nicht gefragt, ob ihm der Text des Westfalenliedes bekannt war: *„gradaus das ist Westfalenbrauch".*

Nach dem Singen der Lieder kam es zum eigentlichen Kernstück der Veranstaltung: die Charakterisierung aller Mitschüler der Tiefbauklasse durch jeweils einen Vierzeiler. Dieser Teil der Feier wurde von den Absolventen der Reifeprüfung mit einiger Anspannung erwartet, denn manche dieser Texte waren sehr derb. Z. B wurde einem Mitschüler vorgeworfen ein *„gewalt'ger Knoblauchkauer"* zu sein. Weiter heißt es: *„Das Gas, was er darauf erzeugte zur Füllung eines Zepplins reichte."* Die Autoren dieses Vierzeilers wünschten sich ein amüsiertes Publikum, auch wenn der Scherz auf Kosten eines Mitschülers ging. Den so Gescholtenen schützte aber die Anonymität seines „Biernamens", denn nur seine Mitschüler wussten, wer sich hinter den „Biernamen" verbarg. Nicht beklagen konnte sich Heinrichs Freund Peppi trotz der sanften Kritik an einer gewissen Überheblichkeit, die Peppi als Schüler mit der besten Vorbildung meinte ausleben zu müssen. *„„Peppi' war als Jüngling schon Polier, drum tat er sehr gelehrsam hier […]."*

Schließlich war Heinrichs „Biername" „Seppel" zu vernehmen. Warum seine Mitschüler ihn „Seppel" nannten, ist nicht ganz klar. Heinrich war gutmütig und in der Regel auch verträglich. Das Renommieren mit Trinkfestigkeit, Damenbekanntschaften oder anderen Abenteuern wird ihm nicht gelegen haben. Vielleicht war „Seppel" ein Synonym für Harmlosigkeit; vielleicht meinte der Name aber auch das genaue Gegenteil, denn immerhin hatte Heinrich eine Freundin. Wie dem auch sei, jetzt, nach bestandener Reifeprüfung, saß Heinrich im Ballsaal des „Felsenkellers" und wartete auf das, was seine Mitschüler über ihn zu berichten hatten:

„,Seppel' ist ne nette Pflanze,
Liebt die Mädels, geht auf's ganze.
Jetzt kommt er zum Militär,
drum grämt sich seine Kleine sehr."

Dieser Vierzeiler war im Vergleich zu anderen Kommentaren sehr moderat. Es folgten weitere Charakterbilder in Gedichtform, die weniger harmlos waren. Schließlich leitete der Redner den Abschluss dieses Teils der Veranstaltung ein:

*„Alles atmet fröhlich auf,
Denn das Sticheln hört nun auf.
Laßt erschallen heit're Töne,
daß das Fest man durch erschöne.
Laßt das Bier in Strömen fließen,
Laßt die Jugend uns genießen!
Bald ist mancher wonnetrunken,
Selig untern Tisch gesunken,
Nur ein Stamm von alten Zechern
Huldigt bis zum Morgen den Bechern."*

Wenn die Examensfeier so verlaufen ist, wie in der Festzeitung geplant, dann haben zumindest die hart gesottenen unter den Tiefbauern und sicher auch einige Gäste zusammen bis zum Morgengrauen vergnügt zusammengesessen und Mengen von Bier vertilgt. Alte Erlebnisse wurden noch einmal erzählt, vielleicht auch die Geschichte von der „Knochenbronze", die ihr Mitschüler „Nauke" als besonders günstig zu produzierendes Metall für die Herstellung von Glocken erfinden wollte. Diese Geschichte hat in etwas ausführlicherer Form Eingang in die Festzeitung gefunden. Die Prüfungsabsolventen ahnten nicht, dass fünf Jahre später tausende von Glocken eingeschmolzen werden sollten, weil der Kriegsmaschinerie der Rohstoff Bronze fehlte. Vor diesem Hintergrund klingt der Begriff „Knochenbronze" sehr makaber. Jedoch konnten die jungen Männer diesen Funken vom „Weltenbrand", der den Zeitverlauf überwunden hatte und sich bei ihnen in der Festzeitung manifestierte, als solchen nicht erkennen. Sie waren keine Hellseher.

Wie bereits erwähnt waren Heinrich, Lude und Peppi miteinander befreundet und ihre Freundschaft hatte auch bis weit über die Schulzeit hinaus Bestand. Aber zu diesem Zeitpunkt gab es zwischen ihnen eine offene Rechnung, die Heinrich begleichen musste. *„Über allen Zechern spürst Du Des Katers Hauch. Warte nur bald Hast Du ihn auch."* Ob freiwillig oder unfreiwillig, Heinrich könnte zu denjenigen gehört haben, die bis zum Morgengrauen im Felsenkeller aushielten und Bier tranken.

Nach einer durchzechten Nacht wird Heinrich nach Hause geschwankt sein, gestützt von seinen Freunden. Wenn dies tatsächlich so geschehen ist, dann hat sich Heinrichs „Kater" mit Sicherheit eingestellt. Auf jeden Fall war das Ende seiner Schulzeit in Höxter nicht nur ein Grund zur Freude. Der Militärdienst, zu dem er einberufen war, bedeutete den Abschied von seiner Liebsten. Ob sich die beiden damals für eine vorläufige oder endgültige Trennung entschieden haben, ist nicht bekannt. Eigentlich müsste ihnen klar gewesen sein, dass es schwierig werden würde, ihre Beziehung weiterzuführen.

Auf der Wiese bei der alten Stadtmauer etwas abseits vom Spazierweg, dort wo der Schatten vom dichten Laub der Kastanien half, die Tränen eines jungen Mädchens zu verbergen, saß ein Pärchen mit trauriger Miene. „Du wirst mich vergessen", jammerte das Mädchen. Der junge Mann entgegnete schlicht: „Im Herbst bin ich für zwei Jahre beim Militär und danach dauert es bestimmt noch drei Jahre bis ich beruflich Fuß gefasst habe. Willst du wirklich fünf Jahre auf mich warten?" Vielleicht hat sie ihm daraufhin ewige Treue geschworen oder aber geschwiegen. Irgendwann an diesem Tag werden sie sich geküsst und umarmt haben und dann auseinander gegangen sein.

Bei den Hacketäuern

Während Heinrich in Bochum, Düsseldorf und Letmathe arbeitete, in Höxter lernte und in allen Städten, in denen er sich für eine Zeit niedergelassen hatte, neue Freundschaften schloss, blieb Lisbeth in Daseburg auf dem Hof ihrer Familie als Bauernmädchen in einem kleinen katholischen Dorf im nordöstlichen Teil Westfalens. Zweifellos hatte Heinrich seinen Horizont erweitern können, während Lisbeths Erfahrungen über ihr unmittelbares Umfeld nicht hinausreichten; aber ganz so abgeschieden war Daseburg nicht. Die Vorzüge der elektrischen Energie erkannte man auch hier und wollte sie ebenso nutzen, wie die Städter es taten. Für die Stromversorgung sollte die Edertalsperre sorgen. Laut der Daseburger Dorfchronik lagen 65 Zentner Kupferdraht für die Fernleitung bereit und in einigen Häusern waren bereits Stromleitungen gelegt. Doch dann brach der 1. Weltkrieg aus und der Kupferdraht wurde für Militärzwecke konfisziert. Erst nach dem Krieg im April 1920 bekamen auch die Daseburger elektrisches Licht. Bis dahin sorgte die Petroleumlampe für die notwendige Beleuchtung.

Im Herbst 1907 fand in unmittelbarer Nähe Daseburgs ein Kaisermanöver statt. Es ist schon bemerkenswert: Anders als Lisbeth musste Heinrich ab dem 17.10.1912 seiner Militärpflicht nachkommen. Aber diejenige, die bereits vor dem Herbst 1912 eine Vorstellung vom aufgeblähten Militärapparat ihrer Zeit gewinnen konnte aufgrund dessen, was sie erlebt hatte, das war Lisbeth und nicht Heinrich, der zu dieser Zeit als Maurer außerhalb von Daseburg arbeitete. In der Wilhelminischen Gesellschaft genoss das Militär ein hohes Ansehen. Der Aufbau einer Kriegsflotte, die mit der britischen Flotte konkurrieren konnte, war ein persönliches Anliegen des Kaisers. Wilhelm II war mit seiner Vorliebe für die Demonstration militärischer Stärke das Vorbild für einen gewissen Militarismus der Wilhelminer, für ihre Ehrfurcht vor der Offiziersuniform und für ihr Gefallen an militärischen Umgangsformen. Das im Befehlston ausgestoßene „zack zack" erinnert jetzt noch an diese Zeit.

Die Befähigung des Heeres musste jedoch trainiert und geprüft werden. Dies geschah u. a. durch Manöver, allen voran durch die Kaisermanöver, bei denen, entsprechend der Bezeichnung, der Kaiser zugegen war und die als besonders aufwändige Spektakel die Aufmerksamkeit der damaligen Presse und der Öffentlichkeit auf sich zogen. Das Kaisermanöver von 1907, an dem angeblich insgesamt 100.000 Soldaten teilnahmen, begann bei Brakel und endete am Desenberg kurz vor Daseburg. Auch wenn sich Lisbeth nicht für militärische Dinge interessiert haben sollte, es ließ sich nicht vermeiden, dieses gigantische Schauspiel mitzuerleben, allein schon durch die Offiziere, die in Daseburg, Warburg und in den anderen Gemeinden der Umgebung einquartiert waren.

Über die Äcker Daseburgs, auf denen wegen des verregneten Sommers noch das Korn stand, galoppierte die Kavallerie; schwere Artillerie wurde über die Felder gezogen und Soldaten errichteten Schützengräben und Feldschanzen, die sie mit den Garben der Kornfelder abdeckten, um sie zu verbergen. Später bekamen die Einheimischen für den entstandenen Flurschaden eine Entschädigung. Nach den zeitgenössischen Berichten zu urteilen, verursachte aber nicht das Militär die größten Schäden, sondern Hunderte von Schaulustigen, die vom Spektakel angezogen wurden oder den Kaiser sehen wollten und, wenn auch in geringerem Maße, die sog. Manöverbummler, die ausgerüstet mit Feldplänen und einigem Fachwissen bei jedem Kaisermanöver erschienen.

Die Mütter von Lisbeth, Sophia und Johanna werden ihren Töchtern wahrscheinlich nicht erlaubt haben, sich unter die Schaulustigen zu mischen, weil der Aufenthalt auf den Äckern und auf den Landstraßen während des Manövers nicht ganz ungefährlich war. Ein Einheimischer z. B. wurde von der Artillerie überrollt und ein Junge verletzte sich beim Spiel mit einer Platzpatrone. Zudem verlor die Gendarmerie die Kontrolle über die gänzlich überfüllten Straßen, die vor allem durch rücksichtslose Fahrer privater Automobile unsicher gemacht wurden. Einer der Chronisten des Kaisermanövers erinnert sich an ein „tolles Drauflosrasen der Automobile auf den Chausseen, die mit vorrückenden Truppen und flüchtendem Landvolk völlig verstopft waren."[20]

Für die Daseburger bedeutete das Kaisermanöver vor allem einen Zuverdienst durch die Einquartierung des Militärs und eine bombastische Abwechslung im ländlichen Alltag. Die Daseburger Dorfchronik erwähnt die bunten Militäruniformen und den Fesselballon über der Kaiserstandarte. An diesem Signalballon wurde am Ende des Spektakels eine gelbe Kugel hochgezogen, die weit sichtbar das Ende der Schaukämpfe anzeigte.

Zur Zeit des Kaisermanövers war Lisbeth 17 Jahre alt; als Heinrich in Höxter die Baugewerkschule besuchte, war sie Anfang 20 und damit im heiratsfähigen Alter. Ihr Leben war auch ohne Kaisermanöver abwechslungsreich und sogar aufregend. Zu Lebzeiten meines Vaters kannte ich nur Fotos, die meine Großmutter in fortgeschrittenem Alter abbilden. Gesehen habe ich auf diesen Fotos eine korpulente Dame mit streng zurückgekämmtem Haar. „Was hat mein Großvater bloß an ihr gefunden", fragte ich meinen Vater, „sie war doch eher unscheinbar". – *„Das stimmt nicht"*, entgegnete mein Vater. *„Deine Großmutter war in ihrer Jugend attraktiv. Sie hatte mehrere Verehrer."* Tatsächlich haben diese Verehrer ihre Spuren in der überlieferten Korrespondenz hinterlassen und nicht nur dort, wie ein Schmuckkästchen mit der Widmung eines Herren aus Dortmund beweist.

Lisbeth erwähnt in einem späteren Brief an Heinrich eine frühe Verlobung, die zu ihrem Unglück gescheitert war. Während Heinrich in Höxter seinen Schatz liebkoste, hatte Lisbeth also einen Verlobten. Die Auflösung einer Verlobung wird man in Daseburg missbilligt haben. Ich fragte Mathilda, die Nichte meiner Großmutter, ob sie etwas von der ersten Verlobung meiner Großmutter wüsste. Die Antwort fiel so aus, wie ich erwartet hatte: *„Nein, natürlich weiß ich nichts von einer gescheiterten Verlobung. Über so was redete man doch damals nicht."* Auf dem Daseburger Heiratsmarkt werden sich die Chancen für Lisbeth durch dieses Malheur sicher nicht verbessert haben. Sie ging ihr Problem aber offensiv an und flirtete munter drauf los, u. a. mit einem jungen Mann, der in ihrer Nachbarschaft aufgewachsen war. Dieser schreibt ihr am 08.09.1911: *„Dem*

---

[20] Seestern [Pseud. f. Ferdinand Grautoff]: Unter der Kaiserstandarte. Leipzig 1910, S. 31.

goldigen Mädchen mit dem holden Plappermäulchen sendet diese Karte als heißen Dank für übersandte liebe Zeilen A.W., der gern noch mehr Kärtchen hätte."

Der Autor dieser Zeilen kam durch einen Unfall ums Leben und den Herrn aus Dortmund, der ihr Schmuck geschenkt hatte, wollte sie offensichtlich nicht heiraten. Während Heinrich seinen Militärdienst absolvierte und sich nach einem Urlaub sehnte, war Lisbeth also auf der Suche nach einem Mann, der zu ihr passte.

Heinrich diente in der 10. Kompanie des 16. Infanterie-Regiments Freiherr von Sparr (3. Westfälisches Regiment). Den Zeitgenossen war dieses Regiment unter dem Namen Hacketauer oder Hacketäuer bekannt. Von den verschiedenen Erklärungen zum Ursprung dieses Namens sei hier nur eine genannt. Demnach geht „Hacketäuer" auf eine Schlacht während der Freiheitskriege zurück, als ein Dauerregen die Gewehre der westfälischen Soldaten unbrauchbar gemacht hatte. Mit dem Schlachtruf „hacke tou, et geit fört Vaterland!" („Hau zu, es geht fürs Vaterland") wurden die Männer angeblich aufgefordert, sich mit dem Gewehrkolben gegen die napoleonischen Truppen zu verteidigen.

Die Hacketäuer waren damals in Mülheim am Rhein direkt bei Köln stationiert, zusammen mit dem 53. Infanterie-Regiment. Die Kaserne, nach ihren Bewohnern Hacketäuer-Kaserne genannt, befand sich auf einem fast 70.000 qm großen Grundstück. Im Zentrum des Kasernengeländes lag der 22.000 qm große Exerzier- und Antreteplatz. Ihn umgaben eine Anzahl von Gebäuden, wie Torwachtgebäude, die großen Quartiergebäude, ein Exerzierhaus, einige Wirtschaftsgebäude, ein Fahrzeugschuppen und ein Pferdestall.[21] Entsprechend der Rangunterschiede, die im militärischen Bereich eine herausragende Rolle spielten, waren Mannschaft und Offiziere getrennt voneinander untergebracht.

Die damalige Korrespondenz meines Großvaters enthält wenige Hinweise, die Rückschlüsse auf seine militärische Ausbildung und den Tagesablauf in der Hacketäuer-Kaserne zulassen. Diese Hinweise zusammen mit Informationen aus der zeitgenössischen Sachliteratur ergeben folgendes Bild: Heinrich wohnte in einem der breiten, mehrgeschossigen Mannschaftsgebäude, in denen die Mehrbettzimmer der Soldaten über lange Flure erschlossen wurden. Heinrich schlief in einem Zehnbett-

---

[21] Langnickel, Hans; Sonnen, Fritz-Rolf: Die Hacketäuer-Kaserne in Köln-Mülheim. In: Rechtsrheinisches Köln: Jahrbuch für Geschichte und Landeskunde, 12, Köln 1986, S. 129–169, bes. 134.

zimmer, an dessen Tür eine Tafel mit den Namen der Bewohner angebracht war. Er ist gegen 5 Uhr geweckt worden, hat sich gewaschen, hat gefrühstückt und dann mit anderen aus seiner Kompanie Zimmer, Flure und Treppen der Kasernengebäude gereinigt. Von halb sechs bis halb sieben ist er über den Aufbau der Armee, über Rechte und Pflichten der Soldaten und anderes unterrichtet worden. Dann folgten Übungen im Schießen, im Exerzieren und Turnen. Die Mittagspause wurde von einem Appell unterbrochen, bei dem die Soldaten ihre Kleidungsstücke und Ausrüstungsgegenstände vorzeigen mussten. Den Ausbildungstag beendeten Putz- und Flickarbeiten und das Reinigen der Waffen. Seine Freizeit war auf eine Stunde Ausgang abends zwischen 7 und 8 Uhr begrenzt. Hätte er sich etwas zuschulden kommen lassen, wäre auch diese Stunde Freizeit entfallen.[22]

Die Offiziere hatten damals relativ freie Hand bei der Bestrafung der Soldaten durch Arrest, Strafrunden und Nachtwachen. Diese Härte im Umgang mit den jungen Männern sowie der gesamte militärische Drill bezweckten natürlich sehr viel mehr als nur das körperliche Training der Soldaten und deren Schulung im Umgang mit dem Gewehr. Es sollten sich in diesem spartanischen Umfeld zusätzlich Charaktereigenschaften wie Disziplin, Kameradschaftlichkeit und Unterordnung bis zur Selbstaufgabe herausbilden. Endzweck der militärischen Ausbildung war, wie man es in der kernigen Sprache des preußischen Militärs ausdrückte, die „Manneszucht" oder das „Stählen" des Charakters. Es verwundert nicht, dass viele junge Männer versuchten, sich ihrer zweijährigen Dienstzeit durch Auswanderung zu entziehen.

In Heinrichs Korrespondenz aus dieser Zeit finden sich keinerlei Klagen über Drill oder Überforderung, womit auch nicht unbedingt zu rechnen ist. Die Soldaten waren gehalten, die Entbehrungen der Militärzeit mit Humor zu ertragen. Heinrich und seine neun Zimmergenossen ließen sich in Mülheim ablichten, Spalier stehend mit Musketen und Strohbesen unter dem Arm. Vor der Gruppe lehnte eine Tafel mit der Aufschrift: *„Die lustigen Hacketäuer der Stube 47, 10/16"* (Abb. 5). Nur einmal erwähnt er auf einer Ansichtskarte an seine Stiefschwester, dass die Verpflegung während eines Manövers miserabel gewesen wäre: *„[...] den ganzen Tag nur eine Tasse Kaffee"* (14.09.1913).

---

[22] Hein, [Max]: Das kleine Buch vom deutschen Heere. Ein Hand- und Nachschlagebuch zur Belehrung über die deutsche Kriegsmacht. Kiel u. Leipzig 1901, S. 212.

Nun war Heinrich als ehemaliger Knecht, Maurer und Turner besser auf die Militärzeit vorbereitet als ein junger Mann, dessen Tagesablauf vor dem Militärdienst von Büroarbeit bestimmt worden ist. Die Turnübungen an Geräten und der Hindernislauf über Gräben und Mauern dürften ihn eigentlich nicht überfordert haben. Nach seiner Korrespondenz zu urteilen, war es ihm ein Anliegen, die geringe Freizeit zu seiner Unterhaltung zu nutzen. Er arrangierte ein Treffen mit seinem ältesten Stiefbruder nach einem Manövertag, er freute sich über einen unerwarteten Besuch seines leiblichen Bruders Stoppelkamps Josef und ärgerte sich zusammen mit seinen Stubengenossen über das unattraktive Elsenborn, wohin die Hacketäuer für Übungszwecke verlegt worden waren. Auf einem Atelierfoto paradieren er und seine Kameraden mit Bierkrügen in der Hand. Auf drei Tafeln zu Füßen der jungen Männer steht der Text:

*„Wen Gott straft in seinem Zorn, den schickt er nur nach Elsenborn.
In Elsenborn da gibt's kein Sünd, weil da so rar die Mädchen sind.
Wenn Gott nachlässt in seinem Zorn verschwinden wir aus Elsenborn."*

Solche Fotos, für die der Fotograf häufig die Requisiten stellte, zeigen im Wesentlichen, was von den Soldaten erwartet wurde und das war, wie bereits erwähnt, sich nicht zu beklagen und den Beschwerlichkeiten des Militärlebens mit Humor zu begegnen.

So ernst das damalige Militär sich selbst und seine Anliegen nahm, es gewährte den eingezogenen Soldaten immerhin einen gewissen Freiraum für die Regelung beruflicher Angelegenheiten. Heinrich erhielt einen Tag Urlaub für die Bewerbung bei der Eisenbahn. Um auf die Warteliste beim Eisenbahnzentralamt gesetzt zu werden, musste er sich einer amtsärztlichen Untersuchung unterziehen. Die Diagnose des Amtsarztes war dieselbe wie diejenige des Militärarztes: Heinrich war gesund, hatte aber schlechte Augen. Eingeschüchtert durch diesen Befund bewarb er sich bei der Bahn auf eine Position als technischer Angestellter im Büro. Mit dem Schreiben vom 24.05.1913 teilte ihm das Königliche Eisenbahnzentralramt in Berlin mit:

„Sie sind in der von uns für sämtliche Königlich Preußischen Eisenbahndirektionen und die Königlich Preußische und Großherzogliche Hessische Eisenbahndirektion in Mainz zu führenden Bewerberlisten für den technischen Büreaudienst II. Klasse vorgemerkt worden. Sobald eine Eisenbahndirektion einen Bedarf bei uns anmeldet, werden wir Sie behufs etwaiger Einberufung namhaft machen, wenn Sie hierzu an der Reihe sind."

Sein älterer Schulfreund Wilhelm Dieck, von dem Heinrich bereits in Höxter den einen oder anderen guten Rat bekommen hatte, gratulierte ihm zu diesem ersten Schritt, ermutigte ihn aber, sich bei der Eisenbahn um die Stelle des höher dotierten Bahnmeisters zu bewerben. Offensichtlich hatte Heinrich aus unbekannter Quelle erfahren, dass sein Sehvermögen weniger schlecht war als gedacht. Die Aussicht, als Bahnmeister Baustellen zu beaufsichtigen, erschien ihm sehr viel verlockender als die Erwartung einer reinen Bürotätigkeit. Er nahm einen linierten Papierbogen, knickte diesen längs und schrieb auf der rechten Hälfte, die linke Hälfte für die Antwort der Reichsbahn frei lassend.

„Gern hätte ich um Vormerkung für den Bahnmeisterdienst gebeten, glaubte jedoch wegen meiner Augen nicht angenommen zu werden. Bei der bahnärztlichen Untersuchung, dessen Ergebnis ich eingesandt habe, durfte mir der Arzt keine Aufklärung über meinen Gesundheitszustand geben. Erst vor kurzem habe ich erfahren, daß mein Sehvermögen auch für den Bahnmeisterdienst reicht. Da ich nun bisher hauptsächlich draußen beschäftigt war, und mich auch für den Außendienst besser eigne, möchte ich ganz ergebenst bitten, meine Zeugnisse noch einmal zu prüfen, und wenn möglich mich für den Bahnmeisterdienst vorzumerken" (15.06.1913).

Auf diesen mit den damals üblichen Höflichkeitsfloskeln versehenen Brief reagierte das Königliche Eisenbahn-Zentralamt verhalten. Man bestätigte mit Kürzeln, den Brief gelesen zu haben und schickte ihm das Original zurück mit den erwähnten Kürzeln auf der linken Blattseite.

Mitte des Jahres 1914 trainierten die Hacketäuer für einen Monat auf dem Truppenübungsplatz Senne zwischen Paderborn und Bad Lippspringe. Das damals ca. 70 qkm große Übungsgelände mit seinen Schießbahnen, Beobachtungs- und Wachtürmen und einem Telefonnetz auf dem Platz bot die Möglichkeit, Schlachtszenarien zu erproben in Abstimmung mit Kavallerie und Artillerie, die ebenfalls auf dem Gelände übten. Die Soldaten waren in Baracken untergebracht, dem Sennelager, einem Teil der Gemeinde Neuhaus. Diese Anlage mit ihren befestigten Straßen und den zahlreichen Gebäuden, wie z. B. dem Offizierskasino, einer Poststation, einer Telegraphenstation und Ställen für 1430 Pferde war damals für die militärbegeisterte Öffentlichkeit eine Sehenswürdigkeit. Verkehrstechnisch gut angebunden durch Straßenbahn, Schmalspurbahn und staatlicher Eisenbahn kamen nicht nur die Truppen, sondern auch die Touristen nach Neuhaus, besuchten das dortige Schloss und ließen sich dann von den Soldaten durch das Sennelager führen.[23]

Angrenzend an das Lager hatte sich der gleichnamige Ortsteil Sennelager in der Gemeinde Neuhaus entwickelt. Im direkten Umfeld des Soldatenlagers befanden sich Hotels, Restaurants, Souvenirläden und sogar ein Sommertheater, das etwas derbe Theaterstücke bot, von denen man meinte, dass sie nach dem Geschmack der Soldaten wären.[24] Heinrich empfand den Besuch von einem Theater mit einem zweifelhaften Programm und von Lokalen, voll mit Soldaten auf die Dauer wenig unterhaltsam. Wenn ein Soldat gute Umgangsformen hatte, so öffneten sich ihm die Familien der hohen Offiziere. Heinrich hatte Kontakt zu zwei adligen Damen, deren Ehemänner an der Spitze des 8. Husarenregiments (1. Westfälisches Regiment) standen. Dieses Kavallerie-Regiment war in der ehemaligen Bischofsresidenz Schloss Neuhaus stationiert. Der Südflügel des Schlosses enthielt das Offizierskasino, das durch seine prächtig ausgestatteten Räume zu den schönsten seiner Art im gesamten Reich zählte.[25] Heinrich wurde in das Schloss zu Kaffee und Kuchen eingeladen und bedankte sich für die Gastfreundschaft, indem er die Hunde einer der beiden Damen ausführte. Mit ihr entwickelte sich eine Korrespondenz, von der später die Rede sein wird.

Heinrich mochte in Sennelager mehr Möglichkeiten haben als in Mülheim in der Hacketäuer-Kaserne, seine Freizeit war aber ebenso begrenzt wie ehedem und seine Ausbildung ebenso anstrengend. Die Straßen, auf denen die Soldaten ausrückten, waren nur im Lager befestigt. Auf dem Truppenübungsplatz stapften die jungen Männer viele Kilometer lang durch den dunklen Sand der Senne und auch die Quartiere ließen zu wünschen übrig, wie die Korrespondenz mit seinem Onkel und ehemaligen Vormund August Müller zeigt. Am 11.06.1914 schreibt Heinrich eine Ansichtskarte, auf deren Rückseite die 10. Kompanie der Hacketäuer im Übungsgelände als Foto abgebildet ist.

„Lieber Onkel! Schon eine Woche in der Senne verlebt, sende ich Dir die besten Grüße. Bis jetzt ist unser Zeug nicht trocken geworden. Wir haben

---

[23] Piesczek, Uwe (Hrsg.): Truppenübungsplatz Senne. Zeitzeugen einer hundertjährigen Militärgeschichte, Chronik, Bilder, Dokumente. Paderborn (1992), S. 116, 129.
[24] Piesczek, Uwe (Hrsg.), a.a.O., 380f.
[25] Von Oertzen: Geschichte des 1. Westfälischen Husaren-Regiments Nr. 8 und des Reserve-Husaren-Regiments Nr. 5 sowie der übrigen Kriegsformationen auf Grund von Darstellungen. Paderborn 1939, S. 50.

nämlich keine Öfen, aber jetzt hilft die Sonne. Wir müssen uns mehr schützen, aber dadurch leidet die Gesundheit nicht, deren Du Dich auch bald wieder erfreuen mögest. Dies wünscht Dir von ganzem Herzen Dein Neffe Heinr."

Die Verhältnisse in Sennelager waren alles andere als angenehm, aber im Gegensatz zu seinem Onkel fühlte sich Heinrich gesund und den Anforderungen gewachsen – und, wie bereits erwähnt, man beklagte sich nicht über die Beschwernisse des Militärlebens, sofern sie einigermaßen erträglich waren.

Am 28. Juni 1914, während Heinrich durch den Sand der Senne robbte oder Exerzieren in größeren Formationen übte, wurde Europa von einer Nachricht aufgeschreckt. In Sarajevo hatten Attentäter den österreichischen Thronfolger Erzherzog Franz Ferdinand und seine Gemahlin erschossen. So weit die Meinungen der Historiker über den ursächlichen Hintergrund des 1. Weltkriegs auch auseinandergehen, man ist sich einig darüber, dass diesem Doppelmord als Auslöser des 1. Weltkriegs eine besondere Bedeutung zukommt.

Der Weg in den Krieg

Der Doppelmord an dem österreichischen Thronfolgerpaar in Sarajevo am 28. Juni 1914 aktivierte unter den Großmächten Europas ein Bündnissystem, das eine lokale Begrenzung des Konflikts unmöglich machte und den folgenden Krieg zum Weltenbrand werden ließ. In der wissenschaftlichen und publizistischen Aufarbeitung dieser Urkatastrophe des 20. Jahrhunderts spielt die Frage, wer den Ausbruch des 1. Weltkriegs verschuldet hat, nach wie vor eine zentrale Rolle. Führt man sich allerdings vor Augen, dass dem Krieg damals noch nicht die moralische Verwerflichkeit anhaftete, die wir berechtigterweise mit ihm verbinden, dann relativiert sich die Schuldfrage ein wenig. Diese Relativierung der Kriegsschuldfrage durch die damals generell vorhandene Bereitschaft, nationale Interessen mit Hilfe von Kriegen durchzusetzen, musste Sebastian Haffner vor Augen gehabt haben, als er schrieb: „Der Begriff ‚Kriegsschuld' ist für die Zeit von 1914 völlig unangemessen. Krieg war damals ein legitimes Mittel der Politik; jede Großmacht rechnete jederzeit mit Kriegsmöglichkeiten, jeder Generalstab führte theoretisch ständig Krieg gegen irgendwelche gegnerischen Kombinationen, und wenn sich eine günstige Kriegsmöglichkeit ergab, galt es nicht als unmoralisch oder gar verbrecherisch, davon Gebrauch zu machen."[26]

Das Deutsche Reich war unter der Federführung Bismarcks auf der Basis von drei Kriegen entstanden, und zwar gegen Dänemark, Österreich und zuletzt gegen Frankreich. Vor allem das Verhältnis zu dem besiegten Frankreich, das die Gebiete Elsass-Lothringen an das Deutsche Reich abtreten musste, war extrem belastet. In den folgenden Jahrzehnten schaute man aber nicht nur in Frankreich, sondern auch in Russland und England mit einer gewissen Beunruhigung auf Deutschland, das sich in relativ kurzer Zeit zu einem wirtschaftlich irritierend starken Emporkömmling entwickelte. Bismarck fürchtete daher nichts mehr als eine Koalition der Großmächte gegen das Deutsche Reich und betrieb seit der Reichsgründung eine aktive Friedenspolitik, indem er zwischen den Großmächten Europas vermittelte, um sein Land aus möglichen Konflikten herauszuhalten – dies allerdings nicht immer mit dem erwünschten Erfolg. Als Russland durch seinen Krieg gegen das Osmanische Reich 1877/78 eine internationale Krise auslöste, vermittelte Bismarck auf dem Berliner Kongress zwischen den Kontrahenten. Russland fühlte sich jedoch durch Bismarck um die Früchte seines Sieges gebracht, was eine Verschlechterung des Verhältnisses zwischen Russland und dem Deutschen Reich nach sich zog. Auch sah Russland im Deutschen Reich die Schutzmacht von Österreich-Ungarn, seinem eigentlichen Gegner auf dem Balkan.[27]

Die Entlassung Bismarcks durch Kaiser Wilhelm II im Jahr 1890 war auch das Ende der umsichtigen, durch Zurückhaltung geprägten Politik. 1905 erwog man in Deutschland einen Präventivschlag gegen Frankreich, dessen Bündnispartner Russland zum damaligen Zeitpunkt durch seinen Krieg mit Japan und innenpolitische Probleme geschwächt war. Einige Jahre später blickte Österreich-Ungarn mit zunehmendem Ärger auf ein durch die Balkankriege erstarktes Serbien. Serbien strebte mit der Unterstützung von Russland ein großserbisches Reich an, dessen Gebiete sich mit denen Österreich-Ungarns überschnitten. Der Doppelmord in Sarajevo traf also auf eine äußerst angespannte Lage in Europa und wurde damit zum verhängnisvollen Funken im Pulverfass.

---

[26] Haffner, Sebastian: Von Bismarck zu Hitler. Ein Rückblick. Hamburg 2009, S. 113.
[27] Clark, Christopher: Die Schlafwandler. Wie Europa in den Ersten Weltkrieg zog. München 2014, S. 175f., Piekalkiewicz, Janusz: Der Erste Weltkrieg. Augsburg 1995, S. 33, 35.

Anfang Juli 1914, einige Tage nach dem Attentat, bekräftigten Kaiser Wilhelm II und Reichskanzler Bethmann-Hollweg gegenüber dem österreichisch-ungarischen Gesandten ihre Bündnistreue, sofern es zu einem Krieg mit Serbien kommen sollte. In der Zeit vom 20. bis zum 23. Juli versicherten sich die Bündnispartner Frankreich und Russland der gegenseitigen Unterstützung im Falle eines Krieges. Am 23. Juli forderte Österreich von Serbien im Rahmen eines zweitätigen Ultimatums die Auslieferung der Mörder und freie Hand bei der Mordermittlung in Serbien. Als Reaktion auf das ablehnende Antwortschreiben Serbiens erklärte Österreich-Ungarn am 28. Juli 1914 Serbien den Krieg. Russland hatte bereits vor diesem Zeitpunkt erste Schritte zur Mobilmachung unternommen. Als Russland trotz der warnenden Stimmen aus Berlin zur Generalmobilmachung seiner Truppen überging, erklärte ihm das Deutsche Reich am 1. August den Krieg. Es folgten die Generalmobilmachung in Frankreich und die zweite Kriegserklärung durch das Deutsche Reich, jetzt an Frankreich.[28] Der Monat nach dem Attentat ist als „Julikrise" in die Geschichte eingegangen. Die Bevölkerung reagierte auf die Zuspitzung der Krise Mitte bis Ende Juli 1914 zum Teil mit nationaler Begeisterung, zum Teil mit Sorge und öffentlichen Protesten.

Heinrich hielt sich in der ersten Julihälfte des Jahres 1914 in Daseburg auf, wo er nach seiner Zeit in Sennelager einen zweiwöchigen Urlaub verbrachte. Man kann davon ausgehen, dass die Daseburger von dem Doppelmord an dem österreichischen Thronfolgerpaar wussten. Sowohl Heinrich als auch Lisbeth waren nachweislich Zeitungsleser, zumindest seit dem Ausbruch des 1. Weltkrieges. Auch wenn die Tagespresse nicht jedem Daseburger als Informationsquelle diente, so sorgte doch der Ausrufer mit lauter Stimme für die Verbreitung von Neuigkeiten. Auch noch die Generation nach meinen Großeltern konnte sich an die Stimme des Ausrufers erinnern, der für seine Arbeit die Plätze im Dorf wählte, von denen aus er möglichst viele Einwohnerinnen und Einwohner Daseburgs erreichen konnte. Es ist allerdings nicht bekannt, welche Schlüsse die Daseburger aus der Nachricht vom Attentat zogen; auch ist nicht bekannt, über welche Informationsquellen Heinrich unter den Hacketäuern verfügte außer den leicht erhältlichen Zeitungen. Ohnehin war Heinrich abgelenkt: In seinem Privatleben bahnte sich nämlich eine Veränderung

---

[28] Clark, Christopher, a.a.O., S. 612f., 615, 644f., 671ff, Piekalkiewicz, Janusz, a.a.O., S. 33, 35.

an und zu den Weichenstellern, die seinem Lebensweg eine neue Richtung gaben, gehörte sein jüngerer Bruder Stoppelkamps Josef.

Während seines Urlaubs bekam Heinrich eine Ansichtskarte, die Stoppelkamps Josef als Soldat in Sennelager zeigte. Wie bereits erwähnt war Josef Gärtner im Angestelltenverhältnis. Er hatte in einer Gärtnerei für Zierpflanzen in der Nähe von Köln gearbeitet. Seine Spezialgebiete sollen laut dem Zeugnis seines Arbeitgebers Cyclamen, Hortensien und Primeln gewesen sein. Seit dem Herbst 1913 musste auch Josef seinen Wehrdienst absolvieren, und zwar bei dem Infanterie-Regiment Nr. 55, dessen erstes Bataillon in Höxter stationiert war. Heinrich und Josef dienten also nicht im selben Regiment, noch nicht einmal in derselben Division. Der Zufall hätte sie aber trotzdem in Sennelager zusammenführen können. Allerdings traf Josef mit seinem Bataillon dort ein, als die Hacketäuer gerade Sennelager verlassen hatten. Josef schickte seine Karte am 6. Juli 1914 also nach Mülheim, wo sie von dort aus nach Daseburg weitergeleitet wurde.

„Teile Dir mit, daß wir seit Sa[mstag] in der Senne sind. Wir liegen im neuen Lager direkt neben den Baracken, wo ihr lagt. Komme soeben von H.D. Er lässt vielmals grüßen. Morgen haben wir unsere Batt.[allions]besichtigung. Sonst alles beim alten. Hoffentlich lässt Du bald wieder was von Dir hören. Herzl. Gruß Jos."

In den zahlreichen Karten und Briefen, die von Josef überliefert wurden, präsentiert er sich als Lebenskünstler, der jedes Missgeschick mit einer munteren Bemerkung beiseite tut. Die Unannehmlichkeiten des Militärlebens mit Humor zu ertragen, musste ihm nicht erst beigebracht werden. Aber im Grunde seines Herzens war Josef sensibel. Alle Informationen über ihn zusammengenommen zeigen einen jungen Mann mit weichem Kern unter einer rauen Schale. Was für Heinrich wichtig werden sollte: Josef kannte Lisbeth, und das bevor Heinrich sie näher kennen lernte. Während sich über Europa die ersten Gewitterwolken des herannahenden 1. Weltkriegs allmählich abzeichneten, kamen Heinrich und Lisbeth einander näher.

Es ist nicht überliefert worden, ob zwischen den Familien von Heinrich und Lisbeth eine freundschaftliche Verbindung bestand. Auch wenn sich die beiden Familien kaum oder gar nicht kannten, das Beziehungsgeflecht vor allem im Umfeld von Lisbeth hatte sich geändert, und zwar dahingehend, dass sich die Wege von Heinrich und Lisbeth zwangläufig kreuzen mussten.

Es könnte Ende 1913, Anfang 1914 gewesen sein, als Lisbeths Freundin Sophia sich enger an die Wienholtsche Familie anschloss und ihre gesamte Freizeit bei ihnen verbrachte. Zuhause hat man sie kaum noch gesehen, erzählte mir die Nichte von Sophia. Für diese ungewöhnliche Anhänglichkeit war nicht Lisbeth der Grund, sondern deren Bruder Franz Wienholt, der älteste Sohn der Witwe Theresa. Franz erwiderte zunächst Sophias Neigung, zeigte dann aber Interesse an einem anderen Mädchen, wie die Daseburger Familienchronik von Wilhelm Michels berichtet. Die enttäuschte Sophia zog daraufhin in Erwägung, sich ebenso wie ihre älteste Schwester in ein Kloster zurückzuziehen. Sophia setzte ihren Entschluss nicht sofort um, vielleicht, weil ihr noch nicht klar war, welches Kloster sie wählen sollte. Ein Foto zeigt sie im September 1914 wahrscheinlich in Dortmund zusammen mit zwei Franziskanerinnen. Schließlich entschied sie sich für den Orden, dem auch ihre Schwester angehörte, die Kongregation der „Schwestern der christlichen Liebe" in Paderborn. Wilhelm Michels schreibt in seiner Familienchronik, dass Sophia glücklich im Kloster gewesen ist.[29] Der Anlass für ihre Entscheidung mag eine gescheiterte Liebe gewesen sein, aber letztendlich tat sie das, was ihre älteste Schwester ihr vorgelebt hatte.

In dem Maße wie Sophia sich von Lisbeth distanzierte, indem sie sich neu orientierte, in dem Maße suchte Lisbeth die Nähe von Johanna. Auch deren Leben hatte sich verändert. Sie war mittlerweile verlobt, und das mit Heinrichs Bruder Stoppelkamps Josef. Heinrich war damit der leibliche Bruder des Verlobten von Johanna und jene war die beste Freundin von Lisbeth.

Laut Wilhelm Michels wurden die Daseburger Ehen in früheren Zeiten häufig von den Eltern arrangiert. Es existiert im Nachlass kein Hinweis darauf, dass die Mütter von Heinrich und Lisbeth die beiden verkuppelt hätten oder Johanna und Stoppelkamps Josef sich in dieser Weise betätigt hätten, aber die Verbindung war durch Josef und Johanna hergestellt – und es war nicht die einzige Verbindung. Wie auch immer es sich ergeben hatte, Heinrichs älteste Stiefschwester Hedwig Zabel arbeitete zu diesem Zeitpunkt und auch noch für die folgenden zwei Jahre bei den Wienholts als Magd.

Wie bereits erwähnt gab es in Daseburg zur damaligen Zeit nur wenig Zerstreuung. Wenn die Dorfbewohner das Bedürfnis nach Unterhaltung verspürten, besuchten sie sich gegenseitig. Besonders Verwandtschaft

---

[29] Michels, Wilhelm: Familienchronik, unveröffentlicht, S. 76.

und Nachbarschaft wurden gepflegt. Man brauchte einander allein schon wegen der wechselseitigen Hilfeleistungen bei der Ernte. Mit Sicherheit wird Johanna manchen Sonntagnachmittag im Haus ihrer zukünftigen Schwiegermutter Emilia verbracht haben. Aus der Ehe von Emilia und dem Schneidermeister Gustav Zabel waren inzwischen fünf Kinder hervorgegangen, von denen das Jüngste, ein kleiner Sohn, damals erst zwei Jahre alt war. Wahrscheinlich ist, dass Heinrich, wenn er von einem Verwandtenbesuch oder Kneipengang zurückkehrte, irgendwann in der Küche seiner Mutter zwei junge Frauen vorgefunden haben wird, seine zukünftige Schwägerin Johanna, alles in allem eine angenehme Erscheinung, und deren rothaarige Freundin Lisbeth Wienholt, die ihn, vielleicht seinen jüngsten Halbbruder auf dem Schoß haltend, neugierig gemustert haben wird. Schnell wäre eine Einladung in das Haus der Familie Wienholt ausgesprochen worden. Heinrich sollte doch schließlich sehen, wie gut sich seine Stiefschwester bei ihren Arbeitgebern eingelebt hatte. Dann folgte wahrscheinlich die nächste Einladung und dann vielleicht ein gemeinsamer Spaziergang. Als Heinrichs Urlaub dem Ende entgegenging, dies kann man mit Sicherheit sagen, waren beide der Ansicht, dass sie einander auch einmal schreiben könnten, natürlich nur rein freundschaftlich und völlig unverbindlich. Lisbeth hatte nun einen weiteren Verehrer und dieser war, sobald er eine feste Stelle bei der Eisenbahn aufweisen konnte, recht vielversprechend.

Mitte Juli 1914 diente Heinrich wieder in Mülheim bei seiner Kompanie. Zufälligerweise erledigten beide Brüder Heinrich und Josef am 19. Juli 1914 ihre Korrespondenz, der eine in Mülheim bei Köln, der andere in Sennelager bei Paderborn. Stoppelkamps Josef versuchte seiner Militärzeit in Sennelager das Beste abzugewinnen. In den Kneipen und Cafés der Umgebung sah man ihn jeden Abend. Wenn die Kartenspieler um kleinere Geldeinsätze spielten, war auch er dabei. In den Geschäften suchte Josef nach einem hübschen Geschenk für seine Braut und nach einem Souvenir für sich selbst. Kurzum, er war häufig in Geldverlegenheit. Seine Zuwendungen als einfacher Soldat umfassten Unterkunft, Verpflegung und die Uniform. Darüber hinaus erhielt er einen Geldbetrag von 6 bis 10 Mark monatlich, Löhnung genannt. Mitte Juli musste er sich eingestehen, dass es wieder an der Zeit war, sich nach einem Geldgeber umzuschauen. Am 19.07.1914 wandte er sich an seine Mutter und seinen Stiefvater:

„Liebe Eltern! Teile Euch eben mit, daß ich Paket und Geld erhalten hab. Ersteres wird wohl bis Sonntag reichen, aber das Geld ist bereits wieder

alle. Schickt mir sofort 5 M[ark]. Wir sind bis Sonntag in der Senne. Ist Heinrich noch in Daseburg? Ich habe seinen Namenstag ganz vergessen. Er weiß ja selbst wie schnell das passieren kann. Herzlichen Gruß Josef – Schickt das Geld aber sofort ab."

Ebenfalls am 19.07.1914 saß auch Heinrich an einem Pult, in seinem Fall, um einen weiteren Brief an seinen zukünftigen Arbeitgeber die Kgl. Eisenbahn zu schreiben. Sein Militärdienst endete im Herbst 1914, ein ungünstiger Zeitpunkt, um eine Arbeit auf dem Bau zu finden, mit deren Hilfe er die Wartezeit bis zur Anstellung bei der Bahn hätte überbrücken können. Wieder faltete er einen Doppelbogen längs und beschrieb die rechte Seite, die linke Seite für die Kommentare der Bahnbeamten freilassend.

„Am 24. Mai 1913 bin ich als technischer Büroassistent II. Kl. vorgemerkt worden. Meiner Militärpflicht habe ich am 21. Sept. d. J. genügt. Ich stelle mich von diesem Zeitpunkte an dem Zentralamt der Kgl. Eisenbahn zur Verfügung. Es ist mir von großer Wichtigkeit, zu erfahren, wann ich meine Anstellung erhalten könnte. Für mich wäre eine sofortige Einstellung am günstigsten. Darum bitte ich das Kgl. Eisenbahn-Zentralamt um gütige Nachricht, ob ich meine Anstellung kurz nach Beendigung meiner Dienstzeit erwarten darf, oder ob ich längere Zeit darauf warten muß."

Heinrich saß auf glühenden Kohlen, denn sollte sich eine mehrmonatige Wartezeit ergeben, dann musste diese finanziert werden. Der Wunsch nach Planungssicherheit ist vielleicht nicht der einzige Grund für den Druck gewesen, den Heinrich auf seinen zukünftigen Arbeitgeber ausübte. Dass die Welt kurz vor dem Ausbruch eines verheerenden Krieges stand, konnte er nicht wissen, aber der Doppelmord an dem österreichischen Thronfolgerpaar ließ nichts Gutes ahnen. Wenn ein Krieg ausbrechen sollte, mussten Soldaten und Kriegsmaterialien transportiert werden. Auch zu Kriegszeiten wurden Eisenbahner gebraucht und mit etwas Glück weit hinter der Front. Ob ihm diese Gedanken tatsächlich durch den Kopf gegangen sind, ist unklar. Sicher ist nur, elf Tage vor Ausbruch des 1. Weltkrieges war sein Anliegen eine Anstellung bei der Bahn, und zwar unmittelbar nach Beendigung seiner Militärzeit. Im Königlichen Eisenbahn-Zentralamt antwortete man ihm am 22.07.1914:

„Sie werden voraussichtlich bald nach Ihrer Entlassung vom Militär einberufen werden können."

Etwa zwei Tage später hielt ein zufriedener Heinrich seinen Originalbrief in den Händen, auf der linken Seitenhälfte mit der Bemerkung versehen, auf die er gehofft hatte. So missverständlich diese Antwort für uns auch klingt, Heinrich sollte bald in den Dienst bei der Eisenbahn „einberufen" werden und nicht in den Kriegsdienst „eingezogen". Heinrich, der die Terminologie der damaligen Zeit kannte, wird die freudige Botschaft sofort verstanden haben.

Unterdessen reagierten die Menschen in den Großstädten mit Neugier und Erregung auf die deutlichen Anzeichen der Julikrise. Am Abend des 24. Julis diskutierten aufgeregte Passanten in Berlin über die neuesten Schlagzeilen: Serbien hatte auf das österreichische Ultimatum ablehnend reagiert. Würde es einen Krieg zwischen Österreich und Serbien geben und welche Konsequenzen hätte ein solcher für das Deutsche Reich? Hunderte von patriotisch gesinnten Menschen zogen durch die breiten Straßen Berlins zum Schloss, der Residenz von Kaiser Wilhelm II.[30]

Am selben Tag schickte Josef eine weitere Ansichtskarte nach Daseburg. Sein Bataillon sollte Sennelager am 25.07.1914 verlassen und nach Höxter in sein Quartier zurückkehren.

„L. Eltern! Teile Euch eben mit, daß wir morgen Samstag wieder nach Höxter kommen. Wir kommen zwischen ½ 5 bis ½ 6 durch Warburg. Ich komme sehr wahrscheinlich nächste Woche auf Urlaub nach dort. Das Geld habe ich erhalten. Besten Dank dafür. Herzlichen Gruß Josef."

In den folgenden Tagen trieb die sich zuspitzende Julikrise vor allem in Berlin tausende von Menschen auf die Straße, die Arbeiter und Sozialdemokraten, um gegen die Kriegserklärung Österreichs gegenüber Serbien zu demonstrieren, Teile des Mittelstandes, um ihre patriotische Gesinnung kundzutun, beobachtet von besorgten Passanten, die den vaterländischen Liedern der Patrioten zumindest im Zusammenhang mit der drohenden Kriegsgefahr nichts abgewinnen konnten.[31]

Beim Ausbruch des 1. Weltkrieges waren die Führenden aller kriegsteilnehmenden Nationen bemüht, sich gegenüber der eigenen Bevölkerung als Angegriffene darzustellen, die gezwungenermaßen zu den Waffen greifen mussten. Als das Deutsche Reich Anfang August erst den Krieg gegen Russland und dann gegen Frankreich erklärte, verstummte der öffentliche Protest, auch von Seiten der Sozialdemokraten. In einigen Großstädten wurde die Mobilmachung mit patriotischem Jubel begleitet. Auf dem Land war man eher abgelenkt, weil die Einbringung der Ernte alle Aufmerksamkeit beanspruchte. Aber obwohl jeder wusste, dass die

---

[30] Fritzsche, Peter; Wie aus Deutschen Nazis wurden. München 2002, S. 23f.
[31] Fritzsche, Peter, a.a.O., S. 29f.

meisten Männer und sogar ein Teil der Arbeitspferde eingezogen würden, fand sich auch auf dem Land zuweilen eine patriotische, kriegsbejahende Stimmung.[32] Die Menschen waren der Ansicht, dass der Krieg schnell gewonnen werden könnte. Mit einem auszehrenden Stellungskrieg, der sich über Jahre hinwegziehen würde, rechnete niemand.

Ob Josef noch die Gelegenheit bekam, in den letzten Julitagen seine Verlobte Johanna zu besuchen, ist fraglich. Heinrich war zu diesem Zeitpunkt bei seinem Regiment in Mülheim. Dort wurden die Stadtbewohner am 1. August 1914 durch Trommelwirbel und Hornsignale über den Kriegszustand informiert. Kurz darauf erfolgte der Mobilmachungsbefehl und bereits in der folgenden Nacht trafen die ersten Reservisten ein. Am Abend des 2. August marschierte der erste Teil des Regiments zum Bahnhof in Begleitung einer Menge von begeisterten Bürgern; ihm folgten im Abstand von einigen Stunden die anderen Bataillone. Über das Ziel der Fahrt wurde die Mannschaft zunächst im Unklaren gelassen. Als sich die Züge über die große Rheinbrücke bewegten, war jedem klar, sie würden gegen Frankreich kämpfen. Hell leuchteten über der Brücke mehrere Scheinwerfer, die den Himmel nach französischen Bombengeschwadern absuchten.[33]

Im Kugelregen

Wer in den ersten beiden Augustwochen 1914 an der Hohenzollernbrücke in Köln ausgeharrt hätte, um die Militärtransporte zu verfolgen, wäre beeindruckt gewesen. Durchschnittlich im 10-Minutentakt rollten die Waggons über die Schienen, gefüllt mit Soldaten und Kriegsausrüstung. Im Zeitraum vom 2. August bis zur Einnahme von Lüttich am 16./17. August 1914 beförderten die Eisenbahnen insgesamt bis an die 3 Millionen Soldaten und ca. 850.000 Pferde, die vor allem der Kavallerie als Reittiere und der Artillerie und der Bagage als Zugtiere dienten.[34]

---

[32] Strotdrees, Gisbert: Höfe, Bauern, Hungerjahre. Aus der Geschichte der westfälischen Landwirtschaft 1890–1950. Münster-Hiltrup 1998, S. 38.
[33] Rinck von Baldenstein u. a.: Das Infanterie-Regiment Freiherr von Sparr (3. Westfälisches) Nr. 16 im Weltkriege 1914/1918. Berlin 1927, S. 13f.
[34] Leonhard, Jörn: Die Büchse der Pandora. Geschichte des Ersten Weltkriegs. München 2014, S. 163, Münkler, Herfried: Der Große Krieg. Die Welt 1914 bis 1918. Berlin 2013, S. 110.

Die Großoffensive des deutschen Heeres an der Westfront folgte einer modifizierten Form des Schlieffenplans, der von einem militärisch schwer zu bewältigenden und deshalb gefürchteten Zweifrontenkrieg ausging. Dieser Plan sah einen Blitzkrieg gegen Frankreich mit fast allen Truppen vor, um dann, nach einem schnellen Sieg über Frankreich, mit der Verlegung der militärischen Kräfte an die Ostfront, gegen Russland vorgehen zu können. Dabei hoffte das Militär, dass sich Russland bei der Mobilisierung als schwerfällig erweisen würde.

Voraussetzung für einen schnellen Einmarsch in Frankreich war nach dem Schlieffenplan die Meidung des Festungsgürtels zwischen Verdun und Belfort. Dieser sollte über verschiedene Routen durch Belgien und Luxemburg umgangen werden.[35] Anfang August forderte das Deutsche Auswärtige Amt das neutrale Belgien in einem Ultimatum auf, den deutschen Truppen die Passage durch ihr Land zu gestatten. Zwar hege das Deutsche Reich keine Feindseligkeiten gegen Belgien und wolle ihm alle durch die Truppen entstandenen Schäden ersetzen, man sei aber nicht gewillt, eine Ablehnung von Seiten Belgiens hinzunehmen.[36]

Dieses Ultimatum löste in Belgien Empörung und schließlich einen Sturm der patriotischen Begeisterung aus. Im Laufe des Augusts konnten die zuständigen Stellen in Belgien den Andrang von Freiwilligen, die sich zur Bürgermiliz (Garde Civique) meldeten, kaum bewältigen.[37] Dass die Uniformen der Garde Civique schwer von der damals üblichen Zivilkleidung zu unterscheiden waren, sollte für das Vorgehen der deutschen Soldaten im neutralen Belgien von Bedeutung werden.

In der ersten Augusthälfte 1914 wurden sieben deutsche Armeen, das sind etwa 7/8 des deutschen Kriegsheers mit 1,5 Millionen Soldaten an die Westfront transportiert.[38] Für den Durchmarsch durch Belgien waren die erste, die zweite und auch die dritte Armee vorgesehen. Mit einem Heer von 117.000 belgischen Soldaten glich das Kräfteverhältnis des neutralen Belgien gegenüber dem Deutschen Reich dem Größenverhältnis zwischen David und Goliath. Diejenigen deutschen Regimenter aber, die an vorderster Stelle der Invasion platziert waren, sahen sich naturgemäß einer Überzahl an belgischen und französischen Truppen gegenüber; so z. B. die Hacketäuer.

---

[35] Janz, Oliver: Der Große Krieg. Frankfurt a. M. 2013, S. 72.
[36] Piekalkiewicz, Janusz: Der Erste Weltkrieg. Augsburg 1995, S. 39.
[37] Horne, John; Kramer, Alan: Deutsche Kriegsgreuel 1914. Die umstrittene Wahrheit. Hamburg 2004, S. 192f.
[38] Janz, Oliver: Der Große Krieg. Frankfurt a. M. 2013, S. 71.

Das Infanterie-Regiment Nr. 16, Hacketäuer genannt, gehörte zur zweiten Armee und zusammen mit dem Infanterie-Regiment Nr. 53 zur 27. Brigade.

2. Armee	
27. Brigade	
Infanterie-Regiment Nr. 16 (Hacketäuer)	Infanterie-Regiment Nr. 53
3. Bataillon (Heinrich diente in der 10. Kompanie dieses Bataillons)	

Begleitet wurden die Infanterie-Regimenter 16 und 53 von einem Jäger-Bataillon, einem Artillerie-Regiment und von Kavallerie, den altmärkischen Ulanen. Die 27. Brigade war eine von mehreren Brigaden, die gegen die bedeutende Industriestadt Lüttich mit ihren zwölf Forts angesetzt wurde, denn die Citadelle von Lüttich und vor allem die damals hochmodernen Forts versperrten den Zugang zum Tal der Maas und damit den Weg nach Frankreich.[39]

Nach einer ersten ruhigen Nacht bei Aachen-Burtscheid bewegte sich die 27. Brigade am 3. August 1914 in Richtung belgischer Grenze nach Lontzen, ein Marsch von etwa 10 km, der für die ausgebildeten Infanteristen ohne Schwierigkeiten zu bewältigen war, trotz einem Ausrüstungsgewicht von über 30 Kilo. Ein Foto zeigt Heinrich in feldgrauer Uniform, mit abgedeckter Pickelhaube, dem Tornister auf dem Rücken, Patronentaschen am Gürtel und dem Seitengewehr mit Bajonett (Abb. 6).[40]

Die zweite Nacht verlief weit unruhiger, obwohl sich die Brigade noch immer auf deutschem Boden befand. Ein Gerücht machte die Runde: Angeblich sollte sich ein französisches Armeekorps auf dem Vormarsch nach Aachen befinden. Die Soldaten verbrachten die Nacht dösend mit dem Gewehr im Arm. Manche hoben in dieser Nacht sogar Schützengräben aus, um in ihnen Deckung vor einem möglichen französischen Angriff zu finden. Erleichtert, dass dieser Angriff nicht stattfand, aber übernächtigt, setzten die Soldaten ihren Weg fort und überschritten schließ-

---

[39] Horne, John; Kramer, Alan, a.a.O., S. 20.
[40] Vgl. zur Ausrüstung auch Herwig, Holger H.: The Marne, 1914. The Opening of World War I and the Battle That Changed the World. New York 2009, S. 47.

lich am späten Vormittag des 4. August 1914 die belgische Grenze bei Henri-Chapelle. Sie wussten, dass der direkte Vorgesetzte ihrer Brigade, General v. Emmich, die Belgier in einem Aufruf gebeten hatte, den deutschen Truppen im Gedenken an das frühere Waffenbündnis gegen Napoleon, einen Durchmarsch durch ihr Land zu gewähren. Als die Hacketäuer die Grenze überschritten, waren sie sich nicht sicher, wie die Belgier auf ihr Eindringen reagieren würden.[41]

Der Marsch der deutschen Truppen durch Belgien gelangte zu trauriger Berühmtheit wegen der an der belgischen Zivilgesellschaft verübten Gräueltaten, die nicht nur in den belgischen Quellen beschrieben werden, sondern auch in den publizierten Tagebuch- und Briefsammlungen des deutschen Militärs. Da dieses sich selbst als die angegriffene Partei empfand, die sich gegen die Attacken belgischer Zivilisten lediglich wehrte, hielten es weder die Autoren der persönlichen Dokumente noch deren Herausgeber für notwendig, die Übergriffe auf die belgische Zivilbevölkerung zu beschönigen.[42]

Der Chronist der Hacketäuer, Oberleutnant Rinck v. Baldenstein, gibt an, in Belgien zunächst nicht auf reguläres Militär gestoßen zu sein, stattdessen hätten die Belgier einen „Bandenkrieg" organisiert, der ihnen fortwährend Probleme bereitet hätte. Die ersten Quartier für Offiziere und Mannschaft hätte man einer feindseligen Bevölkerung abringen müssen. Des Weiteren konstatiert er: An diesem Tag *„außer 2 Fliegern und einer belgischen Kavalleriepatrouille kein regulärer Feind."*[43] Der Überfall der deutschen Truppen auf das neutrale Belgien, in dessen Folge viele belgische Zivilisten hingerichtet wurden, findet in der Fachliteratur eine ganz unterschiedliche Bewertung.[44] Einigkeit herrscht aber darüber, dass es während der ersten Tage des Überfalls zu Angriffen der Garde Civique auf die Invasoren gekommen ist. Demnach könnte es sich bei den angeblichen Bandenkriegen in Wirklichkeit um den Einsatz der Garde Civique handeln, die vom deutschen Militär nicht als Kombattanten im Sinne der

---

[41] Rinck v. Baldenstein, [Werner] u. a.: Das Infanterie-Regiment Freiherr von Sparr (3. Westfälisches) Nr. 16 im Weltkriege 1914/1918. Berlin 1927, S. 17, [genannt Hacketäuer].
[42] Z. B. Delbrück, Joachim (Hrsg.): Der deutsche Krieg in Feldpostbriefen. Bd. 1: Lüttich – Namur – Antwerpen. München 1915, S. 23, 27, 34. Vgl. auch Herwig, Holger H., a.a.O., S. 79.
[43] Rinck v. Baldenstein u. a.: a.a.O., S. 17.
[44] Kontroverse Standpunkte von Keller, Ulrich und Horne, John/Kramer, Alan: vgl.: Kramer, Alan; Horne, John: Wer schießt hier aus dem Hinterhalt? FAZ Nr. 51, 01.03.2018, S. 14.

Genfer Konvention respektiert wurden und vielleicht noch nicht einmal als solche erkannt wurden.

Die Uniformen der aktiven und inaktiven Garde Civique ähnelten mit ihren Zylindern und Kitteln, wie bereits erwähnt, der damaligen Zivilkleidung. Auch waren manche Milizen unvollständig uniformiert oder trugen als Erkennungsmerkmal nur eine Armbinde. Es ist fraglich, ob die Offiziere der Hacketäuer nach dem Überschreiten der belgischen Grenze mit der Garde Civique rechneten, da deren offizielle Mobilmachung aufgrund eines Formfehlers nicht erfolgt war. Zwar teilte die belgische Regierung der deutschen mit, welche Erkennungsmerkmale die Guarde Civique aufwies, dies geschah aber erst am 8. August, nachdem bereits die ersten Übergriffe auf belgische Zivilisten zu beklagen waren.[45]

Heinrich gehörte zum 3. Bataillon der Hacketäuer. Am 5. August ab 4 Uhr morgens marschierte das Regiment mit dem 3. Bataillon in den vordersten Reihen in die Nähe des kleinen Ortes Blegny, wo zum ersten Mal ein Artilleriegeschoss aus der Richtung des Forts Barchon einschlug. Fort Barchon, das 7 km nordöstlich der Innenstadt Lüttichs lag, war eines der größten im Festungsring der zwölf Forts und ausgerüstet mit mehreren Kanonen und Haubitzen. Zwei Kompanien der Hacketäuer konnten sich diesem Fort unerkannt bis auf 300 m nähern, andere Patrouillen stießen auf belgische Truppen und Hindernisse im Gelände. Während dieses Einsatzes wurden die ersten Soldaten des Regiments verletzt.

Ab dem frühen Nachmittag desselben Tages eröffneten zwei Mörser der deutschen Feldartillerie das Feuer auf den Panzerturm und andere sichtbare Teile des Forts Barchon. Die Hacketäuer des 2. und 3. Bataillons und mit ihnen Heinrich hatten sich „eingegraben", d. h. sie lagen in selbst gegrabenen Kuhlen, um dem Feuer der belgischen und auch der eigenen Artillerie zu entgehen. Aus der Sicht der Hacketäuer verlief dieser Tag ergebnislos: Die Granaten der Mörser konnten gegen die massiven Stahlbetonwände des Forts wenig ausrichten.

Die Soldaten des 2. und 3. Bataillons wurden gegen Abend für wenige Stunden in den Ort Blegny zurückgenommen, um ihnen vor dem nächtlichen Einsatz, für den sie vorgesehen waren, etwas Ruhe zu gönnen. Heinrich wird die wenigen Stunden Schlaf geschätzt haben, denn die Nacht versprach anstrengend zu werden.

---

[45] Horne, John; Kramer, Alan: Deutsche Kriegsgreuel 1914. Die umstrittene Wahrheit. Hamburg 2004, S. 193. Münkler, Herfried, a.a.O., S. 119ff.

Aufgabe der 27. Brigade war es, östlich von Lüttich zwischen den Forts d'Évegnée und Barchon in Richtung des Maastals durchzubrechen. Bereits ab 22 Uhr befanden sich beide Bataillone wieder im Gelände als Teil des breit angelegten Durchbruchmanövers, an dem mehrere tausend Soldaten beteiligt waren. Belgien hatte seine Truppen im Bereich der Forts aufgestockt und das Gebiet zwischen den Forts durch Baumverhaue und andere Hindernisse versperrt. Eine Kompanie der Hacketäuer konnte sich dennoch dem Fort d'Évegnée nähern, die anderen Infanteristen scheiterten an der Gegenwehr der belgischen Truppen und letztendlich auch an einem schweren Unwetter, das die Wege unpassierbar machte.

Während das 2. und 3. Bataillon der Hacketäuer und unter ihnen auch Heinrich die Nacht im freien Gelände unter Beschuss verbrachten, wehrte sich das 1. Bataillon in Blegny gegen Angriffe, die, nach ihrer Wahrnehmung, aus Hecken und Häusern heraus, von Dächern und sogar von der Kirche aus auf sie verübt wurden. Der Chronist Rinck v. Baldenstein schreibt: *„Es bleibt nichts anderes übrig als Häuser, aus denen geschossen wird, anzustecken und jeden, der mit einer Waffe angetroffen wird, kurzerhand zu erschießen. Wehren müssen wir uns!"*[46] Anlass für den Angriff war offensichtlich das Eintreffen der Bagagewagen, wozu Lebensmitteltransporte gehörten.[47] Vielleicht ging der Angriff von der Garde Civique aus; die Hacketäuer des 1. Bataillons beschuldigten aber die Einwohner von Blegny. In dieser Nacht wurden 17 belgische Zivilisten erschossen, zahlreiche Soldaten des 1. Bataillons starben in Blegny und der ganze Ort brannte mit Ausnahme seiner Kirche.

Ähnlich entsetzliche Szenen beschreiben fast alle anonymen Briefautoren, die damals als Soldaten in Belgien kämpften. Sie seien innerhalb der Ortschaften in einen Kugelhagel geraten oder wurden fortwährend beschossen, wobei die Schüsse häufig ihr Ziel verfehlten, nach Ansicht der Soldaten ein weiteres Indiz dafür, dass ungeübte Zivilisten geschossen hätten.[48] Nach den Untersuchungen der Historiker John Horn und Alan Kramer wurden die Soldaten in solchen Situationen meistens Opfer

---

[46] Rinck v. Baldenstein, [Werner] u. a.: Das Infanterie-Regiment Freiherr von Sparr (3. Westfälisches) Nr. 16 im Weltkriege 1914/1918. Berlin 1927, S. 19. Vgl. auch Keller, Ulrich: Schuldfragen. Belgischer Untergrundkrieg und deutsche Vergeltung im August 1914. Paderborn 2017, S. 122.
[47] Vgl. Keller, Ulrich, a.a.O., S. 66.
[48] Delbrück, Joachim (Hrsg.): Der deutsche Krieg in Feldpostbriefen. Bd. 1: Lüttich – Namur – Antwerpen. München 1915, S. 24, 42, 33f., 47, 55. Leitzen, Hans (Hrsg.): Der große Krieg 1914 in Feldpostbriefen. Wolfenbüttel 1914, S. 37, 47, 52f. Vgl. auch Fließ, Otto; Dittmar, Kurt: 5. Hannoversches Infanterie-Regiment Nr. 165 im Weltkriege. Oldenburg i.O./Berlin 1927, S. 9.

ihrer eigenen Wahnvorstellungen. Es löste sich des Nachts ein Schuss oder eine Explosion erzeugte einen Knall, woraufhin sich die verängstigten Männer in der Dunkelheit gegenseitig beschossen, in der Annahme, die Schüsse stammten von Zivilisten. Allerdings stellen auch Horne und Kramer fest, dass es während der ersten Tage der Invasion vereinzelt zu Attacken durch belgische Zivilisten oder die Garde Civique gekommen ist.[49]

Am Morgen des 6. August 1914 lagerten die Soldaten des 2. und 3. Bataillons rund um Blegny, ausgelaugt von der langen Nacht und nach wie vor aufgeschreckt von schwer zu lokalisierenden Schüssen. Jetzt wäre der Zeitpunkt gewesen, die Männer mit Lebensmitteln zu versorgen. Da es aber einen Angriff auf die Bagagewagen gegeben hatte, blieben die Soldaten wahrscheinlich hungrig. Sie verfügten über einen Sold, mit dem sie sich Lebensmittel hätten kaufen können. Es war aber nicht damit zu rechnen, dass die einheimische Bevölkerung feindlichen Invasoren Nahrung verkaufen würde, und wenn, dann nicht zu den ortsüblichen Preisen.[50]

Heinrich hat die Geschehnisse in Blegny selbst nicht miterlebt. Die Bataillone standen aber untereinander in Kontakt und tauschten Informationen aus. Dass in der letzten Nacht Soldaten des 1. Bataillons getötet und verwundet wurden, wird sich mit Sicherheit schnell herumgesprochen haben und dass auch Zivilisten umgebracht wurden, erfuhr er jetzt ebenfalls. In der trüben Stimmung, in der sich die Soldaten befanden, traf sie die übelste Hiobsbotschaft dieses Morgens besonders hart: Das Infanterie-Regiment Nr. 53, das zweite Infanterie-Regiment der 27. Brigade, war bei seinem Vormarsch auf Lüttich vernichtend geschlagen worden. Jedem der Soldaten wird spätestens jetzt klar geworden sein, dass er die nächsten Tage möglicherweise nicht überleben würde.

In dieser Situation entschied sich Heinrich, eine Karte nach Daseburg zu schicken, nicht an seine Mutter, denn sie war für das, was er zu schreiben hatte nicht die richtige Ansprechpartnerin, sondern an seinen Onkel und ehemaligen Vormund August Müller und dessen Frau. Er nahm, vielleicht wegen eines Mangels an Auswahl, die Karte, auf deren Rückseite „die lustigen Hacketäuer der Stube 47, 10/16" abgebildet sind (Abb. 5) und schrieb:

---

[49] Horne, John; Kramer, Alan: Deutsche Kriegsgreuel 1914. Die umstrittene Wahrheit. Hamburg 2004, S. 184ff., bes. S. 189.
[50] Vgl. Münkler, Herfried: Der Große Krieg. Die Welt 1914 bis 1918. Berlin 2013, S. 118f.

„Lieber Onkel und Tante! Teile Euch mit, daß es mir noch gut geht. Auch Albrecht, der traf heute morgen hier ein. Es geht hier Tag und Nacht durch, am schlimmsten ist [es] nachts, da passierts, daß man in der Dunkelheit eigene Kameraden erschießt. Wir nehmen jetzt vor Lüttich eine andere Stellung ein. Sold sieht man wenig. Aber die Herrschaften beschießen einen immer. Die Häuser werden abgebrannt, Leute erschossen. Von unserem Bruderregiment Nr. 53 ist nur noch ein kleines Häuflein von 100 M[ann]. Fast 700 tot."

Sprachlich und z. T. auch inhaltlich ähnelt diese Karte den zahlreichen Feldpostkarten, die Verwandte und Freunde ihm in den folgenden Jahren von der Front aus schickten. *„Teile Euch mit, daß es mir noch gut geht"* ist eine der gängigsten Formulierungen und bedeutet meistens nicht mehr als „Ich bin noch unverletzt." Die zweite Information betrifft den gemeinsamen Verwandten Albrecht. Die verwandtschaftlichen Kontakte wurden, soweit dies möglich war, auch an der Front aufrechterhalten. Der erwähnte Albrecht hat für den weiteren Verlauf der Geschichte aber keine Bedeutung.

Dann schreibt Heinrich: *„Es geht hier Tag und Nacht durch, am schlimmsten ist [es] nachts, da passierts, daß man in der Dunkelheit eigene Kameraden erschießt."* Die Hacketäuer haben sich in der Dunkelheit also gegenseitig beschossen, was in Gefechtssituationen nicht selten passierte, und Heinrich hat es bemerkt und mit ihm wussten es auch andere, wie vergleichbare Briefaufzeichnungen anonymer Soldaten in Belgien zeigen.[51] *„Sold sieht man wenig. Aber die Herrschaften beschießen einen immer."* Mit dieser bitteren Bemerkung lässt Heinrich offen, von wem er beschossen wurde. Er hatte die ganze Nacht im Gelände gegen belgische Soldaten gekämpft und sich vor Artilleriebeschuss in eine Kuhle geduckt. Auf der Karte war nicht genügend Platz, um all dies detailliert zu beschreiben. Also beschränkte sich Heinrich darauf, seinem Onkel mitzuteilen, dass er sich unter permanentem Beschuss befand und dieses ganze Elend für einen geringen Lohn ertragen musste. Heinrich war kein Patriot. Allein für ‚Ehre und Vaterland' kämpfen wollte er nicht. Möglicherweise steht die Erwähnung der Unterbezahlung auch im Zusammenhang mit der mangelhaften Versorgung der Truppe. Ein geringer oder

---

[51] Delbrück, Joachim (Hrsg.), a.a.O., S. 20. Vgl. auch Troilo, Hans v.: Das 5. Westfälische Infanterie-Regiment Nr. 53 im Weltkriege 1914-1919. Berlin 1924, S. 19. Vgl. auch Herwig, Holger H.: The Marne, 1914. The Opening of World War I and the Battle That Changed the World. New York 2009, S. 112.

nicht pünktlich ausgezahlter Sold erlaubte es den Soldaten nicht, sich durch Einkäufe selbst zu versorgen.

Mit der stichwortartigen Aufzählung solcher niederschmetternden Eindrücke setzt Heinrich sein Schreiben fort: Hinrichtungen von Zivilisten, abgebrannte Häuser und das fast vollständig ausgelöschte Infanterie-Regiment Nr. 53.

Man versetze sich in Heinrichs Lage: Fast zwei Jahre lang hatte er seinen Wehrdienst absolviert. Gegen Ende dieser mühsamen Zeit war ihm nichts wichtiger, als den Kasernenhof mit einem Arbeitsplatz bei der Eisenbahn zu vertauschen, und das so schnell wie möglich, weil die außenpolitische Situation sich in eine gefährliche Richtung entwickelt hatte. Der Ausbruch des 1. Weltkriegs durchkreuzte Heinrichs Zukunftspläne auf das grausamste. Der Kugelregen in Belgien entwickelte sich zu einem Albtraum, wobei nicht nur die toten Kameraden des Bruderregiments Teil dieses Albtraums waren, sondern auch die erschossenen Zivilisten und die brennenden Häuser. Heinrich war müde und hungrig, und er lebte in ständiger Todesangst.

Die unzureichende Versorgungslage der deutschen Invasoren in Belgien wurde in der Folgezeit zum gravierenden Problem. Hintergrund hierfür waren zerstörte Bahnschienen und verstopfte Straßen, die den Transport von Lebensmitteln beeinträchtigten, aber auch die erwähnten Angriffe auf die Bagagewagen. Als Folge dieser Entwicklung brachen manche der ausgehungerten Männer in leer stehende Häuser ein und plünderten die Vorräte, die von den Bewohnern auf der Flucht vor den marodierenden Soldaten zurückgelassen wurden. Ein anonymer Briefschreiber gibt an, Hungerphasen bis zu 48 Stunden ertragen zu haben.[52] Die Weinflaschen, die solche Soldaten aus den Vorratskellern erbeuteten, werden nicht dazu beigetragen haben, sie, die ihre Nächte im Kugelregen verbrachten, friedvoller zu stimmen. Allein im Raum Lüttich wurden bis zum 8. August 1914 über 850 Zivilisten getötet. Während der gesamten Invasion kamen ca. 6400 Zivilsten ums Leben.[53] Ohne nun die 27. Brigade,

---

[52] Leitzen, Hans (Hrsg.): Der große Krieg 1914 in Feldpostbriefen. Wolfenbüttel 1914, S. 53.
[53] Leonhard, Jörn: Die Büchse der Pandora. Geschichte des Ersten Weltkriegs. München 2014, S. 170.

zu der die Hacketäuer gehörten, in Schutz nehmen zu wollen, war ihr Anteil an diesen Verbrechen vergleichsweise gering.[54]

Noch am selben Tag, am 6. August, zogen sich die Hacketäuer nach Battice zurück. Auch dort kommt es in der folgenden Nacht zum Schusswechsel, von dem Rinck v. Baldenstein schreibt, er sei mit den Bewohnern des Ortes geführt worden. Am Mittag des 7. August erreicht ein Generalstabsoffizier mit dem Automobil Battice. Seine Nachricht löst unter den Hacketäuern Jubel aus: Lüttich sei in der Hand deutscher Truppen und das Infanterie-Regiment Nr. 16 solle nachrücken. Die Hacketäuer setzten sich unverzüglich in Bewegung, wieder mit dem 3. Bataillon an der Spitze. 300 m vor dem Fort Barchon, also in der Reichweite von dessen Kanonen und Haubitzen, erhält das 3. Bataillon vom Fort Schrapnellschüsse, die aber nach der Beschreibung des Chronisten niemanden verletzt haben. Heinrich mit dem 3. Bataillon an der Spitze des Regiments stapfte durch strömenden Regen in Richtung Lüttich, mit schwerem Gepäck und völlig durchnässt, aber mit Sicherheit erleichtert, das Fort Barchon hinter sich lassen zu können. Am nächsten Tag, am 8. August 1914, schreibt er seiner Mutter und seinem Stiefvater:

„Liebe Eltern! Teile Euch mit, daß wir nach einem 4stündigen Marsch, vor u. während des Marsches strömender Regen, in Lüttich einmarschiert sind, es ist eine schöne Stadt, wir hatten sofort Brückenwache. Warum schreibt Ihr nicht? Meine Adr. habt ihr doch? Grüßt L. Jetzt geht's gegen die Franzosen."

Als die Hacketäuer in Lüttich einmarschierten, waren dort bereits etliche Häuser durch weitere Brandschatzungen und den Angriff eines deutschen Zeppelins zerstört worden. Auch waren wieder Zivilisten hingerichtet worden nach einem Kugelhagel, für den die deutschen Soldaten die Einwohner der Stadt verantwortlich machten.[55] Entweder hat Heinrich, der umgehend für die Brückenwache eingeteilt wurde, die abgebrannten Häuser nicht gesehen oder er mochte seiner Mutter nicht davon erzählen. Wie angeschlagen er sich selbst fühlte, zeigt seine dringende Bitte um Post. Die Feldpost der Angehörigen war bereits in diesem frühen Stadium der Kämpfe die notwendige Unterstützung, die den Krieg erträglich machte, und dies nicht nur in seelischer Hinsicht, sondern

---

[54] Horne, John; Kramer, Alan: Deutsche Kriegsgreuel 1914. Die umstrittene Wahrheit. Hamburg 2004, S. 28. Diese Angaben beziehen sich auf die 27. Brigade u. somit auch auf das 53. Inf.Rg.
[55] Delbrück, Joachim (Hrsg.), a.a.O., S. 24f.

auch in materieller, denn vor allem die Soldaten, die aus der Landwirtschaft stammten, durften auf Lebensmittelsendungen hoffen.

Inzwischen hatte sich herausgestellt, dass die Verluste beim 53. Infanterie-Regiment zwar gravierend waren, aber nicht so hoch wie befürchtet. In Wirklichkeit hatte ein heftiger gegnerischer Angriff viele Soldaten versprengt. Die meisten Vermissten fanden sich im Laufe der nächsten Tage wieder ein. Manche von ihnen waren anderen Truppen der 2. Armee begegnet, denen sie sich vorübergehend angeschlossen hatten. Der Überfall auf Belgien verlief wegen der starken belgischen Gegenwehr z. T. chaotisch. In dieser Situation schlechten Nachrichten Glauben zu schenken, auch wenn sie sich später als Gerücht erweisen sollten, konnte lebensverlängernd wirken.

Der Festungsring um Lüttich wurde am 8. August 1914 durchbrochen mit Hilfe von monströsen 420 mm Mörsern, „Dicke Bertha" genannt, und 305 mm Skoda-Haubitzen. Die „Dicke Bertha" schoss ihre 800 kg schweren Kugeln über 9 km weit und zerstörte selbst die Stahlbetonwände der bis dahin als unbesiegbar geltenden Forts.[56] Neben der enormen Präsenz der Eisenbahnen beim Truppentransport ist dies ein weiterer Hinweis darauf, was für eine entscheidende Rolle in diesem Krieg die industriell gefertigte Technologie einnahm.

Der Überfall auf das neutrale Belgien am 4. August 1914 veranlasste Großbritannien, dem Deutschen Reich am selben Tag den Krieg zu erklären. Die zahlreichen brutalen Übergriffe auf belgische Zivilsten gaben den Anstoß zu einem Propagandakrieg, der im Wesentlichen dazu diente, Freiwillige gegen das Deutsche Reich zu rekrutieren, dem man als Mörder belgischer Zivilisten den Status eines Kulturvolkes absprach. Auch die deutsche Regierung betätigte sich propagandistisch. Tausende von Kriegsfreiwilligen hofften, euphorisch gestimmt durch die Einnahme von Lüttich, auf eine umgehende Rekrutierung und einen möglichst raschen Einsatz an der Front, während sich die dort befindlichen Soldaten ein möglichst baldiges Ende des Krieges wünschten, und das bereits in den ersten Kriegstagen. Ein anonymer Tagebuchautor notiert anlässlich der Erstürmung des Forts Barchon: „Am 6. wurde das Fort Barchon von der Artillerie beschossen und in der Nacht vom 7. zum 8. August von

---

[56] Münkler, Herfried: Der Große Krieg. Die Welt 1914 bis 1918. Berlin 2013, S. 114f.

uns gestürmt. Hierbei gab es grauenhafte Bilder. Wir wollen Gott bitten, daß der Krieg bald zu Ende geht."[57]

Die Planung des deutschen Militärs sah vor, die französischen Truppen mit den eigenen Armeen zu umschließen, sie gegen die Schweizer Grenze abzudrängen, um sie dort zu schlagen. Diese Umfassungsbewegung wurde vor allem für die Infanteristen zum Hindernislauf, dessen Gefahren und Beschwernisse über das Erträgliche hinausreichten. Bei Lobbes am Ufer der Sambre verlor die 10. Kompanie, und mit ihr Heinrich, den Kontakt zum restlichen Regiment. Die Soldaten sahen sich damit einer Übermacht an französischen Truppen gegenüber. Doch die Kompanie konnte aufschließen und Heinrich war damit einer tödlichen Gefahr entkommen. Dann aber folgten die endlosen Gewaltmärsche auf französischem Boden, die ebenso wie die Gefechte zahlreiche krankheitsbedingte Ausfälle nach sich zogen. Man muss bedenken, dass die Soldaten des 27. Bataillons bereits von Aachen aus quer durch Belgien gehetzt worden waren. Auf französischem Boden erlebte Heinrich, wie Kameraden während der Tagesmärsche mit vollem Gepäck bei glühender Hitze kollabierten. Rinck v. Baldensteins Kommentar zu diesen Gewaltmärschen lässt ahnen, wie die Erschöpften, die am Boden lagen, weitergetrieben wurden:

„*Vorwärts Westfalen! Et geit fort Vaterland!* – *Und Kölner Humor hilft manchem Schlappsack wieder hoch:* „*Wer nicht mitkommt, der bleibt liegen.*"[58]

Die 2. Armee konnte sich im Zeitraum vom 28. bis zum 30. August bei St. Quentin in harten Kämpfen gegen die französischen Truppen durchsetzen.[59] Die 27. Infanterie Brigade kam trotz aller Anstrengungen zu spät zum Kriegsschauplatz. Die Hacketäuer des 1. und 3. Bataillons erreichten nach einem Nachtmarsch am 31. August 1914 morgens um 8 Uhr Urvillers bei St. Quentin. Ihr Blick fiel auf gänzlich zerstörte Häuser, Pferdekadaver und Leichen französischer Soldaten.

Doch im September wendete sich das Blatt. Den deutschen Armeen gelang es nicht, ihre Gegner zu umfassen, sondern sie liefen Gefahr

---

[57] Delbrück, Joachim (Hrsg.): Der deutsche Krieg in Feldpostbriefen. Bd. 1: Lüttich – Namur – Antwerpen. München 1915, S. 44.
[58] Rinck v. Baldenstein [Werner] u. a.: Das Infanterie-Regiment Freiherr von Sparr (3. Westfälisches) Nr. 16 im Weltkriege 1914/1918. Berlin 1927, S. 19. Vgl. auch Keller, Ulrich: Schuldfragen. Belgischer Untergrundkrieg und deutsche Vergeltung im August 1914. Paderborn 2017, S. 30.
[59] Herwig, Holger H.: The Marne, 1914. The Opening of World War I and the Battle That Changed the World. New York 2009, S. 188.

selbst eingeschlossen zu werden. Zwischen der 1. und 2. Armee war eine Lücke von 40 km entstanden. Französische und britische Truppen brachen an dieser Schwachstelle durch, woraufhin sich die 2. Armee und mit ihr die 27. Infanterie Brigade zurückzog. In diese Phase, in die Zeit vom 6. bis zum 12. September, fällt die Schlacht an der Marne mit verheerenden Verlusten auf beiden Seiten. Augenzeugen, die den Kriegsschauplatz am 12. September besuchten, berichten von grünen Ebenen, die mit Leichen bedeckt waren, so weit das Auge reichte.[60]

Auch wenn die Hacketäuer nicht direkt an der Marneschlacht beteiligt waren, sie befanden sich immer wieder in Gefechten, die Heinrich bis dahin unverletzt überstanden hatte. Dies sollte sich bald ändern. Bei Orainville nördlich von Reims kam es zu einem mehrtätigen Kampf um eine bewaldete Anhöhe mit der treffenden Bezeichnung „Totenwäldchen". Nach Rinck v. Baldenstein starben vom 13. bis 20. September vor allem an diesem Ort 98 Soldaten und 6 Offiziere, verwundet wurden 360 Soldaten und 17 Offiziere. Die Granaten der französischen Artillerie prasselten auf die Hacketäuer. Die Männer wurden tödlich getroffen, während sie kämpften und während sie in ihren Gräben vor Erschöpfung schliefen. Viele Verwundete blieben in den vorderen Reihen mehrere Tage lang unversorgt liegen, weil die Sanitäter sie im heftigen Beschuss nicht bergen konnten.[61] Auch wenn die Verletzten sofort zurückgenommen wurden, verzögerten zerstörte Straßen und Bahnschienen den Transport zum Lazarett um Tage.

Am 18.09.1914 wurde Heinrich von einer Kugel getroffen, die, von der Spitze seiner Pickelhaube abgelenkt, den Helm durchschlagen hatte. Laut Soldbuch und Militärpass erreichte er am 23. September 1914 das Lazarett in Warburg. *„Ein Prellschuss am rechten Scheitelbein",* wie die Verletzung in seinem Soldbuch genannt wurde, war keine schwere Verletzung. Bereits am 29. September wurde Heinrich zum Ersatz-Bataillon des 16. Infanterie-Regiments entlassen und am 2. Oktober befand er sich wieder auf dem Weg zur Front. Dieses Mal blieb er weniger als einen Monat an der Front, denn die zweite Verletzung ließ nicht lange auf sich warten.

Am Abend des 20. Oktober 1914 drang das verstärkte 2. Bataillon der Hacketäuer in das Dorf Herlies ein, trotz heftigen Beschusses durch

---

[60] Hirschfeld, Gerhard; Krumeich, Gerd: Deutschland im Ersten Weltkrieg. Frankfurt a. M. 2013, S. 79. Piekalkiewicz Janusz: Der Erste Weltkrieg. Augsburg 1995, S. 64f., 68.
[61] Rinck, v. Baldenstein, [Werner] u. a.: Das Infanterie-Regiment Freiherr von Sparr (3. Westfälisches) Nr. 16 im Weltkriege 1914/1918. Berlin 1927, S. 32, 47.

britische Fusiliers. Die Soldaten besetzten die ersten Häuser am Rand des Ortes. In der Nacht zum 21. Oktober wurden die Soldaten des 2. Bataillons durch das 3. Bataillon abgelöst. Heinrich befand sich also am frühen Morgen in einem dieser Häuser, angespannt in einen dichten Nebel starrend, der die benachbarten Gebäude fast unsichtbar machte.

Gegen 9 Uhr reißt die Nebelwand auf. Die Bataillone, die vor dem Ort liegen, erhöhen den Druck auf ihren Gegner durch erneuten Beschuss. Die Antwort aus dem Dorf lässt nicht lange auf sich warten. Die Schüsse kommen *„aus Häusern, Hecken und von Bäumen, hinter denen die Engländer nicht zu entdecken sind"*, so erzählt Rinck v. Baldenstein.[62] Wieder scheint der Chronist Zivilisten für den Angriff verantwortlich machen zu wollen. Heinrich schließlich sitzt in einem der Häuser am Ortsrand von Herlies und hält sich mit schmerzverzerrtem Gesicht den rechten Arm. Wer die Kugel abgefeuert hat, die ihn traf, wird ihm in diesem Moment gleichgültig gewesen sein.

Ein Krankentransport rollt über die Schienen nach Westfalen. Im Waggon liegen Männer, die müde vor sich hindämmerten, geschwächt von Verletzungen und Strapazen. Heinrich kann seinen rechten Arm nicht mehr bewegen, seine Hand ist taub – unvorstellbar, mit dieser Hand noch mal einen Brief schreiben zu können. Mit dem rechten Arm würde er aber auch nicht mehr schießen können. Sein Unglück war vielleicht seine Rettung.

Lieber Bruder, schick mir Zigaretten

Heinrichs Militärpass verzeichnet einen zweiten Lazarettaufenthalt vom 26.10. bis zum 14.11.1914 in Warburg direkt bei seinem Geburtsort Daseburg. Wieder saß Emilia am Lazarettbett ihres Erstgeborenen. Vor einem Monat erst lag er hier mit verbundenem Kopf, jetzt war sein Arm bandagiert. Heinrich wird sich bemüht haben, seine Mutter zu beruhigen: Nein, Kraft habe er keine mehr im Arm und er müsse lernen mit der linken Hand zu schreiben. Der Arzt habe aber nur einen „Weichteilschuss" diagnostiziert, der Knochen sei unverletzt geblieben. Emilia hatte das Elend der Verbandsplätze an der Front nicht miterlebt, dort,

---

[62] Rinck v. Baldenstein, a.a.O., S. 61.

wo die frisch Verwundeten versorgt wurden; sie sah jedoch in die blassen Gesichter der Männer, die zusammen mit Heinrich im Krankenzimmer lagen. Im Lazarett bekam sie eine gewisse Ahnung von dem, was sich an der Front abspielte.

Vielleicht hat sie in ihre Tasche gegriffen und eine Ansichtskarte hervorgeholt, die Heinrichs ehemaliger Klassenkamerad Lude an dessen Heimatadresse geschickt hatte. „Du Pechvogel", schreibt Lude, „ich meine, *Du warst an der Front, da sitzt Du schon wieder zu Hause. Wenn ich kann, besuch ich Dich diese Tage, dann werden wir uns mehr erzählen.*"

Nach dem Lazarettaufenthalt wurde Heinrich für kurze Zeit dem Ersatzbataillon der Hacketäuer zugewiesen, anschließend diente er bei dem Feldinfanterie Bataillon Nr. 32 und danach beim Reserve Infanterie-Regiment Nr. 255 in Coesfeld. Der zuständige Stabsarzt hatte leider nicht dafür gesorgt, dass Heinrich aus dem Militärdienst entlassen wurde, denn die Verluste an der Front waren gewaltig. Männer mit Verletzungen mittleren Grades wurden trainiert und fortgebildet, um möglichst bald die Lücken, die der Tod geschlagen hatte, aufzufüllen. Eine Weiterbildung der Soldaten wurde in der Heimat wie im Feld grundsätzlich betrieben. Vor dem Hintergrund der veränderten Kampfbedingungen beim Übergang vom Bewegungs- zum Stellungskrieg wurden solche Fortbildungen als besonders dringlich erachtet.

Heinrich hatte den Bewegungskrieg in der ersten Kriegsphase von August bis Oktober 1914 mit all seinen Abgründen erlebt: die endlosen Märsche, das gewaltsame Eindringen in Siedlungen und den Kampf im Totenwäldchen. Im Gebiet der Marne wurde der Vormarsch der deutschen Truppen abgewehrt. Was folgte, war der endlose Stellungskrieg im Schützengraben, der zum Symbol des 1. Weltkriegs wurde. Heinrich hatte von dieser Phase, in der sich die Fronten verhärteten, weil sich die Kriegsparteien in ihren Schützengräben verschanzten, nur die ersten Anfänge mitbekommen. Anders sein Bruder Stoppelkamps Josef; er verbrachte die Hälfte des Jahres 1915 im Schützengraben.

Wie bereits erwähnt gehörte Josef (Abb. 7) dem Infanterie-Regiment Nr. 55 an. Von den westfälischen Regimentern war dieses das sechste. Als Heinrich seine Kopfverletzung erlitt, hatte auch dieses Regiment westlich von Orainville und Aquilcourt gekämpft, also in unmittelbarer Nähe der Hacketäuer. Sehr viel deutlicher als Rinck v. Baldenstein beschreibt einer der Chronisten des 55. Infanterie-Regiments, Oberstleutnant Schulz, was sich in ihrem Einsatzgebiet, von den 55ern „Toter Mann" genannt, zugetragen hatte. Die Verletzten, die wegen des anhaltenden Feuers nicht geborgen werden konnten, lagen mehrere Tage zwischen den Leichen ihrer Kameraden, bei denen wegen der Hitze der Verwesungsprozess eingesetzt hatte. Immer wenn der Lärm von Gewehrfeuer und vom Beschuss der Artillerie abflaute, *„hörte man die Hilferufe und das Wehklagen zahlloser Verwundeter [...], die herzzerreißend baten, sie doch nicht liegen zu lassen."* [63]

Auch beim Kampf um die Lorettohöhe bei Arras (Französisch-Flandern) im Oktober 1914 hatte das Infanterie-Regiment Nr. 55 hohe Verluste hinnehmen müssen. Besonders hart war das 1. Bataillon betroffen, dem Josef angehörte. Ab Mitte November 1914 lag das 55. Infanterie-Regiment im Schützengraben bei La Boutillerie in der nassen Niederung des Flusses Lys in Französisch-Flandern. Die Front wegen der ungünstigen Bodenverhältnisse zurückzuverlegen erschien damals, so Oberstleutnant Schulz, fast als Landesverrat.[64] Also arrangierte man sich mit einem Schützengraben, der wegen des hoch stehenden Grundwassers und der starken Regenfälle eigentlich hätte entwässert werden müssen.[65] In dieser Frühphase des Stellungskrieges bestand diese Anlage aber noch nicht aus dem komplexen Gänge- und Rinnensystem der späteren Schützengräben, sondern aus einer einzigen Linie, deren Wände durch Nässe und durch den Beschuss der gegenüberliegenden Engländer permanent drohte einzufallen. Knietief im Wasser stehend stabilisierten die Soldaten die Grabenwände mit Sandsäcken, immer in der Angst, ein Opfer von Handgranaten und Artilleriegeschossen zu werden.

Mitte Dezember ließ eine Angriffswelle fast die gesamte Westfront erbeben. Seit der Schlacht an der Marne befand sich das deutsche Kriegsheer an der Westfront in der Defensive, während der französische General Joffre versuchte, die Eindringlinge mit Unterstützung seiner Verbündeten durch massive Angriffe aus Frankreich zu vertreiben.[66] Die 55er hörten am 16. Dezember das ferne Donnern der Kanonen und wussten, dass auch ihnen ein Angriff bevorstand. Am 17.12.1914 schickte Josef eine Feldpostkarte an Heinrich nach Coesfeld:

„Lieber Bruder, aus dem fernen Frankreich die besten Glückwünsche zum Weihnachtsfest. Wie geht es Dir noch? Bin jetzt als Radfahrer bei der

---

[63] Schulz, Walter (Hrsg.): Infanterie-Regiment Graf Bülow von Dennewitz (6. Westfälisches) Nr. 55 im Weltkriege. Detmold 1928, S. 48, 47.
[64] Schulz, Walter (Hrsg.), a.a.O., S. 72.
[65] Vgl. Münkler, Herfried: Der Große Krieg. Die Welt 1914 bis 1918. Berlin 2013, S. 206.
[66] Piekalkiewicz, Janusz: Der Erste Weltkrieg. Augsburg 1995, S. 187f., Münkler, Herfried, a.a.O., S. 211, 309, 387.

Komp. und brauche nicht mehr in den Schützengraben. Sonst noch alles beim Alten."

Einen Tag später, am 18. Dezember, ereignete sich an dieser Front ein entsetzliches Gemetzel, das Oberstleutnant Schulz einen „Großkampf" nennt: Alle Artilleriewaffen schossen aus vollen Rohren, durch die Luft flogen Granaten. Ein Abschnitt des Schützengrabens auf der Höhe der 6. und 7. Kompanie des 55. Regiments war nicht durch Stacheldraht geschützt. An dieser Stelle versuchten die Soldaten der gegenüberliegenden britischen Truppe durchzubrechen. „In Massen", so Schulz, liefen sie auf diesen Teil des Schützengrabens zu und wurden in Massen von den dort stehenden Schützen der beiden erwähnten Kompanien erschossen. Noch am Heiligabend lagen die Leichen der Engländer unmittelbar vor dem Schützengraben der 55er, weil, laut Schulz, eine vorübergehende Waffenruhe zur Bergung der Toten nur auf höchster politischer Ebene hätte durchgesetzt werden können.[67] Erst am ersten und zweiten Weihnachtstag war es den englischen Soldaten gestattet, ihre Toten zu bergen. Oberstleutnant Schulz erinnert sich an die beiden Weihnachtstage im ersten Kriegswinter: *„Ein eigenartiges Bild entwickelt sich auf dem Niemandsboden zwischen den beiderseitigen Stellungen. Unsere Leute halfen dem Feinde die Gefallenen bergen, schon um den Engländern durch ein zu nahes Herankommen an unsere Gräben den Einblick in diese zu verwehren. Die englischen Offiziere und Soldaten machten durchweg einen guten Eindruck. Wir hatten aber auch zwei ausgesucht gute Regimenter gegenüber, das Royal Warwik Shire Regiment und das Regiment Queen Elisabeth. Freund und Feind fanden zusammen. Von gegenseitigem Haß war nichts zu spüren. Jeder achtete den tapferen Gegner."*[68]

Die Darstellungen von Schulz sind durchaus glaubwürdig. An einigen Stellen der 40 km breiten Front zwischen deutschen und englischen Truppen kam es trotz der hohen Verluste zu freundschaftlichen Begegnungen zwischen den Soldaten beider Länder. Dort, wo die Kämpfe weniger hart gewesen waren, wurden gemeinsam Weihnachtslieder gesungen, man traf sich auf dem Niemandsland zwischen den Gräben und schüttelte einander die Hände; sogar ein gemeinsames Fußballspiel ergab sich spontan. Sehr bald aber wurden von den militärischen Spitzen

---

[67] Schulz, Walter (Hrsg.): Infanterie-Regiment Graf Bülow von Dennewitz (6. Westfälisches) Nr. 55 im Weltkriege. Detmold 1928, S. 76f.
[68] Schulz, Walter (Hrsg.), a.a.O., S. 77f.

beider Länder diese „Verbrüderungen" durch Androhung von Strafen rigoros bekämpft.[69]

Der Dauerregen im Januar 1915 verschlechterte die gesundheitliche Verfassung der Männer im Schützengraben. Die 55er litten unter Durchfallerkrankungen, Verletzungen und einer zermürbenden Dauerbelastung. Die Engländer hatten ihre hohen Verluste durch die Rekrutierung von Männern aus ihren Kolonien, an diesem Abschnitt der Front aus Indien, wettgemacht. Als sich Verletzungen und Todesfälle mehrten, nannten die 55er einen Verbindungsgraben, an dem sie arbeiteten, mit bissigem Spott *„Selbstmörderallee".*[70] Dieser Galgenhumor, von Schulz „Soldatenwitz" genannt, entwickelte sich nicht erst in den Schützengräben. Hier kam nur zum Ausdruck, was bereits in den Kasernen durch militärischen Drill angelegt worden war.

Josefs Feldpostkarten verraten nichts von diesen zermürbenden Verhältnissen. Bemerkungen, wie *„bin noch immer gesund und munter"* oder *„mir geht's noch immer tadellos",* gehören zu seinen häufigsten Formulierungen. Er pendelte nach wie vor als Fahrradfahrer zwischen Hinterland und vorderster Linie und übermittelte Befehle und Meldungen, ohne sich allzu lange im Schützengraben aufhalten zu müssen. Aber auch diese Einsätze waren wegen des Artilleriebeschusses gefährlich.

In der Zwischenzeit hatte man Heinrich dem 1. Ersatz-Bataillon des Infanterie-Regiments Nr. 15 in Minden zugewiesen. Doch die Kaserne in Minden tauschte er sehr schnell mit dem Lazarett in Neuhaus, in dem er laut Militärpass über zwei Monate lag. *„Wie geht es mit Deinem Arm?",* fragte Josef in einer Karte, die er an Heinrich ins Lazarett schickte. *„Hoffentlich wirst Du bald wieder felddienstfähig, daß wir unsre Feinde gründlich verdreschen können."*

Heinrich war also zum zweiten Mal wegen seiner Armverletzung im Lazarett. Wie mag es dazu gekommen sein? Heinrich konnte seinen rechten Arm nicht belasten. Er konnte nicht schwer heben und nicht schnell kriechen. Zumindest letzteres musste er aber beim militärischen Training bewältigen; war er an einen Feldwebel geraten, der auf sein Handicap keine Rücksicht genommen hatte oder versuchte er, einer Verlegung an die Front zu entgehen? Beide Erklärungen für den zweiten Lazarettaufenthalt wären denkbar.

---

[69] Münkler, Herfried: Der Große Krieg. Die Welt 1914 bis 1918. Berlin 2013, S. 297f.
[70] Schulz, Walter (Hrsg.), a.a.O., S. 78.

Nach einigem Üben schrieb Heinrich seine Briefe an Freunde und Verwandte mit der linken Hand, wenn auch mit krakeliger Schrift. Die Antworten erreichten ihn im Laufe der nächsten Wochen. Etliche seiner Korrespondenten wussten von dem ein oder anderen gemeinsamen Freund zu berichten, der gefallen oder schwer verwundet war. Einer seiner Korrespondenten wunderte sich, dass er selbst noch lebte, nach all den Gefahren, denen er an der Front ausgesetzt war.

Wieder in Minden erhielt Heinrich einen Brief der bereits erwähnten adligen Dame, Frau v. B., die ihn während seiner Militärzeit in Sennelager wiederholt zum Kaffeetrinken eingeladen hatte. Sie schickte ihm ein Paket mit Plätzchen und Zigarren zusammen mit einigen Zeilen:

„Herzlichen Dank für Ihren lieben Brief, so schön mit der linken Hand geschrieben. […] Ich habe augenblicklich wieder Sorge um meinen Mann, den ich im Feuer weiß, in Russland! Gott hat ihn bisher gnädig behütet und beschützt. Er wolle es weiter tun, wenn es Sein Heiliger Wille ist. Ach, wenn nur eine Aussicht auf Frieden wäre!!!"

Auch Lisbeth schrieb Heinrich – aber davon später.

In der Zwischenzeit war die gesamte 13. Infanterie-Division mit dem 55. Regiment an einen anderen Frontabschnitt versetzt worden. Josefs Regiment lag seit dem 17.03.1915 an einem 2 km breiten Frontabschnitt im Gebiet vor Neuve-Chapelle/Richebourg L'Avoué bei La Bassée. Die kriegsführenden Parteien hatten entschieden, dass es nicht ausreiche, von einer Linie aus zu kämpfen, sondern, dass man eine befestigte Zone anlegen müsse in Gestalt eines Grabenlabyrinths. Das Regiment, das durch die 55er abgelöst wurde, hatte den Grabenbau vorangetrieben, das 55. Regiment sollte die Arbeiten fortsetzen. Wieder wurden im nassen Lehmboden Gräben ausgehoben und deren Wände mit Sandsäcken stabilisiert. Durch Verbindungsgräben transportierten die Männer Baumaterialien, wie z. B. Holzbretter für die Böden der Gräben. Hilfe bekamen sie später von einer Förderbahn, die den Transport der schweren Lasten übernahm.

Die drei Bataillone des Regiments lösten einander ab. Im Wechsel verbrachten jeweils zwei Bataillone, also insgesamt sechs Kompanien, acht Tage im Schützengraben, während das abgelöste Bataillon für vier Tage „in Ruhe" war, d. h. die Männer erholten sich vier Tage lang in ihren Quartieren hinter der Front. Dies war allerdings eine Erholung auf niedrigstem Niveau. Ausrüstung und Kleidung mussten instand gesetzt werden und die unentbehrliche Entlausungsanstalt, die sich bei den

Quartieren befand, wurde in der Ruhephase aufgesucht. Für ein wenig Unterhaltung sorgte eine Militärkapelle, die jeden Tag im Quartier spielte.[71]

Die Soldaten der beiden Bataillone im Schützengraben litten unter einem starken Schlafdefizit und einer permanenten, demoralisierenden Konfrontation mit dem Tod. Bei den so genannten Patrouillengängen krochen sie nachts durch das Niemandsland, hoffend, dass nicht gerade zu diesem Zeitpunkt Leuchtkugeln vom Gegner eingesetzt wurden, durch die man sie hätte erkennen können. Ebenfalls nachts installierten sie Stacheldrahthindernisse draußen vor dem Schützengraben, wissend, dass sie gänzlich ohne Schutz dem Gegner preisgegeben waren. Sie schoben nächtelang Wache und rannten zu den Schießscharten in der vordersten Mauer (genannt Brustwehr), wenn es zum Schusswechsel kam, was jeder Zeit passieren konnte.

Die Gefechte spielten sich meistens nach dem Angriffs-/Revancheprinzip ab, d. h. einem Angriff folgte ein Gegenschlag, je nach Situation und Höhe der Verluste sofort oder mit einer Verzögerung. Im linken Frontabschnitt, dort wo der Abstand zwischen den feindlichen Gräben gering war, wurden Handgranaten eingesetzt, im mittleren und rechten Frontabschnitt die Gewehre der Präzisionsschützen und Maschinengewehre. Über den Schützengräben kreisten gelegentlich Flugzeuge, die die gegnerischen Stellungen fotografierten oder Bomben warfen. Letztere wirkten aber weniger zerstörerisch als die Geschosse der Artillerie, die im Hinterland aufgestellt war, allen voran die schwere Artillerie mit ihren 21cm Mörsern. Dort, wo ihre Geschosse einschlugen, spritzten haushohe Erdfontänen hoch und tiefe Trichter blieben im Erdboden zurück. Schulz gibt an, sie hätten in *"jeder Stellungsperiode Verluste"*[72] gehabt, d. h. die Männer, die von ihrer viertätigen Ruhephase zum Schützengraben marschierten, wussten, dass nicht alle von ihnen zurückkommen würden. Doch es sollte noch schlimmer kommen.

Die Offensive der Briten am Sonntag, den 09.05.1915, von Schulz „Blutsonntag" genannt, war Teil der Schlacht bei La Bassée und Arras (Lorettoschlacht). Die Alliierten planten einen Durchbruch durch die deutsche Front im Gebiet zwischen der Lys und der Scarpe. Im Abschnitt der 55er begann dieser sonnige Tag mit einem Bombardement durch

---

[71] Schulz, Walter (Hrsg.): Infanterie-Regiment Graf Bülow von Dennewitz (6. Westfälisches) Nr. 55 im Weltkriege. Detmold 1928, S. 81f., 84f.
[72] Schulz, Walter (Hrsg.), a.a.O., S. 84.

britische Flugzeuggeschwader, die auf strategisch wichtige Stellungen hinter der Frontlinie zielten. Dann kurz vor 6 Uhr morgens richtete die in den letzten Tagen durch weitere Truppen verstärkte britische Artillerie einen massiven Angriff auf die deutschen Schützengräben. Die schnelle Abfolge des Artilleriefeuers verschwamm, so nahm der Chronist es wahr „*zu einer schauerlichen Sinfonie von Grollen, Brechen und Klirren,*"[73] sodass die einzelnen Detonationen als solche nicht mehr erkennbar waren. Die vorderste Linie war schnell gänzlich zerstört und mit ihr auch die provisorischen Telefonverbindungen vom Kommandostab in den Schützengraben. Als Ersatz für die gekappten Verbindungen wurden vermehrt die Melder eingesetzt, unter ihnen auch Josef. Ihre Botengänge vom offenen Hinterland in die demolierten und von Leichen verstopften Gräben und wieder zurück glichen in dieser Nacht einem Himmelfahrtskommando.

Die nachrückenden 55er erlitten bereits auf ihrem Weg zur Front Verluste. Sie nahmen im Verkehrsgraben, der parallel hinter dem zerstörten Schützengraben verlief, Stellung. Von dort aus schossen sie auf die britischen Infanteristen, die den Schutz ihrer Gräben verließen, um die deutschen Stellungen zu stürmen. Schulz erinnert sich:

„Reihenweise riß das Feuer Lücken in die Stürmenden, jeder Schuß fand sein Opfer. Gab es denn ein sicheres Ziel als diese Wand von Menschenleibern? In das Geplapper des Infanteriefeuers mischte sich das Geratter der Maschinengewehre. [...] Die Leichenhaufen türmten sich, und in dieses furchtbare Gewoge schlug Granate auf Granate und vervollständigte das Höllenkonzert."[74]

Nachmittags erfolgte eine zweite Angriffswelle, bei der sich auch die britische Garde befand. Beiläufig erwähnt Schulz, dass die ersten, die voranstürmten und getroffen von den Gewehrkugeln niedersanken, die Soldaten der indischen Truppe waren.[75] Auch dieser Angriff am Nachmittag des 09.05.1915 wurde abgewehrt. Jeder der 55er war an diesem Blutsonntag eingespannt. Der mit den Verletzten völlig überforderte Sanitätsdienst wurde von den Soldaten der Militärkapelle unterstützt.

Einen Tag später, am 10.05.1915, schreibt Überlebenskünstler Josef an Heinrich nach Minden:

---

[73] Schulz, Walter (Hrsg.), a.a.O., S. 88.
[74] Schulz, Walter (Hrsg.), a.a.O., S. 89.
[75] Schulz, Walter (Hrsg.), a.a.O., S. 90f.

„Lieber Bruder! Teile Dir mit, daß ich noch gesund und munter bin. Gestern haben die Engländer bei uns angegriffen. Ein solches Artilleriefeuer habe ich noch nicht mitgemacht. Ich glaube ihr [die Hacketäuer] auch nicht. Von morgens 6-10 und von 4-6 abends. Dazwischen auch Angriffe. Daß noch welche mit dem Leben davon gekommen sind, kann ich noch nicht begreifen. Aber bezwecken tun sie bei den 55[ern] nichts. Sonst geht es mir noch immer tadellos. Herzlichen Gruß Dein Bruder Josef."

In den nächsten Tagen beerdigten die 55er 230 Tote auf einem nahe gelegenen Acker. Das völlig aufgeriebene Regiment wurde in die Ruhestellung zurückgenommen nach Gondecourt, wo sie bis zum 03.08.1915 blieben. Eines der Hauptanliegen dieser Ruhestellung war die Ausbildung der jungen Rekruten, die angefordert worden waren, um die Toten und Verletzten zu ersetzen. Josef gehörte zu den Dienstältesten des Regiments, trotz seines Alters von 23 Jahren. Diese erfahrenen Soldaten, auch „alte Männer" oder „alte Leute" genannt, waren in der Lage, die unterschiedlichen Geschosse nach ihrem Klang zu unterscheiden und sich entsprechend zu verhalten. Sie hatten die Nerven, in den Schützengräben Karten zu spielen, trotz der permanenten Todesgefahr und sie hinderten die gerade eingetroffenen Rekruten am Durchdrehen durch ihre Präsenz. Nicht alle Männer ertrugen die Eindrücke des Schützengrabens. Manche der Soldaten zerbrachen an ihren Erlebnissen, die meisten von ihnen aber stumpften ab.[76]

Die Aufzeichnungen der Regimentsgeschichte werden ab dem Zeitpunkt der Ruhestellung bei Gondecourt von Generalmajor v. Flotow fortgesetzt. Er gesteht, dass die Ruhestellung weniger erholsam war als erhofft. Die 55er waren dazu abkommandiert worden, an der Front zu schanzen, sehr zum Ärger der Soldaten, welche die gewohnten Arbeiten verrichten mussten, obwohl sich die Anmärsche zur Front verlängert hatten. Im August lag das Regiment wieder in seiner alten Stellung im Schützengraben und mit ihm Josef, der seinen Posten als Melder hatte abtreten müssen. Die Dauer von Dienst und Ruhephasen war geändert worden. Sechzehn Tage mussten die Soldaten jetzt in ihren Schützengräben ausharren, acht Tage lang erholten sie sich dann in ihren Baracken. In die Schützengräben waren Unterstände eingebaut, die den Soldaten einen Aufenthalt im Trockenen gewährten. Dort saß Josef und schrieb Feldpostkarten und Briefe, las Zeitung und spielte Karten mit seinen

---

[76] Leonhard, Jörn: Die Büchse der Pandora. Geschichte des Ersten Weltkriegs. München 2014, S. 564f., 569, 571.

Kameraden, und dies alles bei Todesgefahr, denn jederzeit konnte eine Sprengbombe den Unterstand treffen. Seinen Bruder Heinrich bat Josef wiederholt um *„Rauchbares"*, also Zigaretten und Zigarren. Die Soldaten waren Kettenraucher. Sie rauchten, um die Anspannung zu ertragen und den Verwesungsgeruch, der dem Schützengraben eigen war, denn nicht alle Leichen und Leichenteile auf dem Niemandsland zwischen den gegnerischen Stellungen konnten geborgen werden.

Nach wie vor starben bei jedem Fronteinsatz Soldaten seines Regiments. Die Artillerie war abgezogen worden, weil sie an anderen Frontabschnitten gebraucht wurde; mit Munition musste gespart werden. Von Heinrich erfuhr Josef, dass der gemeinsame Stiefbruder nicht mehr an der Ostfront war. Josef antwortete am 15.10.1915:

„Augenblicklich bin ich wohl wieder der einzige von unserer Familie, der im Felde ist. Aber ich halte es schon aus, wenn mir die Engländer nicht das Licht ausblasen."

Am 20.10.1915 schickte Josef einen Brief mit Fotos an Heinrich. Ein Foto zeigt einen Soldaten, der lächelnd einen Blindgänger der britischen Artillerie im Arm hält. Auf diesem Geschoss, das länger ist als der Oberkörper des Soldaten, steht mit Kreide geschrieben: *„Liebliche kleine Dingerchen"* (Abb. 8). Voll von „Soldatenwitz" ist auch Josefs Brief:

„Habe dein Kärtchen vom 15.10.1915 erhalten ebenso das Kistchen Zigarren. Besten dank für beides. Es geht mir noch immer recht gut. Schicke Dir anbei einige Ansichten, die Dir sicher Freude machen. Auf der einen siehst Du eins von den kleinen Dingerchen wo man so leicht Leibschmerzen von bekommt, das heißt wenn man noch Zeit dazu hat. Die Wirkung davon wirst Du Dir vorstellen können. Im Mai und auch jetzt wieder haben uns die Engländer manche dumme Stunde damit gemacht."

Dann beschreibt er mit demselben „Soldatenwitz" seinen Unterstand, im Brief ironisch *„Salon"* genannt:

„Bin seit zwei Tagen wieder im Schützengraben und bleibe bis zum 6.10. drin. Wir haben hier einen ganz netten Salon. So groß war zu Hause die Küche und liege mit zwei Mann darin. Ofen haben wir auch schon wieder. Der Winter wird auch wohl nicht mehr lange auf sich warten lassen. Es wird schon recht kalt. Wie geht es Dir noch? Hoffentlich doch auch gut. Will man Dich denn noch immer nicht laufen lassen?"

Heinrich war in der Zwischenzeit zum Unteroffizier befördert worden. Wenn man ihn zum Feldwebel vorgeschlagen hätte, was laut Militärpass nicht geschehen ist, hätte er selbst Soldaten beaufsichtigt, in Minden oder an der Front. Ob er gehofft hatte, durch eine militärische Laufbahn dem Schützengraben zu entgehen, ist nicht bekannt.

Muss man noch erläutern, welchen Hintergrund der „Soldatenwitz" hatte? Den Hintergrund dieses makabren Humors beschreibt der Kriegsroman „Im Westen nichts Neues". Der Autor Erich Maria Remarque lässt seinen Protagonisten erklären: *„Was in den Kriegszeitungen steht über den goldenen Humor der Truppen, die bereits ein Tänzchen arrangieren, wenn sie kaum aus dem Trommelfeuer zurück sind, ist großer Quatsch. Wir tun das nicht, weil wir Humor haben, sondern wir haben Humor, weil wir sonst kaputt gehen."* [77]

Generalmajor v. Flotow berichtet von Überläufern, nach seinen Angaben Inder, die eine Gefangenschaft im fremden Land dem Leben im Schützengraben vorzogen, auch wenn sie ihre Flucht das Leben kosten sollte. Fahnenflucht wurde auf beiden Seiten mit Exekution bestraft. Auf jeden Fall spielten die Überläufer mit ihrem Leben, denn die Gegner konnten sie für eine nächtliche Patrouille halten und schießen. Waren sie aber erst einmal als Fahnenflüchtige erkannt und festgenommen, mussten sie Informationen liefern über das militärische Vorhaben ihrer eigenen Truppen. Im Falle der indischen Überläufer erwies sich der Informationsaustausch als äußerst schwierig, weil sich die Männer nur durch Handzeichen verständigen konnten.

Als Chronist war v. Flotow seinem Regiment verpflichtet. Daher ist es nicht verwunderlich, dass seine Aufzeichnungen nur Soldaten des 55. Regiments beschreiben, die treu bis zur letzten Sekunde ihrem Regiment dienen. Tatsächlich haben aber auch Soldaten der Nr. 55 versucht, den Schützengraben mit der Gefangenschaft, in diesem Fall bei den Briten, zu vertauschen. Josef erwähnt in seiner Feldpost vom 07.12.1915 solche Überläufer aus den eigenen Reihen.

Noch am 14.11.1915 hatte er von der Front geschrieben: *„Bin noch gesund und guter Dinge."* Doch im Dezember änderte sich sein Tonfall. Endlose Regenfälle hatten für einen Ausfall der Pumpen und damit für eine Überschwemmung der Gräben gesorgt. Die Soldaten nannten ihre Gräben „Badewannen" und kämpften trotz mehrerer an der Front erteilter Impfungen mit zahlreichen Erkrankungen. Letztendlich bewegten sie sich in verseuchtem Wasser, verursacht durch die Toten zwischen den

---

[77] Remarque, Erich Maria: Im Westen nichts Neues. Köln 2012, S. 101.

feindlichen Gräben, die nicht beerdigt werden konnten. Im erwähnten Brief vom 07.12.1915 schreibt Josef an Heinrich:

„Lieber Bruder! Herzlichen Dank für Deine Zeilen und die Zeitungen. Letztere sind ganz interessant zu lesen. Kann Dir mitteilen, daß es mir noch immer recht gut geht. Hoffe das auch von Dir. Bei uns sieht es augenblicklich recht traurig aus. Andauernd bis an die Knie im Wasser. Da nutzen die besten Stiefeln nichts mehr. Das strengt mehr an als das schlimmste Trommelfeuer. Gestern sind bei uns drei Mann übergelaufen um nur aus dem Dreck zu kommen. Die Pfeife kannst Du nach Belieben schicken."

Der Kommandostab reagierte auf die Erkrankungen in seinen Truppen mit einer Umstellung der Dienst- und Ruhephase. So wie früher blieben die Soldaten nur noch acht Tage im Schützengraben und verbrachten dann vier Tage in Ruhe, wobei die Quartiere wegen des Beschusses immer schlechter wurden. Auch der Kommandostab mit dem Sanitätspersonal lebte in einer zerschossenen Ruine im Hinterland.

Die Pumpen konnten schließlich repariert werden und die Regenfälle wichen im Laufe des Dezembers einer weniger feuchten Winterkälte. Die meisten Unterstände verfügten jetzt über Öfen, auf denen Kaffee, Tee oder kleinere Speisen erhitzt wurden. Selbstverständlich verrieten die rauchenden Schornsteine die Position der Unterstände. Aber auch die Briten in den gegenüberliegenden Gräben wärmten sich an ihren Öfen und so ging man dazu über, einander weniger zu beschießen.

Josef verbrachte Weihnachten 1915 in seinem Quartier hinter der Front. Von dort aus schreibt er am 31. Dezember an seine Familie:

„Liebe Eltern und Geschw.! Sende Euch zum Jahreswechsel die herzlichsten Glückwünsche. Möge Euch das neue Jahr nur Gutes bringen. Euer Paket mit Kaffee und dergleichen habe ich erhalten. Besten Dank, die Feiertage habe ich ganz gut verlebt. Morgen Abend geht es wieder in Stellung."

Ab Neujahr 1916 lag das 1. Bataillon und mit ihm Josef wieder im Schützengraben. In Anlehnung an die erwähnten „Verbrüderungen", die Weihnachten 1914 von den deutschen Truppen an der Westfront ausgegangen waren, bemühten sich die Briten nun ihrerseits um eine freundschaftliche Kontaktaufnahme, und zwar im Grabenabschnitt des 55. Infanterie-Regiments. V. Flotow datiert diesen Verbrüderungsversuch etwas unpräzise auf den Beginn des Jahres 1916. *„Die feindliche Grabenbesetzung"* zeigte sich, so v. Flotow, *„mit den Köpfen ungedeckt über dem*

Graben und leitete durch Zurufe eine solche Verbrüderung ein."[78] Der Posten hätte dies, so v. Flotow weiter, „pflichtgemäß" gemeldet, woraufhin der Kompanieführer kundtat, die Briten sollen sich zurückziehen, andernfalls würde geschossen. Es ist nicht klar, um welche der Kompanien, die im Schützengraben lagen, es sich handelte und ob Josef etwas davon mitbekommen hat. Generalmajor v. Flotow, ganz Militär, verdammt das freundliche Verhalten der Soldaten als besonders gefährlich, was wahrscheinlich bedeuten soll, dass die Fortsetzung des Krieges in Gefahr gewesen wäre, wenn die „Verbrüderung" die gesamte Westfront erfasst hätte.

Heinrich verbrachte den Jahreswechsel in der Kaserne in Minden. Anfang Januar erhielt er von seinem ehemaligen Schulfreund Wilhelm Dieck eine Ansichtskarte. Das Foto auf der Rückseite zeigt Wilhelm mit seiner hübschen Verlobten und drei befreundeten Pärchen in einem Hamburger Lokal. *„Die besten Grüße aus gemütlicher Gesellschaft und ein fröhliches neues Jahr",* schreibt sein Freund Wilhelm. Einige der dort abgebildeten Personen haben die Karte unterschrieben, offensichtlich Bekannte von Heinrich. Wie sehr muss sich Heinrich gewünscht haben, bei seinen Freunden zu sein.

Ebenfalls Anfang Januar bekam er Post von einem Feldwebel W. Müller von der 3. Kompanie des 55. Infanterie-Regiments. In einem seiner früheren Briefe hatte Josef von einem W. Müller Grüße bestellt. Wahrscheinlich handelt es sich um dieselbe Person. Dieser erste Brief des Feldwebels W. Müller beunruhigte Heinrich zutiefst; der zweite Brief des Feldwebels vom 12. Januar 1916 gab ihm bittere Gewissheit:

„Mein lieber Herr [Heinrich] Müller! Leider bewahrheitet sich die Nachricht vom Tode Ihres Bruders. Mit ihm fielen noch 4 Kameraden. Burschen der Offiziere. Ein Volltreffer schlug in den Unterstand, worin sich dieselben beim Kartenspiel unterhielten. Es waren alles brave Jungen. Wir beklagen diese Verluste umso mehr als es noch von den wenigen alten Leuten welche waren. Ich spreche Ihnen mein herzlichstes Beileid aus und bin mit den besten Grüßen, Ihr W. Müller Feldw."

Stoppelkamps Josef starb am 03.01.1916. Im Brief wird Josef als einer der wenigen noch verbliebenen „alten Leute" bezeichnet. Letztendlich haben aber alle Erfahrungen und Überlebenskünste ihm nichts genützt. Auch er fiel im Schützengraben wie so viele. Josef wurde drei Tage nach

---

[78] Schulz, Walter (Hrsg.): Infanterie-Regiment Graf Bülow von Dennewitz (6. Westfälisches) Nr. 55 im Weltkriege. Detmold 1928, S. 120.

seinem Tod, am 06.01.1916, nahe dem Frontabschnitt des 55. Infanterie-Regiments bei Richebourg beerdigt. Emilia verlor ihren zweitgeborenen Sohn und Johanna trauerte um ihren Verlobten.

Was Heinrich in den nächsten Monaten unternahm, kann man nur ahnen. Er erhielt von seinem ehemaligen Klassenkameraden Lude eine Ansichtskarte, die dieser am 11.02.1916 geschrieben hatte.

„*Lieber Freund Heinrich! [Ich habe] Deine Karte erhalten. Hast Du denn meinen Brief nicht erhalten vom 19.1. Ich hab schon so lange auf Antwort gewartet. Hatte Dir da so verschiedene Vorschläge gemacht. Ist denn die Zensur dort noch so scharf. Schreib recht bald wieder, damit ich Bescheid weiß.*"

Feldpostbriefe wurden damals zensiert und ganz offensichtlich auch die Korrespondenz von Heinrich in der Kaserne.

Am 23.03.1916 schreibt Lude eine weitere Karte an Heinrich nach Minden, auf der er seiner Freude Ausdruck verleiht, dass es Heinrich gut geht. Dieser wurde aber am selben Tag in das Reserve Lazarett in Minden eingeliefert, in dem er bis zum 15. April blieb. Ab dem 28. April gehörte er dem Infanterie-Regiment Nr. 13 in Münster an. Einer seiner zahlreichen Freunde, sein Name ist hier unwichtig, schreibt ihm von der Front am 13.05.1916: „*Wie erklärt sich denn das, daß Du schon mal wieder versetzt bist?*". Diese Bemerkung mit einem gewissen Unterton ist angebracht. Seit seiner Armverletzung war Heinrich wiederholt im Lazarett gewesen und er hatte fünf unterschiedlichen Regimentern angehört. Er war Unteroffizier und laut Militärpass hatte er sich „*recht gut geführt*". Dass er aber auf keinen Fall an die Front versetzt werden wollte und mit einigem diplomatischen Geschick im Strudel des 1. Weltkriegs um sein Leben ruderte, davon kann man ausgehen.

Am 19.07.1914, elf Tage vor Ausbruch des Krieges, hatte er die Reichsbahn mit Nachdruck um eine baldige Anstellung gebeten, ziemlich genau zwei Jahre später, am 17.07.1916 erhielt er seinen Arbeitsvertrag bei der Reichsbahndirektion Kassel. Laut Militärpass wurde er als dienstunfähig nach Kassel entlassen. Er hatte es also geschafft, wahrscheinlich mit einem Gemisch aus Engagement, scheinbarem Entgegenkommen, Diplomatie und Verweigerung.

Überglücklich betrat Heinrich im Sommer 1916 das Gebäude der Reichsbahndirektion in Kassel. Von einem Gebäude kann man hier eigentlich nicht sprechen. Es ist ein von vier Straßen eingefasster Gebäudekomplex. Alles ist hier bombastisch: das Treppenhaus, von denen es mehrere gibt, die weitläufigen Innenhöfe, lichtdurchflutete Räume mit großen repräsentativen Fenstern. Eine Sekretärin in heller Bluse und einem langen dunklen Rock führte ihn zum Büro seines zukünftigen Vorgesetzten. Diese Dame war respekteinflößend, wenn die beiden Fotos, die von ihr im Nachlass überliefert sind, nicht täuschen. Er solle einen Augenblick warten. Dann entfernte sich die Dame wieder. Vom Treppenhaus her waren Stimmen zu hören. Jemand lachte.

2. Teil: Ein katholisches Mädchen

Lisbeth u. ihr jüngster Bruder

Kriegswirtschaft und Liebesgaben

In der zweiten Maihälfte des Jahres 1915 erhielt Lisbeth eine Ansichtskarte von einem ihrer Cousins, der sich freundlich für das Paket bedankte, das sie ihm zuvor an die Front geschickt hatte. Bemerkenswert an dieser Karte ist nicht der geschriebene Gruß des jungen Mannes, sondern die Ansichtskarte selbst. Die Farbgraphik auf der Bildseite zeigt ein religiöses Motiv. Zu sehen sind im Hintergrund marschierende Soldaten vor einem brennenden Horizont und im Vordergrund ein von Soldaten umringtes Kreuz in dem Moment, als es von einer Granate getroffen wird. Die Statue des Gekreuzigten bleibt mit erhobenen Armen und unbeschädigt auf dem Sockel stehen, während das Holzkreuz hinter ihr zerberstet. Teil der Graphik ist ein Text, der erklärt, auf welches Ereignis die Abbildung Bezug nimmt:

„Schlacht bei Saarburg am 20. Aug. 1914. Kreuz auf dem Schlachtfeld an der Landstrasse nach Bühl. Das Kreuz wurde weggeschossen, die Statue des Heilandes blieb wunderbarerweise erhalten" (Abb. 9).

Auf der Innenseite der Ansichtskarte ist ein langes Gedicht abgedruckt, das dem Kartenschreiber nur wenig Platz für seinen eigenen Text lässt. Der letzte Teil des Gedichtes lautet:

„Mit hoch erhobenen, bittenden Händen
Und schmerzlichem Antlitz der Heiland steht,
Als ob er nun nochmals mit Blut und Leben
Für alle zum himmlischen Vater fleht.
O hilf, du Herrscher der himmlischen Scharen
O Lösche des schrecklichen Krieges Brand:
Lass fliessen die göttliche Eintracht auf Erden,
Gib Friede in Freundes- und Feindesland.
Gern geb ich mein Blut zum zweiten Male
Und lehre die Menschen in ihrem Streit,
Die Liebe Gottes, sie strahlt für jeden
Jetzt und in alle Ewigkeit."

Lisbeth wäre keine überzeugte Katholikin gewesen, hätte sie dieses Gedicht nicht voller Andacht gelesen. Die Botschaft des Gedichtes, das von Lisbeths Cousin nicht kommentiert wurde, war wohl folgende: Das Wunder der unbeschädigten Christusstatue zeugt von der Macht des Gottessohnes. Jesus Christus bietet sich als aufopferungsvoller Vermittler zwischen seinem Vater und den leidenden Menschen an. Der Allmächtige wird helfen den Krieg zu beenden, wenn man ihn darum anfleht.

Der Text des Gedichtes war erbauend, vielleicht sogar tröstend. Beides konnte Lisbeth zum damaligen Zeitpunkt gebrauchen, denn der Kriegsalltag an der so genannten „Heimatfront" war ernüchternd. Aber kehren wir zurück zum Beginn des 1. Weltkrieges und betrachten uns seinen Verlauf aus der Perspektive Lisbeths:

Eine Schwägerin Sophias besuchte im September 1914 Verwandte in Dortmund. Am 19.09.1914 schreibt sie aus Dortmund an Lisbeth: *„Wie geht es Euch denn. Hier an der Reinoldikirche steht ein Faß für Zigarren. Es muß jeden Tag geleert werden, so viel werfen die Leute immer rein (Soldaten)"*, fügt sie in Klammern hinzu. Dann klagt sie: *„Es ist uns doch so einsam, daß Joseph fort ist."* Die frisch verheiratete Frau vermisste ihren Mann, der gleich zu Kriegsbeginn eingezogen worden war. Verwundert stellt sie zum Schluss fest: *„Hier ist das Volk so begeistert."* Sie war Daseburgerin und aus ihrem eigenen Umfeld in Daseburg kannte sie eine solche Kriegsbegeisterung nicht.

Lisbeth hatte ebenfalls keinen Grund begeistert zu sein: Zwei ihrer fünf Brüder waren bereits eingezogen worden. Allerdings hatte sie auch keinen Anlass zu großer Besorgnis. Ihr um zwei Jahre älterer Bruder Franz Wienholt kämpfte an der Ostfront und, so musste sie annehmen, mit Erfolg. Die Generäle v. Hindenburg und Ludendorff hatten in Ostpreußen einen Sieg errungen, trotz der zahlenmäßigen Überlegenheit der russischen Armee (Schlacht bei Tannenberg). Wie bereits erwähnt war die Vorstellung vom schnellen Sieg in fast allen Bevölkerungsschichten verbreitet. Wenn jeder glaubte, dass der Krieg noch im Winter 1914 zu Ende wäre, warum sollte sie, Wienholts Lisbeth, anderer Ansicht sein. Doch dann erreichten die ersten Todesnachrichten Daseburg. Zur Trauer kamen bald auch materielle Sorgen: Die Verluste an der Front mussten ersetzt werden durch junge Rekruten, die, wenn sie aus den Dörfern kamen, der Landwirtschaft als Arbeitskräfte fehlten.

Der Druck auf die Landwirtschaft war während des Krieges erheblich, und das nicht nur durch den Mangel an Arbeitskräften: Die Lebensmittelversorgung der einheimischen Bevölkerung im Deutschen Reich stammte zwar nur zu einem Zehntel aus Importen, aber die Grundstoffe für deren Produktion, nämlich Dünger, Futtermittel und Saatgut, wurden zu einem großen Teil über Importe bezogen. Durch die britische Seeblockade war das Deutsche Reich von diesen Einfuhren weitgehend abgeschnitten. Die Versorgung der Bevölkerung im Reich und der Soldaten an der Front ruhte also allein auf den Schultern der Landwirte und diese hatten seit Ausbruch des Krieges weniger Arbeitskräfte, weniger Arbeitspferde und durch die Seeblockade schließlich auch weniger Dünger und Saatgut zur Verfügung.[79]

Mit der Zeit wurde die Arbeitsbelastung auf dem Wienholtschen Hof höher und die Sorge um die Brüder an der Front größer. Einer nach dem anderen wurden sie dem Betrieb als Arbeitskräfte entzogen bis auf August, der älteste Sohn aus der ersten Ehe von Lisbeths verstorbenem Vater. August, wegen seiner Größe auch „der Lange" genannt, wurde während der gesamten Zeit des Krieges nicht eingezogen, wahrscheinlich weil er für den Hof unentbehrlich war.

Noch im ersten Kriegsjahr erhielt Familie Wienholt eine Schreckensnachricht: Lisbeths Bruder Franz war in Russland in Gefangenschaft geraten. So sehr Lisbeth die Sorge um ihren Bruder bedrückte, als 24-jährige Bauerntochter, die nicht für den Rest ihres Lebens auf dem elterlichen Hof bleiben wollte, musste sie sich auch um ihre eigenen Angelegenheiten kümmern. Von ihren Verehrern gefiel ihr Stoppelkamps Heinrich am besten. Den Kontakt zu ihm aufrechtzuerhalten, war unkompliziert. Wie bereits erwähnt arbeitete seine Stiefschwester Hedwig Zabel in Lisbeths Familie als Magd.

Kurz vor Weihnachten 1914 schrieb Hedwig Zabel einen Brief an Heinrich nach Coesfeld. Mit einem Augenzwinkern forderte sie Lisbeth auf, einige Sätze beizusteuern; sie könne sich ja darauf beschränken zu diktieren und das Schreiben ihr überlassen. Lisbeth diktierte einige Zeilen im Stile eines Liebesbriefes, ließ dabei aber durchblicken, dass ihre werbenden Worte nicht ganz ernst gemeint waren.

Der Brief der beiden Lisbeths wurde von Coesfeld nach Sennelager weitergeleitet, wo Heinrichs Truppe vorübergehend stationiert war. Am 28.12.1914 sandte Heinrich eine Ansichtskarte an Lisbeth als Antwort auf den ungewöhnlichen Gemeinschaftsbrief. Seine unverbindlichen Grüße fielen kurz aus, wahrscheinlich weil er noch nicht in der Lage war, mit seiner linken Hand hinreichend gut zu schreiben. Auf der Rückseite der Karte waren zwei tanzende Kinder abgebildet zusammen mit einem Reim im populären Stil der damaligen Zeit:

„Bubi, komm jetzt tanzen wir
Halt mich fest umschlungen
Viel, viel lieber bist Du mir

---

[79] Münkler, Herfried: Der Große Krieg. Die Welt 1914 bis 1918. Berlin 2013, S. 237. Vgl. auch: Strotdrees, Gisbert: Höfe, Bauern, Hungerjahre. Aus der Geschichte der westfälischen Landwirtschaft 1890-1950. Münster-Hiltrup 1998, S. 42f., Roerkohl, Anne: Hungerblockade und Heimatfront. Die kommunale Lebensmittelversorgung in Westfalen während des Ersten Weltkrieges. Stuttgart 1991, S. 17f.

Als die andern Jungen!".

Mochte sie ihre Zuneigung auch hinter einem humorigen Ton verbergen, Heinrich wusste, dass Lisbeth an ihm interessiert war, und er selber war auch nicht abgeneigt. Bei ihrem letzten Treffen in Daseburg war ihr Flirt immerhin so weit gegangen, dass sie ihn, vielleicht offensiv, vielleicht aber auch nur im Scherz, um einen Liebesbrief gebeten hatte. Etwas unbeholfen hatte er eingeräumt, Liebesbriefe nicht schreiben zu können. Aber wenn sie mit dem Schreiben anfinge, dann könne er es vielleicht auch. So weit wollte sich Lisbeth denn doch nicht einlassen und so blieb dieses Verhältnis in der Schwebe.

Im Jahr 1915 ließ Heinrich ihr mehrfach freundliche, aber unverbindliche Grüße zukommen. Er nannte sie „Liebe Freundin"; dies tat sein Bruder Stoppelkamps Josef aber auch. Lisbeth hatte diesem zu Weihnachten 1914 ein Stück Speck oder Schinkenspeck an die Front geschickt, immerhin war er der Bräutigam ihrer besten Freundin Johanna. Am 29.12.1914 antwortete Josef: „*Liebe Freundin!!! Aus dem fernen Frankreich herzlichen Dank für freundliches Gedenken und für fette Grüße.*" In dieser Zeit des unverbindlichen Flirts wurden Lisbeth und Heinrich aufmerksam von Nachbarn und Verwandten beobachtet. Da würden vielleicht zwei Freundinnen zwei Brüder heiraten, das wäre doch eine gelungene Entwicklung. Und was noch wichtiger war: Heinrich, der Sohn eines ländlichen Maurers, hatte durch seine Ausbildung Aussichten auf eine solide Karriere in der Stadt. Dazu passte die Mitgift der Bauerntochter Lisbeth als finanzielles Polster beim Aufbau einer mittelständischen Existenz.

Lisbeth schrieb Heinrich gelegentlich und einmal schickte sie ihm sogar ein Foto von ihrer Familie; der postalische Aufwand aber, den sie für ihre Brüder an der Front betrieb, war erheblich höher. Während der gesamten Zeit des Krieges erhielten die Soldaten an der Front eine immense Unterstützung durch die Bevölkerung aus dem Deutschen Reich. Pakete mit Lebensmitteln, Textilien und Lesestoff wurden zusammengestellt und an die Front geschickt, Schulklassen sammelten Geld, Frauen strickten in ihren wohltätigen Vereinen Mützen, Strümpfe und Handschuhe und Kinder schrieben Weihnachtsgrüße an fremde Soldaten. Diese Briefe und Pakete, die an die Front geschickt wurden, um das Leben der Soldaten etwas erträglicher zu gestalten, nannte man „Liebesgaben".[80]

---

[80] Roerkohl, Anne: Hungerblockade und Heimatfront. Die kommunale Lebensmittelversorgung in Westfalen während des Ersten Weltkrieges. Stuttgart 1991, S. 218. Vgl. auch Fischer, Heinrich; Quick, Fritz; Marré, Wilhelm: Die Chroniken der Stadt Warburg, hg. v. Strümper, Walter. Warburg (ca. 2002), S. 225 und Schulz, [Walter] (Hrsg.): Infanterie-Regiment Graf Bülow von Dennewitz (6. Westfälisches) Nr. 55 im Weltkriege. Detmold 1928, S. 67.

In der Familie Wienholt war es die Aufgabe Lisbeths, Pakete zu verschicken und die Korrespondenz mit den Brüdern aufrecht zu erhalten. Als rechte Hand ihrer Mutter durfte sie weitgehend eigenmächtig über die Vorräte der Speisekammer verfügen. Also schrieb sie Briefe und packte Pakete, immer in der Hoffnung auf baldige Antwort.

Ihr um zwei Jahre jüngerer Bruder Daniel war Kanonier bei der 1. Bayrischen Landwehr-Division, die auch über ein kleines Kontingent an preußischen Truppen mit westfälischen Soldaten verfügte. *„Ich bin noch immer kreuzfidel und puppenlustig"*, schreibt er seiner Schwester am 14. Januar 1915 aus Lothringen. Allerdings: *„Ich habe bis jetzt noch keinen Bekannten hier getroffen, denn wir haben auch nicht viele Deutsche bei uns, das meiste sind Bayern."* Diese Bemerkung, die den Anschein erweckt als höre Deutschland jenseits Westfalens auf, hat Lisbeth nicht kommentiert – warum sollte sie auch: Diejenigen, die in den Krieg zogen, hofften auf die Gesellschaft von Freunden und Verwandten an der Front. Der Austausch von Informationen über Angehörige und Freunde nimmt in der vorliegenden Feldpost fast ein Drittel ein. Bayern war zwar überwiegend katholisch, aber das soziale Umfeld der Familien Wienholt und Zabel beschränkte sich im Wesentlichen auf Westfalen.

„Du mußt entschuldigen, daß ich Dir nicht mal eher einen Brief geschrieben habe", fährt Daniel fort: *„Ich hab diese Tage am 11.1. noch ein großes Paket erhalten. Das war das wichtige Weihnachtspaket; dann habe ich noch erhalten 4 kleine Paketchen und 2 Briefe. Daraus habe ich vernommen, das[s] Du schon lange auf einen Brief gewartet hast. Wie ich den letzten Brief öffnete las ich, daß Bruder Franz in Sibirien [ist]. Da soll er wohl nicht viel zu lachen haben, denn da ist es doch ziemlich kalt. Wir haben hier einen bei uns, dem sein Bruder ist auch in Sibirien, der hatte geschrieben, daß sie da bei den Bauern arbeiten und hatten es ganz gut."*

Etwas weniger besorgt als zuvor legte Lisbeth diesen Brief auf ihren Stapel von Feldpost, der mit der Zeit immer höher wurde, denn die Prognose vom schnellen Sieg erwies sich als falsch. Diese Entwicklung war fatal, nicht nur für die Soldaten an der Front, sondern auch für die Bevölkerung im Deutschen Reich. Da sich bereits in den ersten Kriegsmonaten bei der Versorgung der Bevölkerung Engpässe zeigten, sah sich die Regierung genötigt kontrollierend und vor allem rationierend einzugreifen. Ab Januar 1915 mussten die Bauern ihr Getreide für festgelegte Preise an staatlich überwachte Einrichtungen abgeben. Die Stadtbevölkerung schließlich erhielt beim Bäcker Brotrationen gegen Vorlage von Brotkarten.[81]

Die immer schlechter werdende Lebensmittelversorgung, vor allen Dingen in den Städten, ist nicht allein auf die Seeblockade zurückzuführen, sondern auch auf die Bevorzugung militärischer Belange zum Nachteil der Bevölkerung. Dies betrifft nicht nur die unterschiedliche Verteilung der Lebensmittel an die Front und in die Städte, sondern auch die Auswahl der jungen Männer, die einberufen wurden. Sie wurden vor allem der Landwirtschaft genommen, weniger der Industrie.[82]

Auch die zunächst planlose und kurzsichtige Zwangswirtschaft sorgte für Mangelentwicklungen. Da die Bauern den Verkauf ihrer Kartoffeln und ihres Getreides nicht mehr rentabel fanden, verfütterten sie beides an ihr Vieh, vor allem an ihre Schweine, in der Hoffnung auf gute Fleischpreise. Um dem entgegenzuwirken und auch aus Angst vor einer schlechten Kartoffelernte, ordneten die Behörden Zwangsschlachtungen von Schweinen an. In Westfalen fiel ein Drittel des Schweinebestandes dieser vorschnellen Maßnahme zum Opfer. Wider Erwarten fiel die Kartoffelernte im Jahr 1915 recht gut aus. Wegen der schlechten Konservierungsmethoden war ein Teil des Schweinefleischs aber bereits verdorben. Jetzt fehlte es der Bevölkerung an Frischfleisch, Fett und Schmalz.[83] Die Städter, die in Schlangen vor den Lebensmittelläden standen und unter Entbehrungen litten, hatten mittlerweile keinen Grund mehr, auf einen schnellen Sieg zu hoffen. Die patriotische Begeisterung, die zumindest in gutbürgerlichen Kreisen zu Kriegsbeginn geherrscht hatte, machte allmählich einer Kriegsmüdigkeit in allen sozialen Schichten Platz.

Im Sommer 1915 unternahm Lisbeth eine Wallfahrt nach Kleinenberg, um dort vor der Marienstatue für ihre Brüder zu beten. Von den hohen Verlusten, vor allem an der Westfront, wusste sie. Lisbeth erhielt ihre Informationen über den Verlauf des Krieges und die Verhältnisse an der Front von Feldpostbriefen und von den Berichten der Fronturlauber. Sie war ebenso wie andere Dorfbewohner Teil eines dichten Informationsnetzes, denn das, was Nachbarn und Verwandte ihr erzählten, gab sie weiter in ihren Briefen an die Front. Daniel berichtete sie von einer alleinstehenden Tante, die ihren einzigen Sohn durch den Krieg verloren

---

[81] Strotdrees, Gisbert: Höfe, Bauern, Hungerjahre. Aus der Geschichte der westfälischen Landwirtschaft 1890-1950. Münster-Hiltrup 1998, S. 44.
[82] Münkler, Herfried: Der Große Krieg. Die Welt 1914 bis 1918. Berlin 2013, S. 238.
[83] Strotdrees, Gisbert, a.a.O., S. 43, Hirschfeld, Gerhard; Krumeich, Gerd: Deutschland im Ersten Weltkrieg. Frankfurt a. M. 2013, S. 121f., Kruse, Wolfgang: Der Erste Weltkrieg. Darmstadt 2014, S. 45, Roerkohl, Anne, a.a.O., S. 33.

hatte, und von anderen Familien, die ebenfalls betroffen waren. Daniel antwortet ihr am 11.07.1915:

„Liebe Schwester Lisbeth: Da ich nun grade Wache habe, kann ich somit Dir ein Paar Wörter zuschreiben. Ich bin noch immer gesund und munter, was ich auch von Dir hoffen darf. Deine Karte habe ich erhalten und sage Dir auch meinen besten Dank. [...] Wie es bei uns jetzt heißt gibt es wieder Urlaub. Hoffentlich komme ich auch bald mal nach Hause, aber vor August soll ich wohl nicht kommen. Ich freue mich jetzt schon auf die schönen Stunden, die man da mit Ruhe verleben kann, denn bei Euch soll es doch wohl hoffentlich etwas besser sein wie hier, wenn auch alt und jung fort sind.

Aber wie mag es wohl Bruder Franz gehen, was mag der für eine große Sehnsucht nach der lieben Heimat haben, der nun nie was hört von der Heimat. Ich glaube, wenn die das Wort Frieden hören, daß die vor Freude mit dem Kopf durch die feste Wand springen, wenn es möglich wäre. Hoffentlich wird es diesen Winter alle [= zu Ende] sein, denn den Russen haben sie das Genick bald umgedreht und dem Franzmann wird es in kurzer Zeit bald auch so gehen, und der Engländer müsste mit Maus und Mann zugrunde gehen, denn der Räuber ist an dieser Mörderei am meisten schuld.

Wie ist es denn mit Eurem Schützenfeste, habt Ihr gefeiert oder nicht, ich glaube, Ihr sollt bald keinen mehr haben, der König werden könnte."

Daniel war sich im Klaren, dass Heimaturlaub im August, also zur Erntezeit, alles andere als ruhig sein würde, weil ja, wie er schreibt „alt und jung fort sind"; aber selbst der mühsamste Heimaturlaub war besser als das Vegetieren und Sterben an der Front. Wie sein Bruder Franz sich in Sibirien fühlen mochte, wusste er ebenso wenig wie seine Schwester, da beide seit langem keine Post mehr von Franz erhalten hatten.

In den Liebesbriefen meiner Großeltern gibt es einen Hinweis darauf, wie die Feldpost ihrer Brüder auf Lisbeth gewirkt hat. Demnach ist Lisbeth nach der Lektüre mancher Briefe in Tränen ausgebrochen. Die von Wut und Bitterkeit geprägten Zeilen ihres Bruders Daniel waren dazu angetan, eine solche Reaktion auszulösen. Daniel war also noch „*gesund und munter*". Ihr musste niemand erklären, dass dieses „*ich bin noch immer gesund und munter*" nicht mehr bedeutete als „ich bin noch unverletzt".

Anfang Januar 1916 fiel Stoppelkamps Josef, Johannas Verlobter. Deren Nachkommen teilten mir mit, dass die beiden einander sehr geliebt hätten. Wenn ich mir vorstelle, was diese Todesnachricht in den betroffenen Familien ausgelöst haben mag, dann sehe ich eine rothaarige junge Frau, die weinend den Rosenkranz betet, bevor sie zu ihrer besten

Freundin geht. Lisbeth wird wohl versucht haben, ihrer Freundin beizustehen und vielleicht hat sie Johanna auch auf deren Weg zu Emilia begleitet, die jetzt um ihren zweitgeborenen Sohn trauerte. Hätte Stoppelkamps Josef den Krieg überlebt, wäre Emilia Zabel, verwitwet Müller Johannas Schwiegermutter geworden.

Im weiteren Verlauf des Jahres 1916 verschärften schlechte Ernten die Versorgungslage der Bevölkerung beträchtlich. Die Kriegswirtschaft reagierte auf die Notlage mit der Rationierung aller wesentlichen Lebensmittel, die jetzt nur noch gegen Vorlage entsprechender Marken erhältlich waren. Es mussten Brot-, Fleisch-, Eier- und Butterkarten erworben werden. Für diese Karten erhielt man dann beim Händler eine festgelegte Portion der jeweiligen Lebensmittel. Die Grundnahrungsmittel standen nicht mehr frei zur Verfügung und nicht nur sie: Auch andere Dinge des alltäglichen Bedarfs, wie Reinigungsmittel und Brennmaterial wurden rationiert.[84]

Die in der Landwirtschaft tätigen Menschen mussten sich ebenfalls mit der Rationierung von Lebensmitteln und Brennmaterialien abfinden. Die Behörden konfrontierten die Landwirte nun mit einem Übermaß an Verordnungen, die kaum noch überschaubar waren und z. T. auch nicht eingehalten werden konnten: Z. B. durfte das knappe Getreide nicht an die Kühe verfüttert werden mit der Konsequenz, dass die schlecht versorgten Tiere erheblich weniger Milch gaben, da Kraftfutter wegen der Seeblockade nicht mehr importiert werden konnte. Da Mehl, Zucker, Butter und andere Lebensmittel in viel zu geringer Menge vorhanden waren, experimentierte man mit Ersatzstoffen. So wurde das „Kriegsbrot" mit gekochten Kartoffeln gestreckt und Kochbücher empfahlen, die alltäglichen Speisen und sogar Kuchen auf der Basis von Graupen, Steckrüben und anderen Ersatzmitteln zuzubereiten.[85]

Die sozialen Unterschichten in den Städten litten unter Mangelerkrankungen und Unterernährung, ein Schicksal, das die Familien der Landwirte nicht teilen mussten, wenn sie die eine oder andere Verordnung umgingen. Schwerer wog im ländlichen Bereich die Arbeitsbelastung, die in dieser Ausnahmesituation auf den Schultern der Frauen und der alten Männer lag.[86] In der „Daseburger Heimatzeitung", die während der Zeit des Krieges vom damaligen Kaplan und späteren Berliner Bischof Wilhelm Weskamm vorwiegend für die Angehörigen an der Front heraus-

---

[84] Hirschfeld, Gerhard; Krumeich, Gerd: Deutschland im Ersten Weltkrieg. Frankfurt a. M. 2013, S. 132.
[85] Hirschfeld, Gerhard; Krumeich, Gerd, a.a.O., S. 120.
[86] Hirschfeld, Gerhard; Krumeich, Gerd, a.a.O., S. 148f., Roerkohl, Anne, a.a.O., S. 308ff.

gegeben wurde, befindet sich eine kurze Schilderung der Situation in Daseburg im Jahr 1916:

„Auch sonst merkt man den Krieg hier mehr als ihr [Soldaten] denkt. [...] Jeder bekommt seinen Teil und im Kochtopf merkt man den Krieg auch. Und den Frauen und alten Männern, die im Sommer die Arbeit leisten, sieht man das auch an. Ja selbst bei den Kleinsten merkt man ihn. Die spielen immer Krieg: Einer wird verwundet und verbunden, einer kommt auf Urlaub, nimmt Abschied usw. Dann haben sie eine Blechbüchse mit kleinen Steinen und befehlen: ‚Heute müssen Futtermarken bezahlt werden'." [87]

Lisbeth arbeitete den ganzen Tag, je nach Saison, auf dem Feld, im Gemüsegarten oder beim Einmachen in der Küche. Abends schrieb sie Briefe und packte nach wie vor Pakete. Daniel bedankte sich bei ihr am 31.07.1916 für zwei Pakete, *„eines mit Butter und das andere mit roter Wurst."* Am 26.08.1916 moniert er: *„Du hattest geschrieben, du hättest ein Paket mit gekochtem Schinken abgeschickt, habe aber bis jetzt noch keines erhalten, hoffentlich kommt es bald an, denn ich hab mal wieder Hunger auf gekochten Schinken."*

Während Lisbeths Tag mehr mit Arbeit ausgefüllt war als ihr recht sein konnte, litt Daniel mittlerweile unter Langeweile, denn nicht nur Todesangst quälte die Soldaten an der Front, sondern auch die Eintönigkeit des Soldatenlebens, je nach dem, wo sie eingesetzt worden waren. Nach einer sechswöchigen Ruhephase war Daniel mit seiner Truppe in die Vogesen verlegt worden. Am 11.09.1916 schreibt er Lisbeth von dort:

„Da ich augenblicklich sehr lange Weile habe, komme ich soweit Dir ein kleines Briefchen zu schreiben. Mir geht es Gott sei Dank noch recht gut. Dasselbe werde ich auch von dir annehmen. Hier ist augenblicklich sehr schlechtes Wetter, ist den ganzen Tag am Regnen, und man muß den ganzen Tag auf dem Strohsack liegen. Wir liegen jetzt in Baracken und in den Baracken sitzen auch ‚Einquartierungen', denn da tanzen die Flöhe auf dem Tisch herum. Gestern Abend hatten wir großes Bier trinken, denn wir haben einen neuen Wachmeister bekommen, das alte Schwein von Wachmeister haben wir abgesetzt, und dieser [der Neue] hat seinen Einstand gegeben, hoffentlich ist dieser besser wie der andere."

Das Leben in den Quartieren hinter der Front war eintönig und voller Entbehrungen. Man hatte gelernt, sich mit schikanierenden Vorgesetzten zu arrangieren. Ging die Schikane aber zu weit und waren mehrere Männer betroffen, dann fand die Mannschaft durchaus Methoden, einen

---

[87] Daseburger Heimatzeitung Nr. 21, 29.11.1916, unveröffentlicht.

solchen Quälgeist loszuwerden. Die Bauerntochter Lisbeth wusste davon, denn die Sprache ihres jüngeren Bruders war deutlich genug.

Die Bevölkerung an der Heimatfront unterstützte den Krieg nach wie vor, z. B. durch das Zeichnen der Kriegsanleihen, für die in den Zeitungen und auch auf den Straßen massiv geworben wurde. Die Daseburgerinnen und Daseburger machten in dieser Hinsicht keine Ausnahme. Die meisten Bewohner Daseburgs unterstützten den Staat durch die Gewährung dieser Kriegskredite und akzeptierten auch gezwungenermaßen die schleichende Inflation, durch die der Krieg ebenfalls finanziert wurde. Auch in den Daseburger Vereinen wurde für die Soldaten an der Front gesammelt. Der Jungfrauenverein führte Weihnachten 1916 ein Theaterstück auf. Der Erlös dieser Veranstaltung sollte den Soldaten zugutekommen.

Die Abende im Winter 1916/1917, wegen der Entbehrungen auch „Steckrübenwinter" genannt, waren in Daseburg dunkel, weil der Ort, wie bereits erwähnt, noch nicht an das elektrische Netz angeschlossen war und die Bewohner auf das stark rationierte Petroleum weitgehend verzichten mussten.[88] Lisbeth schrieb trotzdem ihre Briefe an die Front, denn es gab immer etwas zu erzählen: Im Februar hatte ihre Familie ein Fohlen gekauft, eine gute Entscheidung fand Lisbeth. Von der einzigen Stute auf dem Hof hoffte sie, dass sie trächtig wäre; dann war da noch ein Nachbar einige Häuser weiter schwer erkrankt. Im Übrigen sei die Hebamme des Dorfes vorübergehend abgereist, sie solle aber eine Vertretung bekommen. Der bissige Kommentar von Daniel ließ nicht lange auf sich warten: *„Ich glaube ihr habt gar keine [Hebamme] mehr nötig so lange wie der Krieg dauert, wenn die Mädchen nicht mal so einen Zug [an die Front] machen, nichts für ungut."*

Lisbeth bekam von ihrem Bruder Daniel, der sich nach wie vor in den Vogesen langweilte, jetzt häufiger Post. *„Die Kälte hat bei uns auch nachgelassen"*, schreibt er am 16.02.1917. *„Es ist jetzt bedeutend besser für uns. Wir liegen augenblicklich in der Stube herum und wissen nicht was wir tun sollen."* Für Daniel war ein Monat wie der andere, ein zermürbendes Leben zwischen Todesgefahr und Monotonie. Lisbeth berichtete ihm, dass ihre gemeinsamen Brüder Paul und Ullrich nun auch felddienstfähig geschrieben worden seien. Daniel antwortet ihr am 08.03.1917. *„Aber wenn die mal ins Feld kommen, dann wird wohl Frieden sein."* Diese Prognose erwies sich als falsch. Erst wurde Lisbeths Stiefbruder Paul eingezogen, dann ihr jüngster Bruder Ullrich. Während Franz Wienholt als Kriegsgefangener in Sibirien in der Landwirtschaft arbeitete, schuftete

---

[88] Daseburger Heimatzeitung Nr. 22, 06.12.1916, unveröffentlicht.

mancher russische, polnische, französische oder belgische Kriegsgefangene auf westfälischen Höfen.[89] Bei der Zuweisung von solchen Männern wurden jedoch die größeren Betriebe bevorzugt. In der Korrespondenz gibt es keinen Hinweis auf einen Kriegsgefangenen auf dem Wienholtschen Hof während des 1. Weltkrieges, wohl aber auf die Mitarbeit von jungen Mägden und auch von jugendlichen Knechten, die das wehrfähige Alter noch nicht erreicht hatten.

Lisbeth legte jetzt in ihre Pakete an Daniel nicht nur Lebensmittel, sondern auch Geldscheine verbunden mit einigen Aufträgen, die er erledigen sollte. Es hatte sich in den kriegsführenden Nationen, vor allem im Deutschen Reich, ein Schwarzmarkt für Lebensmittel und andere selten gewordene Bedarfsgegenstände entwickelt. Wenn die Bäuerinnen und Bauern in Deutschland kein Saatgut mehr bekamen, dann vielleicht in Frankreich, in den Gegenden, die vom deutschen Militär besetzt waren. Daniel sollte im Auftrag von Lisbeth Saatgut besorgen, und das tat er mit so viel Erfolg, dass Lisbeth auch Bestellungen von Verwandten an ihn weitergab. Daniel zog es vor, seine Tätigkeit zu verheimlichen, obwohl Saatgutsendungen von der Front nicht selten waren:[90]

„Auf der Karte schreibst Du, daß Onkel aus Korbecke auch noch Kleesamen [Klee=Viehfutter] haben wollte. Ich glaube aber nicht, daß die Frau noch etwas übrig hat, aber nachfragen werde ich sofort. [...] Die 130 M. habe ich erhalten. Die anderen staunten, die dachten wunder was ich damit machen wollte, das sollte sonst niemand wissen."

Ostern 1917 berichtete Daniel von einer allgemeinen Kriegsmüdigkeit bei den Truppen. Den Abschuss eines Flugzeugs präsentiert er als einen Lichtblick in der sonst herrschenden Monotonie:

„Die Ostertage habe ich sehr gut verlebt, der Franzmann hat uns in den Ostertagen schön in Ruhe gelassen. Das schönste war am 2. Ostertage, daß hier ein Flieger abgeschossen wurde und fiel in die Stadt, die Insassen waren tot. Bei [uns] ist es augenblicklich wieder Winter, es schneit den ganzen Tag, hoffentlich ist das Wetter bei euch besser. Sonst wüsste ich dir nicht viel neues zu schreiben, die Hauptsache wäre wenn der Russe Frieden machte, daß wir zum Schluß kämen, denn die Soldaten sind alle kriegsmüde, wenns doch halt bald wahr wäre."

Der Krieg an der Westfront war seit langem festgefahren; die deutsche Regierung spekulierte auf einen Separatfrieden mit Russland, die Bevölkerung schließlich war mittlerweile ausgelaugt, in den Städten durch

---

[89] Strotdrees, Gisbert: Höfe, Bauern, Hungerjahre. Aus der Geschichte der westfälischen Landwirtschaft 1890-1950. Münster-Hiltrup 1998, S. 46f.
[90] Hirschfeld, Gerhard; Krumeich, Gerd: Deutschland im Ersten Weltkrieg. Frankfurt a. M. 2013. S. 132f.

Hunger, in den landwirtschaftlichen Betrieben eher durch eine chronische Überlastung.

Am 24.04.1917 erhielt Lisbeth von Daniel einige Zeilen, die ihr zu denken gaben:

„Das Wetter ist augenblicklich hier etwas besser, aber immer noch kalt. Die Hauptsache ist, wenn ich in Urlaub komme, daß der Salat bald gut ist. Mehr wünsch ich nicht, also Lisbetchen sorg gut."

Dann fügt er noch hinzu:

„Nun Schwesterchen, du schreibst mir gar nichts, daß du dir einen Schatz angeschafft hast, denn es wird doch so langsam Zeit für dich, denn der Krieg ist diesen Sommer fertig, das ist doch ganz bestimmt, also mach zu, daß es bald Hochzeit gibt."

Daniel hatte gut reden! Ein Mädchen im heiratsfähigen Alter lebte im Krieg wie in einem Vakuum. Die potentiellen Ehekandidaten kämpften an der Front, lagen im Lazarett oder wurden in einer Kaserne festgehalten, wie z. B. Stoppelkamps Heinrich weit über ein Jahre lang.

Die Rationierung des Küssens

Lisbeth war überzeugte Katholikin, wodurch sie sich von den anderen Dorfbewohnerinnen durchaus nicht unterschied. Natürlich hatten die Daseburger Handelsbeziehungen zu ihrem protestantischen Umfeld, z. B. in Nordhessen. Aber letztendlich lebte man doch in seiner eigenen Welt.

Damals war der Pfarrer die zentrale und prägende Instanz in den katholischen Dörfern auf dem Land. Lisbeth wurde von den letzten Jahren ihrer Schulzeit bis zu ihrem Umzug nach Kassel im Jahr 1920 von dem 1842 geborenen und 1917 bereits ergrauten Pfarrer Franz Pieper seelsorgerisch betreut. Eine Passage aus dem Text eines Gesangbuchblättchens, das zu seinem Gedenken gedruckt wurde, lautet:

„14 Jahre wirkte er als Kaplan in Hagen, wo er alle Leiden und Mühen des Kulturkampfes durchkostete. Von der rastlosen Arbeit in dieser Zeit geschwächt, übernahm er 1884 die stillere Pfarrei Großeneder, wo er 20 Jahre lang nicht minder segensreich wirkte. Im Jahre 1904 übertrug ihm der Bischof die Pfarrei in Daseburg, der er bis zu seinem Tode am 12. Nov. 1920 in priesterlicher Treue und Liebe diente."

Lisbeth stand also unter dem Einfluss eines Priesters, der viele Jahre vor ihrer Geburt unter dem Druck, den Bismarcks Staat auf den katholischen Klerus ausgeübt hatte, gelitten hatte, vielleicht sogar zermürbt worden war. Es stand in der Macht eines Priesters über Predigten und über den Religionsunterricht dafür zu sorgen, dass die Zeit des Kulturkampfs (1871-87) im kollektiven Gedächtnis einer Dorfgemeinschaft haften blieb.

Bis kurz vor dem 2. Weltkrieg waren die Katholikinnen und Katholiken im Deutschen Reich mit einem Anteil von einem Drittel an der Gesamtbevölkerung eine Minderheit, wenn auch eine starke Minderheit. Bismarck, um Stabilität im jungen Deutschen Reich bemüht, misstraute einer katholischen Bevölkerung, die sich „ultra montes", d. h. über die Berge hinweg an einem Kirchenoberhaupt orientierte, das sich nicht in Deutschland, sondern in Rom aufhielt.

Bei seinem Bemühen um eine deutsche Staatskirche traf Bismarck auf einen schwierigen Kontrahenten in Gestalt von Papst Pius IX, der mehr noch als Bismarck Grund hatte, sich um Kontinuität und Geschlossenheit seines „Reiches" zu sorgen. Der Papst fühlte sich als Gefangener im Vatikan wegen der Besetzung des Kirchenstaates und der Stadt Rom durch die Truppen des neuen italienischen Nationalstaates. Auch die zunehmende Säkularisierung im Zuge der technischen und gesellschaftlichen Entwicklungen bereitete ihm Sorgen. Er reagierte mit einer autoritären, betont antiliberalen Ausrichtung seines Pontifikats. Ein Stein des Anstoßes aus deutscher Sicht war die von ihm betriebene Dogmatisierung der Unfehlbarkeit des Papstes auf dem Ersten Vatikanischen Konzil (1869/70).[91] Der mit Abstand größte Teil des katholischen Klerus in Deutschland stellte sich jedoch auf die Seite seines Papstes.

In der Zeit von 1871 bis 1875 wurden vor allem im Königreich Preußen, dem mit Abstand größten Land des Deutschen Reichs, zahlreiche Gesetze erlassen, die zum Ziel hatten, den Einfluss Roms zu schwächen. Z. B. wurden Gelder für die katholische Kirche gestrichen, Neubesetzungen von Pfarrstellen eingeschränkt, Ordensgemeinschaften bis auf die im Pflegedienst tätigen geschlossen, die katholische Presse behindert, missliebige Priester, sogar Bischöfe inhaftiert und katholische Beamte, die sich offen zum Papst bekannten, amtsenthoben. Diese Maßnahmen bewirkten, dass viele Gemeinden keinen Seelsorger hatten oder die verbliebenen Pfarrer unter prekären Verhältnissen arbeiteten.[92]

Anders als von Bismarck erhofft, reagierte die katholische Bevölkerung mit Protesten und mit einer Politisierung, z. B. mit der Unter-

---

[91] Strötz, Jürgen: Der Katholizismus im deutschen Kaiserreich 1871 bis 1918. Strukturen eines problematischen Verhältnisses zwischen Widerstand und Integration. Teil 1: Reichsgründung und Kulturkampf (1871-1890). Hamburg 2005, S. 206.
[92] Strötz, Jürgen, a.a.O., S. 274, 286, 296, 299.

stützung der katholischen Zentrumspartei, von der später die Rede sein soll. Vor allem aber schlossen sich die Katholiken als religiöse Gemeinschaft enger zusammen. Viele praktizierten die Riten des Herz-Jesu-Kultes, der vom katholischen Klerus ausdrücklich gefördert wurde. Das von der Dornenkrone verletzte Herz Jesu symbolisierte das Leiden der katholischen Kirche und ihrer Gemeinden in einer schwierigen Zeit, einer von mehreren Gründen, weswegen dieser Kult die Gläubigen während des Kulturkampfes und während des 1. Weltkrieges innerlich berührte. Auch in Ostwestfalen zeigen Vereinsneugründungen, konfessionelle Publikationen und zahlreiche Gebetsgemeinschaften ein verstärktes Glaubensleben vor allem unter dem Zeichen des verletzten Herzens Jesu.[93]

Für den ultramontanen, d. h. papsttreuen Klerus war die Zeit des Kulturkampfes eine traumatische Erfahrung. Vom Papst bis zum Kaplan fühlten sich die Geistlichen in erster Linie als Seelsorger, die den Gläubigen unterstützten in seinem Kampf gegen das Böse. Die Behinderung ihrer seelsorgerischen Arbeit bedeutete nach ihrer Vorstellung den Untergang mancher Seele in der ewigen Verdammnis. Vor diesem Hintergrund verwundert es nicht, dass die nachfolgenden Päpste sehr daran interessiert waren, sich mit den nationalen Regierungen so weit zu arrangieren, dass die Seelsorge gewährleistet war.[94]

Bei Ausbruch des 1. Weltkrieges wies nicht nur die protestantische, sondern auch die katholische Kirche auf die patriotische Verpflichtung der Soldaten zur Landesverteidigung hin. Selbstverständlich tat sich die katholische Kirche mit dem Thema Patriotismus wegen ihrer Internationalität schwerer als die protestantische Kirche, die durch ihre Nähe zum protestantischen Hohenzollernreich eher Bismarcks Vorstellungen von einer Nationalkirche entsprach.[95] Dieses Dilemma von nationaler Verpflichtung und internationaler Ausrichtung mag mitverantwortlich gewesen sein, dass sich der katholische Klerus neben dem Patriotismus auf ein weiteres, politisch neutrales Thema fokussieren musste, um den Krieg seelsorgerisch aufzuarbeiten. Deutlich ausgeprägter als in der protestantischen Kirche wiesen die Priester im Zusammenhang mit dem Kriegsgeschehen auf die Schuldhaftigkeit der Menschheit hin. Demnach

---

[93] Busch, Norbert: Katholische Frömmigkeit und Moderne. Die Sozial- und Mentalitätsgeschichte des Herz-Jesu-Kultes in Deutschland zwischen Kulturkampf und Erstem Weltkrieg. Gütersloh 1997, S. 304ff.
[94] Wolf, Hubert: Papst & Teufel. Die Archive des Vatikan und das Dritte Reich. München 2012, S. 16ff., 91.
[95] Strötz, Jürgen: Der Katholizismus im deutschen Kaiserreich 1871 bis 1918. Strukturen eines problematischen Verhältnisses zwischen Widerstand und Integration. Teil 1: Reichsgründung und Kulturkampf (1871-1890). Hamburg 2005, S. 301.

waren es die Sünden, die Gott veranlassten, die Menschen mit einem Krieg zu strafen. Daher spielten Sühneandachten während des 1. Weltkrieges in den katholischen Gemeinden eine vermehrte Rolle, auch in Daseburg.[96]

In Daseburg wirkte neben Franz Pieper auch der bereits erwähnte Kaplan Wilhelm Weskamm, den man dem greisen Pfarrer als Hilfe zur Seite gestellt hatte. In der Daseburger Heimatzeitung Nr. 12 vom 14. Juli 1916 weist Weskamm sowohl auf Sühneandachten als auch auf den Herz-Jesu-Kult hin. Vor allen Dingen vermittelt er ein Bild vom Eingebundensein der Daseburger Gemeinde in ein dichtes Netz von religiösen Praktiken.

„Wie ich schon schrieb, sind am 29.6 – 2.7.[1916] hier und überall große Sühnetage gewesen – unter aller größter Beteiligung. Am Feste Peter und Paul, am darauf folgenden Freitag (Herz-Jesu-Fest), am Samstag und besonders am Sonntag gingen große Scharen z. hl. Kommunion. Am Sonntag war Generalkommunion der ganzen Gemeinde, Freitags war Sühneandacht mit Predigt, Sonntags war tagsüber die Aussetzung des Hochw.[ürdigen] Gutes [= des Allerheiligsten] und Nachmittags von 4 – 5 feierliche Schlussandacht. An beiden Tagen hat ein 4stimmiger Chor durch schönen Gesang uns alle sehr erbaut."

Weskamm schreibt seinen Artikel vor allem für die aus Daseburg stammenden Soldaten, die damals an der Front kämpften. Die Daseburger Zeitung wurde nicht publiziert, sondern den Soldaten zugeschickt. Mit den folgenden sehr eindringlichen Worten wendet sich Weskamm direkt an die Soldaten:

„Es ist in diesen Tagen besonders viel gebetet worden, um von Gott den Frieden und für Euch glückliche Heimkehr zu erflehen, aber auch um Abbitte zu leisten. Denn wir haben ja auch den Zorn Gottes herausgefordert vor dem Kriege und noch während desselben. Da gibt's ja schon viel Grund um zu beten: mea Culpa, durch meine Schuld!" [97]

Die katholische Kirche bot dem von Schuldgefühlen geplagten Gläubigen die Beichte als wichtigstes Bußsakrament neben individuellen und kollektiven Ritualen, wie z. B. die erwähnten Sühneandachten, an deren Teilnahme ein Ablass von Sünden geknüpft war. Ein vollständiger Ablass bedeutete für den gläubigen Katholiken nicht weniger als die Vermeidung der göttlichen Strafe während des Lebens und nach dem Tod.

In der damaligen Liturgie und damit auch in der Vorstellungswelt der Katholiken bildeten Satan und Hölle eine reale, furchterregende

---
[96] Strötz, Jürgen, a.a.O., S. 96, 101.
[97] Daseburger Heimatzeitung, Nr. 12, 14. Juli 1916, unveröffentlicht.

Bedrohung.[98] Vor diesem angsteinflößenden Hintergrund gab das Leben im katholischen Kollektiv Sicherheit und Zuversicht. Dieses Kollektiv organisierte sich durch konfessionelle Institutionen, wie z. B. die katholischen Vereine und es war durchdrungen von religiösen Ritualen. Das Glaubensleben vor allem der katholischen Dorfbevölkerung orientierte sich, vermittelt über die Priester, am Papst, dem als Stellvertreter Christi ein absoluter Wahrheitsanspruch zuerkannt wurde. Derjenige, der die kirchlichen Glaubenslehren in Frage stellte, galt als ein den Versuchungen des Teufels Erlegener, nicht etwa als ein Mensch, der sich durch Lebenserfahrungen und Reflexion persönlich weiterentwickelt hatte. Dies alles muss man wissen, sonst ist einem Lisbeths Verhalten gegenüber Heinrich im Rahmen ihrer Liebesbeziehung, die sich jetzt anbahnte, unverständlich.

Im Frühjahr 1917 spazierte Heinrich durch Kassels Innenstadt mit einem interessierten Blick für die in den Schaufenstern ausgestellten Waren. Seit einem Dreivierteljahr arbeitete er als Techniker und bezog ein regelmäßiges Gehalt. Mit seiner Anstellung bei der Reichsbahndirektion waren sogar die ersten Voraussetzungen für eine Beamtenlaufbahn gegeben, seine Position war jedoch noch nicht so stabil, dass er eine Familie hätte gründen können. Das Anstellungsschreiben der Königlichen Eisenbahndirektion vom 17.07.1916 lautet: *„Wir wollen Sie vom 17ten Juli 1916 ab als technischen Eisenbahn-Büreauaspiranten II. Kl. im Staatsbeamtenverhältnisse, jedoch bis auf weiteres nur probeweise und vorbehaltlich jederzeitigen Widerrufs bei der Staatseisenbahnverwaltung beschäftigen. [...] Nach Ablauf der 2 ½ jährigen Vorbereitungszeit haben Sie die Prüfung zum technischen Büroassistenten abzulegen."* Die endgültige berufliche Etablierung bei der Eisenbahn war also an die erfolgreiche Absolvierung weiterer Prüfungen gebunden; dann erfolgte der Aufstieg innerhalb der stufenförmigen Beamtenlaufbahn über Positionen wie Bürosekretär, Obersekretär, Inspektor und Oberinspektor mit entsprechenden Erhöhungen der Bezüge.

Während der gesamten Zeit als berufstätiger, aber lediger Eisenbahner wohnte Heinrich günstig zur Untermiete bei einer älteren alleinstehenden Dame. Am Ende des Monats blieb von seinem Gehalt so viel übrig, dass er für eine damals noch sehr ungewöhnliche Anschaffung sparen konnte. Er kaufte eine gebrauchte Plattenkamera, ein Stativ und alle Utensilien zum Entwickeln von Fotos. Diese Plattenkamera, die ich selbst

---

[98] Strötz, Jürgen: Der Katholizismus im deutschen Kaiserreich 1871 bis 1918. Strukturen eines problematischen Verhältnisses zwischen Widerstand und Integration. Teil 1: Reichsgründung und Kulturkampf (1871-1890). Hamburg 2005, S. 134.

noch gesehen habe, weil sie erst spät entsorgt wurde, verfügte über Holzwände und ist auf etwa 1900 zu datieren.

Als erstes Motiv diente die Familie Zabel: Heinrichs Mutter, sein Stiefvater, die Stiefgeschwister und Halbgeschwister, die sich alle zu diesem Anlass in ihrer besten Bekleidung zeigten. Beim Entwickeln der Fotos im Badezimmer seiner Vermieterin musste er feststellen, dass seine Erstlingswerke unscharf waren. Es bedurfte der Übung mit weiteren geduldigen Statisten und als solche boten sich die Mitglieder der Familie Wienholt an. Dort arbeitete nicht mehr Hedwig Zabel, die älteste Tochter seines Stiefvaters, sondern deren jüngere Schwester Maria Zabel. Er fotografierte seine Stiefschwester Maria, wie sie mit zwei Kaninchen auf dem Schoß im Garten saß. Auch Lisbeths jüngerer Bruder Ullrich posierte zwischen den Kaninchen im Garten und als Reiter auf dem hofeigenen Pferd.

Schließlich betrat Lisbeth die Bühne in ihrem Sonntagskleid. Sie legte ungezwungen ihre Arme auf die Schultern der beiden Knechte und ließ sich so fotografieren. Heinrich hatte genügend Gelegenheit, Lisbeth zu betrachten; er tat es lange und mit dem Blick eines Verliebten. Sie hatte fein geschwungene Lippen und ebensolche Augen, bei deren Anblick man die roten Haare und die vielen Sommersprossen vergessen konnte. Endlich erwiderte Heinrich Lisbeths Zuneigung in dem Maße, wie sie es sich seit langem wünschte.

Die Liebesbriefe meiner Großeltern entstanden erst als Folge ihrer religiösen Differenzen ab dem September 1917. Trotz allem damaligen Streits zwischen beiden ist dort gelegentlich von „abküssen" die Rede. Nur wo konnte ein frisch verliebtes Paar in einem katholischen Dorf dieser Zeit ungestört einander abküssen? Wie bereits erwähnt lag der Garten der Familie hinter den Stallgebäuden und war von der Straße aus nicht einsehbar. An der Rückwand des langen Stallgebäudes rankte ein großer Weinstock. Dort standen sie eng umschlungen und schworen einander, wie es in den Liebesbriefen heißt, ihren *„zukünftigen Lebensweg gemeinsam zu gehen"*. Dies war keine offizielle Verlobung, aber ein Versprechen, das auch ohne offizielle Bekanntmachung bindend war. In diesem Mai 1917 sahen Freunde und Nachbarn eine zutiefst beglückte Lisbeth, die jeden Scherz zelebrierte, der sich ihr bot.

Ein unbekannter Spaßvogel hatte einen fingierten Amtstext verfasst als Persiflage auf die quälende Rationierung der immer knapperen Lebensmittel. Solche von Not und Galgenhumor geprägte Texte gab es zu dieser Zeit mehrere, wie z. B. folgendes Rezept: „Man nehme die Fleischkarte, wälze sie in der Eierkarte und brate sie in der Butterkarte schön braun....."[99] usw. Bei dem Text, der Lisbeths Aufmerksamkeit erregte, handelte es sich um eine heitere Bekanntmachung zur Rationierung des Küssens. Um die Kopie eines Textes zu erhalten, musste man sich die Mühe machen ihn abzuschreiben, denn es lohnte sich nicht, ein kleines Schriftstück durch eine Druckerei vervielfältigen zu lassen.

Also schrieb Lisbeth mit ihrer kleinen, nur schwer leserlichen, aber unverwechselbaren Schrift das Original ab, um es dann ihren Freundinnen und natürlich auch Heinrich zu zeigen. Die Zeilen lösten Gelächter und Spott aus. Man hatte die Entbehrungen und die Schikanen durch das damals bestehende Labyrinth von Verordnungen so unendlich satt. Die „Bekanntmachung" über die Verteilung von „Kusskarten" war eine gelungene Persiflierung der staatlichen Kriegswirtschaft:

„Bekanntmachung

Um der übermäßigen Küsserei in dieser schweren Zeit Einhalt zu bieten, werden von heute ab Kusskarten verabreicht. Jedermann ist verpflichtet, sich dieselben gegen Vorzeigen der Brotkarten aus der zuständigen Polizeibehörde abzuholen.

Für jede Person ist ein Quantum von 50 Küssen in 14 Tagen festgesetzt. Zusatzkarten können nur Brautpersonen und aus dem Felde heimkehrenden Kriegern gewährt werden.

Personen, denen es an Zeit u. Gelegenheit fehlt, können sich dieselben gegen Vorzeigung der Kusskarten abholen und zwar:

Damen auf dem zuständigen Polizeibüro,

Herren bei den Beamtinnen der Brotkartenausgabe.

Wer über das festgesetzte Quantum verküsst, macht sich strafbar § 11 Abs. 3. und muß derselbe bis zum nächsten Mondwechsel mit Küssen aussetzen. Im Wiederholungsfall werden demselben die Kusspartner entzogen.

Damen mit künstlichen Gebissen ist das Küssen untersagt. Personen über 45 Jahren und Kindern unter 16 Jahren betrifft die Verordnung nicht.

Diese Bekanntmachung tritt am Tage Ihrer Veröffentlichung in Kraft.

Daseburg im Mai 1917

Der Vorsitzende der Kussgesellschaft gez. Lippendrücker"

---

[99] Zitiert in Strotdrees, Gisbert: Höfe, Bauern, Hungerjahre. Aus der Geschichte der westfälischen Landwirtschaft 1890-1950. Münster-Hiltrup 1998, S. 49.

Anfang 1917 wurden die Kartoffelrationen gesenkt, wovon auch die Bauern betroffen waren.[100] Obwohl ihre Ernteabgaben an die Behörden durch gelegentliche Kontrollen überprüft wurden, fanden sie in der Regel einen Weg, für sich selbst und ihre Angehörigen zu sorgen, indem sie Teile der eingefahrenen Ernte zurückhielten oder schwarzschlachteten. Hiervon profitierte auch Heinrich. Zwischen ihm und Lisbeth hatte sich ein reger Handel bestehend aus gelegentlichen Gefälligkeiten eingespielt. Heinrich besorgte für Lisbeth Bedarfsgegenstände, die sie in Warburg gar nicht oder nicht in der gewünschten Qualität kaufen konnte und Heinrich erhielt dafür von ihr Lebensmittel.

Jedes Wochenende besuchte der junge Eisenbahner seine inoffizielle Verlobte. Gelegentlich kam er mit großen Taschen an, die gefüllt waren mit den Dingen, die er auf ihren Wunsch hin besorgt hatte: Textilien für ihre Brüder an der Front, heilende Salben für ihre Mutter, sogar eine Küchenlampe transportierte er im Zug. Wenn Lisbeth seine Schritte hörte, rannte sie ihm entgegen und küsste ihn, so wie sie es auch später tat zu Zeiten als ihre Beziehung nicht mehr ganz so unbelastet war. Dann genossen beide den gemeinsamen Sonntag, plauderten in der Rosenlaube vor dem Hauseingang, spazierten im Sonnenschein durch das nahe gelegene Tannenwäldchen und küssten sich heimlich im Garten. Wenn er sie dann sonntagabends verließ, gab sie ihm etwas vom frisch Geschlachteten mit, eine Wurst oder ein Stück Schinken.

Im Dorf hatte sich herumgesprochen, dass Heinrich und Lisbeth miteinander liiert waren. Lisbeth musste daher keine Mühe darauf verwenden, ihre anderen Bewerber höflich auf Abstand zu halten, mit Ausnahme ihres Verehrers aus Dortmund, der von ihrer heimlichen Verlobung nichts wissen konnte. Ausgerechnet zu Beginn ihrer zärtlichen Liaison mit Heinrich ließ ihr dieser Verehrer aus Dortmund eine Schmuckschatulle zukommen, gefüllt mit einer Brosche und versehen mit dem Text: *„Meiner lieben Freundin gewidmet Dein ...."* – sein Name soll hier nicht genannt werden – *„Dortmund d. 27.5.1917".* So sehr sich Lisbeth bemühte, den Korb, den sie ihm geben musste, diplomatisch zu formulieren, der Abgewiesene reagierte gekränkt und fing an mit ihr zu streiten. Diese Korrespondenz zwischen Daseburg und Dortmund warf einen kleinen, aber nicht allzu düsteren Schatten auf ihre frische Liebe. Allerdings war da noch die Sorge um ihre Brüder an der Front, aber die Kriegslast, die Heinrich mit sich schleppte durch den Tod seines Bruders und seine eigenen Erlebnisse im Bewegungskrieg, wogen ungleich schwerer. Seine Arbeit bei der Reichsbahndirektion mochte ihn ablenken, die

---

[100] Strotdrees, Gisbert: Höfe, Bauern, Hungerjahre. Aus der Geschichte der westfälischen Landwirtschaft 1890-1950. Münster-Hiltrup 1998, S. 59.

Feldpost, die er bekam, hielt jedoch die Erinnerungen an diese schreckliche Zeit wach.

Einer seiner Korrespondenten war sein um drei Jahre jüngerer Stiefbruder Tobias Zabel, der an der Ostfront kämpfte. Erst Ende 1915, also später als im Westen, hatte sich der Bewegungskrieg dort zum Stellungskrieg verfestigt. Im Schützengraben erlebten die Soldaten an der Ostfront dieselbe Pein wie ihre Kameraden an der Westfront. „*Wo das Kreuzchen ist, habe ich schon oft Posten gestanden*", schreibt Tobias auf seiner Ansichtskarte an Heinrich. „*Es ist eine Sappe [= Laufgraben]. Unten rechts das Ofenrohr eines Stollens. Wenn Du gut siehst, wirst Du jenseits des Drahtverhaus die Russen sehen können. Vor und im Draht Granattrichter. In dem großen Trichter habe ich kürzlich etwa eine ½ Stunde nachts gesessen. Das ‚Vergnügen' hatte ich zwei Mal. Dort müsste noch irgendwo eine Leiche liegen. Etwas weiter links habe ich mir die Hand gründlich verletzt beim Vortragen der [spanischen] Reiter [= Barriere]. Rechts der Wald ist von uns besetzt. Die Stellung, die man sieht, gehört jedoch größtenteils dem Gegner.*"

Die deutsche Regierung hoffte nach wie vor auf einen Separatfrieden mit Russland. In dem großen Land, das unter den hohen Verlusten an der Front litt, gärte es seit langem. In der Absicht, Russland weiter zu destabilisieren, organisierte die deutsche Regierung die Ausreise Lenins aus dessen Schweizer Exil. Finanziert vom Deutschen Reich und untergebracht in einem verplombten Zug machte sich Lenin auf den Weg nach Russland. Doch die deutsche Rechnung ging nicht auf. Nach dem Sturz des Zaren führte die provisorische Regierung Russlands den Krieg an der Seite der Alliierten weiter.[101] Bevor dies bekannt wurde, kam es an der Ostfront zu „*Verbrüderungen*" zwischen russischen und deutschen Soldaten. Tobias, der Zeuge einer solchen „*Verbrüderung*" wurde, schickt eine weitere Ansichtskarte an Heinrich:

„Sende dir die herzlichsten Grüße! Vielleicht interessierst Du dich für umstehende Ansicht und beiliegende Karte. Es sind Aufnahmen unserer Verbrüderung vom 15.5.17. In Wirklichkeit standen wir Dutzendweise am Draht. Heute läßt sich keine Verbrüderung mehr anbahnen. Vor einigen Tagen ist ein zu diesem Zweck Beauftragter mit Not der Gefangenschaft entgangen. Umgekehrt würde es ebenso gehen. Übrigens erwarten wir einen Angriff in der Nähe. Mag es so kommen."

Mochten die Erinnerungen Heinrich quälen und die Sorgen um Tobias auch groß sein, Heinrich führte in Kassel ein sicheres und häufig auch

---

[101] Leonhard, Jörn: Die Büchse der Pandora. Geschichte des Ersten Weltkriegs. München 2014, S. 625, Piekalkiewicz, Janusz: Der Erste Weltkrieg. Augsburg 1995, S. 482f.

angenehmes Leben. Sein ehemaliger Schulfreund Konrad Böhm gehörte zu seinen Kollegen und gelegentlich traf er sich mit seinem Freund und ehemaligen Klassenkameraden „Lude". Dass sich bei den Treffen der drei ehemaligen Höxteraner so etwas wie ein Schwelgen in alten Schulerinnerungen einstellte, darf angesichts des nicht enden wollenden Krieges bezweifelt werden. Vielleicht werden sie erstaunt festgestellt haben, dass seit der feuchtfröhlichen Examensfeier in Höxter lediglich fünf Jahre vergangen waren, obwohl es sich anfühlte als läge zwischen der Zeit an der Baugewerkschule Höxter und dem Berufseinstieg in Kassel ein ganzes Leben.

Heinrich hatte sich verändert. Jedes Wochenende besuchte er seine Angehörigen in Daseburg, nur konnte er ihnen das, was ihn bewegte, nicht anvertrauen. Emilia freute sich jedes Mal, wenn ihr Ältester, der junge Mann im guten Anzug aus der Stadt, sie besuchte, aber jedes Mal fiel ihr seine Verschlossenheit auf. Nicht nur Emilia machte sich Sorgen, auch Lisbeth registrierte bei ihrem heimlich Verlobten ein Verhalten, das ihr Anlass zu einigem Misstrauen gab.

So sehr Heinrich Lisbeths Gesellschaft auch suchte, nicht allzu häufig begleitete er sie beim Kirchgang, und wenn er es tat, schloss er sich nicht den Gläubigen an, die sich jeden Sonntag aus den Kirchenbänken schoben und in der Reihe stehend auf den Empfang der heiligen Kommunion warteten. Was mochte ihn antreiben, fragte sie sich. Hatte er in Kassel seinen seelsorgerischen Beistand gefunden oder war er gar ein Freidenker geworden, einer dieser Verlorenen, vor denen der Priester seine Gemeinde so eindringlich warnte? Es muss das Wochenende am 01./02. September 1917 gewesen sein, als Lisbeth die Ungewissheit nicht mehr aushielt. Sie sprach ihn auf sein Glaubensleben an, und zwar so direkt und unverblümt, dass er eine ehrliche Antwort nicht mehr vermeiden konnte.

Seine Antwort wirkte auf sie niederschmetternd. Heinrich hatte sich vom katholischen Glaubensleben abgewandt. Lisbeth strauchelte und bewahrte nur mühsam die Contenance. Sie war Teil einer Dorfgemeinschaft und diese Dorfgemeinschaft definierte sich über ihre religiöse Überzeugung. Der Priester in Daseburg verdammte religiöse Zweifel. Ihr Verlobter aber hinterfragte die katholische Glaubenslehre in aller Deutlichkeit.

Am darauffolgenden Wochenende bemerkte Heinrich Lisbeths eisige Haltung, die ein freundliches Wort oder einen Kuss unmöglich machte. Heinrich fragte sie nach ihren Motiven mit einer nicht ganz ehrlichen Naivität, denn der Grund für ihr reserviertes Auftreten musste ihm bekannt sein. Entweder konnte sie ihm nicht antworten, weil die Gelegenheit nicht vorhanden war, oder sie wollte es nicht. Im Gefühl nicht willkommen zu sein, verzichtete er daraufhin, seine Verlobte am Wochenende des 15. und 16. September 1917 zu besuchen. Lisbeth wartete auf ihn und litt. Irgendjemand erzählte ihr, dass Heinrich mit seinem Cousin in der Kneipe bei einem Glas Bier saß. Voll Zorn dachte sie an eine Trennung.

Am nächsten Tag, Montag den 17. September, kreisten ihre Gedanken ausschließlich um die Unmöglichkeit einer Ehe mit einem Zweifler. Aufgewühlt zog sie sich am Abend nach getaner Arbeit zurück, nahm liniertes Briefpapier, tauchte die Feder in das Tintenglas und schrieb mit fahriger Schrift: *„Lieber H. Fühle mich veranlasst Dir einen Brief zu schreiben. Meine Mißstimmung am Sonntag ist Dir nicht entgangen und Du selbst fragtest nach dem Grund. Seit Du mir vor 14 Tagen Deinen Seelenzustand klargelegt hast habe ich keine Ruhe mehr. Soll die Sache auf weiteres so bleiben??? Wenn, dann ist es besser wir .... [sic] Du weißt ja selbst was es für ein katholisches Mädchen heißt einen solchen Verkehr zu haben. Wir beiden würden uns unter diesen Umständen niemals verstehen. Also wörtl. entweder in 4 Wochen die Sache auf dem reinen haben oder............. [sic] Falls Du es nur zum Schein tust ist es besser Du bleibst was Du bist. Werde es auf die Dauer doch rausfinden ob es unecht ist oder echt. [...] Ich habe am Samstag auf Deinen Besuch gewartet aber vergebens und am Sonntag zogst Du es vor, mit Deinem Vetter ein Glas Bier zu trinken. Nun quäle mich nicht länger und schick mir Antwort. Es grüßt Lisbeth."*

Heinrich sollte also seine Zweifel innerhalb von vier Wochen überwinden. Die Unerfüllbarkeit einer solchen Forderung war ihr sehr schnell selbst klar. Zunächst aber bedeutete dieser Zwist ein vorläufiges Ende der verliebten Zweisamkeit in der Rosenlaube und der heimlichen Küsse im Garten. Ihr Streit veranlasste Lisbeth aber immerhin eine Korrespondenz anzustoßen, die von beiden fast drei Jahre lang geführt wurde, obwohl sie einander regelmäßig an den Wochenenden trafen.

Eine schwierige Beziehung

Geschichtswissenschaftler und -wissenschaftlerinnen, die sich in den 1980er Jahren mit der ländlichen Kultur der letzten Jahrhunderte beschäftigten, waren erstaunt über die umfangreiche Schriftkultur, auf die sie dort stießen. In den alten Truhen der Bauernhöfe befanden sich z. B. sorgfältig geführte Anschreibebücher, die den Forscherinnen und Forschern einen Einblick in die Bewirtschaftung der Betriebe ermöglichten.[102] Eine solche Schriftkultur hätte man der Bevölkerung auf dem flachen Land in diesem Umfang nicht zugetraut. Im Nachlass meiner Großeltern fallen vor allem die zahlreichen Liebesbriefe auf. Nicht nur Heinrich und Lisbeth schrieben einander ausgiebig; andere Liebespaare in Lisbeths Freundeskreis taten es ebenfalls. Zwar förderte und forderte der 1. Weltkrieg die private Korrespondenz, die Liebesbriefe deuten jedoch auf einen anderen Zusammenhang hin. Auch wenn damals noch viele Ehen in Daseburg arrangiert wurden, die romantische Liebe als Leitbild der ehelichen Beziehung war im frühen 20. Jahrhundert auch dort angekommen.

Die zahlreichen überlieferten Briefe im Nachlass sind die Voraussetzung für eine Rekonstruktion der Beziehung zwischen Heinrich und Lisbeth. Das Liebesverhältnis der beiden erwies sich als kompliziert, zumindest in der Zeit vor ihrer Eheschließung. Trotz aller Zuneigung war Heinrich in den Augen von Lisbeth ein Abtrünniger. Eine dauerhafte Beziehung eines Zweiflers mit ihr, einem „katholischen Mädchen", erschien ihr unmöglich, es sei denn, sie konnte ihn, wie man es damals sagte, „zur Umkehr" bewegen. Was genau Heinrich an der katholischen Lehre anzweifelte, lässt sich nur vermuten, weil diejenigen seiner Briefe, die Rückschlüsse auf seine religiösen Ansichten zulassen, vernichtet wurden. Auch ist unbekannt, wann er anfing zu zweifeln, vielleicht im Kugelhagel des Bewegungskrieges.

Die Soldaten an der Front wurden, so weit dies möglich war, religiös betreut durch die Feldpriester, die ihre Messen an der Front in provisorischen Kapellen lasen. Außerdem erhielten die Soldaten Andachtsschriften und Gebetsvorlagen aus dem Reich, häufig verschickt von ihren Angehörigen, wie z. B. die *„Kurze[n] Gebete für den christl. Soldaten im*

---

[102] Zur ländlichen Schriftkultur: Ottenjann, Helmut; Wiegelmann, Günter (Hrsg.): Alte Tage- und Anschreibebücher. Quellen zum Alltag der ländlichen Bevölkerung in Nordwesteuropa. Münster 1982, Lorenzen-Schmidt, Klaus-Joachim; Poulsen, Bjørn (Hrsg.): Bäuerliche Anschreibebücher als Quellen zur Wirtschaftsgeschichte. Neumünster 1992.

Felde"[103]. Diese Gebetssammlung, herausgegeben von der damals noch jungen Mariannhiller Mission, hat entweder Heinrich oder seinen Bruder Josef in den Krieg begleitet. Im Nachlass ist diese Schrift als zweifach gefaltete Seite überliefert, bedruckt mit Gebeten zu unterschiedlichen Anlässen: Neben dem Morgen- und Abendgebet, finden sich auf dem Faltblatt die Gebete: „*Vor einer Schlacht*", „*Nach einem siegreichen Gefecht*", „*Bei einer Verwundung*", „*In Gefangenschaft*" und ein „*Gebet um den Frieden*".

Wie nicht anders zu erwarten liegt der Schwerpunkt dieser Gebetssammlung auf den Aspekten Schuld und Reue, denn, so wird die Gebetssammlung eingeleitet: „*Erwecke täglich eine gute Reue, eine Reue aus Liebe zu Gott, damit du es recht kannst, wenn du in Lebensgefahr kommst. Eine solche Reue versöhnt dich mit Gott, auch wenn du nicht mehr beichten kannst.*" Dann folgt das mit Abstand umfangreichste Gebet der Sammlung: das „*Reuegebet*", in dem es heißt: „*Es reut mich im Grunde meiner Seele, daß ich dich, o mein Gott, in meinem Leben so oft und schwer beleidigt habe. Erbarme Dich meiner und sei mir armen Sünder gnädig.*"

Dieses Gebet trägt dem Umstand Rechnung, dass der schwer verwundete Soldat nicht mehr die Beichte ablegen konnte. Wie bereits erwähnt betrachtete der katholische Klerus den Krieg ohnehin als Strafe Gottes für die Verfehlungen der Menschen. Diese Deutung des Krieges gab genügend Anlass für Zweifel, vor allem, wenn der Gläubige die Abgründe des Krieges selbst miterlebt hatte wie Heinrich. Aus der Korrespondenz geht hervor, dass Heinrich Lisbeth bat, Pastor Pieper eine bestimmte Frage zu stellen. Sie führte diesen Auftrag aus, musste ihm aber mitteilen, dass der Pastor keine Antwort auf die Frage wusste. Was Heinrich gefragt hat, ist unbekannt. Vielleicht hatte die Frage gelautet: „Wiegen die Sünden eines einfachen Soldaten denn wirklich so schwer, dass Gott ihn so unverhältnismäßig hart strafen muss?" In einem seiner Briefe schreibt Heinrich etwas gereizt, dass er vom Beichten nichts hält. „*Du weißt ja wohl, daß ich für das Beichten nichts übrig habe und ich bitte Dich, mich auch fernerhin damit zu verschonen.*" Er selbst sah sich also durchaus nicht als „armer Sünder".

Heinrichs Zweifel resultierten nicht unbedingt aus seinen Kriegserlebnissen. Sie konnten auch in seinem urbanen Umfeld begründet sein. In der katholischen Kirche beobachtete man die moderne Gesellschaft, den technischen Fortschritt und das quirlige Stadtleben mit Argwohn, verführten doch diese Einflüsse, so die Meinung des Klerus, die intellek-

---

[103] Kurze Gebete für den christl. Soldaten im Felde. Verlag der Mariannhiller Mission in Köln.

tuellen katholischen Männer zu einer liberalen Haltung, die sich weit von der katholischen Glaubenslehre entfernte.[104] Wie dem auch sei, Heinrich hatte sich im Laufe der Jahre verändert.

Dennoch hatte er sich an eine junge Frau aus seinem Heimatdorf gebunden, in Liebe und mit einem Eheversprechen, doch so wie er war wollte sie ihn nicht. Heinrich löste die inoffizielle Verlobung nicht, distanzierte sich aber innerlich von Lisbeth, und zwar enttäuscht und missgelaunt, wie die Korrespondenz deutlich zeigt. Für sein Ausbleiben am Wochenende, das wie geschildert ein weiterer Streitpunkt gewesen ist, gab es einen Grund, den er ihr mitteilte. Als er sie dann am darauffolgenden Wochenende besuchte, fanden beide, wenn auch zögernd und unter einigen Vorbehalten, wieder zueinander. Einen endgültigen Bruch wollten sie nicht, aber die religiösen Differenzen waren keineswegs beseitigt.

In dieser Situation griffen die Stiefgeschwister Heinrichs ein. Im Herbst verbrachte Heinrichs Stiefbruder Tobias Zabel seinen Heimaturlaub in Daseburg in Gesellschaft seiner Verlobten. Lisbeth kannte Tobias gut. Vielleicht hatte er früher bei Familie Wienholt in der Landwirtschaft gearbeitet und war seinen beiden Schwestern Hedwig und Maria Zabel in dieser Hinsicht vorangegangen. Tobias und seine Verlobte hatten eine harmonische Beziehung, von der auch Lisbeth wusste. Voll Sympathie, aber seufzend angesichts ihres eigenen Liebeskummers schreibt sie Heinrich am 17.10.1917: *„Denke Dir mal Tobias, der Glückliche, ist doch bei der lieben Braut. Die werden sich gut amüsieren. Gönne es ihnen aber von ganzem Herzen. Muß gleich ins Feld. Nun herzlichen Gruß und Kuß."*

Als Tobias Lisbeth besuchte, gestand diese ihm voll Bitterkeit, dass Heinrich sie vernachlässigte; aber nicht nur bei Tobias beklagte sie sich: auch Heinrichs Stiefschwester Maria und Lisbeths Brüder wurden bis zu einem gewissen Grade eingeweiht. Was Lisbeth aber sorgfältig vermied, war, den eigentlichen Grund für den Stimmungswechsel in ihrer Liebesbeziehung zu nennen. Der soziale Druck muss groß gewesen sein, der sie daran hinderte, ihrem Umfeld zu gestehen, dass Heinrich an den Lehren der katholischen Kirche zweifelte. Lisbeth waren Heinrichs Geschwister als Vermittler durchaus willkommen. Ihr war aber klar, dass sie selbst die Initiative ergreifen musste, um ihre Beziehung zu retten. Sie musste einen Weg zu *„seinem Innersten"* finden und dieser Weg konnte nach ihrer Einschätzung nur über die Korrespondenz führen.

---

[104] Busch, Norbert: Katholische Frömmigkeit und Moderne. Die Sozial- und Mentalitätsgeschichte des Herz-Jesu-Kultes in Deutschland zwischen Kulturkampf und Erstem Weltkrieg. Gütersloh 1997, S. 254f., Wolf, Hubert: Papst & Teufel. Die Archive des Vatikan und das Dritte Reich. München 2012, S. 73f.

Also schrieb sie ihm regelmäßig in der Hoffnung auf eine versöhnliche Antwort.

„*Daseburg, den 25.10.1917*

Lieber Heinrich – Besten Dank für Deinen Gruß, den du mir durch Tobias überbringen ließest. Also da wirst Du böse sein, daß ich Tobias mein Leid geklagt habe. Aber es war mir nicht vorher möglich, habe sonst nie vor Tobias ein Geheimnis gehabt und mußte mich auch in diesem Falle an ihn wenden. Aber wo Du vielleicht mit Sorgen dran gedacht hast, habe ich für mich behalten. [...] Immer wieder muß ich denken, ich wäre Dir zur Last und du hättest lieber es wäre nichts zwischen uns. Opfer möchte ich nicht von Dir. Schreibe mir also darüber. Erinnere mich allerdings einiger Worte, die Du im ersten Kriegsjahre mal zu mir gesprochen hast. ‚Liebesbriefe kann ich nicht schreiben. Schreibe Du mir aber mal zuerst, dann kann ich es vielleicht.' Damals habe ich Deine Bitte nicht erfüllt. Aber heute. Soll mich wundern wie die Antwort lautet."

Lisbeth war gänzlich eingebunden in den streng geregelten Tagesablauf auf dem Hof. Manchmal blieb noch nicht einmal Zeit für einen kurzen Spaziergang mit Johanna, weil die Bäuerin Theresa Wienholt ihre Tochter für weitere Arbeiten auf dem Hof vorgesehen hatte. Die landwirtschaftliche Arbeit war anstrengend, ließ aber bei einiger Routine, über die Lisbeth mit Sicherheit verfügt haben wird, den Kopf frei für Gedanken, und so hatte Lisbeth fast den gesamten Tag Zeit, um über ihre problematische Beziehung zu grübeln. Trotz aller moralischen Überlegenheit, die sie für sich einem Zweifler gegenüber beanspruchte, litt sie doch unter Minderwertigkeitsgefühlen. Vielleicht hing dies damit zusammen, dass Heinrich durch seinen Beruf unabhängig war. Sie hatte als Frau des frühen 20. Jahrhunderts deutlich weniger Möglichkeiten, für ihren Lebensunterhalt selbst zu sorgen.

Nicht nur Lisbeth quälten im Herbst 1917 Beziehungsprobleme. Ihre engste Vertraute Johanna wurde von einem Mann umworben, der vorgab nur sie zu lieben, sich aber in Wirklichkeit nicht zwischen zwei Frauen entscheiden konnte. Johanna hatte lange um Stoppelkamps Josef getrauert, nun traf sie sich mit einem Mann, von dem sie annahm, dass er sie betrog. Auch zwischen diesen unglücklich Liebenden wechselten seitenlange Briefe mit Entschuldigungen, Erklärungen und Liebesschwüren. Bisher hatte diese Beziehung der verliebten Johanna vor allem Ärger eingebracht: Da war die andere Frau, anscheinend eine ernst zu nehmende Konkurrentin, und, als wenn dies nicht genug wäre, hatte Johanna auch noch ihre Anstellung durch diese Liaison verloren. Ihre ehemaligen Arbeitgeber warfen Johanna vor, mit ihrem Verehrer die Nacht verbracht zu haben. Auch der Streit mit den früheren Arbeitgebern wurde nicht durch persönliche Gespräche, sondern auf dem Wege der Korrespondenz ausgetragen. Nun wandte sich Johanna an Lisbeth mit der Bitte, Heinrich um Rat zu fragen, ob sie ihrem Bewerber trauen konnte. Am 11.11.1917 schreibt Lisbeth an Heinrich:

„Habe heute Johanna mal besucht, wollte eigentlich etwas raus, aber da wurde nichts von, und wir mußten Kraut kochen. Auch habe ich dir noch einen Gruß zu übermitteln und sie möchte einen guten Rat von dir. Habe dir ja ihr Erlebnis erzählt. [...]

Was ich noch zu berichten habe. Sie hat von Familie B. einen Brief erhalten, worin Johanna beschimpft wird als wenn sie ihn bis in die Nacht hinein festgehalten hätte. Hat ihnen ja einen recht passenden Brief wieder geschrieben und den sie erhalten hat [ihrem Liebsten] ins Feld geschickt und auch noch zwei andere, worin sie ihm klargelegt, wie er sie hintergangen hat. Da hat sie dann heute einen acht Seiten langen Brief erhalten, worin er um Verzeihung bittet und ihr alles klarlegt. Er hätte [der anderen Frau] schon 14 Tage nicht mehr geschrieben und auch schon längere Zeit von ihr nichts erhalten. Nun bittet er wieder um ernstlichen Verkehr. Ein ums andere Wort schreibt er, er liebe Johanna und wäre doch nicht so schlecht wie sie meinte. Nun will sie einen guten Rat von Dir und will ihn persönlich Sonntag bei dir einholen. Also komme Sonntag nicht so spät runter. Wir machen dann, wenn es Mutter erlaubt, einen kleinen Spaziergang. Alles Weitere kann sie Dir selbst erzählen. Sie meint, du wärst nicht leichtsinnig und würdest auch alle Gründe ernstlich bedenken. [...] Nun denk mal in dieser Woche nicht nur an mich sondern auch an Deine frühere Schwägerin. Sie war ja Josef sein Liebstes was er auf der Welt besaß.

Nun sei Du selbst herzlich gegrüßt und geküsst von Deiner Dich liebenden Elisabeth."

Im selben Brief teilte Lisbeth Heinrich mit, dass sie ihrer Freundin raten würde, ihren wankelmütigen Verehrer zu heiraten, vorausgesetzt er hätte das Einverständnis seiner Eltern und vorausgesetzt er würde den Abschiedsbrief von Johannas Rivalin vorlegen. *„Wo soll sie jetzt noch lange drauf warten"*, schrieb Lisbeth und meinte damit, dass ein „Mädchen" im Alter von Mitte 20 verlobt sein sollte. Letztendlich war sie in derselben Situation.

Johanna trennte sich schließlich von ihrem Verehrer und Lisbeth musste sich eingestehen, dass auch ihre zweite Verlobung, nämlich die Beziehung zu Heinrich, dabei war zu scheitern. Der Verlauf ihrer damals aufreibenden Beziehung lässt sich anhand der Korrespondenz recht gut rekonstruieren. Wie erbeten hatte Heinrich Lisbeth und Johanna aufgesucht, aber am darauffolgenden Wochenende war er wieder nicht erschienen, obwohl er das Wochenende in Daseburg verbracht hatte. Was auch immer ihn abgehalten hatte, Lisbeth zu besuchen, ein Teil des Problems war auf jeden Fall eine unüberlegte Bemerkung seiner Schwester Maria, als diese sich am besagten Wochenende in ihrem Elternhaus aufgehalten hatte. Maria hatte Lisbeth in Gegenwart der Familie Zabel Heinrichs Braut genannt. Ausgesprochen verärgert muss Heinrich daraufhin seiner Familie signalisiert haben, dass die Bezeichnung „Braut" derzeit unangebracht war.

Lisbeth reagierte tief gekränkt, als sie von Maria erfuhr, dass Heinrich sie mittlerweile gegenüber seiner Familie verleugnete, denn als seine inoffizielle Braut fühlte sie sich nach wie vor, trotz allen Streits. Was Lisbeth Heinrich besonders übel nahm, war, dass er durch sein Fernbleiben nicht nur sie kränkte, sondern auch ihren Bruder Daniel. Zum damaligen Zeitpunkt verbrachte Daniel seinen Heimaturlaub in Daseburg, jedoch nur für kurze Zeit. Er hatte eine Nachricht erhalten, der zufolge er vorzeitig an die Front zurückkehren musste. Niemand wusste, was ihm dort widerfahren würde. In den Augen Lisbeths verpasste Heinrich durch sein Nichterscheinen vielleicht die letzte Möglichkeit, ihn lebend zu sehen.

Lisbeth und Maria arbeiteten gemeinsam auf dem Hof, sie verbrachten einen Teil ihrer Freizeit zusammen und vielleicht schliefen sie auch in derselben Kammer. Lisbeth hatte somit häufig Gelegenheit, sich bitter bei Maria über Heinrich zu beschweren. Maria, zermürbt von Lisbeths Klagen, beschloss schließlich ihrem Stiefbruder zu schreiben, um ihn zu bitten Lisbeth und Daniel zu besuchen. Der Handlungsbedarf musste groß gewesen sein, denn eine völlig übermüdete Maria schrieb den folgenden Brief am 27. November 1917 nach einem langen Arbeitstag kurz nachdem auf dem Hof geschlachtet worden war.

„Lieber Bruder Heinrich! Fühle mich veranlasst, Dir einen Brief zu schreiben. Na, nun wirst Du denken, was mag das sein. Lisbeths Traurigkeit ist's, was mich dazu treibt. Heute sagte sie mir, Du nähmest ihr den ganzen Frohsinn. Sie könne nicht begreifen, daß Dich das so missgestimmt hat, daß ich das Wort Braut gesagt habe in Gegenwart der Unseren. Ich sagte ihr das nicht aus freier Veranlassung. Sie ließ nicht nach, bis ich ihr sagte, was zu Hause am Sonntag vorgefallen sei, aus welchem Grunde Du nicht runter gekommen wärst, obschon Daniel da war. Das hat Lisbeth auch am meisten gekränkt. Wenn Du nun wieder zu Besuch kommst, ist Daniel nicht mehr hier. Mit seinem Urlaub ist es anders gekommen wie er sich dachte. [...] Lisbeth sagte heute auch noch, sie hätte schon so oft gebetet, um vor einer unglücklichen Liebe bewahrt zu bleiben, und jetzt stünde sie schon fast wieder in denselben Schuhen wie damals mit dem ersten Bräutigam. [...] Du glaubst es gar nicht, was die Lisbeth im Stück

auf Dich hält, ich meine, Du könntest durchaus Gutes mit Gutem vergelten, aber nicht umgekehrt wie Du es getan hast. In ihrer Nähe der ganze Trost zu sein, ist dieser Tage nichts Angenehmes gewesen. Sie sagt ja auch selber, sie hätte nicht eher Ruhe, bis sie sich mal wieder richtig ausgesprochen hätte bei Dir. Lieber Bruder, tue mir den Gefallen und schicke ihr mal einen schönen Brief, daß sie anderen Sinnes wird oder möchtest Du wohl Sonntag kommen?

Entschuldige diese Schrift. Ich sitze hier auf meiner kalten Stube und schreibe. Bin dabei so müde, daß ich jede Minute einschlafen könnte, denn wir sind schon seit heute Nacht 2 Uhr auf und haben gewurstet. [...] Ich muß schließen, meine Augen fallen mir zu. Laß nichts von diesem Briefe merken. Es grüßt dich herzlich Deine Schw. Maria."

Maria Zabel war der nachfolgenden Daseburger Generation bestens bekannt als Tante Pia. Die beliebte Weißnäherin suchte die Bauernfamilien auf und nähte dort Wäsche oder bessere Kleidungsstücke aus. Zum Zeitpunkt, als sie den Brief an Heinrich schrieb, war sie jedoch ein junges Mädchen mit breiter Stirn und großen Augen, das sich nach Ansicht ihres Bruders zu viel herausgenommen hatte. Er wies sie zurecht; Lisbeth aber schrieb er einen versöhnlichen Brief, den sie mit einem ebenso entgegenkommenden Eilbrief beantwortete. Die hilfreiche Maria musste sich jedoch Sorgen um ihr Geschwisterverhältnis zu Heinrich machen. Sie schrieb auf einem Schnipsel, den sie eilig aus einem Block gerissen hatte: *„L. Bruder! Sei mir doch nicht böse wegen dem Brief. Ich meine es doch nicht so. Also darum keine Feindschaft. Tu mir doch den Gefallen und komme Sonntag, daß Daniel nicht so weg braucht, u. hat dich nicht einmal gesprochen. Das täte mir doch zu leid. Herzl. Gr. d. Schwester".*

Wider Erwarten wurde Daniels Heimaturlaub verlängert, sodass er wenigstens die Vorweihnachtszeit in Daseburg verbringen konnte. Am 03. Dezember 1917 betrachtete er gut gelaunt Lisbeth, wie sie Heinrich einen Brief schrieb: *„Daniel liegt vergnügt auf dem Sofa und bläst Rauchwolken in die Luft. Sagt mir dann ab und zu mal einen Witz, den ich Dir schreiben soll."* Lisbeth hatte sich beruhigt, auch durch eine Aussprache mit Heinrichs Mutter Emilia. Diese warf ihrem Sohn vor, ihr gegenüber sehr verschlossen zu sein. *„Tut Dir das nicht leid, daß sie mir mehr Vertrauen entgegenbringt wie dir selbst?"*, schreibt Lisbeth ihm daraufhin, *„[...] um eins bitte ich, sei nächstens etwas offenherziger gegen Deine Mutter."*

Lisbeths eigene Offenherzigkeit hatte allerdings klare Grenzen. Sie hütete sich davor, Emilia von Heinrichs Freidenkertum zu erzählen. Heinrich unterdessen verbrachte seine Zeit grollend in Kassel mit dem Gefühl, von allen Seiten eingekreist zu werden. Heinrich war ein verträglicher Mensch, der nur dann, wenn er in die Enge getrieben wurde, seinen

Ärger zeigte. Wenn es aber so weit kam, verblüffte er seine Umgebung mit einem heftigen Wutanfall, der sich auch gegen Lisbeth richten konnte. Heinrich entschuldigte sich bei ihr mit dem Hinweis auf eine schlechte Stimmung, die ihm gelegentlich zusetzte: *„Es passiert noch oft, daß ich nicht in der rosigsten Laune bin, und dann kann eine Kleinigkeit schon Mißstimmung schaffen. So war es am Sonntag, an dem ich nicht gekommen bin."* Sie antwortete ihm: *„Aber du darfst es nicht wieder so machen und mich unnötig aufregen und jähzornig sein, sonst wird's mir bange."*

Die Korrespondenz zwischen den beiden, die man inzwischen wieder ein Liebespaar nennen kann, trug einiges zur Milderung der verfahrenen Situation bei. Eine entspannte Lisbeth, die für einen Moment die religiösen Zwistigkeiten vergessen hatte, beschäftigte sich nun, in der Vorweihnachtszeit, mit den Festtagsvorbereitungen, in die sie auch Heinrich einspannte. In Warburg hatte sie sich vergeblich nach zwei guten Krawatten für ihre Brüder umgeschaut. Am 10.12.1917 bat sie Heinrich, in Kassel zwei Schlipse zu kaufen und auch Kerzen für den Weihnachtsbaum mitzubringen. Als Dank für diese Gefälligkeit schickte sie ihm Butter nach Kassel. Im selben Schreiben erwähnt sie: *„Nun das Neueste. Unser Paul ist heute morgen nach Essen gefahren und will sich bei Krupp melden. Wenn er angenommen wird muß er dann wahrscheinlich noch diese Woche oder sonst nächste Woche hin. Die ganze Welt wird auf den Kopf gestellt."*

Lisbeths Halbbruder Paul wurde in ihrer Familie „der Wilddieb" genannt, weil er ohne amtliche Berechtigung jagte und fischte. Er muss diesbezüglich über einen etwas verwegenen Charakterzug verfügt haben. Wenn die Familie mit dem Wagen ins Feld fuhr, soll er beim Anblick von Wild gesagt haben: „Schaut mal, da drüben liegt ein toter Hase." Auf einem Familienfoto, das Lisbeth im Sommer 1916 an Heinrich geschickt hatte, ist auch er abgebildet. *„Wie gefällt Dir die Aufnahme"*, schrieb sie damals Heinrich. *„Sehe ich wohl nicht sehr alt da drauf aus? Unser Paul ist doch am schönsten."* Lisbeth liebte diesen Bruder mit seinem leicht anarchistischen Wesen. Umso bitterer war es für sie, dass auch er den Hof verließ bzw. ihn verlassen musste. Es ist denkbar, dass er sich dem Dienst an der Front entziehen wollte, indem er in der Waffenindustrie arbeitete. Der Krieg war schon seit langem eine Materialschlacht geworden, an der Krupp in Essen einen hohen Anteil hatte.

Am 16. Dezember 1917 musste sich Lisbeth von Paul und Daniel verabschieden. Lisbeth war zwar nicht verantwortlich, aber zuständig für ihre Brüder. Mit ihrer Fürsorge und mit ihrem Schlüssel zur Speisekammer vertrat sie praktisch ihre Mutter, auch gegenüber ihrem Halbbruder

Paul, der deutlich älter war als sie. Am Morgen desselben Tages schreibt sie an Heinrich: *„Heute Nachmittag war ich ganz allein. Mutter war nach Borgentreich [...] und alle anderen waren ausgeflogen. Wäre es da nicht schön gewesen wenn wir beiden hätten den Nachmittag für uns ausnutzen können? Wie es mir da zu Mute war kannst Du Dir sicher denken. Auch Pauls Sachen hatte ich vorher fertig gemacht. Der fährt schon früh weg und Daniel dann gegen Abend. Wäre der Tag nur erst vorbei. Zwei an einem Tag, das ist doch hart. Aber es ist bestimmt in Gottes Rat, daß man vom Liebsten u.s.w. Daniel geht mit der guten Meinung weg Ostern ist Frieden."* Dann folgten die Worte, deren Lektüre Heinrich genossen haben wird: *„Es ist mir jetzt zur Gewissheit geworden, daß ich ohne Dich nicht mehr leben kann. Auch bei Dir geht das Liebesbriefe schreiben jedes Mal besser. [...] Laß mich bitte nächsten Sonntag nicht so lange warten, ich habe nun einmal heißes Blut wie du."* Lisbeth genoss ihre sinnliche Verliebtheit, zumindest in diesem Moment. Sie liebte das Briefeschreiben und erwartete von Heinrich leidenschaftliche Liebesschwüre in der Korrespondenz. Vielleicht haben sie sich auch wieder im Garten beim großen Weinstock „abgeküsst". Aber sehr viel intimer wird ihr Liebesverhältnis nicht gewesen sein. Lisbeth war *„ein katholisches Mädchen"*.

Für das Weihnachtsfest 1917 schmückten Lisbeth und die Mägde einen Weihnachtsbaum mit selbst gebackenen Plätzchen und mit den Kerzen, die Heinrich aus Kassel mitgebracht hatte. Trotz der sorgfältigen Festtagsvorbereitungen lag auch auf dem Weihnachtsfest der Schatten des Krieges. Es war unmöglich zu vergessen, dass das Leben aller Söhne der Familie Wienholt bedroht war. Franz, der Hoferbe und älteste Sohn der Witwe Theresa Wienholt, befand sich nach wie vor in russischer Kriegsgefangenschaft, Daniel kämpfte gegen französische Truppen an der Westfront, der jüngste Sohn der Familie, Ullrich, hatte mittlerweile auch einen Einberufungsbefehl, Pauls Schicksal war ungewiss, nur dem ältesten Halbbruder Lisbeths Jakob, „der Lange" genannt, wurde es bis jetzt erlaubt auf dem Hof zu bleiben, um seinen Bruder Franz zu vertreten und die Bäuerin zu unterstützen.

Auch Heinrich konnte sich in Kassel nicht sicher sein, ob ihn seine Kriegsverletzung wirklich vor der Front schützen würde. Er hatte mittlerweile Gefallen an der Korrespondenz mit Lisbeth gefunden, bis er von ihr eine beunruhigende Ansichtskarte erhielt:

„Essen 18.1.18
Lieber Heinr. Du wirst dich wundern von mir einen Gruß aus Essen zu erhalten. Leider ist es bitteres Muß. Paul ist krank. Lungenentzündung. Ob er's überlebt? Er hat starken Blutverlust. Wann ich nach Daseburg zurück-

komme ist unbestimmt. Werd Dir nochmals schreiben. Sei herzlich gegrüßt von Deiner Lisbeth."

Lisbeth, die Heinrich über ihre Brüder alles erzählte, was ihr wichtig erschien, hatte niemals erwähnt, dass ihr Bruder schwer lungenkrank gewesen wäre. Stattdessen hatte sie ihrem Bruder Daniel Anfang März 1917 berichtet, dass Paul felddienstfähig geschrieben worden sei. Also auch von amtlicher Seite gab es keinen Hinweis auf eine Lungenerkrankung. Der von Lisbeth erwähnte hohe Blutverlust, der so plötzlich auftrat, lässt an der Diagnose Lungenentzündung zweifeln. Zwei Tage lang verfolgte Lisbeth den Todeskampf ihres Bruders, aufgewühlt und verzweifelt. Paul starb am 20. Januar 1918 im Städtischen Krankenhaus in Essen, wie im Totenblättchen steht *„nach kurzem, schweren Leiden, vorher versehen mit den Heilsmitteln der römisch-katholischen Kirche."*

Wieder saßen die Familienmitglieder mit dem Pfarrer in der Stube und besprachen den Ablauf der Trauermesse. 1906 war Lisbeths Halbbruder Heinrich durch einen Arbeitsunfall gestorben, jetzt verloren die Wienholts Paul vielleicht aus demselben Grund.

Die Familie beschloss, das Trauerblättchen für Paul mit zwei Ablässen zu versehen, einem Teilablass, der in der Vorstellungswelt der Katholiken die Leidenszeit im Fegefeuer verkürzte und einem vollständigen Ablass, der, unter bestimmten Voraussetzungen, den Weg bahnte für den direkten Eintritt in das Himmelreich.[105] Beide Ablässe waren von dem Gegenspieler Bismarcks, Papst Pius IX, per Dekret erlassen worden, und, was für die Trauernden das eigentlich Entscheidende war, sie waren auf die Verstorbenen übertragbar. Die meisten im Nachlass meiner Großeltern überlieferten Totenblättchen verfügen über solche Ablässe, doch auf den Totenblättchen aus der Generation meines Vaters sind sie nicht mehr zu finden.

Lisbeth und ihre Mutter gehörten jedoch einem Milieu an, in dem der Glaube an die Wirksamkeit der Ablässe noch ungebrochen war. Die Gnade eines Sündenablasses war an die Praktizierung bestimmter Rituale gebunden, über die der Text auf dem Totenblättchen Auskunft gibt. Der Gläubige musste, wie es dort heißt, nach *„würdiger Beichte und Kommunion"* den Psalm 21.17.18 *„vor einem Bilde des Gekreuzigten verrichten und noch 5 Vater unser und Ave Maria"* beten. Dieser Psalm war auf dem Totenzettel abgedruckt zusammen mit dem Bild des Gekreuzigten. Paul, der Wilddieb, hatte die Sterbesakramente erhalten. In der Vorstellungswelt seiner Verwandten standen seine Chancen auf Vergebung

---

[105] Busch, Norbert: Katholische Frömmigkeit und Moderne. Die Sozial- und Mentalitätsgeschichte des Herz-Jesu-Kultes in Deutschland zwischen Kulturkampf und Erstem Weltkrieg. Gütersloh 1997, S. 134f., 264.

recht gut, wenn sie nach dem Vorbild des Totenblättchens folgendes für ihn beteten:

„*Siehe mein geliebter und gütiger Jesus, in deiner heiligen Gegenwart werfe ich mich nieder und bitte dich mit lebendigstem Eifer: präge tief in mein Herz die Gefühle des Glaubens, der Hoffnung, der Liebe, des Reueschmerzes über meine Sünden und des Vorsatzes, dich nicht mehr zu beleidigen, indem ich mit aller Liebe und allem Mitleid deine hl. fünf Wunden betrachte, zunächst mir vor die Seele führend, was von dir, o mein Jesus, der heilige Prophet David gesagt hat: Sie haben durchbohrt meine Hände und Füße, alle meine Gebeine haben sie gezählt.*
(Ps. 21.17.18)"

Lisbeth trauerte lange um ihren Bruder; sie betete viel und aß wenig. Auch war ihre Verliebtheit, die sie nach der Versöhnung mit Heinrich wieder empfand, einer tiefen Besorgnis gewichen. Es war nicht nur der Tod ihres Bruders, der sie belastete, sondern auch Heinrichs Mangel an kirchentreuer Gläubigkeit. Am Montag, den 4. Februar 1918 schreibt sie ihm:

„*Trotzdem ich heute Nacht um 2 Uhr aufgestanden und wie Du Dir nun denken kannst sehr müde bin muß ich Dir doch einige Zeilen schreiben. Empfange zunächst für Deinen Brief und die gut gemeinten Worte herzlichen Dank. Mach Dir nur keine Sorge um meinetwegen. Das Essen schmeckt mir wieder besser und folglich bin ich auch nicht mehr so abgespannt. Aber so schnell wie Du Dich in alles schickst kann ich es nun einmal nicht. Was mich hauptsächlich so mitgenommen hat ist Paul sein schweres Leiden und zuletzt nicht die Sorge um dein Seelenheil, da es sich am Ende unseres Lebens nur um Gott handelt. Das habe ich bei Paul erst mal wieder richtig eingesehen.*"

Dass bei aller Trauer und religiöser Andacht und all den Sorgen um Heinrichs Seelenheil die Arbeiten auf dem Hof erledigt werden mussten, war in dieser Situation vielleicht eine Hilfe. Im selben Brief schreibt sie weiter:

„*Wir haben noch am Samstag um 9 Uhr geschlachtet und dann durchgemacht bis des abends 9. Gestern habe ich auch nicht gemerkt, daß Sonntag war, hatte allerhand Arbeit, warum werde ich dir lieber mündlich erzählen. Heute Nacht mußten wir dann wieder um 2 Uhr raus bis um 8 Uhr, waren dann mit dem Wursten fertig. Habe bis heute Abend Würste gekocht. – Es sind verschiedene [gleich] in die Bäuche gegangen.*"

Das Leben auf dem Hof nahm seinen Lauf. Noch sorgfältiger achtete Lisbeth jetzt auf die Erfüllung ihrer Pflichten, wozu mehr denn je die Kirchgänge, die Gebete und nicht zuletzt die Absolvierung der Beichte gehörten, die Heinrich, zu ihrem großen Kummer, so vehement ablehnte.

Eine permanente Belastung blieb nach wie vor die Sorge um ihre noch lebenden Brüder. Am 10.02.1918 schreibt Daniel von der Westfront: *„Ich sitze hier augenblicklich unter tüchtigen Kanonendonner, der Franzmann schießt, daß die Fensterscheiben beben, aber Gott sei Dank, daß wir so weit hinten sind."* Dies waren nicht die Worte, die eine fürsorgliche Schwester beruhigen konnten in einem Krieg, der nicht enden wollte.

Viele Kilometer hinter der Front war der Krieg allgegenwärtig, auch für diejenigen, die nicht hungern mussten. Lisbeth sah trauernde Nachbarn und verfolgte mehr denn je Andachten im Gedenken an die Toten. In ihrer katholischen Vorstellungswelt waren das Jüngste Gericht, das ewige Leben und die Qualen des Fegefeuers so präsent wie nie zuvor. Trotz aller Differenzen liebte Lisbeth ihren Heinrich. Seine Seele zu retten, war in den nächsten Monaten ihr Hauptanliegen.

Glaubensfragen und der Krieg als Tollerei

Mitte Februar 1918, einen Monat nach dem Tod ihres Bruders, hellte sich Lisbeths Stimmung etwas auf. Die Tage wurden länger und die Luft milder. Gelegentlich war sogar der melodische Gesang der Amsel zu hören. Voll Zuversicht nahm Lisbeth diese ersten Vorboten des Frühjahrs wahr, bestärkt in der Hoffnung, das Glaubensleben von Heinrich beeinflussen zu können, wenn sie ihn mit großer Beharrlichkeit immer wieder auf die Gefahren ansprach, in der sich seine Seele ihrer Ansicht nach befand. Am 17.02.1918 schreibt sie Heinrich, wie sehr sie sich danach sehnte mit ihm zusammen zu leben. *„Ich glaube, das kommt daher, daß es Frühjahr wird."*

Anfang März ließ Heinrich ihr mehrere Kartengrüße zukommen, versäumte es aber sie zu besuchen, und das, ohne ihr die Gründe für sein Ausbleiben mitzuteilen. Lisbeth war nicht sonderlich irritiert, sie wusste, dass er an manchem Wochenende in seiner Kammer saß und lernte. Wie bereits erwähnt befand sich Heinrich bei der Reichsbahn in einem Ausbildungsverhältnis, das Anfang 1919 mit einer Prüfung zum technischen Büroassistenten abgeschlossen sein würde.

Die Witwe Theresa Wienholt bemerkte sehr wohl, dass die Beziehung ihrer Tochter zu Stoppelkamps Heinrich nicht harmonisch war. Dieses Paar begegnete einander mit Liebkosungen, aber auch mit eisigem Schweigen. Die Witwe wusste allerdings nicht, wo die Gründe für die Differenzen lagen. Es ist denkbar, dass Lisbeths Verschlossenheit sie veranlasste, recht fragwürdige Nachforschungen anzustellen. Es verschwanden nämlich Briefe von Lisbeth, die sie Heinrich geschrieben hatte.

Lisbeth machte niemanden für das Verschwinden ihrer Briefe verantwortlich, sie traf aber Vorkehrungen für eine sichere Fortsetzung ihrer Korrespondenz: Lisbeth ließ Maria ihre Briefe adressieren und machte Heinrich den Vorschlag, seine Liebesbriefe an sein Elternhaus zu schicken, adressiert an Maria. Offensichtlich gab Maria mit Erfolg den Postillon d' Amour, denn nachdem sich Lisbeth entschieden hatte, Maria einzuschalten, hatte sie keinen Grund mehr, sich über das Verschwinden von Briefen zu beschweren.

Ab Mitte März 1918 verfügte Heinrich wieder über genügend Zeit, um Lisbeth regelmäßig zu besuchen. Zunächst hatte sich Lisbeth auf die gemeinsame Zeit gefreut. Doch als er sie dann an den Wochenenden besuchte, wirkte seine Gegenwart wie ein Eisregen. Die beiden zogen sich jetzt nicht mehr in den Garten zurück, um ihre zärtliche Beziehung so weit auszuleben, wie es das katholische Umfeld gestattete, sondern sie suchten die Abgeschiedenheit, um mit gedämpfter Stimme, aber erbittert über Glaubensfragen zu streiten.

Soweit diese Gespräche mit Hilfe ihrer Liebesbriefe rekonstruierbar sind, störte sich Heinrich am Dogmatismus der katholischen Kirche. Für ihn war es unsinnig zu glauben, dass bestimmte Gebetsrituale die Zeit eines Verstorbenen im Fegefeuer verkürzten und dass die Beichte einen Einfluss auf das Leben nach dem Tod hatte.

Heinrich verteidigte sich nicht nur gegen die Vorhaltungen Lisbeths, er griff seinerseits ihre kindliche Gläubigkeit und die engstirnige Religiosität ihres Umfelds an. Die Vorstellungswelt, in der er selber aufgewachsen war, verurteilte er als einfältig: Ein erwachsener Mensch – so könnte er argumentiert haben –, der über die Abgründe des Lebens mehr weiß als ihm lieb ist, entwickelt zwangsläufig eigene Gottesvorstellungen. Der Einsatz von Vernunft und kritischer Überlegung wäre somit keine Sünde, sondern ein Zeichen von Lebenserfahrung und persönlicher Reife.

Da Lisbeth Heinrich auf argumentativer Ebene nicht gewachsen war, ging sie dazu über ihn anzuflehen, er solle doch bitte ihr zu Liebe zu seinem kirchentreuen Glauben zurückfinden. Es könne ihn doch nicht kaltlassen, dass sie als Frau eines Zweiflers im Dorf einen schweren Stand haben würde.

Ende März feierte die Gemeinde das Osterfest. Ostern mit der vorangehenden Karwoche war eine Zeit der spirituellen Erneuerung. Die Gläubigen wurden vom Priester aufgerufen, die heilige Kommunion zu empfangen und zu beichten. Heinrich verbrachte seine Zeit bei Freunden in Dortmund. Als Entgegenkommen, weniger aus Überzeugung hatte er Lisbeth versprochen, dort an der heiligen Kommunion teilzunehmen. Die letzten Gespräche mit ihm ließen Lisbeth aber an der Glaubwürdigkeit solcher Versprechungen zweifeln.

Die Festtage verliefen für Lisbeth sehr unerfreulich, nicht nur wegen ihres Liebeskummers. Ihr jüngster Bruder Ullrich, den sie in ihrer Korrespondenz ihren *„Herzensbruder"* nennt, bereitete der Familie große Sorgen. Ullrich, ein junger Mann mit einem treuherzigen Wesen und einem lustigen Gesicht, war während seines Wehrdienstes an einer Grippe erkrankt. *„Er hat nur einige Tage Dienst mitgemacht"*, schreibt Lisbeth. *„Liegt schon über acht Tage im Revier. Jeden zweiten Tag kommt er vor den Arzt und jeden Tag wurde zweimal Fieber gemessen. Anfangs schrieb er, er hätte furchtbare Rückenschmerzen und das Nervenzucken wie verrückt, die Knie wollten ihn nicht tragen. So werde ich selbst mal nachsehen wie die Sachen stehen."* Offensichtlich besuchte Lisbeth ihren um vier Jahre jüngeren Bruder im Lazarett obwohl sie, wie sie im Brief ebenfalls bemerkt, kaum Zeit dafür hatte.

Während des Frühjahrs fielen in der Landwirtschaft zahlreiche Arbeiten auf dem Feld und in den Gemüsegärten an. Die Arbeit im Gemüsegarten gehörte traditionell zu den Aufgaben der Frauen. Anfang April 1918 kniete Lisbeth im Gemüsebeet hinter dem Haus, jätete Unkraut und bereitete den Boden vor für die Aussaat der frostunempfindlichen dicken Bohnen. Da Maria mit anderen Arbeiten beschäftigt war, fehlte Lisbeth die gewohnte Ablenkung, die verhinderte, dass sie ins Grübeln verfiel. Ihre Gedanken kreisten um ihre Brüder, deren Leben bedroht war und um ihre Liebesbeziehung, die sie kaum noch als solche empfand. Dieses beständige Wechselbad der Gefühle zwischen Verliebtheit und vollständiger Ernüchterung hatte sie mit der Zeit mürbe gemacht. Es musste eine Entscheidung herbeigeführt werden, und zwar so schnell wie möglich, dessen war sie sich sicher. Am 09. April 1918 schreibt sie Heinrich:

„Bin heute den ganzen Tag allein im Garten beschäftigt gewesen und da sind mir tausend Gedanken durch den Kopf gegangen. Zunächst komm ich nochmals mit der alten Bitte und bettele, erhör mich doch endlich. Du sagst ja sonst niemand[em] eine Bitte ab und mich mußt du doch besonders lieb haben wie auch ich Dich.

So kann es doch in Zukunft nicht weitergehen. Wir kommen ja niemals überein, das hat ja der letzte Sonntag wieder zur Genüge bewiesen. Augenblicklich ist doch die beste Gelegenheit. Du sollst es auch nicht bereuen. Ich werde Dir auch in Zukunft eine liebende und zärtliche Braut sein. Habe Mutter gesagt: Johanna u. ich wollten Dich bald mal besuchen. Auch habe ich ihr nicht verschwiegen, daß es mit uns beiden noch nichts sicheres wäre. Ob wir zusammen kämen, das hinge ganz von den Umständen ab. Da hat sie mir zur Antwort gegeben, dann hätte ich auch nichts in Kassel zu suchen und übrigens würde es auch bald Zeit, ich würde schon 26 Jahre alt u. alle Leute hielten mich für Deine feste Braut."

Der weitere Verlauf des Briefes zeigt noch einmal, wie notwendig es anscheinend war, Heinrichs Ablehnung der katholischen Lehre ihrer Familie und der Dorfgemeinschaft gegenüber zu verheimlichen:

„Wenn das ans Licht kommt, die ganze Gemeinde würde sich für Dich schämen und ich würde von meinen Angehörigen verstoßen. Sollen wir es so weit treiben? ‚Es wird nichts so fein gesponnen, es kommt ans Licht der Sonnen.' Gebe Dir nun hiermit die letzte Gelegenheit. So oder so. Wenn nicht müssten wir uns meiden. Schreibe mir einen ausführlichen Brief. Falls Du Angst hast, daß er verloren geht, schicke ihn an Maria ihre Adr. werde dann schon sorgen, daß er an keine anderen Finger kommt und sage auch Maria Bescheid. Ich werde dich dann von Haueda abholen und alles andere wird sich dann finden. Bis dahin grüßt und küsst dich herzlich deine Lisbeth."

Ob Lisbeth Heinrich von der Bahnstation Haueda abgeholt hat, um auf dem Nachhauseweg unbeobachtet mit ihm zu sprechen, ist nicht überliefert. Einen Antwortbrief von Heinrich hat es jedoch gegeben, den Lisbeth offensichtlich selber vernichtet hat. Ende April prallten die weltanschaulichen Standpunkte der beiden so hart aufeinander, dass eine Trennung unvermeidlich erschien. Am 24.04.1918 eröffnet sie ihm, dass sie nach der Lektüre seines letzten Briefes den Schmuck, den er ihr geschenkt hatte, nicht mehr tragen möchte. Auch will sie ihm sein Foto zurückschicken. Ein letztes Mal wiederholt sie ihre Bitte, aber dieses Mal nicht mehr flehend, sondern ausschließlich fordernd als eine allerletzte Warnung: *„Komme nochmals mit derselben Bitte wie immer. Mach Deinen törichten Dingen ein Ende. Gehe zur Kirche und beichte Deine Sünden. Wenn Du es um meinetwegen nicht willst schau deiner Mutter ins Auge. Es wird wohl das schrecklichste sein was sie auf der Welt noch mitmachen müsste. Deinen lb. [lieben] verstorbenen Vater müssten sich die Knochen in der Erde rumdrehen wenn er das von oben sieht. Dein Vater ist zwar unerwartet von hier geschieden. Doch hat unser Herrgott ihm die Gnade gegeben, daß er am letzten Sonntage noch kommuniciert hat"*, d. h. er hatte kurz vor seinem Tod die heilige Kommunion empfangen – in den Augen der gläubigen Katholikinnen und Katholiken eine wichtige Hilfestellung für den Eintritt in das ewige Leben.

Lisbeth forderte also von Heinrich die Praktizierung der zentralen kirchlichen Rituale, die dieser als unsinnig ablehnte. *„Du kannst wohl glauben wenn du nur willst"*, schreibt sie weiter. *„Es ist nun einmal so, daß wir unseren Verstand unterwerfen müssen. [...] Denke mal ernstlich* *über die Sache nach: Hast Du Dich als Kind nicht glücklicher gefühlt wie jetzt? [...] Es macht mich schon elend wenn ich an deine Redensarten in Bezug auf den Glauben denke."* Lisbeth beendet ihren Brief mit einer Drohung: Wenn Heinrich sich nicht zur Umkehr bewegen lässt, dann würde sie sich seiner Mutter anvertrauen, in der Hoffnung, dass dieser das gelingt, woran sie, Lisbeth, gescheitert war.

Eine Bemerkung in Lisbeths Brief erscheint noch erwähnenswert. Sie schreibt: *„Du hast eine große und schöne Seele – deshalb hält sie der Teufel auch so fest."* Wie bereits erwähnt waren Satan und Hölle in der Vorstellungswelt der kirchentreuen Katholiken eine grauenvolle Realität. Der Katholik, der sich von seiner Kirche abwandte, war nach diesen Vorstellungen den Einflüsterungen des physisch vorhandenen Teufels erlegen. Entsprechend verwerflich erschien Lisbeth Heinrichs verschollener Brief, in dem sich dieser wohl sehr kritisch geäußert haben muss, betrachtet man die hochfahrende Reaktion Lisbeths. In Lisbeths Glaubenswelt war Heinrichs Brief nicht nur inhaltlich vom Wirken des Antichristen beeinflusst, sondern Satan manifestierte sich in den Zeilen ganz real als leibhaftig Vorhandener. Lisbeth hatte also gar keine andere Wahl, als diesen Brief zu vernichten. Wahrscheinlich hat sie ihn verbrannt, die Asche auf irgendeiner namenlosen Wiese ausgestreut und hat dann anschließend einen großen Bogen um diese Stelle gemacht.

Heinrich war im Großen und Ganzen ein verträglicher, umgänglicher und wie die Dokumente veranschaulichen ausgesprochen hilfsbereiter Mensch; er konnte aber auch sehr stur sein. Umso bemerkenswerter ist es, dass sich Lisbeth mit ihrem letzten ultimativen Schreiben vom 24.04.1918 ihm gegenüber durchsetzte. Heinrich gab nach. Er versprach ihr, wieder zur Beichte zu gehen und den kirchentreuen Glauben zu leben, so wie er ihn von seiner Kindheit in Daseburg her kannte.

Lisbeth gab in ihrem Brief die katholische Glaubenslehre so wieder, wie sie auch in Daseburg gepredigt wurde: *„Es ist nun einmal so, daß wir unseren Verstand unterwerfen müssen."* Gemeint war damit, den Verstand dem kindlichen Glauben unterzuordnen. Das, was Heinrich aber ihr zuliebe tat, war sein Gefühl über die Ratio zu stellen. Er liebte Lisbeth und wollte sie nicht verlieren. Ihr mit den besten Absichten Versprechungen zu machen war die eine Sache, den verlorenen Glauben aus voller Überzeugung zu leben, war etwas völlig Anderes. Es musste ihm aber ein Anliegen sein, das gegebene Versprechen konsequent umzusetzen, denn die heiligen Sakramente ohne Glauben entgegenzunehmen, galt als schwere Sünde.

Heinrichs Umorientierung ist nicht nachvollziehbar, ohne die außergewöhnliche Lebenssituation zu berücksichtigen, in der er sich während dieser Zeit befand: Leider hatte ein Militärarzt ihn für kriegstauglich befunden, ob eingeschränkt oder uneingeschränkt ist nicht bekannt, d. h. die Gefahr, wieder an der Front kämpfen zu müssen, war sehr real und nirgendwo gab es eine helfende Hand, die ihn aus dieser Situation herausgeholt hätte.

Die katholische Kirche mit ihrer traumatischen Erfahrung des Kulturkampfes war an einer Integration der katholischen Bevölkerung in das protestantisch geprägte Kaiserreich interessiert. Sie forderte von den katholischen Soldaten in aller Deutlichkeit die Verteidigung des Heimatlandes an der Front. Zwar hatte Papst Benedict XV im Sommer 1917 den Kontrahenten einen Friedensplan unterbreitet, dieser war jedoch im Sande verlaufen, weil sowohl das Deutsche Reich und seine Verbündeten als auch die Alliierten nach wie vor auf einen Sieg hofften. Was die Alliierten betrifft, damals Entente genannt, war diese Hoffnung berechtigt. An ihrer Seite kämpfte, offiziell seit dem April 1917, die junge Industriemacht USA; zudem hoffte Frankreich auf die Rückeroberung von Elsass-Lothringen und wurde hierin von Großbritannien unterstützt.

Das Deutsche Kaiserreich wiederum wollte sich nicht, wie der Papst es forderte, so weit aus dem besetzten Belgien zurückziehen, dass dort der Zustand vor 1914 wiederhergestellt wäre.[106] Es plante nach wie vor einen Separatfrieden mit Russland, der im März 1918 mit der Sowjetregierung tatsächlich zustande kam. Die Kämpfe an der noch immer nicht vollständig befriedeten Ostfront wurden daraufhin weniger, die Westfront war jedoch nach wie vor heftig umkämpft, mit hohen Verlusten an Menschen und Material. Die Oberste Heeresleitung unter den Generälen v. Hindenburg und Ludendorff setzten auf die Truppen, die von der Ostfront abgezogen werden konnten. Mit deren Unterstützung sollte das deutsche Heer die Stellungen der Alliierten an der Westfront durchbrechen. Die Frühjahrsoffensive, die im März an der französischen Front begann, führte zunächst zu einem beträchtlichen Gebietsgewinn, geriet aber ins Stocken, da die Alliierten, zu denen inzwischen die amerikanischen Truppen zählten, über bessere Ressourcen an Kriegsmaterial und gut genährten Soldaten verfügten. Das deutsche Heer hatte zwischen März und Juli 1918 einen Verlust von fast einer Million Soldaten. Die Lücken, die durch Tod, Verwundung, Krankheit und Gefangennahme entstanden waren, konnten durch die Rekonvaleszenten und die Neurekrutierungen nicht mehr geschlossen werden.[107] Die Frühjahrsoffensive des

---

[106] Strötz, Jürgen: Der Katholizismus im deutschen Kaiserreich 1871 bis 1918. Strukturen eines problematischen Verhältnisses zwischen Widerstand und Integration. Teil 2: Wilhelminische Epoche und Erster Weltkrieg (1890-1918). Hamburg 2005, S. 210f.
[107] Münkler, Herfried: Der Große Krieg. Die Welt 1914 bis 1918. Berlin 2013, S. 706.

Jahres 1918 mit einem ausgelaugten und unterversorgten Heer war der Hintergrund für Heinrichs prekäre Lage.

Die folgenden Frühlings- und Sommermonate des Jahres 1918 verliefen für Heinrich ähnlich wie seine Ausbildungszeit zum Unteroffizier in den Jahren 1915 und 1916: Er pendelte zwischen Kasernenhof und Lazarett. Ob die langen Lazarettaufenthalte von Heinrich provoziert wurden oder medizinisch notwendig waren, lässt sich auch für das Jahr 1918 nicht mit Sicherheit sagen. Heinrich klagte nicht nur gegenüber den Ärzten, sondern auch in seinen Liebesbriefen über Schmerzen in seiner rechten Hand. Die Übungen auf dem Kasernenhof konnten martialisch sein: Liegestützen im Dreck, unter Stacheldraht durchrobben, hohe Hindernisse kletternd überwinden, und das alles unter dem Kommando von Vorgesetzten, die auf Gebrechen keine Rücksicht nahmen. Als Unteroffizier gehörte Heinrich nicht zum Offizierschor, sondern zur Mannschaft, die direkt an der Front im Schützengraben eingesetzt wurde. Man wird ihn, den untrainierten Büroangestellten, im Übungsgelände nicht geschont haben. Dass dies der Funktionstüchtigkeit eines kriegsverletzten Armes nicht zuträglich war, muss nicht weiter erläutert werden. Andererseits: Wenn er sich dazu entschieden hätte zu simulieren, dann wahrscheinlich mit der Scham eines Drückebergers und auf eine Weise, die selbst Lisbeth nicht bemerkt hätte.

Heinrich wurde im Lazarett seelsorgerisch betreut. Dort oder in einer Kirche in Kassel ging er zur Beichte, und dies zum ersten Mal nach einer langen Zeit der Meidung kirchlicher Rituale. Anschließend gestand er Lisbeth im Brief vom 24. Mai 1918, dass ihm diese Erfahrung gutgetan hätte. *„Deinen Erfolg gönn ich Dir und gratuliere Dir recht herzlich. Leicht wurde es Dir ja nicht."*

Selig las Lisbeth diesen Brief, besonders die Zeilen, mit denen er sie aufforderte: *„Schreibe mir tausend mal, daß du mich liebst, daß Du mich mehr liebst als alles in der Welt."* Auch verspricht er ihr im selben Brief: *„Ich werde auch alles tun, um Dich glücklich zu machen."* Sie antwortete ihm am 28. Mai 1918. *„Jetzt bin ich wieder ganz ruhig, denn Dein Herz gehört ja mir allein wie das meine Dir gehört. Dank Dir tausendmal, daß auch Du den einen Wunsch hast, mich glücklich zu machen. Habe recht schwer um Dich kämpfen müssen, aber der Lohn ist desto süßer."*

Heinrich, der sich zwar im Lazarett aufhielt, aber dort nicht bettlägerig war, konnte Lisbeth immerhin alle zwei Wochen an den Sonntagen besuchen. Sie spazierten zusammen durch das Tannenwäldchen bei Daseburg, saßen wieder plaudernd unter der Rosenlaube vor dem Eingang des Wienholtschen Hauses und küssten einander unter dem Weinstock im Garten. Für ein Liebespaar aber, das den begreiflichen Wunsch hatte, einander jeden Tag zu sehen, schienen die Zeiten zwischen dem Beisammensein unendlich. Immerhin war Lisbeth von der drückenden Sorge um Heinrichs „Seelenheil" befreit. Aber trotz der glücklichen Wende in ihrer Beziehung, war Lisbeths Alltag alles andere als unbelastet: „*Weiß ganz gut, daß Du noch ein schweres Stück Arbeit vor Dir hast*", schreibt sie ihm, "*will also Gott bitten, daß er Dir beistehe und Du es recht gut machst. Werde auch morgen oder Sonntag beichten gehen. Wenn Du uns nicht noch in den Krieg mußt. Die 14 Tage scheinen mir dieses mal schon ohne Ende. Wollen alles Gute hoffen. Wie ist denn die Untersuchung ausgefallen und was machen sie mit Deiner Hand? Wie bekommst du den Tag an den Abend? Mir geht es wie gewöhnlich, satt zu essen und viel Arbeit. Wie ist dort das Essen, mußt Du auch hungern? Wo Ullrich ist wissen wir noch nicht. Nehme nun die herzlichsten Grüße und Küsse von Deiner dich treu liebenden Lisbeth entgegen.*"

Als Heinrich Lisbeth mitteilte, dass er in ein Göttinger Reservelazarett verlegt werden sollte, nutzte sie die letzten Tage seines Lazarettaufenthaltes in Kassel, um ihn dort zu besuchen. Als sie das Krankenzimmer betrat, in dem er saß, verschlug es ihr die Sprache. Sie sah eine Krankenschwester, die sich über Heinrich beugte und ihn küsste. Heinrich beeilte sich, Lisbeth zu beruhigen. Er hätte die Krankenschwester nicht zu dieser Vertraulichkeit ermutigt. Aber noch Tage später schreibt Lisbeth ihm eifersüchtig: „*Kann bis jetzt noch nicht darüber hinwegkommen, wie die sich die Frechheit erdreisten kann und küsst meinen Schatz ab.*"

Dies war die einzige Dissonanz in ihrer Beziehung, die während dieser Zeit unbeschwert hätte sein können, wenn nicht die Sorgen, die der Krieg mit sich brachte, gewesen wären. Bereits im Mai hatte Lisbeth erfahren, dass sich ihr jüngster Bruder Ullrich auf dem Weg nach Lille an die Westfront befand. Am 08.06.1918 erzählt sie Heinrich von ihrer Arbeit auf dem Hof: Sie hätte mit ihrem ältesten Bruder Jakob Kohl gepflanzt. Dann fährt sie fort:

„*Die größte Sorge für uns ist Ullrich – er liegt vor Paris. Es ginge nur immer voran. Mutter meint, er lebt schon nicht mehr. Wie leid mir das für unsere Mutter tut kannst Du Dir wohl denken. Sollte Ihr denn im Leben nichts erspart bleiben? Es wäre zu hart. Wir beide wollen Ihr nicht die geringste Veranlassung geben, daß sie sich über uns betrübt. An unserem Glück soll sie sich doch wenigstens freuen können.*"

Lisbeth weist auf einen Brief von Ullrich hin, in dem er schreibt, dass es „immer vorangige" und er vor Paris läge. Hintergrund seines Schreibens waren Gebietsgewinne der deutschen Truppen, die ihnen den Fernbeschuss von Paris ermöglichten, ein Vorgehen, das symbolträchtig, aber unter militärischen Gesichtspunkten betrachtet, unnötig war.[108] Während Lisbeth und ihre Mutter diese Zeilen von Ullrich voll Kummer lasen, berichteten die Zeitungen von den militärischen Erfolgen des Deutschen Heeres, mit der Konsequenz, dass sich breite Teile der Bevölkerung Hoffnung auf ein baldiges Ende des Krieges machten, und zwar zugunsten des Deutschen Reiches und seiner Verbündeten. Auch viele Politiker und führende Staatsmänner lebten in der Vorstellung, dass sich jetzt, wo die Ostfront weitgehend befriedet war, das Blatt wenden würde, sodass Hunger, Mangel und die hohen Verluste an Menschenleben nicht umsonst gewesen wären.[109]

Die Entbehrungen bekam auch Heinrich im Reservelazarett in Göttingen zu spüren. Lisbeth erfuhr aus unbekannter Quelle, dass Heinrichs Mahlzeiten im Lazarett knapp bemessen waren und dass er dort gelegentlich Pferdefleisch aß, was zur damaligen Zeit als Inbegriff von kargem Essen empfunden wurde. Am 15.06.1918 schreibt sie ihm:

„Dann bist Du auch ab und zu zum Pferdemetzger geworden. So, Kohldampf müsst Ihr dort schieben. Weshalb hast Du noch nie was davon gesagt? Hoffentlich ist der Krieg bald vorbei, dann wird auch die Zeit nicht mehr allzu fern liegen, wo ich ganz für Dich sorgen kann. Hörst Du immer noch nichts von Deiner Entlassung? Mutter, Anne [= Magd bei den Wienholts] und ich sind heute zum Tannenwäldchen gewesen. Da war es herrlich und dazu sangen die Vögel so schön. Da eilten meine Gedanken zu Dir und wenn ich Flügel gehabt hätte wäre ich an Dein Herz geflogen."

Doch dann schreibt sie weiter.

„Ullrich hat es sehr schlecht getroffen. Er ist immer in Gefahr. Oft kann ich kaum dem Postboten entgegensehen. Wäre einmal alles vorbei."

In der Folgezeit entstand kein Brief, der nicht einen Hinweis enthielt auf den einen oder anderen jungen Mann aus Daseburg, der verletzt wurde oder gefallen war. Lisbeth erzählte Heinrich von einem Josef K., der ganz in der Nähe von Ullrich gekämpft haben soll. Die Eltern von Josef K. erwarteten den Besuch ihres Sohnes, weil dieser einen Heimaturlaub angekündigt hatte. Aber statt des Besuchs erhielten sie die Todesnachricht. Lisbeth arrangierte sich mit der Kriegssituation in dem Bewusstsein, wenigstens nicht hungern zu müssen. Mitte Juni, nachdem sie bereits seit einem Monat auf Heinrichs Besuch gewartet hatte, schrieb sie Heinrich, dass sie sich nach ihm sehnte und sich als Strohwitwe fühlte.

---

[108] Hirschfeld, Gerhard; Krumeich, Gerd: Deutschland im Ersten Weltkrieg. Frankfurt a. M. 2013, S. 251.
[109] Leonhard, Jörn: Die Büchse der Pandora. Geschichte des Ersten Weltkriegs. München 2014, S. 881. Münkler, Herfried: Der Große Krieg. Die Welt 1914 bis 1918. Berlin 2013, S. 701.

Am 24.06.1918 erhielt Lisbeth von Heinrich eine ernüchternde Nachricht. Vermutlich sollten noch Wochen vergehen bis er sie wieder besuchen durfte:

"Liebe Lisbeth! Nachdem Du meine Karte erhalten hast, wirst Du Dich wohl wundern, daß ich im Bett liegen muß. Jedenfalls denkst Du jetzt, Du erfährst nun den Grund, aber ich weiß ihn selbst nicht. Ich fühle mich sonst ganz gesund, leider hat sich [an] meiner Hand noch nichts gebessert und deshalb werde ich wohl im Bett liegen müssen. Andere Mittel wird man wohl noch erfinden falls diese Kur nicht hilft. […] In Deinem lieben Briefe hoffst Du auf baldiges Kriegsende und auf meine Entlassung aus dem Lazarett, beides steht leider, besonders das erstere, noch in weiter Ferne. […] Es tut mir leid Liebste, daß Du dich immer um Deine Brüder ängstigen mußt, wäre diese Tollerei doch endlich vorbei, damit alle wieder nach Hause kommen könnten."

Heinrich glaubte nicht an ein baldiges Ende des Krieges, den er hier „diese Tollerei" nennt. Es sei daran erinnert, dass er die Reichsbahn zwei Wochen vor Ausbruch des Krieges mit Nachdruck um eine möglichst baldige Einstellung als technischer Angestellter gebeten hatte. In allen Belangen, die den Krieg betreffen, war Heinrich im Vergleich zu den meisten seiner Zeitgenossen äußerst pessimistisch. Für ihn stellte sich der Krieg als Inbegriff menschlicher Unvernunft, als „Tollerei" dar. Im Laufe der Korrespondenz mit Lisbeth wird diese Haltung immer deutlicher.

Lisbeth antwortet Heinrich am 30. Juni 1918. Sie packte ein Eilpaket und legte neben dem Brief und Lebensmitteln einige Rosen hinein, wie sie ihm schrieb, als Zeichen ihrer Liebe. Heinrich erhielt die Blumen in einem erträglichen Zustand. Im Bett liegend mit einem gelegentlichen Blick auf die Rosen, die sich in der Vase von ihrer Reise erholten, las er Lisbeths Brief:

"Zunächst vielen Dank für Deine lieben Zeilen. Also du hast immer noch Bettruhe. Was mußt Du schrecklich gequälte Tage hinter Dir haben. Anscheinend will man Dir das Leben so schwer machen, daß Du Dich gesund melden sollst. Dann wirst Du felddienstfähig u. gehst ab. Dann doch lieber zu Bett wie im Westen sein." […]

"Daniel und Ullrich geht es noch ganz gut – liegen beide noch in Ruhe. Am 5.7. wird es im Westen aber wohl wieder losgehen. Beköstigung ist sehr schlecht. Von Franz haben wir noch nichts wieder gehört. Ullrich trägt mehr Sorgen um uns als wie um sein eigenes Leben. Er schreibt gestern zum Beispiel: Mutter sollte nichts tun was ihrer Gesundheit schaden könnte. Weiter schreibt er, liebe Schwester pfleg Bruder Jakob gut wenn er krank ist. Er hat es an uns verdient u. daß er nicht übermäßig arbeitet.

Was nützt uns Geld wenn wir wiederkommen u. finden euch nicht alle wieder."

Ullrichs Sorge um seine Familie weit hinter der Front klingt übertrieben, sie hatte jedoch einen realen Hintergrund. Seit einiger Zeit wurden die Wienholts und nicht nur sie von heftigen Infektionskrankheiten heimgesucht. Lisbeth machte in der Regel nicht viel Aufhebens um Krankheiten, aber die Erwähnungen von ernsthaften Erkrankungen mehrten sich in den folgenden Monaten.

Zeit des Umbruchs

Im Juli 1918 arbeitete von Lisbeths Geschwistern nur noch ihr ältester Halbbruder Jakob, „der Lange", auf dem Hof. Der damals 50 Jahre alte Junggeselle schuftete in der Landwirtschaft im Bewusstsein, der einzige Mann in der Familie zu sein, dem Schützengraben und Kriegsgefangenschaft erspart geblieben waren. Von Lisbeths älterem Bruder, dem Hoferben Franz, hatte die Familie seit langem nichts mehr gehört. Dies änderte sich aber im Juli 1918.

Die Angehörigen der Frontsoldaten erhielten Auskünfte über ihre Söhne nicht selten von deren Kriegskameraden. Es galt als eine Gefälligkeit gegenüber dem Kameraden, dessen Eltern während eines Heimaturlaubs zu besuchen und ihnen mitzuteilen, wie es dem Sohn an der Front oder in der Gefangenschaft ergangen ist. Auch die Wienholts erhielten einen solchen Besuch. Begeistert schreibt Lisbeth am 11. Juli 1918 an Heinrich:

„Am Montag haben wir eine große Freude erlebt. Ein Kamerad, der mit Franz ständig in Rußland zusammen gewesen, ist durchgebrannt u. schließlich in Deutschland gelandet. Kam aus dem Rheinlande und suchte uns auf. Augenblicklich hat es Franz ganz gut. Tüchtig Arbeit, aber auch eine ganz liebevolle Behandlung. Der Besitzer hätte ein recht großes Vertrauen zu ihm. Franz könnte von seinen Herren so viel Geld haben wie er wollte, nutzte es nur nicht aus. Mußt aber nun nicht denken, er hätte uns, wie man wohl sagt, etwas vorgestrunst [= gelogen]. Er ist einen ganzen Tag bei uns gewesen und hat genauen Bericht abgelegt. Alles Weitere will ich dir mündlich erzählen."

Demnach lebte Franz in Russland als Zwangsarbeiter auf einem Hof, aber es ging ihm recht gut.

Erleichtert und voll Tatendrang stand Lisbeth am Ende einer Arbeitswoche in der Küche, um hintereinanderweg fünf Kuchen zu backen, davon zwei für ihre Familie, inklusive Heinrich, und drei für Feldpostpakete. Damals war das Kuchenbacken eine kräftezehrende Angelegenheit. Die Schüssel mit dem Teig wurde zwischen die Knie geklemmt und der Teig mit einem Holzlöffel schaumig gerührt. Lisbeth hatte einen zierlichen Knochenbau. Durch die Arbeit in der Landwirtschaft muss sie aber über eine beträchtliche Armkraft verfügt haben. Am Abend des 11. Juli, während sie ihren Brief schrieb, fühlte sie sich allerdings etwas unwohl. *„Dazu kommt es mir heute Abend [so vor,] als wenn ich die Spanische Grippe bekäme, habe zur Vorsicht Blumen und alles fertig gemacht. Vielleicht geht es auch so vorüber. In Daseburg herrscht sie schon sehr stark".* Aus Göttingen antwortet ihr Heinrich am 16.07.: *„Der Kuchen schmeckt großartig. [...] Und nun hast Du die ‚spanische'. Ich habe sie auch gehabt, es geht aber schon wieder."* Die Spanische Grippe war eine mit hohem Fieber verbundene Influenza, die sich als Pandemie über mehrere Kontinente ausgebreitet hatte. Besonders die schlecht ernährten deutschen Soldaten litten an der Westfront unter dieser Krankheit.[110] Und nun dachte auch Lisbeth, an der Spanischen Grippe erkrankt zu sein. Aber sicher war sie sich nicht.

Heinrich unterdessen lag noch immer im Reservelazarett in Göttingen und führte sich vor Augen, wie viele verlorene Wochen ihm seine missliche Lage kostete, Zeit, die er für seine Ausbildung bei der Reichsbahndirektion Kassel hätte verwenden müssen. *„Ich habe nun den Nachteil, daß meine Ausbildung sich in die Länge zieht"*, schreibt er. *„Auf alle Fälle werde ich von hier nach Cassel entlassen. Was es dann später gibt, das weiß ich noch nicht. Hoffen wir das Beste."* Ende Juli musste Lisbeth ihm mitteilen, dass sie sich nach wie vor krank fühlte. Heinrich, inzwischen aus dem Lazarett entlassen und wieder in Kassel, wünschte ihr gute Besserung, konnte sie aber nicht besuchen. Anfang August erhielt er einen Brief von seiner Stiefschwester Maria. Lisbeths Erkrankung war doch ernster als angenommen.

„Daseburg, Sonntag im August/4 1918
Lieber Bruder Heinrich! Da Deine Braut nicht fähig ist, Deinen Brief zu beantworten, muß ich einmal Schatzersatz spielen und Dir einen Liebesbrief schreiben. Zunächst sagt Lisbeth Dir vielen Dank für Deine lieben, lieben Zeilen. So sehr sie sich auf Deinen Besuch gefreut hat, so enttäuscht war sie, als Du heute Mittag nicht kamst. Nun möchtest Du doch gewiß wissen wie es ihr geht und ihre Krankheit verlaufen ist. Diese Woche Dienstag wars wie Montag. Mittags gings ihr etwas besser, Donnerstag

---

[110] Leonhard, Jörn: Die Büchse der Pandora. Geschichte des Ersten Weltkriegs. München 2014, S. 845, Hochschild, Adam: Der große Krieg. Der Untergang des alten Europa im Ersten Weltkrieg 1914-1918. Stuttgart 2013, S. 443.

Morgen bekam sie Fieber und [das] nahm immer zu. Am Abend war sie bedenklich krank und in der Nacht wurde sie am ganzen Körper feuerrot, daß wir uns gezwungen fühlten, den Doktor zu holen [...] und was meinst Du was sie hatte, sie hatte eine Kinderkrankheit: die Masern. Diese ganzen Tage wollte sichs zu nichts wenden, aber heute ist sie wieder etwas besser. Auch die Masern sind jetzt zurückgegangen. Wenn sie nun alle raus gekommen sind, kanns sein, daß Du eine ganz gesunde Frau bekommst. Gott weiß allein, was sie diese Woche mitgemacht hat. Schlaflose Nächte u. heftige Schmerzen."

Lisbeth ließ es sich nicht nehmen, Marias Brief einige krakelige Zeilen hinzuzufügen. „Habe jetzt eine recht gesunde Gesichtsfarbe", teilte sie ihm mit. Neben der schmerzenden Haut war vor allem die Nahrungsaufnahme ein Problem. Lisbeth erwähnt in ihren Briefen eine „Mundkrankheit" infolge ihrer Maserninfektion und meinte damit wohl eine entzündete Mundhöhle. Da sich im Laufe der nächsten Wochen ihr Allgemeinzustand besserte, nicht aber die mit der Entzündung verbundenen Beschwerden, fuhr sie Ende August mit dem Zug nach Kassel, um dort einen Arzt zu konsultieren und selbstverständlich auch um Heinrich zu besuchen.

Heinrichs Vermieterin, wie bereits erwähnt, eine ältere, unverheiratete Dame, schloss die rothaarige Braut des Herrn Müller, die im Moment so zerbrechlich erschien, sofort ins Herz. Sie musste als unverheiratete Vermieterin besonders auf ihren Ruf achten, aber diese sympathische junge Frau würde ihr peinliche Szenen ersparen. Wie die Korrespondenz vermuten lässt, gab es in dieser hellhörigen Wohnung Grenzen der Intimität, die Heinrich gerne weiter gezogen hätte, während Lisbeth sie enger auslegte.

Am Sonntag, den 08.09.1918 verbrachte das Brautpaar den Abend nicht in der Wohnung von Heinrichs Vermieterin, sondern in Haueda kurz vor Daseburg, ob in Gesellschaft oder zurückgezogen in intimer Zweisamkeit wird nicht deutlich. Heinrich erwähnt in seinem Brief, dass er in Erwägung gezogen hatte, in Haueda zu übernachten. In dieser Nacht fuhr er jedoch zu sehr später Stunde zurück nach Kassel. Dass Heinrich und Lisbeth sich in dieser Zeit näher kamen als es das katholische Umfeld erlaubte, ist durchaus möglich. Nachdem Heinrich sie zum Ortsrand gebracht hatte, ging Lisbeth auf einer unbeleuchteten, kaum ausgebauten Straße eine halbe Stunde lang zurück nach Daseburg, wahrscheinlich mit einer Petroleumlaterne in der Hand. Der einsetzende Regen wird sie gestört haben, Angst vor Übergriffen musste sie anscheinend nicht haben.

„*Bist Du am Sonntag-Abend noch vor dem Morgen nach Hause gekommen?*", fragte er sie im Brief vom 11.09.1918. „*Du warst eben fort, da begann es zu regnen, und es hörte erst wieder auf, als ich nach Hause kam.*" Heinrich hatte lange in Haueda auf den Zug warten müssen. „*Ich freute mich, als ich mich einige Stunden später ins Bett legen konnte, trotzdem ich allein schlafen mußte.*" Während Heinrich in Kassel in seinem Zimmer saß und den Brief an Lisbeth schrieb, schlug der Regen gegen das Fenster. Vergnügt machte er sie für das schlechte Wetter verantwortlich: „*Du hast mal wieder nicht gebetet, sonst wäre das Wetter besser. [...] Es freut mich, daß Daniel dort [in Daseburg] ist, Du hast Dich doch nun um einen weniger zu sorgen, Du Sorgenmütterchen, wären Ullrich und Franz auch da, dann würdest Du auch wieder gesund und rund.*" Tatsächlich betete Lisbeth zu dieser Zeit mehr denn je aus Angst um ihren jüngsten Bruder Ullrich. Eine Woche vor dem gemeinsamen Abend mit Heinrich in Haueda hatte sie einen besorgniserregenden Brief von Ullrich erhalten, von dem sie Heinrich am 3. September 1918 erzählt:

„*Über Ullrich haben wir diese ganze Woche Sorgen gehabt. Heute Abend trifft nun ein Brief ein vom 25.[08.]. Da schreibt er denn: Den 21. u. 22.[08.] vergesse ich in meinem Leben nicht. Am 20. abends sind sie von den Franzosen überfallen, um Haarbreite wären sie in französischer Gefangenschaft gewesen. Da wäre auch sein Kollege aus Minden gefallen. Am 21. wäre ihm alles verbrannt. Als Trost schreibt er da, wir kriegen ja alles ersetzt. Den Mut hätte er dabei nicht verloren. Es wäre nur schade, daß sie sich nichts kaufen könnten, sonst würde mal ordentlich gefeiert. Warum? Weil sie mit knapper Not ihr Leben noch gerettet haben. Mir wird bang um meinen Herzensbruder, kannst Du dir denken. Da gibt mir Jakob denn den Trost: Ob wir ihn noch mal wieder sehen ist etwas anderes. Kannst Du Dir denken, daß mir in solchen Stunden der Gedanke kommt, Gott mein Leben anzubieten, um meinen Bruder zu retten. Aber, ich darf es ja nicht mehr, da ich mein Leben an das Deine gebunden habe.*"

Heinrich wird Lisbeths Wunsch, ihr Leben für ihren Bruder hergeben zu wollen, missbilligt haben, in Erstaunen versetzt haben ihn solche Gedanken seiner Braut aber bestimmt nicht. Wenn Lisbeth in ihrer Kammer betete, schaute sie auf das Kruzifix, das ihr den Opfertod des Heilands vor Augen hielt. Die Andachtsbildchen an der Wand und der Text in ihrem Gesangbuch enthielten dieselbe Botschaft. In der Kirche wurde der Priester nicht müde, die Gemeinde daran zu erinnern, dass Gott seinen einzigen Sohn hergegeben hatte, um die Menschheit zu retten. Lisbeths Opferbereitschaft entsprach ganz der Glaubenswelt, in der sie aufgewachsen war.

Ullrichs Brief vom 25.08.1918, auf den sich Lisbeth beruft, ist im Nachlass nicht überliefert. Es genügen jedoch Lisbeths kurze Schilderungen, um zu ahnen, wie massiv Ullrichs Regiment in Frankreich unter Druck geraten sein muss, eine Situation, die symptomatisch für die damalige Kriegslage gewesen ist.

Die deutschen Truppen befanden sich seit dem August 1918 auf dem Rückzug. Eine Minderheit der Soldaten setzte den Alliierten aus patriotischer Überzeugung Widerstand entgegen, verbittert und voller Fanatismus. Bei der Mehrheit aber setzte sich die Erkenntnis durch, dass gegen einen erheblich besser versorgten Feind kein Krieg zu gewinnen war. Fahnenflucht wurde zum Massenphänomen; ganze Truppen verweigerten den Vormarsch. Später sollte die Oberste Heeresleitung behaupten, der zersetzende Einfluss der politischen Linken in der Heimat sei dem tapfer kämpfenden Heer wie ein Dolchstoß in den Rücken gefahren.[111] Mit dieser Behauptung, die als Dolchstoßlegende in die Geschichtsschreibung eingegangen ist, versuchte sich das hohe Militär aus der Verantwortung für die Kriegsniederlage zu winden.

Von der aussichtslosen militärischen Lage wusste der größte Teil der Bevölkerung nichts, denn die Berichte in den Zeitungen waren beschönigend.[112] Man kann davon ausgehen, dass auch die Mehrzahl der Politiker im Deutschen Reich bis weit in den September an einen Frieden unter der Voraussetzung eines Sieges glaubte.

Ende September 1918 unterrichtete General Ludendorff den Kaiser von der bevorstehenden Niederlage. Die Verbündeten Österreich/Ungarn, die Türkei und Bulgarien waren annähernd oder gänzlich besiegt und die deutschen Truppen ausgelaugt. Die Oberste Heeresleitung ließ die deutschen Armeen weiterkämpfen in der Absicht, erträgliche Ausgangsbedingungen für die nun anstehenden Friedensverhandlungen zu schaffen. Im Januar 1918 hatte der amerikanische Präsident Wilson einen 14 Punkte umfassenden Friedensplan vorgelegt, der damals von den kriegsführenden Parteien abgelehnt worden war. Die Oberste Heeresleitung war jetzt bereit, Wilsons Friedensplan zu akzeptieren. Der amerikanische Präsident allerdings beabsichtigte nur mit einer parlamentarischen Regierung zu verhandeln;[113] das Deutsche Reich war jedoch eine

---

[111] Hirschfeld, Gerhard; Krumeich, Gerd: Deutschland im Ersten Weltkrieg. Frankfurt a. M. 2013, S. 253f., Münkler, Herfried: Der Große Krieg. Die Welt 1914 bis 1918. Berlin 2013, S. 704, 713, 727.
[112] Leonhard, Jörn: Die Büchse der Pandora. Geschichte des Ersten Weltkriegs. München 2014, S. 881.
[113] Kolb, Eberhard: Deutschland 1918–1933. Eine Geschichte der Weimarer Republik. München 2010, S. 7.

konstitutionelle Monarchie mit einem ausgeprägten Einfluss des Kaisers und einem Dreiklassenwahlrecht in Preußen.

Mit dem Rücken zur Wand drang das Militär nun erstmals auf die Bildung einer neuen Regierung. Mit dem neuen Kabinett vorwiegend aus Linksliberalen, SPD und dem Zentrum als Vertreter der katholischen Bevölkerung zeigte sich ein erster Vorbote der erdrutschartigen Veränderungen, die sich in den nächsten Monaten abspielen sollten. Als Ironie der Geschichte mag es erscheinen, dass diejenigen, die ausersehen waren, das Deutsche Reich in den Friedensverhandlungen zu vertreten, nämlich die Sozialdemokraten und die katholischen Zentrumspolitiker, noch zu Zeiten von Bismarck als Reichsfeinde galten. Das Kabinett des neuen Reichskanzlers Prinz Max von Baden übernahm am 04.10.1918 die Regierungsarbeit.

Am selben Tag plauderte Lisbeth in ihrem Brief an Heinrich über Alltägliches. Aber dann kann sie doch nicht anders, als sich zu beklagen:

„Heute ist so recht schönes Wetter, da könnte man so richtig aufleben wenn nur augenblicklich die Zeit nicht allzu schlecht wäre. Hoffentlich blüht für uns beide doch noch mal ein recht schöner Frühling."

Wie fast in jedem ihrer Briefe ist der Krieg ein Thema. Offensichtlich war Ullrich inzwischen verwundet worden oder erkrankt: *„Was sagt man bei Euch vom Frieden?"*, fragt sie Heinrich. *„Daniel ist mit der Überzeugung fortgegangen, in einem halben Jahre wären sie wieder daheim. Ullrich ist nach einem anderen Reserve-Lazarett verlegt worden. Immer noch nicht auf deutschem Boden. Franz sein Kamerad hat sich weiter noch nicht gemeldet. Denke Dir mal, habe mir ein Herz gefasst und Daniel des Morgens um 5 Uhr allein zur Bahn gebracht. Es war mir recht hart. Zu Hause fehlt er nun in allen Ecken. Die längste Zeit hat es ja nun gedauert. Dieses mal bist Du doch auch sicher von der Sache überzeugt."*

Heinrich war durchaus nicht überzeugt vom baldigen Ende des Krieges. Wie zu erwarten war der Informationsstand der Bevölkerung Anfang Oktober sehr unterschiedlich. Als die Niederlage des Deutschen Reichs Ende Oktober 1918 bekannt wurde, befand sich z. B. die Berliner Bevölkerung nach der Beschreibung des Polizeipräsidenten in einer Art Schockstarre.[114] Russland hatte doch kapituliert, mochten sich die Berliner denken; die Truppen, die an der Ostfront nicht mehr gebraucht wurden, waren den Soldaten an der Westfront zu Hilfe geeilt. Dieser letzte Kraftakt hätte doch eigentlich zum Sieg führen müssen. Umso härter traf

---

[114] Leonhard, Jörn: Die Büchse der Pandora. Geschichte des Ersten Weltkriegs. München 2014, S. 882.

es die Menschen, dass alle Entbehrungen und Verluste, die der vierjährige Krieg gefordert hatte, vergebens waren.

Am selben Tag wie Lisbeth, nämlich am 04.10.1918, schrieb auch Heinrich einen Liebesbrief. Er war mit einem Bekannten von Daseburg nach Kassel gefahren. Die Zugfahrt hatte er genossen, aber *„nur die Kriegslage macht einem jetzt Sorge. Ich glaube an keinen schnellen Frieden, sondern nach der Umgestaltung im Reiche an ein kolossales Aufraffen Deutschlands, bei dem auch der letzte Mann zur Front kommt. Dann wären wir noch lange nicht besiegt, wie viele Leute jetzt schon glauben. Aber unsere Aussichten Liebchen wären dann nicht die besten. Das wäre doch allzu schade, ganz gegen unseren Wunsch. Aber vorläufig wollen wir an keine Trennung denken, dazu liegt noch keine Veranlassung vor. Du armes Kind hast nun noch den Abschied von Deinem Bruder hinter Dir und das genügt vorläufig, ganz ohne Tränen wird er wohl nicht abgegangen sein?"*

Heinrich wusste also von „vielen Leuten", die bereits Anfang Oktober 1918 nicht mehr an einen Sieg glaubten. Er hielt Deutschland allerdings für durchaus fähig, den Krieg weiterzuführen. Die politischen Reformen der jüngsten Vergangenheit würden nach seiner Ansicht wie ein Motivationsschub wirken, mit dem Resultat, dass schließlich jeder erwachsene Mann an der Front kämpfen müsste. Ein „kolossales Aufraffen Deutschlands" erschien ihm daher keineswegs erstrebenswert. Heinrich wünschte sich ein Ende der Kampfhandlungen, auch unter der Voraussetzung einer Niederlage. Aber nach seinem Ermessen lag ein Ende des Krieges in weiter Ferne.

Lisbeth war über Heinrichs düstere Prognosen nicht erfreut, aber sie wusste sich abzulenken. Dabei unternahm sie manches, was ihre Mutter nicht gutheißen konnte. Seit ihrer schweren Masernerkrankung hatte sich Lisbeth verändert, sowohl in ihrem Verhalten als auch optisch. Sie war schlank geworden. Alte Stoffe, die sich im Haushalt befanden, gab sie zum Einfärben nach Kassel und danach zum Schneider. Eines Abends hielt sie sich auffallend lange in der Futterküche auf, um sich die Haare zu waschen, wie sie sagte. Am nächsten Morgen saß sie in der Küche am Tisch und ihr Haar war nicht mehr rotbraun, sondern blond. Sie fuhr jetzt mit ihren Freundinnen nach Kassel, um dort das Staatstheater zu besuchen und auch noch die darauffolgenden drei Tage in Kassel zu verbringen. Dagegen war nichts einzuwenden. Lisbeth war eine erwachsene Frau von 26 Jahren. Merkwürdig nur, dass die sonst so zugängliche Lisbeth sich gegenüber ihrer Mutter so verschlossen zeigte. Als Theresa Wienholt zufällig eine von Lisbeth verfasste Liste mit Händler- und Handwerkeradressen entdeckte, war das Maß voll. Theresa war bereit, ihre

Tochter bei der Gründung des eigenen Hausstandes finanziell zu unterstützen, aber nur unter der Voraussetzung, dass Lisbeth sie in ihre Planungen miteinbezog. Also beschloss sie, ihre Tochter zur Rede zu stellen.

Über die Aussprache zwischen Mutter und Tochter berichtet Lisbeth in ihrem Brief an Heinrich vom 15.10.1918:

„Beim Abschied hat unsere Mutter dir gegenüber die Bemerkung gemacht, ich bekäme den Abend noch Schimpfe. Richtig ist es auch so gekommen, wenn auch erst am anderen Morgen. Da sagte sie zu mir: Wir sollten nicht immer weiter so heimlich spielen. Mit ihr würde zusammen kein ernstes Wort gesprochen. Das machten wir nur unter uns. [...] Wollten schon Möbel kaufen und sie wäre noch um nichts gefragt. Es hätte ihr immer am Herzen gelegen für uns zu sorgen. Wir lohnten es ihr mit Undank. – Unrecht hat sie nicht u. es tut mir herzlich leid, daß sie sich zurückgesetzt fühlen muß. Da wollen wir beiden heiraten und wissen noch nicht mal was wir unserer Mutter schuldig sind. Auch wissen wir das Glück nicht zu würdigen, daß wir beide noch ein liebes teures Mütterchen haben, das für uns sorgt. – Denk nun aber ja nicht, lieber Heinrich, der Vorwurf gelte besonders Dir, nein, ich bin der schuldige Teil."

Über die Hintergründe der blondierten Haare existiert ebenfalls eine Bemerkung in der Korrespondenz. In ihrem Brief vom 04.10.1918 schreibt sie an Heinrich:

„Noch eins, Du willst ja gern eine hübsche Braut haben. Bemühe Dich mal, vielleicht treibst Du in Kassel noch Goldelfenbein auf. Das ist zum Haarewaschen. Die Haare werden wohl etwas dabei leiden. Tragen denn so Viele falsche Zöpfe, kann ich es ja auch. Gelbes Haar ist doch schön wenn auch nicht in so reichlicher Fülle."

Lisbeth hatte an Gewicht verloren durch ihre Erkrankung. Das Schönheitsideal der damaligen Zeit war aber nach wie vor eine kurvenreiche Molligkeit und sie wusste, dass Heinrich eine füllige Figur bevorzugte. Zunehmen konnte sie so schnell nicht; die ungeliebten roten Haare hingegen waren sofort veränderbar.

Lisbeth und ihre Mutter fanden nach ihrer Aussprache sehr schnell zu ihrem gewohnten, recht harmonischen Verhältnis zurück. *„Unsere Mutter ist wieder guter Dinge"*, berichtet Lisbeth Heinrich am 24.10.1918, *„besonders seit ihr Jüngster geschrieben hat, daß er in kurzer Zeit in Deutschland ist. Ich wollte, er schlägt sein Zelt in Kassel auf, dann wäre ich der erste, der sich dort einfindet. Du hast mir am Montag morgen sehr leid getan. Ich lag behaglich in den Federn und Du mußtest [nach Kassel] fahren. Da tat es mir doppelt leid, daß wir ja nach Umständen noch lange warten müssen bis wir für immer vereint sind."*

Lisbeth genoss zu diesem Zeitpunkt ihre Beziehung zu Heinrich, wie intim diese damals auch immer gewesen sein mag. Zufrieden berichtet Lisbeth Heinrich von der Bemerkung einer ihrer Freundinnen: Dass sie glücklich wäre, das sähe man ihr an, hatte diese gesagt. Die Ungewissheit des Krieges verhinderte aber eine baldige Hochzeit – für beide ein besonders bitterer Wermutstropfen. Auch war es nach wie vor schwer, der Allgegenwärtigkeit des Krieges zu entfliehen. Da gab es immer etwas, was an den Krieg erinnerte: *„Es ist auch mal wieder Gedenktag, daß man Dir Deinen Arm lahm schoß"*, schreibt sie ihm am 24.10.1918.

Ende Oktober leistete Lisbeth ihrer zukünftigen Schwiegermutter Emilia Gesellschaft, die mit einer Grippe oder einem grippalen Infekt im Bett lag, und kümmerte sich um Jakob und Maria, denen dieselbe Infektionserkrankung zusetzte. Lisbeth steckte sich bei ihren Schutzbefohlenen an und musste schließlich selber das Bett hüten, bis sie Heinrich am 05.11. schreiben konnte: *„Bei uns geht es schon wieder so ziemlich. Maria u. ich haben heute schon wieder die Kühe gefüttert."*

Während dieser Zeit, Ende Oktober, Anfang November 1918 überschlugen sich die Ereignisse, die das Ende des Krieges besiegelten und zur Gründung der Weimarer Republik führten. Die Alliierten (Entente) forderten vom Deutschen Reich und seinen Verbündeten die bedingungslose Kapitulation, womit sich General Ludendorff, der bisher tonangebend gewesen war, nicht einverstanden zeigte. Er musste am 26.10.1918 seinen Rücktritt erklären. Auch die Admiralität der Marine konnte sich mit der vollständigen Niederlage nicht abfinden. Eigenmächtig hatte sie noch vor dem Rücktritt Ludendorffs einen erneuten Auslauf der Kriegsflotte befohlen und damit unter den Matrosen eine Meuterei ausgelöst. Die Arbeiter der Küstenstädte schlossen sich dem Aufstand an, der sich innerhalb von Tagen bis nach Berlin ausbreitete. Die Revolutionäre forderten ein Ende der Monarchie und eine Entmachtung der bisherigen Eliten.[115]

In den Städten und Kommunen bildeten sich Arbeiter- und Soldatenräte, die dort die Autorität für sich beanspruchten. Die Fürsten des Deutschen Reichs, wie die Herzöge und die Könige von Bayern, Sachsen und Württemberg, wurden aufgefordert abzudanken. Dieser Aufforderung kamen die Fürsten nach, ohne dass man sie durch Androhung von körperlicher Gewalt dazu gezwungen hätte. Im Vergleich zu den Revolu-

---

[115] Hirschfeld, Gerhard; Krumeich, Gerd: Deutschland im Ersten Weltkrieg. Frankfurt a. M. 2013, S. 165ff., Leonhard, Jörn: Die Büchse der Pandora. Geschichte des Ersten Weltkriegs. München 2014, S. 890f., Münkler, Herfried: Der Große Krieg. Die Welt 1914 bis 1918. Berlin 2013, S. 742f., 746ff.

tionen der vergangenen Jahrhunderte in Frankreich und England verlief die Novemberrevolution im Deutschen Reich relativ friedlich.[116]

Der Kaiser hoffte zunächst, seine Position mit Hilfe des Militärs, dessen erster Befehlshaber er war, verteidigen zu können. Jedoch war seine Vorstellung, dass die Truppen, die an der Front den Vormarsch verweigert hatten, ihm nun im Reich zu Hilfe eilen würden, völlig unrealistisch.[117] Am 28.10.1918 stimmte er einer Verfassungsreform und damit der parlamentarischen Monarchie zu,[118] verließ aber bereits am darauffolgenden Tag völlig überstürzt Berlin, um die Oberste Heeresleitung im belgischen Spa aufzusuchen. Mittlerweile forderten Massen von Demonstranten, die sich in Berlin u. a. vor dem Reichstagsgebäude versammelten, die Abschaffung der Monarchie. Um den revolutionären Kräften im Land zuvorzukommen, proklamierte der Sozialdemokrat Philipp Scheidemann am 09.11.1918 von einem Balkon des Reichstagsgebäudes aus die Republik. Zwei Stunden später rief der Führer des Spartakusbundes Karl Liebknecht, ebenfalls in Berlin, eine sozialistische Republik aus.[119] Der Kaiser musste abdanken. Fast unmerklich zog er sich in sein Exil nach Holland zurück. Reichskanzler Max von Baden übergab sein Amt dem Vorsitzenden der damals stärksten Partei, dem Sozialdemokraten Friedrich Ebert. Parallel zu diesen Ereignissen verliefen die Verhandlungen zum Waffenstillstandsvertrag, von denen die Delegation des Deutschen Reichs ausgeschlossen wurde, da die Alliierten dem besiegten Deutschen Reich kein Mitspracherecht einräumten.

Am 11.11.1918 unterzeichnete eine deutsche Delegation unter der Leitung des Zentrumspolitikers Matthias Erzberger den Waffenstillstandsvertrag, der eine vollständige Kapitulation des Deutschen Reiches festschrieb. Empfangen wurde die Delegation in einem Eisenbahnwaggon bei Compiègne in der Nähe von Paris. Es endete damit ein Krieg, der insgesamt fast 10 Millionen Menschenleben gefordert hatte.

An diesem Montag, den 11. November, konnte Lisbeth wieder ihren jüngsten Bruder in die Arme schließen. Ullrich war direkt aus dem Lazarett nach Daseburg entlassen worden. Am 14.11. schreibt Lisbeth an Heinrich:

---

[116] Hirschfeld, Gerhard; Krumeich, Gerd, a.a.O., S. 268. Vgl. auch Haffner, Sebastian: Von Bismarck zu Hitler. Ein Rückblick. Hamburg 2009, S. 162.
[117] Hirschfeld, Gerhard; Krumeich, Gerd, a.a.O., S. 268f.
[118] Sturm, Reinhard: Vom Kaiserreich zur Republik 1918/19. In: Informationen zur politischen Bildung, Heft 261: Weimarer Republik, hg. v. bpb: Bundeszentrale für politische Bildung. München 2011.
[119] Hirschfeld, Gerhard; Krumeich, Gerd, a.a.O., S. 269f.

„Muß Dir in Eile schnell ein kleines Briefchen schreiben. Seit Montagabend weilt Ullrich bei uns. Kannst du dir die Freude denken? Nun hat er auch allerhand Anliegen. In ganz Daseburg kann er keine Cigaretten auftreiben – nun ist er ganz krank. Mutter meint, er soll es ganz lassen. Aber Mutter, so schnell geht das nicht, gibt er zur Antwort. Auch möchte er gern Haarwasser. Sein Haar wächst nämlich seit der Krankheit nicht mehr."

Im munteren Plauderstil erzählt Lisbeth über ihren Bruder, ohne zu ahnen, in welcher gesundheitlichen Verfassung sich dieser befand. Ullrichs Haar sollte nicht mehr wachsen und sein rundes, sonst so lustiges Gesicht blieb ausgezehrt. Die Nachkommen Ullrichs erzählten mir von einer schweren Herzerkrankung, die er sich durch den 1. Weltkrieg zugezogen hatte.

Die Demobilisierung des deutschen Heeres und der Rücktransport der Soldaten wurden von General Hindenburg organisiert, und zwar von Schloss Wilhelmshöhe in Kassel aus. Heinrich hätte General Hindenburg vielleicht von weitem sehen können, wenn er im Bergpark Wilhelmshöhe spazieren gegangen wäre. Doch Heinrich hatte kaum Zeit für Spaziergänge. Er arbeitete in der Reichsbahndirektion und nahm dort auch am Unterricht teil. An den Wochenenden musste er den Lehrstoff nachholen, den er versäumt hatte. Gelegentlich erhielt er Besuch von Freunden. Sein ehemaliger Klassenkamerad „Lude" war von der Ostfront zurückgekehrt, sein Kollege Konrad Böhm hatte sich inzwischen verlobt und besuchte ihn gelegentlich mit seiner Braut.

Am 20.11.1918, am Buß- und Bettag, schaute Heinrich aus seinem Fenster im 4. Obergeschoss auf die prächtigen Fassaden der Hohenzollernstraße, der heutigen Friedrich-Ebert-Straße. Unten fuhren Lastkraftwagen, aus denen die roten Fahnen der Arbeiter- und Soldatenräte hingen. Auch einige Bewohner der Hohenzollernstraße zeigten Flagge, denn sie erwarteten die Rückkehr des 83. Infanterie-Regiments von Wittich, das unter den Kurhessischen Regimentern das Dritte war. Die Kaserne des Regiments stand direkt bei der Hohenzollernstraße. Heinrich schaute sich das Treiben auf der Straße an, dann wandte er sich vom Fenster ab und setzte sich an seinen Schreibtisch, um Lisbeth einen Brief zu schreiben:

„Heute am Buß- und Bettage habe ich nicht Lust den ganzen Tag zu lernen und da will ich dir einige Zeilen schreiben. Mittlerweile wirst Du die Gratulation zum Namenstage wohl erhalten haben. Am Montag-Abend war Freund Lude hier, er war den Polen noch glücklich entwischt, wir haben dann mit dem Kollegen Böhm einen Schoppen getrunken und Dir die Karte geschickt. Heute ist hier das feinste Buß- u. Bettagswetter, deshalb

habe ich mir auf meinem Zimmer Feuer machen lassen und bleibe jetzt zu Hause. Vielleicht kommt Kollege Böhm mit seiner Kleinen zu mir, dann wird es mit dem Lernen nicht mehr viel werden, ist aber egal, ich war heute Morgen schon auf der Direktion und habe gelernt. Was fängst du denn heute Gutes an? Wärst du hier, dann könnten wir gleich zu vieren einen Kaffeeklatsch machen. An meiner Wohnung rasseln jetzt ständig die schweren Lastautos vorbei, alle mit einer roten Fahne. Einzelne Häuser haben schon geflaggt zu Ehren der 83er, die heute kommen."

Heinrich besuchte Lisbeth an den Wochenenden, wenn er Zeit dazu fand, und Lisbeth hielt sich gelegentlich in Kassel auf, da der landwirtschaftliche Betrieb ihr im Winter einigen Freiraum ließ. Familie Wienholt war inzwischen wieder fast vollzählig. Am 19. Dezember traf Daniel in Daseburg ein. Lisbeths Bruder Franz allerdings war nach wie vor in russischer Gefangenschaft. Etwas abgespannt kümmerte sich Lisbeth um die Weihnachtsvorbereitungen. Sie blickte auf ein Jahr 1918 zurück, das mehr als turbulent gewesen war.

Lisbeths Opfer

Vor vielen Jahren erzählte mir mein Vater, dass seine Eltern der Zentrumspartei nahegestanden und diese während der Weimarer Republik gewählt hätten. Überrascht hat mich dieser Hinweis nicht. Angesichts der katholischen Überzeugung meiner Großeltern hatte ich bei ihnen keine andere politische Präferenz vermutet.

Das 1870 gegründete Zentrum vertrat die Interessen der katholischen Bevölkerung und galt daher während der Zeit des Kulturkampfes als Ausdruck und Instrument des politischen Katholizismus. Der Druck, dem die Katholiken während des Kulturkampfes ausgesetzt waren, erhöhte die Attraktivität der Zentrumspartei für ihre Wähler. Die Klientel des Zentrums umfasste schließlich die gesamte katholische Bevölkerung vom Arbeiter über den Handwerker und den Beamten bis hin zum Adligen. Das Zentrum war anders als das damalige Parteienspektrum nicht auf eine bestimmte Sozialschicht bzw. Klasse fokussiert, was sie zur ältesten deutschen Volkspartei macht. Wie bereits erwähnt war das Zentrum Ende 1918 die zweitgrößte Partei hinter der SPD, womit die Mehrheits-SPD (MSPD) gemeint ist. Die SPD war damals gespalten in die gemäßigte MSPD und die links gerichtete, deutlich kleinere Unabhängige SPD (USPD).

Zu dieser Zeit fanden die meisten Zentrumspolitiker eine Zusammenarbeit mit der SPD (=MSPD) durchaus erstrebenswert, setzte sich diese Partei doch für Religionsfreiheit ein. Allerdings waren die Aufgaben, denen sich die Vertreter der beiden größten Fraktionen in der frühen Weimarer Republik gegenübersahen, gigantisch. An den Außengrenzen konnte der Krieg bei einem Scheitern der Friedensverhandlungen wieder ausbrechen und im Reich selbst tobte nach der Novemberrevolution ein offener Klassenkampf mit Generalstreiks und Straßenschlachten.

Anfang 1919 war die SPD (=MSPD) eine Reformpartei, die eine Umgestaltung Deutschlands über eine verfassungsgebende Nationalversammlung anstrebte. Die Fortsetzung der Novemberrevolution versuchten die Sozialdemokraten mit allen Mitteln zu verhindern, z. B. durch eine Zusammenarbeit mit den Arbeiter- und Soldatenräten[120], aber auch durch den Einsatz der Reichswehr, vor allem gegen revoltierende Spartakisten. Die Soldaten jedoch, die gerade von der Front gekommen waren, hatten in der Mehrzahl nicht die Absicht, den Kriegsschauplatz an der Westfront gegen Einsätze im Landesinneren auszutauschen. Sie machten sich umgehend auf den Weg nach Hause in ihre Heimatorte. Um die Aufstände und Krawalle im Zuge der Novemberrevolution niederzuschlagen, griffen Politik und Oberste Heeresleitung auf ehemalige Frontsoldaten zurück, die sich freiwillig für den Dienst in Freikorps meldeten. Diese Ehemaligen waren in der Regel monarchistisch eingestellt und hatten sich zum Ziel gesetzt, die junge Republik zu bekämpfen. Die damalige Linke war in ihren Intentionen tief gespalten. Auch vor diesem Hintergrund ist es zu verstehen, dass sich ausgerechnet die Sozialdemokraten dieser rechtsnationalen Freikorps bedienten, um den Spartakusaufstand in Berlin Anfang 1919 blutig niederzuschlagen.

Bei der Wahl der Nationalversammlung am 19.01.1919 waren zum ersten Mal auch Frauen als Wählerinnen zugelassen. Lisbeth sah dieser denkwürdigen Premiere, an der sie teilnehmen durfte, mit gemischten Gefühlen entgegen. Die politischen Umbrüche mochten sie beschäftigen, vielleicht sogar interessieren, vor allem aber befürchtete sie Krawalle in Kassel, ausgetragen von den Anhängern der unterschiedlichen Parteien. Am Samstag, einen Tag vor der Wahl, besuchte Lisbeth Heinrich in Kassel. Das Paar verbrachte die gemeinsamen Stunden in Gesellschaft von Heinrichs Freunden. Am Abend fiel Lisbeth der Abschied von Heinrich schwer. In Daseburg würde die Wahl friedlich verlaufen, aber in Kassel? Heinrich reagierte auf Lisbeths Bedenken mit freundlichem Spott. Einen Tag nach der Wahl, am 20. Januar 1919., schreibt er ihr:

---

[120] Z. B. eine Zusammenarbeit im Rat der Volksbeauftragten. Kolb, Eberhard: Deutschland 1918-1933. Eine Geschichte der Weimarer Republik. München 2010, S. 11f.

„Liebe Lisbeth! Wollte Dir gestern einen Brief schreiben, aber Kollege Böhm hatte mich mit nach Wilhelmshöhe gelockt und am Abend waren wir bei unserem Freund Jensen, natürlich war das Fräulein Th. auch mit, da fehltest Du. Es war hübsch gemütlich und längst 11 Uhr durch, als wir nach Hause gingen. Nun stelle bitte fest, daß ich noch lebe. Die Wahl verlief so ruhig wie möglich. Abgesehen von einigen Umzügen der Sozialdemokraten und Papierfetzen auf der Straße war alles in schönster Ordnung. Wie bist Du nach Hause gekommen? Aus Cassel wohl in größter Eile? Ich sage ja: wenn ich nicht dabei bin! Es ist doch eine schöne Sache, daß die Züge Verspätung haben, sonst hätte mein Lieb das Nachsehen. [...] Nun ist es schon bald Feierabend und auf meiner Stube ist es zum Schreiben zu kalt. Bei meiner Wirtin hast Du einen Stein im Brett, sie läßt Dich vielmals grüßen, ebenso Böhm und seine Braut und Jensen nebst Frau."*

Lisbeth erhielt Heinrichs Brief bereits am darauffolgenden Tag. Sie liebte das Briefeschreiben – jetzt im Januar waren die Arbeiten auf dem Hof leicht zu bewältigen; somit hinderte sie nichts daran, ihm sofort zu antworten:

„Erhielt heute dankend Deinen lieben Brief. Also die Wahl ist gut verlaufen und die Hauptsache, Du lebst noch und bist gesund. Auch hier ist alles gut verlaufen."

In Daseburgs Archivaliensammlung liegt das Ergebnis zur Wahl der Nationalversammlung von 1919 nicht vor, wohl aber das Ergebnis der Reichstagswahl von 1920. Und dieses Ergebnis ist bemerkenswert! 1920 entfielen fast 90 % der abgegebenen Stimmen auf das Zentrum.[121] Wie nicht anders zu vermuten, war das katholische Daseburg eine Hochburg der Zentrumspartei.

Eine entspannte Lisbeth, die ihren Aufenthalt in Kassel genossen hatte, griff Heinrichs humorige Bemerkung auf und setzte ihren Brief fort mit der Beschreibung ihres Heimwegs am Samstagabend in einem ungeheizten Zugabteil:

„Bin den Tag von Cassel mit einem Wagen gefahren, der als Luftkurort bestimmt war. Als ich in Warburg war, hatte ich Eisbeine, nur es fehlte das Sauerkraut. Bin dann von da im schnellsten Tempo nach Hause gerannt. Wäre also nicht schlimm geworden, wenn ich den Zug verpasst hätte. In Cassel hat es mir tadellos gefallen wie nie zuvor. Hätte mich gleich entschließen können dort zu bleiben."

Mitteilenswert erschienen Lisbeth noch ihre Fortschritte bei der Einrichtungsplanung für die zukünftige gemeinsame Wohnung. Sie wünschte sich eine Truhe aus Esche oder Eiche, oben mit einer schwar-

---

[121] Dorfchronik Daseburg, unveröffentlicht; Schulchronik Daseburg, unveröffentlicht.

zen Marmorplatte. Ein Handwerker der Umgebung hatte ihr einen Herstellungspreis genannt. Gerade war sie dabei, einen zusätzlichen Kostenvoranschlag aus Hagen anzufordern. Das Planen und Organisieren ihres zukünftigen Hausstandes machte ihr sichtlichen Spaß. *"Jakob hat diese Tage gesagt, es ginge mir wie den Tauben, wenn die sich verpaaren wollen, dann bauten sie fleißig an ihrem Neste."*

Mit diesem „Nestbau" stand sie aber wegen der damaligen allgemeinen Wohnungsnot vor einer fast unlösbaren Aufgabe. Einen Mangel an freistehenden Wohnungen hatte es bereits im Kaiserreich gegeben. Für die wachsende Bevölkerung wurden zu wenige Wohnungen gebaut oder saniert, eine Situation, die sich durch den 1. Weltkrieg weiter verschärfte. Die in der Rüstungsindustrie tätigen Arbeiter fanden in Kassel kaum leer stehende und wenn dann nur sanierungsbedürftige Wohnungen vor. Als dann die Soldaten von der Front zurückkamen und in Kassel eine Familie gründen wollten, zwang die verschärfte Lage auf dem Wohnungsmarkt den Magistrat zu drastischen Maßnahmen, wie z. B. die Einrichtung von Wohnungen in leer stehenden Kasernen und die Zwangsteilung von Großwohnungen.[122]

In Warburg war die Situation nicht besser. Die Vertreter des dortigen Mietereinigungsamtes gingen auf der Suche nach bewohnbaren Räumlichkeiten ungewöhnliche Wege. Laut der Warburger Ortschronik versuchten diese Männer eine Familie im örtlichen Gymnasium unterzubringen. Ihr Vorschlag, die Schulbibliothek als Wohnraum zur Verfügung zu stellen, scheiterte verständlicherweise am deutlichen Widerstand des Gymnasialdirektors.[123]

Sicher wusste Lisbeth von der Wohnungsnot. Aber sie war noch nicht einmal offiziell mit Heinrich verlobt. Erst einmal mussten die Möbel geplant und angefertigt werden, alles Weitere würde sich finden. Dabei achtete sie als angehende Städterin auch darauf, dass die Möbel standesgemäß ausfielen. Nachdem Heinrich sich für Möbel aus Eichenholz ausgesprochen hatte, suchte sie den Rat ihres Tischlers Herr Wernike:

"Bin sofort zu Wernike gegangen und habe Rücksprache mit ihm genommen. Es ist ihm gleich, ob er uns Eiche oder Esche verarbeitet. Er hat von beiden Sorten Holz noch abgelagerte Ware. Macht uns auch Kiefernmöbel wenn wir es wünschen. Herr Wernike meint, wenn Du dächtest, es wäre unter Deiner Würde, wenn Du statt Eiche Esche nähmst, dann wärst Du schwer im Irrtum. Eiche wäre nichts besonderes mehr. Wirklich bessere

---

[122] Baum, Thomas: Die SPD in der Kasseler Kommunalpolitik zur Zeit der Weimarer Republik. Göttingen 1998, S. 56ff.
[123] Fischer, Heinrich; Quick, Fritz; Marré, Wilhelm: Chroniken der Stadt Warburg, hg. v. Strümper, Walter. Warburg [ca. 2002], S. 264.

Leute nehmen mit Vorliebe mehrere Holzsorten. Genau so hat mir gestern Christinchen [Ehefrau ihres Cousins] *gesagt, die ist auch immer bei besseren Leuten gewesen"* (17.02.1919).

Theresa Wienholt quittierte die emsigen Vorbereitungen ihrer Tochter mit einem sorgenvollen Kopfschütteln. Für eine Familiengründung waren die Zeiten so schlecht wie nur denkbar, auch unabhängig von der Wohnungsnot. Obwohl der Krieg vorbei war, wurde die Zwangswirtschaft nicht gelockert. Nach wie vor mussten die Bauern Lebensmittel für einen festgesetzten Preis abliefern. Die Bauern wehrten sich gegen die Lebensmittelkontrollen, die Stadtbevölkerung wiederum gab den Bauern eine Mitschuld an ihrem Hunger, weil sie nicht ganz zu Unrecht davon ausging, dass die Landwirtschaft Lebensmittel zurückhielt.[124] Noch immer litten vor allem die sozialen Unterschichten an Mangelernährung und Erkrankungen, die aus dieser Notlage resultierten. Der Krieg hatte das Gefälle zwischen Arm und Reich verstärkt. Als Folge durchzogen Generalstreiks und Hungeraufstände das Land.

„*Mutter macht sich unsretwegen manchmal Sorgen*", schreibt Lisbeth an Heinrich „*und das jetzt nicht ohne Grund.*" Dabei war die Situation der Bauern im Vergleich zu derjenigen der Arbeiterschaft noch einigermaßen erträglich. Es gab immer Mittel und Wege, die Kontrollen der Behörden zu hintergehen und für sich selbst und seine Schutzbefohlenen, vom frisch Geschlachteten zurückzulegen. Zu den Schutzbefohlenen gehörte Heinrich, dem jedes Mal, wenn er von Daseburg nach Kassel zurückfuhr, etwas Nahrhaftes zugesteckt wurde. Am 03.02.1919 schreibt er an Lisbeth:

„*Ich machte heute morgen meinen Rucksack auf, damit meine Wirtin mir das Frühstück machen konnte und da sah ich dann, daß auch Mehl darin ist, nun weiß ich aber nicht, ob das von meiner Mutter oder von Euch ist.*"

Unabhängig von der allgemeinen Notlage nach dem Krieg gab es noch eine weitere Hürde auf dem Weg zur Familiengründung, eine Hürde, die allerdings zu bewältigen war: Nach 2 ½ Jahren Anstellung auf Probe als Eisenbahn-Büroaspirant bei der Reichsbahndirektion Kassel stand nun Heinrichs Prüfung zum Büroassistenten an. Die Prüfungstermine, die den Teilnehmern kurzfristig mitgeteilt wurden, verschwieg Heinrich gegenüber Lisbeth, vielleicht um sie mit der bestandenen Prüfung zu überraschen. Als Lisbeth von einem gemeinsamen Freund über Heinrichs Situation aufgeklärt wurde, war sie nicht sonderlich beunruhigt. „*Wünsche dir recht viel Glück dazu*", schreibt sie ihm am 09.03.1919. „*Bin trotzdem*

---

[124] Strotdrees, Gisbert: Höfe, Bauern, Hungerjahre. Aus der Geschichte der westfälischen Landwirtschaft 1890-1950. Münster-Hiltrup 1998, S. 71.

ich es weiß sehr ruhig, weiß ich doch, daß du Deine Pflicht vorher getan hast."

Lisbeth blickte auf einen recht unterhaltsamen Februar 1919 zurück. Während Heinrich mit Prüfungsvorbereitungen beschäftigt gewesen war, hatte sie sich auf Faschingsveranstaltungen vergnügt. Auf einem Ball Anfang Februar in Warburg hatte Lisbeth mit wechselnden Partnern den gesamten Abend durchtanzt und war erst um 1 Uhr nachts zusammen mit ihrem Bruder Daniel nach Hause gegangen. *„Habe Dir nicht die geringste Gelegenheit zur Eifersucht gegeben"*, versicherte sie Heinrich. Anfang März rekapitulierte sie: *„Fassnacht ist in diesem Jahr sehr gut verlaufen. Daniel war ein einzig schönes Hamsterfräulein. Werd das Bild nie vergessen."* Die Faschingszeit war für Lisbeth ein willkommener Anlass gewesen, um einige Verschönerungen an ihrem Äußeren zu erproben. Seit dieser Zeit nutzte sie Kosmetikartikel. In ihren Briefen verriet sie aber nicht, um welche Art der Kosmetik es sich handelte. Wahrscheinlich war es ein Puder, um die Sommersprossen zu verdecken, möglicherweise kombiniert mit etwas Rouge für die Wangen. Heinrich bestärkte sie darin, sich auch weiterhin zu schminken:

„Wenn ich auch Gemüt und Tugend an erste Stelle setze, so habe ich doch gern, wenn meine Braut hübsch ist. Und was der Mensch aus sich machen kann, das soll er ruhig tun. Vergeß auch nicht, daß wir uns Sonntag wiegen müssen, ich habe ja ein zufrieden stellendes Gewicht, aber Dir fehlen mindestens noch 12 Pf."

Lisbeth antwortete geduldig: *„Werde von der ... weiter Gebrauch machen, wenn Du es für gut befindest. Wünsche ich doch selbst, daß ich recht hübsch wäre. Auch wegen der 12 Pf. Gewicht werde ich mich anstrengen."* Lisbeth hatte Heinrich mit ihrer Forderung, sein Glaubensleben zu ändern, das Äußerste abverlangt. Es war ihr klar, dass sie sich jetzt in der Bringschuld befand und sie ließ keinen Zweifel daran, dass sie sich dessen bewusst war. Außerdem wollte sie Heinrich in dieser auch für sie so wichtigen Prüfungsphase unterstützen.

Die einzelnen Etappen der Prüfung zogen sich über mehrere Wochen hin und beschäftigten Heinrich somit fast den gesamten März 1919. Auch wurde gelegentlich ein Unterrichtsstoff geprüft, mit dem Heinrich trotz aller Vorbereitungen nicht gerechnet hat. Am 20.03.1919 schreibt Lisbeth ihm:

„In Kassel hatte man also am Montag allerhand Überraschungen für Dich. Trotz allen Schwierigkeiten kann ich doch aus Deinem Briefe merken wie recht es Dir kommt, daß Du Deine Prüfung machen mußt wie jeder andere, der beide Hände richtig gebrauchen kann. Wünsche Dir von ganzem Herzen Glück, meine Gedanken werden immer bei Dir sein."

Dann fährt sie fort:

"Nun will ich dir einen Vorschlag machen. Wenn es Dir recht ist will ich Dich ab dem Freitag über acht Tage aufsuchen (also ab dem 28. März). Falls du aber Montag oder Dienstag Deine mündliche Prüfung schon machst und man gewährt dir Deine 5 Tage Erholungsurlaub so komme nur nach hier, dann verlege ich meinen Besuch. Nur zu lange darf ich es nicht mehr heraus schieben – die Gartenarbeit geht bald los.– Schreibe mir also rechtzeitig, damit ich dann die Kuchen vorher noch backen kann. Auch was du sonst nötig hast. Man wird mir in Kassel auf dem Bahnhofe doch nichts abnehmen?"

Mit Taschenkontrollen auf dem Bahnhof musste sie allerdings rechnen. In dieser Zeit des Schwarzhandels sollten sie helfen, den illegalen Abfluss von Lebensmitteln vom flachen Land in die Stadt zu unterbinden.

Am 01.04.1919 erhielt Heinrich das Zertifikat, für dessen Erwerb er so viel gelernt hatte. Darin heißt es:

"Nachdem Sie am 22. März 1919 die Prüfung zum Techn. Büroassistenten mit dem Gesamturteil gut bestanden haben, werden sie rückwirkend vom 1. März 1919 ab zum Technischen Büroassistenten ernannt. In der Höhe Ihrer Besoldung tritt eine Änderung nicht ein, jedoch wird sie nunmehr in monatlichen Teilbeträgen im voraus gezahlt werden. Der vorgesetzten Dienstbehörde bleibt das Recht vorbehalten, Ihr Dienstverhältnis mit einmonatiger Kündigung aufzulösen. Auch der unmittelbar vorgesetzte Amtsvorstand ist hierzu befugt."

Ende April 1919 feierten Heinrich und Lisbeth Verlobung. Lisbeth trug einen schlichten dunklen Rock und eine Bluse aus glänzendem Stoff. Um diese schöne, aber alte Bluse etwas modischer zu gestalten, hatte sie den kleinen Kragen mit dem schwarzen Band vom Schneider abtrennen und durch einen großen Spitzenkragen ersetzen lassen. Es war die Zeit der Fliederblüte. Die älteren Herrschaften blieben am Kaffeetisch sitzen, während sich eine kleine Gruppe von jungen Leuten einen Spaziergang im Blütenduft gönnte. Die Herren hatten sich die Fliederblüten an das Revers oder an den Hut gesteckt. Die Damen trugen die Blüten an der Taille, festgesteckt unter dem Rockband. Theresa Wienholt beklagte sich, dass sie die Verlobung ihrer Tochter nicht recht genießen könne, da ihr ältester Sohn Franz immer noch in Kriegsgefangenschaft sei. Abgesehen davon war es ein schöner Tag. Lisbeths Halbschwester hatte ihr ein Hochzeitsgeschenk im Wert von 100 Mark versprochen. Solche Geschenke und Lisbeths Mitgift waren ein wichtiges Startkapital für das junge Paar, denn Heinrich besaß außer seinen geringen Ersparnissen nur das, was er bei der Reichsbahndirektion verdiente.

Die Nachbarn beglückwünschten Lisbeth zu ihrer harmonischen Beziehung und Theresa ließ durch Lisbeth ausrichten, sie sei stolz auf ihren Schwiegersohn. Der kommende Mai hätte für Heinrich und Lisbeth wundervoll werden können, hätten sich die Verhältnisse in ihrem engeren und weiteren Umfeld nicht so verschlechtert.

Wie bereits erwähnt hatte Johanna lange um Heinrichs Bruder Stoppelkamps Josef getrauert. Danach war eine zweite Beziehung an der Untreue ihres Verehrers gescheitert. Abgesehen vom Gefühl der Einsamkeit, von dem die junge Frau geplagt wurde, musste sie sich jetzt um eine Erwerbsmöglichkeit kümmern, denn praktisch war sie eine Witwe ohne Rentenanspruch. Im Mai 1919 begann sie eine hauswirtschaftliche Lehre in einem Kurhotel in Lippspringe. Ihr Arbeitstag begann um 6 Uhr und endete um 20 Uhr; immerhin konnte sie sich in einer langen Mittagspause erholen. Die Lebensmittelversorgung im Kurhotel war, wie sie Lisbeth schreibt „*verhältnismäßig noch gut. […] Mit den Kranken das ist auch gar nicht so schlimm. Den meisten sieht man kaum an, daß sie krank sind. Wir haben hier fünf Herren die können essen wie die Schmiede. Hoffentlich hab ich auch dicke rote Backen, wenn ich wiederkomme.*" Aber dann fährt sie fort: „*Liebe Lisbeth! Könnt ich denn nun wohl nicht ganz glücklich sein? Und doch – oft fühle ich mich ganz einsam u. verlassen. Habe oft in stillen Stunden eine namenlose Sehnsucht, eine Sehnsucht, die keiner mir stillt. – Ich kann oft aus mir selber nicht klug werden.*"

Dass sich Lisbeth solche Worte zu Herzen nahm, lag nicht nur an ihrer individuellen Sensibilität, sondern auch an ihrer katholischen Erziehung. Lisbeth besuchte Bälle, ging ins Theater, schminkte sich und blondierte ihre Haare. Als eine Emanzipation von ihrem katholischen Umfeld ist ein solcher Ausdruck von Lebensfreude allerdings nicht zu bewerten. Vielmehr bewegte sie sich mit ihrer Eitelkeit und ihren Vergnügungen im Rahmen des Erlaubten. Vor den Bällen frisierten sich die Mädchen ihres Freundeskreises gegenseitig und auf ihrem Weg nach Warburg zur Faschingsfeier begegnete sie zahlreichen Nachbarn, die ebenfalls zum Tanzen gingen. Letztendlich feierte man im östlichen Westfalen ebenso gerne wie im Rheinland.

Im Allgemeinen wird die Lebensfreude des katholischen Milieus mit der Bemerkung quittiert: ‚Die können sich alles erlauben – sie können ja hinterher beichten.' So einfach war es aber nicht, zumindest nicht für Lisbeth. Es sei an die religiöse Interpretation des 1. Weltkriegs durch den katholischen Klerus erinnert. Demnach war der Krieg die Strafe Gottes für die Sünden der Menschen. Wie bereits durch die Heimatzeitung von Kaplan Weskamm belegt, war auch Lisbeth mit einer solchen Deutung des Krieges konfrontiert worden. Was geschieht aber mit einem Menschen, dem von Kindesbeinen an Selbstverleugnung und Aufopferung gepredigt wird. Lisbeths Brief vom 17.02.1919 vermittelt einen Eindruck von den Auswirkungen einer solchen Erziehung.

Lisbeth berichtet Heinrich von einer Daseburgerin, der ein schwerer Schicksalsschlag widerfahren war. Lisbeth konnte die Feier eines Namenstags nicht richtig genießen, denn *„es war mir wund und wehe ums Herz. Nun wirst du denken: warum? – Du weißt Anna W. hat wieder ein Verhältnis mit Josef A. Leider haben wir ihn heute Morgen beerdigt und das ganz großartig. Er ist vor 4 Wochen gesund von hier gegangen, unterzieht sich einer Operation und stirbt. Anna W. ist ganz zerstört und das ging mir furchtbar an die Nieren. Da kam es mir ganz sündhaft vor, daß es uns beiden so gut geht und wir einander so lieb haben. Da dachte ich, Gott müßte uns strafen ob unserer Frevelhaftigkeit."*

Lisbeth fühlte sich schuldig in Gegenwart eines Menschen, dem es nicht gut ging und sie hatte Angst vor Gottes Strafe, erfuhr sie von persönlichen Katastrophen, die sich in ihrem Dorf zugetragen hatten. Sie war äußerst bemüht, den Anforderungen der katholischen Glaubenslehre Folge zu leisten, denn in ihrer Vorstellungswelt war ihre Liebesbeziehung ein Geschenk Gottes, das ihr jederzeit wieder genommen werden konnte. Also ging sie häufig zur Beichte, um sich selbst von ihrer vermeintlichen Schuld zu befreien und dann umso wirksamer für Heinrich und für ihren kriegsgefangenen Bruder beten zu können. Der alte Pfarrer Pieper war aber mittlerweile schwerhörig geworden. Von ihm wurde mir erzählt, er hätte in seinen letzten Lebensjahren im Beichtstuhl gesessen, mit einem großen Trichter als Hörhilfe am Ohr. Die männliche Dorfjugend schließlich hätte die missliche Lage des alten Mannes ausgenutzt und ihm während der Beichte anstelle ehrlicher Sündenbekenntnisse irgendeinen Blödsinn erzählt, quasi als Mutprobe. Lisbeth aber brauchte den seelsorgerischen Beistand eines Pfarrers, der verstand, was sie sagte. Also suchte sie die Mönche des Dominikanerklosters in Warburg auf. Es war in Daseburg und wahrscheinlich auch in anderen Dörfern aus dem Umfeld Warburgs üblich, bei den Priestern des Klosters die Beichte abzulegen, z. B. wenn der eigene Dorfpfarrer krank oder verhindert war. Den Bemerkungen Heinrichs in seinen Briefen zufolge, suchte Lisbeth *„die Patres in Warburg"* bemerkenswert häufig auf.

Der Einfluss der Kirche auf Lisbeth wurde jetzt, als sie sich aufmachte Daseburg zu verlassen, nicht weniger, sondern mehr. Sie war fest verankert in der katholischen Glaubenswelt. Bald würde Lisbeth als überzeugte Katholikin im überwiegend protestantischen Kassel leben, und dies innerhalb einer katholischen Gemeinde, deren Mitglieder weitgehend unter sich blieben.

Heinrich wollte möglichst bald heiraten, Lisbeth allerdings erst im Herbst, um dem Hof während des Erntesommers nicht ihre Arbeitskraft zu entziehen. Wahrscheinlich hätte sie sich von Heinrich zu einem früheren Heiratstermin überreden lassen, wenn nicht ihre Mutter erkrankt wäre.

Theresa Wienholt war eine kleine stämmige Frau, die seit dem Tod ihres Mannes den Hof führte. Ihr Domizil war die Küche. Von hier aus teilte sie die Arbeiten ihrer Mägde ein. Darüber hinaus war sie rüstig genug, um einen großen Teil der Verpflichtungen im Haushalt selbst zu übernehmen. Wenn sie erkrankte, fehlte dem Hof die Arbeitskraft einer erfahrenen Landwirtin. Anfang Mai 1919 musste sie für eine Woche das Bett hüten. Vielleicht war sie erkältet, die Briefe geben hierüber keine Auskunft. Das eigentliche Problem, das sie bis in den Juni hinein beschäftigte, waren jedoch Zahnschmerzen, die sie versuchte mit Medikamenten zu bekämpfen, anstatt zum Zahnarzt zu gehen. Die frühen Bohrer der Zahnärzte waren monströse Geräte, die ohne örtliche Betäubung eingesetzt wurden. Zudem war jeder Zahnarztbesuch mit Kosten verbunden. Also schluckte Theresa pulverisierte Schmerzmittel in einem Glas Wasser, anstatt die Ursache ihrer Beschwerden anzugehen. Als keine Besserung eintrat, zog sie sich in ihre Schlafkammer zurück und überließ Lisbeth die Leitung des Haushalts.

Lisbeth war in einer üblen Situation, an der die höhere Arbeitsbelastung den geringeren Anteil hatte. Die Selbstaufopferung Christi vor Augen gestand sie Heinrich, dass sie ihre Mutter jetzt unmöglich verlassen könne um zu heiraten. Heinrich hatte Verständnis für ihre Lage, reagierte aber deutlich enttäuscht, auch wenn seine Drohung, seinen Kummer mit Alkohol zu betäuben, nicht ganz ernst gemeint war: Am 5. Mai 1919 schreibt er ihr: *"Also einige Monate – bedenke mal wie lange das ist. Hast Du kein Mitleid? Jedenfalls muß ich mal wieder einen Trunk übern Durst tun damit mein Schatz wieder glücklich ist."* Heinrich hatte jetzt häufiger Zeit, um Lisbeth an den Wochenenden zu besuchen. Gewöhnlich brachte sie ihn zum Zug, wenn er wieder nach Kassel aufbrechen musste. Jetzt aber kehrte sie auf der Hälfte des Weges um und trat den Rückweg an, weil sie wusste, dass ihre schmerzgeplagte Mutter sie in der Nähe haben wollte.

Der Weg nach Haueda zur Haltestelle für Personenzüge dauerte gut 30 Minuten, zum Bahnhof nach Warburg ging sie mit Heinrich immerhin eine Stunde. Wenn sie ihn am frühen Morgen nach Warburg begleitete, dann bedeutete das für sie, um 4 Uhr aufzustehen und zwei Stunden auf den Beinen zu sein, bevor ihr eigentlicher Arbeitstag begann. Im Mai 1919, nach der Erkrankung ihrer Mutter, gestand sie Heinrich, dass sie auf dem Rückweg von Warburg Furcht empfunden hätte, und das nicht nachts, sondern im Morgengrauen. Noch vor einem Monat war Lisbeth mitten in der Nacht allein auf einer unbeleuchteten Straße von Haueda nach Daseburg gegangen, ohne sich zu beklagen; aber auf einmal hatte sie Angst. Heinrich zeigte kein Verständnis für seine Braut: *„Wovor wurdest Du denn bange? Guck mal gleich in den Spiegel und lache Dich ordentlich aus."*

Die Liebesbriefe geben keinen Hinweis darauf, was sie fürchtete. Im Juli 2011 fragte ich Mathilda, die Nichte meiner Großmutter, ob es an der Wegstrecke zwischen Warburg und Daseburg irgendetwas gegeben haben könnte, wovor Lisbeth Angst haben musste. Mathilda überlegte einen Moment. Dann fing sie an zu erzählen: Ihr Vater, das war Lisbeths Bruder Franz, sei ein Kind gewesen, vielleicht zehn Jahre alt, als er ein schreckliches Erlebnis hatte. Die Landstraße zwischen Daseburg und Warburg war früher von Obstbäumen gesäumt. Das Nutzungsrecht an diesen Obstbäumen wurde jedes Jahr versteigert. In dem Jahr, in dem das Unglück passierte, das Franz miterlebte, nutzte die Familie einige Obstbäume direkt hinter dem Ortsausgang. Ihr Vater sei damals von seiner Mutter zum Birnen Pflücken auf die Landstraße geschickt worden. Begleitet wurde er von einer Magd der Familie.

Vor den Augen von Franz kletterte das junge Mädchen auf einen der Birnbäume; vielleicht verlor es den Halt oder ein Ast brach, jedenfalls stürzte die junge Magd schwer und kam dadurch zu Tode. Auch in der Dorfchronik von Daseburg wird von diesem Unfall berichtet:
„Am 11. October [1899] ereignete sich noch ein Unglücksfall, indem die Tochter von dem Tagelöhner Anton P., die in [Wienholts] Hause diente, beim Birnen abnehmen an der Straße nach Warburg vom Baume auf die Straße fiel. Sie war sofort bewusstlos und starb nach 2 Stunden."

Franz war, als der Unfall passierte elf Jahre, Lisbeth sieben Jahre alt. Ob meine Großmutter ebenfalls Zeugin des Unfalls wurde, weiß Mathilda nicht. Ohnehin ist diese Frage unbedeutend, denn die katholische Glaubenswelt dieser Zeit war ein geeigneter Nährboden für eine ausgeprägte Gespensterfurcht. Zum Kosmos einer Katholikin gehörten damals neben der Dreifaltigkeit nicht nur die Heiligen, die Seligen und die Märtyrer, sondern eben auch die Dämonen und die Unglücklichen, die unerwartet und „sündig" in den Tod gegangen waren. Die Bewusstlose mochte wohl die Sterbesakramente empfangen haben; sie war aber nicht mehr in der Lage gewesen, die Beichte abzulegen. Lisbeth brauchte keine traumatische Erinnerung, um Angst vor solch einem Unglücksort zu entwickeln.

Es genügte das Geräusch eines Astes, der vom Wind bewegt wurde, um sie glauben zu lassen, es wimmere dort eine verlorene Seele.[125]

Es war mitten im Mai – der Wonnemonat aller Verliebten. Lisbeth war seit kurzem verlobt, aber anstatt sich auf ihre Hochzeit zu freuen, rotierte sie wie ein Hamster im Rädchen, gebeutelt von der Arbeit auf dem Hof und zerrissen zwischen der Kindespflicht gegenüber ihrer Mutter und den Anforderungen, die ihr Verlobter geltend machen durfte. Dieser mahnte sie mehr zu essen. Dass sie seit ihrer Masernerkrankung nicht mehr zugenommen hatte, fand sie selber besorgniserregend. Nach der Vorstellung der damaligen Zeit sollte eine Frau, die körperlich schwer arbeitete, über deutlich sichtbare Fettreserven verfügen. Der Arzt, den sie schließlich aufsuchte, erklärte sie jedoch für völlig gesund.

Trotz aller Liebesbeteuerungen in der Korrespondenz zeigen die Briefe auch Dissonanzen zwischen den Verlobten, die in dieser Zeit nicht ausbleiben konnten. Lisbeth vertrat nun die Bäuerin, eine Position, die sie berechtigte, gegenüber ihrer Umgebung gelegentlich einen etwas deutlicheren Tonfall anzuschlagen. Arbeiten, die sie selbst nicht erledigen konnte, delegierte sie auch an Heinrich; z. B. sollte er in Kassel Kostenvoranschläge für Einmachgläser beschaffen. Er legte ihr daraufhin eine längere Preisliste vor, denn die Kosten für die Gläser differierten je nach ihrer Größe und nach ihrer Funktion. In dieser Zeit der Vorratswirtschaft gab es spezielle Gläser für Schmalz, Fleisch, Brühe und Gemüse. Am 19.05.1919 fragt er sie:

„Sag mal Lisbeth, fällt es Dir nicht auf, daß Deine Geschwister, Freundinnen usw. alle der Meinung sind: Du würdest später einmal das Ganze haben, oder wie man wohl sagt die Hose anhaben? Frag Dich mal selbst warum das alle meinen, woraus sie das schließen?"

Damals, im frühen 20. Jahrhundert, galt es als etwas anrüchig, wenn eine Frau ihren Ehemann, für jeden sichtbar, dominierte. Zwar hatten die Frauen auch auf dem flachen Land inzwischen das Wahlrecht, diese Entwicklung war jedoch noch zu jung, um einen direkten Einfluss auf die Kräfteverhältnisse innerhalb der Familien auszuüben. Lisbeth musste um ihren Ruf fürchten und wehrte diesen Vorwurf entschieden ab. Die Bemerkung ihrer Freundin war nicht ernst gemeint, führte sie an: *„Hab Marichen gefragt aus welchem Grunde man das bei mir schließen könne. Da sagte sie: Sie hätte nur einen kleinen Scherz mit Dir treiben wollen und wie sie die Wirkung bei Dir gesehen da hätte sie es bereut."*

---

[125] Gespensterglaube in Daseburg, beschrieben in der: Dorfchronik Daseburg, unveröffentlicht.

Bei allen Differenzen im Mai 1919 erkannte Heinrich, wie sehr seine Verlobte litt, und war in der Regel bemüht sie zu trösten. Die familiäre Situation, in der sie sich befand, war belastend, letztendlich für beide; wesentlich größere Sorgen bereitete ihm aber die innen- sowie außenpolitische Situation, die sich immer weiter verschärfte, und, seiner Ansicht nach, ebenfalls ihre Hochzeit verzögern, vielleicht sogar verhindern konnte.

Volksmission in Daseburg – Krawalle in Kassel

Im Frühjahr 1919 blickte man in Deutschland mit Angst nach Paris. Frankreich hatte ein Interesse daran, die junge deutsche Republik so weit zu entmachten, dass von diesem Nachbarstaat nie wieder eine Gefahr für das eigene Land ausgehen würde. Hinzu kam ein nachvollziehbarer Wunsch nach Rache für die vielen Gefallenen und ein mit Bombentrichtern durchzogenes Land im Bereich der ehemaligen Westfront. Der Versailler Friedensvertrag, aufgesetzt von den Alliierten ohne Mitwirken der Weimarer Republik, erschien den Deutschen unerträglich hart, Frankreich ging er aber nicht weit genug.

Die dramatischen Auseinandersetzungen, die den Versailler Vertrag von seiner Bekanntmachung bis zu seiner Unterzeichnung begleiteten, werden uns später beschäftigen. Vorerst sei Sebastian Haffner zitiert, der den Grundton des Vertrages und die Reaktionen, die er auslöste, kurz aber treffend beschreibt: „Als der Versailler Vertragsentwurf im Mai 1919 bekannt wurde, traf er die Deutschen, und zwar das Volk ebenso wie die Nationalversammlung und die Regierung, wie ein Keulenschlag: Gebietsabtretungen im Osten, Westen und Norden, die als ungeheuer empfunden wurden; fast völlige Entwaffnung, riesige Reparationslasten, keine Kolonien mehr, und im ganzen Ton des Vertrages eine Behandlung Deutschlands nicht wie eines besiegten, aber immer noch zur Staatengemeinschaft gehörenden Kriegsgegners, sondern wie eines Angeklagten, der sein Strafurteil empfing. Die erste Reaktion im Volk, in der Nationalversammlung und in der Regierung war: nicht unterschreiben." [126]

Vielerorts, so auch in Warburg, wurden Petitionsschreiben verfasst, in denen die Regierung aufgefordert wurde, den Versailler Vertrag nicht zu unterschreiben. Die Stadtverordneten von Warburg erhoben in ihrer Petition einen „entrüsteten Einspruch gegen die schmachvollen Bedingungen des uns von den Feinden zugemuteten Gewaltfriedens". Auch die

---

[126] Haffner, Sebastian: Von Bismarck zu Hitler. Ein Rückblick. München 2009, S. 177f.

Bürgerschaft Warburgs forderte einen Vertrag, „der sich mit den Lebensinteressen des Deutschen Volkes vereinbaren lässt."[127] Die Verweigerung der Unterschrift hätte jedoch die Fortsetzung der Kampfhandlungen und den Einmarsch der alliierten Truppen, allen voran der französischen Truppen bedeutet. Das, was die Bevölkerung, nicht nur in Warburg, in einer ersten emotionalen Reaktion anscheinend in Kauf nahm, nämlich die militärische Besetzung, empfand Heinrich jedoch als größtmögliches Missgeschick, das ihm und Lisbeth so kurz vor der Hochzeit widerfahren konnte. Am späten Abend des 2. Juni 1919 saß Heinrich allein in seinem Zimmer und dachte voll Sehnsucht an seine Braut:

„Schade Liebling, daß Du jetzt nicht bei mir sein kannst. Es ist so um 10 Uhr. Vor mir steht das Glas mit den Maiblumen und den Marienblumen. Abgesehen von dem Sausen der Lampe herrscht hier heilige Stille. Da könnten wir so schön in Liebe vereint zusammen sitzen und plaudern oder ich könnte selig an Deinem Busen schlummern. Aber nun sitze ich allein und kann das bloß ausdenken. Du wirst wohl schon im Bett liegen und hoffentlich angenehm träumen. Vielleicht von unserer Zukunft. Hoffentlich kommen die Franzosen nicht hierher und machen uns einen Strich durch unsere Rechnung. Unten vor der Tür höre ich eben eine lustige Gesellschaft auf der Gitarre spielen, Jungen und Mädchen marschieren im Gleichschritt und singen: ‚Das Lieben macht groß Freud.' Es hört sich schön an, nur schade, daß die heutige Zeit gegen Liebende so unbarmherzig ist. Wie schön wäre es, wenn man so ganz sorgenfrei leben könnte – [...] Wenn der Friede unterzeichnet wird, werde ich mich mal um eine Wohnung umsehen, bis jetzt war es noch zwecklos."

Heinrichs Briefe waren mit der Zeit epischer geworden. Er schien Gefallen daran zu finden, seine Überlegungen, Phantasien und alltäglichen Eindrücke zu Papier zu bringen. Im Jahr 1916 hatte er Lisbeth noch gesagt: *„Liebesbriefe kann ich nicht schreiben. Schreibe Du mir aber mal zuerst, dann kann ich es vielleicht."* Wie viel hatte sich seitdem verändert.

Lisbeth antwortete ihm am späten Abend des 4. Juni 1919. Der Arbeitstag, der hinter ihr lag, war sehr anstrengend gewesen. *„Ich habe heute Abend an der Egge"* – das ist ein kleiner Fluss bei Daseburg – *„Wäsche gespült u. alle anderen sind schon in die Federn gekrochen"*, erzählt sie. Seine Angst vor einem französischen Einmarsch teilte sie nicht; das Schicksal ihres Bruders Franz in Russland beschäftigte sie viel mehr:

„Mit den Franzosen rechne ich gar nicht, glaube kaum, daß die uns noch einen Strich durch die Rechnung machen könnten. Habe von Montag auf

---

[127] Fischer, Heinrich; Quick, Fritz; Marré, Wilhelm: Chroniken der Stadt Warburg, hg. v. Strümper, Walter. Warburg [ca. 2002], S. 265f.

Dienstag recht schön geträumt. Aber von meinem Bruder Franz. Er war wieder zurückgekommen. Wenn es nur erst wirklich so wäre. Gestern habe ich in der Zeitung gelesen, daß man in Russland in einem Gefangenenlager 400 erschossen hat. Ein Leutnant hat jeden Mann im ersten Glied erschossen. Trotzdem ich nicht mit Franz seinem Tod rechne, könnte ich doch jenen Menschen in Stücke reißen. Daß ich bei jener Nachricht einige Tränen vergossen habe kannst Du Dir denken."

Über ihre Mutter kann Lisbeth nichts Gutes berichten: *„Leider ist sie noch nicht zum Zahnarzt gewesen, sitzt bis 12 Uhr im Bette u. hält den Kopf."* Während Heinrich eine Neigung für die Poesie entwickelte, werden Lisbeths Briefe immer kürzer. Ihre Schrift ist manchmal fahrig, Korrekturen und Streichungen beeinträchtigen das Schriftbild. Sie, die das Briefeschreiben so genießt, kann nicht mehr auf jeden Liebesbrief von Heinrich so ausführlich eingehen, wie sie es gerne getan hätte: *„Vielen Dank für Deinen lb. Brief. Werde ihn ausführlich mündlich beantworten, da mir es jetzt an Zeit fehlt."* Lisbeth war das sommerliche Arbeitspensum gewohnt, aber im Frühsommer 1919 war der Druck auf dem Hof sehr hoch, sicher auch bedingt durch die Erkrankung ihrer Mutter, die nun als Arbeitskraft ausfiel.

Theresa ging es nicht gut. Lisbeth sah am Beispiel ihrer Mutter, dass ein kranker Zahn, der nicht behandelt wird, die gesamte Verfassung eines Menschen bedrohlich verschlechtern kann. Was blieb ihr anderes übrig, als ihre Mutter auf dem Hof zu vertreten, sie zu pflegen und sie anzuflehen, doch bitte einen Zahnarzt aufzusuchen. Letztendlich war es so, dass Theresas Verhalten Lisbeth zwang, ihre Heiratspläne vorläufig auf Eis zu legen. Lisbeths Mutter hatte während ihrer langen Witwenschaft in ihrer Tochter eine Freundin gefunden. Vielleicht gab es Anteile in ihrer Persönlichkeit, die darauf hinwirkten, Lisbeth dauerhaft an sich zu binden.

Ausgerechnet zu diesem Zeitpunkt, Anfang bis Mitte Juni 1919, als Lisbeth empfänglich war für manchen guten oder auch schlechten Rat, fand in Daseburg eine Volksmission statt. Solche Volksmissionen wurden von den Bischöfen angeregt, die offensichtlich davon ausgingen, dass die seelsorgerischen Bemühungen der Dorfpfarrer nicht ausreichten. Durchgeführt wurden sie von Ordensmönchen, häufig von Jesuiten, im Umfeld von Warburg meistens von Franziskanern. Diese rhetorisch geschulten Patres betrieben ihre Mission durch Vorträge, Gottesdienste und Missionsfeiern mit dem Ziel, die Gemeindemitglieder zu Reue,

Sühne und einem gottesfürchtigen Leben zu bewegen.[128] Die Volksmission in Daseburg war bereits im Februar 1919 durch den Bischof von Paderborn in die Wege geleitet worden. Am 04.02.1919 hatte Pfarrer Pieper vom Bischöflichen Generalvikariat einen Brief erhalten, in dem er gebeten wurde, einer Volksmission zuzustimmen:

„Euer Hochehrwürden bitten wir, baldigst eine Volksmission, möglichst 8 Tage für Männer und Jünglinge und 8 Tage für Frauen und Jungfrauen abhalten zu lassen, nachdem die letzte vor 15 Jahren stattgefunden hat. Die Ortseingesessenen werden es sich zur Ehre anrechnen, den einen oder anderen der Missionare bei sich aufzunehmen und für den Unterhalt sämtlicher Missionare nach Kräften mitzusorgen.

Euer Hochehrwürden werden sich durch die Veranstaltung der Mission wohl etwas Last, aber zugleich süße Freude bereiten. Sie wollen uns in kurzem über Ihren Entschluß berichten."[129]

Die Volksmission wurde also vom Bischof mit Nachdruck angeregt, organisieren musste sie der greise Pfarrer Pieper und finanziert wurde sie von der Dorfgemeinschaft, indem sie Unterkunft und Verpflegung für die Mönche zur Verfügung stellte. Am 14.02.1919 stimmte Pfarrer Pieper schriftlich einer Volksmission in Daseburg zu. Das Bischöfliche Generalvikariat wünschte ihm daraufhin im Schreiben vom 21.02.1919 für sein Vorhaben *„Gottes reichlichsten Segen"* – *„Wir ersuchen sie, nunmehr sogleich mit dem Franziskanerkloster in Verbindung zu treten, damit auch rechtzeitig die nötigen Patres zur Verfügung stehen. Sie dürfen sich dabei darauf berufen, daß uns die Abhaltung der Mission sehr am Herzen liege."*[130] Die Volksmission wurde in Daseburg vom 8. bis zum 15. Juni 1919 durch zwei Franziskanermönche durchgeführt.

Ich fragte ehemalige Daseburgerinnen, ob ihre Eltern ihnen etwas über die damaligen Volksmissionen erzählt hätten. Die Antworten, die ich erhielt, waren sehr kritisch: Die Volksmissionen, so wurde mir erzählt, seien vielen Leuten ein Horror gewesen, da alles an Verfehlungen ans Tageslicht gekommen wäre. Die Frauen wurden aufgefordert, den Männern zu gehorchen, vor allem aber hätte es sich „um's Kinderkriegen" gedreht. Offensichtlich war ein zentrales Thema vor- und außereheliche Sexualität. Heinrich zumindest war in Sorge um seine Braut. Am 10.06.1919, also am dritten Tag der Volksmission in Daseburg schreibt er ihr von Kassel aus:

---

[128] Busch, Norbert: Katholische Frömmigkeit und Moderne. Die Sozial- und Mentalitätsgeschichte des Herz-Jesu-Kultes in Deutschland zwischen Kulturkampf und Erstem Weltkrieg. Gütersloh 1997, S. 149.
[129] Pfarramt Daseburg, unveröffentlicht.
[130] Ebenda.

„*Gern wäre ich besonders in dieser Woche dort dir das Leben zu erleichtern, in Gedanken bin ich es stets, vielleicht ist das schon ein kleiner Trost. Mach deine Sache gut und nimm es nicht allzu tragisch, auch das ist vergänglich, du wirst es überwinden. – Nun denk an meine Liebe; ich möchte dir ja so gern helfen. Du hast nun obendrein ein krankes Mütterchen, aber glaube mir, sie wird auch wieder gesund werden, wir wollen hoffen, daß sie noch mindestens 20 Jahre Großmutter sein wird. Du darfst nicht denken, sie würde vielleicht nicht mehr lange leben.*"

Lisbeth litt jetzt dauerhaft unter einem Gefühl der Schuld, vielleicht, weil ihre Beziehung zu Heinrich, nach dem Urteil der Patres, zu intim war. Vor allem aber hätte sie sich am liebsten in zwei Hälften zerteilt: in eine, die heiratet und eine andere, die ihre Mutter pflegt. In der Kirche und in der Schule war ihr beigebracht worden, dass Selbstaufopferung eine Tugend sei. So sehr sie sich auch bemühte, ihre eigenen Interessen hintanzustellen, sie konnte ihrer Mutter und Heinrich nicht gleichzeitig gerecht werden. Mitte Juni gestand sie ihrem Verlobten, dass sie wieder abgenommen hätte. Heinrich schreibt ihr daraufhin am 16.06.1919: „*Aber Du bist abgespannt von allem Kummer und*", so fährt er grimmig fort, „*von der Kanzel aus hat man Dir auch die innere Ruhe genommen. Da konnte es ja nicht ausbleiben.*" Mit der Kanzel meinte Heinrich sicher die Volksmission, vielleicht aber auch die bereits erwähnten Dominikaner in Warburg, die Lisbeth seelisch betreuten. Dann fährt er fort:

„*Habe heute Nachmittag schon wieder einige Stunden in und an der Fulda gelegen, es war angenehm sich so zu sonnen. Auch sieht es jetzt recht bunt aus das Leben an der Fulda, alles badet im Freien. Wie geht es Dir denn in dieser Woche? Wenn Du den Brief liest, hoffentlich schon wieder besser. Hattest nun zwei saure Wochen, Du bist doch zu bedauern. Wenn Du hier wärest würdest Du über alles leichter hinwegkommen, könntest dich vielmehr schonen und fändest auch sonst Ablenkung. Heute waren so hunderte junger Mädel in der Fulda, alle gut genährt und anscheinend recht glücklich, trotzdem sie wohl mal hungern müssen. Da bin ich manchmal beunruhigt, wenn ich bedenke, daß Du die besten Lebensmittel hast und trotzdem wieder abgenommen hast.*"

Lisbeth beantwortete Heinrichs Brief gleich am darauffolgenden Tag. Den Vorwurf, dass die hoch verehrten Patres ihr Befinden beeinträchtigt hätten, will sie auf keinen Fall hinnehmen: „*Wenn Du aber meinst die Paters hätten mir die Ruhe genommen hast Du Dich sehr geirrt.*" Ihrer Ansicht nach waren die Patres nicht die Ursache ihrer Schuldgefühle, sondern sie gaben ihr den Halt, den sie im Moment mehr denn je brauchte:

„Habe Gott u. den Paters gedankt für den inneren Frieden. Wenn Du gedacht hast, ich wäre sonst innerlich recht glücklich gewesen hast Du Dich geirrt. Es waren nur die Stunden wenn wir zusammen waren. Sonst plagte mich fortgesetzt das Gewissen."

Im selben Brief konnte sie Heinrich mitteilen, dass sie etwas zugenommen hatte und nun 110 Pfd. (55 kg) wiegt, was im Verhältnis zu ihrer Größe nicht wenig war. Heinrich maß 1,65 m. Nach den Fotos zu urteilen, die sie nebeneinanderstehend ablichten, war sie vielleicht 1,55 m. Lisbeth war auch für damalige Verhältnisse klein, allerdings nicht ungewöhnlich klein. Gehen wir davon aus, sie hat sich voll bekleidet nach dem Essen gewogen und reduzieren die 55 kg um ein Kilo, auch dann wäre sie, zumindest nach unseren heutigen Vorstellungen, keineswegs untergewichtig gewesen. Der Streit um das ideale Gewicht war seit ihrer schweren Masernerkrankung ein Dauerthema in der Korrespondenz. Schon vor einigen Monaten hatten Heinrich und sogar Theresa Wienholt Lisbeth unter Druck gesetzt, sie solle ihr Gewicht auf 120 Pfd. erhöhen. Vom 20.03.1919 stammt Lisbeths etwas entnervte Bemerkung: *„Glaube aber sicher, daß wir dann nie heiraten dürfen wenn ich bis dahin 120 Pf wiegen muß."*

Wie bereits erwähnt hatte sich Heinrich am Montag, den 16. Juni 1919 beim Sonnenbaden an der Fulda erholt und auf ein ungetrübtes Badeidyll geschaut. Doch der Schein trog. Am darauffolgenden Wochenende kam es in Kassel zu heftigen Ausschreitungen gegen die dortigen Ladenbesitzer. Hungerunruhen und Krawalle hatte es bereits in anderen Städten gegeben als Folge der Kriegsniederlage und der Entbehrungen. Ein Blitzableiter für die angestaute Wut und die Enttäuschung war in der gesamten Republik schnell gefunden: Vor allem den Juden warf man jetzt vor, als Händler die Preise zu treiben und sich während des Krieges vor dem Dienst an der Front gedrückt zu haben.[131] In Warburg z. B. bildete sich im August 1919 eine Ortsgruppe des Deutschvölkischen Schutz- und Trutzbundes. In einem Ausschnitt aus deren Resolution vom 26.08.1919 heißt es, die „außerordentlich zahlreich erschienenen Frauen und Männer erheben schärfsten Einspruch dagegen, dass im deutschen Reiche eine unverhältnismäßig große Anzahl einflussreicher Stellen von Juden besetzt sind."[132] In Warburg lebten Protestanten, Katholiken und eine jüdische Minderheit. Heinrich und Lisbeth waren zwar in der Nähe von Warburg aufgewachsen, jedoch in einem anderen Umfeld. Im fast rein

---

[131] Wildt, Michael: Volksgemeinschaft als Selbstermächtigung. Gewalt gegen Juden in der deutschen Provinz 1919 bis 1939. Hamburg 2007, S. 69f.
[132] Fischer, Heinrich; Quick, Fritz; Marré, Wilhelm: Chroniken der Stadt Warburg, hg. v. Strümper, Walter. Warburg [ca. 2002], S. 267f.

katholischen Daseburg wohnte eine jüdische Kaufmannsfamilie, es lebten dort aber keine Protestanten.

Es wäre interessant zu wissen, was Heinrich von solchen Anfeindungen hielt. Die Briefe im Nachlass geben hierüber aber nur einen geringen Aufschluss. Einer von zwei nicht allzu aussagekräftigen Hinweisen sei hier der Vollständigkeit halber zitiert. Anfang September 1919 saß Heinrich im Zug von Daseburg nach Kassel in Gedanken an Lisbeth, die er in seinem Brief seinen *„Taugenichts"* nennt, weil er sich zuvor mit ihr gestritten hatte. Mit ihm im Abteil fuhr eine jüdische Familie. Am 04.09.1919 schreibt er an Lisbeth:

„Teile dir mit, daß ich gut angelangt bin. Der Zug war sehr pünktlich und in dem weichen Kissen lag es sich ganz mollig, sodaß ich hätte so richtig über meinen Taugenichts nachdenken können, wenn mich nicht ein kleines Judenkindchen dauernd gestört hätte. Ich bin der Kleinen nicht böse, denn was Angenehmes wollte mir doch nicht einfallen nach unserem ‚innigen Abschiede'."

Was für Ansichten jemand hatte, der im Jahr 1919 in seinem Brief *„kleines Judenkindchen"* schreibt, lässt sich wohl kaum ermitteln. Heinrich mochte dem Kind nicht böse sein, sehr viel mehr lässt sich aus dieser Textstelle nicht herauslesen. Etwas aufschlussreicher ist ein zweiter Hinweis, der im Zusammenhang mit den Ausschreitungen in Kassel am Samstag, dem 21. Juni 1919 steht. Heinrich hielt sich an diesem Tag in Daseburg auf, kehrte aber am darauffolgenden Sonntag nach Kassel zurück und sah dort die zerstörten Geschäfte. Er war also nicht Augenzeuge der Krawalle, sah aber deren Auswirkungen. Die Geschehnisse am Samstag, den 21.06.1919 sollen hier mit Hilfe des „Casseler Tageblatts" rekonstruiert werden. Diese Tageszeitung besetzte im Spektrum der damaligen Presse sozialliberale und liberale Positionen, auch wenn ihre Wortwahl an heutigen Maßstäben gemessen manchmal konservativ klingt.

Am Freitag, den 20. Juni 1919, einen Tag vor den Krawallen, beobachtete ein Journalist des „Casseler Tageblatts" die Verblüffung seiner Leser angesichts der aktuellen Umwälzungen auf der Regierungsebene. Ministerpräsident Philipp Scheidemann (SPD) und die Mehrzahl seiner Minister hatten sich gegen eine Unterzeichnung des Versailler Vertrages ausgesprochen. Überliefert ist die Empörung, mit der Scheidemann den Versailler Vertrag zurückgewiesen hat: *„Welche Hand müsste nicht verdorren, die sich und uns in diese Fesseln legt?"* (wenn sie, diese Hand, unterschreibt und damit die Fesseln, also den Versailler Vertrag, anerkennt). Am 20.06.1919 trat das Kabinett Scheidemann zurück und machte damit den Weg frei für eine neue Regierung, die, so wurde zunächst berichtet, unter dem Sozialdemokraten Hermann Müller gebildet werden sollte. Der unbekannte Journalist berichtet in der Abendausgabe des „Casseler Tageblatts" vom 22.06.1919:

„Schreiber dieser Zeilen hat am Freitagnachmittag mit besonderem Interesse das Publikum beobachtet, das sich vor den Schaukästen des „Casseler Tageblatt" drängte und die Nachricht von der voraussichtlichen Berufung eines Kabinetts Hermann Müller zur Kenntnis nahm. Es waren sehr viele verblüffte Gesichter zu sehen, viele Leser schüttelten sogar den Kopf."

Man muss sich in die Lage der damaligen Bevölkerung hineinversetzen: Diese hatte Jahre des Krieges durchlitten mit allen persönlichen Verlusten und Entbehrungen; der Krieg war verloren gegangen. Die Revolution hatte vieles vom Altbekannten auf den Kopf gestellt. Nun forderten die Sieger des Krieges die Unterschrift unter einen verhassten Vertrag und drohten damit, in wenigen Tagen einzumarschieren, wenn dieser Vertrag nicht unterzeichnet werden würde. In dieser Situation trat das Kabinett zurück, was für die Menschen nichts anderes bedeutete, als in dieser bedrohlichen Stunde keine Regierung mehr zu haben!

Die Bevölkerung von Kassel musste am Wochenende des 21. und 22. Juni 1919 gleich zwei angsteinflößende Ereignisse verkraften: Die Auseinandersetzungen rund um die Unterzeichnung des Versailler Vertrages und die Ausschreitungen in Kassels Innenstadt am Samstag, den 21.06.1919.

Die Krawalle in Kassel entzündeten sich an überhöhten Eierpreisen, beruhten aber offensichtlich auf einem Missverständnis. In der Zeitung war bekannt gegeben worden, dass der Richtwert für den Preis von Eiern auf 65 Pfennig festgesetzt werden sollte, manche Händler verlangten aber das Doppelte. Die Konsumenten erwarteten die sofortige Umsetzung der Richtwerte, in Wirklichkeit waren diese aber noch nicht offiziell eingeführt.

Am Mittag des 21.06.1919 brachen 40 bis 50 Männer, dazu einige Frauen und Kinder, in die Kolonial- und Delikatessläden der Wilhelmsstraße und der Hohenzollernstraße ein, also ganz in der Nähe von Heinrichs Unterkunft. Sie konfiszierten aber dort nicht nur die Eier, sondern stahlen vom Alkohol bis zu Toilettenartikeln alles, was sie transportieren konnten. Dabei wurden die Scheiben eingeschmissen und andere Gewalttaten verübt. Auf einem Zettel, den die Randalierer in einem Laden zurückließen, identifizierten sie sich als „kommunistische Partei Cassel". Die Unruhen scheinen aber von unterschiedlichen Gruppen ausgegangen zu sein. Das „Casseler Tageblatt" spricht von entlassenen Soldaten und Arbeitslosen, die Anstifter der Menge waren, die sich mittlerweile in der

Altstadt und auf dem Friedrichsplatz ansammelte. Nachdem Polizei und Stadtwehr sich vergeblich bemüht hatten, die Ausschreitungen in den Griff zu bekommen, rückte die in Kassel stationierte „Reichswehr" aus: *„Gegen 4 Uhr marschierte ein Kommando 167er in Stärke von etwa 50 Mann mit Stahlhelm und Handgranaten an und stellte vor dem Warenhaus Tietz[133] eine Gruppe von 8 Mann als Schutzposten aus, während der Rest weitermarschierte. Die Menge nahm sofort eine drohende Haltung gegen die Posten ein, drängte sich an sie heran und innerhalb von zwei Minuten waren die 8 Mann entwaffnet und wehrlos. Der Gruppenführer, der einen blinden Warnschuss abgegeben hatte, erhielt einen schweren Kolbenschlag über den Kopf, so daß er bewusstlos zusammenbrach und in das Warenhaus gebracht werden mußte. Die erbeuteten Gewehre wurden an den Bordschwellen zerschlagen und kurz darauf zersplitterten zwei der wertvollen großen Schaufensterscheiben unter den wütenden Streichen der fanatischen Menge."*[134]

Dem Verfasser des Artikels, der zugleich Augenzeuge war, fiel bereits zu diesem Zeitpunkt auf, dass auch die gut gekleideten Schaulustigen mit den Randalierern sympathisierten und denjenigen, die sich um Deeskalation bemühten, *„fortwährend passiven Widerstand entgegensetzten"*. Im Bereich der Unteren Königsstraße hatten sich nach Einschätzung des Journalisten inzwischen mehrere tausend Menschen versammelt, die meisten von ihnen Schaulustige. Neugierig beobachteten sie, wie sich mehrere hundert Personen daran machten, im großen Stil Warenhäuser, einen Uhrenladen und sogar Schuhläden auszurauben. Wieder musste der Verfasser des Artikels feststellen, dass die Grenzen zwischen Randalierern bzw. Einbrechern und Schaulustigen an diesem, wie er schreibt, „Hexensabbat" fließend waren. Manche der Schaulustigen mögen den Plünderungen entsetzt zugesehen haben. Diejenigen aber, die sich an den Ausschreitungen beteiligten, verhielten sich weitgehend enthemmt mit einem offensichtlichen Vergnügen an der raumgreifenden Anarchie.

„Noch toller wurde das Treiben, als man an die Plünderung der riesigen Warenbestände des Kaufhauses Hettlage ging. Hier lagerten u.a. Millionenwerte der Reichsbekleidungsstelle. Ballenweise wurden die Kleiderstoffe von halbwüchsigen Burschen aus den Fenstern auf die Straße geworfen und von gierigen Händen errafft. An den Leitungsdrähten der Straßenbahn hingen große Tuche und Stoffreste, ein Wagen der Linie 5 fuhr mit zwei Unterhosen an der Leitungsstange bis in die Hohenzollernstraße. Weiber und Kinder eilten mit dem Diebesgut davon, am Martinsplatz sah ich drei Männer sich von Kopf bis Fuß völlig neu einkleiden und

---

[133] Ehemals Kaufhof, jetzt GALERIA.
[134] „Casseler Tageblatt", 23.06.1919, Morgenausgabe.

ihre alten Fetzen seelenruhig liegen lassen. Niemand schämte sich, auch einige besser gekleidete Frauen gaben auf Befragen von Passanten keck zu, daß sie eben einige Paar Jacken und Schuhe ‚ohne Bezugsschein' erworben hätten."

Die Krawalle tobten bis in die späten Abendstunden. Ein Angriff auf das Untersuchungsgefängnis am Unterneustädter Kirchplatz konnte abgewehrt werden. Dabei gab es den ersten Toten. Ein großes Problem für Sicherheitskräfte und Militär waren die vielen Schaulustigen, vor allem Frauen und Kinder, die ein effektives Durchgreifen verhinderten. In den späten Nachmittagsstunden wurde über Kassel der Belagerungszustand verhängt, der dem Militär die Befugnis einräumte, weitreichende Maßnahmen zu ergreifen, wie Inhaftierungen, Ausgangssperren, ein Fahrverbot auf den Straßen usw. Insgesamt forderten die Unruhen vier Menschenleben, acht Schwerverletzte und 60 Leichtverletzte.[135]

Der Augenzeuge und Verfasser des Artikels hielt sich mit seiner Meinung über die Aufständischen nicht zurück: „Mob", „Pöbel", „urteilloses Gesindel" und „verbrecherische Elemente" waren die Bezeichnungen, die Eingang in seinen Artikel fanden. Auch der Kasseler Oberbürgermeister Erich Koch (DDP)[136] verurteilte die Vorkommnisse mit deutlichen Worten. Auf der Sitzung der Stadtverordneten vom 23.06.1919 stellte er fest, dass die Bezeichnung „Hungerrevolte" den Kern der Ausschreitungen nicht trifft:

„Indessen sind Lebensmittelgeschäfte – von einzelnen Delikatesswarengeschäften abgesehen – nicht Gegenstand der Begehrlichkeit der Menge gewesen. Auch unsere städtischen Lager und Läden sind unversehrt. Dagegen sind Uhren, wertvolle Stoffe, Teppiche, Nippsachen und Luxusgegenstände jeglicher Art in großem Umfange gestohlen oder in mutwilliger Weise zerstört worden. Die Bezeichnung der Krawalle als Lebensmittelkrawalle oder Hungerrevolten ist demnach irreführend und beschönigend. Die Stadtverwaltung hat keine andere Erklärung für die Vorkommnisse als die gesunkene Moral."[137]

Während sich Kassel im Belagerungszustand befand, hatte der Nachfolger von Philipp Scheidemann, Reichskanzler Gustav Bauer (SPD) ein Kabinett aus Sozialdemokraten, Zentrumspolitikern und Linksliberalen (DDP) gebildet. Am Sonntagnachmittag, den 22. Juni 1919 sprach sich die Nationalversammlung für die eingeschränkte Annahme des Versailler Vertrags aus. Abgelehnt wurde die Auslieferung namhafter Persön-

---

[135] Baum, Thomas: Die SPD in der Kasseler Kommunalpolitik zur Zeit der Weimarer Republik. Göttingen 1998, S. 93.
[136] Später Erich Koch-Weser; DDP = Deutsche Demokratische Partei: linksliberal.
[137] „Casseler Tageblatt", 24.06.1919, Morgenausgabe.

lichkeiten an die Alliierten, z. B. aus der militärischen Spitze. Ebenso abgelehnt wurde die Anerkennung der alleinigen Kriegsschuld Deutschlands. Es herrschte unter den Abgeordneten weitgehende Übereinstimmung, dass diese Forderungen ehrverletzend waren und der Vertrag insgesamt unerfüllbar. Vor allem hinsichtlich der hohen Reparationsabgaben hoffte man auf eine Revision. Das „Casseler Tageblatt" publizierte einen Teil der Gesprächsbeiträge aus den unterschiedlichen Fraktionen in seiner Morgenausgabe vom 23.06.1919. Wie dramatisch die Situation war und wie aufgewühlt die Stimmung der Abgeordneten gewesen ist, zeigt ein Ausschnitt aus der Rede von Reichskanzler Gustav Bauer (SPD):

„Am Montag Abend soll der Krieg aufs neue beginnen, wenn nicht unser Ja gegeben wird. Es soll der Vormarsch beginnen, zu dem jedes Mordinstrument bereit steht gegen ein wehrloses und waffenloses Volk, das nur zwei Gebote kennt: Nach außen wieder gut zu machen und nach innen seine im Zusammenbruch errungene Freiheit auszubauen. In dieser Stunde auf Leben und Tod unter drohendem Einmarsch erhebe ich zum letzenmal in einem freien Deutschland Protest gegen diesen Vertrag der Gewalt und Vernichtung, Protest gegen die Verhöhnung des Selbstbestimmungsrechts, gegen diese Verknechtung des deutschen Volkes, gegen diese neue Bedrohung des Weltfriedens unter der Maske eines Friedensvertrages."

Es ist anzunehmen, dass Heinrich diese damals viel beachtete und häufig abgedruckte Rede in der Zeitung gelesen hat, bevor er am Montag, den 23.06.1919 an Lisbeth schrieb.

Nach einem gemeinsamen Wochenende mit ihr war er am Sonntagabend, den 22.06. auf dem Hauptbahnhof in Kassel eingetroffen. Noch auf dem Bahnhofsgelände musste er seinen Ausweis vorlegen und sich auf Waffen hin durchsuchen lassen. Der Belagerungszustand sah vor, dass niemand unkontrolliert ein- oder ausreisen konnte. Bereits auf seinem Weg nach Hause sah er die Verwüstungen in der Hohenzollernstraße, wo er, wie bereits erwähnt, zur Miete wohnte. Am darauffolgenden Tag, am Montag, den 23.06. arbeitete Heinrich in der Reichsbahndirektion. Dort erfuhr er durch ein Telegramm an die Direktion, dass die Alliierten, damals Vielverband oder Entente genannt, die eingeschränkte Zustimmung der Regierung Bauer abgelehnt hatten, somit eine vollständige Erfüllung des Vertrages forderten. Den Feierabend an diesem Montag verbrachte Heinrich in der Innenstadt, um sich ein Bild von der Zerstörung zu machen. Abends kaufte er sich eine Zeitung, las diese und schrieb Lisbeth anschließend seinen Brief vom 23.06.1919:

„Liebe Lisbeth! Bin gut, wenn auch etwas erregt hier angelangt. Schon in Haueda erzählten mir Bekannte von den Krawallen in Cassel. Man sprach

in Cassel auch, daß es Samstag losgehen sollte, ich hatte das aber nicht ernst genommen, heute konnte ich die zertrümmerten Schaufenster und leeren Läden sehen. Meistens sind es Juden die mitgenommen sind. Alles Nähere findest Du ausführlich in der beigelegten Zeitung."

„Meistens sind es Juden, die mitgenommen sind". Hier, wie an vielen Stellen in den Briefen zeigt sich, dass der damalige Sprachgebrauch mit dem heutigen nicht völlig identisch ist. Statt der Wortverbindung „mitgenommen sein" würde man heute den Ausdruck „betroffen" bzw. „geschädigt sein" benutzen. Heinrich ging also durch die Straßen, sah die zerstörten Schaufensterscheiben und es fiel ihm auf, dass verhältnismäßig viele Juden betroffen waren. Hatte er hinsichtlich des antisemitischen Zeitgeistes ein Problembewusstsein? Das wäre immerhin möglich. Aufschlussreich ist auch seine Bemerkung, dass die Bewohner Kassels mit Krawallen rechneten, dass sogar ein Datum feststand, nämlich der Samstag. Dies widerspricht der damaligen Wahrnehmung, der zufolge die Krawalle spontan entstanden seien[138] und erklärt den Massenauflauf von tausenden Schaulustigen, die auf das, was sie ohnehin erwarteten, schnell reagieren konnten. Weiter schreibt Heinrich:

„Als ich gestern in Cassel auf dem Bahnhof ankam mußte ich mich ausweisen und auf Waffen untersuchen lassen, ich war froh, daß soweit die Ordnung wieder hergestellt war. Die Soldaten mit Stahlhelm, Gewehr und Handgranaten machten einen ganz guten Eindruck, nicht so der Drahtverhau, der hie u. da die Straßen sperrt. Anscheinend herrscht überall wieder Ordnung nachdem der Pöbel seine Taschen gefüllt hat. Verschiedene haben die Rohheit mit ihrem Herzblut bezahlen müssen.

Noch schlimmer als die augenblicklichen Casseler Verhältnisse sehen die Friedensaussichten aus. Heute Nachmittag ist noch ein Telegramm gekommen, nachdem der Vielverband die Unterschriftserklärung in der Form, in der sie das neue Ministerium Bauer geben wollte, abgelehnt hat. Traurige Zukunft! Wir werden auf die Dauer die Ententetruppen vom Einmarsch wohl nicht abhalten können, ob wir unterschreiben oder nicht.

Nun genug von der Schlechtigkeit der Menschen. Wir wollen uns freuen, daß wir uns lieb haben und hoffen, daß ich Dich Samstag in meine Arme nehmen kann. Ich denke mit Schrecken an eine Besetzung, die unsere Trennung unter Umständen für lange Zeit mit sich bringen könnte, sei es durch meine Flucht oder andernfalls durch Internierung. Wie schön könnte die Welt doch sein, wenn dieser Wahn einmal ein Ende hätte, sodaß man einigermaßen anständig leben könnte. Wären wir beide noch 10

---

[138] Baum, Thomas: Die SPD in der Kasseler Kommunalpolitik zur Zeit der Weimarer Republik. Göttingen 1998, S. 93.

Jahre jünger, so bräuchten wir uns noch keine großen Sorgen zu machen, aber so sind wir wirklich alt genug um den Bund fürs Leben zu schließen und nun diese Schwierigkeiten von allen Seiten und vielleicht dauernde Knechtung durch unseren Gegner."[139]

Das Szenario von Einmarsch, Flucht oder Internierung, das Heinrich in seinem Brief entwirft, verbindet man eher mit dem Ende des 2. Weltkrieges, als die Panzerkolonnen der Alliierten einrückten und deutsche Soldaten ihre Uniformen ablegten und versuchten in Zivilkleidung zu fliehen, um dann doch in Kriegsgefangenschaft zu geraten. Allerdings hätte der 1. Weltkrieg ähnlich enden können. Die eingeschränkte Annahme des Versailler Vertrages durch die Nationalversammlung war aus der Sicht der Siegermächte eine Ablehnung und eine solche zog den Einmarsch der Truppen nach sich.

„*Wir werden auf die Dauer die Ententetruppen vom Einmarsch wohl nicht abhalten können, ob wir unterschreiben oder nicht.*" Heinrichs Prognosen waren immer, wenn es sich um die „Tollerei" des Krieges handelte, pessimistisch. Sie waren jedoch nie abwegig, auch in diesem Fall nicht: Bereits der Waffenstillstandsvertrag vom November 1918 hatte die Besetzung des linksrheinischen Gebietes und einiger rechtsrheinischer Brückenköpfe durch die alliierten Truppen festgeschrieben.[140]

Deutlich unkalkulierbarer, aber ebenfalls nicht abwegig, waren Strafbesetzungen, mit denen Deutschland rechnen musste, wenn es nicht die geforderten Reparationsabgaben lieferte. In der jungen Republik herrschte damals die allgemeine und wohl auch berechtigte Meinung, dass Deutschland die Sachleistungen und die hohen Reparationszahlungen niemals würde leisten können. Tatsächlich drangen die Strafbesetzungen durch alliierte Truppen wegen nicht geleisteter Abgaben, vor allem von Kohle, bis nach Frankfurt am Main vor. 1923 marschierten französische und belgische Truppen aus demselben Grund in das Saarland ein. Heinrichs Angst, als Reservist in Kriegsgefangenschaft zu geraten, scheint aus heutiger Sicht übertrieben. Doch der Krieg, so wie er ihn einschätzte, nämlich als „Tollerei" und „Wahn", ließ nicht viel Raum für Optimismus. Ob von Heinrich beabsichtigt oder zufällig, einige Zeilen in seinem Brief mussten Lisbeth klarmachen, dass sie ihren Verlobten womöglich bald aus den Augen verlieren würde, wenn dieser nämlich gezwungen wäre zu fliehen.

Heinrich war sich völlig klar, dass er den Brief an seine Braut nicht mit einem Schreckensszenario ausklingen lassen durfte. Lisbeth war im

---
[139] Wegen der besseren Lesbarkeit wurden Absätze eingefügt.
[140] Kolb, Eberhard: Deutschland 1918-1933. Eine Geschichte der Weimarer Republik. München 2010, S. 13.

Moment selbst sehr belastet, auch unabhängig von der derzeitigen Weltlage. Also versuchte er, seinem Brief wenigstens im letzten Absatz einen positiven Anstrich zu geben. Dabei dachte er an seinen Freund Konrad Böhm und seinen Stiefbruder Tobias nebst Braut, die ebenso wie er eine Familie gründen wollten und somit in derselben Situation waren:

„Du sollst nun aber nicht traurig sein mein Liebling, wir beide wollen uns an unserer Liebe wieder aufrichten, sie wird uns über alles hinweg helfen. Denken wir uns wie Herr Böhm und Braut augenblicklich auf einer Vergnügungstour sind, er wird wenn er die Zeitung liest nicht wenig erstaunt sein, und wie Tobias u. Anna in Kürze Hochzeit feiern wollen, dann brauchen auch wir den Mut nicht verlieren. Dasselbe Schicksal teilen so viele. Will nun schließen, leb wohl meine Liebste und mach Dir keine Sorgen, ich will es auch nicht tun, zu ändern ist an der Sachlage doch nichts. Sei recht herzlich gegrüßt und geküsst von Deinem Dich liebenden Heinrich. Viele Grüße an alle."

Wovon Heinrich zum Zeitpunkt, als er den Brief schrieb, noch nichts wissen konnte, das war die vollständige Annahme des Versailler Friedensvertrags durch die Nationalversammlung, die nach dem ablehnenden Bescheid der Entente in der Nacht von Sonntag auf Montag noch einmal getagt hatte. Wieder veröffentlichte das „Casseler Tageblatt" Ausschnitte aus den Gesprächsbeiträgen in seiner Morgenausgabe vom Dienstag, den 24.06.1919. Die Reden, die in dieser Nacht in Weimar gehalten wurden, bevor man sich zum bedingungslosen Einverständnis durchrang, zeugen von einer geradezu aufgepeitschten Stimmung. Noch einmal sei Reichskanzler Gustav Bauer (SPD) zitiert:

„Zur Knechtung wollen die Feinde auch noch die Verachtung. Jetzt muß die gesamte Welt sehen: Hier wird ein besiegtes Volk an Leib und Seele vergewaltigt wie kein Volk zuvor."

Viele Reden, die an diesem Wochenende in der Nationalversammlung gehalten wurden, zeigen neben allen berechtigten existentiellen Ängsten auch das ausgeprägte Gefühl einer gekränkten Nationalehre. Heinrich war Privatmann und kein Politiker wie Gustav Bauer, auf den eine ganze Nation blickte. Grund genug aufgewühlt zu sein hatte aber auch er, denn sein Bruder, Stoppelkamps Josef, war im Schützengraben gefallen und er selber hatte die Kraft seines rechten Armes eingebüßt. Vor diesem Hintergrund fällt auf, mit welch moderater Sprache er seinen Brief an Lisbeth verfasste. Für die Aufständischen, die in Kassel die Schaufensterscheiben eingeworfen hatten, hegte er ebenso wenige Sympathien wie der Kasseler Oberbürgermeister oder der unbekannte Journalist des „Casseler Tageblatts". Hier findet Heinrich deutliche Worte: *„nachdem der Pöbel seine Tuschen gefüllt hat."* Im Zusammenhang mit den Forderungen des Versailler Vertrags spricht er von der „*Schlechtigkeit der Menschen*". Die drohende Besetzung Deutschlands wird er gemeint haben, als er schrieb: „*vielleicht dauernde Knechtung durch unseren Gegner*". Das Gefühl einer gedemütigten Nationalehre jedoch spielt in diesem Brief wie in sämtlichen Briefen, die von ihm erhalten sind, keine Rolle. Heinrich blickte auf eine Welt, die aus den Fugen geraten war. Was ihm blieb war ein ‚sich Abfinden' und ein Rest Gelassenheit angesichts des Desasters: „*[...] mach Dir keine Sorgen, ich will es auch nicht tun, zu ändern ist an der Sachlage doch nichts.*"

Lisbeth erhielt Heinrichs Brief am Dienstag, den 24.06.1919. Sie antwortete ihm am selben Tag:

„*Lieber Heinrich! Heute morgen traf Dein lb. Brief pünktlich bei mir ein. Danke Dir recht herzlich dafür. – Der Inhalt ist wohl nicht besonders erfreulich. Der Krawall war bereits Montagmorgen bekannt. Die Hauptsache, daß Du von allem nichts gehört und gesehen hast. Wie mögen die Einwohner Kassels aufgeregt gewesen sein. Es wird sich später wohl nicht besonders gut in einer Großstadt wohnen [lassen]. – Nun auf den Frieden zu kommen. Hier glaubt man bestimmt an den Frieden. Wenn dem so ist wie Du schreibst werden die Truppen wohl in den nächsten Tagen anrücken. Was wird denn wohl alles noch aus uns werden? An das was Du mir schreibst mag ich nicht glauben. Die Trennung wäre ja zu hart. Von allen, die man lieb hat, sich wieder trennen, nein, das kann doch nicht sein. Es ist doch hart genug, daß wir Bruder Franz nahezu 5 Jahre nicht gesehen haben. Wie stellst du Dir dann unsere Trennung vor? Möchte schon im voraus weinen, doch nein noch ist es nicht soweit, vielleicht können wir uns doch bald ganz angehören. Habe noch nie so Sehnsucht danach empfunden Dein Weib zu sein wie jetzt da man es uns vielleicht in die weite Ferne rückt. Wenn nur der Samstag erst wieder da wär und ich hörte Deinen Schritt und könnte Dir dann entgegen eilen. Mach Dir aber ja nicht allzu große Sorge um meinetwegen. Es hat mir heute abend noch recht gut geschmeckt, auch haben wir noch ordentlich gelacht. Marichen war hier u. erzählte Hildegard N. hätte einen kleinen Jungen. Ihre Mutter hat zu Frau B. gesagt: Sie wäre gefallen, deshalb wäre er 3 Wochen zu früh gekommen. Glaubst Du solche Märchen? Hätte sie lieber nichts gesagt dann macht sich niemand lustig. Es wird mir dunkel und alle sind schon schlafen. Lebensfreude ist nicht mehr unter den Menschen u. schlafen, arbeiten u. sorgen ist jetzt alles was das Leben bietet. Bei uns beiden fällt doch ab und zu noch ein hellerer Strahl und das ist unsere Liebe. Schatz sind wir trotz allem nicht viel reicher wie die meisten Menschen sind? Nun Schluß, viele herzhafte Grüße u. Küsse von Deiner Dich immer treu liebenden Elisabeth*" (Abb. 10).

Heinrichs Brief bereitete Lisbeth Kummer, aber sein Brief warf sie nicht aus der Bahn, denn sie zweifelte an seinen düsteren Prognosen: *„Hier glaubt man bestimmt an den Frieden"*, d. h. die Daseburger zogen aus den Informationen, die sie erhielten, andere Schlüsse.

Lisbeth las aufmerksam die Zeitung. Aber trotz allen Interesses, das sie an den wichtigen Geschehnissen, die außerhalb von Daseburg stattfanden, hatte, lebte sie doch in ihrer eigenen Dorfwelt. Während in Kassel die Ladenfenster eingeworfen wurden und man in Weimar über das Schicksal der Republik entschied, standen die Daseburgerinnen und Daseburger noch sehr unter dem Einfluss der Volksmission. Die Volksmissionare scheinen ihrem Ruf gerecht geworden zu sein, nämlich rigoros gegen die, wie sie meinten, sittliche Laxheit vorzugehen. Die Daseburgerin, von der Lisbeth erzählt, muss sich unter heftigem Rechtfertigungszwang befunden haben wegen der „zu frühen" Geburt ihres Enkelkindes. *„Hätte sie lieber nichts gesagt dann macht sich niemand lustig"*, kommentierte Lisbeth deren Erklärungsnot. Es ist schon bemerkenswert, dass Klatsch und Tratsch Eingang fanden in diesen sonst so ernsten Brief. Lisbeth war, wie sie 1917 geschrieben hatte, *„ein katholisches Mädchen"* aus Daseburg; ihre Zukunft lag jedoch in Kassel, was ihr angesichts der Krawalle einige Bedenken bereitete: *„Es wird sich später wohl nicht besonders gut in einer Großstadt wohnen [lassen]."*

Lisbeth schickte ihren Brief erst am darauffolgenden Tag ab, und dies nicht ohne ihn durch eine optimistische Zeile zu ergänzen: *„Heute Mittwoch habe ich schon alle Sorgen wieder vergessen. Harre nur Deiner."* Ihre Mutter war inzwischen in Kassel zum Zahnarzt gegangen und offensichtlich dort für kurze Zeit geblieben, um sich zu erholen. *„Mutter haben wir morgen wieder"*, schreibt sie am Ende ihres Briefes. Mit der zu erwartenden Genesung ihrer Mutter war ein großer Teil der Schwierigkeiten, die sie in den letzten Wochen belastet hatten, aus dem Weg geräumt. Allerdings war da noch der gewaltige Eindruck, den die Volksmission bei Lisbeth hinterlassen hatte, ein Eindruck, der für ihre Liebesbeziehung nicht ohne Folgen blieb.

Ein Paar ohne Wohnung

Den Krawallen in Kassel am 21. Juni 1919 folgte deren juristische Aufarbeitung: Wenige Tage nach den Ausschreitungen führte der Ausschuss der geschädigten Geschäftsinhaber einige namhafte Kasseler Bürger durch die ausgeplünderten, verwüsteten Läden und Büroräume. Die Schäden waren weit höher als gedacht und sie zeigten in einigen Fällen ein durchaus planmäßiges Vorgehen. Einer der Plünderer des „Warenhauses Chr. Herjett" in der Marktgasse muss seinen Tatort mit elektrischen Sicherungen in der Tasche betreten haben. Nach Ladenschluss hatte der Geschäftsführer des Warenhauses, der wie viele andere Kasseler Bürger Übergriffe befürchtete, die Elektrosicherungen herausnehmen lassen. Die Plünderungen im Warenhaus erfolgten aber bei strahlender Innenbeleuchtung.[141]

Nicht nur das Warenhaus Chr. Herjett bot ein trostloses Bild. Manche Geschäfte und auch Büroräume waren praktisch leer geräumt, d. h. es wurden nicht nur die Waren gestohlen, sondern sogar die Telefone, die Regale und das Mobiliar. Insgesamt entstand ein Schaden in Millionenhöhe.[142]

In anderen Städten war die Stimmung der Bevölkerung ähnlich aufgeheizt. In Mannheim tobten am 24. Juni 1919 Krawalle. Überdies kündigten französische Offiziere hier ebenso wie in Frankfurt am Main den Einmarsch ihrer Truppen an.[143] Mannheim und Frankfurt blieb schließlich eine Besetzung erspart, zunächst zumindest. Insgesamt glich die junge Republik einem Dampfkessel, auf dem sich Risse zeigen. Teile der seit Jahren Not leidenden Bevölkerung suchten und fanden Ventile für ihre Wut.

Diejenigen, die zu dieser Zeit Regierungsverantwortung besaßen, bemühten sich nach Kräften der Lage Herr zu werden, hatten aber eine Herkulesaufgabe zu bewältigen. Der Versailler Vertrag verpflichtete das ohnehin hoch verschuldete Deutsche Reich zu Reparationszahlungen von 20 Milliarden Goldmark – das sind 7000 Tonnen Gold. Seiner desaströsen Finanznot begegnete der Staat u. a. mit dem Druck von Geldscheinen, d. h. mit der Forcierung der seit den Kriegsjahren vorhandenen Inflation. Gemessen an der Vorkriegszeit sank die Kaufkraft der Mark bis zum Ende des Jahres 1919 auf ein Achtel ihres Wertes. Die Inflation machte das Deutsche Reich für den offiziellen Handel und natürlich auch

---

[141] „Casseler Tageblatt", 25.06.1919, Morgenausgabe.
[142] Baum, Thomas: Die SPD in der Kasseler Kommunalpolitik zur Zeit der Weimarer Republik. Göttingen 1988, S. 94.
[143] „Casseler Tageblatt", 24.06.1919 Morgenausgabe und Abendausgabe.

für den Schwarzmarkt zum Billigland. Ins Ausland verschoben wurden z. B. die im Inland so sehr gebrauchten Lebensmittel. Für einen niederländischen Händler mit seinem vergleichsweise stabilen Gulden waren der Ankauf von deutscher Schmuggelware und anschließend deren Verkauf zurück nach Deutschland durchaus profitabel.[144] Theoretisch konnten Lebensmittel und Dünger nach der lang ersehnten Aufhebung der Seeblockade in größerem Umfang eingeführt werden. Der Import dieser lebenswichtigen Güter erfolgte aber zu den schlechtesten Bedingungen.

Der Bevölkerung fehlte es nach wie vor an fast allem. Große Sorgen bereitete damals der Mangel an Kohlen. Der Versailler Vertrag forderte die Ablieferung großer Mengen von Kohle, obwohl Deutschland durch die ebenfalls im Vertrag festgeschriebenen Gebietsabtretungen dabei war, ein Viertel seiner Kohleförderung zu verlieren.[145] Der Abbau der Kohle in den vorhandenen Gruben verlief nur schleppend, vor allem wegen eines Mangels an Arbeitskräften. An Bewerbern fehlte es inzwischen nicht mehr. Es fehlten jedoch die Baumaterialien, um für die Arbeiter Unterkünfte in ausreichender Anzahl zu schaffen. Von der Kohle hingen die Industrie, die Energieversorgung durch Gas und Strom, der Eisenbahnverkehr und natürlich auch die häuslichen Öfen ab. Die Bevölkerung sah also einem weiteren entbehrungsreichen Winter entgegen.

Die vorhandene Kohle konnte weder der Industrie noch der Bevölkerung zugeführt werden, wenn die Möglichkeiten fehlten, sie in ausreichendem Maße zu befördern. Die Reichsbahn hatte während des Krieges Menschen und Material an die Front transportiert. Inzwischen waren viele Loks und Waggons reparaturbedürftig geworden oder ganz ausgefallen.[146] Zudem hatte die Entente die Abgabe von 5.000 Loks und 150.000 Waggons als Kriegsentschädigung verlangt. Die Eisenbahner verfügten somit nicht mehr über das Material, um einen planmäßigen Transport von Personen und Gütern zu gewährleisten. Seit geraumer Zeit bereits bekamen vor allem die Pendler diese Notlage zu spüren. Heinrich z. B. musste in Haueda oder Warburg bis zu zwei Stunden auf einen Zug warten und es sollte noch schlimmer kommen: Für die Zukunft waren an den Wochenenden gelegentliche Personenzugsperren geplant, um wenigstens die Industrie mit dem Notwendigsten zu versorgen. Möglicherweise wusste es Heinrich noch nicht, aber bald würde er Lisbeth nicht mehr an jedem Wochenende besuchen können.

---

[144] „Volksstimme". Sozialdemokratisches Organ für den Regierungsbezirk Magdeburg, 15.11.1919.
[145] Das Deutsche Reich verlor Oberschlesien mit seinen Kohle- und Erzgruben 1921 durch eine Volksabstimmung.
[146] „Casseler Tageblatt", 17.06.1919 Morgenausgabe, 27.06.1919 Morgenausgabe, 28.06.1919 Morgenausgabe.

Immerhin wurde der Belagerungszustand in Kassel eine Woche nach den Krawallen gemildert.[147] Heinrich hatte das Wochenende vom 28./29. Juni 1919, trotz der langen Wartezeiten auf den Bahnhöfen, bei Lisbeth in Daseburg verbracht. Wieder in Kassel schreibt er ihr am Montag, den 30. Juni 1919:

„Liebe Lisbeth! Bin gestern Abend ohne einen Soldaten zu sehen hier angelangt. Man geht anscheinend nicht mehr allzu strenge vor, hoffentlich wird das auch nicht mehr nötig sein. Es wäre doch nur zu wünschen wenn die Krawalle ein Ende hätten, nicht zuletzt in unserem Interesse. Und Wohnungen müßte es geben, damit wir endlich unser Nest bauen könnten. Die allwöchentliche Fahrt nach Daseburg hat ja ihr Schönes, aber auch ihr Unangenehmes. Es wäre doch besser, ich hätte mein Liebchen hier und könnte mit ihm tun und lassen was ich wollte. Bekomme aber keinen Schrecken,- Du sollst mit zu sagen haben,- Du kennst mich ja."

Obwohl der Druck auf Lisbeth mittlerweile nachgelassen hatte, hastete sie weiter von einer Verpflichtung zur nächsten, ohne Ruhe finden zu können. Der Alltag auf dem Hof war gemessen an der allgemeinen Lage erträglich. Lisbeths ältester Halbbruder Jakob vertrat nach wie vor den Hoferben Franz. Ihre jüngeren Brüder Daniel und Ullrich lebten und arbeiteten zumindest vorübergehend auf dem Hof. Heinrichs Stiefschwester Maria war bei den Wienholts immer noch als Magd angestellt und wahrscheinlich war sie nicht die einzige Hilfskraft der Familie. Sie alle konnte der Hof recht gut ernähren.

Lisbeth futterte reichlich Bohnen und Speck und erwähnte dies auch in einem ihrer Briefe an Heinrich; schließlich sollte er mitbekommen, wie sehr sie sich um eine mollige Figur bemühte. Anfang Juli machten Lisbeth und Maria 10 Gläser Erbsen ein, während die Männer der Familie am nahe gelegenen Dorfteich beschäftigt waren. Diesen Teich hatten die Wienholts seit einigen Jahren gepachtet, um sich mit Fisch zu versorgen.[148] Lisbeths Brüder ließen das Teichwasser in einen schmalen Bach namens Bigge ab. Danach mussten sie den Fisch im modrigen Restwasser nur noch auflesen. Um den fangfrischen Fisch zum Mittagessen hätte sie mancher Städter zur damaligen Zeit beneidet.

Doch auch die Bauern hatten Probleme, nämlich die geringen Einnahmen bedingt durch die nach wie vor bestehende Zwangswirtschaft.[149] Mehr als ärgerlich waren in dieser ohnehin prekären Situation die zu

---

[147] „Casseler Tageblatt", 26.06.1919 Morgenausgabe.
[148] Erwähnt in Lisbeths Brief vom 09.07.1919 an Heinrich, Pachtvertrag angeführt in der Gemeinderechnung, Daseburg von 1917 und 1919, unveröffentlicht.
[149] Strotdrees, Gisbert: Höfe, Bauern, Hungerjahre. Aus der Geschichte der westfälischen Landwirtschaft 1890-1950. Münster-Hiltrup 1998, S. 72f.

erwartenden Vermögensabgaben, die vor allem diejenigen hart trafen, die ihre Vermögenswerte nicht im Ausland parken konnten. Betroffen war insbesondere der Mittelstand, zu dem auch die Bauern gehörten.

Den Bäuerinnen und Bauern genügte ihr Einkommen für die täglichen Ausgaben. Schwierig wurde es bei unvorhersehbaren Ereignissen, denn natürlich widerfuhren den Menschen Krankheiten, Unfälle und Verluste auch unabhängig von Krieg und Nachkriegszeit. Am 09.07.1919 erzählt Lisbeth von der gescheiterten Hochzeitsvorbereitung eines Paares aus Daseburg: Der Bruder der Braut, Josef B., hatte von seinem Arbeitgeber, dem Ziegeleibesitzer Sievers, zwei Pferde für den Brautwagen geborgt. Pferde wurden damals nicht gern verliehen. Der Unfall, der sich am Tag der Hochzeit ereignete, erklärt warum. Beim Einspannen der Pferde vor den Brautwagen schlug das eine mit seinen Hufen aus und zertrümmerte dabei den Brustkorb des anderen Pferdes. Josef B. fühlte sich verantwortlich für den Unfall. Schließlich hatte er sich die Pferde geliehen und sie wahrscheinlich auch eingespannt: *„Josef B. hat heute morgen so gemeint, er könnte sich sein Leben lang quälen, daß er das Pferd bezahlt bekäm."* Die Hochzeit seiner Schwester fand zwar statt, wurde aber nur in kleinem Rahmen gefeiert. Die Stimmung im Dorf war gedämpft. Am 16. Juli 1919 heiratete Heinrichs Stiefbruder Tobias in Daseburg. Mit Rücksicht auf den Unfall wurde laut Lisbeth auch auf dieser Hochzeit nicht getanzt.

Pferde waren damals in der Landwirtschaft wertvolle und unverzichtbare Arbeitstiere. Umso härter war der Verlust eines Pferdes. Am 17. Juli 1919 musste Lisbeth Heinrich berichten: *„Leider ist Ella heute Nacht eingegangen. Wie [die] Stimmung bei uns ist kannst Du Dir denken."* So hoch die Ausgaben für ein Pferd auch waren, ein Ersatz musste beschafft werden. Aber diese Aufgabe übernahmen Lisbeths Brüder.

Nachdem Theresa genesen war, konnte Lisbeth die Zeit bis zur eigenen Hochzeit kaum noch abwarten. Praktisch übernahm sie bereits jetzt die Arbeiten einer verheirateten Hausfrau, indem sie Hemden für Heinrich besorgte und mit der Einrichtung der zukünftigen Wohnung beschäftigt war, auf die sie allerdings noch keinerlei Aussichten hatte. Z. B. suchte sie nach einem Clubsessel als Geschenk zu Heinrichs Namenstag am 16. Juli. Dass sie keinen Clubsessel finden konnte, der eine Anschaffung wert gewesen wäre, war für das Paar derzeit von untergeordneter Bedeutung. Obwohl beide fieberhaft an der Vorbereitung ihres gemeinsamen Haushaltes arbeiteten, kriselte es in der Beziehung – schon wieder – sollte man hinzufügen.

Die zu Beginn ihrer Liebesbeziehung so verschmuste Lisbeth ließ sich nicht mehr küssen. Heinrich litt unter dem abweisenden Verhalten seiner Verlobten seit der Erkrankung von Theresa Wienholt. Zum damaligen

Zeitpunkt hatte er aber Lisbeths Absicht, ihre Hochzeit um Monate zu verschieben, als das weitaus größere Problem empfunden. Im Brief vom 10.06.1919, also zur Zeit der Volksmission, hatte er ihr vor Augen gehalten, wie viel sie versäumte ohne die eheliche Verbindung mit ihm und wie schön die Zeit des gemeinsamen Glücks gewesen wäre: *„Ich schaute dir in die Augen, die ich so häufig geküsst habe."* Jetzt allerdings gab es keinen Grund mehr, ihre Verbindung hinauszuzögern. Weswegen sie sich so abweisend verhielt, blieb ihm ein Rätsel, zumal Lisbeth sich weigerte, ihre Beweggründe zu nennen. Verärgert warf er ihr „Trotz" und „Stolz" vor.

Ein Hinweis auf die Hintergründe von Lisbeths Zurückhaltung gibt vielleicht das Gedenkblättchen in Erinnerung an die Volksmission in Daseburg. Wie bereits erwähnt war ein solches Blättchen zum Einlegen in das Gesangbuch gedacht. Auf der Vorderseite des Gedenkblättchens ist die heilige Familie abgebildet. Der Text auf der Rückseite lautet:

„*Zur Erinnerung an die hl. Mission zu Daseburg,*
gehalten vom 8. bis 15. Juni 1919 durch die hochw. Franziskanerpatres
P. Anicet und P. Cantius Stenz.
Nur **Eines** *ist notwendig:* **Rette deine Seele!**
Willst du deine Seele retten, dann meide die **Todsünde!**
Willst du die Todsünde meiden, so fliehe vor allem
die **freiwillige nächste Gelegenheit zur Todsünde!**
Empfange **oft** *und* **würdig** *(wenigstens einmal im Monate) die* **hl. Sakramente!**
Besuche fleißig auch an Wochentagen die **hl. Messe!**
Bete, besonders des **Morgens** *und des* **Abends** *und zur Zeit der* **Versuchung!**
Denke oft an die **letzten Dinge: Tod, Gericht, Himmel, Hölle!**
Gehe gern den heiligen **Kreuzweg!**
Verehre und liebe die heilige Gottesmutter Maria!
Sei getreu bis in den Tod,
und ich will dir die Krone des Lebens geben.
(Offenb. 2, 10)
Mit kirchlicher Genehmigung
Bonifacius-Druckerei, Paderborn."

Der erste Eindruck dieses Textes ist die drastische Sprache. Die überdeutliche Warnung vor der Todsünde, vor dem Jüngsten Gericht und der Hölle scheint eher für Gewalttäter und Mörder als für eine ländliche Gemeinde gedacht zu sein. Es sei jedoch daran erinnert, dass zu den Todsünden auch der Ehebruch gehörte. Für eine mögliche Erklärung von Lisbeths Verhalten sind insbesondere diese Zeilen aufschlussreich: *„Willst* *du die Todsünde meiden, so fliehe vor allem die **freiwillige nächste Gelegenheit zur Todsünde!***" Lisbeth hatte die Volksmission in Daseburg nicht wie andere Dorfbewohnerinnen „als Horror" empfunden. Immerhin konnte sie sich zugutehalten, Heinrichs Seele gerettet zu haben. Es ist aber durchaus möglich, dass sie, die Mahnungen der Missionare im Hinterkopf, vorsichtiger war als in früheren Zeiten. Voreheliche Sexualität war ihr als überzeugter Katholikin verboten. Vermutlich vermied sie deshalb den körperlichen Kontakt mit Heinrich. Damit glich sie manchem Priester, der seine Gesprächspartnerin nicht direkt anschaut, sondern zu Boden blickt, weil der Zölibat von ihm fordert, nicht nur der „Versuchung", sondern bereits der Gelegenheit zur „Versuchung" auszuweichen.

Lisbeth konnte sich Heinrich offensichtlich nicht mitteilen. Sie war sich wohl bewusst, dass sie ihn in der Vergangenheit häufiger mit religiösen Vorhaltungen konfrontiert hatte, als er bereit war zu dulden. Die Lösung des Problems war, darin waren sich beide einig, eine möglichst baldige Hochzeit.

Am 23. Juli 1919 schreibt sie Heinrich: *„Wir haben meine Aussteuer nun bald fix u. fertig, sorge Du für die Wohnung."* Dann fügt sie noch hinzu: *„Mutter hat dieses Jahr doch eine recht schwere Zeit vor sich. Ella eingegangen, ein anderes wiederkaufen, Vermögensabgabe u. wir wollen heiraten. Sie tut mir doch manchmal leid."* Theresa Wienholt war allerdings nicht zu beneiden. Das neue Steuerpaket von Reichsfinanzminister Erzberger (Zentrum) traf auch die Bauern hart. Hinzu kamen die Kosten für das neue Pferd und die finanzielle Unterstützung ihrer Tochter.

In den folgenden 1½ Monaten bemühte sich Heinrich nach Kräften um eine Wohnung, aber ohne Erfolg. Lisbeth konnte ihm von Daseburg aus wenig helfen, zumal der Erntesommer jetzt ihre gesamte Kraft beanspruchte. 10 Morgen Weizen mussten geerntet werden. *„Das kostet wieder manchen Schweißtropfen"*, schreibt sie ihm am 20.08.1919.

In Kassel bewegte sich die Zahl der Wohnungssuchenden mittlerweile in einem vierstelligen Bereich.[150] Wie hoch der Bedarf an Wohnungen tatsächlich war, lässt sich kaum ermitteln, denn die Aufnahme in die Warteliste der Wohnungsämter war an strenge Kriterien gebunden, wie z. B. Lebensalter oder Familienstand. In Kassel wurden Männer vor ihrem 28. Lebensjahr erst gar nicht auf die Warteliste gesetzt.[151]

---

[150] Baum, Thomas: Die SPD in der Kasseler Kommunalpolitik zur Zeit der Weimarer Republik. Göttingen 1998, S. 58.
[151] Führer, Karl Christian: Mieter, Hausbesitzer, Staat und Wohnungsmarkt. Wohnungsmangel und Wohnungszwangswirtschaft in Deutschland 1914-1960. Stuttgart 1995, S. 312.

Das „Casseler Tageblatt" gibt am 12.10.1919 einige Zahlen zum damaligen Wohnungsmarkt an. Pro Monat verzeichnete das Kasseler Wohnungsamt einen Zugang von 200 Paaren, die eine Wohnung suchten, weil sie heiraten wollten. Mehrere hundert Beamte, die nach Kassel versetzt worden waren, beanspruchten ebenfalls eine Wohnung. Zudem hatte Kassel 600 Flüchtlingsfamilien aus den besetzten Gebieten aufgenommen. Verschärft wurde die Lage durch Versäumnisse der Vergangenheit. Die Sanierung von Kassels Innenstadt hatte sich bisher auf die Bemalung der Fassaden beschränkt, die Innenräume, die ca. 5.000 Haushalte beherbergten, aber völlig vernachlässigt. In sanierungsbedürftigen Dreizimmerwohnungen lebten zwei oder mehr Familien in, so das „Casseler Tageblatt", fürchterlichen Verhältnissen. Immerhin waren 248 Wohnungen in den Kasernen Kassels gebaut worden und 317 in Privatgebäuden. Es gab aber keinen Zweifel daran, dass es an Neubauten fehlte. Hier konnte jedoch in näherer Zukunft keine Abhilfe geschaffen werden, weil sich die Baukosten gemessen an der Vorkriegszeit verfünffacht hatten.[152]

Das Wohnungsamt verwaltete den gravierenden Mangel an Wohnungen so gut wie es möglich war. Das ihm übergeordnete Mieteinigungsamt entschied über die Beschwerden von aufgebrachten Hausbesitzern, deren Eigentum zwangsvermietet werden sollte. Dabei handelte es sich weniger um leer stehende Häuser, sondern vielmehr um größere Wohnungen, die geteilt wurden, damit Familien mit besonderem Bedarf eine Bleibe fanden.[153] Es erstaunt nicht, dass sich viele Wohnungseigentümer gegen eine solche Zwangsvermietung mit Argumenten wehrten, die vom Eigenbedarf bis zur Nervenschwäche der Ehefrau reichten.[154]

Heinrich ließ sich mittlerweile von einem Freund bei der Wohnungssuche helfen und er tauschte sich mit Kollegen aus, die ebenfalls nach einer Wohnung suchten. Die Reihe von Misserfolgen veranlasste ihn zu einem ungewöhnlichen Schritt. Verblüfft las Lisbeth seinen Brief vom 04.09.1919.

„Mein Freund hätte zufällig während meiner Abwesenheit zweimal eine Dreizimmerwohnung in der Mitte der Stadt für mich haben können, aber die Verheirateten kommen immer wieder zuerst. Trotz vieler Mühe hat er nichts erreicht. Kollege Böhm seine Wohnung, die er zum 1.11. gemietet hat ist durch das Wohnungsamt auch noch nicht genehmigt. Ob er sie nun bekommt oder nicht, er will baldmöglichst heiraten. Nach reiflicher Über-

---

[152] Das „Casseler Tageblatt", Sonntag, 12.10.1919 bezieht seine Informationen aus einem Vortrag von Prof. Hans Sautter, gehalten während einer Sitzung des Gewerkschaftskartells in Kassel.
[153] Vgl.: „Casseler Tageblatt", Sonntag, 02.11.1919.
[154] Führer, Karl Christian, a.a.O., S. 321.

legung sind wir beide [er und Kollege Böhm] *der Ansicht, daß das der richtigste Weg ist um bald eine Wohnung zu erhalten. Du müsstest dann die ersten Wochen teilweise zu Hause und bei mir verbringen. Wir haben uns die Flitterwochen schon mal anders gedacht, aber man muß sich der Zeit anpassen."*

Ohne Lisbeths Einverständnis abzuwarten, kümmerte sich Heinrich um die Unterlagen für das Aufgebot. Im selben Brief schreibt er:

„Heute Nachmittag waren wir auf dem Standesamt zur Erkundigung, habe hier aber weiter nichts zu besorgen als eine Bescheinigung vom Meldeamt, daß ich im letzten halben Jahr hier wohnhaft war. Dieselbe mußte ich dort mit vorlegen, ebenso die Geburtsurkunden, die wir dort erhalten. Die Aufenthaltsbescheinigung hole ich morgen und lege sie bei, sei dann bitte so gut und besorge dort das nötige. Vorher überlege aber noch mal mit unserer Mutter, ich bin dafür, daß wir uns möglichst bald trauen lassen."

Lisbeth hatte keine andere Wahl als einzuwilligen, obwohl der Wohnungsmangel sie beide zu Pendlern machte. Mit Heinrich zusammen als verheiratetes Paar in ihrem Elternhaus für eine Zeit zu wohnen, war nicht erstrebenswert, aber erträglich. Mit ihm jedoch die Kammer in der Wohnung seiner Vermieterin teilen zu müssen, war eine unerfreuliche Aussicht wegen des Mangels an Privatsphäre. Doch Heinrich erhöhte den Druck – außerdem, so tröstete er sie, würde der Zustand der Behelfsunterkünfte nicht lange dauern:

„Hätte in dieser Woche schon wieder eine Wohnung haben können wenn ich verheiratet gewesen wäre. Auch war ich heute Morgen fort eine Wohnung zu mieten. Lage, Wohnung und auch der Preis warm ganz nach meinem Geschmack, leider war sie schon wieder anderweitig vermietet. Ich werde mich dadurch aber nicht abschrecken lassen und weiter suchen, und ich glaube nicht, daß wir lange verheiratet sind ohne eigene Wohnung. Das wäre mir auch höchst unangenehm" (07.09.1919).

Theresa willigte ein, das junge Paar bei sich zu beherbergen, allerdings nicht für einen längeren Zeitraum. Lisbeth zeigte Verständnis für die zögerliche Antwort ihrer Mutter: *„Daß denen meine Heirat so nicht besonders gefällt, brauche ich wohl nicht besonders erwähnen. Uns beiden ja auch nicht,"* schreibt sie Heinrich am 09.09.1919.

Lisbeth hatte Heinrichs Vorschlag relativ gelassen aufgenommen. Letztendlich war sie vernünftig genug, um einzusehen, dass alles Hadern mit der augenblicklichen Wohnungsnot nicht weiterhalf. Lediglich gegenüber Emilia Zabel beklagte sie sich am Sonntagabend, den 8. September:

"Nach dem Abendbrot war es dunkel u. weil wir mit Licht sparen müssen habe ich meine Schwiegermutter mal besucht und ihr unser Leid geklagt, daß wir heiraten müssen ohne ein eigenes Heim" (09.09.1919).

Die beiden Verlobten und ihre Mütter einigten sich auf Anfang Oktober als Hochzeitstermin. Derzeit war der Arbeitsdruck auf dem Hof noch immer hoch. Außerdem mussten die Unterlagen für das Aufgebot besorgt werden und die Bekanntgabe des Aufgebots ließ man damals noch eine Zeit lang öffentlich aushängen im Hinblick auf einen möglichen Ehehinderungsgrund.

Der nächste Schritt für Lisbeth war die Verständigung von Pfarrer Pieper. Als sie sich zu ihm auf den Weg machte, war Maria gerade mit dem Kochen der Äpfel beschäftigt, die Lisbeth am Tag zuvor zusammen mit ihrer Mutter gepflückt hatte. Der süße Duft des Obstes begleitete Lisbeth, während sie über die Diele ging vorbei an der Futterküche bis zum Ausgangstor. Es war Anfang September. Es roch nach der eingebrachten Ernte, die in den Scheunen gedroschen wurde. Endlich nach Monaten der Belastung verspürte Lisbeth ein Gefühl der Vorfreude auf ihre Hochzeit.

Ab Mitte September hing das Aufgebot öffentlich aus. Wie eingangs bereits dargestellt hieß Lisbeth laut Kirchenbucheintragung Auguste Elisabeth. Bei der Beantragung der Dokumente für das Aufgebot war offenbar geworden, dass ihr Rufname, nämlich Elisabeth, zivilamtlich nicht verzeichnet war. Amüsiert schreibt ihr Heinrich am 16.09.1919:

"Liebe Auguste! So hängen wir im Kasten. Ich werde von jetzt ab also Auguste sagen. Du hast mich also jahrelang hintergangen und mir den verkehrten Namen gesagt. Wer weiß was Du noch alles auf dem Trapez hast, was Du mir erst später erzählen wirst."

Was Heinrich anschließend berichten musste, war weniger amüsant. Beim Wohnungsamt machte man ihm keinerlei Hoffnungen, vor Abschluss des Jahres noch eine Wohnung zu bekommen. Eine Wohnung müsste er selber suchen und den Mietvertrag genehmigen lassen. Eine Genehmigung wäre für einen Unverheirateten allerdings nicht zu erwarten. Als er die Räumlichkeiten des Wohnungsamtes verließ, war ihm klar, dass sich der Zustand der Behelfsunterkünfte noch weit bis in das nächste Jahr hineinziehen würde.

Heinrich mochte Lisbeth nicht zumuten, monatelang zu pendeln und ihre Wochenenden in der Wohnung seiner Vermieterin zu verbringen. Also entschied er sich schweren Herzens, die Wohnungssituation, so wie sie derzeit war, zu belassen. Lisbeth würde als verheiratete Frau in Daseburg bleiben und er sie an den Wochenenden besuchen. *"Das Hin- und Herlaufen für mich, das bleibt. Denk Dir mal, ich war am Sonntag-Abend noch um 11 Uhr in Haueda und kam um 1 Uhr zu Hause an, müde und zerschlagen. Diesen Winter kommt nun noch die Kälte hinzu"* (16.09.1919). Unter diesen Umständen wünschte er sich auch keine größere Hochzeitsfeier. Dass sich Lisbeths Bruder Franz immer noch in russischer Kriegsgefangenschaft befand, würde als Begründung für eine kleine Feier im engsten Familienkreis genügen: *„Daß Franz immer noch nicht wieder zurück ist, wird auch für die Daseburger Klatschweiber Grund genug sein, weshalb wir nicht feiern",* schreibt er ihr am 16.09.1919, wohl wissend, dass auch seine Verlobte in dieser Situation keinen Wert auf eine größere Hochzeitsfeier legte.

Nach einiger Überlegung kamen Heinrich und Lisbeth zu dem Entschluss, sich in Kassel in der St. Familia kirchlich trauen zu lassen. So gingen sie allem Trubel aus dem Wege. Ohnehin war es nicht sicher, ob Pastor Pieper sie würde trauen können. Der betagte Pfarrer ließ sich jetzt immer häufiger von seinem jungen Kaplan vertreten.

Nach Absprache mit dem Pfarrer der Gemeinde St. Familia in Kassel legten sie den Hochzeitstermin auf den 08.10.1919 fest. Jetzt mussten 30 Hochzeitsanzeigen verschickt werden; vor ihrer Verlobungsfeier waren es noch 50 Anzeigen gewesen. Heinrich bat seine Vermieterin um die Verköstigung seiner Gäste. Vor einem Jahr war er innerhalb der Hohenzollernstraße umgezogen. Er wohnte im 4. Obergeschoss, und zwar in der Wohnung der Witwe Minna H., die laut Adressbuch in der Wilhelmsstraße einen Reformladen besaß. Frau H. sagte zu. Auf die Bitte Lisbeths hin besorgte sie auch den Wein für die Hochzeitsfeier.

Während Heinrich die notwendigen Absprachen mit seiner Vermieterin traf, kümmerte sich Lisbeth um ihre Hochzeitsgarderobe. Mit Theresa Wienholt und Johanna ging sie nach Warburg, um sich einen neuen Hut für die standesamtliche Trauung zu kaufen. Einige Tage vor ihrer Hochzeit sah sich Lisbeth zum ersten Mal in ihrem Hochzeitskleid. Die Mode hatte die Röcke kürzer werden lassen. Lisbeths Hochzeitskleid bedeckte großzügig ihre Waden, der Rock reichte aber nicht mehr bis zu den Füßen. Bei der Anprobe des weißen Hochzeitskleides fielen nicht nur lobende Worte. Der weiße Schleier stand ihr nicht sonderlich. Der Kranz säße zu tief im Gesicht, meinte Theresa. Dieses Problem konnte schnell behoben werden, aber es gab noch mehr zu tun.

Während Lisbeth in Daseburg sicherstellen musste, dass genügend Schnaps für den Polterabend zur Verfügung stand, bemühte sich Heinrich in Kassel um einen Wagen, der die kleine Hochzeitsgesellschaft bis zur Kirche fahren sollte. Seinen Brief vom 30.09.1919 beendet er mit den Worten: *"Heute habe ich zum letzten mal Fräulein geschrieben."*

Die standesamtliche Trauung von Heinrich und Lisbeth fand am 5. Oktober 1919 in Daseburg statt. Zwei Tage später, am Abend vor der kirchlichen Trauung, wurde vor dem Wienholtschen Haus reichlich altes Geschirr zerschlagen. Lisbeth nahm die Glückwünsche entgegen und verteilte mit Schnaps gefüllte Gläser an die Gratulanten. Dann war es endlich soweit: Am Mittwoch, den 8. Oktober 1919 standen Heinrich und Lisbeth in Kassel vor dem Traualtar, in Lisbeths Nähe Johanna, die ihr in der Kirche als Brautjungfer folgte. Nach der Trauung nahm die Hochzeitsgesellschaft im Wohnzimmer von Heinrichs Vermieterin Platz, wo ein Imbiss oder Kaffee und Kuchen bereitstand.

Es werden etwa zehn Personen gewesen sein, die am gedeckten Tisch saßen: Theresa Wienholt mit ihren Söhnen und Emilia Zabel – vielleicht mit ihren fünf Kindern aus zweiter Ehe. Sicher ist dies aber nicht, denn die drei jüngsten Halbgeschwister von Heinrich waren noch im schulpflichtigen Alter.

Auch die erwachsenen Geschwister des Brautpaares konnten Daseburg nicht ohne weiteres verlassen, um einen Tag in Kassel zu verbringen. Lisbeths Halbbruder Jakob, „der Lange", blieb auf dem Hof, um die Tiere zu versorgen. Ohnehin fühlte er sich bei seiner Arbeit wohler als auf einer Hochzeitsfeier in Kassel. Heinrichs Stiefschwester Maria Zabel hingegen hätte gerne an der Feier teilgenommen. Als Magd bzw. Angestellte der Familie Wienholt musste sie jedoch auf dem Hof ihrer Arbeitgeber bleiben. Aber dadurch, dass Jakob und Maria Haus und Hof in Daseburg hüteten, waren Lisbeths Brüder Daniel und Ullrich abkömmlich. Vielleicht hat Daniel eine Tischrede gehalten. Gewöhnlich wurden solche Reden mit der Aufforderung beendet, nun das Weinglas zu erheben, um auf das Wohl des Brautpaares zu trinken. Den Gesprächsstoff während der Feier kann man sich denken: Der Zustand der Republik und der Ärger mit der Zwangswirtschaft werden zumindest kurz angesprochen worden sein, aber man war ja zusammengekommen, um zu feiern, und eigentlich konnte es nur besser werden, auch mit der Republik und der wirtschaftlichen Lage.

Am Abend brachte Heinrich die Hochzeitsgäste zum Bahnhof, darunter auch Lisbeths Familie. Zusammen mit ihren Söhnen saß Theresa im Zug. Am nächsten Tag störte ein Hauch von Wehmut ihre Erinnerung an die eigentlich gelungene Hochzeitsfeier in Kassel. Ihr ältester Sohn war nach wie vor in russischer Gefangenschaft und ihre einzige Tochter würde sie in Zukunft sehr vermissen.

Heinrichs Stiefschwester Maria war, wie bereits erwähnt, auf dem Hof zurückgeblieben. Sie hatte im Haus gearbeitet, die Kühe gemolken und sicher auch die Scherben vom Polterabend zusammengekehrt. Einen Tag nach der Hochzeit am 09.10.1919 schreibt sie an die frisch Verheirateten nach Kassel:

„Mein glückliches Ehepaar! Zunächst gratuliere ich nochmals recht herzlich zu Eurer Hochzeit und wünsche von ganzem Herzen viel Glück u. Segen im Ehestande. Bedaure sehr, daß ich nicht in Eurer Nähe sein konnte, und Euch Glücklichen in dem Brautgewande sah. [...] Gestern habe ich immer an Cassel denken müssen. Es war mir noch nie so einsam als gestern morgen, als alles fort war. Hier war das reinste Sodoma u. Gomora. Wenn es an den Scherben liegt, bekommt das liebe Frauchen Glück über Glück. Ich freue mich, daß Ihr noch mal wiederkommt, dann kann ich Dich als Frau Müller begrüßen."

Theresa fügte dem Brief einige Zeilen hinzu. Sie hätte die Bahnfahrt am gestrigen Abend von Kassel nach Haueda genossen, erzählt sie. Auch wäre gestern am späten Abend eine Nachbarin vorbeigekommen, die für ihren Humor bekannt war. So recht hätte sie aber nicht fröhlich sein können: „Du weißt wohl am besten Lisbeth, wie wir beiden uns zusammen Freud und Leid geteilt haben und jetzt müssen wir uns scheiden. Meine Stütze", sie meint Lisbeth, „ist weg und meine Kräfte sind bald aufgerieben, aber doch ist es gut, daß Du gut versorgt bist."

Als der Brief in Kassel eintraf, saßen Heinrich und Lisbeth längst im Zug auf dem Weg in die Flitterwochen, allerdings nur für zehn Tage. Ihr Reiseziel bleibt in den Briefen unerwähnt. Es könnte Altona gewesen sein. Heinrichs Schulfreund Wilhelm Dieck arbeitete dort in der Königlichen Telegrafen-Werkstatt der Eisenbahn. Später besuchten sich die Familien Dieck und Müller gegenseitig. Altona gehörte damals noch nicht zu Hamburg, sondern war eine preußische Stadt an der Elbe. Dort könnten die beiden Hand in Hand am Elbufer gestanden und den Schiffen nachgesehen haben. Doch dies ist nur eine Vermutung. Wo auch immer sie gewesen sind, Lisbeth erwähnt in einem späteren Brief, dass ihre Flitterwochen wunderschön waren.

Nach ihrer Hochzeitsreise führte das Ehepaar in Daseburg im Haus von Lisbeths Familie gezwungenermaßen eine Wochenendbeziehung. Dass Heinrich und Lisbeth einander an den Wochentagen entbehren mussten, führte letztendlich zur Fortsetzung ihrer Korrespondenz. Die Liebesbriefe der frisch Vermählten zeigen deren Glück auf eine diskrete Art. Er nannte sie sein *„liebes Mäuschen"*; sie grüßte ihn mit: *„Nehme einen recht langen feuchten innigen Kuss, Deine Elisabeth"*. Einige Briefe enthalten Andeutungen, dass die gemeinsamen Nächte an den Wochenenden kurz waren, und dies nicht nur, weil beide an den Montagen um 4 Uhr aufstehen mussten. Lisbeth gab ihre Zurückhaltung auf. Manche kurze Nacht ging auch auf ihre Initiative zurück. Nach dem ersten gemeinsamen Wochenende als Ehepaar im Haus ihrer Mutter schreibt sie Heinrich nach Kassel:

"Wie gern möchte ich so ganz ungestört mit meinen Gedanken bei Dir lieber Mann sein. Danke Dir von ganzem Herzen für Deine lieben Zeilen. Daß Du erst müde warst konnte ich mir denken, denn mir ging es genau so. Habe am Dienstag-Morgen auch 1 Stunde länger geschlafen. Werde Dich in Zukunft schonen. Nun möchtest Du wissen wie es mir zu Mute ist. Wie Du am Montag-Morgen Abschied genommen hattest, mir ganz leise eine Träne von der Wange lief" (22.10.1919).

Die Verlobungszeit von Heinrich und Lisbeth hatte über drei Jahre gedauert und fast wäre ihre Verbindung an ihren unterschiedlichen religiösen Anschauungen gescheitert. Bemerkenswert ist, dass die Liebesbriefe, die beide einander nach ihrer Hochzeit schreiben, keinerlei Hinweise auf einen Streit zeigen, obwohl die Behelfssituation, in der sich das Ehepaar befand, genügend Anlass dazu gegeben hätte. Die beiden hatten endlich zueinander gefunden.

3. Teil: Familie Heinrich und Elisabeth Müller

Von Eheglück, Kartoffelmangel und Personenzugsperren

Heinrich und Lisbeths Ehe war glücklich, obwohl sie in den ersten Monaten pro Woche nur 1 ½ Tage und zwei Nächte miteinander verbrachten. Die Briefe, die Heinrich seiner Frau aus Kassel schrieb, waren voller zärtlicher Neckereien und zeigen einen unerschütterlichen Optimismus. Mochten die Zeiten auch unsicher sein, bis jetzt hinderte ihn noch keine Personenzugsperre daran, Lisbeth jedes Wochenende zu besuchen. Die langen Wartezeiten auf den Bahnhöfen nahm Heinrich in Kauf. Wenn Lisbeth ihn früh morgens nach Warburg oder Haueda brachte und eine Weile mit ihm zusammen auf dem Bahnsteig wartete, so gewann er alles in allem mindestens eine weitere volle Stunde, die er mit ihr verbringen durfte. Das Zusammenleben mit Lisbeth, auch wenn es zeitlich begrenzt war, ließ anscheinend alle anderen Widrigkeiten der damaligen Zeit erträglich werden.

Lisbeth genoss die gemeinsamen Wochenenden mit ihrem Mann, vermisste ihn aber an den Werktagen, und das, obwohl sie ebenso wie Heinrich ausgelastet war. Sie arbeitete wie gewohnt auf dem Wienholtschen Hof und kümmerte sich mit dem merkantilen Sinn, den sie als Gehilfin der Bäuerin entwickelt hatte, auch um Geschäftliches.

Vor dem Hintergrund der damaligen Zwangswirtschaft war die rentable Bewirtschaftung eines Bauernhofs allerdings ein schwieriges Unterfangen. Entsprechend laut waren die Klagen der Bauern über zu hohe Steuern und zu geringe Einnahmen.[155] Während die Vertreter der Landwirte die Fortsetzung der Zwangswirtschaft in aller Offenheit bekämpften, versuchten die Bauern selbst die Verordnungen heimlich zu umgehen, indem sie ihre Produkte auf dem Schwarzmarkt verkauften, anstatt sie den staatlichen Stellen abzugeben. Man kann davon ausgehen, dass sich die meisten Bauern in dieser Weise verhielten. Zu Beginn des Krieges waren auch die Landwirte durchaus gewillt, vorübergehende Einschränkungen zu akzeptieren als Dienst für das Gemeinwohl; fast 1 ½ Jahre nach Kriegsende und Revolution hatte sich diese Solidarität jedoch deutlich vermindert.[156]

Solche problembeladenen Themen werden an den Wochenenden, die das junge Ehepaar miteinander in Daseburg verbrachte, ebenfalls angesprochen worden sein. Die nüchterne Materie der Existenzsicherung

---

[155] Theine, Burkhard: Westfälische Landwirtschaft in der Weimarer Republik. Ökonomische Lage, Produktionsformen und Interessenpolitik. Paderborn 1991, S. 40.
[156] Theine, Burkhard, a.a.O., S. 109f., 205ff. Vgl.: Gessner, Dieter: Agrarverbände in der Weimarer Republik. Wirtschaftliche und soziale Voraussetzungen agrarkonservativer Politik vor 1933. Düsseldorf 1976, S. 19.

dominierte aber nicht das Gespräch in der Familie Wienholt. Wann immer sich die Gelegenheit bot, scherzte man miteinander. Eine humorbegabte Nachbarin, von denen die Wienholts häufig besucht wurden, gab jedes Mal, wenn sie in der Runde saß, Anlass zur Heiterkeit. Heinrich und Lisbeth standen dann in der Küche und lachten mit der Familie, bevor sie das Haus verließen, um Heinrichs Mutter Emilia zu besuchen. Was sie sich nicht erlaubt haben werden, das war der Austausch von Zärtlichkeiten in aller Öffentlichkeit. Für die eheliche Intimität hatte man die gemeinsamen Nächte, für die zurückgezogene Zweisamkeit am Sonntagnachmittag die Spaziergänge im Tannenwäldchen.

Nur irgendwann musste das junge Paar auch Geschäftliches miteinander besprechen. Da sie einander an den Werktagen nicht sahen und ihre Wochenenden in ungetrübter Harmonie verbringen wollten, kam hierfür nur die Korrespondenz in Frage. Auf diese Weise fand die Beschreibung eines langwierigen und am Ende gescheiterten Handels Eingang in die Liebesbriefe. Genauer gesagt, war es ein Handel mit Kartoffeln, dessen Anfänge in die Zeit kurz vor der Hochzeit meiner Großeltern zurückreichten:

Als Heinrich seine Vermieterin um die Verköstigung der Hochzeitsgäste gebeten hatte, war diese schnell einverstanden gewesen, wahrscheinlich, weil sie gehofft hatte, über Heinrich an eine größere Menge Kartoffeln zu gelangen. Dieser schreibt am 30.09.1919 an Lisbeth:

„Meine Wirtin wird für die Tage tun was sie kann. Sie sagt, daß alles erledigt werden kann. Aber um eines bittet sie und zwar um den Jahresbedarf Kartoffeln rd. 17-18 Zentner, die ihr auf ihre Karten zustehen. Sie kann sie nirgends bekommen. Ich habe sie ihr schon so quasi zugesagt. Euch kann es ja egal bleiben wovon Ihr Euer Geld bekommt."

Die Menge von 17-18 Zentnern Kartoffeln für den Jahresbedarf einer Witwe kommt einem zu Recht gewaltig vor. Es handelte sich hier aber um die Sammelbestellung einiger Frauen, die in der Korrespondenz nur als „die Damen" bezeichnet werden. Jedem Erwachsenen stand zur damaligen Zeit eine Wochenration von 7 Pfund Kartoffeln zu, die gegen Vorlage der Bezugskarte im Lebensmittelladen gekauft werden konnte. Dies ist durchaus nicht viel, wenn man bedenkt, dass manche Wochenration, die den Menschen zugestanden wurde, nicht sehr viel mehr als Kartoffeln, Graupen, Mehl, Eier und Marmelade auf Rübenbasis vorsah.[157] Umgerechnet auf ein ganzes Jahr hatte die Witwe also ein Anrecht auf

---

[157] Wochenration im Juli 1919: „Casseler Tageblatt", 20.07.1919 und 27.07.1919, Sonntagausgabe. Vgl.: Roerkohl, Anne: Hungerblockade und Heimatfront. Die kommunale Lebensmittelversorgung in Westfalen während des Ersten Weltkrieges. Stuttgart 1991, S. 224.

den Erwerb von 3,64 Zentnern Kartoffeln, allein für den Eigenbedarf. Gesetzt den Fall, es hätten sich fünf „Damen" für die Sammelbestellung zusammengefunden, sie hätten 18,2 Zentner Kartoffeln beanspruchen dürfen, allerdings nicht alles auf einmal, sondern verteilt auf ein ganzes Jahr. Die Wenigsten hielten sich jedoch damals an die kaum noch überschaubaren Verordnungen.

Der aktuelle Anlass für die Anfrage von Heinrichs Vermieterin war ein akuter Mangel an Kartoffeln. Bedingt durch Missernten waren die Frühkartoffeln so rar, dass auf die Kartoffelkarten in der 37. Kalenderwoche anstelle der Knollenfrucht 700 gr. Brot ausgegeben wurde.[158] 17 bis 18 Zentner Kartoffeln waren in der damaligen Zeit kaum zu beschaffen, außer man verfügte über Beziehungen zu ländlichen Erzeugern. Am 02.10.1919, kurz vor ihrer Hochzeit, hatte Lisbeth an Heinrich geschrieben:

„Habe mit Jakob Rücksprache genommen wegen der Kartoffeln. Leider liefert der Kreis wie Du vermutest nicht in eine andere Provinz u. in diesem Jahre ist es besonders schwierig, da die Bahn keinen Frachtbrief annimmt, der nicht vom Landratsamt geschrieben ist. Das bezieht sich allerdings nur auf Kartoffeln. Kannst Dir denken, daß wir gern bereit wären auch ohne Bezugschein. Wer wird uns aber den Frachtbrief in Haueda durchs Landratsamt besorgen?"

Lisbeths Familie war in der Lage die 17 bis 18 Zentner Kartoffeln zu liefern, aber nicht Anfang Oktober. Erst am 22.10.1919 schreibt die inzwischen verheiratete Lisbeth ihrem Mann: *„Die Kartoffeln gehen wahrscheinlich Morgen ab. Es ging mit dem besten Willen nicht früher."* Lisbeth irrte sich. Die Kartoffeln blieben vorerst in Daseburg.

Heinrichs und Lisbeths Kartoffelhandel entwickelte sich in der Folge zur fast endlosen Geschichte. Es ist aber notwendig, deren Verlauf genauer anzuschauen, denn der Schlüssel zum Verständnis liegt auch hier, wie so häufig, im Detail.

Mitte Oktober hatte sich die Versorgung der Bevölkerung mit Kartoffeln nochmals verschlechtert. Am 25.10.1919 veröffentlichte das „Casseler Tageblatt" in seiner Morgenausgabe eine Mitteilung des Nachrichtenamtes der Stadt Kassel. Da die Kartoffelzufuhren in den letzten Tagen gänzlich ausgesetzt hätten, sähe sich die Stadtverwaltung gezwungen, die von der Reichskartoffelstelle festgesetzte Kopfration von 7 Pfund pro Woche auf 5 Pfund herabzusetzen. Vor dem Hintergrund der aktuellen Schwierigkeiten, auch bei der Ausgabe der Bezugscheine, war es der

---

[158] „Casseler Tageblatt", 11.09.1919 Abendausgabe.

Bevölkerung gestattet, sich direkt an die ländlichen Produzenten zu wenden. Anträge für den Bezug von Kartoffeln direkt vom Landwirt würden, so das Nachrichtenamt, in der Geschäftsstelle für die städtische Kartoffelversorgung im Kasseler Rathaus angenommen werden.

Um den Engpässen bei der Kartoffelversorgung entgegenzuwirken, hatte man sich also zu einer zeitlich begrenzten Ausnahmeregelung durchgerungen. Vermutlich standen anschließend die Kasseler Bürger im Rathaus Schlange, um die Anträge auf Direktbezug zu ergattern. Die entsprechenden Unterlagen boten jedoch keine Garantie, die benötigten Kartoffeln tatsächlich auch zu erhalten, denn gleichzeitig hatten die Behörden die Verfrachtung von Kartoffeln durch bürokratische Hindernisse erschwert. Überspitzt formuliert bedeutete dies: man durfte die Kartoffeln beim Bauern kaufen, sie aber nur in geringen Mengen in die Stadt transportieren.

Unterdessen traf Lisbeths ältester Bruder Jakob alle Vorbereitungen für den Kartoffelhandel mit den Damen aus Kassel. Für den Transport der Kartoffeln per Bahn benötigte er einen Frachtbrief, der vom hessischen Landratsamt in Hofgeismar ausgestellt und abgestempelt werden musste. Es würde allerdings schwierig werden, den benötigten Stempel auf dem Frachtbrief zu erhalten. Hofgeismar lag nur eine Wegstunde entfernt von Daseburg, aber nicht in Westfalen, sondern in Hessen. Nach den Verordnungen der Zwangswirtschaft hätte Jakob den größten Teil seiner Kartoffelernte im Kreis Warburg/Westfalen abliefern müssen. Der freie Handel mit Kasseler Bürgern wäre nichts anderes als ein Verschieben von Ware gewesen, außer der Staat hätte angesichts der akuten Not eine Ausnahmeregelung vorgesehen. In Haueda erfuhr Jakob aber, dass es eine solche Ausnahmeregelung nicht gab. Lisbeth musste ihrem Heinrich bezüglich der Kartoffellieferung schließlich eine Absage erteilen.

Heinrich jedoch stand mittlerweile unter einem gewissen Erfolgsdruck. Es hatte sich in seinem Büro herumgesprochen, dass über ihn Kartoffeln bezogen werden konnten. Mindestens ein Kollege bat ihn jetzt um Aufnahme in die Liste der Sammelbestellung. Heinrich versuchte zu helfen so gut er es konnte. Er schickte Lisbeth in seinem Brief vom 29.10.1919 ein oder vielleicht auch mehrere Dokumente, darunter auf jeden Fall ein Bezugsschein:

„Du schreibst mir gar nichts von den Kartoffeln und mir kam das den Samstag so unglaublich vor, daß man keine Kartoffeln verladen könnte. Deshalb bin ich eben noch mal zur Direktion gewesen und hab die Güterabfertigung angerufen. Die teilten mir mit, daß zwar Stückgutsparen sei, aber selbstverständlich nicht für Lebensmittel. Die Kartoffeln können auf dem Frachtbrief hier in Liebenau aufgegeben werden. Zur Vorsicht bitte

ich aber den Bezugsschein mitzunehmen und die Kartoffeln möglichst bald abzuschicken; falls Ihr die Kartoffeln diese Woche noch fortbringt, bitte ich um Nachricht, wenn sie angekommen sind."

Lisbeth hatte sich in der Zwischenzeit sehr bemüht, den Handel doch noch zustande kommen zu lassen. Sie bat einen Bekannten, möglicherweise einen Landwirt aus dem Hessischen, in ihrem Auftrag einen Frachtbrief in Hofgeismar ausfüllen und abstempeln zu lassen. Dieser Herr, im Brief Herr Egel genannt, legte ihr zwar einen Frachtbrief vor, jedoch nicht den gewünschten, ausgefüllt und abgestempelt vom Landratsamt in Hofgeismar.

Lisbeths ältester Bruder Jakob hingegen vertraute den Dokumenten von Heinrich und den Informationen, die er von seinem Schwager erhalten hatte, immerhin war Heinrich Eisenbahner. Jakob spannte die Stute Fanny vor den mit Kartoffeln beladenen Wagen und machte sich auf den Weg nach dem hessischen Liebenau. Vielleicht hatte er neben dem Frachtbrief auch noch die Bezugsscheine der Damen und den bewilligten Antrag auf Direktbezug beim Bauern bei sich. Doch Jakob wurde am Bahnhof Liebenau abgewiesen. Am 30. Oktober 1919 schreibt Lisbeth ihrem Mann:

„Leider bin ich gezwungen Dir den Schein wieder zurückzuschicken. Jakob ist mit den Kartoffeln nach Liebenau gewesen, hat aber nichts erreicht. Es ist wie ich damals gesagt habe: Egel hätte den Frachtbrief in Hofgeismar ausfüllen lassen müssen, allerdings dann auch mit dem Stempel vom Landratsamt. Der Schein von Cassel hat mit der Bahn nichts zu tun. Da Egel für die Kartoffeln, die er selbst noch benötigt, einen Schein vom Landratsamte haben muß, können wir ihn unmöglich um die Sache nochmals angehen. Es ist für dich sehr peinlich u. für die Damen ist es recht unangenehm. Bestell den Damen einen schönen Gruß. Wir hätten gern, wenn auch mit größter Mühe ihnen die Kartoffeln besorgt. Leider ist es nicht so einfach wie du meinst, sonst hätte Jakob sicher nicht zugegeben, [daß] die Fanny bei diesem Dreck die Kartoffeln zweimal über die Berge ziehen mußte."

Die sonst so gewissenhafte Lisbeth hatte wegen des Versuchs, Kartoffeln nach Kassel zu verschieben, durchaus kein Unrechtsgefühl. Sie betrachtete diese gesamte Aktion eher als eine gescheiterte Hilfeleistung, als eine Gefälligkeit, zu der man unter Aufbietung einigen Aufwandes bereit gewesen wäre. Heinrich schließlich musste seiner Vermieterin die enttäuschende Nachricht vom Scheitern der Kartoffellieferung überbringen. Seine Kollegen hatten die Hoffnung auf das Zustandekommen des Handels bereits aufgegeben.

Es verging kein halbes Jahr, bis die zuständigen Behörden einräumen mussten, dass die Versorgung der Bevölkerung mit Lebensmitteln im Wesentlichen über den Schwarzmarkt erfolgte. Der Handel wurde daraufhin bis auf Getreide freigegeben. Die Bauern hatten sich also durchgesetzt.[159]

Doch bleiben wir beim Oktober 1919. Ab dem 26.10.1919 fuhren an den Sonntagen weder Personen- noch Schnellzüge.[160] Mit dieser Sperre fast des gesamten Personentransportes reagierten die Staatseisenbahnen auf den Mangel an Kohle und fahrtüchtigen Loks. Am Sonntag, den 26.10.1919 waren die Bahnsteige des Kasseler Hauptbahnhofs, auf dem sich sonst die Sonntagsausflügler tummelten, menschenleer, während sich noch am Tag zuvor ganze Trauben von hektischen Fahrgästen vor den letzten überfüllten Zügen gedrängt hatten. Verärgert und ausgelaugt vom Dauerzustand des Mangels, redete man in Kassel wieder über die drohende Gefahr eines nächsten Aufstandes. So angespannt war die Situation, als Heinrich Lisbeths Brief vom 30.10.1919 erhielt, in dem sie die versprochene Kartoffellieferung absagte. Als Heinrich Lisbeth am 04.11.1919 antwortete, ging er davon aus, dass er das Wochenende möglicherweise in einem von Krawallen gezeichneten Kassel verbringen musste:

„Hier sagt jeder, die Bauern wollen keine Kartoffeln liefern. Überhaupt findet man, daß alles aufgeregt ist, sei es wegen Kartoffeln, Kohlen, Wohnungsnot oder der allgemeinen Teuerung und ich glaube, daß die Personenzugsperre hauptsächlich aus politischen Gründen zustande gekommen ist, denn im anderen Falle wäre schon eher was durch die Zeitungen bekannt geworden wie bei der Sonntagssperre. Sollten Unruhen kommen, so brauchst Du dich um meinethalben nicht zu ängstigen, ich setz mich bei Mutter H. [seine Vermieterin] in die Küche."

„Überhaupt findet man, daß alles aufgeregt ist." Nach Heinrichs Formulierung zu urteilen, gab es in Kassel mindestens zwei Bevölkerungsgruppen: die einen, die sich wegen der allgemeinen Notlage aufregten und die anderen, die diese Aufgeregtheit missbilligten oder sie einfach nicht teilten. Heinrich gehörte eher zur zweiten Gruppe, vielleicht, weil es ihm durch seine Beziehungen zum flachen Land noch relativ gut ging. Wenn seine Vermieterin, Frau H., für Heinrich das Frühstück zubereitete, dann mit den Lebensmitteln, die er von Daseburg mitbrachte. Streng genommen war Heinrich einer der vielen Hamsterer, die an den Wochenenden mit leerem Rucksack auf das flache Land fuhren und mit gefüllten

---

[159] Theine, Burkhard: Westfälische Landwirtschaft in der Weimarer Republik. Ökonomische Lage, Produktionsformen und Interessenpolitik. Paderborn 1991, S. 111f.
[160] „Casseler Tageblatt", 26.10.1919, Sonntagsausgabe.

Taschen in die Stadt zurückkamen, auch wenn die Spender in seinem Fall dem engsten Familienkreis angehörten.

Die Personenzugsperre drohte aber diesen Zufluss von Lebensmitteln zu unterbrechen. Von der Beschränkung des Zugverkehrs am Sonntag war Heinrich kaum betroffen, weil er die Sonntage in Daseburg verbrachte und erst am Montagmorgen in aller Frühe von Daseburg nach Kassel zurückfuhr. Die Einschränkung des Personentransportes sollte aber auch auf die Werktage ausgeweitet werden. Vom 05.11. bis zum 15.11.1919 war der Personenzugverkehr auch an den Werktagen gänzlich unterbunden und der Einsatz der Eilzüge bis auf ein Minimum reduziert.[161] Warum Heinrich der Ansicht war, die Personenzugsperre hätte politische Gründe, ist nicht ganz klar. Die Sperre unterband die Hamsterei, hatte aber wohl kaum Auswirkungen auf das Verschieben von Lebensmitteln im großen Stil.

Laut Ankündigung in den Zeitungen war die Sperre für die Personenbeförderung nicht die einzige ministerielle Reaktion auf den Mangel an Kohle und fahrtüchtigen Lokomotiven. Auch die Briefbeförderung und der Zeitungsversand sollten nur noch eingeschränkt erfolgen. Die Beförderung von Paketen sollte vorübergehend sogar ganz eingestellt werden.[162] Trotz alledem zeigte sich Heinrich nicht sonderlich beunruhigt, auch nicht angesichts der drohenden nächsten Krawalle in Kassel.

Lisbeth jedoch gehörte zu denjenigen, die sich „aufregten". Am Donnerstag, den 06.11.1919 schreibt sie Heinrich:

„Bruder Ullrich hatte schon Nachricht gebracht, daß die Sperre [=Zugsperre an den Werktagen] kein leeres Geschwätz war. Da hatte ich schon die Hoffnung aufgegeben, daß Du mich besuchen könntest. Nun hat mir Jakob gestern gesagt: daß November 10 [ein Montag] die Züge zwischen Kassel und Warburg noch fahren. Vielleicht ist es Dir nun doch möglich auf Deinen Freifahrtschein nach hier zu kommen. Es wäre doch zu schlimm, wenn Du lieber Mann mit Deinem leeren Magen dort [in Kassel] bleiben müsstest. Habe mich schon erkundigt, Pakete werden auch nicht angenommen. Lieber Heinrich was fange ich Sonntag denn an, falls Du fern bleibst?"

Lisbeths Bruder Jakob behielt Recht. Heinrich konnte Lisbeth wie gewohnt am Wochenende des 8. und 9. November besuchen. Wie lang aber der eingeschränkte Personenzugverkehr andauern sollte, war ungewiss. Das Paar saß an diesem Wochenende zusammen und besprach Lisbeths Namenstagsfeier, die sie am darauffolgenden Sonntag feiern wollte. Sie

---

[161] „Casseler Tageblatt", 26.10.1919, Sonntagsausgabe.
[162] „Casseler Tageblatt", 05.11.1919, Abendausgabe.

plante, für ihre Gäste mehrere Kuchen zu backen, und hoffte, dass es auch Heinrich möglich sein würde, an ihrer Feier teilzunehmen.

Am Montagmorgen, den 10.11.1919 in Daseburg, stand Heinrich allein um 4 Uhr auf. Die stark erkältete Lisbeth konnte ihn heute nicht zum Bahnhof bringen. Im Dunkeln ging er eine Stunde auf der Landstraße von Daseburg nach Warburg. Die Personenzugfahrten über den kleinen Bahnhof Haueda waren vorübergehend ausgesetzt. Die Eilzüge zwischen Warburg und Kassel fuhren aber nach wie vor, wenn auch stark eingeschränkt. Heinrich informierte Lisbeth über den Verlauf seine Heimfahrt noch am selben Tag. Er saß jetzt in Kassel im Direktionsgebäude der Reichsbahn an seinem Schreibtisch und nutzte einen ruhigen Moment, um ihr einen kurzen Brief zu schreiben:

„Sitze nun wieder im Büro und da möchte ich Dir gleich mitteilen, daß ich wohlgemuth, wenn auch mit großer Verspätung hier angelangt bin. Ich war zeitig auf dem Bahnhof Warburg angelangt, mußte aber zu meinem Leidwesen 2 ½ Stunden warten. Geheizt war nichts. Um 8 15 fuhr dann endlich der Zug nach Cassel und ich kam 10 ½ auf der Direktion an. Kollege Böhm und ein Kollege von meinem Zimmer sind jetzt (2 Uhr) noch nicht hier.

Heute Morgen erfuhr ich, daß man auch wieder einfache Knoten lösen kann. Es stände also meinem Kommen für Sonntag nichts im Wege" (10.11.1919).

Heinrichs Arbeitgeber, die Eisenbahndirektion Kassel, war wieder in der Lage, eine geregelte Zugverbindung anzubieten, sie zeigte sich also wieder fähig, „einfache Knoten zu lösen". Das war eine etwas abschätzige Bemerkung, die womöglich berechtigt war, weil die Direktion manches hätte besser organisieren können. Allerdings lebte man damals in einer akuten Krisen- und Mangelsituation. Die Verantwortlichen in der Regierung mussten den Verlust von Ressourcen berücksichtigen, die Eisenbahndirektionen taten sich schwer, Ausnahmeregelungen umzusetzen und die drangsalierte Bevölkerung schimpfte über die Obrigkeit. Es gab in diesem Desaster keine einfach zu lösenden Knoten. Am 16.11.1919 wurde die Personenzugsperre unbegrenzt aufgehoben unter der Voraussetzung, dass der Transport von Kartoffeln und Kohle gewährleistet war.[163]

In diesem Spätherbst 1919 verbrachte Lisbeth viel Zeit im Haus ihrer Schwiegermutter. Emilia war jetzt fast 53 Jahre alt. Ihr Mann arbeitete nach wie vor als ländlicher Schneider und sie selbst kümmerte sich um

---

[163] „Casseler Tageblatt", 14.11.1919, Morgenausgabe. Vgl. auch Artikel „Schieberbekämpfung" in „Casseler Tageblatt", 03.12.1919, Abendausgabe.

die Landwirtschaft. Mit ihrem Gemüsegarten, dem kleinen Stück Land, einigen Hühnern und zwei Schweinen gehörte auch ihre Familie zu denjenigen, die nicht hungern mussten. Doch die harte körperliche Arbeit fiel Emilia zunehmend schwerer. Immer häufiger musste sie Pausen einlegen, weil sie von Schmerzen geplagt wurde. Als sie schließlich einen Arzt aufsuchte, meinte dieser ein Nierenleiden zu erkennen und stellte ihr eine Operation in Aussicht.

Emilia sträubte sich jedoch gegen den Krankenhausaufenthalt – im Hinterkopf das unglückliche Schicksal einer Daseburgerin, in der Korrespondenz Anne genannt. Jene war vor kurzem im Warburger Spital gestorben, und zwar an einem Nierenleiden bzw. an einer misslungenen Operation. Am 10.11.1919 schreibt Heinrich seiner Frau:

„Bei Mutter ist es auch nicht die Hauptsache, daß ihr das Geld leid tut, sondern sie stellt sich das Krankenhaus vor wie ein Leichenhaus und glaubt, wenn sie dahin käme, würde sie Daseburg nicht wieder sehen. Sie sagte mir, sie wollte nicht hinter Anne her. Das ist Furcht und Aberglaube. […] teil mir vor allem mit wie es Mutter geht, aber schreibe mir wie es wirklich ist. Ich glaube ja nicht, daß sie zum Krankenhaus gefahren ist."

Emilia erholte sich bald, sei es wegen ihres widerstandsfähigen Naturells oder aus Angst vor dem Spital.

Erleichtert konnte Lisbeth wie gewohnt ihrer Arbeit nachgehen. Auch hatte sie jetzt wieder den Kopf frei für die Vorbereitung ihres Hausstandes. Das Paar hatte sich für eine Schlafzimmereinrichtung aus Eichenholz entschieden. Nach langer Überlegung und vielen Preisvergleichen gaben sie den Auftrag für die Herstellung der Schlafzimmer- und auch der Küchenmöbel einer Schreinerei aus dem Nachbarort Borgentreich, während der Tischler, Herr V. aus Daseburg, den Auftrag für die Wohnzimmermöbel erhielt. An Heinrich schreibt sie am 12.11.1919:

„Morgen wollen wir schlachten, dann gibt es allerhand Arbeit für mich. Gestern habe ich dem Sattler unsere Matratzen bezahlt. Herr V. hat unsere Möbel schon angefangen. Fahre gleich mit Ullrich nach Warburg, wollte mich dann gelegentlich nach einem passenden Sofa für die Küche umsehen. Kannst Dich auch bitte dort mal nach dem Preise umhören. Wenn es die Zeit erlaubt werde ich auch das Bild kaufen."

Der Eifer des Tischlers V. aus Daseburg war an und für sich erfreulich, stellte das junge Paar aber vor Probleme. Die Anfertigung der Möbel würde in absehbarer Zeit abgeschlossen sein; das Kasseler Wohnungsamt konnte Heinrich jedoch noch immer keine Wohnung vermitteln, obwohl er mittlerweile verheiratet war – wohin also mit den fertiggestellten bzw. käuflich erworbenen Möbeln? Also beschloss Lisbeth in Warburg nach einer Wohnung zu suchen. Heinrich war mit ihrer Initiative einverstanden in der Hoffnung, dass die Zugverbindung zwischen Warburg und Kassel irgendwann besser sein würde als im Moment. Doch Lisbeth bemühte sich vergeblich.

Als die Arbeit an den Schlafzimmer- und Küchenmöbeln Mitte Dezember 1919 beendet war, hatte das Paar noch immer keine Aussicht auf eine Wohnung weder in Kassel noch in Warburg. Lisbeth wandte sich daraufhin an befreundete Daseburger mit der Bitte, bei ihnen die Möbel vorübergehend abstellen zu dürfen. Heinrich indessen hoffte auf ein Entgegenkommen der Schreinerei aus Borgentreich:

„Ich werde unserem Schreiner schreiben: ob er die Möbel bis April dort stehen lassen kann. Antworten soll er nach dort. Sollte es, wie ich annehme, nicht der Fall sein dann schlage ich vor Selbige Samstag nach Weihnachten zu holen. Ich könnte dann mitgehen und helfen und wegen Esszimmermöbeln Rücksprache nehmen. Ich glaub, es ist richtig diese zu bestellen, besser wäre es ja wir hätten es gleich getan."

Dann setzte er noch hinzu:

„Komisch, daß wir solche wichtigen Fragen immer schriftlich erledigen müssen" (15.12.1919).

Zwei Tage später antwortete Lisbeth ihm abends nach einem unerfreulichen Tag, der einige Spannungen zwischen Mutter und Tochter mit sich gebracht hatte. Theresa hatte die hohen Ausgaben ihrer Tochter gerügt. Ihr war klar: wenn das junge Paar die Rechnungen für ihre Möbel nicht mehr würde bezahlen können, dann wäre sie die Erste, die finanziell einspringen müsste. Überdies hatte sich ihre Tochter auch noch zwei neue Blusen angeschafft. Zerknirscht schreibt Lisbeth Heinrich am 17.12.1919:

„Erhielt soeben Deinen lieben Brief, danke Dir recht herzlich dafür. War gerade nicht in rosiger Stimmung. Frl. B. hat mir zwei Blusen genäht, sind beide nach Wunsch ausgefallen. Mutter zählt das Geld nach u. sagt: Das Geld wird so in der Luft rumgeworfen, ich soll nachher die Vermögensabgabe bezahlen und das Geld fehlt dann. Dazu Waschtag und sonst noch allerhand was mir nicht zusagt. Deshalb werd Du aber nicht verdrießlich, das ist morgen wieder vergessen. Nun zum Brief. Habe Dir ja in letzter Zeit oft gesagt: Wir wollten uns das Esszimmer bestellen. Du warst ja nicht dafür. Hätte ich es den Tag bestellt wäre es sicher 1000 M billiger gewesen. Mit den Möbeln nach hier holen muß überlegt werden. Keinesfalls können wir den Leuten zumuten die Möbel bis April dort zu halten. Es scheint mir geradezu grob."

Die Inflation ließ die Preise steigen, natürlich auch für Möbel. Tatsächlich zahlte Lisbeths Mutter einen Teil der Kosten für die Einrichtung. Die Klagen von Theresa über die hohen Ausgaben waren sicher berechtigt.

Der Verkauf der Ernte vom Herbst 1919 hatte aber immerhin so viel eingebracht, dass sie Lisbeth unterstützen konnte.

Mitte Dezember ging Lisbeth nach Warburg, um Weihnachtsgeschenke einzukaufen. Heinrich schreibt sie am 17.12.1919: *„Mach dir aber über das Weihnachtsgeschenk nicht allzu große Sorgen. Bin schon mit einer Kleinigkeit zufrieden."* Das größte Geschenk hatte sich das Paar ohnehin bereits gegenseitig bereitet: Lisbeth war schwanger. Überglücklich verlebten beide das Weihnachtsfest und den Jahreswechsel im Wienholtschen Haus. Zwar gab es zu wenig Kohlen und in Kassel wartete keine Wohnung auf sie, doch Lisbeth und Heinrich störten sich nicht an den kärglichen Lebensbedingungen.[164] Sie hatten sich möglichst bald Kinder gewünscht. Somit verlief zumindest die Familiengründung ganz nach Plan.

Heinrich hatte Lisbeth zu Weihnachten eine Nähmaschine geschenkt. Allerdings konnte sich Lisbeth dieser Neuanschaffung nicht so häufig widmen, wie sie es gerne getan hätte. Heinrichs Stiefschwester Maria arbeitete jetzt im Winter nur gelegentlich auf dem Hof. Also sorgte Theresa dafür, dass Lisbeth neben ihren Näharbeiten auch ihren Verpflichtungen im Haushalt nachging: *„Mutter hat mir für diese Woche noch so allerhand Arbeit aus der Ecke gesucht. Habe gar keine Ruhe mehr zum Nähen."* Lisbeth litt in den ersten Monaten der Schwangerschaft unter Übelkeit. Eigentlich hätte sie manches in Warburg erledigen müssen, mochte in ihrem Zustand aber nicht die lange Wegstrecke von Daseburg nach Warburg gehen. Einkäufe und weitere Bestellungen für die zukünftige Wohnung mussten jetzt warten. Dafür entschuldigt sie sich am 29.01.1920:

„Mein lb Mann! Erhielt heute dein liebes Kärtchen, danke Dir recht herzlich dafür. Leider habe ich nicht wie ich beabsichtigt am Montag nach Warburg gehen können. Es war mir gesundheitlich unmöglich beide Wege zu Fuß zurück zu legen. Du wirst gewiß denken, die Arbeit wäre Schuld. Es ist aber nicht der Fall. Maria ist gestern und heute zu Hause gewesen, ich hätte also gut gehen können. Habe seit gestern angefangen kein Fleisch u. Brot zu essen. Denke, es wird jetzt besser werden. Habe heute nachgesehen. Montag in 3 Wochen ist die schlimmste Zeit durch. […] Eine Bitte habe ich noch, falls Du wieder Bonbons kaufen willst, laß es. Ich kann ja doch nicht davon essen. Wenn es Dir möglich ist bring mir lieber ein paar Äpfel mit."

Heinrich stand mittlerweile auf der Liste des Wohnungsamtes so weit oben, dass ihm Angebote unterbreitet wurden. Doch Lisbeth war mit den Wohnungen, die Heinrich ihr offerierte, nicht einverstanden. Es scheint

---

[164] Dorfchronik Daseburg, unveröffentlicht.

so, als wären mit der Schwangerschaft auch ihre Ansprüche gewachsen. Die Wohnung sollte in der Nähe von Heinrichs Arbeitsplatz gelegen sein, denn Lisbeth hatte in Kassel sonst niemanden, auf den sie sich verlassen konnte. Telefonanschlüsse gab es in den damaligen Mietwohnungen nur wenige, also wie sollte sie Heinrich in einem Notfall erreichen, wenn er sich weit entfernt von ihr aufhielt. Auch wurde ihr bewusst, dass es in Kassel keine Verwandten oder Freunde gab, die gelegentlich mal auf ihr Kind aufgepasst oder ihr eine Besorgung außerhalb des Hauses abgenommen hätten. Allein auf sich gestellt würde sie ihr Neugeborenes bei allen Erledigungen mitnehmen müssen und das in einem der damaligen überdimensionierten, sperrigen Kinderwagen. Mit zunehmender Unruhe griff sie am Abend des 11. Februar 1920 zu ihrem Briefpapier, um Heinrich ihre Wünsche und Bedenken mitzuteilen:

„*Nun ist Dir wieder eine andre Wohnung angeboten. Hast Du schon mal darüber nachgedacht wenn uns der Storch das Kindchen bringen will, Du bist im Dienste wodurch könnte ich dir Nachricht zukommen lassen. Auch wenn es schon da ist und ich müßte in die Stadt wo laß ich dann unser Würmchen? Lieber Heinrich überleg dir die Sache recht ordentlich. Es ist doch besser wenn wir ein passendes u. gemütliches Heim bekommen (auch wenn ich dann noch vier Wochen länger bei der Mutter bleiben muß) als eilig nach dort kommen und es sagt uns nicht zu.*"

Hinter Lisbeths Skepsis verbarg sich mehr als die Bedenken einer werdenden Mutter bezüglich der Organisation ihrer zukünftigen Aufgaben. „*Es wird sich später wohl nicht besonders gut in einer Großstadt wohnen [lassen],*" – so hatte sie auf die Junikrawalle in Kassel reagiert. Selbstverständlich erreichte die Not der Städter auch das ländliche Daseburg. Zweimal musste Lisbeth berichten, dass in den Nachbarhäusern Schinken und Würste gestohlen worden waren, und das sehr wahrscheinlich von Hamsterern, die gegenüber den Bauern alle Skrupel verloren hatten. Eines muss ihr jedoch klar gewesen sein. Wenn Hunger und Krawalle drohten, dann war sie mit ihrem Kind in Daseburg besser aufgehoben als in Kassel.

Ein jeder sucht seinen eigenen Vorteil

Im Januar 1920 kam es zu Eisenbahnerstreiks. Eigentlich genossen die Eisenbahner den Ruf besonders pflichtbewusst zu sein.[165] Die Zugverspätungen und die Sperren bei der Personenbeförderung hatten dieses Bild vom korrekten Eisenbahner jedoch eingetrübt. Auf einer Versammlung im Oktober 1919 forderten die Eisenbahner der Direktion Kassel die Presse auf, die Bevölkerung deutlicher über die wahren Gründe für die Verspätungen aufzuklären. Schließlich mussten sie sich mit einem stark reduzierten Fuhrpark arrangieren. Damit verwalteten auch sie einen Mangel, der sich bereits in den letzten Kriegsjahren gezeigt hätte.[166]

Folge der seit Jahren bestehenden Ausnahmesituation war, dass auch die Arbeiter und die einfachen Beamten der Eisenbahn Verantwortung übernehmen bzw. improvisieren mussten. Sie taten dies in einer Arbeitswelt, die stark hierarchisch geprägt war und für einen Lohn, von dem man eine Familie kaum noch ernähren konnte. Entsprechend forderten die Eisenbahner eine Demokratisierung der Verwaltung und Lohnerhöhung in Abhängigkeit zur Inflation.[167]

Im Sommer 1919 hatten die zuständigen Minister den Technikern der unteren und mittleren Laufbahn bessere Aufstiegsmöglichkeiten eingeräumt, was Heinrich möglicherweise zugutekam.[168] Eine akzeptable Lohnerhöhung ließ aber auf sich warten. Auch die Teuerungszulagen blieben hinter den Erwartungen zurück. Bereits am 09.12.1919 hatte Heinrich Lisbeth geschrieben: *„Heute Morgen habe ich die zweite Teuerungszulage erhalten, leider nur 300 M[ark]."*

Das „Casseler Tageblatt" zeigte in seiner Morgenausgabe vom 7. Januar 1920 durchaus Verständnis für die Forderungen der Eisenbahner, warnte aber vor einer Ausdehnung der Streiks.

„Ein Zuschlag von 50 Prozent entspricht längst nicht mehr den tatsächlichen Teuerungsverhältnissen. Und bei dem sinkenden Werte des Geldes wäre auch eine Aufbesserung von 150 Prozent in absehbarer Zeit längst hinter den wirklichen Preisverhältnissen zurückgeblieben. [...] Eine Unterbindung des Verkehrs in diesem kritischen Augenblick aber wäre ein Verbrechen gegen die deutsche Nation" (07.01.1919).

---

[165] Pohl, Manfred: Von den Staatsbahnen zur Reichsbahn 1918-1924. In: Gall, Lothar; Pohl, Manfred (Hrsg.): Die Eisenbahn in Deutschland. Von den Anfängen bis zur Gegenwart. München 1999, S. 91.
[166] „Casseler Tageblatt", 24.10.1919. Vgl. Pohl, Manfred, a.a.O., S. 84f.
[167] Pohl, Manfred, a.a.O., S. 86.
[168] „Casseler Tageblatt", 09.08.1919, Morgenausgabe.

Im Getriebe der jungen Republik saßen die Eisenbahner an einer der wichtigsten Schaltstellen. Entsprechend beunruhigend war die Aussicht auf einen flächendeckenden Eisenbahnerstreik. Sollten die Eisenbahner durch einen Streik Verkehr und Wirtschaft lahmlegen, würde sich die Bevölkerung wehren, prognostizierte das „Casseler Tageblatt":
„Im Volke sind Gerüchte verbreitet, und unabhängige Agitatoren tragen sie weiter, im Februar oder März käme eine neue Revolution, der Auftakt dazu sei ein Streik der Eisenbahner" (ebenda).

Tatsächlich kam es im März 1920 zu einem Generalstreik der Eisenbahner, aber unter völlig anderen Vorzeichen als vermutet. Später soll davon mehr berichtet werden. Was die vereinzelten Streiks im Januar 1920 betrifft, an ihnen war Heinrich weder beteiligt noch war er betroffen. Die Mitarbeiter des Kasseler Direktionsbetriebs erklärten sich zwar mit den Streikenden solidarisch, traten aber selbst nicht in den Streik.

Heinrich konnte Lisbeth wie gewohnt an den Wochenenden besuchen. Sie brauchte ihn im Moment mehr denn je. Im Februar 1920 wurde in Daseburg wie üblich Fasching gefeiert. Lisbeths Bruder Ullrich spannte eine der beiden Stuten vor die hofeigene Kutsche, während die beiden Mägde der Familie fein gekleidet warteten bis sie auf das Gefährt steigen durften. Etwas wehmütig schaute Lisbeth ihrem Bruder und den beiden Mädchen hinterher. Wie gerne wäre auch sie zum Faschingsball nach Warburg gefahren, aber nach wie vor litt sie unter Übelkeit. Immerhin konnte sie am Rosenmontag den Faschingsumzug in Daseburg mitverfolgen. Besonders ein Motiv fesselte ihre Aufmerksamkeit: *„Am Montag-Nachmittag [16.02.] haben sie einen Zug gemacht"*, schreibt sie Heinrich am darauffolgenden Donnerstag, *„was er aber eigentlich bedeuten sollte, weiß ich nicht. Es war jemand als Storch verkleidet und trug ein kleines Wickelkind auf dem Nacken"* (19.02.1920). Ob sie sich angesprochen fühlen sollte? Sie war nicht die einzige Frau im Dorf, die schwanger war.

Eine Woche später musste sie mit einer schweren Erkältung das Bett hüten. Auch ihre Familie war mehr oder weniger von der Infektion heimgesucht. In Kassel sorgte sich Heinrich um seine Vermieterin, die unter hohem Fieber litt. Wieder einmal suchte eine Grippewelle die Bevölkerung heim.

Heinrich kaufte Lisbeth zuliebe rot gefüttertes Briefpapier, denn am 26. Februar 1920 hatte sie ihm geschrieben:

„Lieber Schatz! Wenn ich noch so ein kleines überflüssiges Bräutchen wäre, hätte ich eigentlich mal Wiedervergeltung üben müssen. Seit drei Wochen habe ich schon keinen Brief mehr von Dir erhalten. Hoffentlich bin ich bald ganz bei Dir. Hast Du noch nicht wieder von unserer Wohnung gehört?"

Heinrich hatte endlich Aussicht auf eine Wohnung, und zwar ganz in der Nähe von seinem Arbeitsplatz, der Reichsbahndirektion. Anscheinend legte man ihm von Seiten des Wohnungsamtes keine Steine mehr in den Weg. Unklar war derzeit jedoch, wann genau die Wohnung frei werden würde. Geradezu hastig kümmerte sich Heinrich um die Unterlagen, die er offensichtlich für den Abschluss des Mietvertrages benötigte. Lisbeth, die in ihrer Kammer auf baldige Genesung von Erkältung und Übelkeit hoffte, konnte ihm nicht helfen. Die erwünschten Unterlagen mussten im Moment andere besorgen. Einigermaßen wiederhergestellt schreibt sie Heinrich am 02.03.1920:

„Daniel hat gestern abend Deine Geburtsurkunde geholt. Du hast es aber sehr eilig gehabt, sonst hättest Du Deine Eltern des Morgens um ¼ 3 nicht schon belästigt. Mir geht es so ziemlich in dieser Woche, bin wenigstens arbeitsfähig. [...] Gestern Nachmittag bin ich im Garten gewesen, habe so Kleinigkeiten für uns eingepflanzt. Bei diesem schönen Wetter habe ich recht große Sehnsucht nach unserm eigenen Heim. Hast Du noch nichts von der Wohnung gehört? Kannst Dir gar nicht denken wie ich Deinen Brief erwarte [...] Wie geht es Frau H. [Heinrichs Vermieterin]?"

Erst am 9. März antwortet ihr Heinrich: *„Frau H. ist nach wie vor äußerst schwach und hat die Hoffnung auf Genesung aufgegeben. Erfreulicherweise hat das Fieber etwas nachgelassen."* Im selben Brief erwähnt er seine Korrespondenz mit der Reichsschuldenverwaltung in Berlin. Mit der Gründung des eigenen Hausstandes in Kassel war das Paar kurz davor, sich von Daseburg endgültig abzunabeln. Dazu gehörte auch, dass die Gelder und Wertpapiere, die auf ihren Namen noch in Warburg und in Daseburg angelegt waren, nach Kassel überwiesen oder transferiert wurden. Da es sich jedoch um Reichs-, insbesondere um Kriegsanleihen handelte, war diese Transaktion ein komplizierteres Unterfangen als zunächst angenommen.

Das Deutsche Reich hatte den Krieg vor allem über Kredite und Anleihen finanziert. Diesem Zweck dienten neun Kriegsanleihen, für die eine flächendeckende Werbung betrieben worden war. Alle Bürger, die etwas Geld erübrigen konnten, auch Kinder, waren aufgerufen, dieses in Kriegsanleihen zu investieren. Der Staat appellierte an das patriotische Pflichtgefühl jedes Einzelnen. Zudem wurde in den Zeitungen, auf Plakaten und Faltblättern versprochen, dass die Kriegsanleihen ebenso sicher waren wie ein Sparkassenbuch, aber deutlich besser verzinst wurden. Da auch die katholische Kirche zur Pflichterfüllung gegenüber dem Staat aufrief, hatte Lisbeth im Zeitraum von 1916 bis 1919 ihre Mitgift in Kriegsanleihen angelegt. Beim „Daseburger Spar- und Darlehnskassen-Verein" zeichnete sie die 4., die 6. und die 8. Kriegsanleihe. Ihre Wertpapierurkunden (Stücke) wurden laut Bescheinigung im „feuerfesten Gewölbe" der „Ländlichen Centralkasse" in Münster aufbewahrt.

Heinrich war während des Krieges als Unteroffizier nicht reich geworden, aber er hatte mehr verdient als ein gewöhnlicher Soldat; seit Mitte 1916 erhielt er ein regelmäßiges Gehalt als Reichsbahner. Offensichtlich war genügend Erspartes vorhanden, um sich 1916 und 1917 mit insgesamt 2500 Mark an die Kreissparkasse in Warburg zu wenden. Dort legte er sein Geld in Deutsche Reichsanleihen an, und zwar als Eintragung im Schuldbuch der Reichsschuldenverwaltung in Berlin. Er erhielt also keine Urkunden, die für ihn verwahrt worden wären, sondern seine Rechte als Gläubiger des Staates beruhten auf der Eintragung im Schuldbuch der Reichsschuldenverwaltung – soweit der Hintergrund der Probleme, die in den Briefen angesprochen werden. Hier interessieren jedoch weniger verwaltungstechnische Details, als vielmehr Heinrichs Reaktion auf den Wertverlust der Reichsanleihen:

„Nachdem ich heute Morgen bei der Sparkasse hierselbst war wegen Überweisung der Papiere, habe ich soeben an die Reichsschuldenverwaltung Berlin geschrieben, um mir die Zinsen überweisen zu lassen. Auf diese Kriegsleiche sind gar keine Stücke ausgeschrieben, sondern die Schuld steht nur in Reichsschuldenbriefe eingetragen. Es liegen also gar keine Stücke in Warburg – folglich können keine überwiesen werden. Wollte ich die in Reichsschuldenbriefe eingetragenen 2500 M[ark] in Stücke mit Bonus umschreiben lassen, so würden dadurch einige M[ark] Unkosten entstehen und die Stücke selbst müßte ich nach den heutigen Bestimmungen auch wieder zur Bank bringen. Also Hose wie Jacke."

Lisbeth antwortete ihm am 10.03.1920: *„Nun hast Du schon wieder mal Ärger gehabt wegen der Kriegsanleihe. Wie mir doch der Rendant [=Rechnungsführer] sagte: Muß die Kasse die Zinsen nach dort einfordern und dann ist die Sache gemacht."*

Heinrich und Lisbeth hatten durch die Anschaffung der Möbel hohe Ausgaben gehabt. Wie naheliegend wäre es da gewesen, das angelegte Geld abzuheben. Ihre Kredite, die sie dem Staat in Form von Reichs- und Kriegsanleihen zur Verfügung gestellt hatten, waren jedoch bis zum Jahr 1924 unkündbar. Die Inflation hatte ihr Erspartes mittlerweile um die Hälfte reduziert, und es sah nicht so aus, als würde sich das Blatt in absehbarer Zeit zum Guten wenden. Zumindest im Rahmen dieser Korrespondenz reagierte das Paar relativ nüchtern auf den Wertverlust ihrer Anleihen. *„Kriegsleiche"* nannte Heinrich seine Wertpapiere. Damit war dieser eigentlich besorgniserregende Punkt abgehakt.

Der Staat war nach dem Krieg hoch verschuldet und sah sich mit gewaltigen Reparationsforderungen konfrontiert. Mit dem Rücken zur

Wand enteignete er seine Kreditgeber, also die eigene Bevölkerung, durch Inflation. Ein weiterer Weg, den riesigen Finanzbedarf zu decken, war die Erhebung von Steuern. Die Finanzgesetzgebung war Anfang 1920 weit komplizierter als die Verordnungen der Zwangswirtschaft. Am 23. Januar 1920 schreibt das „Casseler Tageblatt" unter dem Titel *„Der bestrafte Sparer"*:

„Die Finanzgesetzgebung wird immer schwieriger. Sie verliert sich in Unterscheidungen der Steuerobjekte, die so subtil und kompliziert sind, daß sie für das Laienauge kaum noch erkennbar werden. Die neuesten Steuergesetze für den Vermögenszuwachs und den unberechtigten Aufwand setzen, wenn sie vom Publikum verstanden werden sollen, so intime Studien der Vorlagen voraus, wie sie kaum von Laien vorgenommen werden können. Es ist deshalb der Öffentlichkeit auch noch kaum zum Bewusstsein gekommen, daß diese neuen Gesetze auf eine Bestrafung der Sparsamkeit hinauslaufen" [gesperrt gedruckt im Original].

Der Laie mochte die Finanzgesetzgebung nicht verstehen. In der Presse wurde jedoch auf Missstände aufmerksam gemacht. Also hatten auch die Bürger Kenntnis von staatlichen Maßnahmen, die zu ihrem Nachteil waren, vorausgesetzt, sie lasen Zeitung.

Mitte Februar geschah in Kassel das, was man seit einiger Zeit erwartete: die nächsten Ausschreitungen. Wie bereits erwähnt wurde die Republik von den demokratisch gewählten Mehrheitssozialdemokraten (MSPD), der katholischen Zentrumspartei und den Linksliberalen (DDP) regiert. Die Gruppierungen am linken und rechten Rand jedoch akzeptierten das demokratische System der Weimarer Republik nicht und hofften auf einen Umsturz. Am 13.01.1920 kam es nach einer Massendemonstration der sozialistischen USPD in Berlin zum Sturm auf das Reichstagsgebäude. Die Regierung verhängte den Ausnahmezustand, woraufhin sich die Lage relativ schnell entschärfte. Weitaus gefährlicher verlief der Kapp-Putsch, weil er über die Unterstützung eines nicht unbedeutenden Teils des Militärs verfügte.

Die rechtsradikale „Nationale Vereinigung" in Verbindung mit General Ludendorff und dem hohen Verwaltungsbeamten Wolfgang Kapp plante bereits seit dem Sommer 1919 einen Putsch gegen die Regierung. Unterstützung erhielt diese Gruppe von den Freikorps- und Reichswehrtruppen des Generals v. Lüttwitz, die sich mit dem Putsch gegen einen drohenden Truppenabbau wehrten. Am 13.03.1920 ließ General v. Lüttwitz das Regierungsgebäude besetzen; Reichspräsident und Regierung flohen. Wolfgang Kapp, der sich selbst zum neuen Reichskanzler ausgerufen hatte, war jedoch nur einige Tage im Amt. Die Gewerkschaften, darunter auch die gut organisierten Gewerkschaften der Eisenbahner, riefen zum Generalstreik auf. Durch eine effektive Vernetzung der Dienststellen untereinander stand der Eisenbahnverkehr innerhalb kurzer Zeit still.[169] Da war er also, der Generalstreik der Eisenbahner, den das „Casseler Tageblatt" im Januar 1920 prognostiziert hatte. Nur diente er nicht dem Lohnkampf, sondern er trug ganz wesentlich dazu bei, das Überleben der Republik zu sichern. Bereits am 17. März 1920 mussten sich Kapp und v. Lüttwitz geschlagen geben.

In Kassel war der Generalstreik reibungslos verlaufen. Die für Kassel zuständige Reichswehrbrigade 11 hatte sich während des Kapp-Putsches sofort auf die Seite der Regierung gestellt. Fast alle Geschäfte waren geschlossen. Aufrechterhalten wurden während des Streiks lediglich die Lebensmittel- und die Energieversorgung der Bevölkerung. Die Bürgerinnen und Bürger Kassels promenierten auf den Straßen oder versammelten sich um die Redner der regierungstreuen Parteien auf dem Friedrichsplatz. Der Gesamteindruck wurde nur durch die vielen zerknüllten Flugblätter getrübt, die während des Streiks niemand aufhob.[170]

Nach Angabe der zuständigen Reichswehr kippte die Stimmung unter Teilen der Bevölkerung am Donnerstag, den 18. März 1920. Anlass hierzu hätten die Reden einiger radikaler Kommunisten auf dem Friedrichsplatz gegeben. Gegen Mittag versammelten sich vor dem Gebäude der Reichswehrbrigade rund 1500 Personen, darunter viele Jugendliche. Währenddessen entwendeten ebenfalls Jugendliche aus dem Kommandogebäude Maschinengewehre und deponierten diese auf der Frankfurter Straße. Bei dem anschließenden Feuergefecht mit einigen Reichswehrsoldaten starb der erste Zivilist.

Eine Gruppe von Krawallwilligen zog nun mit Gewehren und Handgranaten bewaffnet über den Friedrichsplatz zum Brigadekommando. Jetzt wurden durch „großen Alarm" die gesamte Stadtwehr, die Sicherheitspolizei und die stationierte Reichswehr mobilisiert. Aufgebrachte Menschenmengen versammelten sich mittlerweile auf dem Königsplatz, vor dem Zeughaus, vor dem Bahnhof und an anderen Stellen der Stadt. Da die Menschen auf Hornsignale und Blindschüsse nicht reagierten, gingen die Sicherheitskräfte dazu über scharf zu schießen. Insgesamt starben acht Menschen. Auch unter den Sicherheitskräften gab es Verletzte – soweit die Darstellung der Reichswehr.[171]

---

[169] Kolb, Eberhard; Schumann, Dirk: Die Weimarer Republik. München 2013, S. 40f., Pohl, Manfred: Von den Staatsbahnen zur Reichsbahn 1918–1924. In: Gall, Lothar; Pohl, Manfred (Hrsg.): Die Eisenbahn in Deutschland. Von den Anfängen bis zur Gegenwart. München 1999, S. 90.
[170] „Casseler Tageblatt", 18.03.1920, Abendausgabe.
[171] „Casseler Tageblatt", 19.03.1920 Morgenausgabe.

In der Korrespondenz von Lisbeth und Heinrich finden sich keine Hinweise auf den Kapp-Putsch und die Krawalle in Kassel. Deutlich wird jedoch, dass es Heinrich während dieser Zeit nicht gut ging. Lisbeth schreibt ihm am 24.03.1920:

„Erhielt soeben deinen lieben Brief. Nehme meinen herzlichen Dank dafür entgegen. Anscheinend bist Du in den letzten Tagen in einer recht traurigen Stimmung gewesen. Ist es wirklich Frau H.'s Tod[172] *oder ist Dir sonst etwas widerfahren?"*

Andernorts war die Situation noch angespannter. In Sachsen und Thüringen kam es zu Zusammenstößen zwischen Arbeiterschaft auf der einen Seite und Freikorps und Reichswehrtruppen auf der anderen. Im Saarland lieferten sich die „Rote Armee" und die Freikorps grausame Kämpfe. Zum Schutz der Bevölkerung hatte die Regierung Truppen entsandt, die bis in die entmilitarisierten Zonen eindrangen.[173] Frankreich betrachtete dieses Vorgehen als Vertragsbruch. Knapp drei Monate nach der Inkraftsetzung des Friedensvertrages von Versailles (10.01.1920) besetzten französische Truppen vorübergehend Frankfurt am Main und Darmstadt.

Auch diese Krise ging vorüber. Der 1. April 1920 war Heinrichs Glückstag. Vor ihm lag der Mietvertrag über eine Dreizimmerwohnung, zwei Minuten Gehstrecke von seinem Arbeitsplatz entfernt, in einer Straße, die wir hier ‚Birkenstraße' nennen. Eine Häuserfront schirmte ihr zukünftiges Heim von der breiten Kölnischen Straße ab. Der Innenhof war anheimelnd. Allerdings ließen die schmalen Fenster nicht allzu viel Licht in die Wohnung. Er hatte die düstere Wohnung ab dem 1. April gemietet, hätte also mit dem Einverständnis des Wohnungsamtes sofort einziehen können. Beim Amt nahm man sich jedoch für die Genehmigung des Mietvertrags fast einen Monat Zeit. Es ist kaum vorstellbar, dass Heinrich diese Wartezeit widerspruchslos hingenommen hat. Schließlich war seine Vermieterin gestorben und er würde demnächst auf der Straße sitzen, und dies mit einer Ehefrau, die, mittlerweile sichtbar, schwanger war. Ob Heinrich so argumentiert hat, ist unbekannt. Vielleicht gehörte das Paar aus der Sicht der Beamten zu denjenigen, deren Bedarf nicht dringend war, weil beide in Daseburg unterkommen konnten.

Tatsächlich führte Lisbeth bei ihrer Familie kein schlechtes Leben, obwohl natürlich auch hier die Probleme der frühen Weimarer Republik spürbar waren. Da sie Heinrich im Moment nicht besuchen konnte, schickte sie ihm am 22. April 1920 Geburtstagsglückwünsche per Post

---

[172] Wahrscheinlich ist Heinrichs Vermieterin an einer Grippe gestorben.
[173] Kolb, Eberhard; Schumann, Dirk: Die Weimarer Republik. München 2013, S.41.

nach Kassel. Nicht nur Glückwünsche füllten diesen Geburtstagsbrief, sondern auch die Erinnerung an Unerfreuliches, z. B. die damaligen Hamster- und Diebeszüge der hungernden Städter in Daseburg: *„Wie steht es mit der Wohnung, hast Du jetzt Sicherheit? Von Sonntag auf Montag in der Woche stellte Toni zu fohlen an, konnte aber leider das Fohlen nicht zur Welt bringen. Montag gegen 9 Uhr hat es der Tierarzt geholt. Es ging alles ganz gut, doch das Fohlen kam nicht zur Besinnung und ging gestern Morgen ein. Schad, es war ein schöner Fuchshengst. Auch wieder ein Schaden von 5000 M[ark]. Es ist nur gut, daß Toni wenigstens gesund ist. Mutter hat der Schock mal wieder ordentlich mitgenommen. Sie bekam ein solches Schütteln in den Körper, daß ich sie festhalten mußte, dachte ich doch, sie hätte Schlaganfall bekommen. Es geht ihr aber wieder gut. Mitzen Tante haben sie bestohlen u. zwar 3 Schinken, eine Schulter, eine Tüte Speck und einige Würste. Es ist doch recht schlimm mit der Stehlerei."*

Am 26.04.1920 genehmigte das Wohnungsamt Heinrichs Mietvertrag. Dem Umzug der beiden in die ‚Birkenstraße' stand also nichts mehr im Weg – außer die Verfrachtung der Möbel von Daseburg und Borgentreich nach Kassel. Aus Kostengründen hatte Lisbeth die Möbel in ländlichen Betrieben anfertigen lassen. Damit sich ihr Vorgehen rechnete, musste sie jetzt einen Möbeltransport organisieren, der bezahlbar war. Die günstigste Lösung war die Verfrachtung mit einem Fuhrwerk. Dazu brauchte es mindestens zwei Pferde, einen Wagen und, worüber die Familie bereits verfügte, Einfachlastketten zwischen Gespann und Transportwagen. Da mehrere Fuhren notwendig sein würden, war all dies an einem Tag nicht zu bewerkstelligen.

So sehr sie sich bemühte, Lisbeth fand niemanden, der ihr die Pferde zur Verfügung gestellt hätte. Der Unfall, in dessen Verlauf ein Pferd beim Einspannen durch einen Huftritt zu Tode kam, war noch im Gedächtnis der Daseburger. Selbst ihre Brüder Jakob und Daniel winkten ab: *„Beide wollen nicht ja sagen mit den Pferden 3 Tage vor den Möbelwagen zu spannen. Wenn sich die Pferde die Seuche aus andern Ställen holten hätten sie die Last und Unkosten. Auch könnten sie noch nicht mal unsere beiden Pferde ohne Schlagbaum zusammenstellen. Viel weniger aus dreierlei Gespann. [...] Mutter sagt, sie wollte sich nicht so aufregen wenn was passierte."* Ernüchtert und auch etwas selbstkritisch zog Lisbeth aus allem, was sie derzeit erlebte, ein Fazit: *„Ein jeder sucht seinen eigenen Vorteil"* (29.04.1920).

Wie auch immer Lisbeth den Möbeltransport organisierte, ob über eine Spedition, mit einem Fuhrwerk oder mit der Bahn, am 7. Mai 1920 ließ

Heinrich sich und seine Frau beim Kasseler Meldeamt als wohnhaft in der ‚Birkenstraße' registrieren.

Der Umzug in eine düstere Stadtwohnung ohne eigenen Gemüsegarten war für Lisbeth eine gewaltige Umstellung. Tagsüber genügte das wenige Licht, das durch die schmalen Fenster fiel, um die neue Wohnung einzurichten. Einen Zeitungsartikel konnte man aber, auch wenn draußen die Sonne schien, drinnen nicht ohne eine künstliche Lichtquelle lesen. Lisbeth war klar, dass sie sich für die nächsten zwei Jahre mit dieser Wohnung arrangieren musste. Der Ausweg aus dem Dilemma von Wohnungsknappheit und Wohnprovisorien zeichnete sich jedoch bereits als verlockender Lichtschimmer am Horizont ab. Heinrich und Lisbeth hatten nämlich die Absicht zu bauen.

Heinrich war Mitglied der „Baugenossenschaft für Kriegsbeschädigte und Kriegshinterbliebene", die bald nach dem 1. Weltkrieg gegründet worden war. Diese Baugenossenschaft kaufte mit dem Vertrag vom 12. März 1920 ein knapp 2 ha großes Grundstück im Stadtteil Wilhelmshöhe in der Gemarkung Wahlershausen. Dieses Land war bis dato eine Domäne, also ein staatlicher Gutsbesitz, der von einem Pächter bewirtschaftet wurde. Die Intention, die hinter diesem Handel steckte, gibt der Kaufvertrag mit folgenden Worten wieder:

„Der Preußische Staat, Domänen-Verwaltung, verkauft an die Baugenossenschaft der Kriegsbeschädigten und Kriegshinterbliebenen e.G.m.b.H. in Cassel zum Bau von Wohnungen für minderbemittelte Kriegsbeschädigte und Kriegshinterbliebene die nachbenannten Grundstücke [...] Übergabetermin 1. April 1920."

Selbstverständlich reagierte der Staat auf die Wohnungsnot, indem er im Rahmen seiner damaligen Möglichkeiten Projekte förderte, die auch dem Kleinbürgertum und dem Mittelstand Perspektiven boten.

Der § 7 dieses Kaufvertrags kam den Wünschen von Heinrich und Lisbeth in besonderem Maße entgegen, denn dort heißt es: „*Die Käuferin* [also die Baugenossenschaft] *verpflichtet sich, die Grundstücke innerhalb zwei Jahren zu bebauen.*" Demnach würde die junge Familie im Jahr 1923 im eignen Häuschen wohnen, vorausgesetzt es verlief alles nach Plan. Derzeit aber musste man sich mit einer dunklen Wohnung abfinden.

Lisbeth schob vorsichtig mit Heinrich Möbel und hängte die Vorhänge auf. Als die Einrichtung der Wohnung abgeschlossen war, hatte sie genügend Zeit, um die Umgebung zu erkunden. Mittlerweile war sie hochschwanger. Die Hausarbeiten bewältigte sie in ihrem Zustand noch immer, nur für die Zeit der Geburt und auch für die Wochen danach wünschte sie sich eine Hilfe. Eine Unterstützung der jungen Familie war schnell gefunden. Heinrichs Halbschwester Leonie Zabel erklärte sich bereit, vorübergehend den Haushalt zu führen, wenn es mit der Geburt Anfang August soweit wäre.

Am 5. August 1920 wurde Heinrichs und Lisbeths erster Sohn Heinz geboren. Dank der Hilfe von Leonie konnte sich Lisbeth ganz ihrem Neugeborenen widmen. Als Lisbeth sich erholt hatte, ging sie mit Leonie in die Stadt, um für ihre junge Schwägerin einen Hut zu kaufen. Glücklich kehrte Leonie nach Daseburg zurück. Es hatte ihr in Kassel bestens gefallen. Vor allem mochte sie ihren Halbbruder sehr gern. Noch 20 Jahre später erzählte sie ihren Kindern und Verwandten: „Heinrich ist mein Lieblingsbruder".

Im September 1920 konnten Heinrich und Lisbeth zum ersten Mal ihr eigenes Grundstück betreten. Am 9. September 1920 hatte die Baugenossenschaft Heinrich geschrieben: *„Werter Kamerad! Die Einzäunungsarbeiten sind fertiggestellt, sodaß Ihr Grundstück von Ihnen in Benutzung genommen werden kann. Die Ihnen zugeteilte Parzelle trägt Nr. 11 und hat eine Größe von 627 qm."*

Heinrich holte von einem Genossenschaftsmitglied den Schlüssel vom Eingangstor ab; dann stand der Besichtigung nichts mehr im Weg. Heinrich und Lisbeth hatten beide allen Grund zum Schwärmen. Die Lage des Grundstücks war für Heinrich perfekt. Es befand sich in Fußnähe zum Bahnhof Wilhelmshöhe und von dort aus würde Heinrich schnell seinen Arbeitsplatz, die Reichsbahndirektion, in der Nähe des Hauptbahnhofs erreichen. Lisbeth wird sich vielleicht mehr an der schönen Sicht ergötzt haben. In dem damals weitgehend unbebauten Gebiet hatte man einen freien Blick auf den Habichtswald, das Schloss Wilhelmshöhe und den Herkules.

Lisbeth, mit dem Säugling auf dem Arm, auf dem eigenen Grundstück, muss in diesem Augenblick wunschlos glücklich gewesen sein. Was der opferbereiten Katholikin aber nicht gleichgültig gewesen sein kann, das war die Situation ihrer Mutter zum selben Zeitpunkt. Nicht nur für Lisbeth bedeutete der Umzug nach Kassel eine Zäsur, auch Theresa musste sich an einen Alltag ohne ihre Tochter und Vertraute gewöhnen. Bereits am 02.03.1920 hatte Lisbeth von Daseburg aus an Heinrich geschrieben: *„Mein armes Müttterchen tut mir tüchtig leid. Am Sonntag Abend wie ich von Dir zurückkam sagte sie mir: 'Wenn Ihr beide fort seid bin ich doch recht einsam u. verlassen.' Hoffentlich kommt Bruder Franz recht bald Heim, dann wird sie es so viel leichter tragen."*

Als Heinz geboren wurde, war Lisbeths Bruder Franz Wienholt nach wie vor in russischer Gefangenschaft. Wie bereits erwähnt, war das Einzige, was seine Familie erfahren hatte, dass er auf einem Bauernhof in Russland arbeitete und dass er dort gut behandelt wurde. Die Familie konnte sich jedoch nicht sicher sein, ob diese Informationen, die ein ehemaliger Kriegskamerad überbracht hatte, nicht bereits überholt waren, denn Briefe hatten sie von Franz nur selten erhalten. Tatsächlich dauerte es noch ein Jahr bis Theresa ihren Erstgeborenen wiedersah.

In der Erntezeit 1921, also im August, befand sich Familie Wienholt auf dem Weizenfeld, als ein Mann sie mit der Botschaft überraschte, Franz säße in einer Kneipe in Warburg. Lisbeths ältester Bruder Jakob fuhr umgehend mit dem Wagen nach Warburg, um Franz abzuholen. Als Franz sein Elternhaus nach 7-jähriger Abwesenheit betrat, soll Theresa außer sich vor Freude gewesen sein. Franz hatte mehrfach versucht zu fliehen, aber erst der letzte Fluchtversuch im Frühjahr 1921 führte zum Erfolg.

Als Franz im Sommer 1921 nach Hause kam, waren Heinrich und Lisbeth dabei, ihr Grundstück urbar zu machen. Sie ließen Mutterboden auftragen und einen Brunnen bohren. Dem Gemüseanbau stand also nichts mehr im Wege. Das Jahr 1921 hätte für Heinrich und Lisbeth eine Zeit völlig ungetrübten Glücks sein können, wäre nicht die wirtschaftliche und politische Situation in Europa, insbesondere in Deutschland, so erbärmlich gewesen. Die beständige Entwertung der Reichsmark schien kein Ende zu nehmen. Auch eine zufriedenstellende Versorgung der Bevölkerung mit Wohnraum und Lebensmitteln war nach wie vor ein ungelöstes Problem. Besorgt schrieb ein Journalist des „Casseler Tageblatts" über das Erstarken der linken und vor allem der rechten Ränder. Nationalistische Gruppierungen, die weder die Niederlage Deutschlands noch die demokratischen Reformen akzeptierten, bedrohten das Leben der Politiker, und zwar nicht nur derjenigen aus dem linken Spektrum.

Der Zentrumspolitiker Matthias Erzberger, der das Waffenstillstandsabkommen von Compiègne unterzeichnet hatte, wurde von rechten Terroristen am 26. August 1921 in Bad Griesbach in Baden ermordet. Auch der liberale Politiker Walther Rathenau fiel am 24. Juni 1922 in Berlin einem Attentat durch Rechtsradikale zum Opfer. Selbstverständlich hatten die Opfer um die Gefahr gewusst. Ein erster Anschlag auf Erzberger war bereits im Juli 1919 verübt worden. Im Frühjahr 1921, ein Vierteljahr vor seiner Ermordung, soll er gesagt haben: „Die Kugel, die mich treffen soll, ist schon gegossen."[174]

Ergebnis des Jahres 1921 war eine weitere Verschlechterung des Verhältnisses zwischen dem Deutschen Reich und den Alliierten. An Reparationszahlungen wurden von Deutschland jetzt 132 Milliarden Gold-

---

[174] Taylor, Frederick: Inflation. Der Untergang des Geldes in der Weimarer Republik und die Geburt eines deutschen Traumas. München 2013, S. 171f. Vgl. Kolb, Eberhard; Schumann, Dirk: Die Weimarer Republik. München 2013, S. 50.

mark verlangt, zu zahlen in den nächsten 42 Jahren, und 26 % des Wertes seiner jährlichen Ausfuhren.[175] Was die Ausfuhren betrifft, so waren die alliierten Staaten zunächst nicht sehr geneigt, die Industrieprodukte des ehemaligen Kriegsgegners zu kaufen. Die deutsche Industrie konnte sich jedoch auf die rasant steigende Inflation verlassen. Würden die hochwertigen Produkte der deutschen Industrie auf dem internationalen Markt genügend billig sein, müsste man sich um den Absatz keine Sorgen mehr machen. Dass der Mittelstand auf diese Weise enteignet wurde, war nicht das Problem der Industriellen, da diese über genügend Devisen verfügten.

Deutschland kam aus der Talsohle nicht heraus, obwohl es nach wie vor zu den größten Industrienationen gehörte. Die junge Republik brauchte Kredite, um die Reparationszahlungen an die Alliierten leisten zu können, und sie benötigte eine Revision der geforderten Sachleistungen, insbesondere hinsichtlich der Kohlelieferungen. Denn ohne Kohle konnte die Industrie die ökonomischen Voraussetzungen für die geforderten Reparationszahlungen an die Alliierten nicht erwirtschaften. Vor allem das bei den USA hoch verschuldete Frankreich knüpfte sein Einverständnis mit der Gewährung eines Kredits an einen Teilerlass seiner eigenen Schulden. Hierzu waren die USA aber nicht bereit.[176] Die Historiker Kolb und Schumann schreiben zu der Motivation der damaligen Staaten: „Das Reparationsproblem wurde nicht als eine weltwirtschaftliche Aufgabe begriffen, die nur in gemeinsamer Anstrengung aller beteiligten Staaten bewältigt werden konnte, sondern jeder Staat orientierte sich ausschließlich am eigenen nationalen Interesse."[177] Sicher handelten die damaligen Staaten nach dem Motto: *„Ein Jeder sucht seinen eigenen Vorteil".* Berücksichtigen muss man allerdings auch, dass die Ausgangslage einige Jahre nach einem entsetzlichen Krieg, insbesondere in Deutschland, miserabel war.

---

[175] Kolb, Eberhard; Schumann, Dirk, a.a.O., S. 46.
[176] Vgl.: Taylor, Frederick: Inflation. Der Untergang des Geldes in der Weimarer Republik und die Geburt eines deutschen Traumas. München 2013, S. 195.
[177] Kolb, Eberhard, Dirk Schumann, a.a.O., S. 44.

Hyperinflation

Heinrich und Lisbeth hatten in Heinz ein gesundes, lebhaftes Kind. An den Wochenenden bei schönem Wetter ging die junge Familie spazieren, besonders gerne in Kassels schönem Bergpark Wilhelmshöhe. Lisbeth schob den Kinderwagen, Heinrich trug seine Kamera und das Stativ. Eine Wiese im Sonnenlicht mit Büschen und Bäumen im Hintergrund boten das ideale Ambiente für einige Fotos. Lisbeth setzte sich im wadenlangen Sommerkleid auf die Wiese, während Heinrich mit seiner Kamera beschäftigt war. Dann suchte Heinrich den Blickkontakt zu seinem Sohn. Lisbeth lächelte; der kleine Heinz hielt seinen Teddy im Arm und strahlte seinen Vater an. Heinrich fotografierte sie beide, einzeln und gemeinsam. Schließlich betätigte er den Selbstauslöser und gesellte sich zu der kleinen Gruppe. Heinz muss etwa zwei Jahre alt gewesen sein, als diese Fotos entstanden (Abb. 11).

Der Bergpark Wilhelmshöhe war ein beliebtes Ziel für Ausflügler. Unter die Spaziergänger mischte sich gelegentlich auch der ehemalige Reichsministerpräsident Philipp Scheidemann, so am Pfingstsonntag, den 4. Juni 1922 in Begleitung seiner Tochter und Enkeltochter. Scheidemann war seit dem 19.01.1920 Oberbürgermeister seiner Geburtsstadt Kassel. Als prominenter Sozialdemokrat, der im November 1918 die Republik ausgerufen hatte, stand auch er auf der Todesliste rechter Gruppierungen.

Das Casseler Tageblatt beschreibt den Übergriff vom 04.06.1922 auf Philipp Scheidemann folgendermaßen: Scheidemann befand sich etwa 20 Schritte vor seiner Tochter, als ein Unbekannter ihm Blausäure in das Gesicht spritzte. *„... im gleichen Moment rief auch schon seine Tochter: ‚Vater schieß‘."* Scheidemann entsicherte seine Pistole, die er zum Schutz bei sich trug. Der Fremde nutzte diesen Moment, um zu fliehen. *„Oberbürgermeister Scheidemann schoß noch zweimal hinter ihm her, vermutlich ohne den Täter zu treffen, und brach dann unter den Folgen der Gaseinwirkung bewusstlos zusammen."*[178] Erst nach einer Viertelstunde kam Scheidemann wieder zu Bewusstsein. Er überlebte den Anschlag ohne bleibende gesundheitliche Schäden. Der Unbekannte ließ seinen Stock und einen Gummiball gefüllt mit Blausäure am Tatort zurück. Durch einen Spürhund konnte die Polizei die Flucht des Täters bis zum Bahnhof Wilhelmshöhe zurückverfolgen. Der Terrorist floh mit dem Zug.

Es war im Sommer 1922. Die Preise stiegen in Deutschland jeden Monat um 50 %. Damit war „die allgemein anerkannte Definition der Hyper-

---

[178] „Casseler Tageblatt", 06.06.1922, Morgenausgabe.

inflation erfüllt."[179] Die Ersparnisse des kleinen Angestellten verloren ihren Wert, während sich die Schuldner über den Wertverlust ihrer Kredite freuen konnten. Leider profitierte die Baugenossenschaft der „Kriegsbeschädigten und Kriegshinterbliebenen" nicht von dieser Entwicklung. Wären die Auflagen der Preußischen Regierung gegenüber der Baugenossenschaft umsetzbar gewesen, dann hätte das Eigenheim auf dem Grundstück der Familie Müller im Sommer 1922 zumindest im Rohbau stehen müssen. Der Baugenossenschaft waren aber nicht in ausreichendem Maße Kredite und Fördermittel gewährt worden. Der Kaufvertrag zwischen der Baugenossenschaft und dem Preußischen Staat wurde daher um zwei Textseiten ergänzt. Im § 8 heißt es jetzt: *„Käuferin [die Baugenossenschaft] verpflichtet sich, die Grundstücke innerhalb 3 Jahre vom 1. Oktober 1922 ab zu bebauen, sofern sie die dazu erforderlichen Überteuerungskosten erhält."* Seit dem 1. Weltkrieg waren die Baukosten extrem gestiegen. Die durch diese Mehrkosten entstandene „Übertuerung" konnte die Baugenossenschaft unmöglich aus eigenen Mitteln tragen. Wann sie jedoch die nötigen Mittel erhalten würde, war völlig unklar. Was blieb Heinrich und Lisbeth übrig, als sich auf weitere Jahre in einer Wohnung einzustellen, von der ihr Sohn Heinz später einmal schreibt, sie sei klein und „sonnenlos" gewesen.[180]

Unter den mäßigen Wohnverhältnissen hatte eher Heinrichs kleine Familie als er selbst zu leiden. Durch die großen Bürofenster der Reichsbahndirektion fiel genügend Tageslicht auf die Bauzeichnungen und Kostenaufstellungen, die auf seinem Schreibtisch lagen. Allerdings hatte er auch in seiner Mietwohnung einiges an Büroarbeiten zu erledigen, z. B. die so wichtige Korrespondenz mit dem „Versorgungsamt Cassel". In diesen Briefen kämpfte er um seine Rente als Kriegsversehrter. Sein Anspruch auf diese Rente wurde von der Behörde wiederholt in Frage gestellt. Zunächst erhielt er 10 %, dann 25 % von seinem Rentenanspruch als Unteroffizier. Hohe Beträge waren das nicht, aber jetzt, als er für eine Familie zu sorgen hatte, brauchte er jede Mark. Mit dem Schreiben vom 26. April 1922 teilte ihm das Versorgungsamt mit, dass sein Behinderungsgrad nach einer medizinischen Untersuchung auf 15 % herabgestuft worden war, wodurch er seinen Rentenanspruch gemäß dem Reichsversorgungsgesetz vom 12. Mai 1920 verlieren würde.

Heinrich verfasste sein Antwortschreiben zuhause in seiner Wohnung und zwar handschriftlich. Ein so wertvolles Gerät wie eine Schreibmaschine befand sich normalerweise nicht im Privatbesitz. Wieder faltete

---

[179] Taylor, Frederick: Inflation. Der Untergang des Geldes in der Weimarer Republik und die Geburt eines deutschen Traumas. München 2013, S. 210.
[180] Handschriftlicher Lebenslauf vom 20.10.1938.

er einen Doppelbogen längs und beschrieb die rechte Hälfte, sodass der Empfänger die linke Hälfte für seine eigenen Notizen zur Verfügung hatte. Gegen den Bescheid erhob er Einspruch: „*Die Lähmung meiner rechten Hand ist noch ebenso wie früher, es ist mir nicht möglich mit derselben zu schreiben oder zu zeichnen, sodaß ich meinen Beruf als Bautechniker mit der linken Hand nur führen muß. Hier wie auch bei allen anderen Arbeiten fühle ich immer wieder, daß ich in meinen Leistungen hinter Gesunden somit über einem 1/3 zurückstehen muß. Ich kann mich daher mit dem oben angeführten Bescheid nicht zufrieden geben und bitte, falls man meinen Angaben nicht glaubt, meine Invalidität durch einen Arzt unter Zuhilfenahme eines Fachsmanns (Bautechniker) feststellen zu lassen.*" Da sich Streichungen im Text befanden, schrieb er seinen Brief noch einmal ab, verschickte die Reinschrift und hob das Skript auf.

Heinrich wünschte sich die Anerkennung einer 30%igen Erwerbsminderung bedingt durch seine Kriegsbeschädigung. Entsprechend hatte er seinen Text an das Versorgungsamt formuliert. Seine Angaben zu seinem Handicap sind aber durchaus glaubhaft. Es sei in diesem Zusammenhang an Lisbeths Brief vom 20.03.1919 erinnert. Anlässlich seiner Prüfung zum Büroassistenten hatte sie Heinrich geschrieben: „*Trotz allen Schwierigkeiten kann ich doch aus Deinem Briefe merken wie recht es Dir kommt, daß Du Deine Prüfung machen mußt wie jeder andere, der beide Hände richtig gebrauchen kann.*" Heinrich war Rechtshänder und die erforderliche Umstellung auf den ausschließlichen Gebrauch seiner linken Hand erwies sich als ein Nachteil gegenüber seinen Kollegen und Kolleginnen.

Heinrich mochte gehandicapt sein, seine berufliche Existenz bei der Reichsbahndirektion war jedoch nicht gefährdet. Im Jahr 1921 hatte man ihn im Rahmen der mittleren Beamtenlaufbahn zum Obersekretär befördert. Heinrich und Lisbeth lebten in gesicherten Verhältnissen, was umso wichtiger war je größer ihre Familie wurde. Ende des Jahres musste Lisbeth klar gewesen sein, dass sie mit ihrem zweiten Kind schwanger war. Die „freudige Erwartung" wurde allerdings getrübt durch das Desaster der politischen und wirtschaftlichen Verhältnisse, die immer schlechter wurden. Die Nische für Schutzsuchende konnte nicht abgelegen genug sein, um nicht doch von dem betroffen zu sein, was sich im Laufe des Jahres 1923 abspielte.

Frankreich wünschte sich, seinem eigenen Sicherheitsinteresse folgend, eine Verschiebung der deutsch/französischen Grenze an den Rhein. Im Januar 1923 besetzten französische und belgische Truppen das Ruhrgebiet mit insgesamt 100.000 Mann unter dem Vorwand, die Reparationsabgaben vor allem von Kohle sicherstellen zu wollen. Diese

Besetzung war weder vertraglich legitimiert noch wurde sie von den Partnern Frankreichs und Belgiens gern gesehen. Das besiegte und weitgehend am Boden liegende Deutsche Reich tat gut daran, auf diese Intervention nicht militärisch zu reagieren. Stattdessen rief die Regierung die Ruhrbevölkerung zum passiven Widerstand gegen die Besatzer auf. Letztgenannte reagierten auf den Widerstand der Bevölkerung mit Verhaftungen, einigen Hinrichtungen und schließlich auch mit der Ausweisung von ca. 150.000 Zivilisten aus dem besetzten Ruhrgebiet.[181] Wir erinnern uns: Heinrich hatte am 23.06.1919 über die Reichsbahndirektion Kassel erfahren, dass die Alliierten (Entente) die eingeschränkte Zustimmung der Regierung Bauer zum Versailler Vertrag nicht akzeptiert hatte, sondern ein uneingeschränktes Einverständnis verlangte. Am selben Tag schrieb er Lisbeth: *„Wir werden auf die Dauer die Ententetruppen vom Einmarsch wohl nicht abhalten können, ob wir unterschreiben oder nicht."* Seine damalige Prognose war durchaus nicht unrealistisch.

Wie viele Menschen aus Angst vor den Besatzern flohen, ohne von ihnen direkt ausgewiesen worden zu sein, ist nicht bekannt. Die Gemeinden, die sich ohnehin seit Jahren bemühten, die Wohnungsnot in den Griff zu bekommen, erhielten nun die Befugnis, auch möblierte Wohnungen und Einrichtungsgegenstände zur Unterbringung und Versorgung der Ruhrvertriebenen zu beschlagnahmen.[182]

Der passive Widerstand im Ruhrgebiet kostete den Staat erheblich mehr Geld, als er derzeit aufbringen konnte. Im Ruhrgebiet mussten die Gehälter der Arbeiter, die angehalten waren, eine Kooperation mit den Besatzern zu verweigern, bezahlt und die Unternehmer unterstützt werden. Um all dies zu finanzieren, wurden die Druckerpressen über ihre Kapazität hinaus bemüht. In den folgenden Monaten erreichte die Inflation ein gigantisches Ausmaß. Im April 1923 kostete ein Dollar ca. 20.000 Mark, Ende Juli gut 1 Million Mark, eine Woche später am 7. August bereits 3 Millionen Mark.[183] Arbeiter und Angestellte kauften am Tag der Lohn- bzw. Gehaltsauszahlung schnell das Notwendigste, weil ihr Geld 24 Stunden später nur noch die Hälfte wert war. Der solide Rentner und der gebildete Angehörige des Mittelstandes, die bis jetzt gehofft hatten, dass ihr Erspartes sicher ist, verarmten innerhalb weniger Monate. Ehemals Begüterte tauschten auf dem Schwarzmarkt ererbte Wertgegen-

---

[181] Kolb, Eberhard; Schumann, Dirk: Die Weimarer Republik. München 2013, S. 51f., Strotdrees, Gisbert: Höfe, Bauern, Hungerjahre. Aus der Geschichte der westfälischen Landwirtschaft 1890-1950. Münster-Hiltrup 1998, S. 80.
[182] „Casseler Tageblatt", Sonntag, 29.07.1923.
[183] Taylor, Frederick: Inflation. Der Untergang des Geldes in der Weimarer Republik und die Geburt eines deutschen Traumas, München 2013, S. 273. Kolb, Eberhard; Dirk Schumann: Die Weimarer Republik. München 2013, S. 52.

stände gegen Lebensmittel ein, denn es drohte ein weiterer Tiefstand hinsichtlich der Lebensmittelversorgung.

Die Bauern mochten ihre Ernte für den Gegenwert einer gänzlich instabilen Währung nicht mehr verkaufen und der Staat war immer weniger in der Lage, die dringend notwendigen Lebensmitteleinfuhren aus dem Ausland zu erwerben. Im Sommer 1923 geriet die Versorgung der Bevölkerung mit Kartoffeln, wie so häufig, ins stocken. Am 28.07.1923 ließ Reichskanzler Wilhelm Cuno über die Zeitungen einen Aufruf an die Landwirte veröffentlichen:

„Ich richte daher an die deutsche Landwirtschaft den dringenden Aufruf, alle Kräfte anzuspannen, um die Erträge, insbesondere der Frühkartoffelernte, möglichst umgehend dem Verbrauch zuzuführen und die Lage in den Städten zu erleichtern." [184]

Aufrufe dieser Art gab es jetzt fast monatlich. Thema waren auch die Preiserhöhungen für Grundnahrungsmittel: *„Die Verschlechterung der wirtschaftlichen Lage machte es erforderlich,"* so das städtische Nachrichtenamt, *„daß die erst am Montag erhöhten Brotpreise von nächster Woche an abermals erhöht werden mußten."* 1,9 kg Roggenbrot sollten nun 10.200 Mark kosten, 1 kg Weizenbrot 5.800 Mark. Ein 45-Gramm-Brötchen erhielt man für 300 Mark und ein 90-Gramm-Brötchen für 600 Mark.

Die Erhöhung des Preises für einen Liter Vollmilch auf 8.200 Mark wird laut städtischem Nachrichtenamt mit dem *„katastrophalen Rückgang im Frischmilcheingang"* begründet. Auch die Lieferungen von Eiern deckten nicht mehr den Bedarf der Stadtbevölkerung:

„Die Situation auf dem Eiermarkt treibt immer mehr einer Katastrophe zu. Die Zufuhren waren auch in dieser Woche wieder so gering, daß der Nachfrage nicht genügt werden konnte. [...] Man kann sagen, daß die Preise von Stunde zu Stunde steigen und auf einzelnen Märkten werden im Großhandel für 1 Ei bereits 7000 bis 8000 M. gefordert. Im allgemeinen bewegten sich die Preise in dieser Woche zwischen 5000–6000 Mark pro Stück." [185]

Zu allem Übel entwickelte sich auf dem flachen Land eine neue Form des Schiebertums. Am 30.07.1923 beschreibt das „Casseler Tageblatt" in seiner Abendausgabe mit bissigem Humor die Strategien, mit denen „Damen" des gehobenen Standes sich beim Schwarzerwerb von Lebensmitteln gegenüber den „Hamsterern" aus den sozialen Unterschichten durchsetzen:

---

[184] „Casseler Tageblatt", Sonntag, 29.07.1923.
[185] Ebenda.

„Da logiert sich eine gewisse Klasse von Kurgästen in den Gasthäusern der Landstädtchen und Dörfer ein, in Lokalen, die sie früher nie betreten hätten. Hier werden Bekanntschaften mit dem Landvolk gesucht, das man früher nur von oben herunter ansah. Von hier streifen diese Damen, um solche handelt es sich meist, planmäßig jeden Ort der Umgebung ab, sammeln Butter, Eier, auch sonst manches, was sich konservieren und transportieren läßt. [...] Sie lassen sich nicht abspeisen. Ist's heute nicht, kommen sie mit dem verbindlichsten Lächeln und größter Freundlichkeit morgen oder übermorgen wieder; ist's keine Stiege [= 30 Eier] oder halbe Stiege[186] *Eier, so sind es vielleicht 5, 4, 3, 2 oder doch ein Ei. Die Bauersfrauen werden grob. Ein armes Hamsterkind, das kranke Eltern oder Geschwister zuhause hat, zieht beschämt von dannen. Aber diese Sorte, weit gefehlt, – die kommen in feiner Garderobe. – Sie können sich's ja auch leisten. Der Herr Gemahl sitzt in der Stadt und verdient mit Spekulation und Schieben täglich Millionen."*

In der Zeit der Hyperinflation gab es viele Verlierer, aber auch Gewinner. Diejenigen, die Waren verschoben oder mit Aktien spekulierten, konnten es zu einem kurzfristigen Vermögen bringen. Es gibt keinen Hinweis darauf, dass Heinrich und Lisbeth in Aktien investiert hätten und auch ihr Bemühen, einen Kartoffelhandel zu unterstützen, fand keine Wiederholung. Aber beide waren nicht ‚unclever'. Während ihr Vermögen, angelegt in Reichsanleihen, dahinschmolz, stieg der Wert ihres Grundstücks. In Zeiten der Inflation in Sachwerte zu investieren, war ein kluger Schachzug.

Ende Juli 1923 gesellte sich Heinrichs Halbschwester Leonie Zabel wieder zu der kleinen Familie in Kassel. Lisbeth bewegte sich inzwischen schwerfällig durch die Wohnung. Der kleine Koffer für ihren Aufenthalt im Krankenhaus war bereits gepackt. Am 5. August 1923 wurde Heinz drei Jahre alt und durfte sich an eben diesem Tag über die Ankunft seines kleinen Bruders freuen. Mein Vater Kurt Müller wurde am Sonntag, den 5. August 1923 in Kassels städtischer Entbindungsanstalt „Sophienhaus" geboren. Zwei Brüder hatten also am selben Tag Geburtstag. Ob die Freude von Heinz an diesem Tag wirklich groß war, darf bezweifelt werden, denn er musste seine Mutter 13 Tage lang entbehren. In Daseburg waren Hausgeburten üblich. Ob nun als ein Akt der Anpassung an städtische Gepflogenheiten oder aus anderen Gründen, Lisbeth zog es vor, ihre Kinder stationär zu entbinden. Dabei war der Aufenthalt im Krankenhaus für eine Wöchnerin damals lang und unbequem. Die jungen

---

[186] Im Originaltext „Steige", wegen der besseren Lesbarkeit korrigiert.

Mütter wurden angewiesen, sich möglichst wenig zu bewegen. Für Lisbeth muss diese Zeit eine Geduldsübung gewesen sein.

Nach Lisbeths Niederkunft schickte Heinrich die frohe Botschaft per Post nach Daseburg. Emilia antwortete ihrem Sohn mit einem nicht datierten Brief:

„Meine herzliche Gratulation zu Euerm kleinen Söhnchen. Ich hatte schon den Namen fürs kleine Töchterchen gewählt, nun ist meine Freude wieder zu früh gewesen, auch Ihr hättet sicher lieber ein Mädchen genommen. Wir müssen zufrieden sein, der kleine Kurt kann Euch noch mal große Freude machen. Wenn Lisbeth nur munter ist und bald wieder kräftig wird. Euer Schinken hat mir heute Morgen einen großen Schrecken gemacht. Oft habe ich denselben nachgesehen und nichts gemerkt. Wir haben ihn dann unten in Stücke geschnitten. Da habt ihr ziemlich Schaden an. So wie Jakob sagt, hat das Fleisch nicht lange genug im Salz gelegen. Ich schicke Euch 55 Eier. Sie sind ganz rar. Das ganze Dorf ist voll Fremde und alles läuft um Eier. In der 1. Woche habe ich mit aller Mühe 40 Stück bekommen, 1 Stk 5000 Mark. Des Montags bekam ich noch 5 Eier, das Stück 10.000 – sofort das doppelte. Händler boten aber schon 12.000. Ich habe von unsern noch 10 beigelegt. Da will ich nichts für haben. Ausgelegt hab ich für Euch 50.000 Mark. Was Ihr nun noch von Leonies Schuh bekommt behaltet. Für Lisbeth schick ich Dir eine Wurst."

‚Eine Hand wäscht die andere', wie man im Allgemeinen sagt. Leonie kleidete sich in Kassel neu ein und ihre Mutter Emilia besorgte für die Verwandtschaft in Kassel Lebensmittel, wobei der Ansturm auf die Eier inzwischen derartige Ausmaße erreicht hatte, dass selbst sie als Daseburgerin Schwierigkeiten hatte, genügend von ihnen zu besorgen.

Als Heinrich seine Frau am 17. August vom Krankenhaus abholte, bekam er eine Rechnung überreicht, die entsprechend der damaligen Inflation abenteuerlich war. Für den Krankenhausaufenthalt von Lisbeth hatte man, incl. der Medikamente, 3.525.000,- Mark berechnet, für 13 Tage Säuglingspflege 540.000,- Mark. Die Rechnung betrug am Ende 4.065.000,- Mark.

Heinrich und Lisbeth durften sich an ihrem Familienzuwachs erfreuen, und sie führten eine harmonische Ehe, aber alle anderen Aspekte ihres damaligen Lebens waren weniger rosig. Sie hatten ihr Erspartes verloren, Entlassungswellen, von denen vor allem Staatsbedienstete betroffen waren, durchzogen das Land und Heinrichs Gehalt verlor schon kurze Zeit nach der Auszahlung an Wert trotz des Inflationsausgleichs. Immerhin wohnten sie billig, denn Vermieter waren in der Zeit der Hyperinflation ebenfalls auf der Seite der Verlierer. Von Vorteil war auch ihr Grundstück mit dem neu angelegten Brunnen zur Bewässerung der

Gemüsepflanzen und letztendlich ihre Verwandtschaft auf dem Land, über die sie nach wie vor Lebensmittel bezogen.

Beide hätten sich mit der chaotischen Lage, in der sich Deutschland befand, einigermaßen arrangieren können, wäre nicht die Zukunft so ungewiss gewesen. Spätestens seit dem zweiten Kriegsjahr befand sich die Bevölkerung in einer Ausnahmesituation. Die Hyperinflation im Sommer und Herbst 1923 jedoch trieb die Erfahrung des Normalitätsverlustes auf die Spitze. In Berlin bekam der 16-jährige Sebastian Haffner einen ersten Eindruck vom enthemmten Nachtleben jugendlicher Börsenspekulanten. Die Hyperinflation erzeugte in diesen Kreisen Auswüchse von Skrupellosigkeit, wobei, wie er schreibt, nicht nur das Geld, sondern auch „alle Werte entwertet wurden."[187]

In Kassel war die Situation eine andere. Anfang August wurden die wenigen Kabaretts und Tanzdielen Kassels für einige Tage geschlossen. Die ständig ansteigenden Preise für eine Flasche Bier oder ein Glas Wein waren kaum noch kalkulierbar. Diejenigen, die nicht an der Börse spekulierten, und das waren die meisten, konnten die gewohnten harmlosen Vergnügungen ohnehin nicht mehr bezahlen. Mit bissigem Humor schreibt das „Casseler Tageblatt" am Sonntag, den 05.08.1923: *„[...] keine Antialkoholbewegung vermag dem Bier- und Schnapskonsum solchen Abbruch zu tun, wie die neuesten Preisfestsetzungen der Brauereien und Likörfabriken; wir werden einfach ganz von selbst trocken gelegt."*

Anfang August 1923 waren die Richtlinien für den Mietpreis bereits in Naturalwerten festgesetzt worden: Demnach war die monatliche Miete für ein besseres Zimmer 3 ½ Laib Brote wert. *„Für Bedienung und Reinigung des Zimmers ist außerdem monatlich der Preis von 4 Liter Vollmilch zu rechnen."*[188] Laut „Casseler Tageblatt" hatte sich die Bevölkerung vor zwei/drei Jahren noch über die Inflation entrüstet, mittlerweile reagierte man auf die riesigen Zahlen mit den vielen Nullen mit einem Achselzucken.

In den besetzten Gebieten zogen rechte Gruppierungen ihren Vorteil aus dem Unmut der Bevölkerung, aber nicht nur dort. Von der allgemeinen Notlage profitierte auch die ausgeprägt antisemitische NSDAP unter Adolf Hitler, die sich vor allem in Bayern formieren konnte. Die Ruhrbesetzung und die Hyperinflation gewährten der NSDAP einen gewaltigen Rückenwind, den die Partei für die Bekanntmachung ihrer Parolen nutzte. Die Nationalsozialisten sahen in einem internationalen Judentum den Schuldigen für die Hyperinflation. Nach ihrem Weltbild führte die

---

[187] Haffner, Sebastian: Geschichte eines Deutschen. Die Erinnerungen 1914-1933. Stuttgart, München 2001, S. 53.
[188] „Casseler Tageblatt", 09.08.1923, Abendausgabe.

„Judaisierung" der Wirtschaft zu einem rücksichtslosen Spekulantentum, zur Abwertung von Arbeit und „ehrlich" erworbenem Vermögen.[189]

Während die NSDAP eine national-völkische Diktatur errichten wollte, plante die KPD, vor allem von Thüringen und Sachsen aus, eine Diktatur des Proletariats. Streitmacht der Kommunisten waren dort die „Proletarischen Hundertschaften". Deren Existenz provozierte wiederum die äußerste Rechte in Bayern, die ihrerseits aufrüstete. Die rechtslastige Regierung Bayerns protegierte zunächst Umstürzler wie Hitler und wurde ihrerseits unterstützt von der in Bayern stationierten 7. Division der Reichswehr. Sowohl das kommunistische als auch das nationalistische Lager waren dabei sich so weit zu militarisieren, dass ihre Umsturzpläne für das Reich in absehbarer Zeit eine Bedrohung darstellten. Und damit nicht genug: In Küstrin traf die paramilitärische „Schwarze Reichswehr" Vorbereitungen für den nächsten Putsch und im Rheinland und in der Pfalz arbeiteten Separatisten an der Abspaltung vom Reich, zunächst unterstützt von den Besatzungsmächten.[190] Es hatte den Anschein als kollabierte die Republik unter der Last ihrer Probleme. Bisher hatte das liberale „Casseler Tageblatt" die Entwicklung von Staat und Gesellschaft meistens mit einigen ironischen Bemerkungen quittiert. Mittlerweile mischte sich auch in seine Kommentare mehr und mehr Bitterkeit, so in der Sonntagsausgabe vom 5. August 1923:

„Es gibt genug gute, besonnene Republikaner, die sagen: ‚Die Republik ist so gut wie tot! Sie ist an der eigenen Toleranz krepiert.' Die Gegner des demokratischen Staatsgedanken frohlocken. Adolf Hitler, der sich seit Jahren in München bemüht, das deutsche Volk lächerlich zu machen, verkündet mit kreischender Stimme: ‚Wir setzen das Prinzip der Kraft an die Stelle des Zahlenwahns der Demokratie!' Auf der anderen Seite haben es die Kommunisten leicht, die deutsche Demokratie madig zu machen: ‚Eure Republik ist eine Plutokratie schwersten Kalibers; – Geld regiert, weiter nichts!' So stehen die Radikalen rechts und links. [...] Von den Forderungen, die am Anfang der Republik standen: ‚Frieden, Arbeit, Brot' ist heute noch keine verwirklicht. Wir haben einen Frieden, der ein Wahnsinn ist, wir haben eine Arbeit, die uns kaputt macht und wir haben ein Brot, das keiner bezahlen kann. Wir haben einen Staat mit vielen unkontrollierbaren Staaten im Staate, die mit den verschiedensten Tendenzen an dem Gefüge des Reiches bohren. Wir haben eine Armee, und eine verbotene

---

[189] Taylor, Frederick: Inflation. Der Untergang des Geldes in der Weimarer Republik und die Geburt eines deutschen Traumas. München 2013, S. 252.
[190] Kolb, Eberhard; Schumann, Dirk: Die Weimarer Republik. München 2013, S. 53.

Armee und noch eine verbotene Armee, die aus gegenseitigem Misstrauen heraus Wettrüsten veranstalten. Wir haben Putsche und Krawalle."[191]

Die Republik erlitt ihren Tiefstand im Sommer und Herbst 1923. Mit der Regierung Stresemann (13.08. bis 04.10.1923) wendete sich allerdings das Blatt: Eine Revolution unter kommunistischem Vorzeichen wurde verhindert. Im Westen des Landes scheiterten die Separatisten am Widerstand der Bevölkerung. Die Bayrische Regierung distanzierte sich von Hitlers Putschabsichten. Sie war es selbst, die dessen Umsturzversuch am 8. und 9. November in München niederschlagen ließ. Ebenso scheiterte der Putsch der „Schwarzen Reichswehr" in Küstrin.

Der neue Reichskanzler Stresemann beendete im August 1923 den passiven Widerstand im Ruhrgebiet. Somit mussten Reparationszahlungen, die vorübergehend eingestellt worden waren, wieder geleistet werden. Als Pfand für diese Verpflichtungen diente jetzt u. a. einer der größten Vermögenswerte des Staates: die Reichsbahn. Die Regierung hatte bis zum Herbst 1923 mit der Hyperinflation das Vermögen des größten Teils der Bevölkerung geopfert, um den Alliierten die Notwendigkeit einer Revision der Reparationsverpflichtungen vor Augen zu führen. Um mit den Alliierten in neue Verhandlungen treten zu können, musste aber zunächst die Hyperinflation gestoppt werden. Dies geschah durch die Ausgabe einer neuen Währung auf der Basis der im Oktober 1923 gegründeten Rentenbank. Die Rentenmark war durch gewerblich genutzten Grundbesitz zumindest formal gedeckt und sie wurde in begrenzter Ausgabe gedruckt. Damit gewann sie einen gewissen Vertrauensbonus bei der Bevölkerung.[192] Außerdem ermöglichten jetzt Kredite, die von den USA gewährt wurden, die Zahlung von Reparationen vor allem an Frankreich und Belgien. Die Wirtschaft gewann mehr und mehr an Fahrt.

Das Frühjahr 1924 stand im Zeichen der Erneuerung. Für das Geld, das jetzt auf die Ladentheke gelegt wurde, bekam man zuverlässig eine bestimmte Ware. Die alten Scheine mit dem Aufdruck 5 Millionen und mehr fanden ihre neue Bestimmung als Lesezeichen oder als Kinderspielzeug. Noch sinnvoller war es, die wertlosen Scheine einfach wegzuwerfen. Mit dem stabilen Geld, auf das tatsächlich Verlass zu sein schien, konnte man auch wieder höhere Ausgaben tätigen, z. B. für einen Urlaub.

In dieser Hinsicht war die Familie Müller durch Freifahrtscheine und billige Unterkünfte für Eisenbahner besonders begünstigt. Dem gemeinsamen Urlaub stand somit nichts mehr im Wege. Lisbeth jedoch wünschte sich eine Entlastung von ihren Verpflichtungen, und das in

---

[191] „Casseler Tageblatt", Sonntag, 05.08.1923.
[192] Strotdrees, Gisbert; Höfe, Bauern, Hungerjahre. Aus der Geschichte der westfälischen Landwirtschaft 1890–1950. Münster-Hiltrup 1998, S. 84.

ihrem vertrauten Umfeld. Also bezog Heinrich Ende Juni 1924 allein Quartier im Eisenbahnerheim auf Borkum, während Lisbeth sich mit ihren beiden Kindern auf den Weg nach Daseburg machte.

Angekommen auf dem Bahnhof Warburg half ihr ein Eisenbahner aus dem Zug. Sie musste nicht lange warten, bis die Kutsche der Wienholts vorfuhr. Auf dem Kutschbock saß ihr jüngster Bruder Ullrich, daneben der Knecht der Familie, der gleich abstieg, um ihren Koffer auf die Kutsche zu heben. Wie häufig war sie die Strecke zwischen Warburg und Daseburg gefahren und noch viel häufiger war sie diese Strecke gelaufen. Nun hatte sie ihre beiden Kinder bei sich, die sich vor allem für die Pferde vor der Kutsche interessierten.

In ihrem Elternhaus traf sie manches verändert vor. Ihr Bruder Franz hatte nach seiner Rückkehr aus Russland geheiratet und den Hof übernommen. Ihre Schwägerin Sarah, eine füllige gemütvolle Frau, begrüßte sie herzlich unter der Rosenlaube, auf dem Arm ihren knapp vierteljährigen Sohn Alexander. *„Fleisch hat er nicht so viel aber tüchtige Knochen"*, schreibt Lisbeth Heinrich einige Tage später über ihren Neffen.

Lisbeth erholte sich im Kreis ihrer Familie bestens. Ihre Kinder erfreuten sich am Sonnenschein, den sie in der ‚Birkenstraße' zu häufig entbehren mussten. Heinz war aus dem Stall nicht mehr herauszubekommen und auch den kleinen Kurt zog es zu den Tieren. Lisbeth kochte mit den Frauen des Hofes Stachelbeermarmelade und sie half auf dem Feld beim Verziehen der Zuckerrüben. Theresa kümmerte sich währenddessen um ihre Enkel.

Lisbeth traf Verwandte und alte Freunde, außer Johanna. Für ihre Freundin war eine Ehe außerhalb von Daseburg arrangiert worden. Abwechslung gab es aber genügend, z. B. durch das Schützenfest, an dem das ganze Dorf teilnahm. Daseburg besaß seit 1921 eine Blaskapelle.[193] In diesem Jahr, 1924, begleiteten gleich zwei Musikkapellen den Wagenumzug. Lisbeths jüngster Sohn Kurt, inzwischen knapp ein Jahr alt, war begeistert. *„Als Kurtchen die Musik hörte sprang er mir bald vom Arm."* Dann setzte sie noch hinzu: *„Er hat alles Vieh gerade so gerne wie Heinzchen."*

Am 3. Juli 1924 saß sie nachts um 10 Uhr, während alle anderen Hausbewohner schon schliefen, in der Küche und antwortete mit einem langen Brief auf eine Karte, die Heinrich ihr von Borkum aus geschickt hatte: *„Wie kommt es, daß es bei Euch kalt und hier recht heiß war? [...] Den Kindern geht es gut. Kurtchen wird wohl bis Du zurückkehrst zwei*

---

[193] „Daseburg, das Dorf am Desenberg." Dokumentation zur Ausstellung im Museum im „Stern" in Warburg vom 26. Mai – 07. Juli 2002, Warburg 2002.

perlweiße Zähne haben." Es gab so viel zu erzählen: wer derzeit der Dorfvorsteher war, wer gebaut hatte, wessen Pferd eingegangen war und wie die Daseburger dieses Jahr ihr Schützenfest gefeiert hatten. *„Das Schützenfest ist sehr gut verlaufen"*, schreibt sie. *„Ich habe noch kein so gemütliches Fest mitgemacht. [...] Es sind wohl sehr wenige gewesen, die nicht wenigstens einen Tag tüchtig voll waren. Alles friedlich und fröhlich verlaufen. Beim Zuge waren zwei Musikkapellen. Auch ich war beide Abende da. Den ersten Abend habe ich gar nicht getanzt aus Rücksicht auf meine Kleider. Den zweiten Tag haben mich meine alten Tanzbären mal wieder bewegt."*

Trotz des Alkoholkonsums hatte es keine Trunkenbolde gegeben, die aneinandergeraten waren. Allerdings traute Lisbeth den reichlich angeheiterten Männern bzw. deren temperamentvollem Tanzstil nicht vollständig. So muss man wohl die Sorge um ihre Kleider interpretieren. Doch am zweiten Abend fegte sie über die Tanzfläche, ohne dass der dünne Stoff ihres Sommerkleides gerissen wäre.

Heinrich verlebte eine schöne Zeit auf Borkum, obwohl das Wetter nicht immer mitspielte. Er verbrachte seine Abende in Gesellschaft und lernte bei dieser Gelegenheit das Borkum-Lied kennen. Er hob gleich zwei Textblätter auf: *„Wir grüßen heut im frohen Lied dich, Borkums schönen Strand. Wo durch die Luft die Möwe zieht, und grün sich dehnt das Land!"*

Das vorangegangene Jahr mit seiner Hyperinflation war anstrengend gewesen. Aber diese Zeit lag jetzt hinter ihnen. Familie Müller ging es gut.

Eine neue Kamera, das eigene Haus und neue Nachbarn

Heinrich besaß zwei Plattenkameras, die ich beide noch gekannt habe. Sie lagen bis Ende der 70er Jahre im Bücherschrank meiner Eltern in einer großen Schublade direkt über dem Fußbereich des Schranks. Die ältere der beiden Kameras machte mit ihren Holzwänden und dem Lederbalgen, der kurz davor war zu zerfallen, einen schäbigen Eindruck. Die jüngere Kamera war aber noch gut erhalten. Ihr unversehrter Lederbalgen hatte sich lediglich vom Metallgehäuse gelöst.

Als ich Ende der 70er Jahre in Göttingen studierte, rief mich meine Mutter an. Sie wolle die beiden alten Kameras wegschmeißen, sagte sie vorsichtig, die wären ja völlig lädiert und für nichts zu gebrauchen, ob ich etwas dagegen hätte. Leider hatte ich damals nichts dagegen. Im Nachhinein wünschte ich mir, ich hätte meine Mutter davon abgehalten, die beiden Plattenkameras zu entsorgen. Glücklicherweise hob Heinrich die Katalogblätter zu seiner jüngeren Kamera auf und versah die Abbildungen mit den Hinweisen *„meine Camera"* und *„Objektiv zu meiner Camera"* (Abb. 12a, 12b). Diese mit Bleistift geschriebenen Bemerkungen ließen kaum Zweifel offen. Er besaß eine Tessco Nr. 110, Format 10 x 15 cm, von der Firma CONTESSA NETTEL. Von derselben Firma stammte auch sein Objektiv, ein lichtempfindliches Doppellinsensystem, das er laut Katalogblatt für Portrait- und Momentaufnahmen verwenden konnte. Die Hinterlinse, allein eingesetzt, war laut der Beschreibung für Landschaftsaufnahmen gedacht. Im Februar 2014 schickte ich die gescannte Fassung der Katalogblätter meinem Onkel Erik zu, dem jüngsten Sohn von Heinrich und Lisbeth. Erik antwortete mir per E-Mail: *„Liebe Renate, das ist die Kamera! [...] Ich bin ganz sicher, dass das die Kamera Deines Großvaters ist!"*

Zur Ausrüstung der Plattenkamera gehörten ein Stativ und ein dunkles Tuch. Die bereits erwähnten Momentaufnahmen konnten aber auch ohne Stativ fotografiert werden, wenngleich nur mit Schwierigkeiten aus der Hand. Erik, selber Hobbyfotograf, erklärte mir geduldig, ebenfalls per E-Mail, die Funktionsweise der Tessco 110. Hier sei nur ein Ausschnitt seiner Ausführungen zitiert:

„Mein Vater hat grundsätzlich vom Stativ aus aufgenommen. Dein Großvater stand gebückt hinter der Kamera mit einem schwarzen Tuch über seinem Kopf und den hinteren Teil der Kamera. Das erleichterte die Einstellung und verhinderte Lichteinfall. Wenn die Einstellung beendet war, wurde bei geschlossenem Objektiv von oben zwischen die Mattscheibe und die Kamera die Kassette mit der Bildplatte eingeschoben. Die Kamera wurde vom Stativ aus immer mit Drahtauslöser bedient. Letztendlich konnte man den Verschluss der Kamera über den Drahtauslöser auch beliebig lange (durch Beibehaltung des Drucks) für Zeitaufnahmen verwenden. Die Belichtungszeit wurde geschätzt. Die Scharfeinstellung ging über den Balgenauszug. Zur Vollständigkeit: Nach erfolgter Aufnahme wurden die Kassettenschieber wieder eingesteckt und nun konnte die Kassette mit der belichteten Glasplatte nach oben herausgezogen werden."

Heinrich besaß auch eines der alten Feuer speienden Blitzgeräte. Das älteste erhaltene Familienfoto, das er mit Selbstauslöser in einem Innenraum aufgenommen hat, ist das Weihnachtsfoto von 1925 aus der ‚Birkenstraße'.

Dieses Foto ist allerdings mehr informativ als schön. Wie soll man auch kleine Kinder dazu bringen still zu sitzen, wenn vor ihren Augen eine zischende Explosion das Zimmer illuminiert. Heinrich sitzt etwas angespannt auf dem Sofa, so wie jemand, der eben gerade noch hinter der Kamera stand, um sich dann eilig auf dem Sofa in Positur zu bringen. Lisbeth hat den kleinen Kurt auf den Schoß genommen. Sein Gesicht ist verschwommen, weil er den Kopf bewegt hat; ihr Gesicht ist zur Hälfte verdeckt. Ein Weihnachtsbaum mit Kerzen, Kugeln und glänzenden Zapfen schmückt das kleine Wohnzimmer. Vergrößert man das Foto, dann lässt sich die Blümchentapete an den Wänden recht gut erkennen. Es handelt sich um ein Rosenmotiv. Das Polster des schweren Sofas zeigt ein ornamentales Muster, ähnlich einem Teppichmuster. Unten an der Sitzfläche des Sofas hängen lange Troddeln. Nein, um eine Überdecke handelt es sich nicht. Das Teppichmuster und die Troddeln sind tatsächlich Teil des Sofas. Hell leuchtet im Blitz ein geblümtes Kissen mit langen Fransen an der Seite. Man ahnt, wie sich Heinrich entspannt gegen dieses Kissen zurücklehnt, wenn er nicht gerade fotografiert.

Die Kinder haben zwei Holzpferdchen geschenkt bekommen, eine Mühle und eine Rechentafel mit Holzperlen. Heinz hält ein großes Stofftier im Arm, das auf einem Gestell mit Rädern steht. Die Kinder konnten es also durch die Wohnung ziehen, und da die Familie im Parterre wohnte, dürfte sich niemand daran gestört haben. Unten rechts zu Lisbeths Füßen sitzt der alte Teddy von Heinz.

Heinrich hat sich seine Tessco Anfang der 20er Jahre gekauft, und zwar vor dem Hintergrund der Inflation. Wer erlebt hat, wie die vertraute Währung wertlos wird, investiert eben in Sachgüter. Die mittelständische Weihnachtsidylle, die Heinrich mit seiner Tessco eingefangen hat, lässt nicht ahnen, was sich zu dieser Zeit an gänzlich entgegengesetzten Stilrichtungen und neuem modernen Lebensgefühl in Deutschland entwickelte.

Das Ende der Inflation, die Kredite aus den USA und die inzwischen erträglichen Raten, mit denen die Reparationen gezahlt werden mussten, sorgten für eine gewisse Stabilisierung. Die Wirtschaftslage blieb jedoch angespannt und der Republik mit ihren kurzlebigen Regierungen brachten nur die wenigsten Vertrauen entgegen. Tatsächlich aber bot die demokratische Verfassung der Weimarer Republik die Rahmenbedingungen für einen Entwicklungsschub im Bereich Kunst und Kultur.[194] Die „Neue Sachlichkeit", die als Stilrichtung den Expressionismus ablöste, bildete Themen, wie z. B. Erotik oder soziale Missstände, realitätsnah und mit nüchterner Sachlichkeit ab. Diese Veränderungen in Kunst und Kultur gingen mit einem neuen Lebensgefühl einher. In Berlin brillierte Josephine Baker mit ihren sinnlichen Bühnenauftritten, die Kinos zeigten den Blauen Engel mit Marlene Dietrich und diejenigen Großstädter, die sich auf den neuen Lebensstil einließen, tanzten den ausgelassenen Charleston aus den USA.

Vom ungezwungenen Lebensstil profitierten vor allem die Frauen. Die Röcke bedeckten jetzt nur noch das Knie. Auf das Korsett oder das enge Mieder konnte verzichtet werden, denn die zusammengeschnürte Taille war nicht mehr gefragt. Viele Kleider waren überhaupt nicht mehr tailliert. Anstatt der langen nach oben gesteckten Haare sah man auf der Straße jetzt immer häufiger den frechen Bubikopf.

Lisbeth übernahm die gerade geschnittenen Kleider, verzichtete aber auf den Bubikopf. Mittlerweile hatte sie eingesehen, dass sie sich ihre Haare durch Blondierungsmittel nur ruinierte, also kämmte sie das lange rotbraune Haar weiterhin nach hinten und verbarg es in einem Knoten. Ohnehin betrachtete das konservative Bürgertum die meisten Neuerungen mit Skepsis, die national gesinnten Gruppen sogar mit Feindseligkeit. Nun muss die verzögerte Übernahme einer neuen Richtung nicht unbedingt als ein konservatives Statement angesehen werden. Ein neuer Möbelstil z. B. setzt sich nur langsam durch, wenn er dem Bedürfnis nach Behaglichkeit nicht entgegenkommt oder sich vom Gewohnten gar zu weit entfernt.

---

[194] Kolb, Eberhard; Schumann, Dirk: Die Weimarer Republik. München 2013, S. 95ff.

Als Heinrich und Lisbeth Weihnachten 1925 in ihrem etwas bombastisch eingerichteten Wohnzimmer saßen, entstand in Weimar und Dessau eine neue Stilrichtung, vor allem in den Bereichen Architektur und Raumgestaltung, die zu den Fransen und Troddeln, mit denen sich das Bürgertum damals umgab, im krassen Gegensatz stand.

Anfang des 20. Jahrhunderts hatten sich die Städter noch über die Hektik der technisierten Welt beklagt, 20 Jahre später ging man dazu über, die Anforderungen des Maschinenzeitalters zu akzeptieren. Unter dem Begriff „Bauhaus" entwickelte sich ein Konzept, das Kunst und Technik nicht mehr als Antipoden, sondern als Einheit begreift. Die Architektur des Bauhauses verzichtete auf zierendes Beiwerk zugunsten der glatten Fläche; die Gebäude besaßen eine klare Form, vorwiegend einen kubischen Baukörper mit einem flachen Dach. Die Möbel im Stil des Bauhauses waren zweckmäßig und verwendeten ungewöhnliche Baustoffe. Die meisten Zeitgenossen jedoch empfanden einen Stuhl, dessen Lehnen und Fußteil aus Stahlrohr gefertigt wurden, maschinenmäßig und ungemütlich, selbst wenn seine Sitzfläche bequem war.

Als Lisbeth und Heinrich ihre Möbel in Daseburg und Borgentreich hatten anfertigen lassen, war das Bauhaus gerade erst gegründet worden. Von der neuen Stilrichtung konnten sie damals also keine Kenntnis haben. Ihr Hausbau verzögerte sich jedoch bis zum Jahr 1926. Im neuen Haus würde die Familie eine deutlich größere Wohnung beziehen, was bedeutete, dass neue Möbel angeschafft werden mussten. Vielleicht waren Heinrich und Lisbeth dann bereit, von der neuen Stilrichtung einige Elemente zu übernehmen.

Anfang des Jahres 1926 nahmen die Planungen der Baugenossenschaft, deren Mitglied Heinrich war, allmählich Gestalt an. Auf einer ehemaligen Ackerfläche der Domäne im Bezirk Wahlershausen sollten fünf mehrgeschossige Doppelhäuser entstehen. Wie bereits erwähnt befand sich das Gebiet in der Nähe des Bahnhofs Wilhelmhöhe. Genauere Angaben sollen mit Rücksicht auf die derzeitigen Bewohner der Häuser nicht gemacht werden. Heinrich besuchte regelmäßig die Sitzungen der Genossenschaft, die sich jetzt „Baugenossenschaft vom Zentralverband Deutscher Kriegsbeschädigter und Kriegshinterbliebener e.G.m.b.H. Kassel" nannte. Dass er an den Entscheidungsprozessen beteiligt war, ist zu vermuten, denn er war gewissermaßen vom Fach.

Heinrich arbeitete im Brückenbüro der Reichsbahndirektion Kassel, was auf den ersten Blick widersinnig erscheint, denn er war von seiner Ausbildung her Tiefbauer. Brückenbau ist aber ein Teil des Tiefbaus. Maßstab für Hoch- oder Tieflage ist der Verkehrsweg, in diesem Fall die Schienen. Alles was sich unter den Schienen befindet, also die tragenden

Teile der Brücke, wird somit zum Tiefbau gezählt. In der Reichsbahndirektion wurden die Brückenbauer auch „die Statiker" genannt, denn statische Berechnungen waren das, was sie im Wesentlichen machten. Über Heinrichs Aufgabenbereich bei der Reichsbahndirektion gibt eine Bescheinigung seines Arbeitgebers vom 08.08.1941 Auskunft.

„Der techn. Rb. Oberinspektor Heinrich Müller ist seit 1923 im Brückenbüro der Reichsbahndirektion Kassel tätig. Er wurde in den letzten 14 Jahren fast ausschließlich mit der Bearbeitung des Hallen-, Dach- und des Werkstättenbezirks 6 beschäftigt. Die von den Stahl- und Kranbaufirmen eingereichten Festigkeitsberechnungen und Konstruktionszeichnungen hat er stets selbständig geprüft."

Mit *„Kranbahnkonstruktion"* werden Hallenkräne gemeint sein, also Kräne, die oben an der Hallendecke auf Schienen liefen und von dort aus Lasten transportierten. Heinrich überprüfte also die Zeichnungen und die statischen Berechnungen von besonders belasteten Hallen- und Dachkonstruktionen. Wenn die beiden Architekten, die von der Genossenschaft für den Bau der Doppelhäuser engagiert worden waren, nachlässig gearbeitet hätten, dann wäre Heinrich das mit Sicherheit aufgefallen.

In der Baugenossenschaft war Heinrich nicht der einzige Fachkundige. Zur Runde der „Kameraden", wie sich die Mitglieder damals gegenseitig nannten, gehörte auch ein Kollege Heinrichs aus dem Signalbüro bzw. Fernmeldebüro der Reichsbahndirektion Kassel: Walter Endrich hatte ebenso wie Heinrich eine Baugewerkschule besucht, sich aber nach dem Grundstudium auf Hochbau spezialisiert. Nach Auskunft seines Sohnes Mathias war Walter Endrich der Schriftführer der Baugenossenschaft. Im Rahmen des gemeinsamen Bauprojekts lernten sich die beiden Reichsbahner jetzt näher kennen. Als es schließlich zur Entscheidung kam, mit welchem zukünftigen Nachbarn man sein Doppelhaus bauen und dann bewohnen wollte, fiel die Wahl nicht schwer.

Walter und Frederike Endrich waren ebenso wie Heinrich und Lisbeth überzeugte Katholiken. Das Zusammengehörigkeitsgefühl der Katholiken im vorwiegend protestantischen Kassel, also letztendlich in der Diaspora, ist sicherlich das eigentlich verbindende Element zwischen den Familien Müller und Endrich gewesen. Man würde in Zukunft nicht nur nebeneinander wohnen, sondern auch zusammen in die Kirche gehen. Schließlich vereinbarten Heinrich und Walter Endrich ein Treffen, bei dem auch ihre beiden Familien zugegen waren. Lisbeth fand in Frederike Endrich gewissermaßen eine Seelenverwandte, die ebenso überzeugt katholisch war wie sie. Außerdem hatte das Ehepaar Endrich drei Töchter und einen Sohn im Alter von Heinz und Kurt. Heinrich und

Lisbeth durften sich darüber freuen, dass zwischen ihnen und den neuen Nachbarn einfach alles passte.

Das Ehepaar Müller war weit davon entfernt, den Bau ihres Hauses aus eigenen Mitteln finanzieren zu können. Obwohl Heinrich sein Erspartes für den Hausbau brauchte, gewährte er seinem Stiefbruder Tobias Zabel ausgerechnet jetzt einen zinslosen Kredit.

Auch Tobias plante zu bauen, und dies im selben Jahr wie Heinrich. Als ländlicher Schneider verfügte er aber über kein nennenswertes Startkapital. In seiner Familienchronik, die Tobias auf Anregung des Dorfpfarrers führte, befindet sich ein interessanter Hinweis: *„Um mit dem Bau beginnen zu können, bot mir mein Stiefbruder Heinrich Müller in Kassel 1000 RM an, die ich Ihm später in 2 Raten zinslos zurückzahlte, bevor er im selben Jahre selbst zu bauen begann."*[195] Es sollte nicht das letzte zinslose Darlehen sein, das Heinrich Tobias und dessen Familie zukommen ließ. Außerdem half er seinem Stiefbruder bei der Berechnung von Fördergeldern. Wir erinnern uns an eine Textstelle aus Lisbeths Brief vom 09.04.1918, in dem sie Heinrich bat, zum kirchentreuen Glauben zurückzufinden, denn: *„Du sagst ja sonst niemand[em] eine Bitte ab."* Heinrich war hilfsbereit, auch unter den gegebenen Umständen.

Am 10. Mai 1926 saßen Heinrich und Lisbeth beim Notar mit der Absicht, ihr Grundstück vorübergehend an die Baugenossenschaft abzutreten. Der geplante Eigentumswechsel war nicht so unsinnig, wie er zunächst erscheint, sondern er befähigte die Baugenossenschaft gegenüber den Kreditgebern und Handwerksbetrieben als Grundeigentümerin und Bauherrin aufzutreten. Der Vertrag sah selbstverständlich die Rückübereignung des Grundstücks an Heinrich und Lisbeth vor, und zwar nach Abschluss der Bauphase, und natürlich mussten Heinrich und Lisbeth dann auch die Hypotheken auf das neue Haus übernehmen. Für diese Rückübereignungen zwischen der Baugenossenschaft und ihren Mitgliedern fielen keine Grunderwerbssteuern an und letztendlich waren sie eine Formalie. Zur formalen Korrektheit gehörte auch Heinrichs Einverständnis mit Lisbeths Willenserklärungen vor dem Notar. Im Kaufvertrag vom 10. Mai 1926 heißt es: *„Ich gebe zu vorstehenden Erklärungen meiner Ehefrau meine ehemännliche Genehmigung."*

Heinrich war der gesetzlich legitimierte Familienvorstand. Er war auch derjenige, der den gesamten Schriftverkehr der Familie übernahm. Im Spiegel der Dokumente aus dem Nachlass verschwindet Lisbeth ein wenig hinter ihrem Aufgabenfeld als Hausfrau und Mutter. Lisbeth hatte die Einrichtung ihrer jetzigen Wohnung in der ‚Birkenstraße' organisiert.

---

[195] „Familiengeschichte der Familie [...]", handschriftliche Chronik im Familienbesitz.

Ihr neues Grundstück gehörte dem Paar zu gleichen Anteilen, die Bauphase ausgenommen. Man kann davon ausgehen, dass Lisbeth ihre Vorstellungen auch in das Bauprojekt nach Kräften einbrachte, und dass Heinrich ihre Wünsche respektierte. Wir erinnern uns: Am 30.06.1919, gut zwei Monate vor ihrer Hochzeit, hatte Heinrich ihr geschrieben: *„Du sollst mit zu sagen haben, – Du kennst mich ja."*

Im Sommer 1926 kam Heinrich manchen Abend später nach Haus, weil sein Heimweg ihn über die Baustelle geführt hatte. Die Bauarbeiten liefen nach Plan, die Finanzierung bereitete aber Schwierigkeiten. Was den Bau so teuer machte, waren nicht etwa die Arbeitslöhne, sondern die Materialkosten. Ende Oktober 1926 waren die Häuser im Rohbau fertiggestellt und die Rechnungen der Maurer, Installateure, Dachdecker usw. bezahlt. Um die Doppelhäuser bezugsfertig abliefern zu können, benötigte die Baugenossenschaft weitere Kredite. In dieser Situation schloss sie einen Treuhandvertrag mit der Hessischen Heimstätte Kassel ab. Diese gewährte Zwischenkredite und bemühte sich um einen weiteren Geldgeber. Die Arbeiten konnten also weitergehen.

Heinrichs und Lisbeths zukünftige Wohnung im Erdgeschoss ihrer Haushälfte bot Raum für eine Stube, für ein großes Schlafzimmer und für ein Kinderzimmer, und es war auch noch Platz für ein kleines Herrenzimmer vorhanden. Zum Herrenzimmer gehörten damals normalerweise ein Schreibtisch oder Sekretär, ein Bücherschrank, bequeme Sessel und ein runder Tisch, an dem sich die Männer zum Skatspielen versammeln konnten. Es stand also für das Haus Müller die Herstellung neuer Möbel an: Am 28. November 1926 setzte Heinrich handschriftlich einen Vertrag mit einer Tischlerfirma aus Rengershausen auf. Der Tischler sollte ihm einen Bücherschrank, einen großen Schreibtisch, einen runden Tisch und einen Schreibtischsessel liefern. Teil des Vertrags war eine umfangreiche Skizze, von der im Nachlass kein Duplikat überliefert ist, auf die im Vertrag aber mehrfach Bezug genommen wird. Diese Skizze gibt u. a. Auskunft über Heinrichs Wünsche bezüglich der Gestaltung von Bücherschrank und Schreibtisch. Mit blauer Tinte schreibt er: *„Ebenso sind sämtliche Profile und Verzierungen nach dieser Skizze kunstfertig auszuführen."*

Heinrich war in der Baugewerkschule Höxter im Bereich Stilkunde bestens unterrichtet worden. Mit der linken Hand konnte er das Zierwerk eines Möbels vermutlich nicht mehr so perfekt zeichnen wie damals in Höxter. Aber für einen Auftrag reichte es. Die beiden Möbel hätten mit ihren Furnieren und mit dem Gesims eher in ein Wohnzimmer der Gründerzeit gepasst als in das Umfeld der „neuen Sachlichkeit". Auch sind die organisch wirkenden Verzierungen noch sehr dem Jugendstil verpflichtet. Mochte irgendwo die Architektur und die Raumausstattung des Bauhauses Aufsehen erregen, Heinrich und Lisbeth interessierte das wenig. Die Anhänger der „neuen Sachlichkeit" fanden in der Polster- und Fransenwelt des Bürgertums zu dieser Zeit noch kein Gehör.

Als Kind saß ich vor dem großen Schreibtisch und kramte in seinem Inhalt. Vor allem die rechte Hälfte des Schreibtischs war voll mit alten Dokumenten. Das Kästchen unten rechts mit den Buntstiften hat mich am meisten interessiert. Aber die alte Taschenuhr, die links daneben lag, war auch eine Untersuchung wert. Die Zahlen auf dem Ziffernblatt gefielen mir, über die dunklen Flecken auf ihrer matt silbernen Rückseite machte ich mir damals keine Gedanken.

Viele Jahre später, ich war vielleicht 16/17 Jahre alt, erklärte mir meine Mutter, wie sie mit der umfangreichen Fotosammlung meines Großvaters umgegangen ist. „Ich hab die Kisten mit den Fotos deines Großvaters weggeschmissen, ohne vorher hineinzusehen. Nach dem Krieg standen hier die Möbel bis zur Decke. Wo sollte ich mit dem ganzen alten Kram hin." Dann hockte sie sich vor den Schreibtisch, öffnete seine rechte Tür und holte das flache Kästchen mit der alten Taschenuhr heraus. „Dein Großvater ist erschossen worden. Als er starb hatte er seine Uhr bei sich." Und dann fügte sie noch mit gedämpfter Stimme hinzu: „Die Flecken hier, das ist noch von seinem Blut". Dann machte sie die Schreibtischtür wieder zu und schloss sie ab mit den Worten: „Der Schreibtisch ist für mich tabu. Da gehe ich nicht dran."

Heinrich und Lisbeth hatten es eilig, in ihr neues Eigenheim zu ziehen. Anfang 1927 saßen sie mit ihren beiden Kindern im „Herrenzimmer" und freuten sich über die schönen neuen Möbel. Die ersten potentiellen Mieter hatten sich bereits vorgestellt. Bald waren die Mietverträge unterschrieben und ab Februar 1927 wohnten insgesamt drei Familien in der neuen Doppelhaushälfte, wobei sich die Familie im Dachgeschoss mit ihren zwei Zimmern und einem großen Speicher, an heutigen Ansprüchen gemessen, sehr einschränken musste. Bei der damaligen Wohnungsnot waren die Maßstäbe jedoch andere.

Im Frühjahr 1927 pachteten Heinrich und Lisbeth ein Stück Land in der Nähe ihres Hauses, weil die Fläche des hauseigenen Gartens nicht ihrem Platzbedarf genügte. Lisbeth war es von Daseburg her gewohnt, Gemüseanbau in großem Stil zu betreiben, und auch Heinrich erholte sich bei der Gartenarbeit von seiner Schreibtischtätigkeit im Büro. Morgens arbeitete Lisbeth in ihren Gemüsebeeten, den kleinen Kurt im Blick. Um Heinz musste sie sich zu dieser Tageszeit nicht mehr kümmern. Ihr Ältester besuchte inzwischen die Grundschule.

Das Verhältnis zwischen den Familien Müller und Endrich entwickelte sich erwartungsgemäß gut. Die Küchen der beiden Familien lagen zum Garten hin direkt nebeneinander, nur durch die Brandschutzmauer getrennt. Wenn Lisbeth bemerkte, dass ihr irgendein Lebensmittel fehlte, dann klopfte sie mit dem Messergriff an die Küchenwand, woraufhin sich Frederike Endrich auf der gemeinsamen Terrasse zeigte. So wechselten mal etwas Zucker, Mehl oder Eier den Besitzer, je nachdem was die Frauen gerade für das Mittagessen brauchten. Die beiden Grundstücke wurden damals noch nicht durch einen Zaun getrennt. Heinz, Kurt und die vier Kinder der Familie Endrich hatten dadurch eine große gemeinsame Spielfläche zur Verfügung. Mehrfach wurde mir erzählt, dass die Kinder der beiden Familien wie Geschwister aufwuchsen. Auch der Brunnen im Hausgarten zusammen mit seinem Becken, in dem das Wasser aufgefangen wurde, stand beiden Familien zur Verfügung.

Müllers und Endrichs hielten hinten im Garten Kaninchen für einen gelegentlichen Festbraten. Auch bezüglich der hauseigenen Kaninchenzucht gab es Verabredungen zwischen Heinrich und Walter Endrich. Den beiden Männern fiel es schwer, die niedlichen Tiere, die sie aufgezogen hatten, selbst zu schlachten. Also verabredeten sie, dass jeder die Kaninchen des anderen schlachtete, sodass man nicht gezwungen war, das Messer an den Hals des eigenen Kaninchens zu setzen.

Trotz der räumlichen und sicher auch mentalen Nähe blieben die beiden Ehepaare in der gegenseitigen Anrede beim „Sie". Auch Heinrich und Walter Endrich duzten sich nicht. Der Sohn des Ehepaars Endrich, Mathias, berichtete aus seiner Erinnerung über die nachbarschaftliche Beziehung: *„Das Verhältnis war sehr gut, aber es war kein Dippengucker-Verhältnis. Man schaute sich nicht gegenseitig in die Kochtöpfe."* D. h. die Nachbarn halfen einander, aber es blieb eine höfliche Distanz zwischen ihnen.

Familie Müller lebte seit dem Hausbau in weitaus besseren Wohnverhältnissen als zuvor, aber mit hohen Schulden. Aus Heinrichs Bemühen, seine Familie finanziell abzusichern, resultiert ein großer Teil des Nachlasses. Im April 1928 beantragte er noch einmal eine Invalidenrente, die 1923 nach einer Abfindung eingestellt worden war. Das Versorgungsamt Kassel forderte ihn im Schreiben vom 10.05.1928 auf, am 18.05.1928 beim Amtsarzt vorstellig zu werden: *„Diese Aufforderung und die in Ihrem Besitz befindlichen ärztlichen Atteste, Rezepte und gegebenenfalls Körperersatzstücke (künstliche Glieder, Schienen usw.) sind mitzubringen. Festtagskleidung ist nicht erforderlich."* Wie gekleidet er auch immer dort erschien: Heinrichs Antrag wurde aufgrund des Untersuchungsergebnisses abgelehnt. Er antwortete dem Versorgungsamt am 24.07.1928:

Meine rechte Hand ist durch Gewehrschuss in den rechten Oberarm derartig gelähmt, daß ich in meinem Berufe als Techniker links schreiben und zeichnen muß. Besonders die Ausführung der verschiedenen Schriftarten auf den Zeichnungen fällt mir sehr schwer, ebenso das Verschieben der Winkel beim Zeichnen mit der linken Hand."

Es gibt in seinem Nachlass keinen Hinweis, dass Heinrichs Protest Erfolg gehabt hätte. Auch in beruflicher Hinsicht wurde ihm nichts geschenkt. Die Beamtenlaufbahn sah einen Aufstieg innerhalb der Besoldungsgruppen vor. Der Aufstieg war aber, wie bereits erwähnt, je nach Vorbildung an eine Prüfung gebunden. Am 13.04.1928 bestand er die „Übergangsprüfung" zum Technischen Obersekretär mit der Note „genügend". Das Ergebnis genügte und mehr war nicht notwendig. Heinrich und Lisbeth hatten auf die zentralen Probleme der letzten Jahre, nämlich Inflation, Wohnungsnot und Ernährungskrise mit dem Hausbau reagiert und sie hatten durch die beiden Gartengrundstücke dafür gesorgt, dass sie sich bis zu einem gewissen Maß selbst versorgen konnten.

Alltag und Politik in der Diaspora

Am 13. Juli 1928 starb Lisbeths Mutter im Alter von 66 Jahren. Sie starb in Daseburg zuhause in ihrem gewohnten Umfeld und wurde am 16. Juli in Daseburg begraben. Als Todesursache gibt das Kirchenbuch Arterienverkalkung an.

Lisbeth war die Vertraute, Freundin und Stütze ihrer Mutter gewesen, solange sie auf dem Wienholtschen Hof gelebt hatte. Den Tod ihrer Mutter zu verkraften, wird ihr nicht leichtgefallen sein. Aber Lisbeth hatte zwei gesunde Söhne, ihr gewohntes Betätigungsfeld in Haus und Gemüsegarten, und jetzt im Eigenheim ein soziales Umfeld, in dem sie sich wohlfühlte. Zu diesem Umfeld gehörten auch ihre Mieter aus dem 1. Stock, eine Familie Jensen. Herr Jensen – seine Witwe habe ich als Kind noch gekannt – war mit seiner Familie in Österreich, als er Lisbeth auf einer Ansichtskarte sein Beileid aussprach: *„Auf der Fahrt von Wien nach hier [Salzburg] haben wir von dem schmerzlichen Verlust, der sie betroffen [hat], erfahren. Empfangen Sie unser herzliches Beileid"* (25.07.1928).

Als Lisbeth diese Karte bekam, hatte sie die Beerdigung ihrer Mutter bereits überstanden und arbeitete wie gewohnt in ihrem Haushalt. Das neue Haus verfügte über ein um ca. 1 ½ m hochgesetztes Erdgeschoss. Dadurch war es möglich, die Kellerräume mit etwas Tageslicht zu versorgen, das durch kleine Fenster, von außen gesehen, kurz über dem Erdboden in das Kellergeschoss fiel. Ebenfalls im Kellergeschoss, zur

Gartenseite hin, lag die Waschküche mit ihrem großen steinernen Waschtrog, der fest eingebaut war und über einen Abfluss verfügte. Dort stand Lisbeth und schrubbte die Wäsche auf einem Waschbrett, um sie anschließend durch die Holzmangel zu drehen. Dann schleppte sie den Wäschekorb die Treppe hoch in den Garten. Die Arbeit einer Hausfrau war damals anstrengend. Dennoch wurde ich stutzig, als mein Vater mir erzählte, dass seine Mutter früher gelegentlich eine Haushaltshilfe hatte. „Das hatten wir auch", erzählte mir Mathias, der Sohn der Familie Endrich. Die beiden Mädchen, die seiner Mutter halfen, wohnten in einem Zimmer im Dachgeschoss. Im Erdgeschoss, in der Nähe des Elternschlafzimmers, befand sich eine Klingel. Wenn diese betätigt wurde, schellte es im Dienstmädchenzimmer erzählte er.

Nun waren Frederike und Walter Endrich beide gehbehindert und bedurften damit der Hilfe. Lisbeth jedoch kam aus der Landwirtschaft und hatte Zeit ihres Lebens körperlich gearbeitet. Vielleicht war der Einsatz einer Hilfskraft auf den Spätsommer und den Herbst begrenzt, also auf die Zeit der Gemüse- und Obsternte. Da Lisbeth Obst und Gemüse einkochte und damit die Familie mit Lebensmitteln versorgte, schien sich der Einsatz einer Haushaltshilfe zu rentieren.

Die Haushaltshilfen der Familie Müller waren ausschließlich junge unverheiratete Mädchen. Eines dieser Mädchen soll mit Blick auf Lisbeths Ältesten gesagt haben: „Der Heinz schmiert sich die Butter doppelt aufs Brot." Heinz war vielleicht acht Jahre alt, als er die kulinarischen Genüsse für sich entdeckte. Er wurde mollig, was auf den Fotos umso mehr auffällt, als sein jüngerer Bruder Kurt schmal blieb. Heinz besuchte die „Katholische Bürgerschule Wehlheiden" im Kirchweg. Die Schulzeugnisse von Heinz, die alle im Nachlass überliefert sind, sagen einiges über ihn aus. Er war in der Volksschule ein recht guter Schüler, was die Grundfächer „Deutsch", „Rechnen" und „Erdkunde" betrifft. Sein Betragen wurde meistens mit „sehr gut" zensiert. Auch in „Religion" schnitt er „sehr gut" ab, was nicht verwundert, denn seine Eltern waren regelmäßige Kirchgänger und ihre beiden Söhne nahmen sie jeden Sonntag mit in die Rosenkranzkirche (St. Maria). Singen konnte Heinz nicht, darüber lassen die Zensuren keinen Zweifel offen. Sein „Turnen" schätzte der Lehrer im Sommerhalbjahr 1928/29 noch mit „befriedigend" ein. Im Winterhalbjahr wurden seine sportlichen Leistungen schon als „mangelhaft" empfunden. Doch Heinz war zu dieser Zeit noch ein Knirps von acht oder neun Jahren. Wer wusste damals schon, wie er sich entwickeln würde.

Der Winter 1928/29 war eiskalt. Die Daseburger Schulchronik bezeichnet ihn als strengsten Winter des 20. Jahrhunderts: *„Pünktlich mit*

dem 1. Januar stellte sich der Winter ein. Fast 2 Monate hindurch hielt die Kälte an." Die Daseburger Dorfchronik berichtet dasselbe:
„Im Winter 1928/29 herrschte eine furchtbare Kälte, wie man sie seit Menschengedenken nicht erlebt hat. Man war gezwungen in den Ställen für Kleintiere besonders, aber auch in den Kellern zu heizen um die Kartoffeln und Runkeln vor der Kälte zu schützen. Vielen Bewohnern waren die Wasserleitungsanschlüsse, die 1 Meter tief in der Erde liegen, eingefroren und tauten erst im Monat Mai wieder auf. Die kältesten Tage waren die Fasnachtstage, an denen mehr als -30 Grad Cels. gemessen wurden."[196]

Familie Müller fror in Kassel in ihrem neuen Haus, denn ihre Wohnung hatte nur einen einzigen Ofen, einen grünen Kachelofen, der sich im Herrenzimmer befand und vom Flur aus mit Kohlen beschickt wurde. Der Kachelofen stand an der Wand zum Esszimmer. Diese Wand durchbrach eine kleine verschließbare Jalousie, die das Esszimmer mit einem Minimum an Wärme versorgte. In diesem bitter kalten Esszimmer nahm die Familie an den Wochenenden ihre Malzeiten ein. Etwas länger hielt man sich in diesem Raum nur zur Weihnachtszeit auf.

Lisbeth konnte sich in der Küche ein wenig aufwärmen, zumindest, wenn sie ihren mit Kohle betriebenen Herd zum Kochen nutzte. Ein kleiner Gasherd stand ihr ebenfalls zur Verfügung. Im Badezimmer befand sich ein Badeofen aus glänzendem Kupfer, der nur bei Bedarf geheizt wurde. In diesem Winter muss Lisbeth ihn häufiger eingesetzt haben, wenn sie keinen Rohrbruch riskieren wollte. Der angenehmste Raum war das Herrenzimmer wegen seines Kachelofens. In diesem Zimmer befand sich der Schreibtisch und unter der Lampe stand ein runder Tisch, an dem gelegentlich Heinrichs Skatrunde Platz nahm.

Heinrich verbrachte einen Teil seiner Feierabende im Herrenzimmer hinter dem Schreibtisch. Auf der dunkel gebeizten Platte seines ‚Neojugendstilmöbels' lag ein Zeitungsartikel über die Rechte und Pflichten der Grundeigentümer, ein Informationsblatt zur Müllabfuhr und der Tilgungsplan der Baugenossenschaft, der die Rückzahlung der Schulden bis in das Jahr 1947 festschrieb. Dann war da noch der Einheitswertbescheid, nach dem die Vermögensteuer berechnet wurde und eine Feststellung der Grunderwerbsteuer, von der es zunächst hieß, sie würde für die Grundstücksübertragungen zwischen der Genossenschaft und ihren Mitgliedern nicht anfallen.

Heinrich recherchierte in mehreren Zeitungen, wenn er Informationen zu einem ganz bestimmten Thema benötigte. Wenn er fündig geworden

---

[196] Sowohl die Schulchronik, Daseburg als auch die Dorfchronik, Daseburg sind unveröffentlicht.

war, schnitt er den entsprechenden Artikel aus, legte ihn auf seinen Schreibtisch und verstaute ihn später in einem Aktenordner. Diese kleine Artikelsammlung zeigt, dass er am liebsten den „Hessischen Kurier" las, eine Tageszeitung, die für eine kirchentreue katholische Leserschaft geschrieben wurde. Der „Hessische Kurier" war ebenso wie das „Casseler Tageblatt" bürgerlich demokratisch, richtete sich also strikt gegen den rechten und linken Rand im politischen Spektrum. Zugleich war der „Hessische Kurier" das Sprachrohr der katholischen Kirche und der Zentrumspartei, für die er vor politischen Wahlen, und von diesen gab es in den Folgejahren etliche, unermüdlich Wahlwerbung machte. Damit fungierte diese Tageszeitung als ein wichtiges Instrument des politischen Katholizismus, zu dem neben den kirchlichen Institutionen und den beiden katholischen Parteien (Zentrum und Bayrische Volkspartei) auch die in katholischen Vereinen organisierte Bevölkerung zu zählen ist.

Der „Hessische Kurier" bot seinen Leserinnen und Lesern neben den üblichen Schwerpunkten einer Tageszeitung alle wichtigen Stellungnahmen des hohen katholischen Klerus, wie z. B. die Hirtenbriefe der Bischofskonferenzen. Für eine besinnliche Muße sorgten hinten in der Zeitung die „Blätter zur religiösen Unterhaltung und Erbauung". Wer Fortsetzungsromane lesen wollte, wie „Der Pfarrer vom blühenden Weinberg", oder bei den „Abhandlungen zur christlichen Ehe" Rat für sein Privatleben suchte fand hier ein reiches Angebot. Auch Gebetstexte für die katholischen Feiertage stellte das Blatt seinen Lesern zur Verfügung. Einige Artikel richteten sich voller Mitleid an die frommen Katholiken in der Diaspora, von denen mancher geistliche Autor annahm, dass sie sich unter den Protestanten fremd und religiös unterversorgt fühlen mussten. Die Definition von Diaspora wird gleich mitgeliefert: *„Die kirchliche Statistik umgrenzt den Begriff Diaspora sehr scharf und versteht darunter alle jene Gebiete, in denen die Katholiken weniger als ein 1/3 der Gesamtbevölkerung ausmachen"*, schreibt der „Hessische Kurier".[197]

Bei der Volkszählung von 1925 wurde in Kassel eine ortsanwesende Bevölkerung von 171.234 Personen festgestellt, davon waren 14.917 katholisch und 8.799 jüdisch.[198] Die Katholiken waren in Kassel ebenso wie die jüdische Gemeinde eine Minderheit. Der „Hessische Kurier" setzte sich fast ausschließlich für die kirchentreuen bzw. ultramontanen Katholiken ein; dies ist unübersehbar. Aber gelegentlich schimmert der Anspruch durch, auch für andere Minderheiten eintreten zu wollen, z. B. in

---

[197] „Hessischer Kurier", Tageszeitung für Niederhessen, Oberhessen und Waldeck, 14.02.1934.
[198] „Adreß- u. Einwohnerbuch der Stadt Kassel sowie sämtlicher Ortschaften des Landkreises Kassel" (Jg. 93,1929).

einem kritischen Artikel vom 08.03.1929, in dem die Zentrumspolitiker an ihre ethischen Verpflichtungen erinnert werden:

„Durch die christliche Grundlage ihres Parteiprogramms sind die Zentrumsleute verpflichtet, für den Schutz der Schwachen gegen die Starken, für den Schutz der Machtlosen gegen die Willkür der Allmächtigen, also für den Schutz der Politischen Minderheiten und ihrer natürlichen Rechte einzutreten; sie sind auch dazu verpflichtet durch die Tradition des Zentrums: in den langen Jahrzehnten vor dem Kriege [...] ist das Zentrum die einzige Partei gewesen, die unentwegt für eine gerechte Behandlung der polnischen, dänischen und elsaß-lothringischen Bevölkerung eingetreten ist, und die meisten Schmähungen und Verdächtigungen, die das Zentrum in der Vergangenheit über sich ergehen zu lassen hatte, rührten von diesem Eintreten für die Minderheiten her, in dem die Nationalisten und Imperialisten einen Beweis für ‚die vaterlandslose Gesinnung' des Zentrums erblicken zu müssen glaubten."

Wir erinnern uns: Am ersten und am zweiten Tag nach den Junikrawallen im Jahr 1919 war Heinrich durch die Innenstadt Kassels gegangen, an den Außenfassaden der Kaufhäuser vorbei, entsetzt und aufgewühlt angesichts der zerstörten Fensterscheiben. Nach diesem Erlebnis hatte er Lisbeth geschrieben, dass vor allem Juden von den Krawallen betroffen wären. Den „Hessischen Kurier" gab es erst ab dem 1. November 1924. Wäre der „Hessische Kurier" bereits im Jahr 1919 erschienen, Heinrich hätte ihn damals schon gelesen, denn vieles von dem, was dort publiziert wurde, entsprach seinen Anschauungen.

Es wäre interessant zu wissen, ob man die Katholiken in Kassel spüren ließ, dass sie eine Minderheit waren. Die Erinnerungen meiner Interviewpartner und -partnerinnen betreffen die Zeit nach der Machtübernahme durch die Nationalsozialisten, setzen also einige Jahre später ein. Weder Lisbeth noch Heinrich gaben nach außen zu erkennen, welcher Konfession sie angehörten. Wenn Lisbeth im Jahr 1929, 1934 oder wann auch immer einkaufen ging, fiel sie als Katholikin nicht auf, denn auf den Fotos, die von ihr überliefert wurden, trägt sie keine Halskette mit Kreuz. In der Reichsbahndirektion Kassel werden einige Kollegen von Heinrich wohl gewusst haben, dass er katholisch war. Dort spielte die Konfession der Mitarbeiter aber keine Rolle; dies wurde mir mehrfach mitgeteilt. Wenn jemand der Familie zu dieser Zeit möglichen Repressionen ausgesetzt war, dann war das eher Heinz, und zwar durch seine Altersgenossen. Ebenso wie Heinz und Kurt besuchte auch Mathias Endrich die katholische Bürgerschule im Kirchweg. Er berichtete mir, dass katholische und protestantische Volksschüler sich gegenseitig beschimpften, wenn sie einander auf dem Schulweg begegneten. Dies waren Pöbeleien unter Gleichaltrigen, gegen die die Erwachsenen damals nichts unternahmen.

Eine Trennlinie zwischen Familie Müller und ihrem vorwiegend protestantischen Umfeld gab es aber: Ihr engster Umgang, also ihre Freunde, die Nachbarn im Doppelhaus und die Skatrunde, war rein katholisch. Meine Mutter erzählte mir, dass ihr Kinderwagen, in dem sie als Kleinkind saß, und der Kinderwagen mit meinem Vater früher einmal nebeneinandergestanden hätten, und zwar in Kassel auf dem Rammelsberg. (Er heißt tatsächlich so.) Mein Großvater mütterlicherseits und Heinrich waren Kollegen in der Reichsbahndirektion. Während eines Spaziergangs auf besagtem Rammelsberg begegneten beide Familien einander. Die Erwachsenen stellten ihre Kinderwagen nebeneinander und plauderten eine Weile. Aber aus dieser flüchtigen Begegnung wäre nie ein engerer Kontakt geworden, denn der nette Kollege und seine Frau waren Protestanten. Selbstverständlich hat die protestantische Bevölkerung Kassels eine solche Abgrenzung bemerkt. Einige Interviewpartner und -partnerinnen erzählten mir, die Protestanten hätten die überzeugten Katholiken für hochnäsig gehalten.

Heinrich und Lisbeth waren nachweislich kirchentreu und ihre Nachbarn waren es ebenfalls: Frederike Endrich wuchs bei ihrem Onkel, einem Priester, auf. Der Zölibat zwingt einen Priester nicht nur zur Enthaltsamkeit, sondern er verhindert natürlich auch eine Familiengründung. Dieser Onkel hätte gerne eine eigene Familie gehabt. Also wandte er sich an seinen Bruder, Frederikes Vater, mit der Bitte, eines von dessen Kindern zu sich nehmen zu dürfen. Frederike kam mit fünf Jahren zu ihrem Onkel und lebte dreizehn Jahre bei ihm.

Während ihrer Jugendzeit erkrankte sie an Kinderlähmung und war seitdem gehbehindert. Ihr Leiden verschlechterte sich mit der Zeit. Als sie als alte Dame nicht mehr in der Lage war, in die Kirche zu gehen, suchte sie der Gemeindepfarrer in ihrer Wohnung auf, um dort die heilige Kommunion zu spenden. Er tat dies im Wohnzimmer der Familie Endrich vor einem kleinen, mit Blumen geschmückten Altar. Der Weihrauch, der bei diesen Gelegenheiten eingesetzt wurde, verbreitete einen intensiven, angenehmen Duft, der auch unsere Haushälfte erreichte, wenn wir die Fenster öffneten.

Walter Endrich fand zu seinem kirchentreuen Glauben durch extreme Erlebnisse im Schützengraben. Im Januar 1915 wurde er in Frankreich bei Soissons durch ein Artilleriegeschoss am Bein verletzt. Drei Tage verbarg er sich in einer Höhle, voll Todesangst und um sein Leben betend. Dort gelobte er, nach dem Krieg das Leben eines überzeugten Katholiken zu führen. Er wurde gerettet, aber in der Höhle ohne medizinische

Versorgung hatte die Wunde angefangen zu eitern. Im Lazarett musste sein Bein amputiert werden. Ich erinnere mich daran, wie er als älterer Mann die Treppe zu seinem Balkon hochging, das steife Holzbein bei jeder Stufe nachziehend.

Im Februar 1929 war zu den ausgeschnittenen Zeitungsartikeln und den amtlichen Briefen auf Heinrichs Schreibtisch ein Rundschreiben der Baugenossenschaft gekommen. Darin fragte die Baugenossenschaft ihre Mitglieder, wie man auf die Erhebung einer Grundsteuer reagieren sollte. Heinrichs Eigenheim war teuer geworden, und dies lag nicht an einer falschen Kalkulation der Architekten. Die Kommune hatte ihre Versprechen, Bauvorhaben zu fördern, nicht im erwarteten Umfang eingelöst. Es waren nicht immer die günstigen Kredite geflossen, die Heinrich eingeplant hatte; auch die Steuervergünstigungen entsprachen nicht den Versprechungen, welche die Stadt Kassel den Bauwilligen gemacht hatte. Der Streit der Genossenschaft um die Grundsteuer zog sich über Monate hin. Im Juni 1929 war Heinrich nicht der einzige Genossenschaftler, der die Kommune mit einem verärgerten Brief konfrontierte.

Wie gewohnt notierte er den Brieftext mit Bleistift, bevor er ihn in Reinschrift abschrieb: *„Kassel, den 25/06.29. An das Steueramt der Stadt Kassel. Hiermit erhebe ich Einspruch gegen die Veranlagung zur Grundvermögenssteuer 1929 für meinen Neubau."* Dann beklagt er sich ausführlich darüber, die versprochenen öffentlichen Fördermittel nicht bekommen zu haben. Aber damit nicht genug: *„Nun begeht die Stadt den Wortbruch und belastet mein Grundstück, für das die Schulden jetzt schon höher sind als der Wert, noch mit 182 M jährlichen Steuern."*

An dieser Stelle seines Skripts brach er ab. Die Behörde brauchte Zahlenangaben, um zu sehen in welcher Situation er sich befand. Mit großen Wellenlinien strich er den gesamten Absatz durch. Es blieb nur der erste Satz stehen, mit dem er erklärte, Einspruch zu erheben. Dann setzte er den Brief unter den Streichungen fort:

„Die jährliche Belastung des Hauses beträgt rd. 2700 M, die von der Stadt geschätzte Friedensmiete[199] beträgt 1300 M, sodaß ohne die städtischen Steuern schon über 200 % der Friedensmiete zu zahlen sind. Dieses besonders ungünstige Verhältnis ist mir durch die Stadt Kassel aufgezwungen und zwar dadurch, daß sie durch ein ganz unverständliches Verhalten die Aufnahme der 1. Hypothek zu 6 ½ % zunichte machte. Ich mußte dann zwangsläufig die 1. Hypothek in Höhe von 1600 M zu 8 ½ % nehmen, was für mich eine alljährliche Mehrbelastung von 320 M ausmacht. Dabei ist

---

[199] Mietpreisbindung seit 1914, die aber mit den tatsächlich gezahlten Mieten wenig gemein hatte.

der erheblich größere Kursverlust der [mit] 8 ½ % [verzinsten] Hypothek noch nicht berücksichtigt. Nun wird die Stadt noch wortbrüchig und belastet mein Grundstück, für das die Schulden jetzt schon höher sind als der Wert, mit 182 M jährlichen Steuern. Es ist mir unmöglich diese Steuern neben meinen übrigen Verpflichtungen für das Haus zu bezahlen. Ich bitte daher um Erlaß der Steuer und entsprechende baldige Berichtigung."

Eine Formulierung aus der Textpassage, die er ausgestrichen hatte, war so wichtig und so treffend, dass er sie für die endgültige Fassung übernehmen konnte: „*...und belastet mein Grundstück, für das die Schulden jetzt schon höher sind als der Wert.*" Der Begriff „Deflation" taucht in seinem Schreiben nicht auf, dennoch erscheint seine Klage über den verminderten Sachwert seines Grundstücks im Verhältnis zu den Schulden wie eine Vorwegnahme der Weltwirtschaftskrise, die vier Monate später mit dem Börsenkrach am 24. Oktober 1929 in den USA ausgelöst wurde. Der dramatische Einbruch der Börsenkurse ist unter der Bezeichnung „schwarzer Donnerstag" bekannt geworden. In Bezug auf Europa wird auch vom „schwarzen Freitag" gesprochen, da man dort, bedingt durch die Zeitverschiebung, später von diesem Ereignis erfuhr, und damit auch die verheerenden Reaktionen an den Börsen zeitverschoben eintraten.

Erst am 29.10.1929 berichtet der „Hessische Kurier" von einer beängstigenden Häufung wirtschaftlicher Zusammenbrüche und am 30.10.1929 folgt der ausführliche Bericht über „*Die Panik in Wall-Street [...] 12 881 000 Aktienverkäufe – 50 000 Spekulanten ruiniert.*" Am 04.11.1929 heißt es dann: „*Es sind schlimme Wochen für den deutschen Mittelstand. Fast jeder Tag meldet von Bank-Zusammenbrüchen, deren allgemeines Kennzeichen es meistenteils ist, daß wieder eine Anzahl von fleißigen Gewerbetreibenden, Kaufleuten oder Handwerkern in den Strudel hineingerissen und um die Einlagen betrogen werden.*"

Heinrich verfolgte im „Hessischen Kurier" aufmerksam die Börsenkurse und eine im Nachlass überlieferte Tabelle zeigt, dass er sich auch für die Verschuldung der europäischen Staaten interessierte. Er war aber bei seinen Recherchen nicht allein auf die aktuelle Tagespresse angewiesen. Bei wichtigen Ereignissen wurde die Reichsbahndirektion Kassel informiert und im Direktionsgebäude verbreiteten sich Neuigkeiten schnell. Im Konvolut findet sich eine Rechnung vom Samstag, den 26.10.1929, also dem Tag nach dem „schwarzen Freitag", über eine Waschmaschine von Miele für den Preis von RM 298,40 zahlbar in sechs Raten. Vielleicht ist der Zeitpunkt dieser Anschaffung kein Zufall, denn bei seinem Informationsstand könnte er geahnt haben, dass es in Zukunft rapide bergab gehen würde, in welcher Gestalt auch immer: Steuererhöhungen, Zwangsabgaben oder womöglich noch mal eine Inflation.

Also besser, man tätigt jetzt größere Anschaffungen, bevor das Geld wieder nichts mehr wert ist.

Am 17. November 1929 standen die Stadtverordneten-Wahlen und die Kommunalwahl an. Wie gewohnt betrieb der „Hessische Kurier" am 15. November 1929 Wahlwerbung für die Zentrumspartei:

„*Katholik erfülle Deine Wahlpflicht. Du kannst nur der Partei Deine Stimme geben, die für den **gerechten Ausgleich im Wirtschaftsleben** eintritt, die **nicht einseitige Interessenpolitik** treibt, sondern wahrhaft **sozial handelt**, die die **christlichen Kulturgüter** schützt, die allein und wirksam kämpft für die **Sicherung von Ehe und Familie** und sich mit Entschiedenheit für die **christliche Erziehung der Jugend** einsetzt.*"

Heinrich und Lisbeth waren Zentrumswähler und sie lasen den „Hessischen Kurier". Den hier umrissenen Programmpunkten werden sie wahrscheinlich beigepflichtet haben.

Bei den Kommunalwahlen im November 1929 erzielte die NSDAP deutliche Zugewinne,[200] aber im Vergleich zum Zentrum und zur SPD war sie nach wie vor eine kleine Partei, die sich mit skurrilen Mitteln um ihre Finanzierung bemühte, z. B. mit einer Werbung im „Völkischen Beobachter", dem Presseorgan der NSDAP. Genüsslich zitiert der Journalist des „Hessischen Kuriers" diesen unfreiwillig komischen Text: „*'Parteigenossen! Schenkt jung und alt das ‚Hitler-Spielzeug', selbstlaufende SS.- und SA.-Leute [...]. Hartholz, feinst bemalt, laufen selbsttätig durch ihre eigene Schwere auf jeder leicht geneigten Fläche. Preis per Stück M 2,-...'*" Derzeit gab es einen Schlagabtausch zwischen den Medien der katholischen Kirche und der nationalsozialistischen Presse.[201] Dieser Text im „Völkischen Beobachter" war eine Steilvorlage für einen spöttischen Kommentar, den sich der „Hessische Kurier" nicht entgehen ließ:

„*Hartholz gibt es glücklicherweise noch genug, leicht geneigte Flächen, ja sogar schiefe Ebenen sind heutigen Tags genügend vorhanden. Wenn uns der „Völkische Beobachter" noch dazu verspricht, daß die bei ihm offerierten S.S.- und S.A. Leute (S.A. heißt bekanntlich Sturmabteilung) ‚selbsttätig durch ihre eigene Schwere' laufen, dann steht der Massenvermehrung der Braunhemden nichts mehr im Wege. Bisher waren die S.A.-Leute mit ihren schmucken Uniformen, den braunen Hemden und roten Hakenkreuzarmbinden, den Trommeln und den geballten Fäusten das Riesenprivatspielzeug des Herrn Adolf Hitler. Sie liefen weniger durch ihre eigene*

---

[200] Kolb, Eberhard; Schumann, Dirk: Die Weimarer Republik. München 2013, S. 122. Vgl. auch „Hessischer Kurier", 19.11.1929.
[201] „Hessischer Kurier", 23.01.1930.

Schwere als auf Hitlers Befehl. Dieses Monopol ist jetzt durchbrochen" (17.12.1929).

Was Heinrich einige Tage später im „Hessischen Kurier" las, war weniger komisch und bestätigte seine ärgsten Befürchtungen: *„200 Millionen verloren. Das Jahr der Insolvenzen in der Textilwirtschaft"* titelte der „Hessische Kurier". *„Durch 264 Insolvenzen ist die Zahl der Großhändler bedeutend verringert worden, da viele Firmen liquidiert haben oder durch Konkurs aus dem Wirtschaftsleben ausschieden."*

Der Börsenkrach zog in den Folgejahren zahlreiche Firmenpleiten und einen dramatischen Anstieg der Arbeitslosigkeit nach sich. Deutschland, das nach wie vor Reparationszahlungen zu leisten hatte und von Auslandskrediten abhängig war, litt unter dem Abzug vorwiegend amerikanischer Kredite und Investitionen.[202] Die Regierung Brüning reagierte auf die verschärfte Krise mit Steuererhöhungen und einer Reduzierung der Staatsausgaben.[203] Praktisch war diese Politik der Sanierung des Staatshaushalts eine Deflationspolitik, weil die Kaufkraft der gebeutelten Bevölkerung und damit die Nachfrage nach Sachwerten sanken. Bis jetzt ist ungeklärt, ob Reichskanzler Heinrich Brüning (Zentrum) angesichts der Krise eine nach den damaligen Kenntnissen angemessene Politik betrieben hat oder ob er die Wirtschaftskrise absichtlich verstärkte, um seinen Gläubigern zu zeigen, dass Deutschland nicht mehr in der Lage war, den Reparationsforderungen nachzukommen.[204]

Mit der Absicht, ein Notopfer für Festbesoldete zu erheben, traf er jedoch auf Gegenwind, und dies nicht nur von Seiten der Sozialdemokraten. Auch der „Hessische Kurier" schreibt:

„Denn das hat allmählich nun auch der Allerletzte im Volke begriffen, daß es sich bei dieser verkappten Steuer um nichts anderes handelt als um einen tatsächlichen Gehaltsabbau. Oder es wird wohl niemand mehr so harmlos naiv sein und glauben, daß es mit dieser einmaligen Entrichtung der Zwangsabgabe sein Bewenden habe."

Zunächst konnte Brüning das Notopfer nicht durchsetzen. Er scheiterte mit seinen Plänen am Parlament, vor allem an der SPD, der damals stärksten Fraktion im Reichstag. Auf Betreiben Brünings löste Reichspräsident Hindenburg daraufhin den Reichstag auf. Dies war möglich, weil sich damals bereits die Schwächung des Parlaments und der Weg zum

---

[202] Vgl. Kolb, Eberhard; Schumann, Dirk: Die Weimarer Republik. München 2013, S. 124f.
[203] Kolb, Eberhard; Schumann, Dirk, a.a.O., S. 133.
[204] Kolb Eberhard; Schumann, Dirk, a.a.O., S. 136f. Vgl. Haffner, Sebastian: Von Bismarck zu Hitler. Ein Rückblick. München 2009, S. 216.

Präsidialsystem abzeichneten. Letztendlich wurde das Notopfer durchgesetzt, indem man das widerstrebende Parlament einfach aufhob.[205]

Heinrich erzielte unterdessen mit seinen Einsprüchen gegen die Bescheide der Stadt Kassel einen Teilerfolg. Am 30.06.1930 teilte ihm der Magistrat der Stadt Kassel mit, dass der Veranlagungsbescheid für die Grunderwerbssteuer zurückgezogen wurde. Über die Veranlagung zur Vermögenssteuer war noch nicht entschieden worden. Heinrichs Vorgehen steht in keinem Zusammenhang mit der Weltwirtschaftskrise, denn er überprüfte grundsätzlich Zahlungsanforderungen aller Art und reklamierte sie, wenn er Fehler entdeckte. Dennoch hinterließ diese Krise Spuren, die sich allerdings erst einige Jahre später zeigten.

Die Aufhebung des Parlaments zog Neuwahlen nach sich, die am 14.09.1930 stattfanden. Diese Neuwahlen endeten in einem Desaster: Die NSDAP wurde zur zweitstärksten Partei. Die Anzahl ihrer Mandate war von 12 auf 107 gestiegen![206] Die NSDAP erwies sich damit als Hauptprofiteur von Wirtschaftskrise und Deflationspolitik.

Wenn alle gewählt hätten wie die Katholiken

Kassel entwickelte sich allmählich zur Hochburg der Nationalsozialisten. Am 18.06.1930, ein Vierteljahr vor der Wahl zum 6. Reichstag, ereigneten sich in Kassel Tumulte anlässlich einiger Versammlungen, die von der NSDAP zeitgleich in verschiedenen Stadtteilen abgehalten wurden. Insgesamt etwa 1000 Anhänger der NSDAP nahmen an den Veranstaltungen teil. Am selben Abend versammelten sich etwa 400 Anhänger der Kommunistischen Partei auf dem Martinsplatz. Unter dem Titel „Verhetzte Jugend" präsentiert der „Hessische Kurier" den Polizeibericht über diese Nacht. Eines der Versammlungslokale, in dem die NSDAP tagte, musste von der Polizei abgeschirmt werden wegen eines Menschenauflaufs auf der Straße vor dem Gebäude. Des Weiteren wurden die beiden Redner im Lokal vorübergehend festgenommen wegen ihrer rechtsextremen und besonders ausfälligen Äußerungen gegen die Regierung.

Später gerieten auf dem Königsplatz Nationalsozialisten und ihre Gegner aneinander, wobei elf Nationalsozialisten *„durch Messerstiche und Hiebe verletzt wurden. Unter den Verletzten ist auch der nationalsozialistische Stadtverordnete Messerschmidt, der in bedenklichem Zustande in*

---

[205] Kolb, Eberhard; Schumann, Dirk, a.a.O., S. 133f.
[206] Kolb, Eberhard; Schumann, Dirk, a.a.O., S. 127.

das Landeskrankenhaus eingeliefert wurde." Weiter heißt es im Polizeibericht:

„Gegen Mitternacht traten an verschiedenen Punkten der inneren Stadt radaulustige Elemente in Tätigkeit, die die Polizeibeamten bei ihrer Säuberungsaktion mit Steinen bewarfen; dabei wurden am Friedrichsplatz auch einige Scheiben eingeworfen[207]. Es gelang der Polizei, die hauptsächlichen Rädelsführer festzunehmen.

Um 1 Uhr war die Stadt überall vollkommen wieder ruhig. Im ganzen wurden am Mittwoch abend 15 Personen zwangsgestellt, weil sie entweder verbotswidrig in Uniform der NSDAP betroffen [angetroffen] wurden[208] oder die polizeilichen Anordnungen nicht befolgt hatten. Bei einem festgenommenen Anhänger der NSDAP wurde ein dolchartiges scharf geschliffenes Messer sowie eine größere Menge Verbandstoff vorgefunden. Bei einem anderen Festgenommenen wurde ein Revolver mit Munition beschlagnahmt" („Hessischer Kurier", 20.06.1930).

Der „Hessische Kurier" lobte das Eingreifen der Polizei, hegte aber ansonsten für keinen der Protagonisten Sympathie. Besonders auf die Jugend der Beteiligten wird in der Zeitung hingewiesen: *„Es ist sehr bedauerlich, wenn man wiederum feststellen muß, daß der größte Prozentsatz der Radaubrüder aus halbwüchsigen Jungen und Mädels bestand."* Die Journalisten des „Hessischen Kuriers" ärgerten sich über die Ausschreitungen und mit ihnen ärgerte sich auch ihre katholische Leserschaft.

Dem Leser des „Hessischen Kuriers" konnte nicht entgehen, dass die Katholische Kirche zwei politische Richtungen vor allem wegen deren Religionsferne verurteilte. Das waren der Kommunismus mit seiner Christenverfolgung in der Sowjetunion und der Faschismus. Mit dem faschistischen Italien kooperierte die katholische Kirche im Rahmen eines Konkordats, das die Ausübung der Seelsorge sicherte. Mit dem kommunistischen Regime der UdSSR war eine solche Einigung nicht möglich. Aus diesem Grund stellte der „Hessische Kurier" den Faschismus im Vergleich zum Bolschewismus als das geringere Übel dar und berichtete häufig über die Verfolgung von Geistlichen in Russland, über Kirchenschließungen und Schikanen.[209]

Mit dem Erstarken der NSDAP änderten sich aber die Schwerpunkte seiner Berichterstattung. Die Wahl zum 6. Reichstag am 14.09.1930 hatte die NSDAP hinter der SPD zur zweitstärksten Kraft gemacht. Angefangen mit Kardinal Bertram, dem Vorsitzenden der Fuldaer Bischofskonferenz,

---

[207] Hervorhebungen, breit- oder fettgedruckt grundsätzlich wie im Originaltext.
[208] Das Tragen der Uniform der NSDAP war in Preußen seit dem 11.06.1930 verboten.
[209] Z. B. in der Ausgabe vom 24.03.1930 unter dem Titel „Bolschewismus und Faschismus".

konstatierten die katholischen Bischöfe Deutschlands im Laufe des Jahres 1931 die Unvereinbarkeit des Nationalsozialismus mit der Lehre der katholischen Kirche. Der „Hessische Kurier" schreibt am 03.02.1931: *„Mit nicht mißzuverstehender Deutlichkeit hat Kardinal Bertram zu Beginn dieses Jahres erklärt, daß der übertriebene Nationalismus und die Rassenverherrlichung mit dem katholischen Glauben nicht zu vereinen sind."* Abgedruckt wurde dieser Artikel unter dem vielsagenden Titel: *„Evangelische Kirche und Nationalsozialismus. Wo bleibt ihre Stellungnahme?"* Anders als die protestantischen Gemeinden bekamen die Katholiken von ihren Bischöfen zu dieser Zeit eine klare Richtlinie: *„Es ist für den katholischen Christen unerlaubt, der NSDAP anzugehören."*[210]

Der Katholizismus mit seinem Zentrum in Rom und den Bischofssitzen in den einzelnen Nationen war praktisch international. Die kritischen Äußerungen der deutschen Bischöfe zur nationalsozialistischen Ideologie sind aber nicht gleichbedeutend mit einer gänzlichen Ablehnung des Nationalismus. Der hohe katholische Klerus forderte von den Katholiken sogar Patriotismus im Sinne eines Gehorsams gegenüber der nationalen Regierung und einer Sympathie für das eigene Land.[211]

Gründe hierfür gibt es mehrere: Eine verhängnisvolle Ausgrenzung der Katholiken, wie sie zur Zeit des Kulturkampfes stattgefunden hatte, sollte sich nicht wiederholen. Außerdem wurde den Katholiken nach wie vor nationale Unzuverlässigkeit vorgeworfen. In diesem Zusammenhang weist der „Hessische Kurier" auf eine Rede hin, die auf einer Versammlung des protestantischen Kirchenkreises Loburg-Möckern (jetzt in Sachsen-Anhalt gelegen) gehalten wurde. In dieser Rede wurde die Besiedlung des Nordens und Ostens ausschließlich mit protestantischen Bauern gefordert: *„Beschämend für die evangelische Kirche sei es, daß 85-90 Prozent aller Siedler in Pommern, Brandenburg, Schlesien und Westmark katholisch sind. Bewiesen ist",* so heißt es in der Rede auf der Versammlung des Kirchenkreises, *„daß katholische Bauern in den Grenzgebieten eine nationale Unzuverlässigkeit bedeuten, denn Rom geht ihnen über das Vaterland. Deutsch bleiben die Grenzmarken nur, wenn sie protestantisch besiedelt werden"* (zitiert im „Hessischen Kurier" 11.02.1931).

Da die Vorwürfe der „nationalen Unzuverlässigkeit" gegenüber den Katholiken wiederholt auftauchen, nimmt sie der „Hessische Kurier" sehr ernst und kontert:

---

[210] Erzbischof von Paderborn und die Bischöfe der neuen Paderborner Kirchenprovinz, zitiert im: „Hessischen Kurier", 16.03.1931.
[211] Vgl. Kösters, Christoph: Katholisches Milieu und Nationalsozialismus. In: Hummel, Karl-Joseph; Kißener, Michael (Hrsg.): Die Katholiken und das Dritte Reich. Kontroversen und Debatten. Paderborn u. a. 2010, S. 160.

„Immer wieder ist von katholischer Seite den Protestanten gesagt worden: Die Verbindung der Katholiken mit dem Apostolischen Stuhl in Rom ist kein Grund für die Annahme, dadurch würde wahre nationale Gesinnung beeinträchtigt. Der Papst ist für die Katholiken kein ausländischer Machthaber. Er ist Stellvertreter Christi. Und so wahr es ist, daß in keinem Lande der Erde Christus selbst als Ausländer zu gelten hat, so wahr ist es auch, daß sein sichtbarer Stellvertreter in keinem Lande der Erde eine ausländische Mission erfüllt."

Im Nachlass meiner Großeltern sind, neben den Fotos von Priestern, auch zwei Portraits von Papst Pius XI und dem Bischof von Fulda, Josef Damian Schmitt, überliefert. Anscheinend orientierten sich Heinrich und Lisbeth doch mehr an Rom als an Berlin. Oder gibt es im Nachlass einen Hinweis darauf, dass es vielleicht doch anders gewesen sein könnte?

Im Frühjahr 1931 feierte Heinz Erstkommunion in der Rosenkranzkirche (St. Marien) in Kassel. An der kirchlichen Zeremonie war auch sein um genau drei Jahre jüngerer Bruder Kurt beteiligt, und zwar als Kerzenträger. Wie der Name bereits deutlich macht, trägt der Kerzenträger beim Einzug in die Kirche für das Kommunionskind die große weiße Kerze. Nach den Feierlichkeiten posierten Heinz und Kurt ihrem Vater in ihren Matrosenanzügen vor der Haustür (Abb. 13). Bei näherer Betrachtung dieses Fotos fällt ein interessantes Detail auf: Die Mütze von Heinz umspannt ein Band, auf dem mit deutlich leserlichen Buchstaben „Deutschland" steht. Matrosenanzüge gehörten damals nach wie vor zur Festtagstracht der Knaben. Auf den Mützenbändern standen jedoch nicht Bekundungen nationaler Gesinnung, sondern Schiffsnamen, wie z. B. der des Panzerschiffs „Deutschland", das 1931 vom Stapel lief. Es mag auf den ersten Blick anders erscheinen, aber diese Mütze ist eher kein Ausdruck von Patriotismus.

Kassel mit seinen unterschiedlichen politischen Gruppierungen war ein Unruheherd im Vergleich zu Daseburg, wo in der Regel nur die Trunkenbolde auf den Schützenfesten unangenehm auffielen. Im Herbst 1931 fand im Haus von Heinrichs Mutter eine Doppelhochzeit statt. Heinrichs Halbschwester Leonie, die Lisbeth nach den Geburten von Heinz und Kurt unterstützt hatte, heiratete am selben Tag wie ihr älterer Bruder. Heinrich und Lisbeth übernachteten mit ihren Kindern im Wienholtschen Haus. Am Hochzeitstag betätigte sich Heinrich wie gewohnt als Fotograf der Gesellschaft. Den darauffolgenden Tag plante er aber für einen kleinen Bildungsausflug mit seinen Söhnen ein. Auf dem Desenberg, nahe bei Daseburg, steht die Burgruine der Familie von Spiegel. Dort hatte er vor vielen Jahren als Maurer gearbeitet. Die Gelegenheit war günstig, seinen beiden Söhnen die Burg zu zeigen.

Heute führt ein gut ausgebauter Weg auf die Spitze des Desenbergs. Als Heinrich mit seinen Söhnen zum Desenberg wanderte, mussten die drei an Ackerrändern hergehen und einen Stacheldrahtzaun überwinden. Der gigantische Rundblick oben auf dem Desenberg belohnte aber die vorangegangene Mühe. Auch unabhängig von seiner Burgruine zieht der Desenberg die Blicke an. Das mag daran liegen, dass man in dieser weiten Ebene von Ackerland einen kleinen kegelförmigen Berg nicht vermutet und überrascht und beeindruckt ist, wenn man ihn zum ersten Mal sieht. Damals hielten die Menschen den Desenberg für einen erloschenen Vulkan.[212] Heute weiß man, dass er auf eine Magmasäule zurückgeht, die erstarrte, bevor sie die Erdoberfläche erreichte. Seine kegelförmige Form erhielt der Berg lediglich durch Erosion.

Während Heinrich mit seinen Söhnen oben vom Desenberg aus den schönen Ausblick genoss, spielte Lisbeth im Garten des Wienholtschen Hauses mit ihrem Patenkind, einem kleinen Mädchen von einem Jahr. Vor einigen Tagen war die Mutter der Kleinen, Lisbeths Schwägerin Sarah, mit ihrem sechsten Kind niedergekommen. Lisbeths Bruder Franz und seine Frau hatten jetzt insgesamt drei Jungen und drei Mädchen. Angesichts der munteren Kinderschar auf dem Wienholtschen Hof musste Lisbeth sich bemühen, nicht gar zu sehr mit ihrem eigenen Schicksal zu hadern. Sie blickte mittlerweile auf eine Reihe von Fehlgeburten zurück. So sehr Lisbeth auch Gott um eine Tochter bat, sie konnte anscheinend kein lebensfähiges Kind mehr gebären. „Meine Mutter hatte mehrere Fehlgeburten", erzählte mir mein Vater, „aber weil meine Eltern eine Tochter wollten, haben sie es immer wieder versucht". Nur, wie lange erträgt eine Frau Fehlgeburten bis sie psychisch kollabiert.

In einem Brief meines Großvaters gibt es einen Hinweis, dass es Lisbeth im Jahr 1932 sehr schlecht ging. Wahrscheinlich war Lisbeth nach einer weiteren Fehlgeburt verzweifelt. Auch für Heinrich muss diese Zeit entsetzlich gewesen sein, denn auch er wünschte sich eine Tochter. Wenn er aber jetzt von seiner Arbeit nach Hause kam, fand er eine Wiege vor, die leer war und eine Ehefrau, die nur noch weinte. Vor dem Hintergrund der Fehlgeburten muss man wohl davon ausgehen, dass Lisbeth eine Haushaltshilfe nicht nur für die Zeit der Gemüse- und Obsternte gebraucht hat, sondern auch dann, wenn sie durch eine Fehlgeburt geschwächt war. Heinrich musste dann zusehen, wie er die Haushaltshilfe finanzierte.

---

[212] Z.B. Seestern [Pseud. f. Ferdinand Grautoff]: Unter der Kaiserstandarte. Leipzig 1910, S. 22-24. Grautoff, der 1907 das Kaisermanöver beim Desenberg mitverfolgte hatte, meinte einer Miniaturausgabe des Vesuvs gegenüberzustehen.

Aus dem Jahr 1932 stammt ein Artikel wahrscheinlich aus den Informationsblättern der Reichsbahndirektion, den Heinrich rot angestrichen und ausgeschnitten hatte, denn der dort angekündigte „Zinsnachlass für Baudarlehen bei Eigenheimen" betraf auch ihn. Laut einer Verfügung vom 11. Mai 1932 wurden in dringenden Einzelfällen die Zinsen für Baudarlehen an Reichsbahnbedienstete nachträglich von 5 % auf 3 % herabgesetzt. Seine Bitte um Zinsnachlass für sein Arbeitgeberdarlehen konnte die Reichsbahndirektion Kassel jedoch nicht erfüllen.

Persönliche Schicksalsschläge vollziehen sich auch unabhängig von Großereignissen, selbst wenn es sich dabei um die damalige Weltwirtschaftskrise oder ein politisches Erdbeben wie den Aufstieg der NSDAP handelt. Im Jahr 1932 fanden am 31. Juli und am 6. November zwei Reichstagswahlen statt, die die NSDAP zur stärksten Partei machten. In den Jahren 1930-33 wurde die Bevölkerung wiederholt zur Wahlurne gebeten. Dass Lisbeth damals in ihrem Kummer Interesse an Politik entwickelte, darf man aber wohl bezweifeln.

Kassel war die Hauptstadt der preußischen Provinz Hessen-Nassau. Am 20. April 1932, kurz vor der Wahl zum Preußischen Landtag[213] fand in Kassel eine Wahlveranstaltung der NSDAP statt mit Adolf Hitler als Redner. Für ihn und seine Anhänger hatte man neben dem Kurhessen-Sportplatz ein großes Zelt errichtet. Der Besucherstrom von über 35 Tausend Menschen, die Hitler sehen wollten, musste auf den Sportplatz umgeleitet werden, wo seine Rede per Lautsprecher übertragen wurde. Über die Schaulustigen und die Anhänger Hitlers berichtet das liberale „Kasseler Tageblatt" [vor 1926 „Casseler Tageblatt"] am 21.04.1932:

„Und dann saßen und standen sie da, die vielen, vielen Tausende, lasen, spielten Karten, viele Frauen hatten ihre Handarbeiten mitgebracht. ‚Der Führer kommt und spricht zu uns' – das hörte man immer wieder. [...] Sehr groß war vor allem auch der Zustrom vom Lande, in sieben Sonderzügen hatte die Reichsbahn die Menschen herangefahren, eine Unzahl von Omnibussen, Motorrädern, Kraftwagen und Fahrrädern ließen auf den Nebenstraßen der Frankfurter Straße ein wahres Heerlager entstehen."

Hitler erreichte seine Anhänger stark verspätet. Als er sein mit Blumen geschmücktes Rednerpult betrat, war es bereits 20 Uhr. Zu seinem Erscheinungsbild und seiner Rede schreibt das „Kasseler Tageblatt":

---

[213] Zwischen April und Juni 1932 fanden Landtagswahlen statt, am 24.04.1932 u. a. in Preußen. Vgl. Kolb, Eberhard; Schumann, Dirk: Die Weimarer Republik. München 2013, S. 139f.

"Adolf Hitler steht auf dem Rednerpult. Ein breitschultriger Mann im blauen Anzug, das Gesicht ziemlich blaß im Scheinwerferlicht. Er beginnt zu sprechen, mit tiefer dröhnender Stimme, angeraut durch die vielen, vielen Reden, mit starkem Anklang an den bayrischen Dialekt. Hitlers Rede, weniger programmatisch, mehr ein Aufruf, eine Fanfare. Der Inhalt seiner Rede ist immer von neuem eine Abwehr gegen die Angriffe auf ihn und seine Bewegung." [Z. B.:] *"Man mache ihm und seiner Partei den Vorwurf, daß sie das deutsche Volk zersplittert habe."*

Das „Kasseler Tageblatt" fasst den Inhalt von Hitlers Rede zusammen: Hitler hebt vor allem seine Erfolge und seinen Anklang bei der Bevölkerung hervor. Seine Verteidigung gegen den Vorwurf der „Zersplitterung" der Bevölkerung gipfelt in einer Schuldzuweisung gegenüber den Parteien des Reichstags, denen er die eigentliche Verantwortung für die Spaltung der Gesellschaft zuweist: *"Die anderen Parteien hätten die Zersplitterung getrieben* [betrieben]." Anschließend zitiert das Tageblatt ihn wörtlich: „*Ich will, daß diese Parteien verschwinden!*"[214] Zum damaligen Zeitpunkt kurz vor den Wahlen im Jahr 1932 war die NSDAP zunächst einmal zweitstärkste Partei im Parlament. Dass Hitler eine Diktatur anstrebte, erklärte er aber hier schon deutlich genug. Das Publikum begleitete seine Rede mit zahlreichen Heil-Rufen und dem Hochhalten der unzähligen Transparente. Am Ende der Veranstaltung trugen ihn seine Anhänger auf den Schultern aus dem Zelt.

Anders als das „Kasseler Tageblatt" war der „Hessische Kurier" das Sprachrohr einer Partei, der Zentrumspartei, und als solches Sprachrohr befand sich das Blatt zum damaligen Zeitpunkt im Wahlkampfmodus. Seine knappe Darstellung der Wahlkampfveranstaltung folgte der Methode des Kleinredens eines politischen Gegners:

"Seit voriger Woche war ‚Er' das Tagesgespräch. Am Aueausgang wurde ein Zelt von riesigen Ausmaßen gebaut, das man aus Regensburg und Rosenheim hatte kommen lassen. Gegen 8 Uhr landete Hitlers Flugzeug, von Halle kommend, auf dem Waldauer Flugplatz. Hitler sprach eine Stunde. Mit rauer derber Stimme und rollenden Zungen ‚r'. Davon, daß die anderen 13 Jahre versagt hätten. Wie er es besser machen würde, davon hörte man nichts. Mit 85 Jahren wolle er es auf 60 Millionen Anhänger gebracht haben. Wir fürchten, den 85jährigen Hitler kennt in Deutschland kein Mensch mehr" (22.04.1932).

Der „Hessische Kurier" hatte die NSDAP als Hauptgegner ausgemacht und schoss gegen diese Partei ‚aus sämtlichen Rohren'. Die Katholiken, die in die NSDAP eingetreten waren und sich trotz der eindeutigen

---

[214] Hervorhebung durch das „Kasseler Tageblatt", 21.04.1932.

Positionierung der deutschen Bischöfe nicht entschließen konnten, aus dieser Partei auszutreten, nannte das Blatt „Feiglinge" (19.02.1931). Auch für die Presse der NSDAP fand der „Hessische Kurier" deutliche Worte. Sie betrieb „Volksverhetzung" (25.04.1932). Die Reden, in denen Hitler die regierenden Parteien attackierte, wurden von der katholischen Presse zerpflückt: „Maßlose Frechheit", „maßlose Dummheit", „nicht zu übertreffen die Niedrigkeit der Gesinnung" zitiert der „Hessische Kurier" die „Augsburger Postzeitung", die selbst eine der einflussreichsten katholischen Zeitungen ihrer Zeit war (08.04.1932). Als Hitler bei der Wahl zum Reichstagspräsidenten gegen Hindenburg antrat, füllten die Gründe weswegen Hitler unwählbar war eine ganze Seite des „Hessischen Kuriers". Dabei zitierte das Blatt auch aus Hitlers Buch „Mein Kampf", und zwar folgenden Text zum Thema Propaganda:

„Die Aufnahmefähigkeit der großen Masse ist nur sehr beschränkt, das Verständnis klein, dafür die Vergesslichkeit groß. Aus diesen Tatsachen heraus hat sich jede wirkungsvolle Propaganda auf wenige Punkte zu beschränken und diese schlagwortartig solange zu verwerten, bis auch bestimmt der Letzte unter einem solchen Wort das Gewollte sich vorzustellen vermag" (zitiert im „Hessischen Kurier", 07.04.1933).

Offenkundig fand der Journalist diesen Text aus „Mein Kampf" so unverschämt, dass er ihn keines Kommentars für würdig erachtete. Der Zusammenhang, in den dieses Zitat gesetzt wurde, zeigt aber, dass es als Beleg für Hitlers Ehrlosigkeit, heute würde man sagen Skrupellosigkeit, diente. Mochten katholische Kirche und Nationalsozialismus auch gemeinsame Interessen haben, wie z. B. die Bekämpfung des Bolschewismus, sie unterschieden sich hinsichtlich ihres Menschenbildes vollständig voneinander. Im Hirtenbrief des Episkopats vom Juli 1933, auf den noch näher eingegangen werden soll, heißt es:

„Nicht die Menschen der leichten Anpassung und die Ausbeuter einer günstigen Zeitlage sind die Besten eines Volkes, sondern jene, die Überzeugung und Charakter besitzen und sich, wenn auch manchmal erst nach starkem, inneren Ringen, zu einer Sache mit ihrem Gewissen und ihrer ganzen Hingabe bekennen."

Der „Hessische Kurier" musste das Zitat aus Hitlers „Mein Kampf" nicht kommentieren. Seine Leser verstanden die Kritik an Hitlers Skrupellosigkeit auch ohne Interpretationshilfe.

Letztendlich konnten alle Warnungen der linken und der katholischen Presse die Erfolge der NSDAP nicht verhindern. Am 25.04.1932, nach der erwähnten Landtagswahl, die Anlass für Hitlers Auftritt in Kassel gewesen ist, musste der „Hessische Kurier" die unerfreulichen Ergebnisse präsentieren: *„Nationalsozialisten mit 176 Mandaten die stärkste Partei des*

Preußischen Landtages. Das Zentrum gewinnt über 600 000 Stimmen, verliert aber 4 Mandate. Alle anderen bürgerlichen Parteien zerschlagen." Bei den Reichstagswahlen am 31.07.1932 und 06.11.1932 setzte sich dieser Trend fort.

Hier seien nur die Stimmenergebnisse der vier mit Abstand stärksten Parteien der Provinz Hessen-Nassau zitiert:

Reichstagswahlen vom:	31.07.1932	06.11.1932
Nationalsozialistische deutsche Arbeiterpartei	645 394	596 200
Sozialdemokratische Arbeiterpartei	330 853	291 848
Kommunistische Partei	155 033	194 446
Zentrum	222 580	202 849

„Hessischer Kurier", 06.03.1933, vgl. auch 08.11.1932.

Zwar musste die NSDAP am 06.11.1932 Stimmen einbüßen, sie blieb aber stärkste Partei.

Im Januar 1933 wurde Hitler Reichskanzler. Der Reichstagsbrand gab den Anlass für die „Verordnungen des Reichspräsidenten zum Schutz von Volk und Staat" vom 28.02.1933 (Reichstagsbrandverordnung). Die von den Nationalsozialisten schrittweise durchgeführte Abschaffung der Bürgerrechte zielte selbstverständlich auch auf die Pressefreiheit. Betroffen waren vor allem die linke, aber auch die katholische Presse. Zwei Tage vor der Reichstagswahl vom 05.03.1933 lasen die überzeugten Katholiken Kassels in ihrem Kurier die seitenfüllenden Worte: *„Das Erscheinen des Hessischen Kuriers ist bis zum 5. März 1933* **verboten!**" (03.03.1933). Der politische Katholizismus, hinter dem eine wahlberechtigte katholische Bevölkerung stand, wurde von den Nationalsozialisten als Gegner durchaus ernst genommen. Die NSDAP ging auch aus der Reichstagswahl vom 05.03.1933 als mit weitem Abstand stärkste Partei hervor. Sie erlangte aber auch in dieser Wahl nicht die absolute Mehrheit.

Die Reichstagswahlen von 1932 und 1933 sind inzwischen Gegenstand umfangreicher Untersuchungen geworden. Eindeutig belegt ist, dass unter den verschiedenen Kriterien wie Schichtzugehörigkeit, Geschlecht und regionale Herkunft die Zugehörigkeit zu einer Konfession der wirksamste Faktor für das Wahlverhalten gewesen ist. Falter schreibt in seiner Untersuchung „Hitlers Wähler": „Hätten damals nur Protestanten im Deutschen Reich gelebt, wäre es – gleiches Wahlverhalten einmal unterstellt – der NSDAP bereits im Sommer 1932 gelungen, eine (wenn auch knappe) absolute Mehrheit der Reichstagsmandate zu erringen. Hätte es dagegen nur Katholiken gegeben, wäre es wohl nie zu einer nationalsozialistischen Machtübernahme gekommen" [...].[215] Auch wenn diese Aussage, wie der Autor selbst einräumt, spekulativ ist, muss man doch anerkennen, dass der politische Katholizismus während der Wahlperioden ausgesprochen effektiv gearbeitet hat, denn die katholische Bevölkerung zeigte eine Resistenz gegenüber dem Nationalsozialismus, die sich eben auch im Wahlverhalten niederschlug.

Die weltanschaulichen Differenzen zwischen der katholischen Kirche und den Nationalsozialisten machen jedoch aus den Bischöfen der deutschen Bistümer, der katholischen Presse und aus den frommen Kirchgängern keine Revolutionäre. Die Reichstagswahl vom März 1933 wurde von der katholischen Kirche trotz der Unregelmäßigkeiten im Vorfeld als demokratische Wahl anerkannt. Immerhin war die NSDAP bereits aus den Wahlen von 1932 als weitaus stärkste Partei hervorgegangen. Auch wenn die Katholiken zur demokratischen Legitimierung von Hitlers Aufstieg wenig beigetragen hatten, galt es, den Wählerwillen insgesamt zu akzeptieren, zumal sich die gesellschaftlichen und wirtschaftlichen Verhältnisse wieder im Ausnahmezustand befanden und sich Hitlers Wähler ganz offensichtlich nach einer Regierung sehnten, die länger als nur ein halbes Jahr andauerte.

Am 23.03.1933 stimmten allein die Sozialdemokraten gegen das „Ermächtigungsgesetz", das Hitler praktisch den Weg in die Diktatur ermöglichte. Die Zentrumspartei und die Bayrische Volkspartei stimmten nach parteiinternen Kontroversen für das Ermächtigungsgesetz. Der Zentrumsabgeordnete Ludwig Kaas begründet die Zustimmung seiner Partei mit dem katastrophalen Zustand von Staat und Gesellschaft:

„Im Angesicht der brennenden Not, in der gegenwärtig Volk und Staat stehen, reichen wir von der deutschen Zentrumspartei allen, auch früheren Gegnern die Hände, um die Fortführung des nationalen Rettungswerkes zu sichern. Damit wollen wir die Wiederherstellung geordneter Staats- und Rechtsverhältnisse beschleunigen und chaotischen Entwicklungen einen festen Damm entgegensetzen" (gesperrte gedruckt im „Hessischen Kurier", 24.03.1933).

Am 28.03.1933 kamen auch die deutschen (katholischen) Bischöfe Hitler entgegen, indem sie die Verurteilung des Nationalsozialismus zurücknahmen. Laut „Hessischem Kurier" spielte dabei Hitlers unerwartet

---

[215] Falter, Jürgen W.: Hitlers Wähler. München 1991, S. 179. Vgl. auch Hummel, Karl-Joseph; Kißener, Michael (Hrsg.): Die Katholiken und das Dritte Reich. Kontroversen und Debatten. Paderborn u. a. 2010. Karten: „Wahlverhalten der katholischen Bevölkerung Deutschland 1932-1933." S. 312-317.

moderate Regierungserklärung vom 23.03.1933 eine entscheidende Rolle: Die Bischöfe würden, so berichtet die Zeitung, die nationalsozialistische Ideologie nach wie vor ablehnen, nähmen aber Hitler insoweit beim Wort, als sie davon ausgingen, dass er sich in Zukunft an seinem Regierungsprogramm orientieren würde und nicht an vorangegangenen Äußerungen.

„Die Kundgebung der Bischöfe fußt also auf dem Vertrauen, daß im neuen Staate nach der feierlichen Erklärung des Reichskanzlers gehandelt wird und nicht nach den Forderungen, die bisher von den verschiedenen Wortführern oder Verkündern neuer und widerchristlichen Lehrmeinungen vertreten worden sind.

Denn mag in diesen Lehren stehen, was immer: Tatsache ist und bleibt, daß sich in der Regierungserklärung des Reichskanzlers vom 23. März 1933 hiervon nichts findet" („Hessischer Kurier", 29.03.1933).

Hitlers Regierungserklärung fand bei seinen bisherigen Widersachern und auch im Ausland durchaus Anklang. Der „Hessische Kurier" wagte sogar die Prognose, dass Hitler sich durch die Regierungsverantwortung zum Besseren wandeln würde. Hier war wohl der Wunsch der Vater des Gedankens. Was Hitlers Vertrauenswürdigkeit betrifft, so hätten es die Journalisten des „Hessischen Kuriers" besser wissen müssen, denn während der Wahlkampfperiode hatte das Blatt Beispiele für Hitlers Unglaubwürdigkeit und Skrupellosigkeit angeführt.

Nach der Reichstagswahl vom März 1933 hielt sich der „Hessische Kurier" mit kritischen Bemerkungen zur radikalen Etablierung des Nationalsozialismus in Kassel auffallend zurück. Am 24.03.1933 besetzte die SA das Rathaus, bedrängte dortige Mitarbeiter und zwang den Kasseler Oberbürgermeister Herbert Stadler zum Rücktritt. Am selben Tag wurden jüdische Bürger und kritische Beamte in einem Versammlungslokal misshandelt. Am 01.04.1933 scharten sich auf dem Königsplatz Schaulustige vor einer Einzäunung aus Stacheldraht, an dem ein Schild befestigt war, auf dem stand: „Konzentrationslager für widerspenstige Staatsbürger, die ihre Einkäufe bei Juden tätigen". Am 19.05.1933 beaufsichtigte der Kasseler Nationalsozialistische Studentenbund die Verbrennung von ca. 2000 Büchern auf dem Friedrichsplatz in Kassel.[216]

Den überzeugten Katholiken Kassels konnte die Änderung ihres Umfelds, vor allem die mittlerweile tiefbraune Stadtführung mit ihren zahlreichen Anhängern, nicht mehr geheuer sein. Umso wichtiger waren die Orientierungshilfen durch die katholische Kirche. Angesichts der Um-

---

[216] Kammler, Jörg; Krause-Vilmar, Dietfrid u. a.: Volksgemeinschaft und Volksfeinde. Kassel 1933-1945. Eine Dokumentation. Fuldabrück 1984, S. 51f., 59, 64.

wälzungen in Deutschland erließen die katholischen Bischöfe aller deutschen Diözesen einen gemeinsamen Hirtenbrief, der am Dreifaltigkeitssonntag (11. Juni 1933) von den Kanzeln aller katholischen Kirchen in Deutschland verlesen wurde. Dieser Hirtenbrief vom 8. Juni 1933 wird heute vielfach kritisiert als ein Einknicken der katholischen Bischöfe vor den Nationalsozialisten. Tatsächlich boten die Bischöfe den neuen Machthabern eine Zusammenarbeit an. Allerdings muss bedacht werden, dass der Hirtenbrief auf die damaligen Gläubigen anders wirkte als auf den heutigen Leser, wobei auch die graphische Präsentation des Textes eine Rolle spielte.

Abgedruckt wurde der Hirtenbrief damals in den katholischen Zeitungen und nicht nur dort. Der Hirtenbrief, den Heinrich in seinem schwarzen Aktenordner aufhob, stammte nicht aus dem „Hessischen Kurier", sondern war ein separater Druck der katholischen Carolus-Druckerei in Frankfurt am Main.

Der „Hessische Kurier" listete die neun Punkte des Hirtenbriefs hintereinander auf, ohne den Text durch Kommentare zu unterbrechen. Der Druck, den Heinrich aufhob, versah diese neun Punkte mit Zwischentiteln und was aus inhaltlichen Gründen noch viel wichtiger ist: diejenigen Absätze, die der Schriftleitung bedeutungsvoll erschienen, sind fett gedruckt. In diesen fett abgedruckten Passagen richtet sich der Episkopat gegen eine Politik der Rache gegenüber den Alliierten und gegen eine Gemeinschaft, die sich über die gemeinsame Rasse definiert. Die Bischöfe fordern eine respektierte katholische Kirche, die im neuen deutschen Staat nicht das Dasein einer **„dienstpflichtige[n] Magd" fristet."**

Weiterhin bestehen die Bischöfe in diesen fett gedruckten Passagen auf den Fortbestand der konfessionellen Schulen, der Jugendvereinigungen, der katholischen Vereine und der Caritas. Des Weiteren fordern sie eine freie katholische Presse. Es fällt auf, dass unter den aufgezählten neun Punkten nicht die moderaten bzw. diplomatischen Passagen hervorgehoben werden, sondern nur die klar formulierten Forderungen der Bischöfe und vor allem deren Stellungnahmen, die im Widerspruch zur nationalsozialistischen Ideologie stehen. Der in dieser Form präsentierte Text vermittelte mit seinen Hervorhebungen den Eindruck eines durchaus kämpferischen Hirtenbriefs, sicher vorwiegend in eigener d. h. katholischer Angelegenheit, aber nicht nur, wenn man z. B. die fett gedruckten Absätze zum Blut- und Rassegedanken und zur Völkergemeinschaft betrachtet.

Unterdessen war Kardinalstaatssekretär Eugenio Pacelli, nach dem Papst einer der wichtigsten Männer im Vatikan, wenig begeistert von der vorzeitigen Selbstdemontage des politischen Katholizismus: 1.) Die

Zustimmung des Zentrums und der bayrischen Volkspartei zum Ermächtigungsgesetz war zu früh erfolgt; und 2.) nicht nur die beiden katholischen Parteien, auch die Bischöfe hätten mit ihrem Entgegenkommen warten sollen. Geplant war nämlich ein Reichskonkordat, also ein Staatsvertrag zwischen dem Vatikan und der deutschen Regierung. Für die Verhandlungen im Vorweg zu diesem Reichskonkordat fehlten Pacelli nun zwei nützliche Trümpfe.[217]

Als das Reichskonkordat am Vormittag des 20.07.1933 von Pacelli und dem deutschen Vizekanzler von Papen unterschrieben wurde, hatte die Hitler-Regierung ein Ziel erreicht, nämlich eine wachsende Akzeptanz im Ausland. ‚Wenn sogar der Papst einen Vertrag mit den Nationalsozialisten abschloss, dann konnte das neue Regime ja so schlimm nicht sein', so dachten viele. Nicht nachvollziehbar für den Laien waren die religiös determinierten Motive und Schwerpunkte des Vatikans. Hinter der vermeintlichen Anerkennung des Hitler-Regimes durch den Papst stand vor allem dessen Absicht, die katholische Seelsorge zu sichern. Die Erfahrungen im Kulturkampf, als die Seelsorge nur noch eingeschränkt oder gar nicht mehr gewährt werden konnte, wirkten noch immer nach. Sehr aufschlussreich in diesem Zusammenhang ist eine Äußerung von Papst Pius XI in einer Audienz vom 15. Mai 1929: „Wenn es sich darum handeln würde, auch nur eine einzige Seele zu retten, einen größeren Schaden von den Seelen abzuwenden, so würden Wir [der Papst] den Mut aufbringen, sogar mit dem Teufel in Person zu verhandeln." [218]

In Kassel hatten sich die Nationalsozialisten sehr schnell etablieren können, aber wie sah es 1933 in Daseburg aus nach der Machtergreifung der Nationalsozialisten? Im Juli und im September 1933 korrespondierte Heinrich mit seinem Stiefbruder Tobias Zabel, der nach wie vor als Schneider in Daseburg lebte. Anlass war ein Anzug, den Heinrich bei seinem Stiefbruder in Auftrag gegeben hatte. Tobias, dem Heinrich, wie bereits beschrieben, Geld für den Hausbau geliehen hatte, lebte nun im eigenen Heim, hatte inzwischen acht Kinder und natürlich Schulden. Die finanziellen Probleme belasteten ihn, seine Gesundheit litt, deshalb brauchte er für die Fertigstellung des Anzugs mehr Zeit als eingeplant. Als Tobias Heinrich den Anzug endlich am 12.07.1933 zuschickte, legte er einen langen Brief bei, in dem er seine üble Situation schilderte. Wie

---

[217] Stickler, Matthias: Katholische Kirche und NS-Staat. In: Hummel, Karl-Joseph, Kißener, Michael (Hrsg.): Die Katholiken und das Dritte Reich. Kontroversen und Debatten. Paderborn u. a. 2010, S. 91–93, Wolf, Hubert: Papst & Teufel. Die Archive des Vatikan und das Dritte Reich. München 2012, S. 193–195.
[218] Zitiert in: Wolf, Hubert, a.a.O., S. 7.

immer, wenn er Heinrich schrieb, erzählte er ihm auch etwas über Daseburg:

„Obgleich diese kühlen Tage für mich angenehm sind, dürfte es doch bald etwas beständiger werden. Vereinzelt steht noch Heu draußen, ebenfalls der Klee. Die Gerste be[ginnt] zu reifen und verschiedene Felder sind schon gemäht. Alles könnte Wärme gebrauchen, damit die Ernte bald auf der ganzen Linie beginnt. Ich und viele andere warten darauf. Kornböden und Geldbörsen müssen nämlich nachgefüllt werden. [...] Ich benötige außer dem Rechnungsbetrage noch 70 M. Würdest Du mir aushelfen? Wenn Du das Geld für 6 Wochen bis 1. Sept. übrig machen könntest, tätest du mir einen großen Gefallen."

Heinrich war normalerweise sehr hilfsbereit, aber selber chronisch knapp bei Kasse. Er bezahlte den Anzug umgehend. Darüber hinaus lieh er Tobias 30 Mark.[219] Mehr war im Moment nicht möglich.

Der 1. September verstrich, ohne dass Tobias das geliehene Geld zurückzahlen konnte. Um sich ein zweites Standbein zu schaffen, absolvierte er eine Ausbildung zum Trichinenschauer auf dem Schlachthof in Paderborn. Am 09.09.1933 schreibt er Heinrich:

„Wenn ich nun nicht zu viel verlange und ihr das Geld noch einige Wochen entbehren könnt ohne Euch einschränken zu müssen, dann lasst mir noch etwas Zeit, denn ich gebrauche täglich viel Geld (ich meine während der Ausbildungszeit) und verdiene nichts."

Auch in diesem Brief erzählt er beiläufig Wissenswertes über Daseburg:

„Heute ist hier das erste Ernte- und Bauernfest im Kreise Warburg. 18 große Erntewagen, z. T. vierspännig gefahren, wurden im großen Festzuge mitgefahren. S.A. S.S. Hitlerjugend und Jungvolk marschierten hinter der verstärkten Daseburger Musikap[elle]. Festprologe und Ansprache leiteten das Fest ein. Die Bekanntgabe der Prämierung konnte ich nicht abwarten, weil ich noch allerlei lernen mußte."

Erst kamen die Erntewagen, dann die Kapelle, dann die SA und die SS. Sie traten zusammen mit der HJ und dem sogen. Jungvolk auf, also der in der HJ organisierten Altersgruppe der 10- bis 14-Jährigen. Woher sie kamen und wie der Anteil der Daseburger an diesen Gruppen gewesen ist, verrät der Brief nicht. In den Folgejahren waren auch die Erntewagen der Daseburger mit Hakenkreuzen versehen. Anscheinend gab es kein Entkommen vor diesen Gruppen und keine Nische, in die die Abzeichen der Nationalsozialisten nicht einzogen.

---

[219] Über diesen Geldtransfer existieren Notizen von Heinrich.

4. Teil: Betrifft Tod der Ehefrau

Die katholischen Vereine und der Ärger mit der Hitlerjugend

Im Garten meines Elternhauses stand eine Pflanze, die einen intensiven Geruch verströmte, wenn man sie berührte. Ich war ein junges Mädchen, als ich meinen Vater fragte, was das für ein Kraut sei. „Das ist Wermut", erklärte er mir, „dein Großvater hatte Gallensteine, und wenn er eine Kolik bekam wurde daraus Tee für ihn gemacht." Es war naheliegend, vom Geruch der Pflanze auf ihren Geschmack zu schließen und, soweit ich mich erinnere, habe ich meinen Großvater bedauert: Wenn dieser Tee genauso schmeckt, wie das Kraut riecht, dann hat er in jeglicher Hinsicht unter seinen Koliken gelitten, dachte ich mir damals. Heute interessiert mich eher, wie er zu einem Gallenleiden gekommen ist. Heinrich war nachweislich ein Gegner der Nationalsozialisten. Haben ihn die üblen Entwicklungen der Machtübernahme so sehr geärgert, dass sie ihm auf die Galle geschlagen sind? Ganz so ist es nicht. Diese Krankheit quälte ihn schon vor 1933.

Eigentlich befand sich Heinrich als Reichsbahnbeamter in einer relativ gesicherten Position. Von den Kündigungswellen während der Weltwirtschaftskrise war er verschont geblieben. An seinem Arbeitsplatz in der Reichsbahndirektion könnte ihm aber der Austausch von einzelnen Kollegen aufgefallen sein. Der nette jüdische Kollege aus dem Nachbarbüro musste gehen und vielleicht auch noch ein bekennender Kommunist. An ihre Stelle traten junge Männer, die keine Gelegenheit ausließen, um ihre linientreue, d. h. nationalsozialistische, Gesinnung kundzutun. So geschah es nicht nur in Kassel, sondern im ganzen Land und in allen wesentlichen Bereichen. Juden und auch Personen, deren Anschauungen den Nationalsozialisten nicht genehm waren, wurden unter Druck gesetzt, zunächst durch den Terror der SA, sehr bald auch durch den Erlass von entsprechenden Gesetzen.

Vom April 1933 stammte das „Gesetz zur Wiederherstellung des Berufsbeamtentums". § 3 (1) lautete: „Beamte, die nicht arischer Abstammung sind, sind in den Ruhestand zu versetzen [...]." Mildernd wirkten damals 1933/34 noch die Ausnahmen, die dieser „Arierparagraph" vorsah. Diejenigen, die entlassen wurden, weil sie Juden waren, traf es jedoch hart, denn § 3 enthielt einen Verweis auf § 8, der besagt, dass die „in den Ruhestand versetzten" nur dann einen Anspruch auf Ruhegeld haben, wenn sie mindestens eine zehnjährige Dienstzeit vollendet hätten. § 4 des Gesetzes „zur Wiederherstellung des Berufsbeamtentums" richtete sich vor allem gegen aktive Kommunisten: „Beamte, die nach ihrer politischen Betätigung nicht die Gewähr bieten, daß sie jederzeit rückhaltlos für den nationalen Staat eintreten, können aus dem Dienst entlassen werden." Sorge hat manchem Beamten auch § 6 gemacht: „Zur Vereinfachung der Verwaltung können Beamte in den Ruhestand versetzt werden, auch wenn sie noch nicht dienstunfähig sind." Staatsbedienstete gelten als unkündbar. Nach diesem neuen Gesetz aber war ihre Beamtenstelle keineswegs sicher.

Von den ‚personellen Säuberungen' waren zunächst weniger die Beamten und Beamtinnen als vielmehr die Presse betroffen. Manche Zeitungen wurden bereits vor der „Machtergreifung" eingestellt. Die vorwiegend jüdischen Mitarbeiter des „Kasseler Tageblatts" z. B. gaben bereits im Herbst 1932 auf, wahrscheinlich wegen antisemitischer Anfeindungen. Der „Hessische Kurier" war nach der Machtergreifung der Nationalsozialisten kaum wiederzuerkennen. Die Zeit der kritischen Berichterstattung und der bissigen Bemerkungen zu den Nationalsozialisten war vorbei.

Dass offene Kritik am Regime kaum noch möglich war, dafür sorgte das „Heimtückegesetz" vom März 1933. Es wurde 1934 durch das „Gesetz gegen heimtückische Angriffe auf Staat und Partei zum Schutz der Parteiuniformen" ersetzt. Wer sich jetzt kritisch äußerte musste damit rechnen, denunziert und verhaftet zu werden.

Mathias, der Sohn von Walter Endrich, erzählte mir, dass sein Vater und Heinrich einem Nachbarn geholfen hätten, der als Kommunist mit dem neuen Regime in Konflikt geraten war. Heinrich und Walter Endrich versuchten diesen Mann durch ein versöhnliches Gespräch beim zuständigen Ortsgruppenleiter der NSDAP zu entlasten. Heinrich stand dem Kommunismus fern, aber er war hilfsbereit, wenn er das Gefühl hatte jemandem wurde unrecht getan. Dass dieser Nachbar getaufter Katholik war, könnte dabei eine Rolle gespielt haben.

Wie bereits erwähnt hatte die katholische Kirche das Verbot, in die NSDAP einzutreten, 1933 aufgehoben. Eine Eintrittswelle von Katholiken in die NSDAP hat es aber nicht gegeben. Sicher gab es auch den Benediktiner-Abt Alban Schachleiter, der als militanter Nationalsozialist auffiel. Er stellte aber unter den namhaften Katholiken eine Ausnahme dar. Die Eigenständigkeit der katholischen Kirche war während der Zeit des Nationalsozialismus niemals bedroht.

Anders verhielt es sich mit der Protestantischen Kirche. In Gestalt der „deutschen Christen" etablierte sich eine einflussreiche Gruppierung, die den Plan hatte, die evangelischen Landeskirchen zu einer nazifizierten deutschen Reichskirche zusammenzuschließen. Die „Deutschen Christen" erhielten bei der Kirchenwahl im Juli 1933 70 % der Stimmen. In der Folge wurden die Bischöfe und Pröbste etlicher Landeskirchen ausgetauscht und zumindest in manchen Landeskirchen auch der „Arierparagraph" eingeführt. Eingegliedert in die neue Reichskirche waren immerhin die Landeskirchen von Preußen, Sachsen, Schleswig-Holstein, Thüringen, Pfalz und Mecklenburg. Der zum Reichsbischof ernannte Königsberger Wehrkreispfarrer Ludwig Müller stammte aus dem engeren Bekanntenkreis von Adolf Hitler.[220]

In Opposition zu den „Deutschen Christen" stand die „Bekennende Kirche". Sie wandte sich nicht direkt gegen das nationalsozialistische Regime, kämpfte aber für eine protestantische Kirche, die von der Politik unabhängig war. Als es auf Seiten der „Deutschen Christen" Stimmen gab, die sich für eine antisemitische „Bereinigung" des Alten und Neuen Testaments aussprachen, stieß das Projekt der protestantischen Reichskirche zunehmend auf Widerstand und scheiterte letztendlich.[221]

Ein Dreivierteljahr nach der Machtergreifung der Nationalsozialisten, am 31.10.1933 trat Heinrich in die „Katholische Bürgergesellschaft" ein. Heinrich und Lisbeth mussten ihren Bekanntenkreis eigentlich nicht erweitern. Das Ehepaar hatte Freunde und verfügte nach wie vor über gute nachbarschaftliche Beziehungen. Wenn sich aber das gesellschaftliche Umfeld in bedrohlicher Weise ändert, dann schließen sich diejenigen, die außerhalb dieser Entwicklung stehen, enger zusammen.

Dieser Verein ging auf die „Katholische Lesegesellschaft" und das „Katholische Kasino" zurück, die sich 1904 unter dem Namen „Katholische Bürgergesellschaft" zusammengeschlossen hatten. In der Satzung von 1904 heißt es: *„Die Katholische Bürgergesellschaft zu Kassel ist eine Vereinigung katholischer Männer und bezweckt: a. Pflege christlicher und vaterländischer Gesinnung, b. belehrende und gesellige Unterhaltung, c. Übung der Wohltätigkeit. [...] Als Mitglieder können großjährige katholische Männer, sowie auch Andersgläubige, die den katholischen Glauben achten und einen christlichen Lebenswandel führen, aufgenommen werden."*[222]

In der Anfangszeit waren den Vereinsmitgliedern auch „Nichtkatholiken" willkommen. Aber im Laufe der Jahre zeichnete sich ab, dass man doch lieber unter sich blieb. Indem die „Katholische Bürgergesellschaft" die erwachsenen Männer ansprach, schloss sie eine Lücke im Kasseler Vereinswesen, denn katholische Jungfrauen-, Jungmänner- und Müttervereine gab es in Kassel zur Genüge. Gelegentlich trafen sich die Männer zu „Herrenabenden" – zu den Hauptversammlungen waren ohnehin nur

---

[220] Grüttner, Michael: Brandstifter und Biedermänner. Deutschland 1933–1939. Bonn 2015. S. 395f.
[221] Grüttner, Michael, a.a.O., S. 393–401.
[222] Abgedruckt im St.-Elisabeth-Blatt: religiöses Wochenblatt für die katholischen Gemeinden Kassels. Kassel 1904.

sie zugelassen. Praktisch war die „Katholische Bürgergesellschaft" aber ein Verein für die gesamte Familie. Die gemeinsamen Ausflüge führten die Mitglieder zu Wallfahrtsstätten oder einfach nur ins Grüne. Bei den religiösen Festen im Winter gab der Vorstand den Nikolaus und einige Familienmitglieder das Christkind und die Maria. Die Jubiläumsfeste wurden allerdings in größerem Stil gefeiert, z. B. mit Gastbeiträgen von ortsansässigen Musikern. Wer sich jedoch von den Mitgliedern auf offener Bühne präsentieren wollte, dem wurde dies nicht versagt. Lisbeth soll in der „Katholischen Bürgergesellschaft" Vorträge gehalten haben, so haben mir die Daseburger Verwandten berichtet.

Im Herbst 1933 waren die Söhne von Heinrich und Lisbeth 13 und 10 Jahre alt. Heinz ging seit Ostern 1931 auf das Wilhelmsgymnasium und wollte später mal Geschichte studieren. Kurt war weniger am Lernen interessiert. Er spielte lieber mit dem Nachbarssohn Mathias. Heinrich als ehemaliger Turner hätte es lieber gesehen, wenn seine Söhne etwas sportlicher gewesen wären. Mathias turnte geschickt an der stabilen Teppichstange im Garten. Heinz und Kurt waren dazu nicht in der Lage. Kurt rannte schnell und sprang weit, war also ein guter Leichtathlet, während Heinz im Laufe der Jahre lediglich seinen Kinderspeck eingebüßt hatte. Wenn Heinz jedes Jahr Ostern und im Herbst sein Zeugnisheft Heinrich zur Unterschrift vorlegte, dann stand nach wie vor beim Fach Turnen ein Mangelhaft.

Heinrich und Lisbeth setzten unterschiedliche Methoden der Erziehung ein. Heinrich war streng und verlangte Gehorsam. In kurzem Befehlston rief er von der Terrassentür aus die Namen Heinz und Kurt in den Garten. Seine Söhne hatten dann umgehend zu erscheinen. Wenn es mal Streit gab, so wurde über den Anlass geredet. Probleme mussten nach seiner Vorstellung aufgedeckt werden, um sie aus der Welt schaffen zu können. Lisbeth verhielt sich anders. Wenn es Streit gab, dann versuchte sie zu schlichten. Auch war sie der Ansicht, dass nicht über alles geredet werden musste. Ein Übergehen der Schwierigkeiten durch Schweigen hielt sie in machen Fällen für die bessere Lösung.

Mittlerweile sahen Heinrich und Lisbeth ihre beiden Söhne aber immer seltener, denn Heinz und Kurt verbrachten den größten Teil ihrer Freizeit mit Gleichaltrigen. Als St. Georgs-Pfadfinder durchstreiften sie die Wälder im Umfeld Kassels und in den Schulferien übernachteten sie gelegentlich im Zeltlager. Dabei trugen sie die Kluft der St. Georgs-Pfadfinder: ein jägergrünes Hemd mit Achselstücken, eine braune kniefreie Hose und ein farbiges Halstuch.

Die „Pfadfinderschaft St. Georg" war Teil des „Katholischen Jungmännerverbandes".[223] Die gläubigen Katholiken hatten eine besondere Neigung, sich in konfessionellen Vereinen und Verbänden zu organisieren. Die katholische Jugend machte in dieser Hinsicht keine Ausnahme. Unter den katholischen Jugendverbänden war der „Katholische Jungmännerverband" der größte und einflussreichste. Er finanzierte sich selbst über die Herausgabe eigener religiöser Zeitschriften. Dazu zählte auch die Zeitschrift für die St. Georgs-Pfadfinder. Den Verband leitete der Generalpräses Kaplan Ludwig Wolker, von seinen Anhängern „General" genannt wegen seiner ambitionierten und durchsetzungsfähigen Persönlichkeit. Eine wesentliche Aufgabe, die sich der Verband setzte, war die Förderung der Selbsterziehung durch die Jugendlichen. Religiöse Entwicklung, Charakterbildung, speziell die Schulung des Gewissens sowie körperliche Ertüchtigung standen im Fokus. Darüber hinaus nahm der Verband auch kirchliche und karitative Aufgaben wahr. Der „Katholische Jungmännerverband" war nach Altersstufen gegliedert. Die unter 14-Jährigen wurden „Jungschar" genannt, die 14- bis 18-Jährigen die „Jungenschaft" und die jungen Männer über 18 Jahre die „Jungmannschaft".[224]

Laut einem handschriftlichen Lebenslauf von Heinz wurde er Ostern 1932 Mitglied der Pfadfinderschaft St. Georg. Sein jüngerer Bruder Kurt ist entweder gleichzeitig oder etwas später eingetreten. Den Kasseler Zweig (unter Pfadfindern Stamm genannt) der St. Georgs-Pfadfinder gibt es erst seit 1931. Er wurde von Kaplan Ludwig Atzert in Anbindung an die Kirche St. Elisabeth in Kassel gegründet. Bald darauf bildeten sich in den Gemeinden St. Familia, St. Joseph und St. Marien weitere „Stämme" der Pfadfinderschaft St. Georg.[225] Für die überschaubare Zahl der Mitglieder musste damals noch viel Aufbauarbeit betrieben werden. Heinz und Kurt führten also ihr eigenes Leben relativ unabhängig von ihren Eltern, aber innerhalb der katholischen Diaspora.

Gemäß den Vorgaben des Verbandes standen auch bei den St. Georgs-Pfadfindern Selbsterziehung und religiöse Entwicklung im Vordergrund. Der Besuch der heiligen Messe befand sich dabei ebenso auf dem Stundenplan wie das gemeinschaftliche Leben in der Natur. Darüber hinaus betätigten sich die Pfadfinder gemeinnützig. Z. B. unterstützten sie die katholischen Gemeinden bei der Vorbereitung von Festen und Veran-

---

[223] Schellenberger, Barbara: Katholische Jugend und Drittes Reich. Eine Geschichte des Katholischen Jungmännerverbandes 1933-1939 unter besonderer Berücksichtigung der Rheinprovinz. Mainz 1975, S. 14.
[224] Schellenberger, Barbara, a.a.O., S. 10, 13f., 30.
[225] Raabe, Bernhard: Die Geschichte der St. Georgspfadfinder in Kassel. Kassel März 2002 (Manuskript, Archiv d. dt. Jugendbewegung, Witzenhausen), S. 2, 6.

staltungen. Heinrich und Lisbeth konnten sich sicher sein, ihre Söhne gut untergebracht zu haben, zunächst zumindest.

Am 6. Juni 1933 berichtete der „Hessische Kurier" über die Vorkommnisse rund um den Katholischen Gesellentag der „Kolpingsfamilie" in München. Die Tagung wurde zunächst verboten, dann zugelassen mit der Auflage, keine Umzüge zu veranstalten, keine Uniformen zu tragen und keine Fahnen zu entrollen. Als der Gesellentag am Samstag, den 10. Juni 1933 schließlich stattfand, wurde er durch das massive Eingreifen der SA gestört. Die „Bayrische Politische Polizei" brach den Gesellentag schließlich ab mit dem Hinweis auf die vereinzelten Uniformen der katholischen Gesellen, von denen sich die „Braunhemden" angeblich provoziert gefühlt hätten.[226]

Es war dieser Vorfall, der das Episkopat und die Kurie einmal mehr überzeugten, dass ein Konkordat mit der neuen Reichsregierung unerlässlich sei, allein schon, um die katholischen Vereine zu schützen. Tatsächlich sicherte das Konkordat die Seelsorge und den Fortbestand der katholischen Vereine, beschränkte jene jedoch auf die Unterstützung des religiösen Lebens. Eine politische Betätigung war sowohl den Priestern als auch den katholischen Vereinen und Verbänden untersagt.

Den Zielen des „Katholischen Jungmännerverbandes" lief diese Einschränkung zuwider. Der Verband hatte anlässlich der Wahl des Reichspräsidenten für Hindenburg Wahlkampf betrieben und gegen den Kandidaten Hitler sehr deutliche Worte gefunden. Die Probleme des Jungmännerverbandes mit den Nationalsozialisten in der Folge resultierten u. a. auch aus diesem Verhalten im Wahlkampf.[227] Schikaniert wurde der „Katholische Jungmännerverband" vor allen Dingen von der Hitlerjugend (HJ). Als der Druck der HJ auf die Verbandsmitglieder wuchs, kam der „Katholische Jungmännerverband" dem Regime insoweit entgegen als er eine Doppelmitgliedschaft in Verband und HJ anbot. Diese diplomatische Geste traf auf kein Entgegenkommen. Der Reichsjugendführer Baldur von Schirach untersagte eine solche Doppelmitgliedschaft durch den Erlass vom 29.07.1933. Von Schirach strebte die Zusammenfassung der gesamten Jugend in der HJ an.

Auch in Kassel, das wie bereits erwähnt eine Hochburg des Nationalsozialismus war, setzte die HJ der organisierten katholischen Jugend sehr zu. Der Jugendfreund meines Vaters Mathias Endrich, Jahrgang

---

[226] „Hessischer Kurier", 06.06., 07.06., 12.06.1933.
[227] Schellenberger, Barbara: Katholische Jugend und Drittes Reich. Eine Geschichte des Katholischen Jungmännerverbandes 1933-1939 unter besonderer Berücksichtigung der Rheinprovinz. Mainz 1975, S. 23f.

1925, erzählte mir von mehreren sehr üblen Zusammenstößen mit der Hitlerjugend:

„Ich bin mit 8 Jahren St. Georgs-Pfadfinder „Wölfling" [=Altersgruppe] geworden. Das war die unterste Stufe und der Heinz war, ich kann nicht sagen was, aber er war Führer bei den St. Georgs-Pfadfindern, die ja eng mit der Kirche verbunden waren, und zwar mit der Rosenkranzkirche. Und [da gab es] ein Ereignis, was ich erzählen kann. Wir Pfadfinder hatten oben im Habichtswald eine Blockhütte und diese Blockhütte hat uns die HJ angesteckt und die ist abgebrannt und meine Antipathie gegen die HJ stammt eigentlich von diesem Brand her, dass die das gemacht haben und keiner hat das verhindert, weder Polizei noch Feuerwehr, sondern haben das abbrennen lassen, damit wir keinen Raum mehr hatten."

Es handelte sich bei dieser „Blockhütte" um einen durchaus ansehnlichen Bau, den arbeitslose katholische Gesellen 1932 unter der Leitung eines Bauingenieurs errichtet hatten. Die Blockhütte stand in einem ehemaligen Steinbruch im Habichtswald und diente den Pfadfindern als Unterkunft, wenn diese sich an den Wochenenden oder in den Ferien zu gemeinsamen Geländespielen trafen. Nachts schlief die „Jungschar" auf dem Dachboden der Hütte im Heu. Gekocht wurde außerhalb der Hütte in einem großen Suppenkessel über offenem Feuer; das Trinkwasser lieferte der Silberborn, eine Quelle in der Umgebung. Da es immer wieder zu Zusammenstößen mit der HJ gekommen war, beschlossen die Pfadfinder abwechselnd Wache zu halten. Dieses anstrengende Vorhaben ließ sich nicht lückenlos durchführen, denn schließlich waren diejenigen, die Wache hielten vor allem schulpflichtige Kinder. Am 18.03.1934 entdeckten die Pfadfinder die rauchenden Überreste ihrer Blockhütte. Mit den hingeschmierten Worten „Rache den Christenschweinen" hatte die HJ ihre Aktion gewissermaßen signiert.[228]

Wenn Kinder schikaniert werden, wie hier beschrieben, so sind die Eltern mitbetroffen, weil sie sich zumindest fragen müssen, wie sie auf solche Repressionen zukünftig reagieren sollen. Heinrich reagierte sehr heftig auf entsprechende Vorkommnisse. Wir werden später mehr darüber erfahren. Zunächst einmal stand bei Familie Müller ein Ereignis an, dass die Sorgen etwas gemildert haben wird. Am 15.06.1934 bekam Heinrich von seinem Schulfreund Wilhelm Dieck, der in Altona bei der Reichsbahn arbeitete, eine Ansichtskarte.

---

[228] Raabe, Bernhard: Die Geschichte der St. Georgspfadfinder in Kassel. Kassel März 2002 (Manuskript, Archiv d. dt. Jugendbewegung, Witzenhausen), S. 2, 6.

„Lieber Heinrich. Besten Dank für Deinen l[ieben] Brief. Bedauere sehr, daß d[eine] l[iebe] Frau nicht mitkommt. Uns ist es sehr recht, daß Ihr schon am 30.6. kommen wollt. Ich bin am Zuge in Altona."
Vor einigen Jahren hatte das Ehepaar Dieck Heinrich und Lisbeth in Kassel besucht. Nun war es an der Zeit, diesen Besuch zu erwidern. Während Heinrich mit seinen beiden Söhnen nach Altona aufbrach, blieb Lisbeth zuhause. Der Grund hierfür: Sie war wieder schwanger. Wie viele Ängste, Hoffnungen und Wünsche mochten diese Schwangerschaft begleiten. Nach etlichen Fehlgeburten riskierte Lisbeth nichts, was dem Ungeborenen womöglich schaden könnte. Also verzichtete sie auf den Urlaub in Altona.

Als Heinz und Kurt geboren wurden, hatte Heinrichs Halbschwester Leonie, geborene Zabel den Müllerschen Haushalt geführt. Leonie versorgte aber inzwischen ihre eigene Familie. Eine Haushaltshilfe, der sie bedingungslos vertrauen konnte, bekam Lisbeth schließlich durch die Vermittlung von Heinrichs Stiefbruder Tobias. Dieser hatte in Daseburg bei einer Familie Gillandt zur Miete gewohnt. Eine der Töchter aus dem Haus Gillandt, Laura, war gern bereit in Kassel zu arbeiten. Lisbeth plante das junge Mädchen für einen längeren Aufenthalt bei sich in der Wohnung ein. Die Räumlichkeiten, um eine weitere Person unterzubringen, waren vorhanden. Was fehlte, war ein Bett für Laura, das noch vor dem November 1934, dem Zeitpunkt der Geburt, gekauft werden musste.

Am 18. November 1934 wurde Heinrichs und Lisbeths jüngster Sohn Erik geboren. Der kleine Junge war eine Zangengeburt, mit der sich die mittlerweile 42-jährige Lisbeth schwergetan hatte. „Ich sollte eigentlich ein Mädchen werden", erzählte mir mein Onkel vor einiger Zeit. Den Eltern dürfte es egal gewesen sein – Hauptsache ein gesundes Kind. Die Geburt des dritten Sohnes war ein Lichtblick in einer insgesamt schwierigen Situation am Ende des Jahres 1934. Heinrich arbeitete tagsüber in einem Büro, in dem man sehr wahrscheinlich aufpassen musste, was man sagte und seine Söhne bekamen immer mehr Ärger mit der Hitlerjugend.

Im Jahr 1934 wurden, trotz des Reichskonkordats mit der katholischen Kirche, immer mehr Regelungen eingeführt, die das öffentliche Auftreten der konfessionellen Jugendgruppen einschränkten. Vom 19.04.1934 stammt die „Polizeiverordnung des Regierungspräsidenten in Kassel zum Schutze des Friedens unter den Jugendverbänden." Hintergrund dieser Verordnung waren die Zusammenstöße zwischen Hitlerjugend und katholischen Jugendgruppen, vor allem im katholisch dominierten Fulda, das zum Bezirk der Staatspolizei Kassel gehörte.[229] Wie zu erwarten richtete sich die Polizeiverordnung nicht gegen die Hitlerjugend, sondern gegen die konfessionellen Jugendgruppen: „Jedes geschlossene Auftreten in der Öffentlichkeit" war ihnen untersagt, ihre Uniform (Kluft) durften sie in der Öffentlichkeit nicht tragen und ihre Fahnen und Wimpel nicht zeigen. „Jede sportliche oder [...] geländesportliche Betätigung innerhalb der konfessionellen Jugendverbände" war ihnen verboten, ebenso die öffentliche Verbreitung ihrer Jugendzeitungen.[230] Geländespiele, Jugendlager und Aufzüge in Kluft und mit Fahne gehörten aber zum Kernstück der katholischen Jugendgruppen, wie z. B. der Pfadfinder. Diese Polizeiverordnung kam daher einem Verbot der konfessionellen Jugendgruppen sehr nahe. Außerhalb des Regierungsbezirks Kassel war die Situation nicht sehr viel besser, weil die öffentlichen Aufzüge der katholischen Jugendgruppen durch die Übergriffe der HJ sehr erschwert wurden. Kampflos gaben die Jugendvereinigungen des „Katholischen Jungmännerverbandes" aber nicht auf. Wenn sie in der Öffentlichkeit nicht mehr mit Kluft und Banner auftreten konnten, dann veranstalteten sie ihre Aufzüge eben auf den großen Flächen der Klöster.

Ein Zeuge solcher Aufzüge war im November 1934 Heinrichs Cousin Pater August Müller, der sich zum damaligen Zeitpunkt im Kloster St. Augustin (Stadt St. Augustin, Nordrh.-Westf.) zum Missionspriester ausbilden ließ. Pater August Müller, in seiner Familie Augustin genannt, war der jüngste Sohn von Heinrichs Onkel und Vormund August Müller. Am 15. November 1934 schreibt Augustin einen Brief an eine seiner Schwestern nach Daseburg:

„Wie stehen sich denn die kath. Vereine in Daseburg? Ich habe im letzten halben Jahre einen guten Blick in die kath. Jugendvereine dieser Gegend tun können. Es kamen nämlich häufig an Sonntagen Sturmschärler und Neudeutsche, meist zu Hunderten, in unser Kloster [St. Augustin], um hier mal wieder ungestört zusammen sein zu können. Meist kamen sie schon morgens vor sechs Uhr und blieben bis neun Uhr abends. Einmal hatten die Neudeutschen sogar ihre Gautagung hier, die drei Tage dauerte. Dabei war auch der Reichsführer der Neudeutschen hier. Ebenfalls war der Reichsführer der Sturmschar schon zweimal hier."

Innerhalb des „Katholischen Jungmännerverbandes" nahm die „Sturmschar" eine Führungsrolle ein. Ihre Mitglieder zählten zu den

---

[229] Klein Thomas (Hrsg.): Die Lageberichte der Geheimen Staatspolizei über die Provinz Hessen-Nassau 1933-1936. Teilband I: A und B. Köln, Wien 1986, S. 91.
[230] Klein Thomas (Hrsg.): Die Lageberichte der Geheimen Staatspolizei über die Provinz Hessen-Nassau 1933-1936. Teilband II: C. Köln, Wien 1986, S. 604.

disziplinertesten und besten Köpfen des „Katholischen Jungmännerverbandes".[231] Augustin erwähnt in seinen Briefen auch die „Neudeutschen". Der Schülerbund „Neudeutschland" repräsentierte ähnlich wie die „Sturmschar" eine Führungselite innerhalb der katholischen Jugendbewegung, in diesem Fall durch ihre Ausbildung und ihren gesellschaftlichen Hintergrund. Die „Neudeutschen" waren Gymnasiasten und angehende Studenten. Sie pflegten Beziehungen zum Jungmännerverband, ohne diesem anzugehören.[232]

Mit den Aufzügen, die „Sturmschärler" und „Neudeutsche" in das Kloster St. Augustin verlagert hatten, setzten sie ein deutliches Zeichen: ‚Wir lassen uns nicht unterkriegen'. Entsprechend pompös wurden diese Aufzüge gestaltet. Weiter heißt es in dem Brief:

„Das letzte Mal kamen die Sturmschärler von Köln (linksrheinisch), 600 Mann. Wie die aufzogen! Nachmittags hatten sie eine deutsche Complet [Abendgebet] in unserer Kirche. Es war sehr interessant, wie sie da in die Kirche einzogen. Zuerst kam eine Abteilung mit breiten Schwertern, dann kamen Lanzenträger, darauf Knappen mit feinen Schildern und dann die Banner, 23 Stück. Zugleich schmetterte ein Chor von der Orgelbühne einen Sprechchor. Selten habe ich solche Begeisterung gesehen. Aber das Äußerliche ist schließlich nicht die Hauptsache. Auch in anderer Hinsicht kann man die Jungens nur bewundern. Die Disziplin zum Beispiel ist staunenswert."

Es fällt auf, dass sich der „Katholische Jungmännerverband" derselben militanten Sprache bediente wie die HJ. Die Vorstände seiner Bünde wurden „Reichsführer" genannt, sie trafen sich auf ihren „Gautagungen" und die Wochenzeitschrift der Sturmschärler machte mit ihrem Namen „Junge Front" auf sich aufmerksam. Auch den Namen „Sturmschar" würde man heute nicht unbedingt mit einer christlichen Jugendorganisation in Verbindung bringen. Diese Begriffe entstammen jedoch dem damaligen Sprachgebrauch, insbesondere der Jugendbewegung. Vor allem entsprach die plakative Wortwahl den Herausforderungen, denen sich die katholische Jugendbewegung damals stellen musste. Der Jungmännerverband und auch die anderen katholischen Jugendgruppen wollten der HJ auf keinen Fall das Feld überlassen. Also wählte man eine offensive Sprache und präsentierte sich mit groß angelegten Aufzügen,

---

[231] Schellenberger, Barbara: Katholische Jugend und Drittes Reich. Eine Geschichte des Katholischen Jungmännerverbandes 1933-1939 unter besonderer Berücksichtigung der Rheinprovinz. Mainz 1975, S. 15f., Schmitz, Gerold: Die Katholische Jugendbewegung. Von den Anfängen bis zu den Neuaufbrüchen. Stein am Rhein 1997, S. 34, 37-39.

[232] Schellenberger, Barbara, a.a.O., S. 4, 11, 14, Schmitz, Gerold, a.a.O., S. 31.

auch wenn dies inzwischen nur noch auf dem Gelände der Klöster möglich war.[233]

Auch Sturmschärler und Neudeutsche waren fromme Katholiken und so kam trotz ihres unbescheidenen Aufzugs mit Schwertern, Schildern und Bannern die religiöse Praxis nicht zu kurz. Im Kloster St. Augustin feierten sie die heilige Messe, empfingen die heilige Kommunion und nahmen sich sehr viel Zeit für die Anbetung des Altarsakramentes. Heinrichs Cousin bewunderte gerade diese Kombination von forschem Auftreten und kirchentreuer Religiosität.

„*Morgens hatten die Jungens immer eine Chormesse, wobei alle kommunizierten. Manchmal hatten sie auch den ganzen Tag Anbetung vor dem ausgesetzten Allerheiligsten. Ist das nicht herrlich? Ich habe überhaupt den Eindruck bekommen, daß die Jungens wissen, was sie wollen, daß sie mit Überzeugung katholisch sind, und sie sind dabei frisch und frei, wie sich das gehört für einen echten Jungen. Schade, daß es so etwas in Daseburg nicht gibt.*"

Im November 1934, als Augustin im Brief an seine Schwester den Aufzug der „Sturmschar" und der „Neudeutschen" beschreibt, konnten die Klöster noch Zufluchtsort für die katholische Jugendbewegung sein. Später gerieten sie selber ins Visier der Nationalsozialisten.

Auch für die St. Georgs-Pfadfinder in Kassel wurde die Situation nicht besser. Sie verzichteten auf ihre auffällige Pfadfinderkluft und trugen stattdessen eine kurze schwarze Hose und ein schlichtes weißes Hemd. Die Kirche betraten sie in Zivilkleidung. Aber auch vorsichtige Zurückhaltung bot keinen Schutz vor den Attacken der Hitlerjugend. Mathias Endrich erinnert sich an einen Spießrutenlauf durch Kassel, zu dem er und andere junge Katholiken von der HJ gezwungen wurden. An einem Sonntag verließen er, Kurt und andere Jungen nach einer heiligen Messe die Rosenkranzkirche, und zwar durch deren Hinterausgang. Dort wurden sie von einigen Mitgliedern der HJ empfangen, die sie zwangen an einem Umzug in Richtung Kassels Innenstadt teilzunehmen. Den Zug führten Trommeln und Fanfaren an, dann kam die Hitlerjugend in ihrer Uniform und schließlich die jungen Katholiken in Zivil, sodass jeder sehen konnte, dass sich diese Jungen dem Zugriff der HJ entzogen hatten. Mathias und Kurt trotteten in dieser unfreiwilligen Gesellschaft über den Hindenburgplatz und dann durch die Hohenzollernstraße, wo Heinrich früher gewohnt hatte, bis zum Ständeplatz. „*Wir wurden ‚Stenze' genannt*", erinnert sich Mathias, wobei „Stenz" damals ein sehr hartes Schimpfwort war, das einen geckenhaften Menschen bezeichnet, der

---

[233] Schellenberger, Barbara, a.a.O., S. 29, Schmitz, Gerold, a.a.O., S. 40.

nicht ernst zu nehmen ist. Mathias kommentiert dieses Erlebnis: „*Denen gings da drum uns moralisch fertig zu machen – dass wir sagen: ‚komm, geh in die Hitlerjugend, dann hast du Ruhe'.*"

In den Jahren 1935/36 kam auf Heinrich einiges an Herausforderungen zu. Der Ärger mit der HJ war eine von mehreren ‚Baustellen', um die er sich kümmern musste.

Nach der Machtergreifung der Nationalsozialisten

Machtergreifung im weitesten Sinne des Begriffs umschreibt die Phase von der Ernennung Hitlers zum Reichskanzler im Januar 1933 bis zur Zusammenlegung der Ämter des Reichskanzlers und des Reichspräsidenten im August 1934.[234] Während dieser Phase war Hitler bis zum Äußersten gegangen. Seine Attacken richteten sich nicht nur gegen Juden und Kommunisten, sondern auch gegen seine eigene Gefolgschaft. Die SA hatte zu viel an Einfluss und Macht für sich beansprucht. Ende Juni/Anfang Juli 1934 wurden ihre führenden Köpfe kurzerhand liquidiert: neben dem Stabschef der SA Ernst Röhm wurden auch Personen ermordet, die nicht in einem Zusammenhang mit der SA standen, wie Hitlers Amtsvorgänger, der ehemalige Reichskanzler Kurt von Schleicher und der frühere stellvertretende Reichswehrminister Ferdinand von Bredow. Mindestens 90 Personen fielen der Säuberungsaktion zum Opfer. Im Rahmen der propagandistischen Aufbereitung dieser Morde wurde das Vorgehen des Staates als Präventivmaßnahme dargestellt, die einen drohenden Putsch durch die SA unter Ernst Röhm verhindert hätte.[235]

Am 02.08.1934 starb Reichspräsident Paul von Hindenburg. Hitler, der 1932 noch die Wahl zum Reichspräsidenten gegen Hindenburg verloren hatte, trat praktisch seine Nachfolge an, auch wenn er sich selbst nicht Reichspräsident, sondern Führer nannte. Die Wehrmachtssoldaten wurden nun nicht mehr auf Hindenburg, sondern auf Hitler vereidigt. Die wesentlichen Ämter im ganzen Land waren jetzt vorwiegend mit Nationalsozialisten besetzt und Hitler als „Führer und Reichskanzler" hatte die beiden zentralen Positionen des Staates inne.

In der Geschichtsschreibung gelten die der Machtergreifung folgenden Jahre als vergleichsweise ruhig. Für die überzeugten Katholiken verschärfte sich jedoch die Situation, weil die Vereinbarungen des Konkor-

---

[234] Grüttner, Michael: Brandstifter und Biedermänner. Deutschland 1933-1939. Bonn 2015, S. 55.
[235] Grüttner, Michael, a.a.O., S. 52.

dats immer häufiger gebrochen wurden und die Repressionen insgesamt wuchsen. Sittlichkeits- und Devisenprozesse[236] führten zu etlichen Inhaftierungen von Priestern und Mönchen. Auch wenn manche Vorwürfe berechtigt waren, es handelte sich hier doch um ein Kaltstellen missliebiger Personen und die propagandistische Ausschlachtung tatsächlicher oer nicht begangener Delikte. Auch wurde die katholische Jugendbewegung während dieser Zeit weitgehend unterbunden bzw. auf den rein religiöskirchlichen Bereich beschränkt.

Für Heinrich und Lisbeth verliefen die Jahre 1935/36 etwas turbulent. Natürlich waren nicht alle Probleme, mit denen sie zu kämpfen hatten, durch den Nationalsozialismus bedingt, aber dort wo die Auseinandersetzung anfing gefährlich zu werden, waren sie es.

Im Frühjahr 1935 erhielt das Doppelhaus der Familien Müller und Endrich auf der Gartenseite einen zweigeschossigen Balkonanbau. Der Weg führte jetzt von Lisbeths Küche über den neuen Balkon in den Garten. Nach wie vor arbeitete die Haushaltshilfe aus Daseburg, Laura Gillandt, für die Familie Müller. Lisbeth fühlte sich als Mutter eines Babys von einer Baustelle direkt vor der Küche überfordert, zumal ihre rechte Schulter schmerzte. Ihr Arzt diagnostizierte nach dem damaligen Stand der Forschung Gelenkrheumatismus. Auch wenn die Ursachen für ihre Beschwerden harmloser gewesen sein sollten, sie war nicht mehr die junge Bauerntochter, die auf dem Feld arbeitete, für den Gemüsegarten sorgte und die ganze Nacht frisch Geschlachtetes zu Wurst verarbeitete. Sie brauchte Lauras Hilfe, und zwar für einen längeren Zeitraum. Das in der Nähe gepachtete Land für den Gemüseanbau hatte die Familie inzwischen aufgegeben. Die Erträge, die ihr großes Gemüsebeet im eigenen Garten abwarf, mussten der Familie in Zukunft genügen.

An den Wochenenden arbeitete Heinrich im Garten und, wie gewohnt, saß er abends an seinem Schreibtisch. Seit Anfang November 1934 bemühte er sich um eine zusätzliche Rente für seine Mutter. Emilia war seit über zehn Jahren Witwe. Ihr zweiter Mann, der Schneidermeister Gustav Zabel, starb bereits am 4. Januar 1923, wie das Totenblatt berichtet, *„nach langer schwerer mit großer Geduld ertragener Krankheit"*. Emilia blieb in ihrem kleinen Haus wohnen zusammen mit ihrem erstgeborenen Sohn aus zweiter Ehe Stephan Zabel und dessen Frau. Stephan Zabel war von Beruf Milchverteiler. Er besaß einen Pferdewagen mit Gummireifen als Transportmittel für die Milchkannen, die er über die Dörfer fuhr. Er

---

[236] Während der Zeit des Kulturkampfes waren katholische Orden ins Ausland verlegt worden. Die Devisenprozesse griffen rechtswidrige Überweisungen in das Ausland auf, die, wenn überhaupt, aus Unkenntnis erfolgt sind.

selbst fühlte sich als Bauer. Landbesitz war für ihn sehr wichtig, wie mir seine Nachkommen erzählten.

Emilia hatte Zeit ihres Lebens in einfachen Verhältnissen gelebt und bis zur Grenze ihrer Leistungsfähigkeit gearbeitet. Jetzt war sie Ende 60, klagte über offene Beine und bezog eine kaum erwähnenswerte Rente. Heinrich hoffte, dass sie von dem Gesetz zur Kleinrentnerhilfe vom 05.07.1934 profitieren könnte. Die Kleinrentnerhilfe unterstützte bedürftige Personen, die ihr Erspartes durch die Inflation verloren hatten. Voraussetzung für die Gewährung dieser Unterstützung war der Besitz von mindestens 12.000 RM Barvermögen im Jahr 1918.

Die Vorgeschichte zu einem Rechtsstreit, in den Heinrich durch seine eigentlich vernünftige Initiative geriet, begann mit einem Paket, dass er seiner Mutter und seinem Halbbruder Stephan am 07.11.1934 schickte. Im beiliegenden Schreiben erklärte er seinen Verwandten die Bedingungen für die Gewährung der Kleinrentnerhilfe und beschwor sie nichts zu unternehmen, sondern den Kontakt mit den Ämtern ihm zu überlassen. Dann stopfte Heinrich seinen alten Mantel in das Paket mit dem Hinweis:

„*Sende hiermit den Mantel, er ist wohl etwas abgeschabt, aber noch vollständig heil und wird Stephan noch gute Dienste leisten. Er darf sich aber nicht zu dick darunter anziehen, sonst ist er zu eng und reißt. Wenn Stephan bei großer Kälte keinen dickeren Mantel hat, muß er sich unterwegs eine Decke überhängen.*"

Die damaligen Städter versorgten ihre Verwandten auf dem flachen Land mit abgetragener Kleidung. Das war eine durchaus gängige Praxis. Auf diese Weise wurde ein ehemals städtisches Kleidungsstück bei der Arbeit im Stall, auf dem Feld oder bei anderer Gelegenheit aufgetragen.

Heinrich wusste, wie schwierig es sein würde nachzuweisen, dass seine Mutter und sein Stiefvater im Jahr 1918 über ein Barvermögen von 12.000 RM verfügten. Mehrere Briefe wechselten zwischen Heinrich, seiner Mutter und der Kreissparkasse in Warburg. Erst im September 1935 war endlich ein Nachweis über das Barvermögen von 12.000 RM erbracht, der vom Landrat bzw. vom Kreisfürsorgeverband in Warburg akzeptiert wurde. Nun galt es, die Bedürftigkeit von Emilia Zabel nachzuweisen unter Berücksichtigung der Vermögensverhältnisse ihrer Kinder. Heinrich betrieb einigen Aufwand, um die geforderten Angaben vorzulegen. Er musste die Vermögensverhältnisse aller Kinder darlegen, vor allem seine eigenen, weil er von seinen Geschwistern derjenige war, der am meisten verdiente. In diesem Zusammenhang wies er insbesondere auf seine hohen Schulden hin. Heinrichs Antrag nahm jedoch eine unschöne Entwicklung. Am 12.10.1935 schickte der Landrat Emilia Zabel eine Ablehnung des Antrags zu:

„Die Nachprüfung der Einkommens- und Vermögensverhältnisse ihrer Kinder hat ergeben, daß dieselben, außer Heinrich, nicht im Stande sind ohne Gefährdung ihres eigenen Lebensunterhaltes für Sie aufzukommen. Heinrich ist dazu aber im Stande. Sein Einkommen ist derart, daß er in der Lage ist, den Ihnen fehlenden Bedarf zur Bestreitung des Lebensunterhaltes zu geben. Meines Wissens hat er sie bislang auch unterstützt und wird es auch weiterhin tun können" (12.10.1935).

Ergebnis von Heinrichs Bemühungen war also nicht die erwünschte Kleinrente für seine Mutter, sondern die Aufforderung durch das Amt, seine Mutter finanziell zu unterstützen. Heinrichs wiederholte Bitte, auch seine hohen Schulden und nicht nur sein Einkommen zu berücksichtigen, war auf taube Ohren gestoßen. Immerhin gewährte der Landrat Emilia einen Termin beim Kreiswohlfahrtsamt in Warburg. Erwähnenswert ist noch, dass Heinrich in seinem an den Landrat adressierten Schreiben vom 23.10.1935 ausdrücklich bestreitet, dass er seine Mutter in der Vergangenheit unterstützt hätte. *„Es trifft nicht zu, daß ich meine Mutter bisher unterstützt habe und es wird mir auch leider in Zukunft nicht möglich sein."* Am 13. Dezember 1935 erhielt Heinrich einen Brief von seinem Halbbruder Stephan:

„Lieber Bruder! Mutter erhielt diese Tage eine Vorladung zum Landratsamt zu kommen [!], ist aber nicht hingegangen. Ich habe sie entschuldigt wegen ihrem Fuß. Ich traf dort einen Beamten vom Amt, der hat mir aufgegeben sämtliche Postabschnitte, womit Du Mutter unterstützt hättest, dort vorzuzeigen. Er hat mir gesagt, Du hättest zugegeben, Du hättest Mutter laufend mit Geld unterstützt. Schreib doch bitte mal wieder, wie ich mich da zu verhalten habe. Sonst hier alles beim alten. Herzliche Grüße von Mutter. Herzlich grüßt Euch Euer Stephan."

Stephan Zabel suchte nach Absprache mit dem mittlerweile sehr verärgerten Heinrich das Amt in Warburg auf und stellte dort klar, dass seine Mutter keine finanzielle Unterstützung von ihrem Erstgeborenen erhalten hätte. Daraufhin bewilligte ihr das Amt eine monatliche Kleinrentnerhilfe von 20 Mark. Allerdings, so schreibt der Landrat Emilia Zabel: *„Gleichzeitig werde ich aber gegen ihren Sohn Heinrich Müller in Kassel beim Amtsgericht ein Verfahren auf Ersatz dieser Kosten anstrengen"* (07.01.1936). Heinrich stellte seinen Verwandten, wenn nötig, zinslose Darlehen zur Verfügung. Eine regelmäßige Unterstützung seiner Mutter lehnte er jedoch ab, weil seine laufenden Ausgaben sehr hoch waren. Heinrich wurde bald darauf vom Kreisfürsorgeverband Warburg, vertreten durch den Landrat, verklagt. Seine Bemühungen um eine Rentenaufbesserung für seine Mutter endeten also mit einem Rechtsstreit.

Die Auseinandersetzung mit dem Landrat war aber nur eine von zwei größeren ‚Baustellen', mit denen sich Heinrich in den Jahren 1935/36 beschäftigte. Die zweite Baustelle im wahrsten Sinne des Wortes bildete das Bauprojekt seines Schwagers Ullrich Wienholt. Lisbeths „Herzensbruder" Ullrich war in den 1. Weltkrieg gezogen als gesunder junger Mann und als schwerkranker, sichtlich gezeichneter Kriegsversehrter wieder heimgekehrt. Dennoch hatte er geheiratet und arbeitete in Warburg in der Zuckerfabrik. Ullrich wollte in Warburg bauen; also bat er seinen älteren Bruder und Hoferben Franz Wienholt um Auszahlung seines Erbes, soweit dies möglich war, und er bat seinen Schwager Heinrich um Unterstützung beim Bau des Hauses. Heinrich durfte sich nach langjähriger Berufspraxis mittlerweile Baugewerksmeister nennen. Er war somit formal berechtigt, den Entwurf für das Einfamilienhaus anzufertigen und die Bauleitung zu übernehmen.

Die drei Männer, Heinrich, Franz und Ullrich setzten sich in Daseburg zusammen, um das aufwändige Projekt zu besprechen. Wie mir erzählt wurde, bedurfte es einiger Überzeugungsarbeit von Seiten Heinrichs, um Franz und Ullrich klarzumachen, dass in ein neues Wohnhaus ein Bad gehört. Sowohl Franz als auch Ullrich hätten den Einbau eines Bades als entbehrlichen Luxus empfunden. Schließlich versprach Heinrich seinen beiden Schwagern die Ausführung des Bauprojektes. Kurz nachdem Ullrich ein passendes Grundstück in Warburg erworben hatte, fertigte Heinrich die Bauzeichnungen für die Baugenehmigung an und datierte sie auf den 25.11.1935.

Am 19.02.1936 erhielt Ullrich vom Bürgermeister die Baugenehmigung für sein Wohnhaus mit 19 Auflagen, die von der Treppenkonstruktion bis zur Anlage der Klärgrube reichten. Auflage 13 lautet: *„Im Keller muß ein Luftschutzkeller nach näheren Anweisungen des Stadtbauamtes eingerichtet werden."* Fast 17 Jahre nach dem Ende des 1. Weltkriegs hätte Ullrich allen Grund gehabt, sich über diese Bauauflage zu wundern, wenn er nicht durch die jüngste Entwicklung in Warburg vorgewarnt worden wäre. Seit der Machtübernahme der Nationalsozialisten gewann der 1930 gegründete Reichsluftschutzbund an Bedeutung, ab 1935 auch in Warburg. Die Warburger Bevölkerung wurde aufgefordert, ihre Dachböden zu entrümpeln, da ein voll geräumter Dachboden bei einem Luftangriff leicht zum Abbrennen des ganzen Hauses führen würde. Auch in der Zuckerfabrik, in der Ullrich arbeitete, befand sich ein Luftschutzkeller.[237]

---

[237] Strümper, Walter (Hrsg.): Die Chroniken der Stadt Warburg von Heinrich Fischer, Fritz Quick und Wilhelm Marré. Warburg (2002), S. 389.

Wie bereits erwähnt hatte Hitler in seiner Regierungserklärung am 23.03.1933 den moderaten Kanzler gegeben. Aber bereits am 14.10.1933 veranlasste er den Rückzug Deutschlands aus der Genfer Abrüstungskonferenz. Gleichzeitig erklärte er den Austritt aus dem Völkerbund. Am 16.03.1935 führte der Diktator unter Missachtung des Versailler Vertrages die allgemeine Wehrpflicht ein. Die Aufrüstung Deutschlands hatte er ebenfalls massiv vorangetrieben, u. a. mit Hilfe der Henschel-Werke in Kassel. Die Siegermächte protestierten zwar, ließen ihn aber gewähren.[238] Es waren ziemlich genau drei Jahre vergangen, nachdem Hitler zum Reichskanzler ernannt worden war, als Heinrich den Einbau eines Luftschutzkellers in das zukünftige Haus seines Schwagers einplanen musste.

Zunächst kümmerte sich Heinrich um eine Baufirma, mit der er am 01.03.1936 einen Vertrag abschloss. Die statischen Berechnungen für das Haus und die genaue Baubeschreibung hatte er bereits für die Baugenehmigung erstellt. In der schönen Jahreszeit pendelte Heinrich zwischen seiner Arbeitsstelle in der Reichsbahndirektion Kassel und der Baustelle in Warburg. Vielleicht hat er seine Mittagspausen für die Bauaufsicht in Warburg geopfert oder seinen Urlaub. Überliefert ist, dass er die Arbeiten in Warburg sehr sorgfältig überprüfte. Anscheinend steckte in Heinrich viel von der sprichwörtlichen Korrektheit des preußischen Beamten. Gleichzeitig beschäftigte ihn nach wie vor sein Rechtsstreit mit dem Landrat. Als Beleg für seine Einnahmen und hohen Ausgaben stellte er lange Tabellen auf, die er ausführlich kommentierte. Diese Briefe schrieb er selbst. Sein Rechtsanwalt fügte nur einige Ergänzungen hinzu.

Letztendlich wurde die Klage des Bezirksfürsorgeverbandes gegen Heinrich mit dem Urteil vom 30.04.1936 auf Kosten des Klägers abgewiesen. Heinrichs Angaben zu seinen Vermögensverhältnissen hatten den Richter überzeugt. Doch dieser Erfolg genügte Heinrich nicht. Am 07.11.1934 hatte er Emilia und seinem Halbbruder Stephan geschrieben: *„Ich werde alles tun, um den letzten Pfennig für Mutter herauszuholen."* Jetzt, als er den Rechtsstreit gewonnen hatte, war er der Ansicht, seine Mutter hätte eigentlich ein Anrecht auf eine rückwirkende Zahlung der Kleinrentnerhilfe, zumindest für den Zeitraum des Rechtsstreits.

Wieder wechselten Briefe zwischen Heinrich und dem Landrat. Heinrich wandte sich mit einer Beschwerde an den Regierungspräsidenten in Minden und er nahm Kontakt mit einem Leidensgenossen auf, der ein ähnliches Anliegen verfolgt hatte. Auch zwischen diesem Mann und Heinrich wechselten die Briefe. Das letzte Schreiben in dieser Angele-

---

[238] Grüttner, Michael: Brandstifter und Biedermänner. Deutschland 1933-1939. Bonn 2015, S. 211.

genheit stammt vom Januar 1937. Ob Heinrich sich mit seinem Anliegen durchsetzen konnte, bleibt unklar.

Etwa zur selben Zeit durfte sich Ullrich mit seiner Familie über ein fertiggestelltes Haus freuen. Zumindest diese Baustelle war abgeschlossen. Heinrich nutzte seine ersparten Rücklagen, um seinen Schwager Franz Wienholt zu unterstützen, der, so muss man vermuten, das Bauprojekt seines Bruders Ullrich zu einem großen Teil finanzierte. Heinrich half dem Landwirt Franz Wienholt, indem er eine Rechnung der Baufirma beglich.

Franz zahlte den Betrag, den Heinrich für die Bezahlung der Baufirma ausgelegt hatte, in Naturalien zurück. Heinrich ließ bei seinem Schwager ohnehin schlachten, wie die zahlreichen amtlichen Dokumente belegen. Eine Rückzahlung durch frische Würste und Schinken war die beste Lösung für beide Parteien. Dieser Handel verlief korrekt mit einem handschriftlichen Vertrag zwischen Heinrich und Franz und allen damals für eine Hausschlachtung geforderten amtlichen Formalitäten. In Heinrichs Aktenordner sammelten sich die Schlachtsteuerbescheide, die Unterschriften des Trichinenschauers und die sogenannten „Schlußscheine", die nach dem Kauf des Schweines bei der Kreisbauernschaft eingereicht werden mussten. Bei Zuwiderhandlung hätte eine Ordnungsstrafe bis zu 1000 Mark gedroht. Der 1933 gegründete Reichsnährstand achtete auf feste Preise für die Produkte der Bauern, reglementierte deren Produktion jedoch noch stärker als es die zuständigen Beamten in der Weimarer Republik getan hatten.[239]

Es fällt auf, was für ein Aufwand Heinrich betrieb, um seinen Verwandten zu helfen. Zwar hat er seiner Mutter keine Rente gezahlt, wozu er laut richterlichem Beschluss ohnehin nicht in der Lage gewesen wäre, aber er tat alles, um für sie eine Aufbesserung ihrer winzigen Rente zu erstreiten. Auch kosteten die Bauzeichnungen und die statischen Berechnungen für das Haus seines Schwagers Ullrich einiges an Zeit und Aufwand. In diesem Zusammenhang fällt einem auch das zinslose Darlehen ein, das Heinrich seinem Stiefbruder Tobias Zabel gab, kurz bevor er in Kassel selber anfing zu bauen.

Ich fragte Erik, wie ein solches Verhalten einzuordnen ist. *„Mein Vater war ein Familienmensch",* antwortete er, *„und damals waren auch andere Zeiten. Da wurde geholfen, wenn es irgendwie ging."*

Heinrich war tatsächlich ein Familienmensch. Wenn er an den Wochenenden nicht am Schreibtisch saß, stand er hinter der Kamera und foto-

---

[239] Grüttner, Michael: Brandstifter und Biedermänner. Deutschland 1933–1939. Bonn 2015, S. 246f.

grafierte seinen jüngsten Sohn: Erik als Baby auf dem Bauch liegend, zwei Jahre später im Vorgarten stehend mit einer Gießkanne in der Hand oder im Kinderwagen liegend, angestrahlt von seiner nicht mehr jungen, aber sehr stolzen Mutter (Abb. 14). Der blonde Lockenkopf mit dem hübschen Gesicht war der Mittelpunkt der Familie. Wegen ihrer beiden ältesten Söhne machten sich Heinrich und Lisbeth jedoch manchmal Sorgen, denn die beiden Ältesten blieben immer häufiger zu Hause.

Hintergrund der unfreiwilligen Häuslichkeit waren die Polizeiverordnungen gegen die konfessionellen Jugendverbände. Der bereits erwähnten „Polizeiverordnung des Regierungspräsidenten in Kassel zum Schutze des Friedens unter den Jugendverbänden" vom 19.04.1934 folgte eine entsprechende Regelung für den Regierungsbezirk Hildesheim am 10.07.1934 und schließlich die Preußische Polizeiverordnung vom 23.07.1935. Auch diese Verordnungen beschränkten die konfessionellen Jugendverbände auf rein kirchliche Tätigkeiten, z. B. die Unterstützung von Wallfahrten und kirchlichen Feiern. Politische und volkssportliche Aktivitäten waren verboten, des Weiteren das Tragen von Uniformen und Abzeichen. Banner durften nur bei Prozessionen oder kirchlichen Feierlichkeiten mitgeführt werden. Nicht mehr geduldet wurde öffentliches Aufmarschieren, Wandern und Zelten. Erst 1937/38 wurden alle Jugendverbände, die außerhalb der HJ standen, gänzlich verboten. Für die betroffenen Kinder und Jugendlichen bedeuteten jedoch die Polizeiverordnungen von 1934/35 bereits das Ende ihres offiziellen Pfadfinderlebens.

Wie bereits erzählt waren Heinz und Kurt schon Jahre vor den Verordnungen von der HJ schikaniert worden. Nach ihrem Ermessen kopierte die HJ die wesentlichen Elemente der Pfadfinder, wie die Freizeitgestaltung in der Natur und auch die Aufteilung der Gemeinschaft in Altersgruppen. *„Die machen uns alles nach, aber uns verbieten sie."* Das hatte sich der Nachbarsjunge Mathias Endrich damals angesichts der Repressionen gedacht. Heinz und Kurt werden ähnlich empfunden haben.

Zu den St. Georgs-Pfadfindern der Gemeinde St. Marien (Rosenkranzkirche) gehörte auch Alfred Kellner. In der Festschrift der Rosenkranzkirche erinnert er sich an die Gleichschaltung der konfessionellen Jugendgruppen in Kassel:

„Im Herbst [19]34 bzw. Frühjahr [19]35 folgte die Übernahme sämtlicher Jugendgruppen – u. a. Pfadfinder, Quickborn [kath. Jugendbund], Bündische Jugend, Eichenkreuz vom CVJM – in das Jungvolk (für die unter 14 Jahre alten) und in die Hitlerjugend (für die Älteren).

Die St. Georgs-Pfadfinder von St. Marien wurden dem Fähnlein Dohna – er war Kaperkapitän eines Hilfskreuzers in der Südsee im Ersten

Weltkrieg gewesen – in Wahlershausen zugeteilt. Wir trafen auf die CVJM-Gruppe der Christuskirche.

Unsere beiden Gruppen stellten nahezu Dreiviertel des Fähnleins. Entsprechend war die Grundstimmung im Dienst; denn nur der Fähnlein-Führer war ein strammer Hitlerjunge."[240]

Die Gleichschaltung der konfessionellen Jugendgruppen (vom Herbst 1934 bis zum Frühjahr 1935) erfolgte in Kassel demnach relativ früh, was im Hinblick auf Kassels tiefbraune Vergangenheit nicht verwundert. Heinrich war allerdings nicht der Mann, der Repressionen ohne entschiedene Gegenwehr nachgab. Es muss im Jahr 1935 gewesen sein, als der zuständige Blockleiter (Blockwart) regelmäßig bei Familie Müller vorstellig wurde. Mein Vater erzählte mir, dass dieser Mann wiederholt bei seinen Eltern geklingelt hätte, um sie zu überreden, ihre Söhne endlich in die HJ zu geben. Dieser Mann hätte dann im Treppenhaus vor der Wohnungstür gestanden und auf seine Eltern eingeredet. Seinem Vater wäre das irgendwann zu viel geworden und was folgte war ein ziemlich rabiater Rausschmiss. *„Er hat ihn hier hinten am Schlafittchen gepackt und die Treppe hinunterbefördert"*, erzählte er mir und demonstrierte mir, wie sein Vater den Mann hinter dem Nacken am Kragen gepackt hatte. In der Hierarchie der nationalsozialistischen Funktionäre stand der Blockleiter an unterer Stelle, aber letztendlich vertrat er die NSDAP. Und gegenüber einem solchen Parteifunktionär wurde Heinrich handgreiflich!

Es kam nicht häufig vor, aber Heinrich konnte sehr wütend werden; das wissen wir bereits. Aber warum geriet er beim Streit mit dem Blockleiter derartig in Rage? Anscheinend schreckte er vor nichts zurück, was verhinderte, dass seine Söhne der HJ beitraten. Heinz und Kurt waren fest verankert in der katholischen Diaspora, aber damals erst 15 und 12 Jahre alt. Auch wenn sie den religionsfeindlichen Einflüssen der HJ vollständig widerstehen würden, dieses sich arrangieren müssen mit dem aggressiven nationalsozialistischen Umfeld, gerade in der HJ, war eine diplomatische Herausforderung für zwei Halbwüchsige. Kurts ehemaliger Freund Mathias Endrich beschrieb ihre damalige Situation in Kassel folgendermaßen: *„Vom Vater, vom Elternhaus her waren wir keine Nazis, aber überall wo wir hingingen, da war es nationalsozialistisch, ob das Schule war, ob das Freizeit war, egal überall."* Geärgert hat sich Heinrich mit Sicherheit auch über den Bruch des Konkordats durch die Nationalsozialisten. Das Verhalten des Blockwarts war in seinen Augen unrechtmäßig, penetrant und irgendwann unerträglich.

---

[240] Katholische Kirchengemeinde St. Marien (Hrsg.): St. Marien, gestern und morgen. Festschrift 100 Jahre Rosenkranzkirche. Kassel 2001, S. 22.

Der „Katholische Jungmännerbund", dem Heinrich und Kurt über ihre Mitgliedschaft bei den St. Georgs-Pfadfindern angehörten, ließ den Druck durch die Nationalsozialisten nicht kommentarlos über sich ergehen. Aber seine Möglichkeiten, durch Publikationen und Freizeitangebote Einfluss auf die jugendlichen Verbandsmitglieder zu nehmen, verminderten sich mit der Zeit. Im Nachlass sind drei Taschenkalender überliefert, herausgegeben vom Verband. Die drei Taschenkalender aus den Jahren 1936 bis 1938 gehörten Heinz. Er notierte sich dort, wann er gebeichtet hatte, wann er die heilige Kommunion empfangen hatte und welcher Unterrichtsstoff im Gymnasium durchgenommen wurde. Interessanter als diese Notizen sind die Texte, die der Verband in die Taschenkalender einfügte. Sie sind von Bedeutung, weil Heinz sie wahrscheinlich gelesen hat.

Gleich am Anfang des Taschenkalenders von 1936 steht ein Text des christlichen Philosophen Josef Pieper aus seinem Buch „Vom Sinn der Tapferkeit". Die Passagen, die der Verband für seinen Taschenkalender übernahm, enthalten immerhin die Warnung vor übertriebener Selbstaufopferung für den Glauben und im Krieg. Hinten im Taschenkalender finden sich Informationen zum „Reichsarbeitsdienst-Gesetz" vom 26.06.1935, das die Jugendlichen zu einem halben Jahr Arbeitsdienst verpflichtete. Des Weiteren zitierte der Verband einige Paragraphen aus dem Wehrgesetz vom 31.05.1935. Eingeleitet werden diese Auszüge aus dem Wehrgesetz mit patriotischen Phrasen, die im Gegensatz zu den Textpassagen von Josef Pieper stehen. Offenkundig bestand ein Gegensatz zwischen dem, was der Verband sich erlaubte zu sagen und dem, was er wirklich meinte.

Besonders deutlich wird das im Aufsatz vom Generalpräses des Verbandes, Ludwig Wolker. Seinem Aufsatz gab er den Titel: *„Die Gnade setzt die Natur voraus"*. Dieser Aufsatz, ebenfalls abgedruckt im Taschenkalender von 1936, ist im Wesentlichen ein Protest gegen die erwähnten Polizeiverordnungen, aber er ist eingetaucht in eine bis auf die Spitze getriebene patriotische Sprache:

„Es ist unmöglich, unsere Jugend einsperren zu wollen in Kirche und Sakristei; nur deshalb, weil sie katholische Gemeinschaften sind, sie ausschließen zu wollen vom deutschen Himmel und der deutschen Erde, vom deutschen Wald und deutschen Bergland und ihr das zu wehren, was dazu not tut, das Wandern und Zelten, den Wiesenplan und die Herberge und die Bahn und die Fahrt!"[241]

---

[241] (Taschenkalender 1936), „Anno Domini 1936". (Hrsg.): Katholischer Jungmännerverband Deutschlands. Leipzig o. J., S. 144.

Der Verband war enorm vorsichtig mit seiner Kritik am Regime. Im Wesentlichen arrangierte er sich mit den Repressionen. Den Jugendlichen, die nun nicht mehr als Pfadfinder unterwegs sein konnten, empfahl er häusliche Geselligkeit und vor allem forderte er sie auf mehr zu lesen. In einem seiner handschriftlichen Lebensläufe gibt Heinz an, als Jugendlicher naturwissenschaftliche und historische Bücher gelesen zu haben; sein Interesse an Belletristik sei erst später geweckt worden. Es existiert ein Foto im Nachlass, dass den Eindruck vermittelt, als hätte Heinz jede Gelegenheit genutzt, um zu lesen. Im Sandkasten sitzt der etwa zweijährige Erik und spielt mit Schaufel und Förmchen. Ihm zugewandt sitzen bzw. hocken Lisbeth und Kurt. Heinz sitzt etwas abseits über ein Buch gebeugt (Abb. 15). Über die Lektüre konnte der Verband die jugendlichen Mitglieder beeinflussen und er verzichtete nicht auf diese Einflussnahme. Im Taschenkalender von 1936 heißt es:

„Ihr werdet daheim eure Bücherbank kritisch untersuchen und dabei feststellen, wie wenig Bücher ihr euer eigen nennt, die wesentlich sind und euch durchs Leben begleiten können. Ihr werdet den Zeigefinger gegen die Stirn stemmen und überlegen und rechnen, wie viel von eurem Taschengeld ihr in Zukunft regelmäßig in Büchern anlegen könnt; dann schreibt ihr dem Bücherfritzen im Jugendhaus, der euch gutes Schrifttum weist."[242]

Ende März 1936 trat Heinz in die HJ ein. Die Lektüreempfehlungen des Verbandes konnten hieran auch nichts ändern. Heinz wollte Abitur machen und ohne Mitgliedschaft in der HJ gab es keine Zulassung zum Abitur und damit auch kein Universitätsstudium. Fortan engagierte sich Heinz heimlich für die St. Georgs-Pfadfinderschaft – aber hierzu später mehr.

Von Kurt ist aus dieser Zeit wenig überliefert, außer dass seine Eltern ihn für zu schmächtig hielten. Tatsächlich aber befand sich ihr Zweitgeborener in der Wachstumsphase und machte Anstalten allen Familienmitgliedern einschließlich Heinz über den Kopf zu wachsen. Kurt, ebenfalls St. Georgs-Pfadfinder, ist später als sein Bruder Heinz in die HJ eingetreten. Wie dieser Übergang von der Pfadfinderschaft zur HJ abgelaufen ist, erinnert sein Freund Mathias Endrich. Weder Kurt noch Mathias waren im erwähnten Fähnlein Dohna, also in dem Fähnlein, dem die St. Georgs-Pfadfinder St. Marien zugeteilt waren, weil sich sowohl Heinrich als auch Walter Endrich gegen die Gleichschaltung gewehrt hatten. Ob sie dies mit oder ohne die Zustimmung ihrer beiden Ehefrauen taten, ist

---

[242] (Taschenkalender 1936), a.a.O., S. 170.

nicht überliefert. Beide Männer mussten aber nachgeben, als ihre Söhne Schwierigkeiten in der Schule bekamen.

Mathias Endrich war ebenso wie Heinz Schüler des Wilhelmsgymnasiums. Jeden Montagmorgen fand der Fahnendienst statt, zu dem die Schüler je nach Lebensalter in der Uniform der Jungschar oder der Hitlerjugend erscheinen mussten. Um sich scheinbar anzupassen, besorgte sich Mathias die Uniform der Flieger-HJ. Zwar gehörte er der Flieger-HJ nicht an, ebenso wenig wie irgendeiner anderen Einheit der HJ, die Flieger-HJ stand nach seiner Aussage aber weniger im Vordergrund und die Gefahr, dass der Betrug aufflog, war daher weniger groß. Der zwei Jahre ältere Kurt besuchte nicht das Wilhelmsgymnasium, muss sich aber ähnlich verhalten haben. Beiden wurde, wie Mathias Endrich es formulierte, *„die Situation zu heiß"*. Der Eintritt in die Jungschar war nicht mehr zu vermeiden. Zuständig war für sie das Fähnlein in Kassel-Wilhelmshöhe. Hätten sie sich aber entschlossen dort einzutreten, wäre den dortigen Zuständigen sicher aufgefallen, dass Kurt und Mathias sich fast zwei Jahre lang geweigert hatten, diesen Schritt zu gehen. Beide hätten im Fähnlein in Wilhelmshöhe mit übler Schikane rechnen müssen.

Heinz, für den es ganz selbstverständlich war, sich um seinen jüngeren Bruder und dessen Freund zu kümmern, bat einen Klassenkameraden um Hilfe. Dieser Klassenkamerad hatte innerhalb der HJ eine Führungsposition inne und war daher befugt, eine Überweisung von einem Fähnlein in ein anderes auszustellen. Solche Überweisungen, ausgestellt durch die HJ, waren Dokumente, die normalerweise anlässlich eines Umzugs geschrieben wurden. Im Falle von Kurt und Mathias sollten die Überweisungen den Eindruck erwecken, als wären beide Jungen zuvor „ordnungsgemäß" in der Jungschar in Wilhelmshöhe gewesen. Heinz und sein Klassenkamerad wählten das Fähnlein Störtebeker im nahe gelegenen Kirchditmold als zukünftige Einheit für Kurt und Mathias. Der Klassenkamerad von Heinz stellte also für Kurt und Mathias jeweils eine Überweisung vom Fähnlein Wilhelmshöhe in das Fähnlein Kirchditmold aus. Dort würde man wohl nicht überprüfen, ob Kurt und Mathias wirklich zuvor in Wilhelmshöhe als Jungschärler „gedient" hatten oder nicht. Es war in dieser Situation sehr hilfreich, einen verantwortungsvollen älteren Bruder zu haben, der Rat wusste.

Die St. Georgs-Pfadfinder Kassels, auch der Gemeinde St. Marien, trafen sich aber nach wie vor; nur alles, was sie unternahmen, musste heimlich bzw. inkognito geschehen. Für Heinz, Kurt und Mathias war es ein Ausloten, inwieweit man sich anpassen musste und was an Renitenz und Widerstand möglich war.

Mitläufer, die sich widersetzen

Wie mir erzählt wurde, soll Heinrich Mitglied der Zentrumspartei gewesen sein und er soll 1937 einen Antrag auf Parteieintritt in die NSDAP gestellt haben. Es sind keine Dokumente überliefert, die eine Mitgliedschaft in der einen oder der anderen Partei belegen. Dass er in die NSDAP eingetreten ist, kann jedoch als erwiesen gelten. Nachdem die NSDAP im Zuge ihrer Wahlerfolge im März 1933 von Eintrittswilligen regelrecht überrannt wurde, verhängte sie zum 1. Mai 1933 einen Aufnahmestopp, der im Mai 1937 weitgehend gelockert wurde.[243] Die Antragsschwemme von 1937 war so immens, dass sich deren Bearbeitung über Jahre hinzog. Parteimitglied wurde Heinrich daher erst im Jahr 1938 zusammen mit seinem Nachbar Walter Endrich.

Im Zusammenhang mit dem Parteieintritt der beiden Männer steht wahrscheinlich das Deutsche Beamtengesetz vom 26.01.1937, das den Druck auf Beamte und Beamtinnen noch einmal erheblich steigerte. Im Gesetz heißt es: „Dem Führer [...] hat er [der Beamte] Treue bis zum Tode zu halten. [...] Der Beamte hat jederzeit rückhaltlos für den nationalsozialistischen Staat einzutreten."[244] Auch wenn dieses Gesetz die Beamten nicht verpflichtete, in die NSDAP einzutreten, bei der Beförderung spielte die Parteimitgliedschaft auf jeden Fall eine erhebliche Rolle. Nach den Erinnerungen von Mathias Endrich hofften sein Vater und Heinrich damals auf eine Beförderung zum Oberinspektor, aber ohne Parteimitgliedschaft wäre dieser Aufstieg innerhalb des Beförderungssystems nicht möglich gewesen.

Beide Männer waren Gegner des Nationalsozialismus. Der Eintritt in die NSDAP wurde damit zur Gewissensfrage. Heinrich und Walter Endrich gehörten zu den vielen gläubigen Katholiken, die in dieser Situation Rat von ihrem Priester einholten. Mathias Endrich erinnert sich an ein Gespräch seiner Eltern, dessen Zeuge er wurde, wahrscheinlich im Frühjahr 1937:

„Die standen also vor der Alternative, gehe ich in die Partei, dann werde ich befördert, gehe ich nicht, bleibe ich Inspektor. Und dann sind beide zum Pfarrer Roßbach gegangen. Pfarrer Roßbach war der Pfarrer von der Rosenkranzkirche – und haben den gefragt, was sollen wir tun? Und ich weiß es genau von meinem Vater, denn er hat es auch im Beisein von mir gesagt – vor der Mutter selbstverständlich. Der Pfarrer Roßbach hat gesagt: Sie ändern ihre Gesinnung, wenn sie in die Partei gehen **nicht**. *Die*

---
[243] Grüttner, Michael: Brandstifter und Biedermänner. Deutschland 1933-1939. Bonn 2015, S. 76f.
[244] Deutsches Reichsgesetzblatt, Teil 1: Deutsches Beamtengesetz 26.1.1937, S. 41.

bleibt wie sie ist, aber sie tun was für ihre Familie, denn sie werden befördert, haben mehr Geld und können damit für ihre Familie besser sorgen. Ich rate ihnen reinzugehen."

Wiederholt berichtete mir Mathias über dieses Treffen mit Pfarrer Heinrich Roßbach und jedes Mal wies er auf die beiden Argumente des Priesters hin: Die Verpflichtungen der beiden Männer gegenüber ihren Familien und, mindestens ebenso wichtig, die Bedeutung der Gesinnung, die sich durch den Parteieintritt nicht ändert. Heinrich und Walter Endrich traten also auf Anraten des Pfarrers Roßbach in die NSDAP ein. Zumindest für Heinrich war dieser Schritt jedoch nicht automatisch mit einer Beförderung verbunden. Er wurde erst Jahre später Oberinspektor, am 28.06.1941.

Personen, die aus Karrieregründen in die NSDAP eintraten, obwohl sie sich mit deren Zielen nicht identifizieren konnten, werden „Mitläufer" genannt. Allerdings waren Heinrich und Walter Endrich ausgesprochen renitente Mitläufer, die alles daransetzten, sich dem Zugriff der Partei zu entziehen.

Die Parteimitglieder (NSDAP) der Umgebung trafen sich regelmäßig in der Heinrich-Schütz-Schule, damals Malwida-von-Meysenbug-Schule. Heinrich erschien zu Beginn jeder Versammlung. Da er aber nicht die geringste Neigung verspürte, an diesen Sitzungen teilzunehmen, überlegte er sich Strategien, die es ihm ermöglichten, das Schulgebäude unbemerkt zu verlassen. Überliefert ist, dass er sich zu Beginn der Versammlung registrieren ließ und sich dann umgehend auf die Toilette zurückzog. Dort wartete er bis es um ihn herum ruhig wurde. Als aus dem Versammlungsraum nur noch die Stimme des Redners zu hören war, eilte er zum Ausgang. Vor zu spät kommenden Parteigenossen konnte er allerdings nie sicher sein. Manchmal half dann die Flucht in ein leerstehendes Klassenzimmer, wo er über ein Fenster ins Freie gelangte. Die Geschichten, die mir hierzu erzählt wurden, erinnern an Schulbubenstreiche und sie waren auch nicht immer von Erfolg gekrönt. Mathias Endrich erinnert sich an eine Geschichte, die Heinrich ihm und seinen Eltern erzählt hatte.

„Als er [Heinrich] aus der Toilette raus ist, da läuft ihm ein Bekannter in die Arme und sagt: ‚Ach Herr Müller. Es ist ja schön, dass wir uns treffen. Komm gehen wir gleich zusammen rein.' Und da musste dein Großvater in die Parteiversammlung."

Heinrichs Nachbar Walter Endrich ist nach Angaben seines Sohnes Mathias niemals bei diesen Versammlungen erschienen. Walter Endrich hatte wie bereits beschrieben im 1. Weltkrieg ein Bein verloren. Im Frühjahr und im Herbst quälten ihn Schmerzen in dem verbliebenen

Beinstumpf. In diesen schlechten Phasen zog er sich in ein ruhiges Zimmer zurück oder er saß auf dem Balkon und löste Kreuzworträtsel. Seine Kinder wurden angewiesen, ihren Vater nicht zu stören. Sie wussten, er hatte Schmerzen. So misslich seine Lage auch war, seine schwere Behinderung verschaffte ihm eine stichhaltige Ausrede. Mathias Endrich berichtet:

„Wenn da eine Versammlung war, dann zog mein Vater sein Holzbein ab und sagte, also ich kann nicht laufen. Wenn einer kommt, der kann gucken, ich kann nicht laufen. Mein Vater hat es geschafft, dass er kein einziges Mal da war und dein Opa hat auch alles dran gesetzt."

Die Familien Müller und Endrich hatten, in ihrer katholischen Diaspora lebend, ganz eigene Vorstellungen von dem, was gut und richtig war. Z. B. unterstützten sie junge Soldaten, die sich dem militärischen Uniformzwang entziehen wollten. In der Wittich-Kaserne (KS-Wilhelmshöhe) leisteten junge Männer ihren Militärdienst ab, die wegen ihrer Sprachkenntnisse im Kriegsfall als Dolmetscher eingesetzt werden sollten. Unter ihnen waren katholische Studenten und auch Priester. Entsprechend den militärischen Vorschriften mussten diese jungen Männer, wie alle Soldaten bei Antritt ihrer Militärzeit, ihre Zivilkleidung abgeben und durften nur in Uniform auftreten.

Die Mitglieder der Familien Müller und Endrich und die Soldaten besuchten regelmäßig die heiligen Messen in der Rosenkranzkirche. Irgendwann kam man miteinander ins Gespräch. Die Soldaten äußerten den Wunsch, ihre Uniformen wenigstens in ihrer knapp bemessenen Freizeit ablegen zu dürfen. Hierfür gab es mehrere Gründe: Uniformen waren etwas unbequem und, wenn der Soldat abends Ausgang hatte, fiel er mit seiner Uniform unter den zivil Gekleideten auf. Außerdem konnten sich diese Soldaten nicht mit der Uniform identifizieren, was besonders die Priester betraf. Die Kleidung des Priesters war die Soutane und nicht eine Militäruniform.

Die Ehepaare Müller und Endrich waren gern bereit zu helfen. In der Wohnung von Heinrich und Lisbeth wurde den Soldaten die Hälfte eines Kleiderschranks zur Verfügung gestellt, in dem die Soldaten ihre Zivilkleidung deponieren konnten; denselben Zweck erfüllte im Haus Endrich der Wandschrank im Flur. Die Soldaten suchten die Familien auf, zogen sich um und verließen die Wohnung in Zivilkleidung oder verbrachten ihre Freizeit im Haus ihrer Gastgeber.

„Bei uns saßen die Patres am Mittagstisch, die ganze Seite runter wie Hühner auf der Stange", erzählte mir mein Vater. Es hatte sich nämlich eine merkwürdige Verteilung der Soldaten auf die beiden Familien ergeben. Die Studenten, unter ihnen Theologie- und Jurastudenten, suchten

die Wohnung der Familie Endrich auf, um sich umzuziehen; die Priester hingegen deponierten ihre Soutanen und ihre Zivilkleidung bei Müllers. Nach dem Grund für diese Präferenzen muss man nicht lange suchen. Das Ehepaar Endrich hatte drei hübsche Töchter. Der Zölibat verpflichtete die Priester, nicht nur die Versuchung, sondern bereits die Gelegenheit zur Versuchung zu meiden. In einer deutlich komfortableren Situation waren die Studenten. Sie mussten sich keinen Zwang antun, was die Wahl ihres Aufenthaltsortes betraf. Immerhin wurde den Geistlichen im Hause Müller die gute Mettwurst aus Daseburg serviert. Dafür sorgte schon Lisbeth. Die jungen Priester saßen also in ihren Soutanen bei Heinrich und Lisbeth am Tisch, so wie es mein Vater beschrieben hat. In den letzten Kriegsjahren, als Lisbeth nicht mehr als Gastgeberin auftreten konnte, veränderte sich dieses Szenario allerdings.

Die beiden ältesten Söhne von Heinrich und Lisbeth waren mittlerweile beide in der HJ (Abb. 16), fühlten sich den St. Georgs-Pfadfindern aber nach wie vor verbunden. Dabei sorgten Schule und Hitlerjugend für genügend (erzwungene) Abwechslung. In seinem Lebenslauf lobte Heinz ausdrücklich die Klassenfahrten nach Dassel und Langeoog. Mit seinen Klassenkameraden unternahm er 1937 eine Fahrradtour in das Rheinland. Für Beschäftigung, vor allem für sportliche Betätigung, sorgten auch die Pflichtveranstaltungen der HJ. Die St. Georgs-Pfadfinder der Gemeinde St. Marien (Rosenkranzkirche) trafen sich jedoch nach wie vor, möglichst ohne Aufsehen zu erregen, in ihrer modifizierten Kluft, dem schlichten weißen Hemd mit der kniefreien schwarzen Hose.

Die staatlichen Repressionen gegenüber dem „Katholischen Jungmännerbund" liefen mittlerweile unübersehbar auf dessen Verbot hinaus. Generalpräses Ludwig Wolker wurde 1936 nach einigen kritischen Bemerkungen verhaftet, aber nach kurzer Zeit wieder freigelassen. Die Herausgabe seiner Zeitschriften musste er einstellen. Auch die Diözesanverbände des Hauptverbandes wurden verboten, z. B. der Diözesanverband Paderborn. Die Begründung lautete, er hätte gegen die „Verordnung des Herrn Reichspräsidenten zum Schutze von Volk und Staat vom 28. Februar 1933" verstoßen, und zwar durch die Veranstaltung von Wanderfahrten, Zelten und sportlichen Spielen.[245] Bei diesen „Verstößen" haben Heinz, Kurt und Mathias eifrig mitgewirkt, indem sie 1936 in Paderborn

---

[245] Kasprowski, Christian: Caspar Klein 1865–1941. Der Bischof/Erzbischof von Paderborn. (1920–1941). In: Zumholz, Maria Anna; Hirschfeld, Michael (Hrsg.): Zwischen Seelsorge und Politik. Katholische Bischöfe in der NS-Zeit. Münster 2018, S. 332f. Vgl.: Grüttner, Michael: Brandstifter und Biedermänner. Deutschland 1933–1939. Bonn 2015, S. 406.

am Pfingstlager der Pfadfinder teilnahmen. Die Fotos im Nachlass beleuchten eine schöne Zeit unter Gleichgesinnten.

Heinz nutzte auch im Jahr 1937 den Taschenkalender des Jungmännerverbandes. Ebenso wie im Taschenkalender von 1936 sind auch in diesem Notizbuch die Texte der Herausgeber interessanter als die Bemerkungen von Heinz zum Schulunterricht. Im Taschenkalender abgedruckt ist ein Aufsatz von Generalpräses Ludwig Wolker mit dem Titel „Die Grundsäule der Gerechtigkeit". Wolker lässt es sich hier nicht nehmen, deutlich auf das Primat des christlichen Gehorsams hinzuweisen. Dieser Gehorsam sei der Treue zum Staat übergeordnet. Auf S. 144 schreibt er: *„Wenn und wo Staatsgesetz und Gottesgesetz einander widersprechen würden, daß wissen wir als Christen, da gilt das Wort [Gottes] und mit unbedingter entscheidender Kraft: daß wir Gott mehr gehorchen müssen als den Menschen."* [246]

Wolker reagierte auf Repressionen und Verbote, indem er sich mit aller Vorsicht widersetzte. Die Familien Müller und Endrich taten dies im Rahmen ihrer Möglichkeiten ebenfalls, wobei allerdings Heinrich nicht der Mann war, der sich gegenüber Amtspersonen oder Parteifunktionären vorsichtig verhielt. Wie aber reagierten die Bischöfe auf die Nichtbeachtung des Reichskonkordats? Selbstverständlich protestierten sie, aber mit unterschiedlicher Deutlichkeit. Der für die Kassler Diaspora zuständige Bischof von Fulda, Josef Damian Schmitt, gehörte zu denjenigen, die vor einer Konfrontation mit dem Regime zurückschreckten und eher auf Kooperation bedacht waren.

Den 1858 geborenen Bischof hatten die Erlebnisse im Kulturkampf äußerst vorsichtig werden lassen. Dennoch verurteilte er 1934 die Übergriffe der HJ und positionierte sich in den Folgejahren klar auf die Seite der katholischen Jugendvereine. In seinen Protestschreiben an die zuständigen Polizeistellen setzte er sich für das Fortbestehen der Konfessionsschulen ein und pochte dabei auf die Rechte, die das Konkordat der katholischen Kirche einräumte. Josef Damian Schmitt war für die Gläubigen seiner Diözese ausgesprochen präsent, weil er viele Hirtenbriefe verfasste, die der Priester an den Sonntagen anstelle einer Predigt vorlas.[247]

---

[246] (Taschenkalender 1937), „Jahr des Herrn 1937". (Hrsg.): Katholischer Jungmännerverband Deutschlands. Düsseldorf o. J., S. 144.
[247] Gerber, Stefan: Der Primat der Seelsorge als politische Offensive. Josef Damian Schmitt 1858-1939 und Johannes Baptist Dietz 1879-1959 in der NS-Zeit – Bischöfe von Fulda 1907-1939 und 1939-1958. In: Zumholz, Maria Anna; Hirschfeld, Michael (Hrsg.): Zwischen Seelsorge und Politik. Katholische Bischöfe in der NS-Zeit. Münster 2018, S. 7, 364, 366, 371.

Anlässlich seines Todes (10.04.1939) wurde selbstverständlich auch in der Rosenkranzkirche seiner gedacht und sein Sterbebildchen an die Gemeindemitglieder verteilt. Heinrich und Lisbeth hatten eine kleine Sammlung von Sterbebildchen aus ihrer umfangreichen Verwandtschaft zusammengetragen. Auch das Sterbebildchen von Bischof Josef Damian Schmitt gehörte zu dieser Sammlung.

Am 14.03.1937 erschien die Enzyklika „Mit brennender Sorge", in der Papst Pius XI die Rassenideologie des Nationalsozialismus als „Götzenkult" bezeichnete und klar auf Konfrontationskurs mit der nationalsozialistischen Ideologie ging. Die Anregung zu dieser Enzyklika war im Wesentlichen aus dem deutschen Episkopat gekommen. Die Nationalsozialisten reagierten mit der Beschlagnahmung der Enzyklika und der Enteignung von Druckereien.[248] Obwohl im Nachlass kein Hinweis darauf existiert, dass Heinrich und Lisbeth Kenntnis von der Enzyklika hatten, kann man davon ausgehen, dass ihnen diese Schrift bekannt war. Sie waren regelmäßige Kirchgänger. Heinrich konsultierte bei einer so wichtigen Entscheidung wie dem Parteieintritt in die NSDAP seinen Priester, Lisbeth hielt in der katholischen Bürgergesellschaft religiöse Vorträge und Heinz nahm in der Schule an Arbeitsgemeinschaften zum Thema „Religion" teil. Seine Leistungen im Fach Religion wurden ohnehin meistens mit sehr gut zensiert. Was an Informationen von der katholischen Kirche kam, nahm Familie Müller zur Kenntnis.

Es hätte aber nicht dieser Enzyklika bedurft, um Heinrich und Lisbeth gegen das Regime einzunehmen. Letztendlich hatten sich die Nationalsozialisten, vor allem deren Jugendorganisation, die HJ, bei Heinrich und Lisbeth ausgesprochen unbeliebt gemacht, und dies bereits während der Machtübernahme. Am 20. Juli 1933 war das Reichskonkordat geschlossen worden, aber auf die HJ schien das Konkordat keinen Eindruck zu machen. Wie bereits erzählt gipfelten ihre Übergriffe im Abbrennen des Blockhauses der St. Georgs-Pfadfinder Mitte März 1934. Bereits am 19.04.1934 maßregelte die „Polizeiverordnung des Regierungspräsidenten in Kassel zum Schutze des Friedens unter den Jugendverbänden" die konfessionellen Jugendgruppen, womit diese Verordnung gegen das Reichskonkordat verstieß. Dass Heinrich gegenüber einem penetranten Blockwart grob wurde, veranschaulicht wie wütend er über diese Entwicklung war. Zum Glück zog der rabiate Rausschmiss dieses kleinen Parteifunktionärs keine Verhaftung nach sich.

---

[248] Zumholz, Maria Anna: Die Fuldaer Plenarkonferenz 1933–1945 im Spannungsfeld von Gesinnungsethik und Verantwortungsethik, von Seelsorge und Politik. In: a.a.O., S. 746ff.

Der katholischen Kirche wurde häufig ein ‚sich Anbiedern an die Nazis' im Interesse der Seelsorge vorgeworfen. Diese Vorwürfe mögen nicht ganz unberechtigt sein. Es ist auch unbestritten, dass die gläubigen Katholiken, unter ihnen Heinrich und Lisbeth, keine Widerstandskämpfer waren wie etwa die organisierten kommunistischen Gruppen. Die Gestapo allerdings sah in der Eigenständigkeit der katholischen Kirche und des katholischen Milieus ein gravierendes Problem.

Die Lageberichte der Staatspolizeistelle Kassel an die vorgesetzten Behörden sind voller Klagen über den angeblich nach wie vor bestehenden politischen Katholizismus, ausgehend von ehemaligen Zentrumsfunktionären und vor allem von den Geistlichen. Im Bericht der Staatspolizei Kassel vom Mai 1935 heißt es: „Zusammengefasst muss gesagt werden, daß im katholischen Teil des Bezirks die Katholische Aktion ein gefährlicherer Gegner ist als alle anderen Bestrebungen einschließlich der KPD."[249] Bemerkungen wie diese sind in den Lageberichten eher häufig. Sie lassen eine gewisse Entnervtheit durchblicken angesichts einer streng katholischen Bevölkerungsgruppe, die sich der Beeinflussung durch die Nationalsozialisten entzog.

Aus der Sicht der Gestapo waren alle engagierten Priester als Gefolgsleute des Papstes per se politisch aktiv. Indem sich Priester und Bischöfe für den Fortbestand von religiösen Glaubensgrundsätzen und Riten einsetzten, betonten sie die Eigenständigkeit ihrer Kirche in einem totalitären Staat. Wenn sie am Fortbestand von kirchlichen Prozessionen, also Umzügen festhielten, traten sie sogar in Konkurrenz zum Staat, weil dieser den öffentlichen Raum für sich beanspruchte.[250] Die Verlesung der vom Bischof verfassten Hirtenbriefe bei den Gottesdiensten und die Predigten der Geistlichen wurden daher von der Gestapo argwöhnisch beobachtet. Mathias Endrich erinnert sich an ein Gespräch seines Vaters mit Kaplan Gesang, der in der Rosenkranzkirche Pfarrer Roßbach unterstützte. Dieses Gespräch mit dem Kaplan, bei dem Mathias zugegen war, fand in den Räumlichkeiten der Kirche statt.

„Da wollte der [Kaplan Gesang] mit der Sprache nicht raus und dann sagte mein Vater. Sie brauchen keine Angst zu haben, der Junge verrät nichts. Der hatte also Angst, dass ich, wenn ich höre, was er sagt, dass ich

---

[249] Lagebericht für Mai 1935. Klein, Thomas (Hrsg.): Die Lageberichte der Geheimen Staatspolizei über die Provinz Hessen-Nassau 1933-1936. Teilband I: A und B, S. 271.

[250] Vgl. Gerber, Stefan: Der Primat der Seelsorge als politische Offensive. Josef Damian Schmitt 1858-1939 und Johannes Baptist Dietz 1879-1959 in der NS-Zeit – Bischöfe von Fulda 1907-1939 und 1939-1958. In: Zumholz, Maria Anna; Hirschfeld, Michael (Hrsg.): Zwischen Seelsorge und Politik. Katholische Bischöfe in der NS-Zeit. Münster 2018, S. 364-366.

ihn dann verpfeifen würde, dass ich reden würde. [...] Ja ich weiß es, ich kanns sogar noch z. T. sagen, der hat ne Predigt gehalten und hat gesehen wie einer die mitgeschrieben hat, da war also irgendeiner, der den Auftrag hatte hinzugehen und zu hören, was er predigt."

Mathias war zum damaligen Zeitpunkt elf oder zwölf Jahre alt; er war in der Hitlerjugend und etliche seiner Klassenkameraden werden überzeugte Nationalsozialisten gewesen sein. Dass Walter Endrich seinem Sohn dennoch uneingeschränkt vertraute und davon ausging, dass Mathias über das, was er in der Kirche hörte, schweigt, ist beachtlich.

Das deutsche Episkopat gab im April 1936 die Richtlinien für die katholische Jugendseelsorge heraus, die im erwähnten Taschenkalender von 1937 abgedruckt wurden. Man kann also davon ausgehen, dass Heinz diese Richtlinien der Bischöfe gelesen hat. Verständlicher für den Laien werden die Worte der Bischöfe durch die „Amtlichen Erläuterungen zu den Richtlinien", ebenfalls abgedruckt im Taschenkalender von 1937:

„Aus den unter I und II angeführten Worten der Erziehungsenzyklika ergibt sich klar die Notwendigkeit und Berechtigung einer kirchlichen Jugendarbeit auch außerhalb des Kirchenraumes. [...] Dazu braucht christliche Jugend außerhalb des Kirchenraumes auch Heim, Licht, Luft, jugendliche Lebensfreude."

Und um sämtliche Unklarheiten zu beseitigen, wird eine Passage aus dem Reichskonkordat zitiert:

Reichskonkordat § 31: *„Diejenigen katholischen Organisationen, die außer religiösen, kulturellen und karitativen Zwecken auch anderen, darunter auch sozialen oder berufsständischen Aufgaben dienen, sollen, unbeschadet einer etwaigen Einordnung in staatliche Verbände, den Schutz des Artikels 31, Absatz 1, genießen, sofern sie Gewähr dafür bieten, ihre Tätigkeit außerhalb jeder politischen Partei zu entfalten."*

Indem er all dies las, wurde Heinz einmal mehr daran erinnert, dass die Einschränkungen und Repressionen, mit denen er es zu tun hatte, ein Unrecht waren, dass dieser Staat seine Versprechen bei jeder Gelegenheit brach.

Heinz war seinem Vater sehr ähnlich: er hatte einen ausgeprägten Gerechtigkeitssinn und er war in allem sehr genau und sorgfältig. Wenn er entschied, die Pfadfindergruppe, die er bis jetzt geleitet hatte, heimlich weiterzuführen, dann nicht, weil er eine Neigung zum Verbotenen hatte, sondern weil er sich im Recht fühlte. Selbstverständlich wusste er, dass die heimlichen Treffen der St. Georgs-Pfadfinder in den Gaststätten Kassels oder im Pfarrhaus der Rosenkranzkirche zur Konfrontation mit der

Gestapo geführt hatten.[251] Kaplan Kraft z. B., seit 1938 Kaplan der Rosenkranzkirche, war nach Angabe eines ehemaligen Pfadfinders (Alfred Kellner) von der Gestapo verhört worden, nachdem er regelmäßige Zusammenkünfte der Pfadfinder im Pfarrhaus arrangiert hatte.[252]

Heinz beschloss, seine Gruppentreffen als Übungsstunden für Messdiener zu tarnen. Die Pfadfinder waren praktisch verboten, nicht aber die Messdiener, weil sie für die Praktizierung der kirchlichen Riten unentbehrlich waren. Die Messdiener trafen sich regelmäßig im Paramentenraum, dort wo die sakralen Textilien lagerten, um die damals noch lateinische Liturgie zu proben. Ein Junge aus einer streng katholischen Familie hatte selbstverständlich auch als Messdiener zu dienen, so auch Heinz und Kurt. Mein Vater erzählte mir, wie mühsam es war, die lateinischen Texte zu lernen. Nicht jedes Gebet behielt er im Gedächtnis. In einem solchen Fall bewegte er nur die Lippen oder brabbelte irgendetwas in der Hoffnung, dass Pfarrer Roßbach seine Mogelei nicht bemerkte. Aber die lateinischen Kenntnisse der Jungen reichten, um im Paramentenraum zu sitzen, leise Pfadfinderlieder zu singen und dann schnell in lateinische Texte zu wechseln, wenn sie das Gefühl hatten, die Gestapo stattet Pfarrer Roßbach einen Besuch ab. Bei diesen heimlichen Zusammenkünften wurden nicht nur Pfadfinderlieder gesungen, sondern auch Bücher gelesen, erinnert sich Mathias Endrich, z. B. Kai aus der Kiste von Wolf Durian.

Heinz hat seine Gruppe, die allerdings im Laufe der Zeit immer kleiner wurde, bis zu seinem Abgang zur Universität in Göttingen heimlich weitergeführt. Nicht nur Heinrich und Lisbeth gehörten zum harten Kern der katholischen Diaspora, ihre beiden ältesten Söhne zählten ebenfalls dazu, auch wenn Kurt einen etwas lockeren Umgang mit den katholischen Riten pflegte. Wenn er Hunger hatte, betete er „Jesus, Hunger, Amen", das musste im Notfall genügen. Wenn er sich in der Kirche langweilte, zählte er, wie häufig Pfarrer Roßbach bei seiner Predigt „und" sagte. Dann verglich er sein Ergebnis mit demjenigen von Mathias, der ebenfalls die Anzahl der „Unds" addiert hatte. Es saßen in der Rosenkranzkirche also mindestens zwei „Jungs", die nicht dem Inhalt der Predigt folgten, sondern zählten. Dennoch war die Solidarität mit der katholischen Diaspora eine nicht hinterfragte Selbstverständlichkeit für beide

---

[251] Katholische Kirchengemeinde St. Marien (Hrsg.): St. Marien, gestern und morgen. Festschrift 100 Jahre Rosenkranzkirche. Kassel 2001, S. 22.
[252] ebenda

und Verschwiegenheit gegenüber denjenigen, die nicht dazu gehörten, eine Ehrensache.

Pogrome und ein makabrer Scherz

Heinrich und Lisbeth versuchten sich mit den unerfreulichen Verhältnissen zu arrangieren so gut es ging, Heinrich mit zunehmendem Ärger, Lisbeth immer ängstlicher werdend. Heinrich hatte es an seinem Arbeitsplatz mit einer Chefetage zu tun, die aus höheren Parteifunktionären bestand und ansonsten mit Parteigenossen, die er privat mied. Über all diesen Parteikadern thronte „der Führer". Es war nicht möglich, den Kult um die Person Hitlers zu übersehen, gleichgültig wie weit man sich in die katholische Diaspora zurückzog.

Mit einigem rhetorischen und schauspielerischen Talent begabt inszenierte sich Hitler als charismatischer Führer. Für die Berieselung der Bevölkerung mit Zuversicht ausstrahlenden Bildern sorgte Propagandaminister Joseph Goebbels. Ein Foto vom Führergeburtstag landete sogar auf Heinrichs Schreibtisch. Im Zusammenhang mit seinem Rechtsstreit hatte sich Heinrich die Zeitschrift „Der Rentner" angeschafft. Auf dem Titelblatt der Ausgabe vom April 1937 war Hitler zu sehen, der sich lächelnd zu einem kleinen Mädchen herunterbeugte, das ihm einen Blumenstrauß überreichte.

Nicht nur im Licht der Propaganda, auch politisch hatte Hitler die konkurrenzlose Führungsposition inne. „Das Dritte Reich Hitlers war kein Parteistaat, es war ein Führerstaat," schreibt Sebastian Haffner. „Nicht die Partei regierte den Staat. Hitler regierte, unter anderem durch die Partei."[253] Hitler hatte zwei zentrale Ziele: Die Eroberung von neuem „Lebensraum" und die „Entfernung" der Juden. Hitlers Hass auf die Juden müsste damals allen bekannt gewesen sein, die sein Buch „Mein Kampf" gelesen haben. Ob „Mein Kampf" damals eine beliebte Lektüre war, ist fraglich. Aber immerhin lag dieses Buch in Firmen und Ämtern auf dem Gabentisch, wenn es ein Jubiläum, einen runden Geburtstag oder Ähnliches zu feiern gab. Ab 1936 erhielten sogar die Brautpaare auf den Standesämtern ein Exemplar, und zwar die Hochzeitsausgabe mit goldener Schrift auf dem Buchrücken.

Die Gesetze während der Zeit der Machtergreifung, wie das Beamtengesetz von 1933, zielten darauf ab, die Juden aus einflussreichen Positi-

---

[253] Haffner, Sebastian: Von Bismarck zu Hitler. Ein Rückblick. München 2009, S. 248.

onen herauszudrängen. Die Nürnberger Gesetze vom September 1935 hatten die Isolierung der jüdischen Bevölkerung zum Zweck: Das Reichsbürgergesetz erklärte die jüdische Bevölkerung zu Bürgern zweiter Klasse. Als so genannte „Staatsangehörige" im Gegensatz zu den höher gestellten „arischen Reichsbürgern" waren ihre Rechte stark eingeschränkt. Das „Blutschutzgesetz" verbot eine Ehe oder ein uneheliches Verhältnis zwischen Juden und sogenannten „Ariern".[254]

In der Folgezeit hatten jüdische Firmeninhaber vermehrt unter Verordnungen und Schikanen zu leiden, die sie zwangen ihre Betriebe aufzugeben. Die Aufforderung an die Bevölkerung, Geschäfte von jüdischen Inhabern zu boykottieren, erfolgte gleich zu Beginn der Machtergreifung. Im Zuge der „Arisierung" schließlich wurden Firmeninhaber gezwungen, ihre Unternehmen zu verkaufen bzw. abzutreten. Allein die „Entjudung"[255] des Einzelhandels durch Zwangsverkäufe weit unter Wert erzielte Gewinne, von denen vor allem die NSDAP profitierte.

Nordhessen und insbesondere Kassel waren ausgesprochen antisemitisch. Im Lagebericht der Staatspolizeistelle Kassel vom Juni 1935 steht: „Der Antisemitismus im Volke hält sich erfreulicherweise frisch und tatkräftig. Es ist dabei nicht zu vermeiden, daß er sich in Ausschreitungen gegenüber Juden, besonders wenn diese sich anmaßend und herausfordernd benehmen, Luft macht. So kam es im Berichtsmonat wieder zu zahlreichen Zwischenfällen. [...] In diesem Zusammenhang musste auch der Kaufhof (früher Tietz) in Kassel auf einige Stunden geschlossen werden. [...] In den Flussbadeanstalten in Kassel wird es wohl dahin kommen, daß die Schwimmbadbesitzer Juden den Zutritt verweigern."[256]

Die Gestapo-Berichte für die Regierungsbezirke Kassel und Frankfurt am Main stellen einen allgemeinen Antisemitismus fest, außer im katholischen Teil der Bevölkerung. Im Lagebericht der Staatspolizeistelle Frankfurt am Main für November 1935 heißt es: „Auffällig ist, daß Inserate jüdischer Firmen, entsprechend der Einstellung des Katholizismus, sehr häufig in den katholischen Kirchenzeitungen zu finden sind."[257]

Übergriffe und „Arisierung" machten aber auch vor dem katholischen Milieu keinen Halt. Anfang der 30er Jahre wohnte in Daseburg nur eine einzige jüdische Familie. Das Ehepaar S. betrieb einen Gemischtwarenladen und hatte zwei Kinder. Im „Historischen Handbuch der jüdischen

---

[254] Grüttner, Michael: Brandstifter und Biedermänner. Deutschland 1933–1939. Bonn 2015, S. 148f.
[255] Grüttner, Michael, a.a.O., S. 166
[256] Lagebericht für Mai 1935. Klein, Thomas (Hrsg.): Die Lageberichte der Geheimen Staatspolizei über die Provinz Hessen-Nassau 1933-1936. Teilband I: A und B, S. 283f.
[257] Lagebericht für Mai 1935. Klein, Thomas (Hrsg.), a.a.O., S. 528

Gemeinschaften in Westfalen und Lippe" ist über diese Familie zu lesen: „In den 1920er und 1930er Jahren war in Daseburg der jüd. Kolonialwarenhändler Max S[...] mit seiner 4-köpfigen Familie ansässig. Im April 1934 richteten 2 Jungen – beide unter 14 Jahre – Schäden an dessen Haus an. Einer der Täter rechtfertigte diese Tat mit der herrschenden Judenfeindlichkeit. Die Maßnahmen der Nationalsozialisten zwangen Max S. zur Aufgabe seiner Existenzgrundlage. 1937 veräußerte er seinen Gemischtwarenladen und emigrierte nach Palästina."[258]

Der Nationalsozialismus war eine Bewegung, die bereits in ihrer Frühphase Jugendliche besonders ansprach. Für Indoktrinierung sorgten dann im weiteren Verlauf Schule und HJ. Die erwachsenen Daseburger und sicher auch ein Anteil der Dorfjugend standen dem Nationalsozialismus aber eher skeptisch gegenüber. Der Arm der NSDAP reichte jedoch auch bis nach Daseburg. Die Position des Stützpunktleiters der NSDAP hatte in Daseburg ein ortsansässiger Bauer inne, nennen wir ihn hier Broda. Er trug als einziger die Uniform der Nationalsozialisten, wenn er durch den Ort ging. Den Erinnerungen der Daseburger zufolge war er unbeliebt.

Mathilda, die Nichte meiner Großmutter, kannte den Sohn der Familie S., Heinz. Dieser Heinz S. ist ihr Klassenkamerad gewesen. Dass er als einziges jüdisches Kind in einer rein katholischen Klasse saß, wurde damals als eine Selbstverständlichkeit empfunden. „Wir haben uns nichts dabei gedacht", erzählte sie mir. Als ich sie fragte, ob im Dorf auch Protestanten gewohnt hätten, antwortete sie mir, im Dorf selber nicht; an der Straße nach Warburg hätte ein Bauernhof gelegen, der vermutlich Protestanten gehört hätte, aber mit dieser Familie hätten sie nichts zu tun gehabt. Zum Dorfleben gehörte also eine jüdische Familie, Protestanten zählten nicht dazu und man vermisste sie auch nicht.

Wir erinnern uns: Heinrich ging im Juni 1919 unmittelbar nach den Krawallen durch die Innenstadt Kassels. Es fiel ihm auf, dass vor allem die Geschäfte der Juden geplündert worden waren und er hielt diesen Eindruck für erwähnenswert. Man kann davon ausgehen, dass diese sensible Wahrnehmung von antisemitischen Übergriffen kein Zufall war. Was Heinrich und Lisbeth vom Rassenhass der Nationalsozialisten hielten, kann man ahnen; überliefert sind allerdings nur die Unterlagen zum Ariernachweis, den Heinrich im Jahr 1935 erstellen musste. Briefe, in denen sie sich äußern, gibt es nicht.

---

[258] Hengst, Karl (Hrsg.): Historisches Handbuch der jüdischen Gemeinschaften in Westfalen und Lippe. Die Ortsgemeinschaften und Territorien im heutigen Regierungsbezirk Detmold. Münster 2008, S. 753.

Zur Geschichte der Familie S. sei noch eines erwähnt: Die Ehefrau von Heinz S. wohnte zuletzt in Frankfurt am Main. Sie verfügte vor ihrem Tod, dass sie auf dem jüdischen Friedhof in der Daseburger Gemarkung beerdigt werden sollte. Ihre Kinder ließen die Asche ihrer Mutter im Juli 2017 nach Daseburg überführen, wo sie in Anwesenheit eines Rabbiners und eines katholischen Priesters beigesetzt wurde.[259]

Seit Ende 1937 drängte Hitler auf eine schnelle Verwirklichung seiner Ziele. Diese waren in militärischer Hinsicht zunächst der „Anschluss" Österreichs. Als die Wehrmacht im März 1938 in Wien einmarschierte, wurde sie von der einheimischen Bevölkerung bejubelt.[260] Bald darauf kam es in Wien zu demütigenden Übergriffen auf die jüdische Bevölkerung durch die österreichischen Nationalsozialisten.[261] Ein weiteres Ziel Hitlers war die militärische Zerschlagung der Tschechoslowakei. Auf der Münchner Konferenz im September 1938 konnte Hitler seine Forderung nach den Sudetengebieten durchsetzen. Die Westmächte gaben nach, in der Hoffnung, dass Hitlers Beteuerungen, außer den Sudetengebieten keine weiteren Forderungen mehr zu haben, der Wahrheit entsprechen. Die Tschechoslowakei verlor dadurch einen Teil ihres Landes, womit Hitler sich vorläufig zufriedengab. Die Zeitgenossen schauten auf die Ergebnisse seiner bisherigen Regierungsarbeit und staunten. Zu verzeichnen war die Überwindung der Massenarbeitslosigkeit, die Überwindung des Versailler Vertrages durch massive Aufrüstung der Wehrmacht und durch den Einmarsch in das entmilitarisierte Rheinland, der „Anschluss" Österreichs und die Einverleibung der Sudetengebiete. Der Eindruck, den Hitler selbst bei seinen politischen Gegnern und Gegnerinnen hinterließ, war: „Dem Mann gelingt einfach alles." Dann hatten im Jahr 1936 auch noch die Sommer- und die Winterolympiade in Nazideutschland stattgefunden mit all der internationalen Aufmerksamkeit, von der solche Ereignisse begleitet werden.

Mit dem „Anschluss" Österreichs war der prozentuale Anteil der jüdischen Bevölkerung im Reich gewachsen. Hitler forcierte weiterhin die „Entfernung" der Juden aus Deutschland und Europa. Das Regime drängte die verbliebene jüdische Bevölkerung vermehrt zur Auswanderung, erschwerte ihr aber gleichzeitig die Emigration, indem sie die Juden ausplünderte. Es wurde immer schwerer ein Visum zu bekommen, vor allem, wenn man ohne Vermögen war.

---

[259] Scholz, Dieter: „Ihr letzter Weg führte in die Börde." NW Neue Westfälische. 22./23. Juli 2017.
[260] Grüttner, Michael: Brandstifter und Biedermänner. Deutschland 1933-1939. Bonn 2015, S. 198ff. Vgl. auch S. 467.
[261] Grüttner, Michael, a.a.O., S. 200ff.

Im Jahr 1938 wurden die Methoden der Nationalsozialisten immer radikaler, vor allem gegenüber Juden, aber auch gegenüber anderen Personengruppen, die als Volksfeinde eingeschätzt wurden. Sofern Heinrich und Lisbeth diese Entwicklung im tiefbraunen Kassel nicht mitbekommen haben sollten, was eigentlich unwahrscheinlich ist, werden sie bei einem ihrer Besuche in Daseburg die nötigen Informationen erhalten haben. Mir zumindest wurde die Geschichte von Josef R. aus Daseburg erzählt, der 1938 in einem Konzentrationslager umgekommen ist. Er sei kein schlechter Mensch gewesen, aber ein „Luftikus" erzählte man mir, also recht leichtsinnig. Er hätte vom Korn seiner Eltern einen Teil auf seinen Namen verkauft, um seine Kasse aufzubessern. Angezeigt hat ihn, laut der mündlichen Informationen, der bereits erwähnte Ortsgruppenführer Broda. Josef R. wurde in Daseburg im Familiengrab beerdigt, und zwar in einer gemauerten Gruft. Weitere Informationen zu diesem Todesfall finden sich in der Dorfchronik von Daseburg. Der Chronist, der den folgenden Text schrieb, war Heinrichs Stiefbruder Tobias Zabel:

„Im Konzentrationslager Buchenwald starb im Jahre 1938 der Jungbauer Josef R[...] im Alter von 23 Jahren. Er war wohl ein leichtlebiger Mensch, der seinen Eltern Sorge bereitete, doch hat er fremden Menschen nie ein Leid getan. Im Konzentrationslager ist er, wie einwandfrei erwiesen, totgeschlagen worden. Der Sarg kam hier versiegelt an. Obgleich er von S.A. Leuten bewacht wurde, haben bestimmte Personen den Sarg geöffnet und schwere Schlagwunden am Kopf gesehen. Als Todesursache war amtlich Lungenentzündung angegeben. Im letzten Brief an seine Eltern schrieb der Unglückliche: ‚Denkt an mich in der schwersten Stunde meines Lebens.' Ich, [Tobias Zabel], der dieses niederschreibt, habe diesen Brief zum Teil gelesen. Die Leiche wurde im ausgemauerten Grabe auf dem Friedhof beerdigt. In der Gruft ist der Sarg von den Maurern nochmals geöffnet [worden] und diese haben ebenfalls die Verletzungen gesehen. So versteht man, warum der Sarg versiegelt und die Öffnung verboten war."

1938 waren Konzentrationslager noch keine Massenvernichtungslager wie in den Kriegsjahren; aber sie waren Arbeitslager, in denen die Insassen misshandelt wurden. Auch kam es zu Morden der Inhaftierten untereinander. Solche Vorkommnisse wurden mit allen zur Verfügung stehenden Mitteln vor der Bevölkerung verheimlicht. Dass dies hier nicht gelang, zeigt, wie misstrauisch die Daseburger mittlerweile waren.

Die Scheußlichkeiten des Jahres 1938 gipfelten in den Novemberpogromen und der traurigen Vorreiterrolle der Stadt Kassel bei diesem Ereignis. Im Herbst 1938 irrten im Grenzgebiet zwischen Polen und Deutschland Juden polnischer Herkunft umher, ohne Bleibe und ohne Zukunftsperspektive. Aus dem Deutschen Reich, wo sie zuvor gelebt hatten, waren sie vertrieben worden und in Polen, wo es ebenfalls eine antisemitische Haltung gab, wollte man sie nicht aufnehmen.[262] Betroffen war auch eine Familie, die über Beziehungen nach Frankreich verfügte. Ein Familienmitglied, ein junger Mann, lebte dort. Er wurde von seiner Schwester über die verzweifelte Lage, in der sich seine Familie befand, informiert. Daraufhin ermordete er am 7. November 1938 den Legationssekretär in der deutschen Botschaft in Paris. Dieser Mord war der Vorwand für einen bisher beispiellosen Pogrom, der unter dem beschönigenden Begriff „Reichskristallnacht" bekannt geworden ist.[263]

Ihren Anfang nahmen die Ausschreitungen bereits am 7. November in Kassel in der Innenstadt. Betroffen waren die Synagoge in der Unteren Königsstraße, das jüdisch-orthodox geführte Café Heinemann und das jüdische Gemeindehaus in der Rosenstraße. Ausgeführt wurde der Pogrom von ca. 30 Männern in Zivil, flankiert von Passanten, die applaudierten. Die Feuerwehr verhinderte das Abbrennen der Synagoge; die Polizei allerdings griff nicht ein. Am darauffolgenden Abend warfen NS-Aktivisten Fensterscheiben ein, sowohl in Kassel als auch in einigen der umliegenden Orte.[264] In den folgenden Tagen überzogen die Pogrome das ganze Land. Fast alle Synagogen wurden zerstört, Geschäfte demoliert, Privatwohnungen geplündert und ihre Bewohner misshandelt oder sogar getötet. Die Täter waren zunächst, also in der Nacht vom 9. zum 10. November, Nationalsozialisten, vorwiegend aus der SA, zum Teil auch der SS. Unter den Tätern, die einen Tag später dazustießen, fiel die hohe Anzahl der Kinder und Jugendlichen auf. Parallel zu den Zerstörungen erfolgten massenhafte Festnahmen von Juden auf den Befehl von SS-Obergruppenführer Reinhard Heydrich und Gestapochef Heinrich Müller. (Mein Großvater hatte einen Allerweltsnamen.) Obwohl sich Hitler aus taktischen Gründen bedeckt hielt, gingen die Inhaftierungen direkt auf seine Anordnung zurück. Unter den festgenommenen Personen waren auch Pastoren und Priester, die unter den Nationalsozialisten als ‚Judenknechte', also als Sympathisanten der jüdischen Bevölkerung galten.

Die Pogrome lösten im Ausland, aber auch im Inland Empörung aus. Zwar befürworteten in Deutschland viele die antisemitischen Gesetze, lehnten die Gewalttätigkeit gegen die jüdische Bevölkerung aber ab. Die kritischen Stimmen kamen überwiegend aus den katholischen Regionen,

---

[262] Grüttner, Michael: Brandstifter und Biedermänner. Deutschland 1933-1939. Bonn 2015, S. 467.
[263] Grüttner, Michael, a.a.O., S. 467ff.
[264] Kammler, Jörg; Krause-Vilmar, Dietfrid u. a.: Volksgemeinschaft und Volksfeinde. Kassel 1933-1945. Eine Dokumentation. Kassel 1984, S. 248.

seltener jedoch aus Österreich. Die Bischöfe allerdings hielten es nicht für nötig, die Pogrome öffentlich zu verurteilen.

Familie Müller fuhr jährlich etwa zwei Mal nach Daseburg, 1938 mit dem dreijährigen Erik auf dem Arm. Wenn Heinrich und Lisbeth durch das Dorf gingen, konnten sie sich ziemlich sicher sein, keinem überzeugten Nationalsozialisten zu begegnen, von wenigen Ausnahmen abgesehen, wie bereits dem erwähnten Stützpunktleiter und Ortsvorsteher Broda.

Lisbeths Bruder Franz hatte zusammen mit seiner Frau Sarah inzwischen neun Kinder, das jüngste ein halbes Jahr älter als Erik. Familie Müller verbrachte einige Tage auf dem Wienholtschen Hof inmitten einer immer größer werdenden Verwandtschaft. Zurück in Kassel angekommen mussten Heinrich und Lisbeth wieder sehr darauf achten, was sie wem gegenüber äußerten. Die kleine Straße in Kassel, in der sie wohnten, war allerdings ein überschaubares Terrain. Heinrich und Lisbeth wussten, welcher der Nachbarn ein nationalsozialistischer Hardliner war und welcher Nachbar als gemäßigt gelten konnte. Dann gab es da noch den Kommunisten und, für einige Jahre ganz hinten in der Straße, den überzeugten Katholiken, der später den Vorsitz der Katholischen Bürgergesellschaft übernahm.

Von den drei katholischen Taschenkalendern, die Heinz besaß, stammt der letzte aus dem Jahr 1938, also aus dem letzten Jahrgang, der vom „Katholischen Jungmännerbund" herausgegeben wurde. Der gedruckte Text im Kalender war ein buntes Gemisch aus Bibeltexten, ein Lobgesang auf die Wehrmacht und Daten zur Geschichte, insbesondere zur Geschichte der NSDAP. Generalpräses Ludwig Wolker meldete sich nicht mehr zu Wort. Stattdessen präsentierte der Taschenkalender einen mehrseitigen Auszug aus einer Publikation von Oberregierungsrat Walther Kayser: „Die nationalpolitische Bedeutung der Wehrmacht" (1937). Dort konnte Heinz ein schwülstiges Loblied auf den Soldatenstand lesen:

„Jeder, der den Rock des deutschen Soldaten trägt und einmal getragen hat, steht in der großen Geschlechterkette der Krieger und Soldaten des ewigen Deutschland. Bewußt oder unbewußt hebt ihn dieser Zusammenhang über sich selbst hinaus und verbindet ihn mit dem Leben und Sterben seiner soldatischen Vorväter, Väter und Brüder. Ihm soll in den Augenblicken der stärksten Kraftanspannung, der schwersten Selbstüber-

windung und des letzten Lebenseinsatzes diese Verbundenheit zum mitreißenden Ansporn und zur kraftsteigernden Verpflichtung werden."[265]

Doch mit der Verherrlichung des Soldatseins nicht genug, es werden auch zwei Seiten aus „Die rassischen Grundlagen des deutschen Volkes" von Egon Freiherr v. Eickstedt abgedruckt. V. Eickstedt war Anthropologe und einer der bedeutendsten Rassentheoretiker des Nationalsozialismus. Die Herausgeber, die sich mit ihrem Taschenkalender zwischen Gleichschaltung und Verbot bewegten, wählten diejenige Passage, in der sich der Autor auch über die Bedeutung der Erziehung äußert. Die hilflose Botschaft der Herausgeber sollte wohl lauten: ‚Seht her, selbst der Rassenkundler v. Eickstedt anerkennt die Bedeutung der Erziehung und damit der Gesinnung.' Dies ist allerdings nur ein Interpretationsversuch.

Ende 1937 hat Heinz diesen Taschenkalender erworben und durchgeblättert. Er blickte auf Madonnenbildnisse und auf ein doppelseitiges Foto von einer marschierenden Truppe. Dann las er die Texte aus der Bibel, hervorgehoben durch rote Schrift. Darunter auch ein Auszug aus dem ersten Korintherbrief: „Für jetzt bleiben Glaube, Hoffnung und Liebe, diese drei; am größten aber von ihnen ist die Liebe (1 Chor. [Korinther] 13, 13)." Anfang Februar 1939 wurde der „Katholische Jungmännerverband" verboten.

Aus heutiger Sicht erscheint der gedruckte Text im Taschenkalender als ein Potpourri aus entgegengesetzten Botschaften. Ganz so war es aber nicht. Die katholische Kirche erwartete von den Gläubigen Gehorsam gegenüber der Staatsregierung, und wenn das Heimatland sich im Krieg verteidigen musste, so hatten die katholischen Männer als Soldaten zu dienen. Die katholische Kirche war selbst hierarchisch aufgebaut und basierte auf Gehorsam. Trotzdem ist es bemerkenswert, dass Heinz sich Ende November 1938 freiwillig zum Militärdienst meldete.

Die Unterlagen für die Meldung nebst einigen Lebensläufen, die er damals schreiben musste, steckte Heinz in einen hellbraunen Hefter und hob ihn auf. Aus den Notizen geht hervor, dass der Anlass für die freiwillige Meldung seine Musterung war, mit der er damals zu rechnen hatte. Die bevorstehende Musterung erklärt aber nicht die freiwillige Meldung. Über die möglichen Beweggründe gefragt, antwortete Mathias Endrich:

„Er hat sich gemeldet, weil er sowieso eingezogen wäre. Ich bin auch freiwillig gewesen. Weißt du, ich kenne die Gesinnung vom Heinz, der war wie ich auch. Wir alle waren doch deutsch-national, das Nationale als Deut-

---

[265] (Taschenkalender 1938), „Jahr des Herrn 1938", hg. v. Steiner, Albert. Düsseldorf o. J., S. 24.

scher, das wollten wir auch. Für uns war der Versailler Vertrag ein Schanddiktat, aber das Nationalsozialistische, das haben wir abgelehnt, zumal das antikirchlich war. Das war wohl der Hauptgrund gewesen und als Krieg war und wir sowieso eingezogen wurden, da hab ich mich auch freiwillig gemeldet, ohne dass ich jetzt damit dem Nationalsozialismus helfen wollte. Wir haben dem aber geholfen, nützt alles nichts!"

Heinz war fünf Jahre älter als Mathias Endrich. Heinz hat sich anders als Mathias vor und nicht nach dem Ausbruch des 2. Weltkriegs freiwillig gemeldet. Dass er sowieso zum Militärdienst eingezogen worden wäre, ist sicher die Voraussetzung für diese Meldung, nicht aber ihr Grund, denn irgendeinen Vorteil muss die freiwillige Meldung für ihn gehabt haben. Die Antwort findet sich in den Unterlagen, die Heinz aufhob. Im „Merkblatt für den Eintritt als Freiwilliger in das Heer" steht unter Punkt 2: „Die freiwillige Meldung soll dem Bewerber die Möglichkeit geben, sich bei einem seinen Fähigkeiten, seiner Neigung und Vorbildung entsprechenden Truppenteil zu bewerben."[266] Das war sicher der Hauptgrund für die freiwillige Meldung. Heinz konnte sich die Truppe, in der er dienen würde, selbst aussuchen. Außerdem ist nicht zu erwarten, dass dieses allgegenwärtige ‚patriotische Getöse', das sogar in den katholischen Taschenkalender Einzug gehalten hatte, völlig an ihm abgeprallt wäre.

Was Heinz möglicherweise auch angetrieben hat, war die Furcht denunziert zu werden. Nach wie vor arrangierte er heimliche Treffen mit seiner Pfadfindergruppe, obwohl die Verhältnisse 1938 immer schlechter wurden. Es war damals sehr leicht, mit der Gestapo in Konflikt zu geraten. Die freiwillige Meldung konnte strafmildernd wirken. Vielleicht hat er das gewusst.

Am 20.10.1938 schrieb er sein *„Einstellungsgesuch"* an die *„Beobachtungsabteilung 9"* in Mühlhausen: *„Sollten alle Freiwilligenstellen besetzt sein, so bitte ich um Einstellung bei der Beobachtungsabteilung 15 in Fulda",* fügte er noch hinzu. Dieses Schreiben schickte er, wie im katholischen Taschenkalender vermerkt, am selben Tag ab.

Zur Musterung musste er schließlich am 02.12.1938. Er war gesund und damit tauglich. Bei der Untersuchung wurde ihm sogar eine muskuläre Statur bescheinigt. Heinz hatte sich im Laufe der letzten Jahre äußerlich völlig gewandelt. Aus dem x-beinigen Pummel, der seine liebe Not hatte, im Sportunterricht einigermaßen mitzuhalten, war ein gut aussehender junger Mann geworden (Abb. 17, 18). Seine Musterung fiel mitten in die Vorbereitung auf das Abitur. Die zahlreichen Notizen im

---

[266] „Merkblatt für den Eintritt als Freiwilliger in das Heer", hg. v. Reichskriegsministerium, Oberkommando des Heeres, Ausgabe August 1937.

Taschenkalender vermitteln einen Eindruck davon, wie umfangreich der Schulstoff war, den er beherrschen musste. Heinz besuchte ein altphilologisches Gymnasium. Seine Stärke waren aber die Naturwissenschaften. Sehr gute Leistungen brachte er auch in den Fächern Geschichte und Religion; die alten Sprachen aber, Griechisch und Latein, bereiteten ihm Mühe.

Ob aus Prüfungsangst oder im Bewusstsein, an einem Wendepunkt in seinem Leben zu stehen, Heinz unterzog sich am 27. und am 28.12.1938 religiösen Exerzitien. Den darauffolgenden Tag, den 29.12., unterstrich er im Taschenkalender fett und notierte *„Lebensbeichte"*. Die zwei Tage, die er mit Gebet und religiösen Riten verbrachte, waren somit die Vorbereitung der *„Lebensbeichte"*. Religiöse Praktiken gehörten zu seinem Alltag. Er ging regelmäßig zur Kommunion und zur Beichte. Außerdem wurde er in der Rosenkranzkirche nach wie vor als Messdiener eingesetzt, wie aus dem Taschenkalender ersichtlich. In diesen turbulenten Zeiten am Ende der Schulzeit, vor dem Abgang zur Universität brauchte er die Religion mehr denn je.

Im Februar nahm Heinz schließlich das ersehnte Zeugnis entgegen, das ihm die bestandene Reifeprüfung bescheinigte. Über seinen weiteren Lebensweg war er sich noch nicht im Klaren. Seine Interessen galten der Geschichte. Gymnasiallehrer wollte er aber nicht werden und die wenigen anderen Möglichkeiten, die sich einem Historiker boten, waren mit Risiken behaftet. Er entschied sich schließlich für die sichere Beamtenlaufbahn des Juristen und ein Studium im nahe gelegenen Göttingen.

Bevor er nach Göttingen zog, gab es in Kassel noch etwas zu feiern, und das war die Abiturientenparty, zu der selbstverständlich eine Festschrift gehörte. Die *„Abschieds-Zeitung der 8g2"*, also der Abiturientenklasse von Heinz, lag am 2. März 1939 vor. Mit der Festschrift der Baugewerkschüler konnte sie nicht mithalten, denn diese verfügten anders als die Abiturienten des Wilhelmsgymnasiums über eine Ausbildung im Freihandzeichnen. Die Scherze und Reime mussten die Schüler nicht gänzlich neu erfinden. Solche Festschriften standen in einer langen Tradition und daher verwundert es nicht, dass in den Festschriften von Heinrich und seinem Sohn ähnliche Witze auftauchen.

Eine ganze Seite füllte ein besonders makabrer Scherz, in dem ausgerechnet Heinz die Hauptrolle spielte. Der Inhalt dieser makabren Geschichte ist folgender: In einem Brief bittet die Gestapo um die Mitwirkung der Bevölkerung bei der Aufklärung eines Verbrechens. Böswillige Mitmenschen hätten, so die Gestapo, zahlreiche Schmähbriefe anonym verschickt, und zwar an die Abiturienten des Wilhelmsgymnasiums. Kommissar Heinz Müller (mit Angabe der Adresse von Heinz) sei mit der

Lösung des Falls betraut worden. Dieser Kriminalkommissar Müller, so heißt es weiter, „hat *aus eigenem Interesse eine Belohnung von 500 Mk für die Ergreifung des unverantwortlichen Menschen ausgesetzt.*" Als Beispiel führt die „Gestapo" den Text eines dieser Schmähbriefe an:

„Geehrter Volks- und Zeitgenosse!
Im Auftrage der Mitteldeutschen Menschenverschrottungs-A.G. haben wir folgendes mitzuteilen:
Da Sie das zuständige Alter erreicht haben und für die menschliche Gesellschaft kein Vorteil mehr aus Ihrem Weiterleben zu erhoffen ist, und Sie durch Ihren Anblick Ihre Mitmenschen nur ärgern, so haben Sie sich lt. § 777, Absatz 5, Zeile 1 des Leichengesetzbuches am 10. Februar ds. Js. nachmittags 5 Uhr mit Leichenhemd, Zigarrenkiste, Speck, Gesangbuch und Mundharmonika im Krematorium Kassel, vor dem Ofen 3, einzufinden. Sie haben ein Bündel Anmachholz [...] mitzubringen, da dasselbe sonst zum Selbstkostenpreis berechnet werden müsste. Ferner ein Töpfchen für die Grieben[267] und ein Stückchen Papier für die Knochen. Die für Ihren schäbigen Rest benötigte Urne können sie für RM 1,- im Krematorium selbst erhalten. Sollten dies Ihre Verhältnisse nicht gestatten, verrichtet eine Pappschachtel denselben Zweck."

Der makabre Humor des Schmähbriefs zieht sich noch über zwei weitere Absätze hin. Warum Heinz hier als Kriminalkommissar auftritt, der in eigenem Interesse eine Belohnung ausstellt für die Auffindung eines Autors von Schmähbriefen, ist nicht bekannt. Hatte er einen üblen Schmähbrief bekommen und diese Gemeinheit nicht auf sich beruhen lassen? Das wäre möglich. Heinz ähnelte seinem Vater. Er hatte einen ausgeprägten Gerechtigkeitssinn, konnte sich über ein Unrecht sehr ärgern und stellte als gläubiger Katholik eine gute Zielscheibe dar.

Die Mitschüler von Heinz werden sich prächtig amüsiert haben. Bei der Generation, die nach dem 2. Weltkrieg geboren wurde, löst dieser Sketch hingegen auch unangenehme Assoziationen aus. Dass ab 1941/42 in Konzentrationslagern Menschen umgebracht wurden, weil ihr Leben als unwert galt, konnten die Schüler nicht wissen. Was ihr Vergnügen am Makabren betrifft, so waren sie allerdings reichlich unbefangen, vielleicht sogar enthemmt.

Heinz konnte es letztendlich egal sein. Vor sich hatte er ein halbes Jahr Reichsarbeitsdienst. Erst danach durfte er studieren.

---

[267] Reste von ausgebratenen Speckteilen.

„Dieser Verbrecher, den Krieg verliert er"

Anfang April 1939 folgte Heinz der Aufforderung zum Reichsarbeitsdienst. Über die Zielsetzung dieser Dienstverpflichtung hatte er sich vor Jahren schon gut informieren können: Der Katholische Taschenkalender von 1936 enthielt einen zweiseitigen Text über den Reichsarbeitsdienst. Mit Kritik an dieser Einrichtung hielt sich der „Katholische Jungmännerverband" damals, 1935, als der Taschenkalender geschrieben wurde, auffallend zurück. Oberflächlich betrachtet konnte dieser Dienst an der Gemeinschaft von einem gläubigen Katholiken auch nicht missbilligt werden, denn der Reichsarbeitsdienst erzog die Jugend zur Wertschätzung einfacher körperlicher Arbeit. Aber bei näherer Betrachtung mussten sich Zweifel einstellen.

Der Katholische Taschenkalender aus dem Jahr 1936 zitiert aus dem Reichsarbeitsdienst-Gesetz vom 26.06.1935: *„Alle jungen Deutschen beiderlei Geschlechtes sind verpflichtet, ihrem Volk im Reichsarbeitsdienst zu dienen. Der Reichsarbeitsdienst soll die deutsche Jugend im Geiste des Nationalsozialismus zur Volksgemeinschaft und zur wahren Arbeitsauffassung, vor allem zur gebührenden Achtung der Handarbeit erziehen."*[268] Der Reichsarbeitsdienst erzog also die Jugendlichen zur Volksgemeinschaft im Sinne des Nationalsozialismus. Heinz war in der HJ einigem Drill unter nationalsozialistischem Zeichen ausgesetzt gewesen, der jetzt, nach dem Abitur, durch den Reichsarbeitsdienst weit weg vom Elternhaus fortgesetzt werden sollte. Der Zugriff der Partei auf die jungen Menschen umfasste wirklich jeden Lebensabschnitt.

Heinrich und Lisbeth konnten dem Reichsarbeitsdienst nichts Positives abgewinnen. Dieses halbe Jahr Arbeit stahl ihrem Sohn wertvolle Zeit, die er eigentlich für sein Studium verwenden sollte. Dass Heinz seine Ausbildung zum Juristen durch Studentenjobs z. T. selbst finanzierte, war durchaus eingeplant. Der Reichsarbeitsdienst stand aber nicht im Ruf, die Arbeitsverpflichteten großzügig zu entlohnen. Mit seinem Lohn würde Heinz Unterkunft und Verpflegung bezahlen müssen, alles in allem eine Ausbeutung im Namen des Nationalsozialismus.

Heinrich ärgerte sich über den geringen Lohn und Lisbeth sorgte sich um die Gesundheit ihres Sohnes, der ausgerechnet kurz vor seinem Dienstantritt krank wurde. Anfang April 1939 begab sich Heinz schließlich halbwegs genesen nach Dillenburg in Hessen, wo er in die Reichsarbeitsdienstabteilung 1/222 (Wilhelm I, Prinz von Oranien) eintrat. Heinz

---

[268] (Taschenkalender 1936), „Anno Domini 1936". (Hrsg.): Katholischer Jungmännerverband Deutschlands. Leipzig o. J., S. 150.

kam in einem großen Gebäude mit Mehrbettzimmern unter und wurde, nach seiner Korrespondenz zu urteilen, bei seinen Arbeitseinsätzen nicht geschont. Kaum hatte ihr Sohn das Haus verlassen, packte Lisbeth ein Lebensmittelpaket mit der Beigabe von einigen Geldscheinen und schickte es nach Dillenburg. Am 13.04.1939 bedankte sich Heinz mit einer Ansichtskarte. Er hatte bereits eine anstrengende Woche hinter sich. Sein Sonnenbrand war lästig, aber offensichtlich hielt er es für unangebracht, sich über die Arbeitsbedingungen zu beschweren.

„Liebe Eltern! Dank für Brief u. Paket. Essen genug. Wenn Ihr schicken sollt, schreibe ich. Geld genug. Erste Löhnung erhalten. Gesundheit bisher besser als zu Hause. […]. Heute rechte [reichlich] Arbeit. Bis Stiefelrand im Wasser; aber keine nassen Füße. B[acken] rot gebrannt. Alles in Ordnung! Gruß Heinz" (13.04.1939).

„Alles in Ordnung" – Ausrufungszeichen. Dieser im stenographischen Stil geschriebenen Ansichtskarte merkt man an, dass Heinz das Gefühl hatte, seine Eltern beruhigen zu müssen. Es gab leider einen aktuellen Anlass, der besorgniserregend war. Am 15. März 1939 waren deutsche Truppen in Prag einmarschiert und anders als in Österreich und im Sudetenland wurden sie hier nicht mit Jubel empfangen. In der restlichen Tschechoslowakei, die von Deutschland bis dato noch nicht eingenommen worden war, lebte keine deutschsprachige Bevölkerung, die sich eine Rückkehr ins Reich wünschte. Dieser Einmarsch war ein reiner Eroberungsfeldzug und Hitlers Beteuerungen, keine Gebietsansprüche mehr zu erheben, hatten sich vor aller Welt als Lüge erwiesen.

Was mag in Heinrich vor sich gegangen sein? Man muss sich daran erinnern, wie er den Beginn des 1. Weltkriegs erlebt hatte. Als Wehrdienstabsolvent am Ende seiner militärischen Ausbildung gehörte er zu den Ersten, die an die Front geschickt wurden. Und jetzt widerfuhr seinem Ältesten womöglich dasselbe Schicksal. Nach dem Reichsarbeitsdienst musste Heinz seinen Wehrdienst absolvieren. Dann würde er als Soldat in den Krieg ziehen, denn die Feuerwalze, die da auf die Menschheit zurollte, war wohl nicht mehr aufzuhalten.

Angespannt verfolgte das Ehepaar Müller in den nächsten Monaten Hitlers weitere Schritte und die Reaktionen des Auslands, soweit ihnen das mit Hilfe der gleichgeschalteten Presse möglich war. Frankreich und Großbritannien waren alarmiert. Der britische Premierminister Chamberlain sicherte Polen seine Unterstützung zu, sofern es von Deutschland angegriffen würde. Doch Hitler hatte die Absicht, im Osten neuen Lebensraum zu erobern, und zur Erreichung dieses Ziels war die Eroberung von Polen der nächste Schritt. Er schloss mit Stalin am 24. August 1939 einen Nichtangriffspakt. Für Hitler war damit vorerst die Gefahr gebannt, in einen Zweifrontenkrieg zu geraten.

Am 1. September 1939 begann der 2. Weltkrieg mit dem Angriff auf Polen durch Nazideutschland. Kriegsbegeisterung herrschte selbst im braunen Kassel nicht. Erik erlebte als Fünfjähriger einen Tränenausbruch seiner Mutter. Sie stand in der Küche vor der Spüle und weinte: *„‚Die armen ..., die armen ...', vielleicht die armen Soldaten. Ich weiß es nicht mehr. Ich stand hinter ihr und schaute ihr auf den Rücken. Sie weinte und weinte. Das könnte zu Kriegsbeginn gewesen sein"*, vermutet Erik.

Heinrichs zweitgeborener Sohn Kurt war damals immerhin 16 Jahre alt. Wiederholt erzählte er mir, wie mein Großvater auf den Kriegsausbruch reagiert hatte. *„Dieser Verbrecher, den Krieg verliert er"*, stieß Heinrich immer wieder hervor, außer sich vor Wut.

Heinrich machte Hitler für diese furchtbare Entwicklung persönlich verantwortlich. Es so zu sehen war naheliegend im Hinblick auf den Führerkult durch die Staatspropaganda. Was Heinrich nicht unbedingt wissen konnte: Hitler war tatsächlich die kriegstreibende Kraft. Hitler setzte seine Ziele durch, unterstützt von seiner Entourage, z. B. von Hermann Göring, obwohl jener Bedenken hatte.[269] Am 9. April 1940 folgte der Angriff auf Dänemark und Norwegen, obwohl diese Länder einen Nichtangriffspakt mit Deutschland geschlossen hatten. Am 10. Mai 1940 begann der Westfeldzug mit dem Überfall auf die Niederlande, Belgien, Luxemburg und Frankreich.

Doch zurück zum Jahr 1939: Als Heinz sich am 10.11.1939 als Student der Rechtswissenschaften an der Universität Göttingen einschrieb, war dieser Umgebungswechsel erst einmal eine Erleichterung nach Gymnasium und Reichsarbeitsdienst. Heinz besorgte sich eine „Bude", also ein Studentenzimmer, und einen Ausweis bei der Deutschen Reichsbahn. Als Sohn eines Reichsbahnbeamten konnte er an den Wochenenden billig zwischen Kassel und Göttingen pendeln. Auf das gute Sonntagsessen seiner Mutter und die Freunde in Kassel wollte er vorerst nicht verzichten.

Die Rechtswissenschaft war ein stark verschultes Studium. Heinz absolvierte ein umfangreiches Pensum an Lehrstoff, der regelmäßig durch Hausarbeiten und Klausuren abgefragt wurde. In seiner ersten Hausarbeit musste er herausfinden, ob eine Tochter, die ihr Elternhaus verlassen hatte, weil ihr Vater ihr gegenüber beleidigend geworden war, einen Anspruch auf Unterhaltszahlungen hat. Heinz war der Ansicht, dass die Tochter diesen Anspruch nach geltendem Recht hatte. Der Professor

---

[269] Grüttner, Michael: Brandstifter und Biedermänner. Deutschland 1933-1939. Bonn 2015, S. 486.

zensierte die Hausarbeit von Heinz mit Befriedigend, was für einen damaligen Jurastudenten eine erfreuliche Bewertung war.

Wie nicht anders zu erwarten, reichte der Einfluss der NSDAP auch in die Universitäten. Neben Familien-, Verfassungs-, Verwaltungsrecht usw. wurde der germanischen Rechtsgeschichte ein auffallend breiter Raum zugestanden. Auch mussten die Fächer Leichtathletik und Fechten belegt werden. Das Motto „Ein gesunder Geist wohnt in einem gesunden Körper" fand damit Eingang in den Stundenplan eines angehenden Juristen.

Heinz konnte sich bis zum Mai 1940 ungestört seinen Studien widmen, bis ihn der verlängerte Arm der Partei in Gestalt der Göttinger Studentenführung an seine nächsten Dienstverpflichtungen erinnerte. Im Bereitstellungsbefehl vom 1. Mai 1940 las er: *„Auf Grund des Befehls des Reichsstudentenführers vom 1.1.1940 unterliegen Sie der studentischen Dienstpflicht, und haben vorläufig bis zum 31.7.1940 jederzeit mit der Möglichkeit eines besonderen Einsatzes zu rechnen."* Im selben Schreiben wurde er darauf aufmerksam gemacht, dass er alte Kleidungsstücke bereithalten musste, weil eine Arbeitskleidung nicht gestellt werden konnte. Außerdem war er verpflichtet, jeden Umzug binnen zwölf Stunden der Studentenführung zu melden. Dieses Schreiben auf gelbem Papier enthielt einen Zusatz des Rektors der Universität und des Kreisleiters der NSDAP: *„Der vorstehende Bereitstellungsbefehl an Sie ist mit unserer ausdrücklichen Genehmigung gestellt. Sie haben ohne Rücksicht auf eine etwaige Störung des Studiums Folge zu leisten."*

Am selben Tag, vielleicht im selben Couvert, erhielt Heinz ein Schreiben, das unübersehbar war, weil der Text auf rotem Papier stand. Heinz las dort: *„Einberufung"* und darunter stand *„Bereitstellung zum studentischen Kriegsdienst"*. Vielleicht entnervt, aber bestimmt nicht erstaunt nahm er zur Kenntnis, dass man ihn zum Dienst im Heeresverpflegungsamt in Göttingen verpflichtet hatte. Eine solche „Bereitstellung" kam nicht überraschend, denn Polens Verbündete, Frankreich und England, hatten Nazideutschland den Krieg erklärt und wie bereits erwähnt begann ab dem 10. Mai 1940 Hitlers Westfeldzug. So umfangreich können die Dienstverpflichtungen von Heinz allerdings nicht gewesen sein, denn knapp einen Monat später lieferte er zwei Hausarbeiten ab, die wieder mit „vollbefriedigend" zensiert wurden.

So sehr ihn sein Studium in dieser turbulenten Zeit auch beschäftigte, Heinz war jetzt 20 Jahre alt und damit gab es auch noch einen anderen Lebensbereich, der ihn interessiert hat. Der Schritt aus dem Elternhaus in die eigene Studentenbude verführte zum Träumen und gab vielleicht auch Anlass zu manchem Experiment. Heinz war in einem katholischen Umfeld aufgewachsen. Bei aller Lust am Feiern zählte die Sittenstrenge zu den Grundpfeilern dieser Gemeinschaft. Nicht nur von den jungen Mädchen wurde Enthaltsamkeit bis zur Ehe erwartet, sondern auch von den „Jungmännern".

Heinz war natürlich auch anderen Einflüssen ausgesetzt. Er besaß eine kleine Sammlung von lustigen und erotischen Gedichten, die sicher nicht aus der katholischen Diaspora stammten. Vielleicht waren die beidseitig bedruckten Zettel bei der Abiturientenfeier verteilt worden. Dass er diese Gedichte aufhob, zeigt die Bedeutung, die er ihnen beimaß. Das Gedicht „Die kleine Lampe", so diskret es auch war, weckte Begehrlichkeiten, zumindest in seinem letzten Teil:

„[...] Es kam zur heimlichen Feier die Kleine – zum erstenmal,
Gesichtchen tief im Schleier, die Schultern tief im Schal.
Sie kam so scheu, so schüchtern, sie stand so fluchtbereit –
Mein Herz war nicht mehr nüchtern, vor so viel Seligkeit.
Wir saßen beim roten Weine, sie flüstert: ‚Jetzt muß ich nach Haus',
da ging die kluge, kleine, taktvolle Lampe aus."

Die erotischen Phantasien von Heinz könnten uns egal sein, wenn er nicht einen Brief aus dem besetzten Frankreich bekommen hätte, in dem solche Phantasien Thema sind. Der Weg zum Verständnis eines Menschen führt u. a. über seine Lektüre, dies ist bekannt. Also werfen wir noch einmal einen Blick auf die kleine Sammlung von Gedichten, die Heinz aufgehoben hat. Die Texte stellen z. B. die Ehe als ein Joch dar, unter das die Männer gespannt werden, die doch eigentlich, so der Gesamttenor, von Natur aus polygam sind. In dem Gedicht „Männertreue" heiratet ein Protagonist namens Emil. Als er vor den Traualtar tritt, ist er noch schüchtern und unerfahren. Doch bald nach der Hochzeit fühlt er sich in der Ehe gefangen und beginnt seine Frau zu betrügen. Fazit dieses Gedichts: Fast alle Männer verhalten sich so wie Emil. Und wie reagieren die betrogenen Ehefrauen?

„Aber Gott sei Dank, die Frauen – ihren Emils immer trauen;
Davon sind sie überzogen, daß die Freundin wird betrogen
Von dem lock'ren Ehemann, diesem wüsten Don Juan;
Und die holde Einfalt spricht: ‚So was tut mein Emil nicht,
Dessen Lieb' ist treu und echt!' Und der Gatte gibt ihr recht
und schwört täglich ihr aufs neu ‚Zweiprozent'ge Männertreu'."

Zwei von hundert Prozent *„Männertreu"* ist nicht gerade viel. Der Mann sucht also die freie Liebe und seine Ehefrau, *„die holde Einfalt"*, kann sich seine Untreue noch nicht einmal vorstellen. Das ist die Aussage der Texte, die Heinz irgendwo in seinem Nachttisch oder Schrank verwahrte. Anfang Oktober 1940 gesellte sich zu diesen Gedichten der bereits erwähnte Brief aus Frankreich. Der Autor war Michael, ein Freund von

Heinz. Die Eltern von Michael gehörten zum engeren Freundeskreis von Heinrich und Lisbeth. Michael war überzeugter Katholik und ehemaliger Gruppenleiter bei den St. Georgs-Pfadfindern. Ebenso wie Heinz hatte Michael seine Pfadfindergruppe auch noch nach dem Verbot des „Katholischen Jungmännerverbandes" heimlich weitergeführt.

Heinz wusste nicht viel mehr, als dass sein Freund irgendwo in Frankreich stationiert war. Seine Feldpostnummer machte er ausfindig. Dann schrieb er ihm einen Brief, in dem er ihn bat, über Land und Leute zu erzählen. Daraufhin verfasste Michael am 13. Oktober 1940 für Heinz und einen gemeinsamen Freund einen längeren Brief. Dass sein Urteil über die Menschen im besetzten Frankreich schlecht ausfällt, macht die Lektüre dieses Briefes heute, vor dem Hintergrund der Völkerverständigung, nicht ganz einfach. Der Brief von Michael ist jedoch ein Dokument seiner Zeit, die ganz im Zeichen der Revanche für den als Schmach empfundenen Versailler Vertrag stand.

Die Wehrmacht hatte die französische Streitmacht in einem „Blitzkrieg" besiegt.[270] In Panik flohen die Menschen vor den Eroberern, die seit dem 1. Weltkrieg im Ruf standen barbarisch zu sein. Flüchtlingsströme füllten die Landstraßen. Michael kam mit seiner Kompanie durch das Elsaß und traf dort auf eine Bevölkerung, die sich sehr reserviert verhielt. Elsaß-Lothringen war ab dem 11. November 1918 für kurze Zeit eine eigenständige Republik gewesen und wurde dann Frankreich zugesprochen. Die Elsässer reagierten auf die wechselnden Übernahmen durch ihre mächtigen Nachbarn Frankreich und Deutschland verständlicherweise ablehnend. Die Franzosen jenseits von Elsaß-Lothringen verloren ihre Angst jedoch schnell, als sie bemerkten, dass es sich bei den Besatzungstruppen nicht um brandschatzende, vergewaltigende „Boches" (sinngemäß Barbaren) handelte. Die Männer in Uniform zahlten für Lebensmittel und Dienstleistungen. Es ist menschlich, die Besatzer für das, was sie haben wollen reichlich zahlen zu lassen. Michaels Brief ist vor allem vom Ärger geprägt, in Frankreich finanziell übervorteilt zu werden.

„Heute will ich mal deinem Wunsch entsprechen und etwas von Frankreich schreiben, so wie wir es jetzt erleben.

Also Frankreich. Nun im allgemeinen stellt man fest, daß der Franzose mit vielen höflichen Worten nichts sagt und damit seine innere Einstellung verbergen will für den, der ihn nicht versteht. Aber wenn es ihn dann packt, dann bleibt nur noch der Stolz und ein Anklammern und Loben von allen französischen Dingen.

---

[270] Waechter, Matthias: Geschichte Frankreichs im 20. Jahrhundert. München 2019, S. 221.

Als zweites ist neben den vielen überhasteten Phrasen eine sehr ruhige, meist durch keine Sachkenntnis getrübte Arbeit zu finden. In diesen zwei [Punkten] spiegelt sich die ganze Überheblichkeit des neuen Frankreich. Dann kommt dazu noch eine fabelhafte Fähigkeit mühelos viel Geld zu verdienen. Besonders heute wo man für franz. Verhältnisse etwas teuer lebt. [...]

Die Kirche hier spielt überhaupt keine Rolle oder nur eine Nationale. Überhaupt, Sonntags wird genauso gearbeitet wie Werktags, nur in den Fabriken nicht. Die Geschäfte sind offen, denn es gilt zu gewinnen. Auch ist interessant, daß man in Paris alles haben kann für Geld."

Frankreich war überwiegend katholisch. Aber der internationale Katholizismus hatte in den einzelnen Nationen und Regionen eine unterschiedliche Ausprägung. Dem jungen Katholiken aus der katholischen Diaspora in Kassel fällt auf, dass der Sonntag, nach seinem Verständnis der Tag des ‚Herren', nicht genügend gewürdigt wird. Regelmäßige Kirchgänger scheint Michael vermisst zu haben. Die Kirche wurde nach seiner Einschätzung nur bei offiziellen Anlässen bemüht. So sind seine Bemerkungen wohl zu verstehen.

Die weiteren Passagen in Michaels Brief, die jetzt folgen, sind voller Bigotterie. Von der Korrespondenz unter jungen Männern erwartet man eigentlich etwas anderes. Michael aber beschreibt Frankreich mit dem mahnend erhobenen Zeigefinger des sittenstrengen Katholiken.

„An Zeitungen erscheinen nur Tageszeitungen und deutsche Illustrierte. Solche Blätter wie Sex Apples oder Paris Noir ils sont perdu. Wir haben diese Blätter oft genug in Familien gefunden auf dem Vormarsch. Wenn darin eine Frau überhaupt ein Kleidungsstück trägt, dann so, daß die ‚Hauptsachen' stets zu sehen sind. Ich habe auch das Filmpublikum beobachtet. Es ist fast ganz ungebildet, strebt nur nach wohligen und sexuellen Momenten. [...]

Sonst wird alles von einem starken Sitten- und Disziplinverfall gekennzeichnet. Angefangen mit der Familie: Viele Hunde, Katzen, keine Kinder und ein weiches, genießerisches Leben. Die Frau ist der Mittelpunkt und von Treue meist keine Spur. Öffentlich geht das ja nicht so leicht, aber ich kenne auch Fälle solcher Art genug, da geht es weiter im öffentlichen Leben. Dann gibt es ein Hasten nach Geld, nach gutem Wein und guter Mode, besten und neuesten Schreis. [...]

Daß solche Lagen nun durch die Landser ausgenutzt werden, ist ja klar, zumal man eben von zu Hause fort ist und lange nichts mit seiner Frau zu tun hatte."

Heinz musste sich nur an die Gedichte in der Mappe irgendwo in seiner Studentenbude erinnern. Ehebruch gab es in Deutschland ebenfalls.

Allerdings begegnete ihm im Brief seines Freundes ein anderes Frauenbild: Die Frau, die im Mittelpunkt stand und ihren Ehemann betrog, war keine „holde Einfalt". Kein Mutterkreuz verleitete sie dazu, viele zukünftige Soldaten zu gebären, sondern sie ging ihren eigenen Neigungen nach.

Heinz wird diesen Brief mit angespannter Aufmerksamkeit gelesen haben, und zwar in Erwartung seiner Einberufung. Erst musste er seine militärische Ausbildung absolvieren. Danach würde ihn der Weg möglicherweise ebenfalls nach Frankreich führen.

Nicht nur Heinz bewegte sich in einem veränderten Umfeld, sondern auch sein jüngerer Bruder Kurt. Der Zweitgeborene von Heinrich und Lisbeth hatte eine Maurerlehre angefangen in der Absicht, später ebenso wie sein Vater Techniker zu werden. Er arbeitete auf einer Baustelle am anderen Ende von Kassel. Zwischen der langen Hin- und Rückfahrt lagen endlose Stunden Plackerei. Maurerlehrlinge wurden nach wie vor ausgenutzt. Ebenso wie sein Vater um 1907 musste auch Kurt die Paletten mit den Backsteinen schleppen. Es ist möglich, dass er sich bereits damals den ersten seiner Leistenbrüche zuzog. Kurt hatte lange schmale Füße. Keine der erhältlichen Arbeitsschuhe passten so richtig. Erik erinnerte sich, wie sein älterer Bruder in der Küche saß und sich die Füße mit Lappen umwickelte.

Im Herbst 1940 gönnte sich Familie Müller einen Kurzaufenthalt in Daseburg. Wie gewohnt stiegen Heinrich und Kurt auf den Desenberg, um von dort den Rundumblick zu genießen. Heinrichs Zweitgeborener war mittlerweile einen halben Kopf größer als sein Vater. Vor allem hatte er ganz im Gegensatz zu Heinrich sehr gute Augen. Ihm fiel auf, dass der alte Burgturm in seiner gesamten Länge senkrecht von einem feinen Riss durchzogen wurde. Die beiden standen vor der Burgruine und sinnierten, wann die nächste Renovierung des alten Gemäuers fällig war.[271]

Den Abend verbrachte die Familie im Hause Wienholt. Lisbeth hatte sich mit ihrer Schwägerin Sarah in die kleinere der beiden Stuben zurückgezogen. Dort erzählte sie ihr von dem unangenehmen Leiden, das sie seit einiger Zeit plagte. Ihr Gynäkologe hatte eine Gebärmuttersenkung diagnostiziert und diese mit ihren Schwangerschaften in Verbindung gebracht. Aber ihre Schwägerin konnte ihr keinen Rat geben. Sarah hatte mittlerweile elf Kinder zur Welt gebracht, ohne dass es ihr gesundheitlich geschadet hätte. Wenn es keine andere Therapie gibt, keine

---

[271] Chmella, Benno: Die Sanierung der Desenbergruine. In: Jahrbuch Kreis Höxter. 1991, S. 24.

Hausmittelchen oder dergleichen, dann musste sich Lisbeth wohl operieren lassen, so wie der Arzt es ihr in Aussicht gestellt hatte.

Am 03.12.1940 wurde Heinz einberufen. Er kam zur Fliegerabwehr-Ersatz-Kompanie 59, die in Kassel stationiert war. Heinz konnte also, wenn er Ausgang hatte, seine Familie besuchen. Soweit so gut. Nach drei Wochen Dienst aber erkrankte er und wurde am 30.12.1940 in das Heeresstandortlazarett Kassel eingewiesen. Von dort aus schreibt er seinen Eltern:

„Ihr Lieben. Man hat mich also doch in das Lazarett verfrachtet. Es wird wohl besser so sein. Ich hoffe zu Neujahr Euch besuchen zu können. Herzl. Grüße Euer Heinz."

Woran Heinz gelitten hat, lässt sich nicht mehr feststellen. Er hatte offenbar das Gröbste bereits hinter sich, blieb aber noch zwei Monate im Lazarett.

Es war Krieg, Lisbeth musste sich operieren lassen und Heinz lag im Lazarett. Es scheint so, als spulten sich die Ereignisse mit einer eigenen Dynamik ab, ohne Chance dem Desaster zu entkommen.

Grenzen des Denkbaren und die Realität des Krieges

Prägen Landschaften Menschen? Wahrscheinlich tun sie es. Die Felder und Wiesen rund um Daseburg erstrecken sich über eine so weite Fläche, dass man die entfernten Hügelketten am Horizont kaum als Begrenzung des Blicks wahrnimmt. Und inmitten der endlosen Felder befindet sich ein kleiner Berg mit einer Burgruine, der aussieht wie ein grüner Holzkegel, den eine gigantische Hand aus einem Baukasten gezogen und fast willkürlich in die Ackerlandschaft gesetzt hat. Jedes Kind aus Daseburg wird irgendwann mal oben auf dem Desenberg gestanden und in die Weite geschaut haben, ahnend, dass die Welt hinter den entfernten Hügeln viel mehr bereithält, als man mit dem bloßen Auge erblicken kann. Wenn dieses Kind phantasiebegabt gewesen ist, dann wird es seine Zukunft weit jenseits des Horizontes gesehen haben, in fernen Ländern und hinter riesigen Ozeanen.

Für einen frommen Bauernjungen aus Daseburg war eine solche Phantasie mit etwas Glück, Fähigkeiten und deren Förderung keineswegs unrealistisch. Heinrichs Cousin Augustin gehörte zu den Glücklichen, deren Begabung während der Schulzeit in Daseburg entdeckt und gefördert wurde. Er studierte Theologie und wurde Missionar der Steyler Mission. Wir kennen ihn bereits als Briefautor: Als Theologiestudent in St.

Augustin beobachtete er die Aufzüge der Freischärler und Neudeutschen in das Kloster St. Augustin. Seine Eindrücke hatte er im Brief an seine Schwester wiedergegeben. Mittlerweile war er zum Priester geweiht, spielte mehrere Instrumente, war Naturliebhaber und Hobbyornithologe. Dass er ein sozialer Aufsteiger war und sich weit aus dem ländlichen Milieu seiner Herkunftsfamilie hinausentwickelt hatte, wusste er. Im oben erwähnten Brief an seine Schwester schreibt er daher: *„Daß es mir gut geht, versteht sich von selbst. Ich wünschte, ihr hättet es alle so gut"* (15.11.1934). Ob ihn der Blick vom Desenberg inspiriert hat, sei dahingestellt. Wenn man sich aber seinen Lebensweg anschaut, dann scheint es fast so.

Im Jahr 1940 suchte dieser Cousin Heinrich in Kassel auf, und zwar kurz bevor er nach China aufbrach, um dort als Missionspriester zu arbeiten. Für seine Reise nach China fehlten ihm jetzt nur noch eine Kamera und jemand, der ihn in die Kunst des Fotografierens einwies. Also wandte er sich an Heinrich, von dem er wusste, dass er als Fotograf immer zur Stelle war, wenn es galt, eine Hochzeits- oder Kommunionsgesellschaft abzulichten. Heinrich hatte schon lange nichts mehr von Augustin gehört. Er kaufte ihm eine Kamera – keine Plattenkamera, sondern eine kleine Box. Das Geld für diese Anschaffung legte er aus. Der junge Mann, der dann vor der Tür des Müllerschen Hauses stand, trug die lange schwarze Soutane der Priester. Diese Bekleidung war aber das einzig Düstere an seiner Erscheinung. Augustin hatte helles dünnes Haar und unregelmäßige Gesichtszüge, aber strahlend blaue Augen, die voll Optimismus in die Zukunft blickten. 1940 befand sich China seit fast drei Jahren mit Japan im Krieg, und das war nur eines der Probleme, mit dem sich das riesige Land herumschlug. Augustin zeigte sich davon unbeeindruckt. Mit Gottes Hilfe würde schon alles gut gehen.

Nach einer kurzen Einführung in die Bedienung der kleinen Box zogen die beiden Männer mit ihren Kameras los in Richtung Bergpark Wilhelmshöhe. In der Nähe des Schlosses Wilhelmshöhe liegt ein kleiner See direkt am Wald. Die Singvögel verhielten sich dort sehr zutraulich, weil sie häufig von den Spaziergängern gefüttert wurden. Im Nachlass existiert ein Foto von Augustin, auf dessen Hand eine Kohlmeise gelandet war, angelockt von dem Stück Brot zwischen Augustins Fingern (Abb. 19). Dieses Foto könnte Heinrich während des gemeinsamen Ausflugs mit Augustins Kamera aufgenommen haben. Der Besuch von Augustin kurz vor seiner Chinareise im Jahr 1940 blieb im Müllerschen Familiengedächtnis erhalten und wurde weitererzählt.

Das katholische Milieu brachte etliche Missionare hervor. Diese Missionare erweiterten ihren geistigen Horizont durch ihre Ausbildung und ihre Reisen beträchtlich. Die Briefe der Missionspriester an ihre Verwandten in den katholischen Dörfern gewährten auch diesen einen Blick über den Tellerrand. Der Katholizismus hatte tatsächlich etwas Internationales. Der oberste Hirte der Katholiken, der Papst, lebte in Rom und der ein oder andere Verwandte missionierte auf einem fernen Kontinent. Augustin war nicht der einzige Missionar in Heinrichs Verwandtschaft: Heinrichs Cousin Pater Heinrich Stoppelkamp arbeitete als Missionar in Namibia. Er stammte aus Letmathe in Westfalen, wo Heinrich vor langer Zeit als Maurer tätig war.

Im Nachlass ist eine undatierte Ansichtskarte überliefert worden, die auf ihrer Bildseite ein altes Foto von Namibias Hauptstadt Windhoek zeigt. Auf der Rückseite schreibt Pater Heinrich Stoppelkamp an Heinrich:

„L[ieber] Vetter! Einen schönen Gruß aus Afrika. Schreibe Dir erst mal eine Karte, will mal sehen, ob sie richtig ankommt. Später dann einen Brief. Nochmals herzlichen Gruß auch an Frau u. Kinder, Dein Vetter P[ater]. H. Stoppelkamp."

Pater Heinrich Stoppelkamp war Generalvikar in Windhoek und nach den Angaben seiner Großnichte ein faszinierender Mensch mit einer starken Ausstrahlung. Er beherrschte vier bis fünf indigene Sprachen. Zu seinen schwersten Aufgaben gehörte es, den zum Tode Verurteilten die Beichte abzunehmen. Wenn er dabei feststellte, dass jemand unschuldig verurteilt war, aß er den ganzen Tag nichts mehr und betete, so erzählte es mir seine Großnichte. Er war bei der einheimischen Bevölkerung sehr beliebt. Leider ist der Brief von Pater Heinrich Stoppelkamp, den er auf der Ansichtskarte ankündigte, im Nachlass nicht überliefert worden.

Der Neffe von Pater Stoppelkamp, Pater Heinz Henning, folgte seinem Onkel später ebenfalls als Missionar nach Namibia. Nachweislich haben Heinrich und Pater Henning miteinander korrespondiert. Heinrich erwähnt diese Korrespondenz in seinem Taschenkalender von 1943. Aber auch diese Briefe wurden nicht überliefert.

Pater August Müller, genannt Augustin, verbrachte einen Tag in Kassel zusammen mit Heinrich und Lisbeth, neugierig beobachtet von Erik. Dann brach er auf, zufrieden mit seiner neuen Kamera und in der Lage sie zu bedienen. Während Augustin noch im selben Jahr über Russland nach China reiste, blieben Heinrich und Lisbeth zurück in Deutschland, wo es im Sommer 1940 nach wie vor sicherer war als im damaligen China. Aber auch Deutschland führte Krieg und für Heinrich stand fest: Hitler war ein Verbrecher, der den Krieg, den er angefangen hatte, verlieren würde.

Heinrich war klug, daran kann kein Zweifel bestehen; aber auch er war in seiner Zeit verortet hinsichtlich der Vorstellungen, die er hatte. Dass den Menschen damals, zumal im katholischen Milieu, andere Gedanken durch den Kopf gingen als uns heute, kann man sich in etwa vorstellen. Wie weit allerdings die Unterschiede reichen, ist bei näherer Betrachtung doch verblüffend. Es sei erlaubt, die Chronologie der Erzählung zu verlassen für einen Rückblick auf die Jahre 1918 und 1919.

Erinnern wir uns an die lange Verlobungszeit von Heinrich und Lisbeth. Heinrich pendelte jedes Wochenende zwischen Kassel und Daseburg, und er sah es gern, wenn Lisbeth ihn jeden Montagmorgen in der Dämmerung von Daseburg nach Warburg oder nach Haueda brachte. D. h. die junge Frau war eine lange Strecke allein zu Fuß unterwegs, mit schöner Regelmäßigkeit, sodass ein Krimineller, und solche gab es zu allen Zeiten, sich sehr leicht darauf hätte einstellen können. Lisbeths Brüder waren nicht bereit, ihre Schwester mit der Kutsche abzuholen, weil die Pferde in erster Linie für die Landarbeit gebraucht wurden.

Am 08.09.1918 verbrachten Heinrich und Lisbeth die späten Abendstunden in Haueda. Diese Geschichte kennen wir bereits.[272] Zur Erinnerung: Heinrich fuhr mit dem Nachtzug nach Kassel, seine Verlobte schickte er mitten in der Nacht von Haueda nach Daseburg, selbstverständlich unbegleitet. Das einzig Besorgniserregende, was ihm auffiel, war, dass sich das Wetter geändert hatte und Lisbeth im Regen zurücklaufen musste. Warum brachte er sie in eine Situation, die nach unserer Einschätzung gefährlich war?

Heinrich liebte seine Lisbeth und die Brüder von Lisbeth mochten ihre Schwester, die sie während des Krieges so fürsorglich von Daseburg aus versorgt hatte. An der Sympathie der Männer kann kein Zweifel bestehen. Ihr Verhalten ergibt nur dann einen Sinn, wenn man davon ausgeht, dass sie sich einen Übergriff auf die junge Frau, gar eine Vergewaltigung nicht vorstellen konnten.

Aber solche Verbrechen geschahen im Umfeld von Daseburg, allerdings, wie die Dorfchronik berichtet, eine Generation später. Eine der Enkeltöchter Emilias, ein junges Mädchen von 16 Jahren, wurde am 12. März 1952 in Warburg von einem etwa gleichaltrigen Jungen ermordet, nachdem sie sich gegen seine unsittlichen Avancen gewehrt hatte. Der Dorfchronist von Daseburg erklärte diese Tat u. a. mit der mangelnden Religiosität des jungen Mörders.

Wie dem auch sei. Als Heinrich seine Lisbeth im Spätsommer 1918 allein durch die Nacht schickte, lebten direkt im Dorf ca. 1200 Katholiken

---

[272] Vgl. Kapitel „Zeit des Umbruchs".

und eine jüdische Familie in ihrer eigenen, sicher etwas begrenzten Welt: Informationen bezog man durch die Zeitung, den Ausrufer und durch Nachbarschaftsgespräche. Es gab kein Radio, kein Fernsehen und kein Internet. Ein bis zwei Mal in der Woche predigte der Pfarrer von Gottes Güte, aber auch von Hölle, ewiger Verdammnis und den Qualen der gescheiterten Seelen. Wie in der Dorfchronik beschrieben, hatte manche Frau Angst, wenn sie zum Dorffriedhof ging, denn dort spukte angeblich ein Gespenst in der Gestalt eines Mannes ohne Kopf. Es ist für uns schwer nachvollziehbar, aber die Phantasie der damaligen Menschen war mit anderen Inhalten gefüllt als die unsrige. Heinrich ließ seine Verlobte, und Lisbeths Brüder ließen ihre Schwester lange Strecken allein durch die Nacht gehen, weil für sie ein Überfall oder eine Vergewaltigung als reale Gefahr nicht im Bereich des Denkbaren waren. Diese Erkenntnis sollte man im Hinterkopf behalten, um Heinrichs und Lisbeths Sorglosigkeit angesichts der Fliegerangriffe im Jahr 1941 zu verstehen.

Zu Beginn des Jahres 1941 war Heinz im Lazarett und Lisbeth hatte sich auf Anraten ihres Gynäkologen für eine Operation entschieden. Was blieb ihr anderes übrig. Die Gebärmuttersenkung war lästig und der Rat ihres Arztes nach dem damaligen Stand der Medizin gerechtfertigt. Lisbeth begab sich am 25.02.1941 in das Elisabethkrankenhaus in Kassel und blieb dort bis zum 17.03.41. Zwar hatte sie diese Operation gut überstanden, sie war aber für Monate gehandicapt. Im Krankenhaus hatte man ihr eingeschärft, dass sie für einen Zeitraum von mindestens einem halben Jahr nicht schwer heben dürfte; überhaupt sollte sie sich in Zukunft schonen.

Ein Tag bevor Lisbeth das Krankenhaus aufgesucht hatte, war ihr Sohn Heinz aus dem Lazarett entlassen worden und als kriegsverwendungsfähig zu seiner Truppe zurückgekehrt. Ab dem 16.05.1941 diente Heinz in der 2. Kompanie des Fliegerabwehr-Bataillons 615. Seine Eltern erhielten von ihm zwei Ansichtskarten aus der Region rund um den Chiemsee. Heinz berichtet über herrliche Tage in einer phantastischen Landschaft, die im Kontrast zu der Schinderei beim Wehrdienst standen. Aber Heinz beklagte sich nicht. Es war nicht seine Art sich zu beklagen, vor allem im Hinblick auf die angeschlagene Lisbeth. Auch wird sich Heinz am damaligen Idealbild der hart gesottenen Männlichkeit orientiert haben, trotz aller katholischen Frömmigkeit. Am 10.06.1941 schreibt er seinen Eltern:

„Heute habe ich wieder Telefonwache und mithin Zeit zum Schreiben. Da mir die Schreibmaschine zur Verfügung steht, benutze ich diese. Gestern bin ich Spießputzer geworden. Der alte Putzer vom Hauptfeldwebel war mein Bettkamerad und ist leider für einige Zeit von hier weggekommen. Da mußte ich sein Erbe antreten. Das bedeutet natürlich noch weniger

Freizeit als bisher. Die Besorgnis, die Ihr um die Päckchen hattet, war überflüssig. Mit den Päckchen dauert es eben seine Zeit. Das muß hingenommen werden. Der Dienst ist immer noch schwer und oft allzu lang. Heute bin ich wieder um 3 Uhr aufgestanden. Und das zwei Mal in der Woche. Sonst geht es um 5 Uhr. Beim Dienst müssen wir manchen Liter Schweiß lassen. Manch einem war das schon zu viel und er krachte zusammen. Ich muß mich immer wieder wundern wie gut ich diese körperlichen Strapazen überstehe. Zusammengekracht bin ich ja mein Leben lang noch nicht."

Lisbeth verschickte, einer alten Gewohnheit folgend, Lebensmittelpakete, die zumindest äußerlich etwas lädiert bei Heinz ankamen. Am 13.06.1941 bedankt er sich für das letzte Paket und erwähnt bei dieser Gelegenheit auch dessen Inhalt. Es handelte sich um einen „Pfingstkuchen", den Lisbeth wahrscheinlich selbst gebacken hatte.

Das nächste Paket, das zwischen Mutter und Sohn verschickt wurde, kam von Heinz, und zwar aus Frankreich. Heinrich und Lisbeth wussten, dass die Truppe, in der Heinz diente, an die Front verlegt worden war. Da die Soldaten angewiesen waren, ihren Bestimmungsort niemanden bekannt zu geben, wussten die Eltern nicht, wo ihr Ältester jetzt diente. Das Päckchen, das sie von Heinz erhielten, verfügte über keinen Absender, aber es enthielt ein Kästchen, in dem sich der Hinweis auf seinen Aufenthaltsort befand. Als Lisbeth das Kästchen öffnete, blickte sie auf eine Muschel und ein Stück Kork. Meer und Korkeichen gab es am Golf von Biskaya. Heinz war also am Golf von Biskaya. „Haben deine Eltern diese Botschaft verstanden?" fragte ich Erik. „Ja, das wurde verstanden", antwortete er mir.

Kurt war drei Jahre jünger als Heinz, aber er war mittlerweile auch im Besitz eines Wehrpasses. Kurt wohnte seit kurzem in Idstein im Taunus, wo er mit der Ausbildung an der dortigen Staatsbauschule, Fachschule für Hoch- und Tiefbau begonnen hatte. Ebenso wie sein Vater wollte sich Kurt auf Tiefbau spezialisieren, musste sich aber zunächst ein Grundwissen im Bereich Hochbau aneignen. Er zeichnete ein kleines Jagdhaus mit Grundriss, Quer- und Längsschnitt und Balkenlage. Viele große Papierbögen füllten auch die Zeichnungen von Mauerverbänden und Zimmereiarbeiten. Ebenfalls eingeplant war „Freizeichnen". Zu diesem Zweck ging die Klasse auf den Friedhof und zeichnete Grabsteine aus dem 17. Jahrhundert, die mit einer kunstvollen Inschrift versehen waren. Vielleicht hat sich Kurt dieses Motiv auch selbst ausgesucht, weil es einfach zu zeichnen war. Heinrichs und Lisbeths Zweitgeborener war weder melancholisch noch ängstlich veranlagt. Die Grabsteine wird er wohl nicht mit Hitlers Eroberungszügen verbunden haben. Ihm musste aber bewusst sein, dass der Krieg den Abschluss seiner Ausbildung verhindern würde. Und die Front, an der er zukünftig kämpfen musste, konnte mittlerweile sowohl im Westen als auch im Osten liegen.

Ab dem 22.06.1941 richtete sich Hitler mit drei Heeresgruppen gegen die Sowjetunion und zwar im Blitzkrieg, ohne Kriegserklärung. Bei dieser Offensive wurden im Juli 1941 Riga eingenommen und im August Reval. In den besetzten Gebieten trafen die Deutschen meist auf Eisenbahnschienen, die eine größere Spurweite als in Deutschland aufwiesen.[273] D. h., die Schienen, die 9 cm breiter lagen als die deutsche „Normalspur", mussten größtenteils umgespurt werden. Für eine funktionierende Güter- und Personenbeförderung war es auch notwendig, die zerstörten oder maroden Eisenbahnbrücken zu ersetzen bzw. auszubessern. Die Eisenbahntechniker für den besetzten Osten wurden den Reichsbahndirektionen entnommen, auch der RBD Kassel. Am 05.07.1941 erhielt Heinrich von seiner Dienststelle eine Hiobsbotschaft, verfasst von einem Herrn H.:

„Sehr geehrter Herr Müller! Ich muß eine sehr unliebsame Pflicht erfüllen und Ihnen mitteilen, daß Sie von der R.B.D. [Reichsbahndirektion] zur besonderen Verwendung für den Osten (im Verwaltungsdienst) bereit gestellt sind. Dez.[ernat] 48 und ich haben uns sehr dagegen gewehrt, sogar Dez. 64 haben wir noch zur Unterstützung genommen, aber es hat nichts genützt.

Die Direktion hat nach dem Arbeitsverteilungsplan Sie ausgesucht, weil ein im Eisenhochbau tätiger Beamter verlangt wird. Die bereit gestellten Beamten sollten heute schon marschbereit sein. Ich schreibe Ihnen diese unangenehmen Zeilen schon heute mehr persönlich, damit Sie über Sonntag noch familiäre Angelegenheiten regeln können. Montag müssen Sie eingekleidet und geimpft werden.

Es tut mir wirklich leid, Ihnen dies mitteilen zu müssen."

Heinrich und Lisbeth waren zutiefst unglücklich über diesen Brief. Heinrich setzte alle Hebel in Bewegung, um der Abordnung in die besetzten Ostgebiete zu entgehen, und dies zunächst sogar mit Erfolg. Den Sommer und Spätsommer 1941 durfte er noch in Kassel verbringen, wobei der Aufenthalt in einer Stadt mit Kriegsindustrie in dieser Zeit kein Vergnügen war.

Der Bombenkrieg hatte in Kassel in der Nacht vom 21. zum 22.06.1940 begonnen mit der Bombardierung des Flughafens Waldau. Dass die Schäden unerheblich waren, wird Kurt gefreut haben, weil er dort während

---

[273] Piekalkiewicz, Janusz: Die Deutsche Reichsbahn im Zweiten Weltkrieg. 1939 bis 1945. Stuttgart 2018, S. 32f.

seiner Lehrlingszeit als Maurer gearbeitet hatte. Bei vier weiteren Luftangriffen im Jahr 1940, vor allem auf das Industriegebiet in Kassel-Bettenhausen, hatte es die ersten Todesopfer gegeben. Wie wir wissen, hatten die Nationalsozialisten die Bevölkerung lange vor Ausbruch des 2. Weltkriegs auf Luftangriffe vorbereitet. Im Falle eines Angriffs mussten die Fenster im Haus verdunkelt werden, um den Bombern kein sichtbares Ziel zu bieten. Die Hausbewohner mussten sich nach dem Sirenenalarm in ihren Keller zurückziehen, der als Luftschutzkeller mit dem Notwendigsten auszurüsten war. Dazu gehörten neben einigen Möbeln auch Gasmasken, Wasserpumpen und diverse Eimer mit Wasser und Sand. Wegen der Feuergefahr durch die Brandbomben sollten es die Hausbewohner vermeiden, Wäsche auf dem Dachboden zu trocknen, weil diese leicht entzündbar war. Insbesondere durften Fluchtwege nicht versperrt werden, z. B. durch Fenstergitter oder eine aufwändig verriegelte Tür. Über die Einhaltung dieser Vorsichtsmaßnahmen wachte der für den Wohnblock zuständige Luftschutzwart.

Die beiden Luftschutzkeller des Doppelhauses Müller/Endrich befanden sich direkt an der Brandschutzmauer. Diese war mit dichten Fugen gemauert, sodass Qualm und Feuer aus der benachbarten Haushälfte nicht eindringen konnten. Dabei war sie aber so dünn, dass man sie leicht einschlagen konnte, wenn der Weg zur eigenen Haustür durch ein Feuer versperrt war.

Die ersten Bombenangriffe lösten bei der Bevölkerung Kassels weniger Panik als Erstaunen aus. Die wenigen Treffer wurden neugierig begutachtet. Den unbequemen Luftschutzkeller suchte man eher nicht auf, weil der Staat den berufstätigen Bürgern nach einer strapaziösen Nacht im Keller keine Erholung gewährte. Auch Heinrich und Lisbeth blieben während der ersten Luftangriffe in ihrer Wohnung. Selbstverständlich war ihnen bekannt, dass Kassel über eine umfangreiche Kriegsindustrie verfügte und sie wussten, dass auch die nahe gelegenen Kasernen ein mögliches Ziel der Bomber waren. Trotzdem blieben sie in ihrer Wohnung, mochten die Sirenen auch heulen.

Heinrich und Lisbeth waren im Verhältnis zu manchen Zeitgenossen, die nur Goebbels Propaganda kannten, relativ gut informiert. Nach einem Angriff der Royal Air Force auf Berlin ließ Hitler im September 1940 britische Städte bombardieren, allen voran London.[274] Es ist nahezu unwahrscheinlich, dass Heinrich und Lisbeth davon nicht erfuhren. Nachdem die katholische Tageszeitung „Hessischer Kurier" verboten worden war, bezog Heinrich einen Teil seiner Informationen aus Goebbels gleich-

---

[274] Roberts, Andrew: Feuersturm. Eine Geschichte des Zweiten Weltkriegs. München 2019. S. 144ff.

geschalteter Presse. Hierzu gehörte die Tageszeitung „Kasseler Neueste Nachrichten". Ihr entnahm er zwei Artikel zum deutschen Mietrecht, schnitt sie aus und hob sie auf. Da ihm die mit Propagandaphrasen versehenen Kriegsberichte der deutschen Presse nicht genügten, ergänzte er deren Informationen mit deutschsprachigen Beiträgen ausländischer Radiosender. Die wichtigste Rolle spielte „Der Deutsche Dienst" der BBC, der über die Schäden in britischen Städten nüchtern berichtete.[275]

Obwohl Heinrich bemüht war, Informationen jenseits deutscher Medien zu beziehen, blieben seine Vorstellungen über die Zerstörungskraft eines Luftkrieges vage, denn er und Lisbeth hatten bisher noch keinen Luftangriff miterleben müssen. Heinrich und Lisbeth waren Zeitzeugen des 1. Weltkriegs. Für sie bedeutete Krieg das Gemetzel an einer weit entfernten Front im Kugelregen des Bewegungskrieges oder im Schützengraben. Angst hatten sie daher um Heinz und Kurt, nicht um sich selbst. Wenn die Sirene heulte, dann war das allenfalls eine üble Geräuschbelästigung. Die Vorstellung von zerstörten Häusern und verkohlten Leichen löste das Sirenengeheul nicht aus. Das eingangs angesprochene begrenzte Vorstellungsvermögen – hier wird es noch einmal offensichtlich. Sehr bald aber bekamen Heinrich und Lisbeth ein sehr genaues Wissen von dem, was Luftkrieg bedeutet.

Der erste Großangriff auf Kassel erfolgte im Jahr 1941 in der Nacht vom 08. auf den 09.09. Zwischen 23:31 und 03:00 Uhr fielen 270 Sprengbomben und mehr als 6000 Brandbomben auf Geschäfts- und Wohngebiete, vor allem in der Innenstadt. Betroffen waren auch der Hauptbahnhof und beim Friedrichsplatz die Landesbibliothek und das Rote Palais.[276] In dieser Nacht wurde Erik von einer gewaltigen Detonation geweckt. Ein mehrgeschossiges Haus, nur etwa 50m Luftlinie entfernt vom Doppelhaus Müller/Endrich, war von einer Sprengbombe getroffen worden. Die Wucht der Explosion ließ einige Fensterscheiben im Haus Müller bersten. Erik geriet in Panik und auch seine Eltern waren in höchstem Maße alarmiert.

Während Lisbeth Erik beruhigte und Heinrich die Scherben aufkehrte, entwickelte sich im benachbarten Haus Endrich ein heftiger Wortwechsel zwischen Mathias Endrich und seiner Mutter Frederike. Mathias Endrich gehörte damals zu den Meldern, die von der Fliegerabwehr eingesetzt worden waren. Seine Aufgabe war es, bei einem Bombentreffer den zuständigen Arzt des Viertels zu benachrichtigen. Frederike Endrich wollte ihren Sohn nicht gehen lassen. Mathias setzte sich jedoch durch. Stolz,

---

[275] Brinitzer, Carl: Hier spricht London. Von einem der dabei war. Hamburg 1969, S. 221.
[276] Dettmar, Werner: Die Zerstörung Kassels im Oktober 1943. Eine Dokumentation. Fuldabrück 1983, S. 71f.

in dieser gefährlichen Nacht eine Aufgabe zu haben, radelte er zum Arzt. Doch der Arzt hatte Angst, sein Haus zu verlassen. Ob die Verletzten noch in dieser Nacht medizinisch betreut wurden, ist nicht überliefert, sicher ist aber, dass in dem getroffenen Haus sieben Menschen starben: im Dachgeschoss und im ersten Obergeschoss jeweils drei Personen, im Erdgeschoss starb eine Frau. Keiner der Hausbewohner hatte auf den Bombenalarm reagiert. Alle waren in ihren Wohnungen geblieben.

Ein zehnjähriger Junge, wir nennen ihn hier Moritz W., gehörte zu den Überlebenden. Erik erinnert sich daran, wie es in dieser Nacht klingelte und Moritz W. mit seinem Schäferhund vor der Tür stand. Da die Familien aus dem Erdgeschoss und dem Dachgeschoss des zerstörten Hauses eng miteinander verwandt waren, hatte der Junge in dieser Nacht seine Großeltern, seine Tante und seine Mutter verloren. Der Junge war mit seinem Hund durch die Dunkelheit gegangen und hatte gehofft, irgendwo aufgenommen zu werden. Heinrich, Lisbeth und Erik verbrachten den Rest der Nacht im Keller zusammen mit Moritz W. und dessen Schäferhund. In welcher trostlosen Stimmung die kleine Gruppe im Keller saß, mag man sich nicht vorstellen. Lisbeth kümmerte sich um den verängstigten Erik und ein verzweifeltes Kind aus der Nachbarschaft.

Mathias Endrich wurde später eingeschärft, über die Vorgänge in dieser Nacht Schweigen zu bewahren. Die Missachtung des Bombenalarms nicht nur durch die Bewohner des getroffenen Hauses, sondern des ganzen Viertels sollte sich nicht herumsprechen. Die „Kasseler Neuesten Nachrichten" berichteten zunächst über 15 Todesopfer. Einen Tag später wurde eine Liste mit 19 Todesopfern veröffentlicht. Auf ihr standen auch die 7 Verstorbenen aus der Nachbarschaft. Seit diesem Erlebnis suchten Heinrich und Lisbeth mit Erik grundsätzlich den Keller auf, wenn die Sirenen heulten. Dass Heinrich dann am nächsten Tag übernächtigt vor seinem Schreibtisch in der Reichsbahndirektion saß, war eben nicht zu ändern.

Einige Tage nach dem Bombenangriff, am 12.09.1941, schrieb Heinrich einen Brief an die Reichsbahndirektion Kassel. Seine Abordnung an die Ostfront war aufgeschoben, aber nicht rückgängig gemacht worden. Als neuen Termin für die Abreise nannte die Dienststelle nun den 19.09.1941. In seinem Brief führt Heinrich eine Fülle von Argumenten an, weswegen er Kassel im Moment unmöglich verlassen könne. Vor allem verweist er auf die angeschlagene Gesundheit von Lisbeth und die psychischen Belastungen, die sie ertragen musste:

„Dazu kommt die Sorge um den ältesten Sohn, der an der Front ist und auch für den zweitältesten, der zum Jahrgang 1923 gehört, im Besitz seines Wehrpasses ist und wahrscheinlich in diesem Monat noch eingezogen

wird. *Besonders niederdrückend wirkt es jetzt auf sie [Lisbeth], daß auch ich sie verlassen muß und sie dann mit dem dritten 7 Jahre [277] alten Sohn allein den Luftangriffen ausgesetzt ist. Diese wirkten sich vom 8. zum 9./9. für mein Haus in der Nähe der Kasernen am [...] durch eine Sprengbombe besonders stark aus. 50 m von meinem Haus entfernt wurden in einem Haus 7 Menschen getötet. In meinem Hause selbst sind etwa 2,0 m² Fensterscheiben zerstört und andere leichtere Schäden entstanden. Diese Schreckensnacht mit ihren Folgen hat sich für den Gesundheitszustand meiner Frau besonders ungünstig ausgewirkt."*

Neben dem Gesundheitszustand von Lisbeth führt Heinrich auch seine eigene körperliche Schwäche an: *„Auch müsste man mir einen Arbeitsplatz zuweisen, an dem ich keine Waffe benötige, denn ich wurde 1917 nach fast 5-jähriger Dienstzeit bei der Infanterie, in den letzten Jahren als Unteroffizier, als d.u.[dienstuntauglich] entlassen, weil ich mit der gelähmten rechten Hand nicht mehr schießen konnte; das kann ich auch heute noch nicht."*

Sein Schreiben erzielte nicht die erhoffte Wirkung. Im Oktober 1941 waren über 70.000 Eisenbahner in die besetzten Ostgebiete abgeordnet worden. Ganze Züge mit uniformierten Reichsbahnern rollten in Richtung Ostfront.[278] Diese Feldeisenbahner, je nach Bestimmung in grauer oder blauer Uniform, trugen ein Gewehr bei sich, so auch Heinrich, als er am 19.09.1941 in den Dienstzug stieg. Die erzwungene Reise führte ihn nach Reval, dem heutigen Tallin in Estland. Er war für den Bereich Brückenbau eingeteilt. Dass er wegen seiner Kriegsbehinderung nicht schießen konnte, schien von untergeordneter Bedeutung gewesen zu sein.

Es ist aber doch bizarr: Heinrich, der den 1. Weltkrieg als „Tollerei" bezeichnet hatte und Adolf Hitler einen „Verbrecher" nannte, fuhr uniformiert und bewaffnet in das besetzte Baltikum. Nun war es damals nicht üblich und auch nicht ungefährlich öffentlich zu protestieren. Als Staatsdiener blieb ihm aber der Amtsweg und diesen nutzte er, wie wir sehen werden, ausgiebig.

---

[277] Erik war damals 6 Jahre alt, aber er würde 7 Jahre alt sein während der Abwesenheit seines Vaters. Das ist wohl gemeint.
[278] Gottwaldt, Alfred B.: Deutsche Eisenbahnen im Zweiten Weltkrieg. Rüstung, Krieg und Eisenbahn (1939-1945). Stuttgart 1983, S. 57.

Briefe von Kassel nach Reval und von Greifswald nach Kassel

Heinrich fuhr über Berlin nach Reval. Lisbeth blieb in Kassel. Die Briefe, die sich beide in der Folgezeit schrieben, kreisten um ein einziges Thema: Heinrichs Rückbeorderung nach Kassel; auf Heinrichs neue Arbeitsstelle in Estland nehmen die Briefe kaum Bezug. Bis zu einem gewissen Grad lässt sich Heinrichs neues Betätigungsfeld aber rekonstruieren. Überliefert wurden aus dieser Zeit einige Fotos, ein Bilderprospekt von Reval und amtliche Dokumente, darunter eine für Heinrich ausgestellte Fahrerlaubnis. In diesem Schriftstück heißt es:

„*Der Techn. Reichsbahnoberinspektor Müller Heinrich ist zum Sachverständigen für Brücken der Eisenbahn-Betriebsdirektion 1 Reval bestellt worden. Zu seinem Dienstbereich gehören die Strecken des estnischen Raumes sowie die Strecken Pleskau–Dno und Pleskau–Luga. TROI [Techn. Reichsb.Oberinsp.] Müller ist berechtigt, auf seinen Dienstreisen sämtliche Plan-, Sonder- und Wehrmachtzüge sowie einzeln fahrende Lokomotiven und Draisinen zu benutzen. Eisenbahn-Betriebsdirektion 1 Reval, Betriebsamt Reval.*"

Heinrich gehörte also zu den Eisenbahnern, die für die Brücken in Estland und im Gebiet Pleskau im Westen Russlands zuständig waren. Sein zukünftiger Wirkungsbereich lag im nordöstlichsten Bereich des von Nazideutschland besetzten Gebietes und befand sich damit relativ nahe an der Front. Die übergeordnete Dienststelle war die Haupteisenbahndirektion Nord in Riga (Lettland). Zwar befand sich die Eisenbahn-Betriebsdirektion 1 Reval noch im Aufbau, doch verfügte Heinrich bereits über einen festen Büroplatz in Reval. Als Arbeitsplatz diente den Eisenbahnern in den besetzten Gebieten aber auch ein zum Büro umfunktionierter Eisenbahnwaggon. Einen solchen Waggon könnte Heinrich auf seinen langen Anfahrtswegen zu den Baustellen genutzt haben (Abb. 20).

Heinrichs Einsatzbereich wird sich sicher nicht nur auf die Instandsetzung maroder Brücken beschränkt haben. Die blau uniformierten Eisenbahner, zu denen Heinrich gehörte, unterstanden bis Anfang Januar 1942 der Wehrmacht, waren mit einem Gewehr ausgerüstet und sollten die Eisenbahnanlagen im Notfall auch gegen Angriffe, z. B. durch Partisanen, schützen.[279]

Allerdings war es für einen Vorgesetzten kaum sinnvoll, einen kriegsverletzten Mann wie Heinrich für einen solchen Notfall einzuplanen. Heinrich war nicht mehr in der Lage zu schießen und, wie wir wissen,

---

[279] Piekalkiewicz, Janusz: Die Deutsche Reichsbahn im Zweiten Weltkrieg. 1939 bis 1945. Stuttgart 2018, S. 46, 108.

ließ er keine Gelegenheit aus, um dies klarzustellen. Die klirrende Kälte im Winter 1941/42 – im besetzten Osten bis zu minus 30 Grad C. – stellte aber an Lokomotiven wie auch an das Eisenbahnpersonal hohe Anforderungen, und so wird auch Heinrich da eingesetzt worden sein wo Not am Mann war.

Der eiskalte Winter brachte den überforderten Eisenbahnern eine Urlaubssperre, und zwar vom 15.12.1941 bis zum 07.03.1942.[280] Diese Urlaubssperre war für Heinrich ein Desaster. Er hatte erst vor zwei Wochen, am 28.11., von Lisbeth einen Brief erhalten, in dem sie über Dauerschmerzen klagte. Jetzt, wo Heinrich ihr nicht mehr die schweren Arbeiten im Haushalt abnahm, hatte sie sich überhoben. Wegen der zunehmenden Beschwerden hätte ihr Gynäkologe für eine zweite Operation plädiert, so schrieb sie ihrem Mann.

Heinrich schickte am ersten Tag der Urlaubssperre, also am 15. Dezember 1941, einen Brief an die Eisenbahnbetriebsdirektion Reval mit der dringenden Bitte, ihm einen Weihnachtsurlaub zu gewähren. Er könne im Moment seine gesundheitlich leidende Frau über Weihnachten unmöglich allein lassen. Lisbeths Krankheit war der Hauptgrund für seine Bitte. Aber da gab es noch etwas, das ihn permanent quälte, und das war die Angst um seine erwachsenen Söhne. Heinrich zeigt in seinen amtlichen Schreiben eine sehr direkte, unumwundene Art im Umgang mit seinen Vorgesetzten. Auch seine private Befindlichkeit fand Eingang in diese Schreiben. Dass er Sorge um Heinz und Kurt hatte, äußerte er auch im Brief vom 15.12.1941 deutlich:

„Von meinen 3 Söhnen ist der älteste vor kurzem als Fronturlauber zurückgekehrt, ohne daß ich ihn wiedersehen konnte. Der zweitälteste Sohn ist auch schon im Besitz eines Wehrpasses und erhält zu Weihnachten Heimesurlaub [Heimaturlaub]. Mir ist sehr daran gelegen, wenigstens diesen 2. Sohn noch mal wiederzusehen, bevor er Soldat wird."

Bis November 1941 war die Wehrmacht von Sieg zu Sieg geeilt und hatte auf diese Weise, also in einem relativ kurzen Zeitraum, fast ganz Europa besetzt. Das von Nazideutschland eroberte Gebiet erstreckte sich von Griechenland bis zum Baltikum und von Frankreich bis in den Westen Russlands. Aber Heinrich glaubte nicht an Goebbels Propaganda, die Hitlers Endsieg bereits in Reichweite rückte. In diesem Krieg, der nach seiner Ansicht auf Dauer nicht zu gewinnen war, würden Heinz und Kurt

---

[280] Gottwaldt, Alfred B.: Deutsche Eisenbahnen im Zweiten Weltkrieg. Rüstung, Krieg und Eisenbahn (1939–1945). Stuttgart 1983, S. 57, Piekalkiewicz, Janusz, a.a.O., S. 73.

womöglich ihr Leben verlieren. Heinrich hatte den 1. Weltkrieg erlebt. Er wusste, was es bedeutet, als Soldat an der Front zu kämpfen.

Während Heinrich in Lettland auf einen Weihnachtsurlaub hoffte, absolvierte Heinz in Greifswald eine Ausbildung zum Offizier. Am Golf von Biskaya hatte Heinz es gut gehabt. Nun tat er das, was damals von einem angehenden Akademiker im Krieg erwartet wurde. Er bemühte sich um einen höheren militärischen Rang, der ihm mehr Verantwortung und einen höheren Lohn bescherte. Wie bereits erwähnt diente Heinz in einem Fliegerabwehr-Bataillon. Sein Ausbildungsziel war eine leitende Position innerhalb der Gruppe von Soldaten, die ein Fliegerabwehrgeschütz bedienten. Dazu gehörte nicht nur eine genaue Kenntnis dieser Kanone und ihrer Reichweite, sondern auch ein Wissen um den Einsatz dieser Waffe in einer bestimmten Gefechtssituation. Ein Flakgeschütz wurde nicht nur im Luftkrieg eingesetzt gegen Bomber, sondern auch als Waffe gegen am Boden befindliche Ziele, z. B. Panzer (Abb. 21a, 21b). Strategie war daher eines der Hauptfächer, das er und die anderen Kursteilnehmer in der Waffenschule absolvierten.

Heinz musste Weihnachten in der Kaserne in Greifswald verbringen, während sein Vater schließlich die Genehmigung erhalten hatte, trotz der Urlaubssperre nach Kassel zu reisen. Am 19.12.1941 schreibt Heinz von Greifswald aus nach Kassel:

„Liebe Eltern! Lieber Erik! Ich freue mich heute so nach Hause schreiben zu können. Gestern kam endlich die Nachricht, daß Vater nach Hause gekommen sei. Wie fühlst Du Dich zu Hause, lieber Vater? [...] Da sehe ich gerade, daß auch Kurt wieder daheim ist, wenn der Brief Euch erreicht. Nun, da seid ihr ja wieder alle beisammen. [...] Mein Namenstagspaket kam am 14. hier an. Ich habe mich sehr darüber gefreut. Es fehlt also jetzt nur noch das Weihnachtspaket, das du, liebe Mutter, anscheinend auch schon abgesandt hast."

Heinz hatte erfahren, dass seine Mutter noch einmal operiert werden musste. Ohne zu ahnen, welche Schwierigkeiten mit dieser zweiten Operation verbunden waren, ging er davon aus, dass Lisbeth demnächst im Krankenhaus liegen würde.

„Dir, liebe Mutter wünsche ich nun, daß Du die Operation gut überstehst und sie Dir nicht allzu viel Schmerzen bereitet, vor allem aber, daß Dein Leiden dadurch endgültig behoben wird. Dich, lieber Vater, bitte ich, mich dauernd auf dem laufenden zu halten über die Operation und Mutters Gesundheitszustand. Daß Du, liebe Mutter, dadurch nichts einmachen kannst, wird wohl nicht so schlimm sein. Es muß auch so einmal gehen. Auch, wenn Kurt eingezogen wird, so ist noch lange nicht gesagt, daß er

dadurch auf zu Hause angewiesen ist. Wenn aber, so wird auch Vater ihm etwas schicken können. Damit will ich für heute schließen."

Heinz unterbricht seinen ‚Redefluss' immer wieder durch die Anrede „lieber Vater", „liebe Mutter". Diese Anrede war eine Respektsbezeugung, die schon damals als etwas konservativ galt. Man muss sich den 21-jährigen Offiziersanwärter als einen korrekten jungen Mann vorstellen, der als ältester in der Geschwisterreihe gern bereit war, Verantwortung zu übernehmen, gewissermaßen als Stellvertreter seines Vaters. Er wusste, dass er seine Mutter beruhigen musste, wenn sie sich über ihre momentane Schwäche beklagte und darüber, dass ihr Gesundheitszustand es ihr nicht ermöglicht hatte, Obst und Gemüse einzumachen.

Lisbeth erledigte die Festtagsvorbereitungen so gut es eben ging. Sie hatte sich bisher vergeblich um eine Haushaltshilfe bemüht. Die jungen Mädchen arbeiteten im Büro und in den Fabriken, wo sie mit ihrer Arbeitskraft die Männer ersetzten, die an der Front dienten. Kurt sah die missliche Situation von Lisbeth und ließ sich nicht lange bitten. Damals war es unüblich, dass ein junger Mann in der Küche seiner Mutter stand und mit umgebundener Schürze den Abwasch erledigte oder beim Kochen half. Aber für Kurt galt: Seine Mutter brauchte jetzt Unterstützung, also half er ihr.

Während Kurt und Lisbeth in der Küche tätig waren, saß Heinrich in seinem Arbeitszimmer und hielt das sehr gute Schulzeugnis von Erik in den Händen. Dass der jüngste Sohn ein guter Schüler war, hatte sich bis zu Heinz herumgesprochen: *„Erik sein Zeugnis hat mich ja sehr gefreut"*, schrieb Heinz im oben zitierten Brief. Erik war ein aufgewecktes Kind, das sein Umfeld sehr genau wahrnahm. Umso belastender war für ihn eine Mutter, die permanent von Schmerzen geplagt wurde.

Lisbeth und Heinrich nutzten die Festtage, um ihr weiteres Vorgehen in dieser misslichen Lage zu besprechen. Die Operation an einer Gebärmuttersenkung war damals kein leichter Eingriff. Lisbeth würde einige Zeit im Krankenhaus verbringen und hätte anschließend eine lange Zeit der Rekonvaleszenz vor sich. Jemand musste da sein, der sie im Haushalt unterstützte und auf Erik aufpasste. Sehr ärgerlich war, dass sie ausgerechnet in dieser Situation keine vertrauenswürdige Haushaltshilfe bekamen. Wegen des bereits erwähnten Personalmangels war die Auswahl an zuverlässigen jungen Mädchen nicht hoch.

Das Ehepaar saß zusammen und zählte Lösungsmöglichkeiten auf, um sie dann sofort wieder zu verwerfen. In Wilhelmshöhe gab es ein katholisches Pflegeheim. Vielleicht könnte Lisbeth unmittelbar nach dem Krankenhausaufenthalt dort unterkommen. Aber wer kümmerte sich während dieser Zeit um Erik? In Daseburg konnte man ihn nicht unterbringen, weil ihr Jüngster in Kassel die Schule besuchen musste. Auch die Nachbarin Frederike Endrich konnte nicht einspringen. Sie war gehbehindert und hatte anderes zu tun, als sich um einen kleinen Jungen zu kümmern. Das Hauptproblem aber war der Krieg. Wie sollte sich Lisbeth als frisch Operierte bei einem Bombenangriff verhalten? Nach der Operation durfte sie für ein halbes Jahr nicht schwer tragen. Beiden war jedoch klar: sollte im eigenen Haus ein Feuer ausbrechen, dann könnte Lisbeth sich nicht darauf beschränken, ihre Mieter zum Feuerlöschen zu schicken. Es musste jemand aus ihrem engsten Umfeld vor Ort sein, der Eimer mit Sand und Wasser schleppte oder die Wasserpumpe betätigte.

Lisbeth sah keine andere Lösung als Heinrichs Rückkehr. Wenn er zuhause wäre, könnte er sich für die Zeit unmittelbar nach der Operation Urlaub nehmen und ihr im Haushalt helfen. Vor allem aber brauchte ihn die Familie nachts, wenn die Bomben fielen. „Es hieß immer, mein Vater muss zurückkommen", erzählte mir Erik und eben das wird Lisbeth ihrem Mann gesagt haben: „Du musst zurückkommen, wie auch immer du es machst. Vorher kann ich mich nicht operieren lassen." Heinrich war derselben Ansicht wie Lisbeth, nur sah er keinerlei Möglichkeiten, seine Rückbeorderung nach Kassel zu erzwingen.

Zurück in Reval fand Heinrich ein Amtsblatt der Haupteisenbahndirektion Nord/Riga (HBD Nord) auf seinem Schreibtisch vor. In der Regel wurden solche Amtsblätter ausgehängt oder verteilt. Ein Exemplar dieser Ausgabe war aber direkt an Heinrich adressiert worden. Er kam also nicht umhin, den Text zu lesen. In dieser Ausgabe des Amtsblattes hatte der Leiter der HBD Nord Riga ein Anerkennungsschreiben abdrucken lassen, das er vom Oberbefehlshaber der Hauptheeresgruppe Nord im November 1941 erhalten hatte. Der Oberbefehlshaber der Heeresgruppe Nord lobte *„die restlose Hingabe"* der Eisenbahner bei der Erfüllung ihrer Pflichten. Dabei beließ er es aber nicht. Leider stellte er auch die Notwendigkeit einer weiteren opferbereiten Pflichterfüllung in Aussicht: *„Die kommende Zeit des Winters und der Vorbereitung für den Endkampf wird die Anforderungen vielleicht noch steigern. Ich bin dessen gewiss, daß auch diese in enger vertrauensvoller Zusammenarbeit und zum Wohle des großen Ganzen erfüllt werden."*[281]

Heinrich war ein pflichtbewusster Beamter, aber er hatte von Anfang an versucht, sich seinem Einsatz in Reval zu entziehen, auch unter Berufung auf seine Kriegsverletzung. Wäre Lisbeth nicht krank gewesen, er

---

[281] Amtsblatt der Haupteisenbahndirektion Nord in Riga, Nr. 10, Riga den 18. Dezember 1941.

hätte sich dennoch bemüht, diesem Krieg, den er verabscheute, auszuweichen.

In Kassel kämpfte sich Lisbeth durch den Kriegsalltag. Lebensmittel waren rationiert. Ebenso wie im 1. Weltkrieg erhielten die Bürger Bezugskarten für Brot, Fleisch, Milch, Fett und Marmelade. Für den Erwerb von Textilien brauchte man ebenfalls eine Bezugskarte, Kleiderkarte genannt. Die Menge der Lebensmittel, die ein Bezugsberechtigter erhielt, variierte nach Lebensalter und beruflicher Beanspruchung, aber auch je nach Zuteilungsperiode. Allerdings achtete das jetzige Regime sehr darauf, die Bevölkerung ausreichend mit Nahrungsmitteln zu versorgen. Die miserable Ernährungssituation im 1. Weltkrieg, die ein Grund für die Revolution von 1918/19 gewesen ist, war den Erwachsenen noch im Gedächtnis. Diesen Zusammenhang zwischen Versorgungssituation und Aufbegehren sahen auch die Nationalsozialisten. Die Nahrungsvorräte für die Bevölkerung und die Rohstoffe zur Fortsetzung ihres Krieges entnahmen sie rücksichtslos den besetzten Gebieten.

Lisbeth standen für die Versorgung ihrer Familie ausschließlich die Bezugskarten zur Verfügung. Die Regale in ihrem Vorratskeller waren jetzt leer, weil sie nicht hatte einkochen können. Fleisch aus Daseburg bekam sie auch nicht mehr. Ihr Bruder Franz hatte seine Schulden gegenüber Heinrich in Form von frisch Geschlachtetem mittlerweile abbezahlt. Ohnehin mussten die Bauern ihre Produkte ähnlich wie im 1. Weltkrieg abgeben. Schwarzschlachten wurde mit langen Zuchthausstrafen geahndet.

Lisbeth litt jedoch weniger unter einem Mangel an Nahrung als unter der Gewissheit, dass sie die Menschen, die ihr nahestanden, nicht mehr großzügig versorgen konnte. Lisbeth verteilte gern aus vollen Töpfen. Früher hatte sie ihre Brüder unterstützt, jetzt half sie ihren Söhnen und ihrem Mann. Zu einem Zeitpunkt als ihr Besorgungsgänge bereits schwerfielen, das war Ende 1941, beschaffte sie für Heinz einen Entfernungsmesser, den er für seine Übungen im Gelände benötigte. Heinz schwankte, ob er diesen Service seiner Mutter nutzen, oder ob er sie nicht besser davon abhalten sollte, weitere Wege für ihn zu gehen. Den Zustand seiner Mutter konnte er aber kaum beurteilen.

Lisbeths Gynäkologe hatte sich in der unangenehmen Lage befunden, seiner Patientin mitten im Krieg zu einer zweiten Operation raten zu müssen. Als sie ihn nochmals aufsuchte, wiederholte er ihr gegenüber die Notwendigkeit eines zweiten Eingriffs. Lisbeth aber zögerte. Sie erinnerte sich an ihre Pflegebedürftigkeit nach der ersten Operation und machte ihrem Arzt klar, dass sie zuhause keine Hilfe hatte und überdies allein für einen kleinen Sohn verantwortlich war. Der Arzt zeigte Verständnis für Lisbeths Situation. Da er jetzt wusste, dass der Weg zu einem zweiten Eingriff nur über die Rückbeorderung des Ehemanns seiner Patientin lief, verlangte er ein persönliches Gespräch mit Heinrich. Lisbeth schrieb daraufhin Heinrich einen Brief, in dem sie ihn bat, eine baldige Beurlaubung zu bewirken. Am 31. Januar 1942 wandte sich Heinrich an seinen Arbeitgeber, die Eisenbahn-Betriebsdirektion 1 Reval:

„Meine Frau mußte sich im Frühjahr des vergangenen Jahres einer schweren Unterleibsoperation unterziehen, die nicht den erwünschten Erfolg brachte, bzw. deren Erfolg vielleicht deshalb ausblieb, weil sie in der Kriegszeit die vom Arzt verlangte Schonung nicht haben konnte. Die Schmerzen traten immer wieder stärker auf, sodaß sie sich erneut in ärztliche Behandlung begeben mußte. Der Arzt behandelt vorläufig die stark aufgetretenen Entzündungen und hält eine alsbaldige 2. Operation für notwendig, wozu er vorher mit mir Rücksprache nehmen will. Ich bitte mich ab 9. Febr. zu beurlauben."

Die Betriebsdirektion gewährte Heinrich einen kurzen Urlaub, den er nutzte, um, wie geplant, den Gynäkologen von Lisbeth aufzusuchen. Diesem musste er mitteilen, dass das Äußerste, was er im Moment in Reval erbitten konnte, ein kurzer Urlaub war. Bis jetzt war seine Bitte um Rückbeorderung auf taube Ohren gestoßen. Der Arzt beruhigte ihn. Für eine gewisse Zeit könne die Operation seiner Patientin noch hinausgeschoben werden.

Heinrich verbrachte die wenigen Tage, die ihm in Kassel blieben, zuhause in seinem Arbeitszimmer. An Entspannung und Erholung war nicht zu denken – nicht vor dem Hintergrund dieses verheerenden Krieges. Wann immer sich ihm die Möglichkeit bot, schaltete Heinrich das Radio ein und hörte BBC. Da er sich in seinem Arbeitszimmer unbeobachtet fühlte, nutzte er diese Gelegenheit ausgiebig und so dürfte er relativ gut informiert gewesen sein. Die Wehrmacht hatte in Russland furchtbare Spuren hinterlassen. Die Belagerung von Leningrad geschah in der Absicht, die Stadt auszuhungern. „Allein im November 1941 verhungerten in Leningrad 11.000 Zivilisten."[282] Die Nationalsozialisten hielten die slawische Bevölkerung für minderwertig. Mitte Juni 1941 hatte Heinrich Himmler gegenüber SS-Funktionären gesagt: „Zweck des Russlandfeldzugs [ist] die Dezimierung der slawischen Bevölkerung um 30 Millionen."[283]

---

[282] Roberts, Andrew: Feuersturm. Eine Geschichte des Zweiten Weltkriegs. München 2019, S. 236.
[283] Internationaler Militärgerichtshof: Der Prozess gegen die Hauptkriegsverbrecher. Bd. 4 (07.01.1946), S. 535. Zitiert in Roberts, Andrew, a.a.O., S. 228.

Aber seit Anfang Dezember 1941 war die Zeit der schnellen Siege vorbei.[284] Am 6. Dezember 1941 begann der sowjetische Gegenangriff, der den Vormarsch der Wehrmacht abbremste. Am 11. Dezember 1941 erklärte Hitler den Vereinigten Staaten von Amerika den Krieg, um seinen Bündnispartner Japan zu unterstützen. Dieser von Nazideutschland begonnene Krieg war nun endgültig zum Weltkrieg geworden.

Die Royal Air Force ging dazu über, Flugblätter über deutsche Städte abzuwerfen, um den Menschen ein anderes Bild zu vermitteln als das von Goebbels Propaganda. Auch die BBC ließ nicht nach, die deutsche Bevölkerung zu warnen. Ein ehemaliger Mitarbeiter des deutschsprachigen Senders der BBC Carl Brinitzer erinnert sich: *„Fast täglich hörte man in unseren Sendungen das Ticken einer Uhr und dazu eine Stimme:*
‚Hören Sie das Ticken der Uhr?
Hören Sie in ihrem Zimmer Ihre eigene Uhr die Sekunden ticken? Eins, zwei, drei...sechs, sieben?
Jede siebente Sekunde stirbt ein deutscher Soldat in Russland.
Nach verlässlichen Berichten sind in den ersten vier Monaten des russischen Feldzuges über eine Million Deutsche gefallen.
Jede Woche 80 000.
Jede Stunde 500.
Wofür? Für verwüstete Erde?
Für wen? Für Adolf Hitler?
Wofür? Für Machtwahn? [...]"[285]

Heinrich war etwas schwerhörig. Um die neuesten Nachrichten der BBC zu verstehen, drehte er das Radio laut, was Lisbeth zur Verzweiflung brachte: „Heinrich, du bringst uns alle ins Gefängnis", schimpfte sie, wenn er die ausländischen Sender hörte. Über das Ausmaß der Strafen, die jetzt verhängt wurden, war Lisbeth durchaus informiert. Zumindest gelegentlich las sie die „Kasseler Neuesten Nachrichten" (KNN). Auch diese Tageszeitung war Teil der gleichgeschalteten Presse, aber die KNN informierte immerhin über die Termine der Gottesdienste und der heiligen Messen.

Diese Zeitung enthielt eine Rubrik mit dem Titel: *„Aus dem Gerichtssaal".* Am 30.12.1941 konnte man z. B. dort lesen:
„Gefälschte Kleiderkarte führte ins Zuchthaus.
Hannover: Obwohl er die seinerzeit in den Tageszeitungen veröffentlichte Warnung vor dem Gebrauch der vom Feinde abgeworfenen Kleiderkarten

---

[284] Roberts, Andrew, a.a.O., S. 240.
[285] Brinitzer, Carl: Hier spricht London. Von einem der dabei war. Hamburg 1969, S. 155.

kannte, hatte sich der 41jährige Ernst Richter verleiten lassen, die Fälschung zu verüben."

Das Textilgeschäft, wo der erwähnte Ernst Richter die gefälschten Abschnitte der Kleiderkarte einreichte, zeigte ihn jedoch an. Das Gericht verurteilte diesen Mann zu 1 ½ Jahren Zuchthaus.

Vielleicht hat Lisbeth auch diese Passagen gelesen: Ein Fleischbeschauer, der wiederholt für Geldgeschenke Schwarzschlachtungen vertuscht hatte, wurde zu zwölf Jahren Gefängnis verurteilt. Die Zeitung kommentiert diesen Fall folgendermaßen:

„Da nach den Worten des Führers jeder fallen muß, der sich gegen die Volksgemeinschaft vergeht, ist in Zukunft mit noch weit höheren Strafen, unter Umständen mit der Todesstrafe in solchen Fällen zu rechnen."

Diese Worte waren eine unverhohlene Drohung. Auch das Abhören ausländischer Sender wurde drakonisch bestraft, und mit Sicherheit wusste Lisbeth davon. Sie musste nur die Zeitung lesen. Es war nicht notwendig, Zeuge einer Verhaftung durch die Gestapo zu werden.

Allerdings gab es tatsächlich eine Verhaftung in ihrem katholischen Umfeld. Zu ihrem Bekanntenkreis zählte der Schreinermeister K., dessen Werkstatt sich in der Pfeifferstraße direkt neben dem Haus der Vinzentinerinnen befand. Herr K. kannte die katholischen Ordensschwestern gut und er engagierte sich in der Gemeinde der Rosenkranzkirche. Die Gestapo muss diesen Kreis gläubiger Katholiken in der Pfeifferstraße als Bedrohung empfunden haben. Von Seiten der Gestapo soll es geheißen haben: „Die Pfeifferstraße ist ein Wespennest, da muss hineingestochen werden." Herr K. wurde denunziert, nachdem er sich regimekritisch geäußert hatte. Er war von 1939 bis 1943 für 3 ½ Jahre im Wehlheider Gefängnis. Lisbeth wusste, dass er verhaftet worden war und sie hatte Angst.

Eines Nachts im Februar 1942 erschreckte sie ein Fliegeralarm. Die Sirenen heulten mit auf- und abschwellendem Ton. Lisbeth war mit Erik allein in der Wohnung. Sie ging in das kleine Schlafzimmer, wo ihr Jüngster mit hohem Fieber im Bett lag. Schlaftrunken und elend mochte er nicht aufstehen. Also tat sie das, was der Arzt ihr strengstens untersagt hatte. Sie hob ihren siebenjährigen Sohn aus dem Bett, ihre Beschwerden ignorierend. Dann ging sie mit ihm durch die Wohnung in den Keller. Als Lisbeth danach den Gynäkologen aufsuchte, stellte dieser eine starke Verschlechterung der Senkung fest. Ein weiteres Aufschieben der Operation kam jetzt nicht mehr in Frage. Er würde ihr ein entsprechendes Attest ausstellen, mit dem sie sich an den Arbeitgeber ihres Mannes wenden solle, zwecks eines Gesuchs um Rückbeorderung.

Dass Lisbeth Heinrich über diese Entwicklung informiert hat, ist zu vermuten. Derjenige, der ihr aber half, dieses Gesuch an die Reichsbahndirektion Kassel aufzusetzen, war nicht Heinrich, sondern Walter Endrich. Das Ehepaar Endrich beobachtete ihre Nachbarin mit Sorge und hätte Erik wohl für kurze Zeit aufgenommen, wenn nicht ausgerechnet jetzt in ihrem Haus Diphtherie ausgebrochen wäre. Am 11.03.1942 suchte Walter Endrich Lisbeth in ihrer Wohnung auf mit seinem Füllfederhalter in der Hand und einem Bogen Papier. Gemeinsam formulierten sie einen Text im Umfang von zwei Seiten, die Walter Endrich mit blauer Tinte schrieb. Sie, Auguste Elisabeth Müller, sei am 26.02.1941 wegen eines Unterleibsleidens operiert worden. *„Nach den Anordnungen des Arztes konnte das Leiden jedoch nur zurückgehalten werden, wenn ich mich jeder schweren körperlichen Anstrengung enthalte. Solange mein Mann hier war, ging es auch gut, weil er mir diese Arbeiten abgenommen hat."*

Lisbeth erzählte ihrem hilfsbereiten Nachbarn, dass sich ihre gesundheitliche Situation deshalb so verschlechtert habe, weil sie sich als Hausfrau und Mutter vor allem in diesen Kriegszeiten nicht an die Anordnungen ihres Arztes halten konnte. Walter Endrich hörte ihr aufmerksam zu und übersetzte ihre Schilderungen in amtsgerechte Formulierungen.

Lisbeth las sich den gemeinsamen Text durch und fügte noch einige Ergänzungen hinzu. Den handschriftlichen Text ließ Walter Endrich abtippen. Die getippte Form gab er am 12.03. in der Reichsbahndirektion Kassel ab. Anschließend klopfte Frederike Endrich wie gewohnt an die Küchenwand; Lisbeth hörte das Klopfen, erschien auf dem Balkon, woraufhin ihr die Nachbarin das handschriftliche Skript zurückgab, verbunden mit vielen guten Wünschen. Bevor Lisbeth dieses Skript nach Reval abschickte, fügte sie noch einige Zeilen an Heinrich hinzu:

„Hoffe nun, daß du bis Ostern hier bist. Mach Dir keine Sorgen über meine Gesundheit. Die Operation wird mir gesundheitlich nicht so viel schaden. Bin immer in Gedanken bei dir. Du weißt es doch. Hoffe dann, daß du immer bei mir bleiben kannst. Die herzlichsten Grüße und Küsse deine Lisbeth u. Erik."

Dann schrieb sie noch: *„Gürtel schon abgeschickt".* Heinrich war im Herbst 1941 mit einem unübersehbaren Bauch nach Lettland aufgebrochen, hatte inzwischen aber stark abgenommen. Als Lisbeth von Heinrich hörte, dass er jetzt Schwierigkeiten mit seiner Kleidung hatte, schickte sie ihm einen Gürtel. Ihre Familie zu versorgen, trotz aller Widrigkeiten, war Teil ihres Wesens. Niemand konnte sie davon überzeugen, dass es besser wäre, auf ihre Besorgungsgänge zu verzichten.

Heinrich und Lisbeth erhielten die Briefe, die sie einander schickten, mit einer beträchtlichen zeitlichen Verzögerung. Absprachen über ihr Vorgehen waren daher nur sehr bedingt möglich. Nachdem Lisbeth drei Wochen vergeblich auf eine Antwort gewartet hatte, schrieb sie zusammen mit Walter Endrich einen weiteren Brief an die Reichsbahndirektion Kassel mit der Bitte, ihren Antrag zeitnah zu bearbeiten. Lisbeth ging es mittlerweile miserabel. Die Gebärmuttersenkung hatte Entzündungen und Blutungen hervorgerufen. Sie schlief vor Schmerzen kaum noch und nach wie vor bekam sie trotz ihres Bemühens keine Haushaltshilfe.

Heinrich hatte sich unterdessen an einen Kollegen in Kassel gewandt. Dieser sollte herausfinden, wie die Reichsbahndirektion Kassel auf den Antrag von Lisbeth reagiert hatte. Der Kollege berichtete Heinrich am 17. Mai 1942, dass die Direktion sich umgehend um einen Ersatzmann für Heinrich bemüht hätte, das Personalbüro den entsprechenden Vorschlag aber abgelehnt hätte. Weiter schreibt der Kollege:

„Das Gesuch ihrer Frau ist dann zunächst an Ihre vorgesetzte Stelle H.B.D. Nord in Riga mit der Anfrage geschickt worden, welches Arbeitsgebiet Sie dort bearbeiten. Riga hat ihren Posten äußerst wichtig gemacht, hat eine ganze Seite geschrieben u. man hat zum Schluß bemerkt, daß sie nur gegen Ersatz freigegeben werden könnten u. der Ersatzmann erst 2 Wochen von Ihnen unterrichtet werden müsste."

Des Weiteren hätte er herausgefunden, dass man im Personalbüro Heinrichs Vorgehen in dieser Angelegenheit bemängelte:

„Das Gesuch hätte nicht von Ihrer Frau, sondern von Ihnen ausgehen müssen. Gesuche von Frauen im Personalbüro überhäufen sich jetzt u. werden im allgemeinen nicht für ernst genommen. [...] Nun möchte ich sie bitten, diese Mitteilung grundsätzlich für sich zu behalten u. sich nicht auf mich zu berufen."

Wie bereits erwähnt waren Reichsbahner zu Tausenden in die besetzten Gebiete befördert worden. Auch viele andere Frauen kämpften um die Rückkehr ihrer Männer. Lisbeth war mit ihrem Anliegen also nicht allein, was ihre Lage nicht einfacher machte. Am 18.04.1942 erhielt sie den abschlägigen Bescheid der RBD Kassel. Ihrem Antrag könne nicht entsprochen werden wegen des Personalmangels bei der Reichsbahn, vor allem im technischen Bereich. Walter Endrich hatte im Laufe dieser Zeit die Probleme von Lisbeth zu seiner eigenen Angelegenheit gemacht. Ein drittes Mal, am 23.04. setzte er sich mit Lisbeth zusammen und schrieb einen Brief, in dem die RBD Kassel aufgefordert wurde, die ablehnende Haltung gegenüber dem Antrag auf Rückbeorderung zu überdenken.

Das Antwortschreiben, das Lisbeth daraufhin von der Reichsbahndirektion erhielt, war sehr scharf formuliert. Die Reichsbahndirektion Kassel schrieb am 25. April 1942:

„Aus dienstlichen Rücksichten ist es nicht angängig und auch nicht zulässig, wegen persönlicher Angelegenheiten mit den Angehörigen unserer Beamten in Verbindung zu treten. Wir müssen es daher ablehnen, mit Ihnen einen weiteren Schriftwechsel zu führen. Es muß Ihrem Ehemann überlassen bleiben, seine persönlichen Belange bei uns selbst zu vertreten. Im übrigen wird es Ihnen u.[nseres] E.[rachtens] ohne weiteres möglich sein, während Ihrer Erkrankung usw. aus Ihrer Verwandtschaft oder Bekanntschaft vorübergehend Hilfe zu bekommen.

Auf weitere Eingaben in der gleichen Angelegenheit haben Sie unter den heutigen Verhältnissen eine Antwort von uns nicht zu erwarten."

Gekränkt und verzweifelt las Lisbeth dieses Schreiben. Die Herren in der Reichsbahndirektion konnten sich offensichtlich nicht in ihre Lage versetzen. Heinrichs Verwandte und ihre eigenen Geschwister hatten selbst Familie und Verpflichtungen. Von dieser Seite war im Moment keine Hilfe zu erwarten. Im Bekanntenkreis sah es ähnlich aus. Auch war es nach wie vor unmöglich, eine Haushaltshilfe zu bekommen. Die Mädchen arbeiteten in den Büros und inzwischen auch in der Rüstungsindustrie. Hieran hatte sich nichts geändert.

Aber ihre schlechte Gesundheit war nicht ihre einzige Sorge. Ohnmächtig musste sie dulden, dass man ihre erwachsenen Söhne in naher Zukunft an die Front schicken würde und nicht einmal die Abordnung von Heinrich hatte sie verhindern können. Niemand in ihrer Familie wollte diesen Krieg, aber die Menschen, die sie am meisten liebte, wurden in dieses Verbrechen mit hineingezogen. Wenigstens Heinrich musste wieder zu ihr zurückkommen, koste es was es wolle.

Kurz zuvor, am 19.04., hatte Heinrich in Reval um Sonderurlaub gebeten, der ihm gewährt wurde. Ihm war klar, dass er seine Angelegenheiten von Reval aus nicht regeln konnte. In Kassel angekommen fand er eine erschöpfte Lisbeth vor. Schmerzen und Müdigkeit hatten sie mürbe gemacht. Mutlos zeigte sie ihm das letzte Schreiben von der Reichsbahndirektion. Obwohl er allen Grund hatte wütend zu sein, schrieb Heinrich einen sehr moderat formulierten Antrag auf Rückbeorderung, mit dem er sich umgehend zu seiner Dienststelle aufmachte.

Lisbeths Arzt hatte für die Operation die Zeit zwischen dem 10. und 15. Mai eingeplant, doch daraus wurde nichts. Heinrich hatte in Kassel nicht viel erreicht und musste nach wenigen Tagen wieder nach Reval aufbrechen. In seinem Schreiben vom 12.05.1942 forderte er die ihm vorgesetzte Stelle, die HBS Nord Riga auf, die *„gewünschte Rückbeorderung* *auf dem kürzesten Wege durchzuführen."* Es scheint so zu sein, dass die beiden Direktionen in Kassel und Riga den schwarzen Peter, nämlich einen Ersatzmann für Heinrich zu stellen, sich gegenseitig zuschoben.

In einem Akt der Verzweiflung bat Lisbeth einen Kollegen und Freund von Heinrich, Konrad Böhm, ihren Mann in Reval zu vertreten, zumindest für einen gewissen Zeitraum. Böhm lehnte jedoch ab, vielleicht, weil er verhindert war, vielleicht aus Selbstschutz. Lisbeth musste Heinrich mitteilen, dass auch diese letzte Möglichkeit, seine Rückbeorderung endlich zu erreichen, fehlgeschlagen war. Heinrich antwortet ihr am 29.06.1942:

„Heute Morgen erhielt ich deinen Brief vom 24.6., in dem Du mitteilst, daß Kollege [Böhm] nicht kommt. Habe das meinem Chef mitgeteilt, der mit Riga sprechen wollte, damit sie von dort jemand als Ersatz schicken. Als ich bei ihm war, konnte er noch keinen Anschluss bekommen. Wir werden nun sehen, ob Riga einen Ersatzmann stellen wird noch ehe von Kassel irgendein Ersatz kommt und ob ich erst noch mal denen schreiben muß. Wir wollen den Mut nicht aufgeben. Auf irgendeine Weise werde ich heim kommen."

In Greifswald wartete Heinz ungeduldig auf die Briefe aus Kassel und Reval. Heinz hatte seine Eltern gebeten, ihn über jede Entwicklung zu informieren, die sich hinsichtlich der bevorstehenden Operation seiner Mutter abzeichnete. In ihrem letzten Brief an Heinz hatte sich Lisbeth sicher gezeigt, dass sein Vater aus Reval zurückkehren würde, wenn erst der Kollege und Freund ihn dort vertreten würde. Dass dieser letzte Hoffnungsschimmer mittlerweile erloschen war, wusste er nicht. Zuversichtlich schreibt Heinz am 05.07.1942 von Greifwald nach Kassel.

„Liebe Mutter, du kannst Dir gar nicht denken, wie sehr ich mich über die Nachricht gefreut habe, daß Vater bei dir eintreffen wird. Ich glaube, es war auch höchste Zeit. Hoffentlich hat der Arzt einen geschickten Grund, daß du dieses schwere Leiden nicht noch einmal bekommst. Schreibt mir bitte gleich, wenn Vater da ist. Über mein Namenstagspäckchen brauchst Du Dir liebe Mutter keine Sorgen machen; das ist doch so völlig egal."

Heinz bekam von Lisbeth das Namenstagspäckchen, das sie angekündigt hatte, aber die Information, dass sein Vater nach Hause zurückgekehrt war, blieb aus. Etwas besorgt schreibt Heinz am 12.07. nach Kassel:

„Meine Lieben! Vergeblich habe ich heute auf Post von daheim gewartet. Ich habe immer noch nicht die Bestätigung, daß Vater zu Hause ist. Das Paket kam diese Woche an. Ich konnte alles gut gebrauchen und habe es schon zu einem großen Teil verputzt."

Was Heinz damals nicht wusste, sein Vater war noch immer in Reval und seine Mutter konnte ihm nicht antworten. Lisbeth war kollabiert. „Meine

Mutter konnte nicht mehr", erzählte mir Erik. „Bevor sie ins Krankenhaus kam, lag sie im katholischen Pflegeheim in Wilhelmshöhe." Wann genau Heinrich von Reval nach Kassel zurückkehrte, ist nicht bekannt. Es muss kurz nach Lisbeths Zusammenbruch gewesen sein.

Die trauernde Madonna

Eine meiner Interviewpartnerinnen erzählte mir ein Erlebnis aus ihrer Jugendzeit in Kassel. Sie war während des Krieges als elf- oder zwölfjähriges Mädchen in der Innenstadt unterwegs gewesen, als sie dort eine unangenehme Begegnung hatte. Auf dem Heimweg vom Gymnasium trug sie ihren Schulranzen aus einer Laune heraus ausnahmsweise nicht auf dem Rücken, sondern vorne auf der Brust. Eine fremde junge Frau sah sie an und raunte ihr die Bemerkung zu: „Na dir fehlt wohl auch der Judenstern." Spontan antwortete das Mädchen: „Nein, ich bin Katholikin." Rund siebzig Jahre später erzählte mir die alte Dame, sie hätte damals noch pechschwarze Haare gehabt und die Fremde sei wohl davon ausgegangen, ihr stände eine kleine Jüdin gegenüber, die mit dem Ranzen versuchte, einen Judenstern zu verbergen.

Die Abneigung des Regimes gegen die jüdische Bevölkerung blieb damals sicher keinem verborgen, auch Heinrich und Lisbeth nicht, aber wie weit reichte ihr Wissen über Deportationen? Heinrich war Eisenbahner. Was wusste er über die Todeszüge? Während Heinrich in Estland Brücken instand setzen ließ, wurden vom Kasseler Hauptbahnhof aus zwei Deportationen in Gang gesetzt, von denen er wohl keine Kenntnisse hatte. Die erste führte am 09.12.1941 nach Riga in Lettland, die zweite am 01.07.1942 nach Lublin/Majdanek in Polen. Man muss davon ausgehen, dass nur ein begrenzter Kreis von Reichsbahnern den eigentlichen Zweck dieser Massentransporte durchschaute.[286] Den betroffenen Juden wurde vorgelogen, dass sie zu einem Arbeitseinsatz transportiert würden.

Heinrich korrespondierte von Estland aus mit den vorgesetzten Direktionen in Riga und in Kassel. Er hielt sich jedoch zu den fraglichen Zeitpunkten weder in der einen noch in der anderen Stadt auf, noch in deren Nähe. Anders verhält es sich jedoch mit der dritten Deportation, die von Kassel ausging. Sie führte am 07.09.1942 vom Kasseler Hauptbahnhof aus nach Theresienstadt in Polen. Heinrich ist Ende Juli 1942 von Estland

---

[286] Vgl.: Piekalkiewicz, Janusz: Die Deutsche Reichsbahn im Zweiten Weltkrieg 1939 bis 1945. Stuttgart 2018, S. 94.

nach Kassel zurückgekehrt; er war also am 07.09. vermutlich in Kassel. Die Reichsbahndirektion Kassel, in der er arbeitete, lag jedoch nicht direkt am Bahnhof. Was er bemerkte und was er wusste, ist im Nachhinein nicht mehr feststellbar. Mit seinem Sohn Kurt, also meinem Vater, hat er über dieses Thema nicht gesprochen.

Wer zumindest für einen kurzen Moment Zeugin einer dieser drei Deportationen wurde, das war meine Mutter. Wie bereits erwähnt waren Heinrich und mein Großvater mütterlicherseits Kollegen.[287] Meine Mutter, die damals ihre Ausbildung zur technischen Zeichnerin machte, hielt sich im Obergeschoss des Bahnhofsgebäudes auf, als ihr unten auf dem Bahnsteig eine Menschenmenge auffiel. Die Menschen hätten traurig ausgesehen, erzählte sie mir. *„Mein Vater hat mich vom Fenster weggezogen"*, sagte sie. Dann fügte sie noch mit bitterem Tonfall hinzu: *„Der wusste wohl mehr."*

Heinrich kehrte nach Kassel zurück und wir wissen nicht mit welchen Erfahrungen im Gepäck. Bevor die Vernichtungslager in den besetzten Gebieten errichtet wurden, entledigte sich die SS unerwünschter Personen durch Erschießungskommandos. Diese Vorgänge wurden allerdings mit einigem Aufwand verheimlicht. Heinrich hat sich von Anfang an gegen seine Abordnung nach Reval gewehrt. Dass er alles daransetzte, so schnell wie möglich wieder nach Kassel zurückzukehren, hatte aber zumindest dem Anschein nach ausschließlich familiäre Gründe.

Als Heinrich Ende Juli 1942 von Reval nach Kassel zurückkehrte, kümmerte er sich als erstes um einen Krankenhausplatz für Lisbeth. Ihr Gynäkologe konnte sie im Elisabethkrankenhaus nicht mehr unterbekommen, wohl aber im Stadtkrankenhaus im Nordosten Kassels. Zurück in seiner Wohnung sorgte Heinrich für Erik, der sich jetzt und auch in der Folgezeit häufig bei Familie Endrich aufhielt. Wie sehr hätte sich Heinrich über einen Wochenendbesuch von Kurt gefreut; dieser war inzwischen aber eingezogen worden. Er diente in der Panzer-Jäger-Ersatz-Kompanie 36 in Wiesbaden. Heinz, ganz der fürsorgliche älteste Bruder, hatte Kurt einen langen Brief geschrieben mit Ratschlägen zur Bewältigung des Wehrmachtsalltags.

Heinrich entschied, seine beiden ältesten Söhne nicht vollständig über den Gesundheitszustand ihrer Mutter aufzuklären. Heinz schrieb zwar, dass Kurt es mit seinem Regiment gut getroffen hatte, aber Heinrich wusste aus eigener Erfahrung, dass der Wehrdienst grundsätzlich nicht einfach war. Und was Heinz betraf: Sein Ältester könnte zum Offizier befördert werden, dies hing aber davon ab, ob er den zweijährigen Lehr-

---

[287] Siehe Kapitel „Alltag und Politik in der Diaspora".

gang an der Waffenschule in Greifswald mit Erfolg absolvierte. Gerade weil Heinz dazu neigte, sich mit Verantwortung zu belasten, entschied Heinrich, ihm nicht alles zu erzählen.

Ende Juli erhielt Heinz einen Brief von seinem Vater, in dem dieser schrieb, dass Lisbeth operiert worden sei und es ihr den Umständen entsprechend ging. In einigen Tagen würde sie die schlimmsten Schmerzen überstanden haben. Er selber arbeite, wenn es die Zeit zuließe, in Haus und Garten. Acht Gläser Sauerkirschen hätte er inzwischen eingemacht, erzählte er seinem Sohn. Voller Optimismus antwortet ihm Heinz am 05.08.1942:

„Ein nicht sehr kleiner Stein ist mir vom Herzen gefallen, als ich durch Vaters Brief vom 31.7. erfuhr, daß Du, liebe Mutter, die Operation schon überstanden, ja allem Anschein nach gut überstanden hast. [...] Auch von mir kann ich einige günstige Nachrichten bringen."

Jetzt, nach der Hälfte seines Kursus, konnte Heinz sich sicher sein, dass er die Waffenschule als Offizier verlassen würde, ob als Feldwebel oder als Leutnant hing von seinen Leistungen ab.

„Am 16. September ist der Lehrgang wahrscheinlich zuende. Am 18. Sept. werde ich auch 8 Tage Urlaub bekommen. Dieser Urlaub ist dazu bestimmt, daß man sich eine eigene Uniform machen lassen kann. Ich muß Euch daher schon früh bitten, Euch nach einem Stoff für eine Offiziersuniform umzusehen. Den Bezugsschein bringe ich dann mit. In den acht Tagen muß der Schneider die Uniform anfertigen. Vielleicht sprecht Ihr zunächst einmal drüber, wie sich das machen läßt und welcher Schneider für eine derartige Arbeit in Frage kommt. Überhaupt bin ich als Offizier fast ausschließlich auf eigene Wäsche angewiesen. Alle anderen Ausrüstungs- u. Bekleidungsstücke, wie Mütze, Pistole, Säbel usw. bringe ich bereits von hier mit."

Heinz lebte in seiner eigenen Welt. Wie schwer die Erkrankung seiner Mutter war, wusste er nicht.

Einige Tage nach der Operation saß Lisbeth in ihrem Krankenbett und las ein Andachtsheftchen mit dem Titel „Gotteserlebnisse im Sommer" aus dem Verlag für katholisches Schrifttum in München. Später hat Heinrich das Titelblatt dieser Broschüre mit einer handschriftlichen Notiz versehen: *„Von der Mutter nach der Operation im Aug. 42 gelesen!"*

Der Text des Andachtsheftchens wirkte tröstend und aufbauend. Er füllte ihren Kopf mit Bildern von Landschaften im Sonnenschein. Ein gelegentliches Gewitter trübte die Idylle, dies aber nie für lange Zeit, denn, so die Botschaft, Gott wachte über den Menschen mit väterlicher Liebe.

„Mohnblumen" heißt eines der Kapitel, die Lisbeth gelesen hat:

„Ich liebe es, einsame Wege zu gehen und den Stimmen der Natur zu lauschen, sie haben uns oft so viel zu sagen.
Da unten die roten Mohnblumen oder Klatschmohn unter den Kornähren! Der Landmann liebt sie nicht und nennt sie Unkraut. Aber ich finde dieses leuchtende Rot wundervoll; [...]
Mitten in der Gleichförmigkeit eines gewiß wertvollen Arbeitslebens schenkt uns Gott manchmal Freudentage, die aufleuchten wie helle Flammen."

Am Ende des Kapitels wird dem Leser mitgeteilt, was dem Alltag Farbe verleiht: ein Ausflug in die Landschaft, ein lieber Besuch, ein Wiedersehen mit Eltern, Geschwistern oder Freunden. *„[...] an all diesen Tagen leuchtet etwas auf wie das frohe, jubelnde Rot der Mohnblumen und wir eilen erfreut darauf zu."* Für einen Moment hatte Lisbeth in Gedanken ihr Krankenbett verlassen und ging an einem Kornfeld vorbei, in das sich Mohn- und Kornblumen mischten, und wo es nach reifem Getreide roch.

Heinrich arbeitete tagsüber in der Reichsbahndirektion, abends besuchte er Lisbeth im Krankenhaus. „Er hat sie sehr geliebt", erzählte mir Erik, „jeden Tag war er bei ihr." Seinem Ältesten schrieb Heinrich, dass die Kranke sich allmählich von der Operation erholen würde. Am 09.08.1942 antwortet Heinz:

„Herzlichen Dank für Deinen lieben Brief Vater. Es freut mich sehr, daß es Mutter gut geht. Hoffentlich hast Du, Mutter, damit dieses hässliche Leiden endgültig überwunden. Ja also fünf Monate werde ich wohl nicht hier bleiben. Und die Hälfte der Zeit ist wohl herum. Ich rechne mit dem 12. Sept. als Ende des Kursus."

Die Besuche von Heinrich und die Briefe ihrer Söhne waren für Lisbeth der Lichtblick, der ihre Lage etwas aufhellte. Kurt, ihr Zweitältester, wird ihr damals ebenfalls geschrieben haben, aber im Nachlass wurden nur die Briefe von Heinz überliefert.

Lisbeths Zustand verschlechterte sich jedoch mit der Zeit. Da eine Krankenakte nicht überliefert ist, kann man über die Ursachen nur spekulieren. Nach der Korrespondenz zu urteilen, hat ihr eine Entzündung zugesetzt, die sich möglicherweise weit in den Bauchraum ausgebreitet hat. Die Folge könnten Bauchschmerzen und Übelkeit gewesen sein. Als gesichert kann gelten, dass sie die Nahrung verweigert hat. Heinrich musste mit ansehen, wie seine Frau von Tag zu Tag schwächer wurde. Für die Ärzte wurde der Zustand ihrer Patientin allmählich besorgniserregend. Am 18.08.1942 entschied sich Heinrich, seinen Ältesten über das Ausmaß ihres Leidens zu unterrichten. Heinz war entsetzt und sicher auch ungehalten, denn er hatte seine Eltern ausdrücklich gebeten, ihn bezüglich der Krankheit seiner Mutter auf dem Laufenden zu halten.

„*Greifswald, den 22.8.42. Meine Lieben! Gebe Gott, daß du Dich, liebe Mutter, auf dem Wege der Besserung befindest, wenn euch dieser Brief erreicht. In dem Glauben, daß Du Mutter schon in Kürze völlig wiederhergestellt seiest, traf mich Vaters Brief vom 18. wie ein Schlag. Ihr hättet mir doch schreiben müssen und auch u. U. durch Telegramm äußern müssen, als Dein Zustand liebe Mutter so schlimm war. Jetzt lebe ich in der Hoffnung, liebe Mutter, daß Dein Zustand sich endgültig gebessert hat. Hoffentlich trifft bald die Bestätigung dafür ein. Wir alle, vor allem aber Erik brauchen Dich noch recht lange. Möge auch dieser Gedanke Dich festhalten und Deinen Willen stärken im Leiden, dann wird auch Gott Dich nicht verlassen und Dir im Leid zur Seite stehen. Ich hoffe, daß ich in einem Monat auf Urlaub komme. Hoffentlich bist Du, liebe Mutter, dann wieder völlig genesen."*

Bei aller Sorge um seine Mutter, Heinz diente und lernte an einer Waffenschule in Greifswald. Die Herausforderungen, die er bewältigen musste, stellten sich ihm dort und nicht in Kassel. 2/3 seines Lehrgangs hatte er jetzt mit Erfolg absolviert, die Beförderung zum Unteroffizier bzw. Feldwebel stand unmittelbar bevor. Mit der Beförderung zum Leutnant war erst Anfang September zu rechnen. Jetzt, im letzten Drittel seines Lehrgangs waren für die Kursteilnehmer Ausrüstungsgegenstände bestellt worden, wie die Diensthose des Offiziers, dazu Mütze, Schal, Degen, Dolch, Pistole usw. Da diese Gegenstände in den nächsten Tagen eintreffen sollten, das ihm zustehende Kleidergeld aber erst in einiger Zeit ausgezahlt würde, bat er seinen Vater, ihm den erforderlichen Betrag zu leihen. Doch sein Vater reagierte zunächst nicht auf seine Bitte.

Heinrich saß jeden Abend an Lisbeths Bett, redete mit ihr und las ihr vor, aus den Briefen ihrer Söhne und aus dem Andachtsheftchen, z. B. von der Pieta, der trauernden Madonna, die ihren toten Sohn auf dem Schoß hält. Die Statue, von der im Andachtsheftchen die Rede ist, stand in einer kleinen Waldkapelle, die von den Notleidenden aufgesucht wurde.

„Menschen kommen zu ihr, die tragen ihr Leid in zitternden Händen. Meinen, es wäre riesengroß. Zeigen ihr Elend der ernsten Madonna. Klagen und bitten: „Maria hilf!" Verzehrend schauen sie zu ihr auf. Nickt sie Gewährung? Aber nicht aufschaut die Madonna. Schaut immer nur auf den Sohn, auf den blutenden, wunden Sohn, der kalt und stumm in ihren Armen liegt. [...]

Stille! Stille! Du Menschenkind mit deinem Weh! Die Mutter trägt größeres Leid!"

Ende August erholte sich Lisbeth etwas. Sie war nicht mehr ganz so hinfällig und aß auch wieder. Vielleicht war der Auslöser dieser Entwicklung ein neues Medikament oder der Brief von Heinz, der ihr klarmachte, dass sie drei lebende Söhne hatte, die ihre Mutter brauchten. Am 24.08.1942 wurde Lisbeth 50 Jahre alt. Einen Grund zu feiern gab es nicht. Ohnehin wurde, wie bereits erwähnt, dem Namenstag im katholischen Milieu eine höhere Bedeutung beigemessen als dem Geburtstag.

Doch dann veränderten sich die Verhältnisse grundlegend: Im Jahr 1942 hatte es in Kassel etliche Male Fliegeralarm gegeben, dem aber glücklicherweise kein Luftangriff gefolgt war. Das änderte sich aber in der Nacht vom 27.08. auf den 28.08.1942. Von 00:25 bis 01:35 Uhr bombardierten 274 britische Bomber die Stadt. Beschädigt wurden Industrieanlagen und militärische Einrichtungen, aber auch Wohngebäude und Krankenhäuser. 43 Menschen starben, 251 wurden verwundet.[288] Die Tageszeitung „Kasseler Neueste Nachrichten" verbannte die kurze Darstellung dieser Ereignisse in die Rubrik „Heimatzeitung der KNN" direkt vor die Bekanntgabe von Lebensmittel-Sonderzuteilungen. Im Text der Berichterstattung heißt es:

„Der Schwerpunkt des Angriffs lag in einem Teil des Westens und der Altstadt um das Wahrzeichen der Stadt Kassel, den Martinsdom. Es wurde eine größere Anzahl Wohnhäuser, teils schwer, teils leicht beschädigt. Der Martinsdom brannte aus und nur die Türme blieben unversehrt. Außerdem wurden noch andere Kulturstätten getroffen, so das Staatstheater" (KNN 28./29.08.1942).

Der Artikel endete mit der Bemerkung: *„Besonders verwerflich ist es, daß die britische Luftwaffe ihren Angriff auch gegen Lazarette und Krankenhäuser richtete."*

Am 28.08., also am Tag des Angriffs, schickte die schwer gehbehinderte Frederike Endrich ihren Sohn Mathias zum Stadtkrankenhaus, in dem Lisbeth lag. Sie musste den Hinweis erhalten haben, dass das Krankenhaus einen Bombentreffer abbekommen hatte, und wollte wissen, wie es ihrer Nachbarin ergangen war. Mathias Endrich berichtete mir von diesem Krankenbesuch:

„Ich bin da nicht freiwillig hin. Ich war ein junger Bursche von 17 Jahren und da geht man nicht zu 'ner alten Frau ins Krankenhaus und guckt, wie's der geht. – Das war 'meine Mutter, die sagte: ‚Du gehst hin. Ich will wissen, was da los ist.'"

Mathias fuhr die weite Strecke mit seinem Rad. Im Krankenhaus angekommen traf er auf chaotische Verhältnisse und eine angespannte Geschäftigkeit. *„Da ging alles durcheinander in dem Haus. Nach so einem*

---

[288] Dettmar, Werner: Die Zerstörung Kassels im Oktober 1943. Eine Dokumentation. Fuldabrück 1983, S. 73.

Angriff war es natürlich schwierig, weil viele verletzt waren und Tote gab es wohl auch." Er fragte eine Schwester, in welchem Zimmer Frau Müller liegen würde und in welchem Zustand sie sich befinde. *"Und dann sagte mir die Krankenschwester, dass die Oma [Lisbeth] aus dem Bett geschleudert worden wäre und auch innere Verletzungen dadurch noch bekommen hätte."*

Schließlich stand Mathias im Krankenzimmer vor Lisbeths Bett. *"Ich hab sie noch lebend gefunden, so möchte ich sagen, aber apathisch abgeschaltet. Auf dem Nachttisch standen die Bilder vom Heinz und vom Kurt."*

Vielleicht hatte man Lisbeth wegen der Schmerzen Morphium gegeben oder Chloroform. So ließe sich ihr apathischer Zustand erklären.

Wie gewohnt suchte Heinrich nach seiner Arbeit das Stadtkrankenhaus auf und blieb dort die gesamte Nacht. Lisbeth hat ihren 50. Geburtstag nur um wenige Tage überlebt. Sie starb im Stadtkrankenhaus am 29.08.1942 um 00:20 Uhr. Heinrich hielt an ihrem Bett Totenwache. Er kehrte erst im Morgengrauen in seine Wohnung zurück. Erik erinnert sich: *"Mein Vater kam morgens in mein Schlafzimmer und sagte mir, dass meine Mutter gestorben ist. Ihre letzten Worte waren: ,Lieber Gott, nimm mich doch zu dir,' weil sie so starke Schmerzen hatte."* Demnach muss Lisbeth, nachdem die Wirkung der Medikamente nachgelassen hatte, noch einmal zu Bewusstsein gekommen sein.

Am selben Tag, am 29.08., setzte sich Heinz vor seinen Schreibblock, um seinen Eltern einen Brief zu schreiben. Bisher hatte ihm noch niemand mitgeteilt, dass seine Mutter gestorben war. Ahnungslos schreibt er:

"Nach Deinem letzten Brief, lieber Vater, hast Du, liebe Mutter, erstmals wieder etwas zu Dir nehmen können. Ich habe mich sehr darüber gefreut. Hoffentlich ist es in der inzwischen verlaufenen Woche wieder bergauf gegangen! Ich bin etwas beunruhigt, da ich nach dem 23.8. keine Post mehr erhalten habe. Schicke mir, lieber Vater, doch bitte halbwöchentlich einen Brief, solange es Mutter so schlecht geht."

Heinz wusste nicht, dass sein Vater bereits Witwer war. Wohl aber hatte er von dem Fliegerangriff auf Kassel erfahren: *"Inzwischen ist ja Kassel bombardiert worden [...] Hoffentlich ist euch und unserem Haus nichts passiert und bei Dir, Mutter, kein Rückschlag eingetreten durch den engl. Fliegerangriff."*

Heinrich war jetzt Witwer mit einem siebenjährigen Sohn. Er wird wahrscheinlich kurz nach dem Tod von Lisbeth einen Besuch von Pfarrer Roßbach bekommen haben. Die Trauerfeier musste besprochen werden und auch über den Text für das Sterbeblättchen sollte entschieden werden. Da es einige Tage dauerte bis Heinz und Kurt in Kassel eintrafen, geht die Gestaltung des Trauerblättchens wohl allein auf Heinrich zurück. Er wählte ein Bildnis der Mater Dolorosa (Schmerzensmutter) und folgenden Text:

„Zum frommen Angedenken an die in Gott ruhende Elisabeth Müller, geboren am 24. August 1892 zu Daseburg/W., gestorben wohlversehen mit den hl. Sterbesakramenten am 29. August zu Kassel, nach einem von Liebe für die Ihren erfüllten Leben.

Oh Herr, der Du denen, die Dich lieben, alles zum Besten gereichen läßt, erfülle die Seele Deiner Dienerin Elisabeth, die allzeit an Dich geglaubt und auf Dich gehofft hat, mit der Seligkeit Deines Lichtes."

Unterdessen bemühte sich Kurt in Wiesbaden um einige Tage Urlaub, um an der Beerdigung seiner Mutter teilnehmen zu können. Der vorgesetzte Offizier allerdings stellte sich stur und gewährte ihm diesen Urlaub nicht. „Ihre Mutter kommt auch ohne Sie unter die Erde", antwortete er auf das Gesuch meines Vaters. Hilfe suchend wandte sich Kurt an Heinz, der sich umgehend in einen Zug nach Wiesbaden setzte. Heinz, gekleidet in seiner neuen Offiziersuniform, ist dort, laut meinem Vater, sehr selbstbewusst aufgetreten. Der sturköpfige Vorgesetzte gab nach und Kurt durfte nach Kassel fahren. Lisbeth wurde in Kassel auf dem Friedhof Wahlershausen beerdigt. Alle drei Söhne konnten an ihrer Beerdigung teilnehmen, was in Kriegszeiten keine Selbstverständlichkeit war.

Nach dem Tod von Lisbeth arbeitete Heinrich wie gewohnt in der Reichsbahndirektion Kassel. Abends erledigte er häusliche Arbeiten, da er nach wie vor keine zuverlässige Haushaltshilfe bekam. An den Wochenenden hörte er Radio. Die ausländischen Sender berichteten über den mörderischen und selbstmörderischen Angriff auf Stalingrad.

Heinrich schlief kaum noch. Immer wieder kreisten seine Gedanken um die Unterleibsoperation, die so lange verschoben worden war, bis es zu spät gewesen ist. Schmerz und Wut zermürbten ihn. Drei Wochen nach dem Tod von Lisbeth hielt er es nicht mehr aus. Seine Gedanken wollten geäußert werden, vielleicht in einem Gespräch oder besser noch in einem Protestschreiben. Am 21. September 1942 schickte Heinrich seinem Arbeitgeber auf dem Dienstweg einen vierseitigen Brief:

„An die Reichsbahndirektion Kassel. Betrifft: Änderung in meinen persönlichen Verhältnissen. (Tod der Ehefrau durch Mitschuld der RBD)."

Heinrich hatte diesen Brief, so emotional er auch war, sehr genau durchdacht. Wie ein roter Faden zieht sich die Begründung seiner Schuldzuweisung durch den gesamten Brief. Da war zum einen die fast endlose Verzögerung seiner Rückbeorderung aus Reval und zum andern der grobe Umgang der Reichsbahndirektion mit seiner Frau. Letztgenannter Vorwurf betrifft das zweite Ablehnungsschreiben der Reichsbahndirektion, in dem diese ankündigt, auf weitere Briefe von Lisbeth nicht mehr zu reagieren. Wir kennen dieses Schreiben bereits.

Heinrich war der festen Ansicht, dass dieses Antwortschreiben dazu beigetragen hat, Lisbeths Gesundheit zu destabilisieren, und er führte diesen Gedanken aus:

„Durch diese unnötige Verschleppung der Gestellung eines Ersatzmannes und ganz besonders durch die maßlos freche Tonart der oben angegebenen zweiten Ablehnung wurde meiner kranken Frau jedoch jeder innere Halt genommen. So las ich es aus ihren von Angst erfüllten Briefen und so sagten es mir nach meiner Rückkehr aus dem Osten die bekannten Frauen, denen sie ihr schweres Leid geklagt hat. [...]

Nach dieser Antwort traten eine ständige Verschlechterung ihres Zustandes und eine immer größere Schwäche ihres Körpers ein. Sie, die immer für die Familie besorgte Mutter, hatte mit dem Glauben an die Betreuung der Angehörigen der nach dem Osten abgeordneten Eisenbahner auch den Glauben an die Menschen und die Kraft zum Leben verloren."

So formuliert scheint es, dass Lisbeth nicht nur unter ihrer Krankheit gelitten hat, sondern auch an einem Gefühl der Hoffnungslosigkeit. Nun wird ihre Unterleibserkrankung auch ihre Gesamtverfassung beeinträchtigt haben, wofür man die Reichsbahndirektion nicht verantwortlich machen kann. Allerdings gab Heinrich seinem Arbeitgeber nicht die volle Schuld am Tod seiner Frau, sondern eine Mitschuld.

Die letzten zwei Absätze in seinem Brief beschreiben seine Verzweiflung und Erschöpfung nach dem Tod von Lisbeth, wohl wissend, dass der Reichsbahndirektion an der Leistungsfähigkeit ihrer Beamten gelegen war. Der Wortbruch der Reichsbahndirektion und die Vernachlässigung ihrer Fürsorgepflicht gegenüber den Mitarbeitern hat nicht nur seiner Frau geschadet, sondern auch ihm, so die Argumentation:

„Woher soll ich selbst die Kraft für die vielen häuslichen Arbeiten neben meiner Berufsarbeit nehmen, nachdem ich 4 Wochen lang im Krankenhaus jeden Tag das Elend meiner Frau mit angesehen habe, bis ich ihr schließlich die Augen zudrücken mußte? – Und woher den Glauben an meine Behörde, die uns nach dem Osten abgeordneten Beamten die Betreuung unserer Angehörigen versprach und nun in der für meine Familie für alle Zeit lebenswichtigsten Frage genau das Gegenteil tat?"

Heinrich war nach dem Tod von Lisbeth erschöpft, verzweifelt und voller Wut. Aber dieser Brief war nicht nur ein Ventil für seine Affekte. Heinrich hatte klare Vorstellungen von Recht und Unrecht. Seiner Frau war Unrecht getan worden, und er hielt es für angemessen, vielleicht sogar für seine Pflicht, darauf aufmerksam zu machen. Nur eines irritiert, und das ist die Todesursache, die Heinrich angibt. Seinen Brief leitet er mit folgenden Worten ein:

„*Am 29.08.1942 ist meine Ehefrau Auguste geb. Müller nach einer Unterleibsoperation, die der Arzt schon Anfang März 1942 für dringlich hielt, infolge großer Schwäche gestorben.*"

Da eine Krankenakte nicht vorhanden ist, lässt sich die Todesursache im Nachhinein nicht mehr mit Sicherheit feststellen. Es existiert ein amtliches Schreiben von Walter Endrich, in dem dieser erwähnt, dass seine Nachbarin durch einen Bombenangriff ums Leben gekommen sei. Die Informationsquelle für diese Darstellung war sein Sohn Mathias. Die Angaben von Heinrich und Walter Endrich stehen aber nicht unbedingt im Widerspruch zueinander. Lisbeth war schwer krank. Allem, was an Missgeschicken von außen auf sie zukam, hatte sie nichts mehr entgegenzusetzen.

So vorwurfsvoll Heinrichs Brief auch war, nur eine Bemerkung sprengte den Rahmen des Erlaubten, nämlich als er schrieb, dass seine Frau „*an Herzensbildung himmelhoch über den geistigen Urhebern*" des Schreibens steht, mit dem die RBD die Fortsetzung der Korrespondenz mit Lisbeth ablehnte. Heinrich verfasste seinen Brief aber in einer Zeit, in der weit weniger gewagte Bemerkungen zu mehreren Jahren Zuchthaus führten. Am 31.10.1942 erteilte die Reichsbahndirektion Heinrich einen Verweis mit der Begründung: Sie haben die Reichsbahndirektion „*in einer in jeder Hinsicht unberechtigten Weise der Mitschuld an dem Tode Ihrer Ehefrau bezichtigt, wobei Sie sich wiederholt beleidigender und recht ungehöriger Ausdrücke bedient haben.*"

Die Vorgesetzten von Heinrich haben mit dieser relativ geringfügigen Strafe die Vorgeschichte seines Briefs und seinen persönlichen Hintergrund durchaus berücksichtigt. Dass sie seine Arbeitskraft brauchten, war mit Sicherheit auch ein Grund für die moderate Bestrafung.

Heinrich hat den Verweis entgegengenommen, gelesen und zu den Akten gelegt. Im Moment gab es Wichtigeres. Er war allein in der Wohnung mit seinem siebenjährigen Sohn, der seine Mutter vermisste, und um den er sich nicht genügend kümmern konnte. Er musste alles daransetzen, Auswege aus dieser verfahrenen Situation zu finden.

5. Teil: Der Witwer und seine Söhne

Das Leben geht weiter

Es war im Jahr 2012 in einer kleinen Gemeinde einige Kilometer von Kassel entfernt: Der jüngste Sohn meines Großvaters, mein Onkel Erik Müller, empfing mich an der Haustür. Wir gingen einige Schritte durch den Garten am Gewächshaus vorbei zur Terrasse und von dort in sein Wohnzimmer. Früher war das Gewächshaus angefüllt mit Orchideen und Tillandsien, zwischen denen Kolibris und Nektarvögel schwirrten. Im Jahr 2012 hatte er den Bestand an tropischen Pflanzen etwas reduziert, exotische Vögel besaß er gar nicht mehr, wohl aber noch Orchideen, die in Töpfe eingepflanzt und in Vitrinen hängend sein Wohnzimmer schmückten. Wir saßen also inmitten dieser Blütenpracht und redeten über den 2. Weltkrieg. Die Frage, was sein Vater vom Krieg hielt, musste ich ihm nicht stellen. Unaufgefordert sprach Erik dieses Thema an, jedes einzelne Wort betonend:

„*Mein Vater, dein Großvater war ein hundertprozentiger Kriegsgegner. Wenn einer von uns mit dem Stock anlegte, peng peng oder so was, dann ist er wild geworden. Das hat er überhaupt nicht akzeptiert; das war strengstens verboten! Und als dann meine Mutter tot war, da ist er ausgerastet.*"

Die Geschichte, die dann folgte, kannte ich bereits, weil mein Vater mir schon vor Jahren davon erzählt hatte. Zum Freundeskreis meiner Eltern gehörte ein Herr D., der in jungen Jahren ein Kollege meines Großvaters Heinrich gewesen ist. Dieser erzählte meinem Vater und Erik auf einer Familienfeier, dass sich Heinrich über Hitler geäußert hätte, und zwar in einer Art, die für damalige Verhältnisse einfach nur ungeheuerlich gewesen sei: „*Dieser Mann hat meine Familie auf dem Gewissen*", hätte Heinrich gesagt, und das war auch nur eine Bemerkung unter mehreren, mit denen Heinrich das System und den Krieg ganz offen kritisiert hätte. Was ich von meinem Vater seinerzeit noch erfuhr, war, dass Herr D. innerhalb der NSDAP ein höheres Amt innehatte. Zum Schluss hätte Herr D. noch gesagt: „*Eigentlich hätte ich ihn anzeigen müssen, aber weil er so ein netter Kerl war, hab ich es gelassen.*"

Während des Nationalsozialismus wurden unbequeme oder unliebsame Zeitgenossen denunziert. Nicht nur fanatische Nationalsozialisten verhielten sich so. Dies ist hinlänglich bekannt. Den umgekehrten Fall, dass Personen, die gegen das Regime aufbegehrten, gedeckt wurden, gab es aber auch. Sympathie und Antipathie scheinen in dem einen wie in dem anderen Fall eine große Rolle gespielt zu haben.

Trotzdem mag man das Ganze kaum glauben. Da mir aber mein Vater und Erik unabhängig voneinander diese Geschichte erzählt haben, gehe ich davon aus, dass sie der Wahrheit entspricht. Es hat wirklich den Anschein, als wäre Heinrich nach dem Tod von Lisbeth „ausgerastet". - „Mein Vater hat gewütet", erzählte mir Erik. „Nach dem Tod meiner Mutter war ihm alles egal."

Heinrich trauerte um Lisbeth im Bewusstsein, dass ihr Tod hätte verhindert werden können. Dazu kam die Angst um Heinz und Kurt. Beide waren Soldaten und er konnte nicht mehr tun als beten, dass sie den Krieg überlebten. Erschöpft, weil er kaum schlief, kämpfte sich Heinrich von einem Tag zum nächsten. Er ging seinen Verpflichtungen nach, weil die Routine seine Gedanken auf Alltägliches konzentrierte. Das hinderte ihn daran durchzudrehen.

Um Erik konnte er sich aber auf Dauer nicht kümmern, da er die meiste Zeit des Tages in der Reichsbahndirektion arbeitete. Kurz nach dem Tod von Lisbeth brachte er ihn daher in Daseburg bei Wienholts unter. Lisbeths Bruder Franz Wienholt und seine Frau Sarah hatten zwölf Kinder, von denen die beiden ältesten Söhne bereits eingezogen waren. In der übrig gebliebenen Schar war Erik gewissermaßen das elfte Kind. Erik erinnerte mich daran, dass er praktisch wie ein Einzelkind aufgewachsen war. Diese kinderreiche Familie war intakt und liebenswert, aber für ihn einfach nicht das richtige Umfeld. Sein Vater hätte allerdings sehr schnell bemerkt, dass für seinen Jüngsten eine andere Lösung gefunden werden musste.

Wenige Wochen nachdem Heinrich Erik bei seinem Schwager untergebracht hatte, gelang ihm das, worum er sich seit langem bemüht hatte: Er fand eine zuverlässige Haushaltshilfe. Laura, geborene Gillandt aus Daseburg, die nach der Geburt von Erik Lisbeth entlastet hatte, vermittelte ihre jüngere Schwester Elisabeth an den Müllerschen Haushalt. Wie viele Frauen in Daseburg wurde auch Elisabeth Gillandt „Lisbeth" genannt. Es wohnte also wieder eine Lisbeth im Hause Müller. Elisabeth Gillandt war für Heinrich und Erik ein Glücksfall. Die 27-Jährige erledigte die Hausarbeit routiniert und was noch wichtiger war, sie war eine verantwortungsvolle Ansprechpartnerin für Erik. „Sie hat sich rührend um mich gekümmert", erinnert sich dieser.

Heinrich hatte das Gefühl, dass sein aus den Fugen geratenes Leben allmählich wieder ins Lot kam. Das war Grund genug, um sich bei Laura für die Vermittlung ihrer Schwester zu bedanken. Am 22. November 1942 schreibt Heinrich:

„Liebe Laura! Ich benutze die Gelegenheit und sende Dir recht herzliche Grüße. Es hat mich sehr gefreut, von Lisbeth [Gillandt] zu hören, daß Du glücklich verheiratet bist und einen guten Mann bekommen hast. Den

hast Du ja auch verdient. Auch möchte ich mich bei Dir bedanken, daß Du mit dazu beigetragen hast, daß Lisbeth [Gillandt] gekommen ist."
Dann setzte er den Brief fort, indem er Laura einen Einblick in das Ausmaß seines Unglücks gewährte:
„Im ersten Vierteljahr der Krankheit und nach dem Tod meiner lieben Frau, mit 3 Söhnen an deren offenem Grabe stehen müssen und das Weh, das einen immer wieder von neuem erfasst, ist das bitterste, das einem Menschen zustoßen kann. Unter Lisbeths Fürsorge werde ich nun allmählich wieder Mensch werden. Sie hat sich schnell reingefunden und kommt mit Erik gut aus, was einem Vater in solcher Lage besonders wichtig ist. Nun dir und Deinem Mann nochmals recht herzl. Grüße Heinr. Müller."
Eine Generation später erzählte Elisabeth Gillandt ihrer Tochter, dass sie sich in der Familie Müller sehr wohlgefühlt hätte. Der Herr Müller hätte sie wie eine Tochter behandelt.

Heinrich wusste, dass sein Sohn in Daseburg besser aufgehoben war als in Kassel. Auch in Daseburg gab es Vorkehrungen gegen Luftangriffe und sogar eine Sirene. Das kleine Dorf war aber nicht Ziel von Bombenangriffen. Erik besuchte nach wie vor in Kassel die Schule, verbrachte aber die Ferien bei Familie Gillandt in Daseburg. Elisabeths Vater war Wollkämmer von Beruf und hatte im Stall einige Ziegen. Von etwas Wohlstand konnte diese Familie nur träumen. Es war selbstverständlich, dass Heinrich alles, was Familie Gillandt für Erik tat, bezahlte.

Über das Jahr 1943 gibt der Taschenkalender von Heinrich Auskunft. Am 09.01.1943 kam Erik ins Krankenhaus mit Verdacht auf eine Blinddarmentzündung. Operiert werden musste er dann doch nicht. Am 14. Januar notierte Heinrich in seinen Taschenkalender: *„Erik geht wieder zur Schule, es geht ihm aber noch nicht gut."* Eine Zeile tiefer steht: *„An Kurt geschrieben."* Zehn Tage nachdem Heinrich dies notiert hatte, kam sein Zweitältester zu Besuch und fuhr am darauffolgenden Mittag, das war Sonntag der 24.01., schon wieder ab.

Von Kurt, also meinem Vater, weiß ich, dass er auf keinen Fall Soldat sein wollte. Er hoffte, mit einem Posten in der Regimentsküche dem Kampfgeschehen an der Front zu entgehen. Kochen konnte er ja schließlich. Zu seinem Dienst als „Küchenbulle", wie man damals sagte, gehörte auch, das Geschlachtete vom Lieferwagen in die Küche zu schleppen. Es war Anfang September 1942 als er sich, mit einem halben Rind auf dem Rücken, einen Bruch hob. Am 07.09.1942 kam er ins Lazarett mit der Diagnose *„Leistenbruch links"*. Der Arzt, der ihn operierte, hatte nach Angabe meines Vaters die Narkose vergessen oder die Spritze nicht richtig gesetzt. Er operierte, während sein Patient vor Schmerzen nach Luft schnappte. Der Arzt entschuldigte sich, schenkte Kurt nach der Operation eine Schachtel Zigaretten und behielt ihn für auffallend lange Zeit im Lazarett. Während Kurt im Lazarett lag, wurde sein Regiment nach Stalingrad abkommandiert. *„Dieser Arzt hat mich geschützt",* erzählte mir später mein Vater.

Im Februar 1943 war der Kampf um Stalingrad für das Dritte Reich verloren. Der Kampf, der verbissen um jeden Straßenabschnitt geführt worden war, soll schlimmer gewesen sein als der Kampf im Schützengraben während des 1. Weltkriegs. Die Soldaten fielen im Straßenkampf, sie starben an ihren Erfrierungen oder sie verhungerten.[289]

Kurt, der nur um Haaresbreite einer Abkommandierung nach Stalingrad entgangen war, rückte im März 1943 mit seinem Regiment aus. Mein Vater erzählte mir, dass er und seine Kameraden auf dem Boden eines großen Flugzeugs gesessen hätten, ohne zu wissen, wohin die Reise geht: in den Osten oder an die vergleichsweise moderate Westfront. Dann hörten die Soldaten die Hiobsbotschaft: „Es geht in den Osten".

Das Regiment von Kurt wurde auf dem Kuban-Brückenkopf (Südrussland) eingesetzt. Der Weg dorthin führte über Stalino in der Ukraine. Der erste Feldpostbrief, den Heinrich von Kurt erhielt, stammte vom 9. April 1943. Kurt war damals 19 Jahre alt:

„Im Felde, 9.4.43

Ihr Lieben! Endlich habe ich meine Feldpostnummer erhalten. Da will ich die Zeit zum Schreiben gleich benutzen. Hinter Stalino sind wir ausgeladen worden. Dann etwa 10 km in Richtung Ost in eine gute Verpflegung. Gestern weiter 12 km östlich gekommen. Wir wurden alle als Infanterieschützen eingeteilt. [...]

Seit gestern habe ich 3 verschiedene Quartiere gehabt, aber alle ziemlich sauber. Jetzt liege ich mit noch 5 Mann in einem Haus einquartiert. Unsere Fahrt hat genau 8 Tage gedauert.[...]

Eingekleidet bin ich auch einigermaßen. Darüber, daß ich bei einer Schützenkompanie bin, brauchst Du lieber Vater Dir keine Sorgen zu machen. Es wird noch so viel umgeworfen werden. So wird sich schon eine Gelegenheit für mich finden, daß ich zur Küche komme. Gesund bin ich nach wie vor. Läuse u. Wanzen habe ich nicht. Nun viele Grüße sendet Euch Kurt!"

Kurt schreibt seinen Brief mit kurzen Sätzen. Der geschliffene Stil von Heinz lag ihm nicht, wofür seine einfache Schulbildung nicht der einzige Grund war. Die beiden Brüder, die am selben Tag Geburtstag hatten, waren in ihrem Wesen durchaus verschieden. Beide ähnelten ihrem Vater,

---

[289] Piekalkiewicz, Janusz: Der Zweite Weltkrieg. Augsburg 1995, S. 757, Roberts, Andrew: Feuersturm. Eine Geschichte des Zweiten Weltkriegs. München 2019, S. 454f.

aber auf unterschiedliche Weise. Kurt war ebenso wie sein Vater bodenständig. Zwei Wochen bevor der 1. Weltkrieg ausbrach, hatte sich Heinrich intensiv um eine Anstellung bemüht. Eine freiwillige Meldung, etwa aus Kriegsbegeisterung, kam für ihn nicht in Frage. Heinrichs Zweitältester hätte sich, wäre er in derselben Situation wie sein Vater gewesen, genauso verhalten wie dieser. Kurt hatte nicht den geringsten militärischen Ehrgeiz und nationale Schwärmerei war ihm fremd. Er strebte eine sichere Beamtenstelle an und wollte irgendwann eine Familie gründen. Für mehr musste er sich im Moment nicht interessieren.

Von Heinz wurde mir erzählt, er sei seinem Vater sehr ähnlich gewesen, ebenso wie dieser korrekt und ausgesprochen pflichtbewusst. Er diente als Leutnant in Würzburg und besuchte Heinrich jeden Monat. Erik erinnert sich an eine heftige Auseinandersetzung zwischen Heinrich und seinem Ältesten, die während eines solchen Heimaturlaubes auf dem Balkon ausgetragen wurde. Hintergrund des Streits war das Verhalten von Heinz gegenüber einem Soldaten, der ihm unterstellt war. Dieser Soldat hatte ein Stück Brot aus seinem Proviant verschimmeln lassen, wofür Heinz ihn bestrafte. Heinrich war der Ansicht, dass eine Bestrafung für eine solche Bagatelle unangebracht sei. Er sagte seinem Sohn dies in aller Deutlichkeit, woraufhin Heinz sein Vorgehen mit ebenso deutlichen Worten verteidigte.

Der Streit zwischen Vater und Sohn war heftig und lautstark, obwohl Nachbarn und Mieter ihn mitverfolgen konnten. *„Die beiden haben miteinander gerungen",* erinnert sich Erik. *„Kann man einen Soldaten für so was bestrafen? Das war für beide ganz wichtig."* Dass Heinrich und sein Ältester einander ähnelten, war völlig in Ordnung. Wenn Heinz sich hätte aussuchen können, welche Person ihn am meisten prägt, dann wäre Heinrich bestimmt keine schlechte Wahl gewesen. Aber in diesem Fall führten gerade die ähnlichen Charakterzüge zum Zusammenprall.

Heinz war ambitionierter und ehrgeiziger als sein jüngerer Bruder. Dass er sich um eine Beförderung zum Leutnant bemüht hatte, geschah jedoch zum geringsten Anteil aus Ehrgeiz. Was den Offiziersrang reizvoll machte, war der Vorteil, sich für eine militärische Stelle bewerben zu können. Eben das tat Heinz im Mai 1943. Selbstverständlich befand sich diese vakante Stelle nicht an der Ostfront, sondern im Westen wahrscheinlich am Golf von Biskaya. Leider hatte seine Bewerbung keinen Erfolg.

Auf seinem Rückweg nach Würzburg zu seinem Regiment besuchte Heinz für zwei Tage Paris. Dort wurden die Landser mit Bussen durch die Stadt gefahren, damit ihnen keine der Sehenswürdigkeiten entging. Die deutschen Militärs waren in der Regel begeistert von der bombastischen Architektur der Hauptstadt Frankreichs, so auch Heinz. Er schwebte regelrecht durch Paris, ließ sich in seiner adretten Offiziersuniform bewundern und deckte sich mit etlichen Ansichtskarten ein. Zurück in Würzburg schreibt er am 28.05.1943 nach Kassel:

„Meine Lieben! Ja, da staunst du, lieber Vater, aber mein Ausflug nach Frankreich ist zu Ende. Für meine Stelle waren 5 Bewerber vorhanden. Die Division wählte dann die beiden Herren aus, die sie angefordert hatte und ich wurde zurückgeschickt. Auf der Rückfahrt habe ich zwei Tage in Paris zugebracht. Paris – es hat auf mich gewirkt wie eine Wunderstadt. Solch herrliches Stadtbild, so viele Schlösser, die Fassaden ganzer Straßenzüge, die großen Boulevards, Notre Dame, der Eiffelturm, das alles gibt es in ähnlicher Gestalt nirgendwo. Dabei sind alle Bauwerke eingelagert in großzügige Anlagen, wie die Tuilerien, das Marsfeld usw."

Heinz saß beim Schreiben in seiner Kaserne in Würzburg an einem Tisch, auf dem sehr wahrscheinlich ein Reiseführer von Paris lag. Seine Schwärmerei für Frankreichs Hauptstadt war sicher echt, sein Schreibstil wirkt an einigen Stellen aber so maniert, als hätte er sich einiger Formulierungen aus einem Reiseführer oder einer kunsthistorischen Abhandlung bedient:

„Die schönsten Erinnerungen aber hat mir der Eiffelturm gebracht mit seinem Blick über Paris, vor allem aber auf den Montmartre, der sich allmählich aufsteigend in dem Häusermeer von Parisens Norden befindet und dessen Abschluß die Kirche Sakré-Coeur bildet, die schneeweiß strahlend auf dem höchsten Gipfel von Paris gleichsam schützend über dieser Stadt steht. Auf dem Eiffelturm war ich nur bis zur ersten Stufe, wo sich Restaurationsbetriebe befinden. Weiter hinauf konnte man leider nicht; aber auch von hieraus hatte man bereits einen weiten Überblick über Paris. Dann gibt es keine Straßenbahn in ganz Paris. Aller Verkehr wickelt sich auf der Pariser U Bahn der ‚Metro' ab."

Heinz schlenderte in seiner neuen Offiziersuniform durch Paris. Er war ein gut aussehender Mann (Abb. 22). Man kann ihm nicht übel nehmen, dass er sich dessen bewusst war:

„Der Pariser selbst ist ein unauffälliger Mann, der nicht hervortritt. So ruhen die Augen nahezu aller Pariserinnen auf einem, wenn man als junger gut aussehender Leutnant über die Boulevards geht und zwar mehr noch und auffälliger als in Deutschland dasselbe der Fall ist, möchte ich behaupten. Die Pariserin verbreitet einen Liebreiz und einen Charme um sich wie keine deutsche Frau. Sie trägt zur Zeit auffallend große, schick aussehende Hüte. Würde eine deutsche Frau sich so schminken wie die Pariserin, so würde sie fad aussehen. Die Pariserin wirkt nur noch

anziehender. Auch im Vergnügungsviertel von Montmartre war ich. Geschlafen habe ich eine Nacht im Grand Hotel. Und nun bin ich wieder hier."

Die Bemerkung, dass der Pariser ein unauffälliger Mann wäre, findet sich auch in Feldpostbriefen anderer in Frankreich stationierter Soldaten.[290] Im Unterschied zu den deutschen Soldaten ging der Pariser in Zivil, wodurch er von den uniformierten Landsern damals als unscheinbar wahrgenommen wurde. Es ist nicht für jeden nachvollziehbar, aber nach dem damaligen Geschmack unterstreicht die Uniform die Attraktivität eines Mannes. Völlig ins Schwärmen gerät Heinz bei der Beschreibung der Pariserin, die anscheinend alle anderen Frauen, denen er bisher begegnet war, überstrahlte. Heinz hatte in Kassel eine feste Freundin, Monika, die ebenfalls recht ansehnlich war. Wie hätte sie wohl den Brief von Heinz kommentiert?

Heinz hatte Monika im Haus der Familie Endrich kennengelernt. Sie war eine Verwandte der Familie und stammte ebenfalls aus dem katholischen Milieu. Im Nachlass findet sich eine nur unzureichend datierte Ansichtskarte von Heinz an seinen Vater. Auf dieser Karte sendet Heinz Grüße von der Zugspitze. Seine Liebste ließ es sich nicht nehmen, auch eine Grußzeile auf diese Karte zu schreiben. Das Verhältnis zwischen den beiden war eng, vielleicht sogar intim. Erik kannte Monika, weil sie sich häufig in der Wohnung seines Vaters aufhielt. Für ihn wäre damals offensichtlich gewesen, so erzählte er mir später, dass Heinz und Monika verlobt waren und irgendwann heiraten würden.

Zurück zum Brief von Heinz aus Paris: In diesem Brief findet sich keine despektierliche Bemerkung, wenn man mal von dem „unauffälligen Pariser" absieht. Wie wir wissen, hatte sein Freund Michael einen ganz anderen Eindruck von Frankreich und den Parisern.[291] Allerdings muss man berücksichtigen, dass die Informationen, die unter gleichaltrigen Freunden ausgetauscht wurden, andere waren als diejenigen, die in die Korrespondenz zwischen Vater und Sohn einflossen.

Heinz hatte sich in Frankreich am Golf von Biskaya wohlgefühlt, aber er war mit seiner Bewerbung gescheitert. Der Ostfront konnte er durch eine Bewerbung bei seiner früheren Truppe nun nicht mehr entgehen. Etwas schicksalsergeben beendet Heinz den Brief an seinen Vater:

„Was mit mir weiter geschieht, weiß ich noch nicht. Zunächst mache ich hier wieder meinen alten Dienst, solange bis wieder eine neue Abstellung

---

[290] Drolshagen; Ebba D.: Der freundliche Feind. Wehrmachtssoldaten im besetzten Europa. Augsburg 2009, S. 102.
[291] Siehe Kapitel: „Dieser Verbrecher, den Krieg verliert er."

fällig ist. Die Einheit, bei der ich in Frankreich war, hätte mir sehr gut geholfen. Nun, es hat nicht sollen sein."

Nicht nur Heinz hatte Pech, Kurt war es nicht besser ergangen. In der Regimentsküche hatte man keine Verwendung für ihn. Stattdessen sollte er an der Front kämpfen, ausgerüstet mit einem Granatgewehr, das anstelle von Kugeln Granaten feuerte. Bevor es an die Front ging, trainierten die Infanteristen mit diesem Gewehr. Bei den Schießübungen wurde Kurt durch Granatsplitter leicht verletzt. Das war die erste seiner Kriegsverletzungen.

Die Landser erlitten in den besetzten Ländern wie Ukraine und Belarus nicht nur Verluste durch die regulären russischen Truppen. Sie wurden auch von Partisanen attackiert. Das Sowjetregime unterstützte diese Gruppen. Dass sich die Partisanenbewegung im Hinterland aber zu einem riesigen Problem entwickelte, hatte die deutsche Zivilverwaltung in den besetzten Gebieten selbst verschuldet. Da die slawische Bevölkerung den Nationalsozialisten als rassisch minderwertig galt, wurde sie auf Anweisung der Reichskommissare unterdrückt, was den Partisanengruppen Zulauf verschaffte. Auf die Mordtaten der Partisanen reagierten die deutschen Truppen mit drastischen Maßnahmen, die auch Unschuldige trafen. Unter der ukrainischen Bevölkerung waren die deutschen Besatzer dementsprechend gering geschätzt. Diese Menschen, die bereits unter den Sowjets gelitten hatten, sahen sehr bald, dass sich die deutschen Besatzer keineswegs besser verhielten.

Mein Vater erzählte mir von der Begegnung mit einer Ukrainerin, der er möglicherweise zu verdanken hatte, dass er nicht in russische Gefangenschaft geraten ist. Am Tag dieser Begegnung war er seit Stunden allein unterwegs, aus welchen Gründen ist mir unbekannt. Ich weiß nur, dass er versuchte, zu seiner Truppe aufzuschließen. Hungrig kam er an einem Bauernhof vorbei. Der Bäuerin gab er durch ein Gemisch aus Zeichensprache und wenigen Wörtern zu verstehen, dass er von seiner Waffe keinen Gebrauch machen würde, sie aber bitte, ihm Nahrung zu geben. Unwillig gab ihm die Frau zu essen. Nach einiger Zeit tat ihr der junge schlaksige Kerl wohl leid. Als mein Vater aufbrach, teilte sie ihm mit, dass in der Nähe eine Truppe der Roten Armee sei und in welcher Richtung er sich halten müsse, um diese zu umgehen. Die Landser hatten allen Grund, die Gefangennahme durch die Sowjets zu fürchten. Mathias Endrich war Zeuge, als Heinz einmal sagte, dass er lieber bis zum Letzten kämpfen würde, ehe er in russische Gefangenschaft ginge. Mein Vater wird ähnlich gedacht haben. Dankbar für den Hinweis der Ukrainerin zog er weiter.

Aber auch die Wehrmacht behandelte die russischen Gefangenen schlecht, so zumindest hat es mein Vater erlebt. Er befand sich damals mit seinem Regiment im Gelände, als eine Gruppe von Gefangenen an ihnen vorbeigeführt wurde. Die Gefangenen hätten erbärmlich ausgesehen. Kurt zündete eine Zigarette an und warf sie in Richtung der Männer. Als sich ein Gefangener bückte, um die Zigarette aufzuheben, drosch einer der Aufseher auf den Mann in rabiatester Form ein. Ein anderer des Aufsichtspersonals rannte mit gezücktem Gewehr auf meinen Vater zu. Der bekam aber Hilfe von einem Vorgesetzten, der ebenfalls sein Gewehr anlegte. „Wenn du ihm was antust, drücke ich ab", sagte dieser sinngemäß. Der Mann, der meinen Vater bedroht hatte, ließ sein Gewehr sinken, fing aber an zu schimpfen: „Weswegen hilfst du dem. Wegen denen sind wir doch hier in diesem Dreck."

Die Diskrepanzen zwischen den „altgedienten" Soldaten und den relativ unvorbelasteten Männern, die frisch aus ihren Kasernen in diese Verhältnisse geschickt worden waren, führten dazu, dass sich einzelne Soldaten unterschiedlicher Regimenter gegenseitig bedrohten. Das scheint wohl der Hintergrund dieser Geschichte zu sein. Es verstand sich daher von selbst, dass Kurt über ein solches Erlebnis in seinen Briefen nach Kassel nicht berichtete. Die damalige Feldpost wurde überprüft und derjenige, dessen Äußerungen als wehrkraftzersetzend eingestuft wurden, musste mit harten Strafen rechnen. Der Brief, den Kurt an seinen Vater am 25.06.1943 schrieb, vermittelt aber einiges von seiner schlechten Laune. Die miserable Verpflegung, die er im Brief bemängelt, war wahrscheinlich nicht das einzige Problem, das ihn plagte.

„Ich bin jetzt oft mit meinen Gedanken daheim. Wie wird es wohl im Garten aussehen. Ich glaube, es gibt dieses Jahr eine gute Obsternte. Ich vermisse das Obst sehr. Jede Gelegenheit etwas zu erhaschen nütze ich hier aus. Maulbeeren findet man ab und zu. Auch sieht man hin und wieder einige Kirschen. Es sind aber meist kümmerliche Dinger. Was machen bei uns die Erdbeeren? Der weiße Klarapfel wird seinen Dienst wie jedes Jahr wohl tun. Schade, jetzt müßte man auf Urlaub nach Hause fahren können."

Bis vor kurzem war Kurt einer anderen militärischen Einheit unterstellt gewesen, in der er besser behandelt wurde.

„Bei der niederen Einheit haben wir auch pünktlich und jeden Tag Backwaren und Schokolade erhalten. Hier haben sie uns schon 8 Tage darum über das Ohr gehauen. Seit 10 Tagen erhalten wir auch keine gute Butter mehr. Ich möchte bloß wissen woran das liegen mag."

Kurt kämpfte jetzt mit seinem Regiment beim Kuban-Brückenkopf gegen russische Truppen. Neben seiner dürftigen Verpflegung war der Kampf an der Front, dem er sich nicht mehr entziehen konnte, sicher das zweite Problem.

„Morgen wechseln wir die Stellung wieder. Etwa 120 Russen haben wir da gegen uns. Die Russen sind abgeschnitten und haben den Kuban im Rücken. Unsere Artillerie funkt schwer drauf. Verluste hat die Kompanie bis jetzt keine gehabt. Ich meine die dort lag. Muß nun schließen und Heinz auch schreiben. Die Briefe gehen sonst heute Abend nicht mehr ab."

Das erwünschte Lebensmittelpaket von Heinrich und Elisabeth Gillandt ließ nicht lange auf sich warten. Neben dem Obst, das sie zu dieser Jahreszeit auftreiben konnten, enthielt es Gebäck und andere Süßigkeiten. Es war auch nicht das erste Paket, das Kurt von seinem Vater erhalten hatte. Heinrich versorgte seine Söhne von Kassel aus ebenso wie Lisbeth es getan hatte. Auch besprach er die Probleme des Kriegsalltags per Post mit seinen Söhnen. Die Bombardements der Alliierten auf deutsche Städte hatten dramatisch zugenommen. Heinz war derjenige, der seinen Vater drängte, möglichst viele Wertgegenstände und Unentbehrliches im Keller zu deponieren. Bereits am 28.05.1943 hatte er geschrieben: „Ich möchte Euch noch einmal bitten doch möglichst viel in den Keller zu schleppen. Wo der Tommie [Engländer] jetzt so drüber herfällt, dort bleibt doch nicht mehr viel. Das habe ich eben wieder hören müssen."

Seitdem waren Wochen vergangen und Heinrich erschien sein Keller als Depot nicht mehr sicher genug. Er tat das, wozu die Bevölkerung über die Tageszeitungen aufgerufen wurde: Er lagerte Kleidung aus, und zwar zunächst nach Daseburg. Im Rucksack oder im Koffer schleppte er die Textilien vom Bahnhof Warburg nach Daseburg, manchmal in Begleitung von Erik. Selbstverständlich führte Heinrich sorgfältig Buch, welche Kleidungsstücke er in welches Haus ausgelagert hatte. Die Zettel mit seinen Aufstellungen blieben im Nachlass erhalten.

Anfang Juli 1943 besuchte Erik zum letzten Mal die Grundschule in Kassel, bevor er im Anschluss an die Sommerferien in Daseburg eingeschult wurde. Heinrich hatte den Hauptwohnsitz von Erik nach Daseburg verlegt. Im bombenbedrohten Kassel sollte er sich nur noch besuchsweise aufhalten. Diese Regelung war ein schmerzlicher Verzicht für Heinrich, aber die Sicherheit seines Jüngsten hatte Vorrang. Heinrich plante Elisabeth Gillandt nur noch stundenweise für seinen Haushalt ein. „Mein Vater war ein Arbeitstier", erinnerte sich Erik. „Er kam von der Arbeit nach Hause, ging in den Garten und hat dort die Beete umgegraben." Dabei sei ihm der Schweiß von der Stirn gelaufen. Dann erzählte er mir noch, dass immer eine Kanne mit kaltem Kaffee auf dem Tisch stand. Sein Vater hätte den Kaffee nicht aus einer Tasse getrunken, sondern direkt aus der Tülle der Kaffeekanne.

Am 17.07.1943 schrieb Kurt seinem Vater und Erik einen Brief. Nach wie vor war er auf dem Kuban-Brückenkopf stationiert und kämpfte an der Front. Doch der Rhythmus zwischen Front und Etappe war erträglich, die Versorgung der Soldaten hatte sich verbessert und somit spiegelt sich auch in seinem Schreiben deutlich mehr Zuversicht wider.

„Ihr Lieben! Nach Tagen komme ich wieder mal dazu nach Hause zu schreiben. Wir sind aus der Ruhestellung gut in den Graben gekommen. Sonntagabend kommen wir wieder an die Landfront, dort 8 Tage und dann kommen wir für vier Wochen wieder in Ruhe. Inzwischen habe ich Post vom 25.6. erhalten. Ich sehe daraus, daß es Euch noch gut geht. Das kann ich auch von mir behaupten. Das viele Obstessen hat mir gut getan. Gestern erhielt ich auch Euer mit viel Liebe zusammengestelltes angekündigtes Päckchen vom 25.6. Es war alles tadellos erhalten geblieben. Auch die Pralinen waren unbeschädigt. Aber schickt mir keine mehr. Ich komme hier öfters an Süßigkeiten als Ihr daheim. Die Wurst und der Lebkuchen waren von vorzüglichem Geschmack. Nun zu Deinem Brief. Es ist gut, daß Ihr das Wichtigste im Keller untergebracht habt. Ein Gruppenkamerad kam gestern aus dem Urlaub. Wie er zu Haus ankam war alles zerstört. So geht es auch anderen, die vom Urlaub kommen. Es ist wohl richtig das Nötigste nach Daseburg zu bringen."

Unterdessen war auf Heinz das zugekommen, was er unbedingt vermeiden wollte. Er war mit seinem Regiment nach Russland abkommandiert worden. Im Gegensatz zu Kurt hat man Heinz vorab informiert, an welchem Abschnitt der Front er kämpfen sollte. Zum letzten Mal im Jahr 1943 besuchte er seinen Vater in Kassel. Dieser schreibt am 05.07. in seinen Taschenkalender: *„Heinz fährt 20^{12} ab Bhf. Wilh[elmshöhe] nach Smolensk."*

Heinz diente als Leutnant in Westrussland nahe der Grenze zu Belarus bei einer Einheit der Heeres-Fliegerabwehr. Deren Kanonen wurden an der Front nicht nur zur Abwehr von Luftangriffen eingesetzt, sondern sie mussten als Allzweckwaffen auch gegen die mittlerweile zahlreichen und starken russischen Panzer antreten.[292] Heinz sah üblen Zeiten entgegen. Die Begleitumstände des Krieges verschlechterten sich für die Wehrmacht permanent, und das nicht nur direkt an der Front, sondern auch dahinter. Die russischen Straßen waren nicht für die Nutzung von Panzern gebaut. Je mehr Panzer über diese Straßen fuhren, desto schlechter wurde die Wegstrecke. Zwar zog Heinz im Sommer an die Ostfront, aber danach kamen der nasse Herbst, der russische Winter und der Schneematsch im März, der die Straßen in Schlammgruben verwandelte.

---

[292] Baxter, Ian: Der deutsche Panzerkrieg. 1939-1945. Klagenfurt 2010, S. 95f., 113.

Nach der Niederlage in Stalingrad gab es nur noch eine erwähnenswerte Schlacht, bei der die Wehrmacht verloren gegangenes Terrain zurückgewinnen konnte. Gemeint ist die Rückeroberung der Stadt Charkow im März 1943. Das lang geplante Unternehmen „Zitadelle" im Juli 1943 wurde jedoch aus der Sicht der Wehrmacht zum Desaster. Bei der Stadt Kursk ragte ein 190 km breiter und 145 km tiefer Frontvorsprung der Roten Armee in das von der Wehrmacht besetzte Gebiet hinein. In der Absicht, die Ostfront zu verkürzen und einer gewaltigen Sommeroffensive der Roten Armee zuvorzukommen, sollte der Kursker Bogen eingenommen werden. Die deutschen Angriffspläne waren jedoch schnell bis zur russischen Militärspitze durchgedrungen. Als die Wehrmacht die Schlacht eröffnete, traf sie auf eine Front, die gesichert war wie eine Festung. Die Verteidigungslinien der Roten Armee sollen bis zu 300 km in das Hinterland hineingeragt haben. Insgesamt waren es 18 sowjetische Armeen, die sich zwei deutschen Armeen und einer Armeeabteilung entgegenstellten.[293] Trotz des unterschiedlichen Kräfteverhältnisses waren die Verluste auf beiden Seiten, auch auf Seiten der Roten Armee, hoch.[294] Angesichts der militärischen Übermacht der Roten Armee änderte dies selbstverständlich nichts am Ausgang der Schlacht.

Die Sowjets verfügten über viel bessere Ressourcen als die Wehrmacht. Die Gefallenen konnten ersetzt werden, ihre Kriegsindustrie lief auf Hochtouren und sie wurden durch die Alliierten durch Materiallieferungen unterstützt. Einen Monat nach der verlorenen Schlacht im Kursker Bogen wusste oder ahnte der einfache deutsche Soldat ebenso wie die Offiziere, dass der Krieg gegen die Sowjetunion verloren war. Was von dieser Situation über Feldpostbriefe nach außen drang, war sehr unterschiedlich. Die Feldpostbriefe deutscher Soldaten waren teils vorsichtig formuliert, teils erstaunlich offen. Eine gängige Praxis war die Verabredung von Codes, mit deren Hilfe Soldaten ihre Angehörigen kritisch informieren konnten, ohne Gefahr zu laufen, wegen Wehrkraftzersetzung bestraft zu werden.

Ob Heinrich mit seinen Söhnen Codes verabredet hatte, bevor diese an die Front geschickt wurden, ist nicht mehr zu klären. Auf jeden Fall hat Heinz seinen Eltern verdeckte Informationen zukommen lassen. Das Kästchen mit Kork und Muscheln als Hinweis auf den Golf von Biskaya wurde in diesem Zusammenhang bereits erwähnt. Ein weiteres Beispiel

---

[293] Frieser, Karl-Heinz: Die Schlacht im Kursker Bogen. In: Das Deutsche Reich und der Zweite Weltkrieg, hg. v. Militärgeschichtlichen Forschungsamt. München 2007, Bd. 8, S. 84-86, 94, 102, Piekalkiewicz, Janusz: Der Zweite Weltkrieg. Augsburg 1995, S. 766-771, Roberts, Andrew: Feuersturm. Eine Geschichte des Zweiten Weltkriegs. München 2019, S. 539, 543.
[294] Frieser, Karl-Heinz, a.a.O., S. 200-205.

für eine verdeckte Information ist vermutlich der Brief vom 15.08.1943, den Heinz anlässlich des Todestages seiner Mutter an seinen Vater schrieb. Er ist der einzige Feldpostbrief, auf dem Heinrich das Eingangsdatum notierte: „*Eing. 27/8 43*". Heinrich war dieses Datum so wichtig, dass er es auf dem Brief mit rotem Buntstift notierte. Vor einem Jahr, in der Nacht vom 27. auf den 28.08.1942 hatte die Royal Air Force Bomben auf Kassel geworfen. Streng genommen war es der 28.08., denn die Bomben waren eine halbe bis anderthalb Stunden nach Mitternacht gefallen. Das Datum 28.08. taucht auch im Brief von Heinz auf, und zwar im Zusammenhang mit einer Kriegsprognose. Nach Ansicht meines Onkels Erik Müller handelt es sich bei dieser Textstelle um einen versteckten Hinweis, den Heinz eingesetzt hat, um mitzuteilen, dass der Krieg gegen die Sowjetunion verloren ist. Es spricht einiges dafür, dass dem so ist:

„Russland, den 15.8.43
Meine Lieben! Mein lieber Vater! Als ich mich heute zum Schreiben niedersetzte, machte ich mir Gedanken, wie Du lieber Vater wohl die letzten Tage verbracht hast, da es nun ein Jahr her ist, seit Mutter sich operieren ließ, in der Hoffnung dadurch für uns auch weiterhin sorgen und arbeiten zu können. In wenigen Tagen ist es nun ein Jahr her seit unsere gute Mutter von uns ging. Aber so schmerzlich diese Erinnerung für uns alle ist, so gut hat es Mutter gewiß im Himmel. Wenn ich allein an die Mühe und Sorgen denke, die Mutter sich hätte um uns machen müssen. So hat sie es gut. Sie kann unsere Fürbitterin bei Gott sein. In diesem Gedenken wollen wir alle Trost finden an dem Tag ihres Heimgangs zu Gott. Möge uns Überlebende das Kriegsglück hold sein, Euch in Kassel und Kurt und mir an der Front, damit wir, wenn dieser Tag sich wieder jährt, alle vereint für sie leben können. Herzliche Grüße und auf ein frohes Wiedersehen Dein Sohn Heinz!
Hier glauben alle, Offizier und Mann, daß am 28.8. die endgültige Entscheidung gegen die Russen gefallen ist."

Für Heinrich gab es mehrere Gründe, diesen Brief rot zu markieren: Nicht nur der Todestag seiner Frau jährte sich, sondern auch die Nacht des Fliegerangriffs, den Lisbeth nur um 24 Stunden überlebt hatte. Zudem erhielt er jetzt von seinem Sohn die verdeckte Information, dass die Wehrmacht von der Roten Armee unumkehrbar geschlagen worden war. Formulierungen wie *„Möge uns Überlebende das Kriegsglück hold sein"* waren vermutlich Worthülsen, die im Zusammenhang mit der versteckten Mitteilung des Briefes standen.

Heinrich verfolgte nach wie vor die Berichterstattung der ausländischen Sender. Wahrscheinlich war er über die allgemeine Kriegssituation ebenso gut informiert wie seine beiden ältesten Söhne an der Front.

General Rommel, „der Wüstenfuchs", der lange Zeit als unbesiegbar galt, hatte im Frühjahr 1943 Hitler gebeten, die Truppen aus Afrika zu evakuieren, stieß damit aber bei Hitler auf Ablehnung. Rommel erkrankte, sein Nachfolger musste kapitulieren und ging am 13.05.1943 in Kriegsgefangenschaft. Das Afrika-Corps der deutschen Streitmacht war besiegt. Am 10.07.1943 begann die Invasion der Alliierten auf Sizilien. Vor diesem Hintergrund wurde Hitlers Verbündeter Mussolini abgesetzt und vom italienischen König inhaftiert.[295] Immer offensichtlicher wurde das, was Heinrich bereits 1939 prognostiziert hatte: Hitler würde den Krieg, den er angefangen hatte, verlieren.

„Es sieht eben zur Zeit böse aus"

Heinrich und seine Söhne gedachten an Lisbeths Todestag ihrer verstorbenen Frau bzw. Mutter. Nicht allein der Verlust, auch die bitteren Umstände ihres Todes werden sie beschäftigt haben. Freunde und Bekannte jedoch sahen in Heinrich nicht nur den trauernden Witwer, sondern auch einen Vater, der mittlerweile das Trauerjahr hinter sich hatte, also wieder heiraten konnte, und dies im eigenen Interesse und für seinen kleinen Sohn auch tun sollte.

Im katholischen Milieu, und nicht nur dort, hatte man damals sehr traditionelle Vorstellungen von einer vollständigen Familie: Zu einem Witwer mit einem neunjährigen Sohn gehörte auf Dauer nicht eine Haushaltshilfe, sondern eine Ehefrau. Mathias Endrich erzählte mir, die „Katholische Bürgergesellschaft" sei praktisch ein Ehevermittlungsinstitut gewesen, auch wenn dies nicht immer offensichtlich war. Auf diese Weise wurde dafür gesorgt, dass die Katholiken unter sich heirateten. Es sieht so aus, als hätte die katholische Bürgergesellschaft Heinrich die eine oder andere Heiratskandidatin vorgestellt. In seinem Taschenkalender aus dem Jahr 1943 notierte Heinrich z. B., dass er bei Familie M[...] eine Frau F[...] getroffen hätte. Sie sei 36 Jahre alt.

Heinrich notierte in seinem Taschenkalender von 1943 alles, was für ihn von Belang war: die Haus- und Gartenarbeiten, wem er geschrieben und wen er getroffen hatte und auch die Werte seiner letzten Blutuntersuchung. Einige Notizen zum Luftalarm und zu den Bombenangriffen im Jahr 1943 fanden ebenfalls Eingang in seinen Taschenkalender. Am 28.07. und am 30.07.1943 notierte er: *„Tagesangriff auf Bettenhausen"*. Diese beiden Angriffe waren die ersten der United States Army Air Force

---

[295] Piekalkiewicz, Janusz: Der Zweite Weltkrieg. Augsburg 1995, S. 845–847.

(USAAF) auf Kassel. Sie zielten vor allem auf die Fieseler-Flugzeugwerke in Bettenhausen und Waldau. Auch die benachbarten Wohngebiete in Bettenhausen wurden getroffen. Dabei kamen 129 Menschen ums Leben.[296]

Heinrich war Hausbesitzer und er hatte Mieter. Selbstverständlich traf er alle häuslichen Vorkehrungen, die im Krieg notwendig waren. Er sicherte vor allem seine Kellerfenster, denn im Luftschutzkeller hielten sich die Hausbewohner während eines Bombenangriffs auf. Vor den Kellerfenstern befanden sich massive Holzklappen zur Abwehr von Splittern. Heinrich schloss diese Holzklappen, wenn er zur Arbeit ging. Sie standen auf Kipp, wenn er zuhause war. Im Verlauf des Krieges zerbrachen in den oberen Stockwerken mehrere Fensterscheiben durch die Druckwellen der Luftminen. Die zerbrochenen Glasscheiben versuchte Heinrich zu ersetzen, solange er noch neue Glasscheiben auftreiben konnte. Später musste eine mit feinen Drähten durchzogene Kunststoffverglasung als Glasersatz genügen.

In Mitleidenschaft gezogen wurde vor allem das Dach durch die Bombenangriffe, ebenfalls durch die Druckwellen, nicht durch direkte Treffer. Die vielen Ziegeln, die vom Dach fielen, konnten erst nach dem Krieg vollständig ersetzt werden. Heinrich behalf sich, indem er das zunächst doppelt mit Biberschwanzziegeln gedeckte Dach während des Krieges notdürftig einfach deckte.

Diejenigen Angriffe, die Kassel am härtesten trafen, waren die Nachtangriffe der Royal Air Force. Wenn die in und bei Kassel stationierte FLAK auf die Bomber schoss, dann fielen die Granatsplitter ihrer Fliegerabwehrkanonen zurück auf die Stadt. Erik erinnerte sich an das Geräusch, das entstand, wenn die Splitter aus enormer Höhe auf das Dach rasselten. *„Es machte klak klak klak."* Nach den Angriffen sammelte er mit seinem Freund die Splitter auf. Heinrich achtete im eigenen Interesse darauf, dass nachts kein Licht aus seinen Fenstern nach außen drang. Innen an den Fenstern befanden sich Rollos mit schwarzem Verdunklungspapier, die abends heruntergerollt wurden. Der für den Wohnblock zuständige Luftschutzwart war ein Nachbar der Familien Müller und Endrich. Mathias Endrich hatte in seiner Funktion als Melder der FLAK mit diesem Mann zu tun. Er bekam mit, dass der Luftschutzwart seine Nachbarn um Verständnis und Mithilfe gebeten hatte, mit dem Hinweis, er sei nun mal zuständig dafür, dass die Verdunklung eingehalten würde, fasse diese Aufgabe aber nicht als politisches Amt auf.

---

[296] Dettmar, Werner: Die Zerstörung Kassels im Oktober 1943. Eine Dokumentation. Fuldabrück 1983, S. 73, Klaube, Frank-Roland: Kassel, Chronik der Stadt Kassel. 2500 Ereignisse in Wort und Bild. Gudensberg-Gleichen 2002, S. 80.

Wie bereits erwähnt leuchtete auf den Straßen keine Laterne mehr. Die Scheinwerfer der Autos waren mit Kappen abgedunkelt. Diese Kappen verfügten über einen schmalen waagerechten Schlitz, durch den ein wenig Licht auf die Straße fiel. Nach dem Sonnenuntergang tasteten sich die Fußgänger vorsichtig durch die Dunkelheit. Fluoreszierende Plaketten bzw. Anstecker verhinderten, dass die Menschen zusammenstießen. Bevor man hinausging, wurden diese Figürchen eine Zeit lang in das Licht einer Glühbirne gelegt. Wenn man hinausging, leuchteten sie dann etwa 20 bis 30 Minuten. Diese fluoreszierenden Hilfsmittel wurden in Massen produziert. Gelegentlich verteilte auch Heinrich solche fluoreszierenden Gegenstände.

Heinrich war verbeamtet und damit verpflichtet, in seiner Freizeit für das Winterhilfswerk zu sammeln. Er ging in den Abendstunden oder an den Wochenenden mit der verplombten Blechbüchse durch die Straßen und hielt sie den Passanten entgegen. Spendete jemand, so erhielt derjenige ein kleines Geschenk, z. B. eine dieser fluoreszierenden Plaketten. Erik sah seinen Vater mit dieser Büchse losziehen und fühlte sich ebenfalls berufen zu sammeln. Unbemerkt entfernte sich der Knirps und kam nach einiger Zeit mit einer bis oben hin gefüllten Büchse zurück. Sein Vater hätte sich nicht geärgert, erzählte mir Erik, obwohl er sich hatte anhören müssen, dass man einen kleinen Jungen in diesen Zeiten nicht allein mit einer Geldbüchse herumlaufen lässt. Schmunzelnd hätte ihm sein Vater später gesagt, dass in der Sammelbüchse lediglich Kleingeld gewesen wäre.

Man darf sich Heinrich nicht als einen zurückgezogen lebenden Witwer vorstellen. Er pflegte viele soziale Kontakte, u. a. durch seine umfangreiche Korrespondenz. Im Sommer 1943 deckte ihn der Klarapfelbaum in seinem Garten mit einer so reichen Ernte ein, dass er die Äpfel nicht nur an die Front verschickte, sondern auch an seine Verwandtschaft in Paderborn und Bochum.

Am 30. Juli, als vormittags die Bomben der USAAF fielen, war er möglicherweise zuhause. Zumindest pflückte er mittags Sauerkirschen, die Elisabeth Gillandt am nächsten Tag einkochte. Am 31. Juli 1943 notierte er in seinen Taschenkalender: *„Heu nochmals getrocknet und mit Erbsenstroh auf den Balkon gebracht. Lisbeth [Gillandt] kocht Sauerkirschen, Erbsen und Bohnen ein."* Das getrocknete Heu und Erbsenstroh bekamen die Kaninchen als Streu in ihren Käfig. Heinrich konnte sich bis zu einem gewissen Maß mit Gemüse, Obst und Fleisch selbst versorgen. Als Gastgeber, der seine Gäste großzügig bewirtete, so wie es zu Lebzeiten seiner Frau gewesen ist, konnte er allerdings nicht mehr auftreten.

Nach wie vor stellte er Priestern, die als Soldaten in der Wittichkaserne stationiert waren, einen Kleiderschrank zur Verfügung und einen Raum, in dem sie sich umziehen konnten. Die Patres suchten das Haus Müller auf, wenn sie Ausgang hatten. Sie kamen in Uniform, legten diese ab und zogen ihre Zivilkleidung an, die sie im Schrank deponiert hatten. Dann gingen sie in die Stadt, um dort ihre Freizeit zu verbringen. Die Patres von 1943 waren nicht identisch mit den Priestern, die zu Lisbeths Lebzeiten am Mittagstisch der Familie Müller gesessen haben und in ihren Soutanen im Garten spazieren gegangen sind. Erik erinnerte sich: *„Manche Patres sind an die Front gekommen, dafür kamen dann andere zu uns."* Als er einmal krank gewesen wäre, das könnte 1943 gewesen sein, hätte ihm einer der Patres ein Buch mit Widmung geschenkt. Priester wurden bevorzugt als Militärseelsorger in Lazaretten und Gefängnissen eingesetzt. Sie waren Teil der Wehrmacht und hatten den Rang eines Hauptmanns oder Majors.

Im Juli und im August 1943 gerieten Heinz und Kurt in Russland immer mehr in Bedrängnis. Die Wehrmacht war personell ausgedünnt wegen der gigantischen Verluste von Soldaten, die den Eroberungskrieg nicht überlebt hatten. Die Bewaffnung der Landser ließ mittlerweile ebenfalls zu wünschen übrig. Dennoch wurden die Männer angehalten, um jeden Kilometer zu kämpfen. In dieses Zeitfenster passt eine Geschichte, die mein Vater mir erzählt hat. Einer seiner Vorgesetzten, der sich durch besonders markige Sprüche auszeichnete, hätte seine Soldaten angeherrscht, sie sollten ihre Stellung notfalls mit dem Spaten verteidigen.

Kurt kämpfte als Infanterist im Grenadier-Regiment 212, das der 79. Division unterstellt war. Seine Division stritt in harten Gefechten auf dem Kuban-Brückenkopf gegen sowjetische Panzereinheiten und Luftangriffe. Ausfälle gab es aber nicht nur durch Verletzungen, sondern auch durch zahlreiche Fälle von Malaria, die in den Sümpfen des Kubangebietes ihren Ursprung hatten.[297] Etwas besser erging es Heinz, wobei allerdings berücksichtigt werden muss, dass seine Kriegsschilderungen geschönt waren. Vom Soldaten bzw. Offizier wurde verlangt, dass er mit seinen Briefen den Angehörigen in der Heimat Mut machte. Der verantwortungsvolle Heinz wird selber ein Interesse daran gehabt haben, seinen Vater nicht allzu sehr zu belasten.

Kurt hielt sich weniger an diese Vorgaben als Heinz. Wenn Kurt etwas nicht passte, dann berichtete er davon und es scheint so, als wenn Heinz mit der Zeit von seinem jüngeren Bruder beeinflusst wurde. In seinem

---

[297] Sänger, Hans: Die 79. Infanterie-Division. 1939–1945. (Eggolsheim 2004), S. 161f.

ersten Feldpostbrief hatte Heinz seinen Standort mit einer Muschel und einem Stück Kork bekannt gegeben; jetzt überschrieb er seinen Brief immerhin mit dem Datum und dem Hinweis, dass er in Russland kämpfte. Kurt hatte auf seinem ersten Feldpostbrief anstelle einer Ortsangabe „im Felde" vermerkt. Doch schon die nächsten Briefe enthielten Informationen zum Standort seines Regiments. Beide Brüder gaben ihre Vorsicht mit der Zeit weitgehend auf. Die Gedanken, die Heinz und Kurt diesbezüglich durch den Kopf gegangen sind, kann man sich in etwa vorstellen: ‚Wenn die Wehrmacht nicht mehr genügend Landser für die Front zur Verfügung hat, dann haben sie auch kaum noch Männer, um die Feldpostbriefe zu kontrollieren.' Eine solche Annahme wäre zumindest nicht abwegig gewesen.

Kurz nachdem Heinz seinem Vater anlässlich des Todestages von Lisbeth geschrieben hatte, schickte er ihm einen zweiten Brief, in dem er detailliert auf seine Kriegserlebnisse eingeht. Es hat den Anschein, als ob Heinz von den militärischen Qualitäten der russischen Armee nicht allzu viel hielt. Dann aber erzählte er von einem Angriff, der ihm fast das Leben gekostet hätte. Immer häufiger wurden für den Transport des Nachschubs Pferdefuhrwerke eingesetzt, weil es immer weniger funktionstüchtige LKWs gab. Die Explosionsgeschosse, die eigentlich ihm gegolten hatten, verfehlten nur knapp ein solches Pferdefuhrwerk. Dies geschah auf seinem Rückweg von der vordersten Linie der Front. Er hatte bereits den eigenen Gefechtsstand hinter sich, als das Explosionsgeschoss abgefeuert wurde:

„Russland, den 19.8.43

Lieber Vater! Deinem Brief nach zu urteilen bist Du wohl jetzt wieder allein u. Erik u. Lisbeth sind in Daseburg. Ich glaube, das ist auch besser so. Ich danke Dir vielmals für Kurts Briefe. Leider habe ich bisher noch keine Post von ihm direkt. Der Junge muß ja was mitmachen. Er hat übrigens Recht, wenn er sagt, daß unsere Chancen wie 1 : 10 zueinander stehen.

Wenn uns die Russen auch alle paar Nächte, manchmal auch am Tag, aufs Korn nehmen, sie werfen aber meist schlecht und treffen meist gar nichts. Vorgestern und Vorvorgestern war ich dienstlich in vorderster Linie, was Kurt ja ständig ist. Da hätten sie mich um ein Haar erwischt. Dort vorn kann sich niemand am Tage über die Deckung wagen, er hat sofort einen Kopfschuß. Um nach vorn zu kommen, mußte ich durch eine sumpfige Schlucht, deren linke Seite einzusehen war u. von Russen unter Beschuß lag. Als ich da durch ging (einen Graben konnte man im Morast nicht anlegen), ballerte der Russe mit Explosionsgeschossen da rein. Die Splitter spritzten durch die Gegend, daß einem Hören u. Sehen vergehen konnte.

Es ging alles gut bis dahin. Ich war bereits auf dem Rückweg und hatte schon den Gefechtsstand hinter mir, da musste ich über eine vom Feind einzusehende Höhe. Ich war in Begleitung meines Stabsfeldwebels und gerade auf der Höhe angelangt – ein Panzerwagen überholt uns im Galopp – da setzte der Russe uns einen Schuß direkt vor die Nase, Kaliber 7,5 cm. Zu hören war der Schuß nicht. Ich hatte nur so ein unheimliches Gefühl, warf mich hin u. sah im Umfallen knapp 20 m vor mir mitten auf dem Weg den Einschlag. Der Russe hatte sich da wohl genau drauf eingeschossen. Da haben wir aber lange Beine gemacht. Die Splitter waren alle über uns weggegangen. Wie ein Wunder kam es mir aber vor, daß Pferd u. Wagen nichts passiert ist, denn die waren nur 3–5 m vom Einschlag entfernt. Lediglich der Kutscher u. ein Sack fielen vom Wagen, das Pferd ging durch. Der feindliche V.B., (V.B. ist der vorgeschobene Beobachter der Artillerie), der auf uns schoß, wird vielleicht Augen gemacht haben, als er die gute Waffenlage sah und wir trotzdem alle weiterliefen. Kurt wird das ja gewohnt sein. Ihm passiert gewiß ähnliches alle paar Tage einmal."[298]

Als Heinz in diesem Brief vom 19.08. mutmaßte, dass sein jüngerer Bruder an vorderster Front kämpfte, waren seine Informationen über die Situation, in der sich Kurt befand, nicht mehr auf dem neuesten Stand. Kurt lag ab dem 12.08.1943 im Feldlazarett bei Kurman-Kemeltschi auf der Krim und kämpfte dort um sein Leben. Mein Vater erzählte mir, dass er und seine Kameraden beim Kuban-Brückenkopf Tag und Nacht Zigaretten geraucht hätten, um die vielen Mücken abzuwehren, die im sumpfigen Gebiet eine Plage gewesen wären. Der Zigarettenqualm erwies sich letztendlich nicht als Schutz, denn Kurt erkrankte schwer an Malaria.

Die Ärzte hatten nur wenig Hoffnung, das Leben ihres Neuzugangs zu retten. Im Lazarett legte das Pflegepersonal den Schwerkranken sogenannte „Liebesgaben" auf das Bett. Ebenso wie im 1. Weltkrieg war die Bevölkerung aufgerufen, den Soldaten Briefe und kleine Geschenke an die Front zu schicken. Auch auf dem Kopfkissen von Kurt lagen solche „Liebesgaben für die Front". Als er sich nach einem schweren Fieberschub nicht mehr rührte, kam ein Arzt vorbei, nahm diese Briefe und gab sie einem anderen Patienten. Kurt wimmerte: *„Bitte lasst mir die doch."* Doch der Arzt hatte ihn bereits aufgegeben. *„Junge, die brauchst du nicht mehr",* hätte der Arzt ihm geantwortet.

Malaria ist eine langwierige Erkrankung. Kurt überlebte seine Fieberschübe, war aber nicht genesen. Am 02.09.1943 wurde er in das Erholungsheim „Gaspra-Koreis" an der Schwarzmeerküste verlegt. Von dort schrieb er an Heinz:

---

[298] Die Absätze wurden zur besseren Lesbarkeit nachträglich eingefügt.

„Krim, 13.9.43.
Lieber Bruder! Nach langer Zeit muß ich nun mal wieder etwas von mir hören lassen. Bis zum 2.9. bin ich in Kurman gewesen. Von da aus schrieb ich dir das letzte Mal. Ich habe es dort sehr gut gehabt. Am 1.9. wurden die 8 erholungsbedürftigsten Leute herausgestellt. Er hatte sich da, ich meine den Arzt, nach den Fieberkurven gerichtet. Wir kamen dann nach Simferopol. Dort blieben wir zwei Tage und dann gings in einer 6-stündigen Fahrt über das schöne Gebirge [Jailagebirge] zur Südküste. Die Fahrt war eine der schönsten oder sogar die schönste bisher gewesen. Daß die Krim so schön wäre, hätte ich mir nie vorgestellt. Im Soldatenheim Jalta haben wir gut gegessen. Das Schloß der Fürsten Woronzoff [Woronzow] besichtigten wir. Ich kann es vollkommen verstehen weshalb die Herren hier ihren Wohnsitz aufgeschlagen hatten. Auch Stalin hatte hier seinen Wohnsitz aufgeschlagen.

Zwischen Jalta und Alupka liegt unser Bestimmungsort, das Soldatengenesungsheim ‚Gaspra-Koreis'. Es besteht aus mehreren Häusern und wir sind in drei Villen untergebracht. Das Essen übertraf alle meine Erwartungen. Trauben habe ich bis jetzt hier gegessen wie wir sie vordem alle zusammen noch nicht gegessen hatten. Büchsenfleisch oder Margarine sehen wir den ganzen Tag nicht mehr. Wir haben viel Freizeit. Gestern war ich mit meinen beiden Freunden, auf dem Bilde die beiden ersten auf der Bank von rechts, leider schlecht getroffen, in Alupka gewesen. Wir wollten Bilder machen lassen. Es ist aber leider nichts geworden" (Abb. 23).

„So nun Schluß davon. Was hältst Du denn so von den Ereignissen? Ich finde, daß die Südfront sich zu heftig zurückzieht. Hoffentlich noch ordnungsgemäß. Die schöne Stadt Stalino ist geräumt. Wie wichtig ist doch diese Stadt für uns. Mir ist das Bild der Stadt und des Flugplatzes noch fest in Erinnerung. In Nikolajewka bin ich ausgebildet worden (60 km östlich Stalino). Da sitzt jetzt der Ivan drinne. Ich kann es mir kaum vorstellen. Heute wurde berichtet, daß sie Mussolini rausgehauen hätten. Die Ereignisse in Stalino haben den Verlauf genommen wie ich erwartete. Es sieht eben zur Zeit böse aus. Nun will ich Vater schreiben. Ich wünsche Dir alles gute und nicht allzu heiße Kämpfe.

Es grüßt dich dein Bruder Kurt!! Du kannst mir noch nicht schreiben, wenn soweit sende ich Dir Nachricht."

Kurt hoffte, dass sich die Südfront ordnungsgemäß zurückzieht, d. h., ohne allzu hohe Verluste, die ein nicht ordnungsgemäßer, d. h. überstürzter Rückzug in dieser Kriegssituation zwangsläufig zur Folge gehabt hätte. Dergleichen konnte er nur hoffen, denn, wie er selber schreibt: „Es sieht eben zur Zeit böse aus." Des Weiteren erwähnt er Mussolini. Dieser war am 25.07.1943 verhaftet worden und wurde am

12.09.1943 auf Befehl von Hitler durch Fallschirmjäger und SS-Männer aus der Gefangenschaft befreit. Kurt erfuhr von diesem Ereignis einen Tag später.

Unter dem Datum 16.09.1943 findet sich in Heinrichs Taschenkalender ein Hinweis auf den Tod seines Neffen Alexander Wienholt: „*Alexander gefallen, heute*". Der Älteste von zwölf Kindern, der Sohn seines Schwagers Franz Wienholt in Daseburg war bei Charkow in Russland gefallen. Der Tod an der Front schlug seine Schneise in Heinrichs nächste Verwandtschaft. Das Wissen um diesen Verlust machte die Sorge um seine eigenen Söhne nicht geringer.

Kurts Erholungsurlaub an der Schwarzmeerküste währte nicht allzu lange. Zwei Wochen später wurde er zurück zu seinem Regiment geschickt. Die 79. Infanterie Division und mit ihr das Grenadier-Regiment 212, in dem Kurt diente, war umverlegt worden, weg vom Kuban-Brückenkopf zunächst in die Gegend bei Melitopol (Südukraine).[299] Der Zwischenstopp in Simferopol auf der Krim gab ihm Gelegenheit zwei Briefe zu schreiben, die recht unterschiedlich ausfielen. Den ersten Brief richtete er an seinen Vater:

„*Simferopol, 28.9.*
Lieber Vater! Gerade erlaubt mir die Zeit wieder einmal zu schreiben. Am 26.9. haben wir Marschverpflegung empfangen. Etwa 150 Mann wurden abtransportiert. 3 schöne Wochen haben wir in Gaspra-Koreis nun verlebt. Mit 2 Wochen habe ich damals gerechnet. Mit LKW und einem Autobus geht es bis nach Simferopol. Unterwegs Motorschaden. 2 ½ St. Aufenthalt. Nebenstehend ein Wein-Feld. Die Trauben schmecken ausgezeichnet. Wir wurden abgeschleppt. Ankunft etwa 21$\underline{^{30}}$ Simferopol. Die Fahrt durch das Gebirge war schön. Hier haben wir zweimal übernachtet. Gestern haben wir die Stadt so ein bißchen besichtigt. Heute Morgen um 6$\underline{^{30}}$ sollte der Zug nun abfahren. Es hieß, er hätte wohl 1 St. Verspätung. Da will ich Heinz noch einen Brief schreiben. Meine Fahrt geht vorerst nach Nikopol. [...] Meine beiden Kameraden fahren mit. Ich bezweifele sehr, daß dort unsre Division liegt. In Nikopol sollen wir uns auf der Leitstelle wieder melden. Auf meine alte Feldposition kannst Du mir natürlich nicht mehr schreiben. Nun viele Grüße u. alles Gute Dir, Sohn Kurt!!

„*Da will ich Heinz noch einen Brief schreiben.*" Den Brief an seinen Vater hatte Kurt mit Sorgfalt geschrieben; für den angekündigten Brief an Heinz blieb nicht mehr viel Zeit. Seine Schrift ist fahrig, die Formulierungen sehr umgangssprachlich, was allerdings unter Brüdern erlaubt war. Vor allem aber fällt der Brief an Heinz deutlich kritischer aus: Seinem

---

[299] Sänger, Hans: Die 79. Infanterie-Division 1939-1945. (Eggolsheim 2004), S. 169.

Vater schrieb Kurt, dass er drei schöne Wochen in Gaspra-Koreis verlebt hätte, wobei er anfangs mit nur zwei Wochen gerechnet hätte. Seinem Bruder schreibt er:

„Schneller u. plötzlicher als ich annahm ging es am 26.9. von Gaspra-Koreis wieder los. Wir empfingen am 26. Marschverpflegung, wurden in LKW und Autobus verladen und ab gings. Die Fahrt war wieder prima. Unterwegs Motorschaden, 2 ½ St Aufenthalt. Wir haben während des Aufenthalts wieder tüchtig Trauben gegessen. 21:30 Unterkunft in Simferopol. Wir schlafen auf blanken Boden ohne Decken. Es ist alles überfüllt."

In dem schwer leserlichen Brief von Kurt ist zu entziffern, dass er sich mit seinen Freunden die Stadt angeschaut und eine Veranstaltung besucht hat:

„Das Geld hat gerade noch so gelangt. Hier ist es aber billig – Jedenfalls was Vorstellungen anbetrifft. 21:30 abends sind wir wieder in der Unterkunft."

Ende September waren auf der Krim die Weintrauben reif. Die deutschen Soldaten, die in den besetzten Gebieten an einem Weinhang vorbeikamen, bedienten sich ganz ungeniert, so auch Kurt, der den Obstgarten in Kassel anscheinend mehr vermisste als sein Bruder dies tat.

„28.9. 5⁰⁰ Uhr Aufstehen. Heute Morgen um ½ 7 Uhr sollten wir fahren, aber der Zug hat eine weitere Stunde Verspätung. Da habe ich mein Tagebuch rausgeholt und Vater und dir geschrieben. Was ich so in Russland an Obst gegessen habe geht auf keine Kuhhaut. Jeden Tag mindestens 1 Kl [Kilo] Trauben. Meine Fahrt geht zunächst mit meinen beiden Freunden nach Nikopol über Cherson [Ukraine]. Also etwas näher nach Dir zu."

Heinz und Kurt waren im gesamten zweiten Halbjahr 1943 an der Front, Kurt in der Mündungsregion des Dnepr und Heinz zunächst im Umfeld von Smolensk, das am 25. September 1943 von der Wehrmacht aufgegeben wurde.[300] Diejenigen, die während dieser Zeit Heimaturlaub bekommen hatten, trafen zuhause auf zerstörte Straßenzüge und bereits zu diesem Zeitpunkt auf weitgehend abgebrannte Städte. Besonders hart hatte es Hamburg getroffen. Vom 24.07. bis 03.08.1943 war die Stadt dem Bombardement der Royal Air Force und der United States Army Air Force ausgesetzt. Der auch durch das Wetter begünstigte Feuersturm kostete ca. 34.000 Menschen das Leben.

---

[300] Frieser, Karl-Heinz: Der Rückzug der Heeresgruppe Mitte nach Weißrussland bis Frühjahr 1944. In: Das Deutsche Reich und der Zweite Weltkrieg, hg. vom Militärgeschichtlichen Forschungsamt. München 2007, Bd. 8, S. 298, 303, Piekalkiewicz, Janusz: Der Zweite Weltkrieg. Augsburg 1995, S. 775.

Auch Kassel stand im Fokus der Royal Air Force und der USAAF. Heinrich lebte seit etwa zwei Jahren mit dem Wissen um eine tödliche Dauergefahr. In seinem Taschenkalender von 1943 notierte er, wann Fliegerangriffe die Stadt heimsuchten und wann Luftschutzalarm gegeben wurde. Die Angaben in seinem Taschenkalender von 1943 lassen ahnen, wie nervenaufreibend dieses Jahr gewesen sein muss: Am 27.01. notierte Heinrich: „Alarm", am 01.03.: „22^{30} Alarm", am 27.03. einfach nur: „Alarm", am 30.03. notierte er sich wieder die Uhrzeit: „3^{30} morgens Alarm", desgleichen am 09.04.: „Alarm 0:10 bis 0:25 Uhr". Für den 14.05. notierte er: „0^{00} - 3 Uhr, Alarm ohne Angriff". Unter dem Datum 17.05. steht der Eintrag: "0^{00} - 3 Uhr Alarm" und ein Hinweis, der unleserlich ist. In dieser Nacht, am 17.05.1943 hatte die Royal Air Force ein Loch in die Edertalsperre gesprengt. Die gewaltige Flutwelle erreichte auch Kassel.[301] Weiter geht es mit dem 22.05.: „1^{30}-2 Uhr Alarm" und dem 24.06.: „1^{50}-2^{30} Uhr Alarm". Auch die beiden Tagesangriffe vom 28. und 30.07.1943 erwähnt Heinrich in seinem Taschenkalender. Auf sie wurde bereits eingegangen. Im August notierte Heinrich weder einen Angriff noch einen Luftalarm. Am 22.09.1943 steht im Taschenkalender: „Alarm von ½ 11 - 0", d. h. der Alarmzustand dauerte von 22:30 bis Mitternacht. Die Notizen werden entsprechend dem Umfang seines Taschenkalenders fortgesetzt. Dieser reicht bis Anfang März 1944.

Die Bevölkerung wurde vor einem Luftangriff nicht nur durch Sirenen gewarnt, sondern auch durch das Radio. Der Luftwaffensender „Primadonna" verwies bei der Lokalisierung des drohenden Bombenangriffs auf die Planquadrate der Drahtfunkkarten. Erik erinnert sich an die Warnungen des Senders: *„'Achtung, Achtung Primadonna meldet: Feindliche Flieger. Angriff auf ...'. Dann wurde das Quadrat genannt. Jede Familie hatte Pläne, auf denen Quadrate aufgezeichnet wurden. Manchmal fielen auch schon Bomben, bevor Alarm gegeben wurde."*

Ein weiteres Erlebnis blieb ihm in Erinnerung. Er war mit einem Freund im Bergpark Wilhelmshöhe auf den Kaskaden unterhalb des Oktogons unterwegs, als ihm ein Offizier von oben, auf der Höhe des Oktogons etwas zurief. Dieser Offizier gehörte offensichtlich zu einem Beobachtungsposten der FLAK. *„Der rief uns zu: ‚sofort nach Hause, Fliegerangriff!'"*

Das heftigste Bombardement, das Erik in Kassel miterlebte, war der Fliegerangriff der Royal Air Force am Sonntag, den 03.10.1943. Unter diesem Datum findet sich in Heinrichs Taschenkalender folgender Eintrag: *„Äpfel gepflückt, 2 ½ Zt. -Lisbeth [Gillandt] kommt nachmittags."* In

---

[301] Klaube, Frank-Roland: Kassel, Chronik der Stadt Kassel. 2500 Ereignisse in Wort und Bild. Gudensberg-Gleichen 2002, S. 79.

roter Farbe folgt noch: „*9:30 - 11:30 Fliegerangriff.*" Heinrich meinte hier die späten Abendstunden 21:30 bis 23:30. Wieder benutzte er seinen roten Buntstift, um den Hinweis auf ein blutiges Ereignis zu notieren. Erik verbrachte diese Bombennacht bei Familie Endrich, denn weder sein Vater noch Elisabeth Gillandt waren zuhause. Letztgenannte hatte ihn nachmittags von Daseburg nach Kassel gebracht; vielleicht hatte sie Heinrich auch noch bei der Verarbeitung der Äpfel geholfen, auf jeden Fall war sie wieder nach Daseburg zurückgefahren. Heinrich arbeitete in dieser Nacht vermutlich in der Reichsbahndirektion.

Erik verbrachte eine unruhige Nacht zunächst im Keller, dann in der Wohnung der Familie Endrich. An Schlaf war kaum zu denken: „*Musst du dir vorstellen, dann gingen diese Zeitzünderbomben los. Und ich weiß noch, wie ich drüben im Bett lag und immer wieder krachte es; der Angriff war längst vorbei, die Entwarnung war gegeben und das war dann dieses Nachkonzert. Immer ging's darum, dass die Leute gehindert werden sollten, Abwehrmaßnahmen zu ergreifen.*" Was Erik als „Nachkonzert" gehört hatte, waren sicher die Detonationen von Splitterbomben mit Zeitzünder. Ihre Splitter wirkten wie Geschosse und hatten den Zweck, die Einsätze von Feuerwehr, Sanitätern und anderen Hilfskräften zu erschweren oder unmöglich zu machen.[302]

Die Royal Air Force erzielte den höchsten Erfolg, indem sie Luftminen abwarf, um die Dächer zu öffnen, die dann ein besonders empfindliches Ziel für die Stabbrandbomben wurden. Die Bevölkerung wurde angewiesen, die Stabbrandbomben kurz nach dem Aufprall aus dem Fenster zu werfen oder, sofern sie bereits zu stark brannten, unter Wahrung eines Sicherheitsabstandes mit Sand zu bedecken. Allerdings enthielten auch einige der Stabbrandbomben Sprengsätze, die durch einen Zeitzünder einige Minuten nach dem Aufprall ausgelöst wurden. Derjenige, der löschte oder eine solche Bombe aus dem Fenster werfen wollte, konnte von den Splittern dieses Sprengsatzes getroffen werden. Auch die „aufgerüsteten" Stabbrandbomben hatten den Zweck, Abwehrmaßnahmen zu verhindern, also zu löschen oder die Bombe zu entfernen.

Am Tag nach dem Angriff fand Mathias Endrich eine unversehrte Stabbrandbombe in der Nähe des Hauses. Sie hatte nicht gezündet, war also ein Blindgänger. Dieses Exemplar zu entschärfen, bereitete Mathias keine Schwierigkeiten wegen der einfachen Konstruktion der Stabbrandbomben: In einem Metallgehäuse steckte eine Brennsubstanz, die durch ein Schlagbolzensystem entzündet wurde. Mathias nahm den ca. 3 Pfund schweren und 55 cm langen Metallstab auseinander und stellte fest, dass

---

[302] Friedrich, Jörg: Der Brand. Deutschland im Bombenkrieg 1940-1945. Hamburg 2006/2007, S. 24.

der Schlagbolzen falsch herum montiert war, was eine Zündung verhinderte. In den Familien Müller und Endrich wurde daraufhin spekuliert, ob der falsch montierte Schlagbolzen womöglich das Ergebnis eines Sabotageaktes gewesen sein könnte. Allerdings gab es viele Blindgänger unter den Stabbrandbomben. Daher darf man vermuten, dass manche von ihnen einfach nur fehlerhaft montiert waren. Diese leichten Bomben wurden jedoch in Massen produziert und abgeworfen, was sie, in Kombination mit den Luftminen, zu einer der gefährlichsten Waffen im 2. Weltkrieg machte.[303]

Auch der neunjährige Erik zeigte Interesse an dem Metallstab. Schließlich nahm er die entschärfte Stabbrandbombe und zeigte sich mit ihr am Fenster der Wohnung Endrich. Ein Passant, der am Haus vorbeiging, sah ihn und war entsetzt. Erik erinnert sich:

„Ich hab drüben bei Endrichs am Fenster mit der Bombe gesessen. Da ging ein Soldat vorbei und ich war am Fenster und da kam der reingestürzt: ‚Da ist ein Junge mit 'ner Bombe! Der hat 'ne Bombe!' und dann haben die Endrichs gesagt: ‚Nö völlig ausgeschlossen. Hier hat niemand eine Bombe'."

Heinrich und Walter Endrich fragten sich mittlerweile, welche Detonation in der Umgebung so heftig gewesen war, dass sie die Fensterscheiben in ihrem Doppelhaus hatte bersten lassen und ein Teil des Daches von ihr abgedeckt wurde. Die Quelle war möglicherweise ein Luftmineneinschlag in der Nähe der Christuskirche. Die Häuser hätten dort wie abrasiert ausgesehen, erzählte mir Erik. Die Stoßwellen einer solchen Luftmine konnten einen ganzen Wohnblock zerstören, weswegen sie auch Blockbuster oder Wohnblockknacker genannt wurden.

Einen Tag nach dem Angriff, am 04.10.1943, notierte Heinrich in seinem Taschenkalender: *„Wolfsanger, Ihringshausen, Bettenhausen usw. schwer getroffen."* Schwer geschädigt wurden u. a. die Lokomotiv- und Rüstungswerke von Henschel & Sohn, ein großes Rüstungsdepot in der Nähe von Ihringshausen und ein Teil der Fieseler Werke in Bettenhausen. 110 Menschen starben und etwa 300 wurden verletzt.[304] Da vor allem kriegswichtige Industrie zerstört wurde, entsteht der Eindruck, dass der Angriff der Royal Air Force tatsächlich auch diesen Zielen gegolten hätte. In Wirklichkeit jedoch war dieser Angriff missglückt. Der Angriff mit 540 schweren Bombern verfehlte sein Hauptziel, nämlich die dicht besiedelte Innenstadt. Der Fehler lag bei den zur Zielmarkierung eingesetzten

---

[303] Friedrich, Jörg: Der Brand. Deutschland im Bombenkrieg 1940-1945. Hamburg 2006/2007, S. 27, 406.
[304] Dettmar, Werner: Die Zerstörung Kassels im Oktober 1943. Eine Dokumentation. Fuldabrück 1983, S. 76.

Fliegern, woraufhin das Bomberkommando der Royal Air Force entschied, in Zukunft mehr auf eine optimale Ausleuchtung der Angriffspunkte zu achten.[305]

Das britische Luftfahrtministerium richtete sich mit seiner „Area Bombing Directive" (Anweisung zum Flächenbombardement) vom 14. Februar 1942 direkt gegen die Zivilgesellschaft. Deren Moral sollte durch die Zerstörung ihrer Häuser unterminiert werden. Dieses Ziel war mit dem Luftangriff vom 3. Oktober 1943 auf Kassel verfehlt worden. Es bestand also aus Sicht der Royal Air Force Nachholbedarf.

Kassels Innenstadt brennt
(Heinrich hat in der Reichsbahndirektion Brandwache)

Das Gebäude der Reichsbahndirektion (RBD) Kassel hat den 2. Weltkrieg mit wenigen Schäden überstanden, wobei der Begriff „Gebäude" diesem Bauwerk eigentlich nicht gerecht wird. Der RBD stand ein mächtiger Gebäudekomplex in der Nähe des Hauptbahnhofs zur alleinigen Verfügung. Die repräsentative Architektur der Außenfassaden, der Treppenhäuser und der Innenhöfe zeigte den damaligen Passanten oder Besuchern sofort, dass es sich hier um eine bedeutungsvolle Institution handelte. Mehrere Geschosse sowohl unter als auch über der Erde boten ca. 1000 Mitarbeitern Raum. Die RBD Kassel verfügte über fünf Abteilungen, die in 66 Dezernate untergliedert waren. Neben den eigentlichen eisenbahntechnischen Schwerpunkten deckten diese Dezernate die Bereiche Finanzwesen, Personalangelegenheiten usw. ab. Darüber hinaus standen der Direktion im Erdgeschoss Handwerksbetriebe, Ärzte und ein Rechtsanwalt zur Verfügung, wodurch sie bis zu einem gewissen Grad autark war.

Da der Gebäudekomplex von vier Straßen eingerahmt wurde, hatten die einzelnen Abteilungen und Bereiche der RBD unterschiedliche Adressen. Der Haupteingang der Direktion befindet sich in der Kölnischen Straße. Ebenfalls in der Kölnischen Straße im 1. Obergeschoss war das Präsidialbüro untergebracht mit dem großen Sitzungssaal, der Bibliothek und dem Büro des Präsidenten. Ein Stockwerk höher, im 2. Obergeschoss, arbeitete Heinrich im Brückenbüro in der Kölnischen Straße Nr. 79. Das Hochbaubüro, in dem meine Mutter damals gegen Ende des Krieges als technische Zeichnerin tätig war, befand sich in der Bismarck-

---

[305] Dettmar, Werner, a.a.O., S. 73, 79.

straße 16 im 3. OG. Wenn man auf der Kölnischen Straße steht und in Richtung Haupteingang der RBD schaut, dann grenzt die linke Flanke des Gebäudekomplexes an die Bismarckstraße. Ich weiß, dass meine Mutter ihren zukünftigen Schwiegervater flüchtig kennengelernt hatte. Bei rund 1000 Mitarbeitern ist es natürlich unmöglich, mit jedem Kollegen vertraut zu werden.

Vor allem während der letzten Kriegsjahre suchten die Verantwortlichen der RBD Kassel händeringend nach Personal, auch nach Schreibkräften. Junge Mädchen, die kaum ihre Ausbildung absolviert hatten, konnten sich berechtigte Hoffnungen auf eine Einstellung machen, wenn sie sich beim Arbeitsamt meldeten. Im April 1943 wurde eine meiner Interviewpartnerinnen, Ingeborg S., als Reichsbahngehilfin eingestellt. Die knapp 16-Jährige war damals ein kleiner, etwas molliger Teenager. Sie hätte sich, so Frau S., damals noch in ihrer Wachstumsphase befunden, also ihre endgültige Größe noch nicht erreicht. Frau S. beschrieb mir, wie entsetzt ihr Chef reagierte, als er sie zum ersten Mal sah. Er sagte: *„Du lieber Gott, jetzt schicken sie uns schon die reinsten Kinder her."*

Über die letzten Kriegsjahre in der Reichsbahndirektion informierte mich auch Annemarie D., die im Hochbaubüro als Schreibkraft arbeitete und meine Mutter gut kannte. Sie hatte ebenso wie Ingeborg S. ein halbes Jahr die Handelsschule besucht, tippte einigermaßen und beherrschte Stenographie. Wollte der Bürovorstand einen Brief aufsetzen, rief er sie zum Diktat. Der handschriftliche Brief wurde anschließend in die Kanzlei weitergereicht und dort von Schreibkräften getippt, auch von den Reichsbahngehilfinnen. Letztgenannte trugen einen dunklen Kittel, da sie nicht nur tippten, sondern auch für einfache Büroarbeiten eingesetzt wurden.

Heinrichs Tätigkeitsbereich kennen wir bereits. In seiner Eigenschaft als Statiker berechnete er neben Brücken diverse Stahlbauten und Kranbahnkonstruktionen. Er überprüfte die Konstruktionszeichnungen und Kostenvoranschläge der Baufirmen und fertigte selber Zeichnungen an. Einen Kittel oder eine Uniform hat er jedoch nie getragen, außer bei seinem Einsatz in Reval. Die Techniker aus dem Hochbaubüro, dem Brückenbüro oder aus den anderen Abteilungen gingen grundsätzlich in Zivil, versicherten mir meine Interviewpartnerinnen.

Der Arbeitstag in der Reichsbahndirektion begann morgens um 7 Uhr. Die Briefe an die RBD wurden in der Eingangsstelle im 1. OG gesammelt, geöffnet und in Fächer verteilt. Von dort wurden sie von den Amtsgehilfen oder dem Oberbotenmeister in die einzelnen Büros getragen. Je länger der Krieg dauerte, desto häufiger wurden die Bombardements auf Bahnhöfe und Schienenstrecken. Das Hochbaubüro und das Brückenbüro waren in diesen Zeiten besonders gefordert. Beide Büros arbeiteten mit der Lichtbildstelle zusammen, denn die Zerstörungen mussten dokumentiert werden.

Der Verwaltungsbezirk der RBD Kassel war groß. Er reichte über Hessen hinaus bis nach Sachsen und Westfalen. (Warburg gehörte ebenfalls zur RBD Kassel.) Die Abfahrtzeiten, die Aufenthalte und die Länge der Züge, die in diesem Gebiet fuhren, mussten koordiniert werden. Auch dieser Aufgabenbereich wurde durch den Krieg komplexer, da zu dem üblichen Personen- und Güterverkehr Lazarettzüge und diverse Sonderzüge kamen. Das Ergebnis dieser Koordination wurde graphisch dargestellt in Form von Bildfahrplänen, die an die Stellwerke und Bahnhöfe verschickt wurden. Die hauseigene Druckerei war mit der Herstellung der Bildfahrpläne, die aussahen wie überdimensionierte Schnittmusterbögen, wohl überfordert. Auf jeden Fall wurde ihr Druck extern in Auftrag gegeben. Für das Zusammenrollen und Verschicken der riesigen Bögen waren dann wieder die Reichsbahngehilfinnen zuständig, die für diesen Zweck die langen Tische im Sitzungssaal nutzten.

Die damaligen Büroräume waren relativ klein. Später wurden im Direktionsgebäude mehrere Büroräume zu Großraumbüros zusammengelegt, was die Rekonstruktion der ehemaligen Büronummern erschwert. Ohnehin zogen die unterschiedlichen Fachbüros während der letzten beiden Kriegsjahre mehrfach um, weil mehrere Bombentreffer einen Teil des 3. Obergeschosses und des Daches zerstört hatten.

Wenn die Sirenen heulten, fanden die Reichsbahner Schutz im nahe gelegenen Bunker. Vom Untergeschoss der RBD führt ein 160 Meter langer Tunnel unter der Bismarckstraße durch zu einem mehrgeschossigen Bunker in der Kronprinzenstraße.[306] Heute heißt diese Straße Friedrich-Engels-Straße und der Bunker ist unter dem Namen „Kulturbunker" bekannt. Seine Straßenfassade lässt auf ein ganz normales Wohngebäude schließen und tatsächlich diente der Bunker u. a. als fester Wohnsitz des Präsidenten der RBD. Gelegentlich brachten die Reichsbahngehilfinnen Post zu seiner Privatwohnung. Sie hätten für diesen Weg auch den Tunnel nutzen können, gingen aber außen rum und klingelten an der bürgerlichen Außenfassade des Bunkers. Genau kann sich Ingeborg S. nicht mehr erinnern, in welchem Stockwerk der Präsident mit seiner Familie wohnte. Es war entweder das 1. oder 2. Obergeschoss. Die Ehefrau des Präsidenten, die dann die Tür öffnete, um die Post oder dergleichen entgegenzunehmen, war in ihrem Auftreten freundlich und bescheiden. Ganz anders wirkte der Herr Präsident, wenn er in seiner NS-Uniform

---

[306] Holscher, Max: Geheimer Raum am Tunnel. Ein Kasseler, der als Schüler im Bunker Dienst leistete, berichtet von Gemälden. In: HNA, 28.02.2014, S. KS-L06.

durch die Direktion ging. Meine Interviewpartnerin schmunzelte, als sie sagte: *„Da ging ein kleiner Mann in Reiterhosen durch die Büroräume."*

Wenn der Voralarm warnte, herrschte hektische Betriebsamkeit auf allen Etagen der Direktion. Die Schreibkräfte hievten ihre schweren Schreibmaschinen auf Tragegestelle, die von der Direktionsschreinerei als Transporthilfe hergestellt worden waren. Nur zu zweit ließen sich die überdimensionierten Schreibmaschinen tragen. Die jungen Frauen schleppten diese Fracht die Treppen herunter hinein in den Tunnel zum Bunker.

Dem Bunker zugeteilt waren aber nicht nur die Reichsbahnangestellten, sondern auch die Anwohner der unmittelbaren Umgebung. Beim Zutritt zum Tunnel, der in den Bunker führte, wurden jedoch die Reichsbahner gegenüber den Anwohnern bevorzugt. Letztere mussten an den Zugängen zum Tunnel an der Bismarckstraße warten, bis die Mädchen mit ihren Schreibmaschinen den Tunnel passiert hatten. *„Da haben sich hässliche Szenen abgespielt"*, erinnert sich Ingeborg S. Die Bahnpolizei hätte den Auftrag gehabt, die Leute am Zutritt in den Tunnel zu hindern, so lange die jungen Mädchen dort mit ihren Schreibmaschinen unterwegs gewesen wären.

„Das war ja dann immer ein kritischer Moment und die Leute mit ihren kleinen Kinderchen, die haben natürlich gejammert da draußen. Die Türen zum Tunnel waren schon auf, aber die Bahnpolizei stand davor und musste uns erst durchlassen. Die [Bahnpolizisten] haben uns auch getrieben und haben gesagt los los los. Also wir haben uns wirklich beeilt. Wir waren ja junge Mädchen und haben das auch empfunden, wenn die mit ihren Kinderchen da draußen standen. Es war schon grauenhaft" (Ingeborg S.).

Allerdings hat sie auch miterlebt, dass die Bahnpolizei nachgab, wenn bereits die ersten Bomben fielen. In einer solch bedrohlichen Situation hätten sie die Anwohner dann doch vorzeitig in den Tunnel gelassen. Die Frauen mit ihren Kindern und die jungen Mädchen mit ihren Schreibmaschinen wären dann gemeinsam durch den Tunnel zum Bunker gehastet. Nicht alle Schreibmaschinen wurden erst bei Alarm in Sicherheit gebracht. Das Büropersonal aus dem 3. Obergeschoss, unter ihnen Annemarie D., schleppte jeden Abend die Schreibmaschinen in den Keller und jeden Morgen wieder hoch. Fahrstühle gab es keine; die Schreibmaschinen waren aber zu wertvoll, um sie im 3. Oberschoss zu lassen.

Den Mitarbeitern der Direktion wurden im Untergeschoss des Bunkers bestimmte Räume zugeteilt, die sie aufsuchen mussten. Ingeborg S. saß mit etwa 50 weiteren Personen auf Holzbänken in einem Raum mit schlichten hell getünchten Wänden. Bemerkenswert an diesem Bunkerraum waren die vielen Gemälde an seinen Wänden. Es hingen dort Gemälde in allen Größen, auf die sie, wie sie einräumte, aber kaum geachtet hätte: Zum einen, weil sie sich damals nur wenig für Kunst interessiert hätte, zum anderen, weil die Situation im Bunker immer bedrohlicher geworden wäre. Die Angriffe der Alliierten erreichten in den letzten Kriegsjahren ein furchtbares Ausmaß. Wenn die Luftminen explodierten, dann bebten die Wände unter der Wucht der Druckwellen und es zitterten auch die Gemälde, die an den Wänden hingen. Als Ingeborg S. viele Jahre später die Gemäldegalerie in Wilhelmshöhe besuchte, hat sie dort eines der Bilder aus dem Bunker wiedererkannt. Kassel verfügt über eine Sammlung bedeutender Gemälde, die während des Krieges ausgelagert wurden. Es ist durchaus möglich, dass die junge Reichsbahngehilfin in den Bombennächten unter einem echten Rembrandt oder Rubens gesessen hat.

Während der Luftangriffe durften alle Reichsbahnbediensteten Zuflucht im Bunker suchen, außer denjenigen, die in dieser Nacht Luftschutzdienst hatten. Heinrich notierte die Termine seines Luftschutzdienstes in seinem Taschenkalender von 1943. Sie fanden unregelmäßig alle 7 bis 14 Tage statt. Pro Fachbüro, wie Brückenbüro, Signalbüro usw., hielten vier bis fünf Kollegen gleichzeitig Brandwache. Die Nächte ohne Alarm verbrachte der Luftschutzdienst je nach Arbeitsbelastung unterschiedlich. Das Hochbaubüro im 3. Obergeschoss verfügte über eine Couch, auf die man sich legen konnte. Wenn Voralarm gegeben wurde, musste sich der Luftschutzdienst in der Nähe seines Einsatzortes aufhalten, so gefährlich dies auch war. Nach der Erinnerung meiner Interviewpartnerinnen absolvierte die Brandwache, bzw. der Luftschutzdienst, Kontrollgänge durch die Abteilungen, für die sie zuständig waren, auch während des Angriffs. Wenn eine Brandbombe das Gebäude traf, mussten die Beauftragten sofort handeln. Diejenigen, die im Bunker den Angriff abwarteten, bis Entwarnung gegeben wurde, kamen zu spät.

Ob die Brandwache tatsächlich die gesamte Zeit des Angriffs in den Obergeschossen der Direktion ausgeharrt hat, ist fraglich. Meine Interviewpartnerinnen erzählten mir von einer Kollegin, die sich während eines Bombardements im 3. Obergeschoss aufgehalten hatte, als eine mächtige Druckwelle sie zusammen mit einer Brandschutztür in das Treppenhaus schleuderte. Die Brandschutztüren, mit denen das Direktionsgebäude im Krieg ausgestattet war – an den Gängen zum Treppenhaus – verhinderten tatsächlich nur die Verbreitung des Feuers, einer Druckwelle hielten sie nicht stand. Angeblich auf der Brandschutztür liegend, sei die junge Kollegin vom 3. Obergeschoss in das Untergeschoss gefallen. Unverletzt wäre sie im Untergeschoss aufgetaucht und hätte dort diese Geschichte erzählt. Zeugen für diesen spektakulären Unfall gab es keine. Man glaubte ihr aber damals. Vielleicht ist diese Geschichte wahr, vielleicht war sie für die junge Kollegin nur ein Vorwand, um sich vor dem Angriff in den Keller zu retten.

Als ich vor Jahren die Zeitzeugen auf den Feuersturm vom 22./23. Oktober 1943 ansprach, wirkten meine Interviewpartner- und partnerinnen bedrückt oder sogar aufgewühlt. Vor allem die alten Damen, die Kassel von weitem brennen sahen, litten unter der Erinnerung. Diejenigen, die sich damals in der Stadt aufgehalten hatten, reagierten gelassener, vielleicht in dem Wissen, dass sie dieses Inferno gesehen und überlebt hatten.

Am Abend des 22. Oktobers 1943 saß Heinrich am Schreibtisch in der Direktion. Tagsüber blickte er durch die großen Fenster in seinem Büro auf die Kölnische Straße. Jetzt im Herbst war es bereits am frühen Abend dunkel. Er hatte einen anstrengenden Arbeitstag hinter sich und eine lange Nacht vor sich. Eine Etage tiefer im Präsidialbüro wurden Einladungen getippt. In den nächsten Tagen war eine Fahrt mit dem „gläsernen Zug" geplant, zu der die Honoratioren Kassels eingeladen werden sollten. Die Reichsbahn besaß zwei dieser „gläsernen Züge", die zu feierlichen oder besonderen Anlässen eingesetzt wurden. Die kurzen Elektrozüge boten dem ausgewählten Fahrgast einen freien Blick durch große Scheiben an den Seiten und im Deckenbereich. Die Reichsbahngehilfinnen im 1. Obergeschoss, unter ihnen Ingeborg S., tippten die Einladungen unter Zeitdruck. Sie mussten vom Präsidenten unterschrieben und noch an diesem Abend abgeschickt werden. Die jungen Frauen waren es mittlerweile gewohnt, bis 19:00 Uhr zu arbeiten, aber an diesem Abend endete der Arbeitstag später. Es war bereits dunkel, als Ingeborg S. das Direktionsgebäude verließ und ihren Heimweg antrat. Es müsste etwa 19:30/19:40 Uhr gewesen sein.

Zu dieser Zeit befand sich eine gigantische Armada britischer Bomber auf dem Weg zu ihrem Einsatzgebiet über Kassel. 569 Maschinen insgesamt sollen es gewesen sein, die eine Bombenlast von ca. 2000 Tonnen trugen, davon mindestens 416.000 Brandbomben.[307] Den Bombern flogen die sogenannten Pfadfinder-Verbände voran, die für die Zielmarkierung und Zielbeleuchtung zuständig waren. Mit farbigen Zielmarkierungen wurde der Bereich, auf den die Bomben fallen sollten, markiert und von nachfolgenden Fliegern mit Leuchtbomben für die Bombercrew sichtbar gemacht. Die Bevölkerung nannte die Leuchtbomben „Christbäume", weil ihre strahlende Fracht in Form eines Christbaums zu Boden sank.

---

[307] Friedrich, Jörg: Der Brand. Deutschland im Bombenkrieg 1940-1945. Hamburg 2006/2007, S. 115, Dettmar, Werner: Die Zerstörung Kassels im Oktober 1943. Eine Dokumentation. Fuldabrück 1983, S. 119.

Laut britischer Quellen sollen am 22.10.1943 über Kassel 197 Zielmarkierungsbomben und 294 Leuchtbomben abgeworfen worden sein, was diesen Einsatz zu dem am besten beleuchteten Luftangriff des gesamten Weltkriegs machte. Die militärische Verteidigung, die Kassel eigentlich hätte schützen sollen, bestand aus der FLAK und den Jagdfliegern. Jedoch gelang es der Royal Air Force, sich der Jagdflieger für eine gewisse Zeit zu entledigen durch gefälschte Anweisungen und Scheinangriffe auf Frankfurt am Main und Köln. Die Jagdflieger flogen zunächst die falschen Ziele an, standen Kassel also in den wesentlichen Intervallen des Luftangriffs nicht zu Verfügung.[308]

Die junge Reichsbahngehilfin Ingeborg S. fuhr mit der Straßenbahn nach Wahlershausen zur Hessenschanze. Dort im westlichen Außenbezirk Kassels führte ihr Weg von der Haltestelle durch ein Wäldchen in die Nähe der Rasenallee. Während sie im Wäldchen unterwegs war, hörte sie die Flak schießen. Die Präsenz der Flak hatte für sie etwas Beruhigendes, fast Angenehmes. Aufmerksam, aber gelassen setzte das junge Mädchen seinen Weg fort. Dass sie an diesem späten Abend relativ ruhig blieb, erklärte mir Ingeborg S. mit ihrer damaligen Jugend: *„Man war eben jung. Man hat das gar nicht so furchtbar empfunden. Wenn ich mir das heute so denke, dass wir so unbekümmert waren, dann muss ich mich wundern."* Weniger ruhig war ihr Vater, der vor der Haustür auf seine Tochter wartete. Es standen bereits die „Christbäume" am Himmel, als er ihr zurief: „komm, komm, schnell!"

Kurz danach waren die Detonationen der Luftminen zu hören. Es fielen in dieser Nacht Sprengbomben und vor allem Brandbomben in Massen. Die dicht bewohnte Innenstadt Kassels bestand aus alten leicht brennbaren Fachwerkhäusern. Planmäßig fielen gerade dort die meisten Brandbomben, mehrere auf jedes Haus. Nach einer Viertelstunde Bombardement brannte Kassels Innenstadt lichterloh. Rechts und links der Fulda entwickelten sich Flächenbrände, gegen die die Löschkräfte vergeblich ankämpften. Kassel war im weiten Umfeld die einzige Großstadt und daher weitgehend auf sich gestellt. Auswärtige Hilfe kam zwar, erreichte die brennende Stadt aber viel zu spät. Nach einer ¾ Stunde, etwa 21:50 Uhr zogen die letzten Bomber ab. Die Flächenbrände hatten sich inzwischen zum Feuersturm entwickelt; die Löschkräfte konnten sich kaum gegen den Luftzug stemmen. In den engen Gassen der Innenstadt war kein Durchkommen mehr, und die Luft war zu heiß und zu sauerstoffarm, um sie einatmen zu können. Wehe den Schutzsuchenden, die

---

[308] Piekalkiewicz, Janusz: Der Zweite Weltkrieg. Augsburg 1995, S. 828.

von der Sogwirkung des Feuersturms in den Brandherd hineingezogen wurden, von ihnen blieb nur noch Asche.

Die Menschen hatten in ihren Kellern durchaus Chancen, die Druckwellen der Luftminen zu überleben, vorausgesetzt, ihr Haus bekam keinen direkten Treffer. Im Falle eines Hausbrandes oder schwelender Brände, die die Atemluft vergifteten, empfahl der staatliche Luftschutz eine „beherzte" Flucht auf die Straße. Dort waren die Flüchtenden jedoch der enormen Hitze ausgesetzt, den brennenden Balken, die herabstürzten, und dem Funkenflug. Zeitzeugen berichten, vor einer Feuerwand gestanden zu haben und, dass selbst die Pflastersteine der Straßen gebrannt hätten.[309]

Viele blieben über Stunden in ihren Kellern, weil sie den Lärm der Zeitzünderbomben für die Fortsetzung des Angriffs hielten. Das Hauptproblem war in diesem Fall die Atemluft, die in ihrem Zufluchtsort unter der Erde immer schlechter wurde. Der Bunker der RBD in der Bismarckstraße war technisch auf dem neuesten Stand, die Luftschutzkeller der Wohnhäuser waren es jedoch nicht. Auf der Suche nach besseren Bedingungen schlugen die Notleidenden die Brandschutzmauern zwischen den Häusern auf und flohen in die Keller der Nachbarhäuser, bis sie am Ende der Häuserzeile in einen Keller gerieten, wo es nicht mehr weiterging. Dort ermüdeten sie durch Sauerstoffmangel oder durch das nicht wahrnehmbare, aber hochgiftige Kohlenmonoxid. Sie schliefen ein und starben. Wären in Kassel Stollen mit einem Ausweg zur Fulda vorhanden gewesen, dann hätten sich viele Bewohner retten können. Von den 10.000 Menschen, die in Kassel während dieser Nacht des Feuersturms ums Leben kamen, sind die meisten, ca. 70 %, erstickt, andere wurden verschüttet oder sie verbrannten. Etwa 75 % der Überlebenden wurden durch den Luftangriff obdachlos.[310]

Im Umkreis von 40 km sah man in dieser Nacht Kassel brennen. Wen auch immer ich im Umfeld von Warburg fragte, mir wurde eindringlich versichert: „*Dort, wo Kassel brannte, da war es taghell!*" Erik hielt sich während des Feuersturms bei den Eltern von Elisabeth Gillandt in Daseburg auf. Im Nachbarhaus der Familie wohnte eine Tochter der Gillandts mit ihrem Ehemann. In diesem Nachbarhaus gab es einen leichten Zugang über den Boden und eine Fensterluke auf das Dach. Als offensichtlich war, dass Kassel angegriffen wurde, eilte Elisabeth Gillandt zum Haus ihrer Schwester und kletterte dort zusammen mit Erik auf das Dach. Dort oben saßen beide und beobachteten die Katastrophe von

---

[309] Dettmar Werner: Die Zerstörung Kassels im Oktober 1943. Eine Dokumentation. Fuldabrück 1983, S. 378.
[310] Dettmar Werner, a.a.O., S. 142.

weitem. „Es war hell, es war bunt", erzählte mir Erik. Darauf angesprochen, was er damals empfunden hätte, antwortete er: „Ich hatte Angst, ich hatte furchtbare Angst. Ich wusste doch, mein Vater ist da drin!"

Heinrich harrte während der Zeit des Angriffs in der Reichsbahndirektion aus. Er war zuständig für das 2. Obergeschoss in der Kölnischen Straße 79, dort, wo das Brückenbüro seine Räumlichkeiten hatte. Sein Luftschutzdienst verpflichtete ihn zu Kontrollgängen im Obergeschoss. In dieser Nacht jedoch rückte die massive Bombardierung des gesamten Stadtgebietes die Verpflichtung zu Kontrollgängen in die Nähe eines Selbstmordkommandos. Während die Druckwellen der Luftminen das Gebäude erschütterten, eilte Heinrich mit einem Helm auf dem Kopf und einer Gasmaske vor dem Gesicht durch den Gang seiner Abteilung. Er wird sich davor gehütet haben, für eine längere Zeit in einem Raum zu verweilen und aus dem Fenster zu schauen. Auch wenn sich nur für Sekunden ein Blick aus einem Fenster ergab, so hat er doch mehr vom Feuersturm mitbekommen als diejenigen, die im Bunker saßen. Er hörte die Sprengbomben detonieren und sah Feuer von nahem und von weitem. In 400 m Entfernung wurde der Hauptbahnhof von Kassel vollständig zerstört. Die Geräuschkulisse war für ihn Information genug, um zu wissen, was sich dort abspielte.

Heinrich notierte in seinem Taschenkalender nur wenig über die Nacht vom 22. auf den 23. Oktober 1943. Seine Notizen zeigen aber, dass auch das Direktionsgebäude getroffen wurde und er dort als Löschdienst eingreifen musste. Unter dem Datum: Freitag, den 22.10.1943 notierte er in seinem Taschenkalender:

„Luftschutzdienst
20^{15} [Uhr] schwerer Angriff auf Kassel. Ich lösche u. rette in Kölnischer Str. 77, was möglich ist" (Abb. 24).

Einen Hinweis auf die Schäden im Gebäude der RBD gibt seine Notiz vom Montag, den 25.10.1943:

„Zum Büro. Hier alles verbrannt.
Zimmer 275 bekommen".

Laut Adressbuch befand sich in der Kölnischen Str. 77 die Bibliothek und in deren Nähe waren das Präsidentenzimmer und der Sitzungssaal, an dessen Wänden große Gemälde hingen. Als Ingeborg S. am darauffolgenden Montag wieder im Präsidialbüro arbeitete, fand sie keine verbrannte Bibliothek vor. Offensichtlich konnte die Brandwache in dieser Nacht verhindern, dass sich das Feuer im 2. Obergeschoss auf den Präsidialbereich ein Stockwerk tiefer ausbreitete. Ob freiwillig oder unfreiwillig, Heinrich rettete in dieser Nacht Bücher und Gemälde, während sein eigener Büroraum ausbrannte.

Am nächsten Tag, am Samstag, den 23.10.1943 notierte er in seinem Taschenkalender:

„4^{00} Uhr zu Hause, mein Häuschen steht noch.
Mittags kommen Lisbeth u. [Erik]
Schutt weggeräumt."

„Mein Häuschen steht noch." Wie erleichtert muss er gewesen sein, als er das schrieb.

Stunden zuvor in der Bombennacht wusste Erik nicht, ob sein Elternhaus den Luftangriff überstanden hatte und, was noch quälender war, er wusste nichts über das Schicksal seines Vaters. Selbst wenn er in Daseburg über ein Telefon verfügt hätte, die Telefonleitungen Kassels waren bereits in der Frühphase des Angriffs lahmgelegt worden. Allein eine Fahrt nach Kassel konnte Aufschluss geben. Allerdings war die Nutzung der Reichsbahn für Privatzwecke eingeschränkt. Das Motto der Zeit stand auf den Tendern der Loks: „Räder müssen rollen für den Sieg." Als die Bomber abgezogen waren, suchten Elisabeth Gillandt und Erik eine Daseburger Amtsperson auf, die befugt war, eine Bescheinigung über die Kriegswichtigkeit ihrer Fahrt nach Kassel auszustellen. Anschließend liefen die beiden nach Warburg zum Bahnhof und warteten dort die ganze Nacht auf einen Zug nach Kassel.

Früh am nächsten Morgen, es war noch dunkel, holte sie der Zug von Warburg ab und brachte sie nach Obervellmar kurz vor Kassel. In die Stadt hineinzufahren, war nicht mehr möglich. Wie bereits erwähnt war Kassels Hauptbahnhof völlig zerstört und etliche Vorstadtbahnhöfe ebenfalls, darunter der Bahnhof Wilhelmshöhe.[311] Also liefen die beiden die lange Strecke von Obervellmar zu Fuß. Ihnen entgegen kamen Ströme von Obdachlosen, die in den Vorstädten bei Verwandten oder Freunden Unterschlupf suchten; überall schwelte es. In einem Haus sahen sie eine Bombe stecken und eine Leiche wurde hinausgetragen. Die Zerstörung war in den Vororten jedoch längst nicht so massiv wie in der Innenstadt. Der Bahnhof Wilhelmshöhe bot jedoch ein jämmerliches Bild. Es war nur Schutt zu sehen. Die Straßenbahnschienen vor dem Bahnhof waren völlig verbogen und reckten sich in die Luft. Panik kam bei beiden auf, denn Eriks Elternhaus lag nicht weit vom Bahnhof Wilhelmshöhe entfernt.

Als sie den Bahnhof hinter sich gelassen hatten, lief Erik auf der äußersten Kante der schwer begehbaren Pflasterstraße, um sein Elternhaus

---

[311] Dettmar Werner: Die Zerstörung Kassels im Oktober 1943. Eine Dokumentation. Fuldabrück 1983, S. 143.

schon von weitem sehen zu können. Über 70 Jahre später erinnert er sich an diese Minuten, kurz bevor er das Doppelhaus erreichte:

„Und immer ging es darum, was ist los, was ist mit meinem Vater? Steht das Haus noch?" *Und dann kamen wir in die Nähe und da hämmerte es – da hämmerte es! Mein Vater war gerade dabei zu flicken. Er hämmerte Türfüllungen ein; das war rausgeflogen."*

Elisabeth Gillandt hatte dafür gesorgt, dass Vater und Sohn jetzt einander in den Armen lagen. Sie hatte aber noch ein weiteres Anliegen. In Daseburg, in der Nähe ihres Elternhauses, wohnte eine Familie K., deren Tochter Grete in Kassel arbeitete. Elisabeth Gillandt bat Heinrich herauszufinden, was mit Grete K. in dieser Katastrophennacht geschehen war. Das war eine traurige Bitte, aber Heinrich versprach sich zu kümmern.

Auch am Tag nach dem Feuersturm brannte Kassel. Einer meiner Interviewpartner, damals noch ein Junge, stand am Morgen nach der Brandnacht in der Nähe des Bahnhofs Wellerode und blickte von der Anhöhe in das Kasseler Becken. Der Qualm war geradezu unbeschreiblich, erzählte er mir, *„und unter dem Qualm der rote Feuerschein."* Seine Eltern waren in der Zeit der Bombenangriffe in ihr Wochenendhaus nach Wellerode gezogen. Die Brandnacht vom 22./23.10. hatte die Familie in ihrem Erdbunker im Garten verbracht. Der erste Wohnsitz seiner Eltern lag in der Hohenzollernstraße, also in derselben Straße, in der Heinrich gewohnt hatte, bevor er zusammen mit Lisbeth in die ‚Birkenstraße' gezogen war. Am Sonntag, den 24.10., zwei Tage nach dem Bombenangriff, brach die Familie nach Kassel auf, um zu schauen, was aus ihrer Wohnung in der Hohenzollernstraße geworden war. Die Fulda überquerten sie mit einer Fähre. Über den Königsplatz in der Stadtmitte führte ein schmaler Pfad durch Schutt an beiden Seiten. Viele Leichen sah der damals 13-Jährige auf seinem Weg. Auf dem Spohrplatz lagen die Leichen nebeneinander, auf dem Königsplatz waren sie übereinandergestapelt, *„so wie Eisenbahnschienen"*, erzählte mir mein Interviewpartner; d. h. man hatte die Toten wie Schwellen nebeneinandergelegt und quer darüber, wie Schienen liegend, zwei Reihen von Toten. Seine 15-jährige Schwester hätte angefangen zu weinen. „Ich gehe hier keinen Schritt weiter", hätte sie geschrien. Ihr Vater sei dann vorausgegangen auf der Suche nach einem Weg, der keinen allzu schrecklichen Anblick bot. In der Hohenzollernstraße angekommen fanden sie von ihrem Haus nur noch die Außenmauern vor. Den Keller konnten sie nicht betreten, weil die dort gelagerten Kohlen nach wie vor glühten.

Das Leben auch im äußeren Bereich der Innenstadt war noch Tage nach dem Brand gefährlich. Meine Mutter betrat ein mehrgeschossiges Haus, das relativ intakt schien. Als sie im Obergeschoss vom Flur aus einen Schritt in ein Zimmer setzte, brach der Fußboden unter ihr weg. Ein Mann, der hinter ihr stand, konnte sie gerade noch festhalten.

Die Kasseler Bevölkerung half einander so gut es ging. Ausgebombte wurden aufgenommen; Bergungstrupps räumten den heißen Schutt beiseite, um an die Menschen zu gelangen, die in ihren Kellern gefangen waren oder unter den Trümmern lagen. Die Leichen wurden auf die Plätze gelegt, in der Regel nebeneinander, sodass Nachbarn oder Verwandte sie identifizieren konnten.

Allerdings reichte der Arm der NSDAP weit in die meisten Hilfs- und Bergungsarbeiten hinein. Aufschlussreich ist in dieser Hinsicht der Bericht des damaligen Kasseler Polizeipräsidenten. Hier sei nur eine Passage zitiert: „Auch eine Formation der Waffen-SS wurde sofort nach Eintreffen noch in der Nacht bei den Bergungsarbeiten eingesetzt; ihr wurden die schwierigsten Schadensstellen in der Altstadt übertragen, an denen sie unermüdlich und mit großem Erfolg arbeitete."[312] Der Luftangriff der Royal Air Force auf Kassel gab somit der Waffen-SS die Gelegenheit, sich als ‚Retter in äußerster Not' zu betätigen. Auch führte die extreme Ausnahmesituation dazu, dass die Überlebenden mehr zusammenhielten denn je. Es sieht so aus, als hätten die Luftangriffe der Royal Air Force auf Nazideutschland systemstabilisierend gewirkt.

Wenn man bedenkt, dass Heinrich in dieser Nacht unverletzt blieb und nach seiner Brandwache in ein Haus zurückgekehrt ist, dessen Schäden überschaubar waren, dann muss man feststellen, dass er sehr glimpflich davongekommen ist. In seinem Taschenkalender notierte er am Samstag, den 23.10. die Schäden: *„6 Scheiben im Wohnzimmer, 2 in der Waschküche, 2 Scheiben auf dem Balkon kaputt"*. Einen Tag später unter dem Datum Sonntag, den 24.10. ist zu lesen: *„Mit Herrn Endrich den ganzen Tag das Dach ausgebessert."* Am Montag, den 25.10. traf er in der Direktion, wie bereits erwähnt, auf ein ausgebranntes Büro.

Am selben Tag fuhr Elisabeth Gillandt zusammen mit Erik von Kassel-Harleshausen aus zurück nach Daseburg. Am Dienstag, den 26.10. erkundigte sich Heinrich, wie so viele andere, nach einer Vermissten. In seinem Taschenkalender schreibt er: *„Am Königsplatz hat man Gretchen K. noch nicht notiert. Sie ist wahrscheinlich zum Friedhof Karolinenstr. als Unbekannte gebracht."* Leichen, die nicht identifiziert werden konnten, wurden anonym beerdigt. Ob die gebürtige Daseburgerin Grete K. anonym beerdigt wurde oder verbrannt war, blieb ungeklärt.

---

[312] Dettmar Werner: Die Zerstörung Kassels im Oktober 1943. Eine Dokumentation. Fuldabrück 1983, S. 127.

Am Donnerstag, den 28.10. verbrachte Heinrich wieder eine Nacht im Direktionsgebäude, weil er zum Luftschutzdienst eingeteilt worden war. Auf die Bemerkung „*dabei erkältet*" mag er nicht verzichten. So krank wie Heinrich war, muss ihm dieser Luftschutzdienst schwergefallen sein, aber immerhin hatte er Anlass am selben Tag zu notieren: „*Abends wieder Strom in der Wohnung*". Am Freitag, den 29.10. konnte er acht Glasscheiben besorgen und sechs davon in die Stubenfenster einsetzen. Am Samstag, den 30.10. notiert er: „*Schnupfen. Gehe doch mit kaltem Wasser in die Wanne*". Ob dies allein der Abhärtung dienen sollte, ist fraglich. Der Boiler musste erst mit Brennholz geheizt werden, um warmes Wasser zu bekommen. Ein Bad im kalten Wasser war die schnellere Lösung. Am Sonntag, den 31.10. notiert er „*Viel Hausarbeit*". Am selben Tag schreibt er einen Brief an Verwandte, die natürlich wissen wollten, wie es ihm ging. Vermitteln solche Notizen vor einem Hintergrund wie dem Feuersturm, was für Vorsätze ein Mensch hat? Wenn Heinrich damals einen expliziten Vorsatz hatte, dann war das wahrscheinlich: durchhalten, irgendwie durchhalten.

Das Ende trägt die Last

Im November 1943 wurde Kurt in das Reservelazarett II Lemberg/Ukraine eingewiesen. Wieder litt er unter Fieberschüben. Der Lazarettarzt untersuchte ihn, während Kurt einen solchen Fieberschub hatte. Im Beisein seines Patienten, der vor Schüttelfrost heftig zitterte, stellte der Arzt seine Diagnose: „Sie haben Bronchitis", sagte er meinem Vater, der seinen Ohren kaum traute, und, so gut es ging, widersprach. Doch der Arzt duldete keinen Widerspruch: „Das ist eine Bronchitis", wiederholte er. Schlotternd, aber mit Nachdruck stieß der Fiebergeplagte aus: „Ich habe Malaria – Malaria!" Die Kriegserzählungen meines Vaters waren Geschichten vom Grauen des Krieges, von unfähigen Vorgesetzten und von überforderten Ärzten. Die Diagnose, die schließlich in das Schriftgut der Wehrmacht einging, lautete: „Malaria und fiebrige Bronchitis."

Kurt hatte mit seinem Regiment, dem Grenadier-Regiment 212, 79. Infanterie-Division, in der Südukraine gekämpft: bis Anfang Oktober im Gebiet der Dnepr-Mündung, bis Anfang November östlich des Dnepr in der Nogaischen Steppe. Die durch Malaria bedingten Ausfälle im Regiment waren nach wie vor sehr hoch.[313] Mir erzählte mein Vater, dass er

---

[313] Sänger, Hans: Die 79. Infanterie-Division 1939-1945, (Eggolsheim 2004), S. 173. Frontverlauf in der Nogaischen Steppe siehe Schönherr, Klaus: Der Rückzug der

damals zwei Formen der Malaria hatte: die tertiäre und die quartäre Malaria, was seine Erkrankung so bedrohlich machte. Dies würde bedeuten, dass er zwei Mal und mit unterschiedlichen Malariaerregern infiziert wurde.

Elf Tage nachdem Kurt in das Reservelazarett II in Lemberg/Ukraine eingeliefert worden war, brachte ihn ein Lazarettzug nach Polen in das Reservelazarett Glatz. Am 17.12.1943 wurde er dort als kriegsverwendungsfähig entlassen. Man schickte ihn nach Metz in Lothringen zur dortigen Garnison und gewährte ihm bei dieser Gelegenheit einen Urlaub von knapp einem Monat. *„Kurt ist gekommen"*, schreibt Heinrich am 18.12.1943 in seinen Taschenkalender und am nächsten Tag notiert er: *„Lisbeth u. Erik heute gekommen".* Demnach war Weihnachten 1943 die sonst fast verwaiste Wohnung mit etwas mehr Leben erfüllt. Heinrich hatte jetzt wenigstens zwei seiner drei Söhne bei sich. Elisabeth Gillandt wird wohl für die kleine Familie gekocht haben, bevor sie Neujahr 1944 wieder zurück nach Daseburg fuhr. Bald war Heinrich wieder allein in seiner Wohnung. Immerhin sorgte ein Brief von Heinz für die Gewissheit, dass sein ältester Sohn noch lebte.

„Russland, den 31.12.43. Meine Lieben! Am heutigen Sylvesterabend schweifen meine Gedanken zurück auf das verflossene Jahr. Es brachte uns alle der Härte und Grausamkeit des Krieges so nahe wie wir es nie vorher ahnen konnten. Ihr daheim hattet die schweren Terrorangriffe zu ertragen, Kurt kämpfte um sein Leben in den Sümpfen des Kuban und in der Nogaischen Steppe. Mir aber konnten hier selbst drei starke Explosionen in kurzer Zeit hintereinander nichts anhaben. Überhaupt haben wir eigentlich alle bei gelegentlichem Pech doch ungeheures Glück gehabt. Und so können wir alle gesund in das Jahr 1944 hineinsteuern, ja selbst unser Heim, unsere Zuflucht und Heimat steht noch. Für einen Soldaten ein schönes und beruhigendes Gefühl. Nur mancher Soldat hat es nicht mehr.

Mir wurde heute am letzten Tag des Jahres für meinen Einsatz, vor allem in diesem Monat, das Eiserne Kreuz II. Kl[asse] verliehen. Ich glaube, ich habe es mir redlich verdient durch meinen persönlichen Einsatz, den meines Zuges und die sich daraus ergebenden Erfolge. [...] Mein Zug ‚hängt an mir'. Vor allem seit dem Einsatz dieses Monats, seit wir wissen was wir aneinander haben."

Heinz unterstand die kleinste militärische Einheit: ein sog. „Zug". Heinz behandelte seine Soldaten offensichtlich fair, weswegen sie ihn

---

Heeresgruppe A über die Krim bis Rumänien. In: Das Deutsche Reich und der Zweite Weltkrieg, hg. vom Militärgeschichtlichen Forschungsamt. München 2007, Bd. 8, S. 473.

mochten. Falls er doch einmal zu streng auf kleine Vergehen reagierte, so könnte ihm sein Vater eingefallen sein, von dem er wusste, dass er dies nicht billigen würde. In diesem Zusammenhang sei an den Streit zwischen Heinrich und seinem Ältesten erinnert, der in Kassel auf dem Balkon ausgetragen worden war. Heinz hatte einen Soldaten bestraft, weil der ein Stück Brot hatte verschimmeln lassen, was eine heftige Diskussion mit seinem Vater nach sich gezogen hatte. Erfreut las Heinrich, dass die Soldaten, deren Vorgesetzter Heinz war, seinem Sohn vertrauten und ihn mochten.

Das neue Jahr begann für Heinrich wie gewohnt anstrengend. Am 02.01.1944 verbrachte er eine Nacht in der Reichsbahndirektion als Brandwache. Viel Zeit, die er mit seinem Zweitältesten hätte verbringen können, blieb ihm nicht. Aber Kurt langweilte sich nicht, denn er nutzte seinen Urlaub für Verwandtenbesuche. In dieser Zeit konnte niemand mit Bestimmtheit sagen, ob man sich in diesem Leben noch einmal wiedersehen würde. Er quartierte sich vom 06. bis zum 10.01. bei Wienholts in Daseburg ein, deren ältester Sohn Alexander am 16.09.1943 bei Charkow gefallen war. Wie gern empfingen die Daseburger ihren Verwandten aus Kassel: endlich wieder ein junger Mann, der die Ostfront überlebt hatte, bis jetzt zumindest.

Am 12. Januar 1944 notierte Heinrich in seinem Taschenkalender: *„Erik fährt zum 1. Mal allein mit der Eisenbahn nach Warburg, Schulbeginn am 13.1."* Die Zugfahrt und der Fußweg von Warburg nach Daseburg dauerten zusammen zwei bis drei Stunden, was ein Neunjähriger durchaus bewältigen konnte. Diese Zugfahrten ohne die Begleitung von Elisabeth Gillandt fanden jedoch im Krieg statt. Da geschah es, dass der Zug einfuhr, während aus dem Bahnhofslautsprechern tönte: „Sofort einsteigen, Türen schließen, Fliegeralarm." Bahnhöfe waren ein bevorzugtes Ziel von Bombenangriffen, weswegen die Züge diese Zielscheibe bei Alarm umgehend verlassen mussten. Es ist vorgekommen, dass der neunjährige Erik bei Bombenalarm unbegleitet im Zug saß und hoffte, dass dieser ihn möglichst schnell aus der Gefahrenzone brachte. In dieser Zeit wurde ein Kind schnell erwachsen.

Drei Tage nachdem Erik zum ersten Mal allein nach Daseburg gefahren war, musste auch Kurt Kassel verlassen. Nach seinem Urlaub stand ihm jetzt der Eintritt in die Garnison in Metz bevor. Heinrich war nun wieder allein in seiner Wohnung. So etwas wie Muße oder Erholung kannte er nicht mehr. Heinrich wusste, dass er Ballast abwerfen musste, um seinen Alltag auf Dauer zu bewältigen. Im Garten waren jetzt fünf Kaninchen, die er kaum noch versorgen konnte. Ihm fehlten einfach die Zeit und die Kraft, um Grünfutter für die Tiere zu sammeln und sie zu pflegen, so wie er es früher getan hatte. Unter dem 18.01. vermerkt er in seinem Taschenkalender: *„5 Kaninchen geschlachtet."* Kurz nach dieser Notschlachtung, wie man diese Verzweiflungstat wohl nennen muss, verbrachte Erik das Wochenende wie üblich in Kassel. Als er die Waschküche betrat, sah er das viele Blut auf dem Arbeitstisch und die Kaninchenställe im Garten waren leer.

Heinrich war an die Grenzen seiner Belastbarkeit gekommen, aber wenigstens den Kontakt zu seiner engsten Verwandtschaft wollte er aufrechterhalten. Also schrieb er am 24.01.1944 einen langen Brief an seinen Bruder Werner Zabel, der damals in Köln lebte:

„Lieber Werner! Schon längst wollte ich Dir mal schreiben und Dir für Deinen Neujahrsgruß danken, aber du weißt ja, ich stehe alleine und habe sehr wenig Zeit. Dazu kommt, daß man so viel Zeit unnütz im Keller verbringen muß. Hoffentlich geht es heute Abend gut, wir waren nämlich heute Vormittag aus dem Büro schon 3 x im Bunker. Das ist ein unangenehmes Gefühl, weil man nicht weiß, was daheim passiert. Wenn ich aus der Wohnung gehe, ist ja keiner mehr drin. Dienstlich bin ich stark am Wiederaufbau eingesetzt, ich hatte auf dem Büro noch nie so viel zu tun wie jetzt. Gesundheitlich geht's einigermaßen. Erik ist ganz in Daseburg bei Gillandts, geht dort zur Schule und in den Kommunions-Unterricht. Da Gillandts Mutter das zu viel wurde, muß meine Hilfe, Gillandts Lisbeth, natürlich dort sein. Selbstverständlich auch aus Gründen der Luftgefahr. Wenn Alarm ist, bin ich froh, daß ich allein bin. Manchmal ist dieses einsame Leben aber richtig schwer."

Am Vormittag des 24.01. saß Heinrich demnach im Bunker der RBD. Laut seinen Notizen im Taschenkalender hatte er bereits wenige Tage zuvor zwei Nächte hintereinander wegen des Luftalarms im eigenen Keller verbringen müssen. Danach ist er müde zum Büro gefahren, wo eine Unmenge von Arbeit auf ihn wartete. Heinrich wurde, wie er schreibt, für den „Wiederaufbau eingesetzt", d. h. er gehörte zu den vielen Staatsbediensteten, die mit ihrer Arbeitskraft, ihrer guten Ausbildung und ihren Fähigkeiten mit dazu beitrugen, dass Adolf Hitler und seine Entourage nach wie vor in der Lage waren, Krieg zu führen. Er hatte sich mit der Chefetage der RBD Kassel angelegt, dennoch arbeitete er bis zur Erschöpfung am Wiederaufbau zerstörter Eisenbahnanlagen. Aber bei allem Pflichtbewusstsein, das ihm eigen war, seine Solidarität galt lediglich der Reichsbahn, für die er seit Mitte 1916 tätig war, gewiss nicht den jetzigen Vorgesetzten, denen er eine Mitschuld am Tod seiner Frau gab. Weiter schreibt Heinrich im Brief:

„Kurt war 4 Wochen hier im Genesungs- u. Jahresurlaub. Er hatte auf dem Kuban-Brückenkopf Malaria bekommen und nachher noch mal östlich des

Dnjepper [Dnepr]. Er ist zu seiner Ersatzeinheit nach Metz gekommen und am 3. Tage kv [kriegsverwendungsfähig] *geworden und zur Marsch Kompanie abgestellt. Der arme Kerl wird nun bald wieder raus müssen. Es ist bitter, wenn man seine Jungen so um Mitternacht durch die Trümmerhaufen zum Hautbahnhof bringt mit dem Gedanken: Wird man sich jemals wiedersehen? Er schreibt gv Heimat* [garnisonsverwendungsfähig in der Heimat] *gibt es nicht mehr, sondern nur noch beschränkte Kv, und die werden ebenso abgestellt wie die Kv. Leute. Seine Anschrift ist: Soldat Müller Grenadier-Ersatz-Batl. 212, Marschkompanie, Metz, v. Mannsteinkaserne. Wenn Du ihm einen Gruß schicken willst, dann tue es bitte bald, ehe er wieder draußen ist. Bitte kein Päckchen."*

Unter dem Datum Samstag, den 15.01.1944 notierte Heinrich in seinen Taschenkalender: *„Kurt fährt 24⁴⁰ [00: 40 Uhr] nach Metz."* - *„Zug hat 1 ½ Stunden Verspätung."* Als er Kurt zum Bahnhof brachte, wusste Heinrich, dass der Weg seines Sohnes über einen kurzen Aufenthalt in Metz wieder direkt an die Front führen würde.

„Nun zu Heinz. Er liegt bei Newel, von wo auch immer wieder schwere Kämpfe gemeldet werden. Er ist bei der Fla, d. h. Fliegerabwehr des Heeres, ist schon über 1 Jahr Leutnant motorisiert und hat seinen Zug eigentlich von seinem Volkswagen aus zu führen. Bei Angriffen ist er aber auf seinem 1. Geschütz, auf dem dann kurz hintereinander 2 feindliche Geschosse aus Granatwerfern explodiert sind und es klingt wie ein Wunder: Keiner von seinen Leuten wurde verletzt. Dann fuhren sie auf eine Mine, wobei die Zugmaschine in Fetzen ging. Heinz wurde vom Geschütz geschleudert und auf dem Hauptverbandsplatz wurde ein Riß im Trommelfell festgestellt, der aber schon wieder ausgeheilt ist. Er schreibt: Seine Leute ‚hängen an ihm' und das ist mir mehr wert, als das EK2 [Eiserne Kreuz, 2. Klasse], *das er nach dem VK2 mit Schwertern* [Verdienstkreuz 2. Klasse m. Schw.] *erhalten hat. Er hat jetzt 4 Wochen die Kompanie geführt, bzw. führt sie noch, für einen 23jährigen eine große Aufgabe."*

Heinz hatte bisher einen „Zug", also, wie bereits erklärt, eine kleine militärische Einheit geführt. Da aber Soldaten und Offiziere in Massen gefallen oder in Gefangenschaft geraten waren, wurde ihm aus Mangel an geeignetem Personal eine ganze Kompanie anvertraut. Eine Kompanie konnte über 200 Soldaten umfassen und war damit in der Tat *„eine große Aufgabe"* für einen 23-Jährigen.

Dass die Soldaten ihrem jungen Leutnant vertrauten, war Heinrich wichtiger als die Orden, die seinem Sohn verliehen worden waren. Heinrich hatte ohnehin ein ambivalentes Verhältnis zu militärischen Orden. Ihm selber waren, als Veteran des 1. Weltkriegs, mehrere Orden verliehen worden und diese Orden waren zur Förderung seiner Beamtenkarriere möglicherweise zweckdienlich. Wie Erik erinnert, hat sein Vater aber nur das Verwundetenabzeichen getragen. Die anderen Orden hätten ihm wenig bedeutet.

Was Heinrich im Moment am meisten bewegte, das war die bange Frage, ob Heinz seinen Einsatz an der Ostfront überleben würde. Weiter schreibt er an Werner Zabel:

„Vor seiner Militärzeit hat er [Heinz] 4 Trimester Jura studiert. Hoffentlich lebt er noch und kommt gesund zurück. Leider ist es ja so, daß das Ende die Last trägt.– Wenn Du die Trümmer in Köln siehst, dann bedenke, daß es in Kassel mindestens ebenso traurig aussieht und das alles in einer Nacht am 22.10.43, in der ich auch Brandwache hatte. Schreib gelegentlich auch Heinz mal. Nichts schicken, rauchen tut er sowieso nicht. Seine Anschrift: Leutnant Heinrich Müller Feldposten 58691. Zum Schluss lieber Werner, Dir und Deiner lieben Frau Lenie, Deinem Kind u. Geschw. herzliche Grüße v. D. Bruder Heinrich.

P.S. Ich freue mich immer, wenn ich zu Hause höre, Werner hat eine tüchtige und gute Frau gekriegt, den Eindruck macht sie uns auf dem Bilde. Wäre doch dieser Krieg erst zu Ende, damit auch Du u. Deine liebe Frau Euer Lebensschiff durch eine ruhigere See führen könntet."

„Leider ist es ja so, daß das Ende die Last trägt." Desillusioniert oder gar überrascht über diese Kriegsentwicklung war Heinrich wahrhaftig nicht. Es geschah nur das, was er prognostiziert hatte: Hitler verlor den Krieg, den er begonnen hatte. Obwohl für ihn mit seinen zwei erwachsenen Söhnen so viel auf dem Spiel stand, schimpfte er nicht und beklagte sich nur wenig. Dieser Brief ist im Gegensatz zu seinem Schreiben an die RBD „Betrifft: Tod der Ehefrau" ohne Vorwürfe und ohne laute Anklage. Heinrich schreibt von seiner Einsamkeit und seiner Überlastung. Er erwähnt das zerstörte Kassel. Vor allem aber seine Angst um das Leben von Heinz und Kurt spricht aus diesem Brief. Der Brief, den Heinrich an Werner schrieb, ist voller Wehmut und stillem Kummer.

Da er aber von einem Ende spricht, das die Last trägt, wird er wahrscheinlich auch an einen Neuanfang ohne diese Last geglaubt haben. Heinrich hatte einen minderjährigen Sohn, was in dieser verzweifelten Situation von entscheidender Bedeutung war. Für diesen lohnte es sich Geld zu verdienen, weiterzuleben und an eine erträgliche Zukunft zu glauben. Dass es allerdings noch 13 Monate dauern würde bis das Regime endlich kapitulierte, das konnte auch Heinrich nicht ahnen.

Während Heinrich versuchte, den Kriegsalltag in Kassel zu bewältigen, fielen an der Ostfront Zigtausende von Soldaten. Die Verluste auf Seiten der Roten Armee waren ebenso hoch, vielleicht sogar noch höher, aber, wie bereits erwähnt, verfügte die Sowjetunion über viel größere Ressourcen, vor allem an Menschen. Auch sie wurden ohne Rücksicht auf ihr Leben eingesetzt, denn auch Stalins Sowjetunion war eine Diktatur. Die lange Ostfront, an der Heinz und Kurt kämpften, verschob sich weiter zurück gen Westen. Dort, wo die Rote Armee Gebiete zurückerobert hatte, stieß sie auf grausame Verbrechen der Nationalsozialisten, auch der Wehrmacht, an der einheimischen Bevölkerung.[314] Jeder, der klaren Verstandes war, musste wissen, dass sich solche Gräueltaten später rächen würden.

Am Abend des 10.02.1944 stand Heinz vor der Tür seines Elternhauses. Sein Heimaturlaub war ein erfreuliches Ereignis, aber Heinrichs Ältester wirkte mitgenommen. Zwei Tage später lag er mit Fieber im Bett und sein Gesicht war von einem Ausschlag bedeckt. Hilfesuchend schickte Heinrich ein Telegramm an Elisabeth Gillandt nach Daseburg. Er brauchte jetzt dringend ihre Unterstützung. Trotz aller Pflege, verbesserte sich der Zustand von Heinz nicht, woraufhin Lisbeth Gillandt einen Arzt verständigte. Dieser kam zu der Diagnose Fleckfieber und ließ Heinz umgehend in das Krankenhaus Rotes Kreuz einliefern. Von dort aus wurde er in das Reservelazarett Nr. 7 beim Lindenberg verlegt. Fleckfieber ist eine Infektion, die von Läusen übertragen wird. Diese Erkrankung lässt ahnen, in welch erbärmlichen Verhältnissen die Soldaten an der Front lebten. Am 20.02. notiert Heinrich: *„Zum Lindenberg Heinz schläft"*, am 27.02.: *„Besuche Heinz. Es geht ihm wieder besser"* und am 02.03. darf er schreiben: *„Heinz geht es gut."*

Manchmal kann ein Lazarettarzt über das Leben seiner Patienten entscheiden, und dies nicht nur in medizinischer Hinsicht. Der Arzt von Heinz erbot sich, ihm Untauglichkeit für den Kriegsdienst zu bescheinigen. Auch dieser Arzt hielt den Krieg für verloren, also warum das Leben weiterer Soldaten opfern? Doch Heinz entschied sich für die Rückkehr an die Front. Die Auseinandersetzung zwischen Vater und Sohn, die dem folgte, mag man sich nicht vorstellen. Mein Vater erzählte mir, dass Heinz seine Entscheidung durchgesetzt hätte, dabei aber *„furchtbar weinend"*. Dann fügte mein Vater noch bedeutungsvoll hinzu: *„Man sagte damals, wenn jemand so sehr weint, bevor er an die Front zieht, dann kommt er nicht mehr zurück."*

Für mich hatte die Erzählung meines Vaters über die Entscheidung seines Bruders etwas Mystisches. Mancher Angehörige meiner Generation hat vielleicht noch die Kriegserzählungen im Gedächtnis, die den

---

[314] Roberts, Andrew: Feuersturm. Eine Geschichte des Zweiten Weltkriegs. München 2019, S. 678. Vgl. auch Wegner, Bernd: Die Aporie des Krieges. In: Das Deutsche Reich und der Zweite Weltkrieg, hg. vom Militärgeschichtlichen Forschungsamt. München 2007, Bd. 8, S. 256–259, 264–269.

metaphysischen Bereich berühren. Diese Geschichten handelten von Vorahnungen und Gedankenübertragungen. Ein Soldat stirbt, und im Moment seines Todes hört ein Angehöriger Tausende von Kilometern entfernt seine Stimme oder eine Todesnachricht wird überbracht, und der Angehörige weiß bereits, was passiert ist. Die Erzählung meines Vaters erinnerte mich an solche Geschichten. Jedoch brach Heinz nicht in Tränen aus, weil er Vorahnungen hatte, sondern weil er wusste, dass seine Chancen zu überleben gering waren.

Die Rote Armee stellte sich für diejenigen Soldaten, die die Ostfront verteidigten, als ein zur Realität gewordener Albtraum dar. Was Heinz von den Untaten der SS und auch der Wehrmacht in den besetzten Gebieten wusste, ist nicht bekannt. Auf jeden Fall erlebte er, wie erbittert die Rote Armee kämpfte. *„Ich gehe nicht in russische Gefangenschaft. Ich kämpfe bis zum Letzten"*, hatte Heinz in Gegenwart von Mathias Endrich gesagt. Heinz hatte Zeit seines Lebens sehr früh Verantwortung übernommen, für seinen Bruder, für die jungen Pfadfinder und als 23-Jähriger für eine ganze Kompanie. Vielleicht fühlte sich Heinz verpflichtet, den Rachefeldzug der Roten Armee aufzuhalten, mit Sicherheit aber wollte er seine Soldaten nicht im Stich lassen. So sehr er an seinem Leben hing, für ihn gab es anscheinend keinen Ausweg.

Mein Vater erzählte auch seinem jüngeren Bruder Erik diese Geschichte, allerdings versehen mit einem anderen Kommentar. Erik sagte er, dass er für die Entscheidung von Heinz kein Verständnis aufbringen könnte. Er wäre freiwillig niemals zurück an die Front gegangen. Heinz und Kurt hatten unterschiedliche Charaktere, aber auch eine unterschiedliche militärische Ausbildung. Den entscheidenden Einfluss der Offiziersausbildung brachte Mathias Endrich auf den Punkt: *„Der Heinz war Leutnant und da lernte man schon auf der Kriegsschule: Leutnant sein heißt, seinen Leuten vorzuleben – und Vorsterben ist nur ein Teil davon."*

Heinz wurde nicht zu seinem alten Regiment zurückgeschickt, sondern kam zur Fliegerabwehr-Panzer-Jäger-Abteilung 256 nach Witebsk in Belarus. Die militärischen Einheiten waren mittlerweile personell so ausgedünnt, dass sie neu strukturiert werden mussten. Dass man Heinz einer anderen Einheit zuteilte, mag hiermit zusammenhängen.

Kurt war nach seinem kurzen Aufenthalt in Metz nach Polen geschickt worden. Aber von seiner Malaria-Erkrankung hatte er sich noch längst nicht erholt. Am 15.03.1944 wurde er in das Reservelazarett I Krakau eingewiesen und von dort am 20.03. mit dem Lazarettzug nach Tübingen verlegt. Dass man ihm einen Genesungsurlaub in Kassel gewährt hat, ist sehr wahrscheinlich. Ich habe niemals nachgefragt, aber es ist durchaus möglich, dass er miterlebte, wie Heinz seine Entscheidung zur Rückkehr an die Ostfront unter Tränen mitteilte. Der Taschenkalender meines Großvaters reicht bis zum 04.03.1944. Er gibt hierüber keine Auskunft mehr.

Im Mai 1944 erreichte Heinrich die Nachricht vom Tod seines Cousins, Pater August Müller, genannt Augustin. Er war am 18.05.1944 in Süd-Shantung/China auf dem Weg zu einer Kapelle von chinesischen Soldaten durch einen Kopfschuss ermordet worden. Ein zweiter Priester blieb schwer verletzt am Tatort zurück, überlebte aber. Die Mörder flohen mit den Fahrrädern, die sie den Priestern zuvor abgenommen hatten. Tage später lobten Funktionäre der noch jungen kommunistischen Partei die brutalen Übergriffe auf die Priester: Jene hätten den Einheimischen mit ihrer christlichen Lehre nur „den Kopf verdreht" und sie von der Arbeit abgehalten. Die katholische Kirche befand, dass Pater August Müller im Rahmen seiner Missionsarbeit, also für die Verkündung des Glaubens, umgekommen sei und erklärte ihn darum zum Märtyrer.[315]

Die engsten Verwandten von Augustin, seine Mutter und seine Schwestern, hatten bereits einen Toten beklagen müssen. Der einzige Bruder Augustins war 1943 in Russland gefallen. Voll Kummer und desillusioniert mochten Augustins Schwestern nicht glauben, dass Augustin, der Jüngste aus der Geschwisterreihe, ein Märtyrer sei. Die Mörder hätten es doch lediglich auf die Fahrräder der beiden Priester abgesehen. Als die Schwestern nach dem Tod von Augustin im Dorf unterwegs waren, hörten die Daseburger sie sagen: *„Jetzt bringen sich die Menschen sogar schon wegen eines Fahrrads um."*

Ende März 1944 wurde Hitlers fähigster General, Erich v. Manstein seines Kommandos enthoben. In der Retrospektive hatte diese ‚Entlassung' durchaus Vorteile. Wenn Hitler in der Lage gewesen wäre, geniale Köpfe auf Dauer in seinem Umfeld zu dulden, dann hätte der Krieg noch länger gedauert.[316] Kurt gehörte zu den „Schörner-Truppen". Generaloberst Ferdinand Schörner war berüchtigt wegen seiner Brutalität, was ihm den Beinamen „blutiger Ferdinand" einbrachte. Ihm unterstand vom 30.03.-25.07.1944 die Heeresgruppe Südukraine. Teil dieser Heeresgruppe war auch die 79. Infanterie-Division und innerhalb dieser Division diente Kurt nach wie vor im Grenadier-Regiment 212. Ferdinand Schörner war

---

[315] Fleckner, Johannes: Pater August Müller. In: Zeugen für Christus. Das deutsche Martyrologium des 20. Jahrhunderts, hg. von Helmut Moll im Auftrag der Deutschen Bischofskonferenz. Bd. 2. Paderborn 2019, S. 1640f.
[316] Wegner, Bernd: Die Aporie des Krieges. In: Das Deutsche Reich und der Zweite Weltkrieg, hg. vom Militärgeschichtlichen Forschungsamt. München 2007, Bd. 8, S. 224. Vgl. auch Frieser, Karl-Heinz: Die Rückzugsoperationen der Heeresgruppe Süd in der Ukraine. In, a.a.O., S. 448f.

ein fanatischer Nationalsozialist und verhängte drakonische Strafen, sogar Todesstrafen gegen seine Soldaten. Wenn er sich aufmachte, um Truppenteile zu inspizieren, dann erwarteten die Soldaten seinen Besuch mit einer gewissen Sorge.[317]

Während eines solchen Besuchs musste Kurt vor Schörners Quartier „Wache schieben". Als Schörner an ihm vorbeiging, zeigte Kurt den zackigsten militärischen Gruß, zu dem er fähig war. Schörner sah es und wandte sich an seinen Adjutanten mit den Worten: „Der Mann kriegt eine Packung Zigaretten". Mehrere Male ging Schörner an Kurt vorbei und immer grüßte dieser besonders zackig. Auf Veranlassung von Schörner erhielt er dafür auch noch eine zweite Packung Zigaretten. Mein Vater quittierte dieses Erlebnis mit der Bemerkung: *„Dass ich schon mal von ihm Zigaretten bekommen habe, hatte er wohl vergessen."*

Der Generaloberst, der Ferdinand Schörner als Oberbefehlshaber der Heeresgruppe Südukraine ablöste, war Johannes Frießner. Eine Heeresgruppe besteht aus mehreren Armeen und war damit eine der größten militärischen Einheiten. Frießner war in der üblen Situation, eine solch hohe Verantwortung in einer fast aussichtslosen Lage übernehmen zu müssen. Wiederholt wurden der Heeresgruppe Südukraine Truppen entzogen, um an der langen Ostfront andere Heeresgruppen zu unterstützen, z. B. die Heeresgruppe Mitte. Im Juni 1944 hatte die Eroberung der Normandie durch die Alliierten begonnen, in deren Folge der Ostfront wiederholt kriegswichtiges Material wie Panzer entzogen wurde. Diese Panzer brauchte man jetzt an der Westfront.[318]

Die Sowjets nutzten die Entlastung durch ihre Verbündeten und formierten ihre Truppen an der Ostfront für einen Angriff. Frießner und sein Stab bemerkten die starken Truppenbewegungen der Roten Armee in der Höhe ihres Frontabschnitts. Bereits im Juli 1944 bat Frießner Hitler mehrfach um Zurückverlegung der Truppen. Bei den veränderten Kräfteverhältnissen sei die Ostfront in dieser Position nicht mehr zu halten. Hitler lehnte zunächst ab und stimmte dann zu, als es schon zu spät war.[319]

Die Heeresgruppe Südukraine stand an einem Frontabschnitt von 654 km Breite. Über ein Drittel dieses Frontabschnitts wurde von den Trup-

---

[317] Laut Mathias Endrich: „blutiger Ferdinand". Auch „wilder Ferdinand", Frieser, Karl-Heinz: Die Rückzugskämpfe der Heeresgruppe Nord bis Kurland. In: Das Deutsche Reich und der Zweite Weltkrieg, hg. vom Militärgeschichtlichen Forschungsamt. München 2007, Bd. 8, S. 665f. Vgl. auch Kershaw, Ian: Das Ende. Kampf bis in den Untergang. NS-Deutschland 1944/45. München 2011, S. 82.
[318] Kershaw, Ian, a.a.O., S. 145.
[319] Frießner, Hans: Verratene Schlachten. Die Tragödie der deutschen Wehrmacht in Rumänien und Ungarn. Hamburg (1956), S. 64.

pen des verbündeten Rumäniens gehalten. Der Gegner der Heeresgruppe Südukraine war die „Zweite Ukrainische Front" der Roten Armee, die ab dem 20.08.1944 vor allem die rumänischen Truppen angriff und deren Linien durchbrechen konnte, d. h. sowjetische Truppen befanden sich seitlich von der 79. Division und bald auch hinter ihr. Die Landser waren dabei eingekesselt zu werden.

Diese missliche Lage wurde durch ein unerwartetes Ereignis verschärft. Nach einem Putsch veränderte sich die Bündnispolitik Rumäniens. Am 25.08.1944 erklärte Rumänien seinem ehemaligen Bündnispartner Deutschland den Krieg. Die rumänischen Truppen verhielten sich in dieser auch für sie überraschenden Situation unterschiedlich.[320] Mein Vater sah, wie die rumänischen Soldaten, mit denen sie zusammen gekämpft hatten, ihre eigenen Panzer räumten, um sie den Deutschen zu überlassen. Dies geschah auf Befehl ihres Vorgesetzten. Trotz dieser generösen Geste hat man die rumänischen Truppen insgesamt, auch hinsichtlich des militärischen Standvermögens, nicht als verlässliche Verbündete empfunden. Die Verantwortung für das folgende Desaster lag aber nicht bei den abtrünnigen Verbündeten.

Wie sehr General Frießner Hitlers Starrsinn auch missbilligte, am Ende beugte er sich doch dessen Befehlen. Frießners Nachgiebigkeit gegenüber Hitler war damals typisch für die deutschen Generäle. Von Stauffenberg, der auf Hitler am 20.07.1944 ein Attentat verübt hatte, steht keineswegs stellvertretend für das hohe Militär. General Frießner hatte seine Soldaten vor dem drohenden Angriff wider besseren Wissens in ihren Stellungen belassen, weil Hitler eine Rücknahme der Front nicht genehmigen wollte. Die Rote Armee durchbrach die Front und schaffte es, Teile der Heeresgruppe Südukraine einzukesseln. Damit war die Chance auf einen einigermaßen geordneten Rückzug vertan worden. Der Fluchtweg über die Karpaten nach dem verbündeten Ungarn musste jetzt unter unsäglichen Verlusten erkämpft werden.

Die Zerschlagung der 79. Infanterie-Division und der Rückzug durch Rumänien Ende August und im September 1944 bildeten den Hintergrund für die meisten Kriegserzählungen meines Vaters. Wie häufig übermannten meinen Vater die Erinnerungen an diese grauenvolle Zeit. So traumatisiert wie er war, konnte er nicht anders, als über seine Kriegserlebnisse zu erzählen. Wir saßen beim Mittagessen und anfallartig brachen die Erinnerungen aus ihm heraus. Meine Schwester und ich waren Kinder, später Jugendliche. Wenn mein Vater anfing zu erzählen, dann füllte der Krieg den ganzen Raum aus, vom Tisch, auf dem das Essen

---

[320] Frießner, Hans, a.a.O., S. 46, 92.

stand, bis zu den Tapeten und in die Vorhänge hinein. So zumindest habe ich es empfunden. Damit der 2. Weltkrieg nicht völlig unsere Phantasie in Beschlag nahm, haben wir Kinder diese Schilderungen an uns abperlen lassen: „Papa erzählt schon wieder über den Krieg." Diese Reaktion war instinktiv und notwendig, hatte aber zur Konsequenz, dass ich mich an das Erzählte kaum noch erinnere. Später als erwachsener Mensch habe ich ein gewisses Interesse entwickelt und nachgefragt, aber, wie ich jetzt finde, viel zu wenig.

Mein Vater erzählte uns, dass er an der Front gekämpft hatte, während seine Kameraden neben ihm starben und er musste Leichen aus einem Graben bergen. Damals galt: ‚Familienväter werden geschützt, unverheiratete Soldaten sind angehalten, sich freiwillig zu melden.' Kurt meldete sich wiederholt freiwillig, was ausgenutzt wurde. Als sein Vorgesetzter ihn dazu abkommandierte, die Leichen aus einer Gefechtsstelle zu holen, tat er dies mit der Begründung, er wüsste nicht, wem sonst er so etwas zumuten könnte. Die 79. Division war für die Rückeroberung der Stadt Jassy eingesetzt worden, wobei die Infanteristen und mit ihnen auch mein Vater in vorderer Linie standen. Nahe der Stadt liegend gruben sie Deckungslöcher in den Boden, z. B. um dort Maschinengewehre zu positionieren. Vielleicht hatte ein solches MG-Nest einen Treffer erhalten und Kurt wurde dazu abkommandiert, die Leichen herauszuziehen.

Gleichgültig wo Kurt gekämpft hatte, ob am Kuban-Brückenkopf oder in der Südukraine, er hatte es mit einem Gegner zu tun, der an Menschen und Material überlegen war. Gegen die Rote Armee zu kämpfen hieß, sich am Ende doch zurückziehen zu müssen, und das unter hohen Verlusten auf beiden Seiten. Bei den Kämpfen um Jassy verhielt es sich ebenso. Nachdem sich die Rückeroberung der Stadt als unmöglich erwiesen hatte, wich die 79. Division in südlicher Richtung zurück. Einige Verbände der Infanterie (Grenadier Regiment 212) mussten jedoch bei Jassy zurückbleiben, unter ihnen vielleicht auch mein Vater. Dieser erzählte mir, wie erschöpft die Soldaten gewesen wären. Er sah, wie ein Kamerad, der Wache halten musste, vernehmbar schnarchend im Stehen schlief, gestützt auf seinen Karabiner.

Inzwischen standen die Rotarmisten 60 km hinter der 79. Division. Dadurch gerieten auch die Versorgungstruppen der Division in Bedrängnis mit der Folge, dass Nachschubgüter nur unzureichend geliefert wurden und der Abtransport und die Versorgung der Verwundeten nur noch eingeschränkt möglich waren.[321] Mein Vater erzählte mir, dass er bei Jassy angeschossen wurde. Ein ärztliches Attest vom Mai 1945 nennt die

---

[321] Rehm, Walter: Jassy. Schicksal einer Division oder einer Armee? Neckargemünd 1959, S. 56, 58f., 73f., 76.

Art der Verletzung: Ein Explosivdurchschuss durch das rechte Ellenbogengelenk. An welchem Tag dies geschehen ist und wo genau, ob in unmittelbarer Nähe der Stadt oder etliche Kilometer entfernt, ist mir nicht bekannt. Wohl aber weiß ich, dass er nur unzureichend medizinisch versorgt wurde.

Kurt lag an der Ostfront mit dem Vorsatz, nicht in russische Gefangenschaft zu gehen und auf jeden Fall diesen Krieg zu überleben. Er erzählte mir unaufgefordert, dass er nie auf den Kopf eines Gegners gezielt hätte, sondern „nur" auf die Beine. Aber ein verletztes Bein konnte in einer aussichtslosen militärischen Lage, die eine Versorgung der Verwundeten verhinderte, auch ein Todesurteil sein. Eine solch grenzwertige Situation erlebte er nun durch die eigene Verletzung.

Kurt wurde bei einem Nahkampf angeschossen. Nahkampf bedeutet in diesem Fall, dass die gegenüberliegenden Gegner einander sehen konnten. Zum Teil scheinen diese Nahkämpfe eine Kette aus Racheaktionen gewesen zu sein. Unmittelbar nachdem der Schuss fiel, der meinen Vater verletzte, legte der Kamerad neben ihm sein Gewehr an und erschoss den Schützen. Nach dem Angriff wurden die Verwundeten zwischen den vielen Toten herausgesammelt. Aber einen Verbandsplatz konnte man die Ecke, wo die Verwundeten schließlich hingelegt wurden, kaum nennen, denn in dieser verzweifelten Lage konnte sie niemand ausreichend medizinisch betreuen. Vor der Übermacht der Gegner musste der Rest, der von dieser Einheit übrig geblieben war, so schnell wie möglich fliehen.

Ein Vorgesetzter gab meinem Vater den Rat, als Verwundeter in russische Gefangenschaft zu gehen, doch Kurt bestand darauf, zusammen mit den unverletzten oder nur leicht verletzten Soldaten zu fliehen. Als die Rotarmisten den Verbandsplatz mit den verwundeten Wehrmachtssoldaten erreichten, hatten sie nicht die Absicht, die Verletzten gefangen zu nehmen. Deren Versorgung war entweder nicht möglich oder nicht gewollt. Als sich mein Vater umblickte, sah er, wie die Soldaten der Roten Armee auf die Gruppe der Verwundeten Handgranaten warfen.

Die Männer, mit denen zusammen er aufbrach, hatten kein Fahrzeug zur Verfügung. Mein Vater erzählte mir, dass er tagelang marschiert wäre in sengender Hitze, das schwer verletzte rechte Ellenbogengelenk mit der linken Hand stützend. Hätten sich die sowjetischen Truppen nicht bereits weit im Hinterland befunden, die Verwundeten wären umgehend von der Front zurückgeführt worden, und zwar mit dem LKW oder dem Pferdewagen zum nächsten Lazarett. Die 6. Armee und die Armeegruppe Mieth, zu der auch die 79. Division gehörte, waren aber durch die Rote Armee eingekesselt worden. Direkte und vor allem sichere Wege nach Westen über die Karpaten nach Ungarn gab es nicht mehr.

Die 6. Armee und die Armeegruppe Mieth mit der 79. Infanterie-Division waren Teil des bereits erwähnten Heeresverbandes Südukraine unter Generaloberst Frießner. Diese militärischen Einheiten, die über ein weites Gebiet verteilt waren, kommunizierten über Telefon- und Funkverbindungen miteinander. Unter den anhaltenden Luftangriffen und dem Feuer der sowjetischen Panzer standen diese Verbindungen aber nicht immer zur Verfügung, sodass manche militärische Aktion ohne Absprache erfolgte. Der Auftrag der Gruppe Mieth war es, Rückzugswege für die eingekesselte 6. Armee freizuhalten, was aber wegen der Ausweglosigkeit, in der sich die Gruppe Mieth inzwischen selber befand, unmöglich war. Mieth beschloss mit seinen Truppen aus der Einkesselung auszubrechen. Es bleibt ungeklärt, ob er die Genehmigung hierfür abgewartet hat.[322]

Beim Ausbruchsversuch am 28. und 29.08.1944 bei Vitcani wurde die Gruppe Mieth zerschlagen und mit ihr die 79. Infanterie-Division. Unter den Toten war auch General Mieth. Die Überlebenden flohen aufgeteilt in kleine Gruppen nach Westen über die Karpaten in das damals ungarische Siebenbürgen.[323] Da auch die Truppen der Roten Armee die Karpaten erreicht hatten, kamen viele auf diesem Weg um oder gerieten in russische Gefangenschaft. Andere trafen auf rumänische Zivilisten, die mit der Sowjetunion nicht sympathisierten und daher den Versprengten halfen. Für die Verwundeten, die meistens mit Pferdewagen über die Passstraßen der Karpaten transportiert wurden, war dieser Rückzug aus Rumänien eine kaum erträgliche Strapaze. Wahrscheinlich hat mein Vater die Kämpfe bei Vitcani nicht miterlebt, sondern befand sich zu diesem Zeitpunkt bereits in einem Pferdewagen auf dem Weg nach Siebenbürgen.

Mit dem Scheitern der Heeresgruppe Südukraine brach die südliche Ostfront zusammen, und dies in einem Zeitraum von nicht einmal zwei Wochen. Etwa 286.000 Soldaten starben oder gerieten in Gefangenschaft.[324]

Mein Vater überlebte diese Katastrophe, aber in welcher Verfassung! Er erzählte mir, dass nicht nur der Arm, sondern auch seine Hand eingegipst worden war, wodurch nicht nur das Ellenbogengelenk auf Dauer

---

[322] Kissel, Hans: Die Katastrophe in Rumänien 1944. Darmstadt 1964, S. 123, 130.
[323] Schönherr, Klaus: Die Rückzugskämpfe in Rumänien und Siebenbürgen im Sommer/Herbst 1944. In: Das Deutsche Reich und der Zweite Weltkrieg, hg. vom Militärgeschichtlichen Forschungsamt. München 2007, Bd. 8, S. 812f.
[324] Schönherr, Klaus, a.a.O., S. 818f.

unbeweglich blieb, sondern auch die gesamte Hand. Inwieweit diese Schlussfolgerung aus medizinischer Sicht gerechtfertigt ist, muss nicht geklärt werden. Auffällt, dass sowohl Heinrich als auch Kurt als Rechtshänder eine Kriegsverletzung am rechten Arm erlitten haben. Aber Kurt war sehr viel härter betroffen als sein Vater.

Mir ist bekannt, dass mein Vater vom 05.11. bis zum 08.12.1944 im Reservelazarett Schwalbach/Hessen lag. Eine medizinische Versorgung muss es aber bereits während des Rückzugs durch Rumänien gegeben haben. Sicher hat Kurt, einigermaßen wiederhergestellt, Genesungsurlaub erhalten, den er in Kassel und in Daseburg verbracht haben dürfte. Irgendwann stand er dann als Kriegsversehrter vor der Tür seines Elternhauses. Heinrich sah den steifen Arm und die deformierte Hand seines Zweitgeborenen. Wie sehr hatte der Krieg seinem Sohn geschadet.

Kurt kam zu einer Genesendenkompanie nach Bayreuth. Trotz seiner Behinderung wurde er gegen Kriegsende noch einmal an die Front geschickt. Eine Überlebensgarantie war der steife Arm leider nicht. Aber das Leben war nirgendwo mehr sicher, auch in den Städten nicht.

Zerstörte Städte, verlorene Schlachten, aber keine Kapitulation

Anfang Dezember 1944 erhielt Heinrich vom Präsidenten der RBD Kassel ein Dankesschreiben für seine Leistungen im Rahmen der Kriegsaufgaben. Heinrichs Einsatz beim Wiederaufbau zerstörter Eisenbahnanlagen dürfte ausschlaggebend für die freundliche Geste gewesen sein. Obwohl in diesem Brief eine Ordensverleihung bekannt gegeben wird, sollte man ihm nicht zu viel Bedeutung beimessen. Es handelte sich hier lediglich um einen Vordruck, in den Heinrichs Adresse und das Datum eingefügt wurden. Es gab anscheinend in diesen Zeiten viele Reichsbahnbeamte, die nach Ansicht des Präsidenten eine kleine Aufmunterung und ein Dankeschön verdienten. Der Text des Vordrucks lautete:

„Es freut mich, Ihnen mitteilen zu können, daß der Führer Ihnen auf meinen Vorschlag für die Durchführung von Kriegsaufgaben das Kriegsverdienstkreuz 2. Klasse verliehen hat.

Zu dieser Auszeichnung spreche ich Ihnen meinen Glückwunsch aus und verbinde damit meinen Dank und meine Anerkennung für Ihre verdienstvollen Leistungen."

Das Dokument über die Ordensverleihung war dem Schreiben beigelegt.

Bereits Anfang 1944 hatte die RBD Kassel ihrem Mitarbeiter Heinrich Müller eine Belohnung für seinen Einsatz als Brandschutzwache während des Feuersturms gewährt. Im Schreiben vom 12.01.1944 ist zu lesen:
„*In Anerkennung Ihrer Mehrleistungen beim Terrorangriff auf Kassel am 22.10.1943 ist Ihnen eine Spitzenleistungsprämie von 50 RM bewilligt worden, die von der zuständigen Kasse gezahlt werden wird. Der Betrag ist steuerpflichtig.*"

Ordensverleihungen und Sonderzahlungen waren die sanften Methoden, um eine gebeutelte und dezimierte Bevölkerung zum Durchhalten zu bewegen. Nach dem missglückten Attentat auf Hitler durch v. Stauffenberg am 20.07.1944 verschärfte das Regime seine Strafmaßnahmen drastisch.[325] Für Vergehen, die einem heute als Bagatellen erscheinen, wurde ein Mensch damals hingerichtet.

Das Umfeld der Familie Müller war von dieser Entwicklung nicht betroffen, wohl aber die Verwandtschaft der Familie Endrich. Ein Cousin von Mathias Endrich wurde enthauptet, weil er ein ihm bekanntes Mitglied der verbotenen „Roten Kapelle"[326] nicht angezeigt hatte. Dieser Cousin hinterließ eine Frau und ein Kind. Ein Onkel von Mathias Endrich hatte sich zur Hoffnungslosigkeit der Kriegssituation geäußert, woraufhin er wegen Volksverhetzung zu einer Zuchthausstrafe verurteilt wurde. Die SS, der dieses Urteil nicht hart genug war, überführte ihn eigenmächtig in ein Konzentrationslager.[327] Viele Konzentrationslager wurden im Winter 1944/45 evakuiert, d. h. die unterernährten und geschwächten Häftlinge mussten bei eisiger Kälte zu Fuß nach Westen ins Reichsinnere ziehen.[328] Zu den vielen, die diese Todesmärsche nicht überlebten, gehörte auch der Onkel von Mathias Endrich. Völlig entkräftet konnte er nicht mehr weitermarschieren, woraufhin er von SS-Wächtern erschossen wurde. Für diese Tat gab es einen Augenzeugen, ein Freund, der mit dem Ermordeten im Konzentrationslager war.

Ob Heinrich davon etwas wusste, ist fraglich. Die engsten Angehörigen der Inhaftierten und zum Tode Verurteilten wurden zum Schweigen verpflichtet. Mathias Endrich zumindest wusste während des Krieges nichts über das Schicksal seiner Verwandten. Als Jagdflieger, der er nach einer langen Ausbildung war, fragte er sich damals, warum es Flugverbotszonen gab, also Gebiete, die er nicht überfliegen durfte. Eine solche

---

[325] Kershaw, Ian: Das Ende. Kampf bis in den Untergang. NS-Deutschland 1944/45. München 2011, S. 56, 85.
[326] Rote Kapelle: Ein Begriff der Nationalsozialisten für Gruppierungen, die verdächtigt wurden, als Spione für die Sowjetunion zu arbeiten.
[327] Möglicherweise KZ Groß-Rosen 60 km entfernt von Breslau.
[328] Kershaw, Ian, a.a.O., S. 328f. Vgl. auch 267.

Sperrzone befand sich in der Nähe des Flugplatzes Weimar-Nohra. In der Absicht herauszufinden, was dort verheimlicht wurde, flog er am Rand dieses Gebietes vorbei und schaute nach unten. Von den Baracken, die er dort sah, schloss er allerdings nicht auf die Existenz eines Konzentrationslagers. Er muss sich damals in unmittelbarer Nähe des KZ Buchenwald befunden haben.

Zu den Geschichten, die mein Vater mir erzählte, gehörte die von einem KZ-Wächter, der nach dem Krieg beteuerte oder behauptete, er sei zu seinem Dienst im KZ gezwungen worden. Wenn er es nicht getan hätte, wäre seine Familie umgebracht worden. Der Mann hätte vor ihm gestanden und sich weinend die Pistole an die Schläfe gehalten. Anscheinend gab es nach dem Krieg nur noch ‚Opfer'. Natürlich war dem nicht so. Vor allem die hohen Parteifunktionäre waren in Kriegsverbrechen und Verbrechen gegen die Menschlichkeit verwickelt, für die sie, im Falle einer Kapitulation, von den Alliierten hingerichtet worden wären. Diese hohen Parteifunktionäre, allen voran Adolf Hitler, waren nicht bereit zu kapitulieren. Sie führten den Krieg weiter ohne Rücksicht auf die Soldaten und die Stadtbevölkerung, denn sie selber hatten nichts mehr zu verlieren.[329]

Die Bombardierung der Städte durch die Alliierten hielt nicht nur an, sondern sie wurde verstärkt weitergeführt. „60 Prozent aller über Deutschland abgeworfenen Bomben fielen nach dem Juli 1944."[330] Meine Mutter, damals technische Zeichnerin im Hochbaubüro der RBD Kassel, erzählte mir von den Stunden im Bunker. Sie hörte den Lärm und spürte die Druckwellen, die Wände und Boden erbeben ließen. Von Todesangst geplagt schaute sie auf eine alte Frau, die still ihren Rosenkranz betete. Mochten die Wände auch beben und die Gefahr groß sein, die alte Katholikin betete ihren Rosenkranz, ohne auf das, was um sie herum geschah, zu achten. Meine Mutter saß wiederholt mit der alten Dame im Bunkerraum und hätte, so erzählte sie mir, das „alte Mütterchen" insgeheim beneidet.

Die Interessen anderer, die im Bunker Zuflucht suchten, waren sehr viel weltlicher. Der Präsident der RBD Kassel hatte vor allem Sorge um seinen kostbaren Teppich. Bei jedem Alarm musste der Adjutant des Präsidenten diesen Teppich aus dem Büro in den Bunker schleppen. Just an dem Tag, als er ausnahmsweise den Teppich liegen ließ, durchstieß eine Stabbrandbombe eines der Fenster im Präsidialbüro und entfachte dort ein Feuer, bei dem auch dieser Teppich in Mitleidenschaft gezogen

---

[329] Vgl. Kershaw, Ian: Das Ende. Kampf bis in den Untergang. NS-Deutschland 1944/45. München 2011, S. 177f.
[330] Kershaw, Ian, a.a.O., S. 124.

wurde. Nach dem Angriff schoben die Reichsbahngehilfinnen den großen Schreibtisch über die verkohlte Stelle, doch der Präsident bemerkte den Schaden.

Wie bereits erwähnt hatte der Präsident seinen festen Wohnsitz im Bunker, dem jetzigen Kultur-Bunker. Schräg gegenüber wohnte der Regierungspräsident, dessen Haus bei einem Bombenangriff getroffen wurde. Die hohen Parteifunktionäre fühlten sich anscheinend einander verpflichtet. Auf jeden Fall schickte der Präsident die Männer und Frauen, die in dieser Nacht Brandschutzdienst hatten, zum Privathaus des Regierungspräsidenten und wies sie an, sich dort an den Löscharbeiten zu beteiligen. Auf sein Betreiben hin zog der Regierungspräsident für eine kurze Zeit ebenfalls in den Bunker ein, der, wie bereits erwähnt, mehrgeschossig war. Ingeborg S., die mir hiervon erzählte, kommentierte das Erlebte: *„Na ja, gut, das hat man alles so mitgemacht; da hat man sich damals gar nichts bei gedacht. Im Nachhinein denkt man auch: du lieber Himmel!"*

Heinrich saß in seinem Büro und blickte auf einen verunstalteten Innenhof. Die beiden großen Innenhöfe verfügten über eine ansehnliche Fassade, die man jetzt kaum noch bemerkte, weil der Blick automatisch auf die Plumpsklobaracke im Innenhof fiel. Die Kanalisation der umliegenden Straßen war durch die Bombardierungen lädiert, was zur Folge hatte, dass die Wasserklosetts im Direktionsgebäude nicht mehr benutzt werden durften. Geleert wurden die Holzklosetts im Innenhof von Zwangsarbeiterinnen aus Polen und Russland, die sich nach dem Krieg an ihren Peinigern rächten, indem sie die Büroräume verunreinigten.

Heinrich bezog jetzt die letzte in Kassel existierende Tageszeitung, die „Kurhessische Landeszeitung". An Goebbels Kriegsprognosen wird er kaum Interesse gehabt haben; die Zeitung enthielt aber wichtige Informationen zur Ausgabe von Lebensmittel- und Kleiderkarten. Einen Artikel vom 10.07.1944 über die 5. Kleiderkarte für Kinder und Jugendliche schnitt er aus. Nach den Angaben in diesem Artikel konnte er für Erik auch in Zukunft Kleidung erwerben, für sich selber aber nicht, ausgenommen Wäsche und Kleintextilien. Die Kleiderkarten für Erwachsene waren zugunsten der Ausgebombten gesperrt. Wegen des Rohstoffmangels musste improvisiert werden, auch bei der Herstellung von Schuhen. Überliefert ist, dass Heinrich mindestens ein Paar Schuhe besessen hat, deren Sohlen aus Autoreifen gefertigt worden waren.

Die Bevölkerung erduldete auch bei der Ernährung Einschränkungen. Im Vergleich mit den Verhältnissen gegen Ende des 1. Weltkriegs war die Rationierung der Lebensmittel aber einigermaßen erträglich. Es herrschte vor allem ein Mangel an Brennmaterial und Rohstoffen und dieser Mangel wurde spürbarer je mehr der besetzten Ostgebiete, die zuvor ausgebeutet worden waren, aufgegeben werden mussten. Erschwerend kam die permanente Bombardierung der Transportwege hinzu, die verhindern sollte, dass lebensnotwenige Güter geliefert werden konnten.

Wie bereits erwähnt war die Stadtbevölkerung aufgefordert, einen Teil ihrer Textilien auszulagern, um sie vor den Bombenangriffen in Sicherheit zu bringen. Nach wie vor deponierte Heinrich diverse Koffer mit Kleidung in den Häusern seiner Verwandten, wobei er den Inhalt eines jeden Koffers auf einem Blatt Papier handschriftlich oder in getippter Form notierte. Unter den Listen befindet sich, verteilt auf zwei Blätter, eine Aufzählung von Lisbeths Bekleidung: Lisbeth hatte elf Kleider besessen, des Weiteren zwei Röcke, drei Blusen, einen Pullover, zwei Mäntel, eine Strickjacke, einen warmen Unterrock, zwei Mieder, zehn Hemden usw. Offensichtlich hat Heinrich nichts weggeworfen von dem, was Lisbeth einst besaß. Diese zwei (von insgesamt acht) Bestandslisten belegen, dass er die Kleidung von Lisbeth ausgelagert und nicht seinen Verwandten geschenkt hat. Jetzt, zwei Jahre nach Lisbeths Tod mochte er sich noch nicht von ihrem Nachlass trennen. Allein in seiner Wohnung bestanden kaum Möglichkeiten, sich von seinem Kummer abzulenken. Er aß in der Küche, in der Lisbeth gearbeitet hatte, und er schlief im gemeinsamen Ehebett. Wie sehr muss er sie vermisst haben.

Unterdessen ging das Sterben an den Fronten weiter. Im Sommer 1944 waren die Ukraine, Belarus und Teile von Polen von der Roten Armee zurückerobert worden und im Herbst kämpfte die Wehrmacht vergeblich um das rohstoffreiche Ungarn. Im Westen befanden sich die amerikanischen und britischen Truppen auf dem Vormarsch. Bis nach Aachen waren sie inzwischen vorgedrungen. Langfristig gab es in dieser Situation nichts mehr zu gewinnen, wohl aber viele junge Soldaten zu verlieren. Trotzdem entschied sich das Regime im September 1944 für die Ardennenoffensive, die ab dem 19.12.1944 umgesetzt wurde. Die 170 Kilometer breite Angriffsfront zog sich auch durch die Eifel, also gar nicht so weit von der Warburger Börde entfernt.[331] So kam es wohl, dass sich eine SS-Einheit vor der Offensive in Daseburg sammelte.

Die SS-Einheit hatte sich in Daseburg einquartiert, d. h. die Dorfbewohner mussten Unterkünfte für diese Einheit bereitstellen. Im Hause Gillandt war ein SS-Mann untergekommen, der zusammen mit Erik in einem Doppelbett schlief. *„Über dem Stuhl hing die Maschinenpistole"*, erzählte mir Erik. *„Und der hat mir gesagt, wie feige die Amis wären im*

---

[331] Kershaw, Ian: Das Ende. Kampf bis in den Untergang. NS-Deutschland 1944/45. München 2011, S. 197, 229, Piekalkiewicz, Janusz: Der Zweite Weltkrieg. Augsburg 1995, S. 958.

Verhältnis zu den deutschen Soldaten, wie leicht es wäre, die beim Kampf Mann gegen Mann aufzuhalten."

Bereits Weihnachten 1944 war klar, dass die Ardennen-Offensive scheitern würde. Dennoch wurde weitergekämpft. Erik wohnte bei Familie Gillandt auf dem Land in Sicherheit, aber auch die dortige Bevölkerung war vom Kriegsgeschehen gebeutelt. Erik erlebte im Hause Gillandt eine herzzerreißende Abschiedsszene, als ein junger Familienvater, der nach einem kurzen Heimaturlaub wieder zur Front zurückkehren musste, verabschiedet wurde: *„Oh, was haben die geweint, was haben die geweint!"* Als Monate später die Botschaft kam, dass dieser Mann, wie befürchtet, gefallen war, wurde Erik wieder Zeuge von Trauer und Verzweiflung. Auch noch 70 Jahre später war die Erinnerung für ihn schwer erträglich.

„Mit 10 Jahren kam ich zum Jungvolk", erzählte er weiter. *„Diese Jahrgänge wurden dem Führer geschenkt. Ich bin Jahrgang 34. Ich bin also noch dem Führer ‚geschenkt' worden."* Uniformen hätte es aber keine mehr gegeben. *„Ich erinnere mich nur, dass wir einmal durchs Dorf marschiert sind mit Zicke Zacke Hühnerkacke, aber das war schon beim Zusammenbruch damals."*

Von Daseburg aus konnte man die amerikanischen Tieffliegerangriffe auf die Eisenbahnstrecke Warburg – Kassel beobachten. Die Älteren von Wienholts Kindern, inzwischen Jugendliche und junge Erwachsene, standen auf dem Dachboden ihres Elternhauses und beobachteten die Tiefflieger, wenn diese einen Zug im Visier hatten. Das Dorf selber war durch die Alliierten nur indirekt bedroht. Es muss bereits 1945 gewesen sein, als ein amerikanischer Bomber über einem nahe bei Daseburg gelegenen Feld abstürzte. Dieser Bomber war angeschossen, geriet ins Trudeln und flog dabei tief über Daseburg. Dieses Trudeln und der Absturz waren mit einem derartigen Lärm verbunden, dass die Daseburger erschreckt in ihre Keller flüchteten. Was aus der Besatzung des Bombers wurde, ist nur zum Teil bekannt. Der Fallschirm von einem Besatzungsmitglied hatte sich offensichtlich nicht geöffnet. Erik sah, wie der Mann regelrecht in den Boden hineingerammt war. In dieser Zeit kannten auch Kinder den Anblick von Menschen, die eines gewaltsamen Todes gestorben waren.

Ab Mitte Januar 1945 wurde die Wehrmacht von der Roten Armee durch eine Großoffensive überrollt. So schlecht ausgestattet wie die Wehrmacht mittlerweile war, konnte sie die 2.400 Kilometer breite Ostfront nicht halten. Die Rote Armee besaß ein Mehrfaches an Infanterie und Panzern und ein Zigfaches an Geschützen.[332] In den Gebieten, die die Rotarmisten eroberten, rächten sie sich bitter für die Vergehen der Waffen-SS und der Wehrmacht. Die Dörfer der deutschen Bevölkerung in den östlichen Provinzen wurden niedergebrannt, viele Menschen erschlagen oder misshandelt und viele Frauen vergewaltigt. In den östlichen Gebieten Deutschlands sollen etwa 100.000 Menschen von Rotarmisten ermordet und ca. 1,4 Millionen Frauen vergewaltigt worden sein. Auch wenn diese Zahlen nur auf Schätzungen beruhen, verdeutlichen sie doch, in welchen Dimensionen sich der Rachefeldzug der Roten Armee abspielte. „Dieser Rachedurst war anscheinend unstillbar"[333], konstatiert der britische Historiker Ian Kershaw. Gauleiter, wie Erich Koch in Ostpreußen, predigten angesichts der vorrückenden Roten Armee Durchhaltewillen und verhinderten damit eine planmäßige Evakuierung der Bevölkerung. Scharen von Menschen flüchteten schließlich in überfüllten Zügen, mit Fuhrwerken oder zu Fuß bei minus 20 Grad C. In Oberschlesien erlaubte die Gauleitung nur Frauen und Kindern die Flucht. Sie folgten damit einer Weisung von Albert Speer, dem Reichsminister für Rüstung und Kriegsproduktion, der die Männer für den Schutz und den Betrieb der großen Industrieanlagen Oberschlesiens eingeplant hatte.

Zu denjenigen Menschen, die aus Oberschlesien flohen, gehörte auch Heinrichs Halbschwester Eva Burgau, eine Tochter aus der zweiten Ehe von Heinrichs Mutter. Eva Burgau besaß in Oberschlesien einen Hof, den sie allein bewirtschaftete, weil ihr Mann eingezogen worden war. Mit sechs Kindern, allein auf sich gestellt, war bereits diese Situation eine Herausforderung. Als die Rote Armee näher rückte, musste sie sich damit abfinden, dass der Hof für sie verloren war. Sie floh mit ihren Kindern und ihrer Schwiegermutter, von der sie in dieser Situation nicht unterstützt wurde, im Gegenteil: Ihre Schwiegermutter hatte nicht mitgehen wollen und war bei ihrer Weigerung geblieben. Später erzählte Eva Burgau ihrer jüngsten Tochter, dass sie während der langen Reise an ihrer Schwiegermutter mehr „gezerrt" hätte als an ihren Kindern.

Ein Flüchtlingszug brachte Eva Burgau und ihre Familie im Januar 1945 von Oberschlesien nach Frohburg nördlich von Dresden. Die Orte auf den Fluchtrouten waren jedoch dem Ansturm der fliehenden Menschen nicht gewachsen. In Frohburg wurde für die Flüchtenden ein ungeheizter Schulsaal zur Verfügung gestellt, auf dessen Boden Stroh lag. Mitten im Winter war diese notdürftige Unterkunft kein geeigneter Aufenthaltsort für sechs Kinder, von denen das Jüngste 1 ½ Jahre alt war.

---

[332] Kershaw, Ian: Das Ende. Kampf bis in den Untergang. NS-Deutschland 1944/45. München 2011, S. 245.
[333] Kershaw, Ian, a.a.O., S. 262.

Also entschied sie sich weiterzureisen, zunächst nach Leipzig. In Frohburg oder in Leipzig muss es ihr aber gelungen sein, Heinrich in Kassel zu verständigen. Drei Tage fuhr sie von Leipzig nach Kassel Hauptbahnhof, wo Heinrich sie auf dem Bahnsteig empfing und dafür sorgte, dass sie mit ihren Kindern in den überfüllten Zug nach Warburg einsteigen konnte.

Auch der Hauptbahnhof in Kassel war voll mit Menschen, die wegen Zugausfällen dort gestrandet waren. Auf den Bahnsteigen befanden sich Gitter, an denen die Gestrandeten saßen, weil es in den Wartesälen keinen Platz mehr für sie gab. Ingeborg S. erinnert sich:

„Und wo das Gitter war, da hingen die Windeln; da lagen die Leute auf Decken und was sie hatten. Sogar die Züge mit den Viehtransportern wurden benutzt, um die Leute von A nach B zu bringen. Und dann konnten die in Kassel nicht weiter und dann schliefen die alle auf den Bahnsteigen. Das war alles voller Menschen, voll mit Kindern und ohne Kinder, mit Wägelchen und Handwägelchen. Also es war ein furchtbares Durcheinander damals."

Eva Burgau erreichte ihr Ziel, Daseburg, gesund und ohne Verluste beklagen zu müssen. Unzählige Flüchtlinge hatten nicht dieses Glück im Unglück. Sie starben auf der Flucht, indem sie erfroren, von sowjetischen Tiefffliegern erschossen wurden oder ertranken, z. B. die 7000 Menschen auf der „Wilhelm Gustloff", die eine Stunde Wegstrecke von Gotenhafen entfernt von einem sowjetischen U-Boot torpediert wurde.

Joseph Goebbels zögerte zunächst, das Verhalten der Rotarmisten propagandistisch auszuschlachten, denn letztendlich warfen deren Gebietsgewinne ein deutliches Licht auf das militärische Scheitern des Naziregimes. Als die Informationen schließlich doch präsentiert wurden oder einfach nur durchsickerten, hatten viele den Eindruck weiterkämpfen zu müssen, um nicht völlig unterzugehen. Auch die massive Bombardierung der Städte konnte eine solche Einschätzung verstärken.

Zu den letzten menschlichen Reserven, die noch mobilisiert werden konnten, gehörten der Volkssturm und die jugendlichen Flakhelfer. Wenn mir meine Interviewpartner und -partnerinnen vom Volkssturm erzählten, dann verbunden mit dem Hinweis auf deren Lebensalter: Es seien vor allem ältere Männer gewesen, die die Schanzen gebaut haben, um die Panzer der Alliierten abzuwehren. Allerdings waren am Bau der Ost- und Westwälle auch viele Frauen beteiligt und manche junge Frau wurde kurz vor dem Zusammenbruch noch in die Bedienung von Waffen eingeführt.

In den Volkssturm wurden Männer von 16 bis 60 Jahren berufen. Da die Jugendlichen und jungen Männer dem Regime als Frontkämpfer und

Flak-Helfer nützlicher waren, blieben für den Volkssturm vor allem die Älteren, so auch Heinrich. Heinrichs Behelfsmusterungsausweis vom 24. Februar 1944 vermerkt, dass er nur bedingt kriegsverwendungsfähig war. Recht schnell, drei Tage später am 27. Februar 1944, erhielt er von der Ortsgruppe Kassel-Wilhelmshöhe den eigentlichen Volkssturm-Ausweis. Erik erinnert sich nicht, dass sein Vater als Volkssturmmann eine Aufgabe übernommen hatte. Er hätte aber zu Übungen erscheinen müssen, die auf den Höfen der Kasernen in Helleböhn abgehalten worden wären. Die Volkssturmmänner trugen keine Uniform und waren schlecht bewaffnet. Von der Bevölkerung wurden sie eher belächelt als ernst genommen.

Am anderen Ende der Altersskala standen die Flakhelfer. Einer meiner Interviewpartner erzählte mir, wie er mit knapp 16 Jahren zusammen mit einigen Klassenkameraden Flakhelfer wurde. Seine Batterie lag in Kassel-Suesterfeld nahe dem Westfriedhof. Während dieser Zeit wurde er am Geschütz eingesetzt, während sein gleichaltriger Freund beim Kommandogerät half, den Kameraden am Flak-Geschütz die Zielkoordinaten durchzugeben. Letztendlich aber waren er und seine Klassenkameraden Schuljungen, die morgens in einer nahegelegenen Baracke von zwei Lehrern in den üblichen Schulfächern unterrichtet wurden. Wenn nachts Alarm gegeben wurde, mussten sie umgehend ihr Geschütz aufsuchen und aus den Schuljungen wurden Soldaten. Schnell machten die verwegenen Halbwüchsigen ihren beiden Lehrern klar, dass sie tagsüber lieber mit den erwachsenen Soldaten in der Baracke Filme schauen wollten, als für die Schule zu lernen. Die beiden Lehrer gaben nach, nahmen morgens an den Filmvorführungen teil und freuten sich mittags über die vergleichsweise reichhaltige Essensausgabe in der Baracke. Mein Interviewpartner erzählte mir, dass er von März 1944 bis März 1945 als Flak-Helfer alle Angriffe auf Kassel mitgemacht hätte. Dabei hätte es in ihrer Batterie Verletzte gegeben, aber keine Toten.

Wer im letzten Kriegshalbjahr die wenigen verbliebenen Tageszeitungen durchblätterte, stieß auf die Seiten, die gefüllt waren mit Todesanzeigen. Die Menschen starben als Zivilisten auf der Flucht vor der Roten Armee, in ihren Häusern bei Bombenangriffen, als Soldaten an der Ost- und Westfront und in den Zügen durch die Tieffliegerangriffe. Die Wienholts in Daseburg hatten, wie bereits erwähnt, ihren ältesten Sohn Alexander im Jahr 1943 verloren. Ihr zweitältester Sohn Philipp starb am 24.02.1945 bei Wesel/Westfalen durch einen Tieffliegerangriff. Er hatte im Herbst 1944 bei Arnheim gekämpft, war dort verwundet worden und hatte in Holland im Lazarett gelegen. Hinkend wegen seiner Beinverletzung verbrachte er Weihnachten in Daseburg, wo er Anfang des Jahres 1945 erneut einberufen wurde. Zu seinen Geschwistern hätte er gesagt:

„Was wollen die von mir. Ich kann doch nicht mehr laufen!" Zusammen mit anderen Soldaten ist er auf einem LKW zur Westfront ins Rheinland transportiert worden. Dort im frontnahen Gebiet attackierten die Tiefflieger auch LKWs, vor allem, wenn es den Anschein hatte, dass Soldaten oder Waffen transportiert wurden. Zusammen mit Philipp fanden auf dem LKW mehrere Soldaten den Tod. Philipp wurde 18 Jahre alt.

Der Tod seines Neffen gab Heinrich einen weiteren Anlass zur Angst um seine eigenen Söhne. Die letzten Feldpostbriefe, geschrieben von Kurt und Heinz sind im Nachlass nicht überliefert. Von Kurt muss es aber späte Feldpostbriefe gegeben haben. Von Bayern aus wird er seinem Vater geschrieben haben, mit krakeliger Schrift, denn er war Rechtshänder, der nun mit der linken Hand schreiben musste.

Heinz hatte ab dem 16.09.1944 in der „Stabskompanie überschweres Festungs-Maschinengewehr-Bataillon 814" gedient, später umbenannt in „Festungs-Fliegerabwehr-Bataillon 814".[334] Diese Einheit war nicht Teil einer Armee, sondern unterstand der Heerestruppe. Ihr Einsatzraum war in Polen bei Modlin. Durch ein Schreiben meines Vaters aus dem Jahr 1947 wissen wir, dass Heinz seiner Familie Ende Dezember 1944 eine letzte Nachricht hat zukommen lassen, d. h. Heinrich hatte seit Ende Dezember nichts mehr von seinem Ältesten gehört. Es wurde Februar, es wurde März, doch die ersehnten Briefe von Heinz blieben aus.

Bereits im Januar 1944 hatte er an seinen Halbbruder Werner Zabel geschrieben, „Hoffentlich lebt er [Heinz] noch und kommt gesund zurück." Tatsächlich war Heinz im Februar 1944 nach Kassel zurückgekommen, aber krank. Wie wir wissen hatte Heinz das Angebot seines Arztes, ihn kriegsuntauglich zu schreiben, abgelehnt. Trotz seines Wissens um die Gefahr war er wieder an die Front zurückgekehrt. Wie verzweifelt sich Heinrich auch bemüht haben mag, er hatte diesen Schritt seines ältesten Sohnes nicht verhindern können. Nun hörte er nichts mehr von Heinz: kein Brief, kein Telegramm, keine Nachricht von seinem Sohn.

Heinrich war allein mit seinen Gedanken. Wie kahl und abstoßend muss ihm seine Wohnung vorgekommen sein, wenn er sich nicht durch Hausarbeiten ablenkte, sondern anfing zu grübeln. Vielleicht lag Heinz im Lazarett? Das erklärte aber nicht das gänzliche Ausbleiben von Feldpostbriefen. Heinz war ein gewissenhafter Briefschreiber, der, auch wenn er jetzt im Lazarett liegen sollte, Mittel und Wege finden würde, seinen Vater zu informieren. Auch erschien es eher unwahrscheinlich, dass mehrere Feldpostbriefe über einen Zeitraum von drei Monaten nicht

---

[334] Tessin, Georg: Verbände und Truppen der deutschen Wehrmacht und Waffen-SS im Zweiten Weltkrieg 1939-45. Osnabrück 1973, 1974.

zugestellt worden waren. Besonders der Gedanke, dass sein Sohn in russische Gefangenschaft geraten sein könnte, wird Heinrich weder Erleichterung noch Hoffnung gewährt haben. Die russische Gefangenschaft war für den damaligen Soldaten der Albtraum schlechthin. Heinrich wusste, dass sein Ältester lieber sterben wollte, als in russische Gefangenschaft zu gehen. „Ich gehe nicht in russische Gefangenschaft. Ich kämpfe bis zum Letzten", hatte er gesagt. Was blieb an Möglichkeiten dann noch übrig? Fahnenflucht ganz bestimmt nicht. Nicht bei seinem Sohn.

Selbstverständlich hat Heinrich geahnt, dass Heinz nicht mehr lebte. Aber er wäre nicht sein Vater gewesen, wenn er ihn aufgegeben hätte. Nach wie vor deponierte er die Kleidung der Familie bei Verwandten. Die Zustände in Kassel waren chaotisch. Man ging durch Ruinen und es gab marodierende Gruppen, die in verlassene Häuser einbrachen. Für sie war eine Wohnung, die tagsüber leer stand, weil ihr einziger Bewohner im Büro saß, eine leichte Beute. Um seinen Hausstand zu sichern, packte Heinrich nun auch Bettzeug, Handtücher und Besteck in den Koffer, darunter Kleidung und Gebrauchsgegenstände aus dem Besitz seiner ältesten Söhne. Auf eine der Bestandslisten notierte er handschriftlich: *„Am 16/3 habe ich 1 Oberbett, 1 Unterbett mit Bezug, 1 Kopfkissen, Heinz seinen schwarzen Regenmantel mit Achselstücken u. Kurt seinen Regenmantel mitgenommen."* Dann steht unter der Auflistung der Gegenstände, die er ausgelagert hatte, noch: *„Heinz seine Uhr mit Kette, Kette kann auch Kurt gehören, Taschenmesser für Kurt."*

Wie verzweifelt Heinrich auch war, er gab nicht auf und sorgte weiter für sich und seine Söhne. Als er diese Liste vom 16.03.1945 aufstellte, war Heinz aber bereits seit ca. zwei Monaten tot. Die Umstände seines Todes werden in einem ausführlichen Gutachten des Suchdienstes München, Deutsches Rotes Kreuz rekonstruiert. Da diesem Gutachten nichts hinzuzufügen ist, sei es hier zitiert:

„Anfang Januar 1945 waren starke Kräfte der Roten Armee an der Weichsel nördlich und südlich von Warschau sowie 40 Kilometer weiter nördlich auf dem Westufer des Narew zwischen Serock und Pultusk zusammengezogen worden. Unter den geringen Reserven des hier kämpfenden deutschen 27. Armeekorps befand sich auch das Infanterie-Fliegerabwehr-Bataillon 814, das nördlich von Modlin bei Nasielsk eingesetzt war.

Am 14. Januar begann die sowjetische Offensive mit einem langanhaltenden Beschuß durch Artillerie und Bombenflugzeuge, bei dem die deutschen Truppen schwerste Verluste erlitten. Dann stießen sowjetische Panzerverbände an mehreren Stellen durch die deutsche Abwehrfront und drangen innerhalb kurzer Zeit sowohl im Süden über Kutno gegen Thorn und Bromberg als auch gleichzeitig über Nasielsk und Zichenau in

Richtung Elbing vor. Dabei wurde das Bataillon bei Nowe Miasto an der Straße Nasielsk – Plonsk (Plönen) in schwere Kämpfe verwickelt.

Trotz hartnäckigen Widerstandes gelang es nicht, den zahlenmäßig überlegenen Gegner aufzuhalten, der am 17. Januar Warschau und zwei Tage später Modlin eroberte. Zusammen mit versprengten deutschen Einheiten versuchten Kampfgruppen des nahezu eingeschlossenen Bataillons 814, sich über Plonsk nach Westen zur Weichsel durchzuschlagen. Durch Angriffe sowjetischer Truppen, die inzwischen Brücken bei Schröttersburg (Plock) und Leslau besetzt hatten, wurden sie nach Nordwesten abgedrängt. Restgruppen gelangten schließlich nach Thorn, das am 25. Januar eingeschlossen wurde. Nach äußerst verlustreichen Ausbruchskämpfen Ende des Monats erreichten nur einzelne Überlebende die deutschen Linien im Raum Kulm – Graudenz.

Viele Soldaten des Infanterie-Fliegerabwehr-Bataillons 814, darunter auch der Verschollene, werden seit diesen Kämpfen vermisst. Für einige von ihnen liegen Heimkehreraussagen vor, daß sie gefallen sind. Viele andere aber haben in dem tief verschneiten Waldgelände sowie bei Straßen- und Häuserkämpfen den Tod gefunden, ohne daß es von überlebenden Kameraden bemerkt werden konnte. Das Feuer von Artillerie und Panzern erreichte auch Sanitätsfahrzeuge und Verbandsplätze.

Das Ergebnis aller Nachforschungen führt zu dem Schluß, daß Heinz Müller mit hoher Wahrscheinlichkeit bei den Kämpfen, die zwischen dem 14. und 25. Januar im Raum Modlin – Thorn geführt wurden, gefallen ist" (München, 05.07.1974, Max Heinrich, Suchdienst München, Deutsches Rotes Kreuz).

Viele Jahre lang ließen mein Vater und Erik über das Rote Kreuz nach ihrem vermissten Bruder suchen. Bereits 1952 erhielt mein Vater drei Zeugenaussagen, von denen er zwei verwarf, weil sie ihm im Laufe der Jahre immer unwahrscheinlicher erschienen. Wenn Heinz im Lazarett gelegen hätte oder in Gefangenschaft geraten wäre, so wie diese beiden verworfenen Zeugenaussagen behaupteten, dann wäre er aus der Gefangenschaft oder irgendwoher wieder aufgetaucht. Aber so lange er und Erik auch warteten, Heinz kam nicht zurück. Laut der dritten Zeugenaussage war Heinz am 16.01.1945 noch am Leben und befand sich mit seiner Einheit in Polen 80 km nördlich von Warschau. Diese Zeugenaussage vom 05.09.1952 lautet:

„*Am 16.1.45 habe ich den Kamerad bei einem Gegenangriff, bei dem wir unsere verloren gegangenen Geschütze wieder holen wollten, aus 150 m Entfernung gesehen wie er die Arme aufwarf und dann hinfiel. Ich war aber zu weit weg, um mit Bestimmtheit aussagen zu können, daß der Kamerad auch wirklich tot war.*"

Im Januar und Februar 1945 verlor die Wehrmacht über 450.000 Soldaten an der Ostfront.[335] Heinz war einer von ihnen.

Einige Jahre nach dem Krieg suchte Monika, die Freundin von Heinz, meine Eltern auf und übergab ihnen die Liebesbriefe von Heinz. Sie hatte sich inzwischen an einen anderen Mann gebunden, konnte aber nicht ausschließen, dass Heinz noch am Leben war. Meine Eltern nahmen die Briefe zwar entgegen, bewahrten diese aber nicht auf, sondern verbrannten sie. Wann meine Eltern das taten, ist mir nicht bekannt und auch den Grund hierfür kenne ich nicht. Vielleicht erschien ihnen diese Korrespondenz als gar zu privat oder sie wollten einfach mit der Vergangenheit abschließen.

Der Dienstzug nach Melsungen

Die letzten überlieferten persönlichen Dokumente von Heinrich sind die handschriftlichen Notizen vom 16.03.1945 auf einer seiner Kleider- und Inventarlisten. Zur Erinnerung: Er hatte Geschirr, Bettwäsche, Kleidung und Gebrauchsgegenstände ausgelagert und notierte dies, versehen mit dem Datum, auf insgesamt acht Listen. Mehrfach war er den langen Weg zwischen Warburg und Daseburg gegangen, bepackt mit einem Koffer und einem Rucksack.

Die Menschen im zerstörten Deutschland sollen in den letzten Kriegsmonaten apathisch ihrer Arbeit nachgegangen sein. Allerdings wirkt ein Mann, der einen solchen Aufwand betreibt, um seinen Hausstand zu sichern, nicht apathisch. Sicher haben sich die meisten damals das Ende des Krieges herbeigesehnt. Jedoch gab es manche, die bis zum Schluss an Hitlers Wunderwaffe geglaubt haben und sich ein Leben nach dem Nationalsozialismus nicht vorstellen konnten. Aber zu ihnen gehörte Heinrich nicht. Er war in seiner Umsichtigkeit und in dem Aufwand, den er betrieb, zukunftsorientiert. Für ihn würde das Leben nach dem Krieg weitergehen, vielleicht zum zweiten Mal verheiratet, unter einer neuen Regierung lebend, die nicht mehr darauf erpicht war, die eigenen Bürger in den Tod zu schicken, und unter der er als überzeugter Katholik nicht mehr eingeschränkt wäre.

Jetzt allerdings führte Heinrich ein Leben im Ausnahmezustand. Sechs Tage in der Woche bemühte er sich, das riesige Arbeitspensum im Büro zu bewältigen. Sonntags kniete er in der Kirche und flehte um

---

[335] Kershaw, Ian: Das Ende. Kampf bis in den Untergang. NS-Deutschland 1944/45. München 2011, S. 296.

Schutz für das Leben von Heinz und Kurt. Dann ging er zurück in seine verlassene Wohnung, um dort die Hausarbeit zu erledigen. Besuch wird er wohl kaum noch bekommen haben. Die Priester, die seine Wohnung früher aufgesucht hatten, um dort ihre Uniformen abzulegen, dienten jetzt an der Front. Ohnehin konnte er ihre Zivilkleidung nicht mehr sicher verwahren. Von den letzten Priestern, die in seiner Wohnung ihre Kleidung gewechselt hatten, soll laut der mündlichen Überlieferung keiner den Krieg überlebt haben.

Für lästige Verpflichtungen an den Sonntagen sorgte die Partei, vertreten durch die Kreisleitung, die jeden, der irgendwie dazu in der Lage war, zu Arbeitsdiensten heranzog. Nach dem Bombenangriff vom 15.12.1944 auf Kassel beorderte die Kreisleitung alle Männer von 15 bis 65 zu den Ortsgruppendienststellen und gab dies in der Tageszeitung bekannt: *„Unbedingt mitzubringen: Schaufeln, Schippen, Kreuzhacken und Pickeln"*, schreibt die Kurhessische Landeszeitung in ihrer Ausgabe vom 16./17.12.1944. *„Der Dienst im Rahmen des Volksaufgebotes ist damit auch für alle Volkssturmangehörigen Pflicht."*[336] An den Bombardierungen und der Notwendigkeit, den Schutt wegzuräumen, änderte sich auch in den nächsten drei Monaten nichts. Nach wie vor mussten alle Männer, inklusive der Volkssturmangehörigen, an den Aufräumarbeiten teilnehmen. Insbesondere die Straßen wurden bei der geplanten Verteidigung der Stadt gegen die herannahenden amerikanischen Truppen gebraucht. Allerdings gab es keine Tageszeitungen mehr, die geeignet gewesen wären, die Aufforderung zum Volksaufgebot lückenlos zu verbreiten. Die Aufgabe, die Arbeitspflichtigen zu benachrichtigen, musste jetzt der Volkssturm übernehmen. Für die Bekanntgabe des Volksaufgebotes wurde auch Heinrich eingespannt.

Im Nachlass erhalten ist ein auf den 03.03.1945 datierter Zettel von einem „Zugführer" des Volkssturms. Wie bereits erwähnt ist ein Zug eine kleine militärische Einheit. Dieser „Zugführer" hatte von der Kompanieführung einen Befehl erhalten und musste diesen nun an die ihm unterstehenden Gruppenführer weiterleiten. Das Schreiben richtet sich an Heinrich in seiner Funktion als Gruppenführer des Volkssturms. Heinrich selber wird sich um diesen Status nicht bemüht haben. Da er nach seiner Verwundung im 1. Weltkrieg eine Ausbildung zum Unteroffizier absolviert hatte, schien er wohl für diese Position prädestiniert. Das Schreiben wurde handschriftlich verfasst, mit Streichungen versehen und vor allem führt es Adressen an, die fehlerhaft sind. Insofern veran-

---

[336] „Kurhessische Landeszeitung" 16./17.12.1944. Zitiert in: Kammler, Jörg u. a.: Volksgemeinschaft und Volksfeinde. Kassel 1933–1945. Eine Dokumentation. Fuldabrück 1984, S. 464.

schaulicht dieser Zettel das Chaos in der Phase des Zusammenbruchs. Der Wortlaut des Schreibens ist:

„Mit Rücksicht auf die letzten schweren Luftangriffe ist für morgen Sonntag den 4.3.45 das Volksaufgebot befohlen. Der Ausbildungsdienst fällt aus. Es treten alle Männer um 7 Uhr auf dem Apellplatz – Schlagerplatz – mit Schaufel und Spitzhacke an. Alle Männer, besonders auch die neu zugeteilten, in Arbeitskleidung bestellen."

Diesem Text folgte eine Aufzählung der fünf neu zugeteilten Dienstverpflichteten, die Heinrich kurzfristig informieren sollte. Um keine Missverständnisse aufkommen zu lassen, wird der Befehl am Ende des Textes noch einmal präzisiert: „Unser Kompanie-Befehl ist sofort nach Erhalt allen Männern zuzustellen bzw. bekanntzugeben." Wie Heinrich diese Männer, die in der Regel kein Telefon hatten, vom 03.03. bis zum 04.03. verständigen sollte, lässt der Brief offen.

Leider war auch der berufliche Alltag von Heinrich noch einmal anstrengender geworden durch die längere Anfahrt zu seiner Arbeitsstelle. Heinrich arbeitete nämlich nicht mehr in Kassel, sondern in Melsungen. Wegen der starken Schäden am Direktionsgebäude waren Außenstellen eingerichtet worden, so auch in Melsungen. Nahe dem Bahnhof Melsungen standen etwa neun Baracken, die ca. 200 Reichsbahnbedienstete der RBD Kassel aufnahmen. Die Anfahrt mit dem Zug von Kassel-Wilhelmshöhe nach Melsungen dauerte über eine Stunde. Vermutlich musste Heinrich morgens früher aufstehen als gewohnt und kam abends später nach Hause.

Auch die Jugendfreundin meiner Mutter, ebenso wie sie technische Zeichnerin, wurde ausquartiert. Es waren solide gebaute Baracken, erzählte mir diese Jugendfreundin. Die Reichsbahngehilfin Ingeborg S. kannte die Baracken ebenfalls, weil sie gelegentlich Post nach Melsungen bringen musste. Die ausquartierten Mitarbeiter hätten es warm dort gehabt, anders als im Direktionsgebäude, wo sie und ihre Kollegen manchmal froren. Für Herrn Müller hätte es immer Post gegeben, erinnerte sich Ingeborg S. Er sei wohl ein vielbeschäftigter Mann gewesen, der auch einiges zu bestimmen hatte. Das zumindest war ihr Eindruck.

Für die nach Melsungen ausquartierten Reichsbahner stellte die RBD einen Dienstzug bereit. Dieser Dienstzug startete um 7 Uhr am Hauptbahnhof Kassel und fuhr dann mit einigen Zwischenstopps, u. a. in Kassel-Wilhelmshöhe, nach Melsungen. Der Dienstzug verfügte über mehrere Waggons, denn er transportierte mindestens 80 Personen aus dem Direktionsgebäude.

Kassel und sein Umfeld wurden durch die Royal Air Force und die United States Army Air Force nach wie vor sehr hart attackiert. Der letzte

Bombenangriff auf Kassel fand am 30.03.1945 statt. Besonders gefürchtet waren damals die Tieffliegerangriffe durch Jagdbomber. Von ihnen hieß es, sie würden auf alles schießen, was sich bewegt. In diesem Vorgehen steckte eine gewisse Logik, weil fast die gesamte männliche Bevölkerung zwischen 16 und 60 Jahren militärisch eingebunden war. Auch Heinrich als Gruppenführer beim Volkssturm war Teil des militärischen Apparats.

Selbstverständlich wussten die Reichsbahner, wie gefährlich zu dieser Zeit eine Zugfahrt war. Aber sich dem Regime zu verweigern, war ebenfalls gefährlich. Da gab es eine dumpfe Angst zumindest in Teilen der Bevölkerung. „Sie kommen und holen dich", sagten manche damals leise zu jemandem, der sich systemwidrig verhielt oder Anordnungen verweigerte. Heinrich allerdings fuhr nicht nur zur Arbeit, weil er Angst vor einer Verhaftung hatte. Unabhängig von der Notwendigkeit Geld zu verdienen, ließ er demolierte Arbeitshallen und zerstörte Brücken instand setzen für die Zeit nach dem Krieg, der letztendlich dieses Regime zu Fall bringen würde. Heinrich hatte schon sehr früh die richtigen Schlüsse aus Hitlers Macht- und Kriegspolitik gezogen, sowohl was den Ausgang des Krieges betrifft als auch hinsichtlich der Einschätzung Hitlers als Verbrecher. Insofern ist er seiner Zeit um einige Jahre voraus gewesen. Nur hatten seine Einstellung und die Tatsache, ein Verhängnis schneller erkannt zu haben als andere, keinen Einfluss auf das Ende seines Lebens. Erik fand hierfür bittere Worte: *„Er hat ja auch die Folgen vorausgesehen. Er hat gesagt: ,Den Krieg verliert der. Dieser Verbrecher, den Krieg verliert der'. Das hat ihm aber nichts genützt. Er ist auch drangekommen."*

Am Morgen des 24. März 1945 ging Heinrich wie gewohnt zum Bahnhof Wilhelmshöhe. Es war ein Samstag. Er trug Halbschuhe mit Sohlen, die aus Autoreifen gefertigt waren. Im Knopfloch der Weste, die ihn an diesem Morgen wärmte, war die Kette seiner Taschenuhr befestigt. In der Innentasche seines Jacketts hatte er Dokumente verstaut, die er tagsüber benötigte oder für so wichtig erachtete, dass er sie nicht in seiner Wohnung lassen wollte. Der Zug müsste etwa 07:15 Uhr in Kassel-Wilhelmshöhe angekommen sein. In diesem Zug saß auch eine befreundete Kollegin von Ingeborg S. und, was für die Überlieferung der folgenden Ereignisse von Bedeutung ist, in eben diesen Zug stieg auch die zweitälteste Tochter von Walter Endrich ein. Auch sie arbeitete für die RBD und zwar, ebenso wie Heinrich, in den Baracken am Bahnhof Melsungen.

Der Zug fuhr vom Bahnhof Wilhelmshöhe ab und legte die Strecke bis nach Guntershausen unbehelligt zurück. Laut der mündlichen Überlieferung wurde der Lokführer spätestens dort durch irgendetwas oder irgendjemanden gewarnt. Wissend, dass ein Tieffliegerangriff drohte, hoffte der Lokführer angeblich darauf, bei Guxhagen Schutz in einem Tunnel zu finden. Dort hätte aber bereits ein Güterzug gestanden und so sei ihm dieser Fluchtweg versperrt geblieben. Was an dieser Geschichte wahr ist, lässt sich nicht mehr feststellen. Auf jeden Fall befand sich der Dienstzug auf offener Strecke, als er durch amerikanische Tiefflieger beschossen wurde. Bei dem Angriff gab es elf Tote und viele Verletzte. Zu den Insassen des Zuges, die ihren Verletzungen erlagen, gehörte auch Heinrich. Mein Vater erzählte mir vor vielen Jahren, eine Kugel hätte das Herz meines Großvaters getroffen und er sei sofort tot gewesen.

Einen genaueren Einblick in das, was geschah, gibt uns ein undatiertes Skript von Walter Endrich. Wahrscheinlich war es als Vorlage für einen amtlichen Brief gedacht. Hier steht:

„Am 24.3.1945 um 8 Uhr wurde mein Arbeitskamerad [Kollege], langjähriger Nachbar und lieber Freund, der techn. RB. Oberinspektor Heinrich Müller auf der Fahrt im Dienstzug nach Melsungen zwischen Guntershausen und Guxhagen von Tiefffliegern erschossen. Eine Kugel hatte von oben her die linke Gesichtshälfte getroffen und hatte dann das Herz durchschlagen, sodaß der Tod sofort eintrat."

Das Geschoss traf Heinrich offensichtlich von oben. Demnach durchschlug es die Decke des Waggons, in dem er saß. Die Kollegin von Ingeborg S. erlitt einen Bauchschuss, was darauf schließen lässt, dass der Zug nicht nur von oben getroffen wurde. Die junge Frau überlebte ihre Verletzung, hatte aber, so Ingeborg S., endlos lange warten müssen, bis endlich Hilfe eintraf. Laut Walter Endrich, der seine Informationen von seiner zweitältesten Tochter bezog, starb Heinrich um 8 Uhr. Der Standesbeamte von Guxhagen setzte die Todeszeit von Heinrich eine halbe Stunde später an: Samstag, den 24. März 1945 um 08:30 Uhr.

Nach diesem schrecklichen Ereignis wurden die Angehörigen der Verstorbenen informiert, was im Falle Heinrichs nicht ganz einfach war, denn in Kassel hatte er keine Angehörigen mehr und den Beamten lag keine Telefonnummer aus Daseburg vor. Angerufen wurde, vielleicht von Walter Endrich selbst, eine Gastwirtschaft in der Nähe des Warburger Bahnhofs. Der Anrufer ging davon aus, dass sich in der Gastwirtschaft jemand finden würde, der bereit war, einen Botengang zu übernehmen. Tatsächlich begab sich von dort aus ein Mann auf den Weg nach Daseburg, um die Hiobsbotschaft zu überbringen. Erik erinnert sich an den Tag, als er erfuhr, dass sein Vater gestorben war: Es war für einen Märztag ungewöhnlich warm. Er saß mit anderen Kindern vor einem Haus in Daseburg, als er vom Ortseingang her eine Männerstimme laut rufen hörte: „Stoppelkamps Heinrich ist tot – Stoppelkamps Heinrich ist tot."

Damals gab es in Daseburg noch das Amt des Ausrufers. Es war durchaus gängig, Nachrichten zu verbreiten, indem man sie ausrief.

Weiter schreibt Walter Endrich in seinem undatierten Skript:

„*Am 27.3. war für alle 11 Opfer des Angriffs eine Trauerfeier der Reichsbahn in Guxhagen. Da die Beisetzung [von Heinrich Müller] auf Wunsch der Angehörigen in Daseburg stattfinden sollte, wurde die Leiche auf meine Veranlassung hin von einem Reichsbahnauto von Guxhagen nach Kassel-Harleshausen gebracht, von wo sie von den Angehörigen mit Pferdefuhrwerk abgeholt worden ist. Am 29.3. fand die Beerdigung in Daseburg statt.*"

Bei dem Pferdefuhrwerk, das Walter Endrich hier erwähnt, handelte es sich um den Milchwagen von Heinrichs Halbbruder Stephan Zabel. Heinrichs Angehörige hatten entschieden, den Leichnam von Kassel nach Daseburg zu überführen. Es existierte in Kassel kein Familiengrab, das ihn hätte aufnehmen können, denn Lisbeth war zuvor in einem Einzelgrab bestattet worden. Vor allem aber, so erzählten mir meine Verwandten aus Daseburg, sollte Heinrich wieder nach Hause kommen und in dem Dorf begraben werden, aus dem er stammte.

Am Mittwoch, den 28.03., einen Tag nach der Trauerfeier in Guxhagen, machten sich Stephan Zabel und Heinrichs Schwager Franz Wienholt mit dem Milchwagen auf den gefährlichen Weg nach Kassel. Auf ihrem Wagen befand sich eine große Holzkiste, die den Leichnam von Heinrich aufnehmen sollte. Ein solches Fuhrwerk mit großer Holzkiste konnte aber den Eindruck erwecken, ein Waffentransport zu sein, zumindest für einen Piloten, der im Cockpit eines Jagdfliegers saß. Auf der Strecke nach Kassel sollen die beiden Männer einmal in einen Graben geflüchtet sein, weil sie meinten, einen Tiefflieger zu hören. Auf jeden Fall erreichten sie unbeschadet Kassel. Dort fanden sie aber die Wohnung von Heinrich völlig durchwühlt vor. Es war das eingetreten, was Heinrich befürchtet hatte. In die Wohnung war eingebrochen worden, wobei die Einbrecher vor allem Lebensmittel entwendet hatten. Die beiden Männer nahmen die noch vorhandenen Anzüge und alles Schützenswerte aus den Schränken und luden all dies auf das Fuhrwerk. Angeblich sollen die beiden auch zum Stadtfriedhof gefahren sein, in der Hoffnung, dort Heinrichs Leichnam bergen zu können. Wann auch immer sie in Kontakt mit Walter Endrich getreten sind, letztendlich lenkten sie ihr Gefährt nach Kassel-Harleshausen, wohin Walter Endrich den Leichnam hatte überführen lassen: Dort übernahmen sie den Toten, legten ihn in die große Holzkiste und begaben sich auf den Rückweg nach Daseburg. Eine Nichte meines Großvaters sah, wie die beiden Männer mit der Holzkiste auf dem Milchwagen in das Dorf fuhren. Sie erzählte mir auch, dass diese Holzkiste vor der

Beerdigung schwarz angestrichen wurde, weil ein Sarg so schnell nicht besorgt werden konnte.

Heinrich wurde zunächst im Haus seiner Mutter aufgebahrt. Wie wir wissen, hatte Emilia Zabel zusammen mit ihrem ersten Mann zwei Söhne gehabt, Heinrich und Josef. Beide Söhne waren durch den Krieg ums Leben gekommen: Josef im Schützengraben des 1. Weltkriegs und Heinrich kurz vor dem Ende des 2. Weltkriegs im Zug, der durch einen Tiefflieger beschossen wurde. Wahrscheinlich saß Emilia in der Nacht vom 28. auf den 29.03. weinend bei ihrem toten Sohn. Mehr Zeit stand ihr nicht zur Verfügung, um sich von ihm zu verabschieden. Gleich am nächsten Tag, am Gründonnerstag in aller Frühe, sollte Heinrichs Beerdigung sein. Es galt, keine Zeit mehr zu verlieren, denn die Dorfbewohner hatten die berechtigte Befürchtung, dass die Amerikaner in den nächsten Tagen Warburg und Daseburg einnehmen würden.

Heinrichs Beerdigung verlief entsprechend der Kriegsumstände turbulent. Die sonst übliche Reihenfolge von Trauerfeier und Bestattung wurde umgekehrt. Noch bevor die Trauerfeier stattgefunden hatte, standen die Angehörigen vor Heinrichs Grab, in das die schwarz gestrichene Holzkiste versenkt wurde. Wie bei einer Bestattung üblich, läuteten dabei die Glocken. Erst danach gingen die Trauergäste in die Kirche. Vielleicht beerdigten sie den Toten vor dem Kirchgang, gewissermaßen unter Zeitdruck, weil sie wussten, dass die amerikanischen Truppen immer näher rückten. Die umgekehrte Reihenfolge von Trauerfeier und Bestattung könnte aber auch liturgische Gründe gehabt haben. Die Trauerfeier für Heinrich und die Messe am Gründonnerstag sind womöglich zusammengelegt worden. Nach dem kirchlichen Ritus läuten die Glocken in der Messe am Gründonnerstag zum letzten Mal, dann schweigen sie bis zur Osternacht. Auf jeden Fall mochten die Angehörigen von Heinrich nicht auf das Läuten der Glocken verzichten, während sie Heinrich in sein Grab niederließen.

Walter Endrich traf verspätet bei der Beerdigung ein. Wie er überhaupt den Weg von Kassel nach Daseburg zurückgelegt hatte, da doch kaum noch Züge fuhren, wird wohl immer ein Rätsel bleiben. Der Schwager von Heinrich, Franz Wienholt, und sein Halbbruder Stephan Zabel hatten Walter Endrich die Verwaltung des Müllerschen Anwesens in Kassel übertragen. Kaum bei der Beerdigung angekommen, fragte Walter Endrich die beiden Männer, wo denn die Papiere von Heinrich seien. Dieser müsste doch eine Brieftasche bei sich gehabt haben und Wertsachen. Erik, der noch beim Grab seines Vaters stand, wurde daraufhin in die Kirche geschickt. Dort fing die Messe an, während die Nichten und

Neffen von Heinrich sich fragend ansahen, weil sie bemerkten, dass ihre Väter nicht in der Kirche waren.

Am Grab zurückgeblieben waren Walter Endrich, Franz Wienholt, Stephan Zabel und Eva Burgau, die Halbschwester von Heinrich aus Schlesien. Vielleicht war auch noch der Leichenbestatter dabei. Den Anwesenden wurde klar, dass bis jetzt niemand auf den Gedanken gekommen war, Heinrichs Jackett nach seiner Brieftasche zu durchsuchen. Walter Endrich verlangte aber nach den amtlichen Papieren und den Wertsachen. Also musste der Sarg bzw. die Holzkiste noch einmal aus der Erde gezogen und geöffnet werden. Es ist überliefert, dass Heinrichs Schwager und sein Halbbruder das Jackett durchsuchten, während Eva Burgau den Deckel der Kiste hielt. Stephan Zabel soll dabei das Bewusstsein verloren haben.

Beim Leichnam vorgefunden wurden eine Taschenuhr und Dokumente, die Heinrich entweder in einer Brieftasche oder lose in der Innentasche seiner Anzugjacke verwahrt hatte. Bei den Dokumenten handelte es sich um seinen Reichsbahn-Ausweis, seinen Volkssturm-Ausweis und seinen Behelfs-Musterungs-Ausweis beim Volkssturm. Wie bereits beschrieben war die Musterung zum Ergebnis gekommen, dass Heinrich nur „bedingt kriegsverwendungsfähig" war. Womöglich hatte sich Heinrich mit dem Gedanken getragen, dass der Beleg für eine solche Einstufung noch einmal nützlich sein könnte. Vielleicht hatte er aber einfach vergessen, diesen Behelfs-Ausweis aus der Tasche zu nehmen ebenso wie den Kompaniebefehl vom 03.03., der ihn aufforderte, die für den Volkssturm Verpflichteten zu informieren. Dieser Kompaniebefehl ist an Heinrichs Todestag eigentlich nicht mehr aktuell gewesen, aber er trug ihn bei sich.

In der Brieftasche bzw. im Jackett fanden die Angehörigen auch den Zeitungsartikel vom 10.07.1944 zur 5. Reichskleiderkarte, die den Erwerb von Kinderkleidung für Erik ermöglichte, des Weiteren die acht Zettel mit der Auflistung von Kleidung, Besteck und anderem Besitz, den Heinrich ausgelagert hatte. Unter den aufgezählten Dokumenten waren die großformatigen zweifach zusammengeknickt. Heinrichs Blut war in diese Knickstellen hineingeflossen. Besonders die Inventar- und Kleiderlisten zeigen großflächige Blutspuren. Die dunklen Flecken auf der Taschenuhr wurden zumindest von meiner Mutter, die mir diese Uhr gezeigt hat, als Blutflecken gedeutet. Die Beisetzung von Heinrich war tatsächlich makaber.

Walter Endrich wird nach der Beerdigung den Heimweg nach Kassel angetreten haben, wie auch immer er dies bewältigt hat. Am Tag nach der Beerdigung war er bereits wieder in Kassel. Als er dort erfuhr, dass

Kassel mit allen Mitteln gegen die nahenden amerikanischen Truppen verteidigt werden sollte, floh er mit zwei Töchtern zu Verwandten nach Eschwege. Hierzu schreibt er in dem undatierten Skript:

„Am 30.3.45 mußte ich mit meinen Angehörigen Kassel verlassen und war bis zum 20.4.45 in Eschwege. Am 20. und 21.4.45 bin ich mit meinen Töchtern [...] zu Fuß nach Kassel zurückgekommen."

Walter Endrich war trotz seines Holzbeines in der Lage, längere Strecken zu gehen, aber den Weg von Daseburg nach Kassel hätte er sicher nicht bewältigt. Vieles lässt sich nicht mehr rekonstruieren, denn die Verhältnisse waren damals kurz vor dem Einmarsch der Alliierten chaotisch und gewohnte Abläufe, wie z. B. eine Zugverbindung zwischen Kassel und Warburg, gab es nicht mehr.

In Daseburg war die Stimmung zu dieser Zeit äußerst angespannt. Die Daseburger Dorfchronik berichtet:

„Im März 1945 hörte man am Geschützdonner, daß die Kampfhandlungen bedenklich näher kamen und mit banger Sorge erwartete man die Ereignisse. Auf höheren Befehl mußten an der Straße nach Warburg mitten im Dorf und am Ausgang nach Rösebeck sogenannte Panzersperren errichtet werden. Sehr dicke Tannenstämme wurden senkrecht stehend an den Straßen tief in die Erde gelassen. Die [Tannenstämme] ließen nur eine schmale Fahrbahn inmitten der Straße frei, die beim Herannahen des Feindes mit Wagen, Ackergeräten usw. geschlossen und durch den Volkssturm verteidigt werden sollte. Im entscheidenden Moment geschah jedoch, dem Himmel sei Dank, nichts. Die Ereignisse überstürzten sich in der Woche vor Ostern, das am 1. April gefeiert wurde. Flieger suchten täglich fast ununterbrochen das Gelände ab und belegten den Bahnhof Warburg mit Bomben." [337]

Die Daseburger fühlten sich durch die Tieffliegerangriffe nicht unmittelbar bedroht. Was viele von ihnen aber unbedingt verhindern wollten, das war eine Verteidigung Daseburgs. Im Dorf befanden sich eine kleine Gruppe von Soldaten und zusätzlich der Volkssturm, der nur aus alten Männern bestand, die mit Panzerfäusten und einigen Gewehren bewaffnet waren. Die Soldaten und der Volkssturm konnten das amerikanische Militär nicht ernsthaft bedrohen, diese wohl aber zu einem Angriff provozieren. In der Absicht, ihr Dorf vor der Zerstörung zu bewahren, baten einige Daseburger die verbliebenen Soldaten, sie mögen doch bitte abziehen. Mir wurde geschildert, wie etliche Dorfbewohner auf die Soldaten eingeredet hätten: *„Bitte lasst das doch. Der Krieg ist verloren. Bitte zieht ab."* Die Soldaten kamen in der Mehrzahl dieser Bitte nach, wenige

---

[337] Dorfchronik Daseburg, unveröffentlicht.

blieben im Dorf aus der berechtigten Angst, noch in den letzten Kriegsminuten wegen Fahnenflucht standrechtlich erschossen zu werden.

Samstag, den 31.03.1945 wurde Warburg ohne nennenswerte Gegenwehr von den amerikanischen Truppen eingenommen. Die Nachbardörfer von Daseburg: Lüdgeneder, Großeneder und Borgentreich scheinen sich aber zumindest teilweise widersetzt zu haben, denn ihre Häuser brannten nach dem Beschuss durch die amerikanischen Truppen. Schnell sprach sich in Daseburg herum, dass etliche Häuser in den Nachbargemeinden zerstört worden waren. Die Amerikaner hatten inzwischen Stellung am Desenberg bezogen, wodurch Daseburg nun unmittelbar bedroht war. An den Panzersperren kauerten die Volkssturmmänner mit ihren Panzerfäusten und den wenigen Gewehren, über die sie verfügten. Nachmittags um 16 Uhr schoss die amerikanische Einheit mehrere Granaten in das Dorf, um sich Respekt zu verschaffen. Der Schaden, den diese Granaten anrichteten, war aber gering.

Am Ostermorgen schickten die Amerikaner einen Arzt, der sich auf einem Gut direkt am Desenberg aufhielt, mit der Aufforderung zur Kapitulation nach Daseburg. Die Dorfchronik schreibt hierüber:

„Bald sandten amerikanische Einheiten bzw. Kommandos einen deutschen Arzt namens H[...] aus Bonn, der auf dem Gute Rothehaus [am Desenberg] weilte, mit einem Fahrrad nach Daseburg mit der Aufforderung, das Dorf zu übergeben. Nur eine halbe Stunde Frist hatte man ihm gegeben. Ohne Bedenken konnte nach Abzug der Kampftruppe dieser Aufforderung Folge geleistet werden. Der Kommandoführer des Volkssturmes Heinrich W. hat dann am Eingang des Dorfes den einrückenden Amerikanern das Dorf übergeben. Binnen 1 bis 2 Stunden waren nun die Straßen dicht angefüllt mit Panzern aller Größen und anderen Kriegsfahrzeugen, die sämtlich motorisiert waren." [338]

Als die Amerikaner einzogen, kamen die Dorfbewohner aus ihren Stuben und Kellern, wo manche von ihnen den Rosenkranz gebetet hatten, voll Angst, was die Feinde, über die Übles berichtet worden war, mit ihnen anstellen würden. Auch die Kinder standen neugierig und ängstlich vor den Türen, so auch Erik, der mir erzählte:

„Dann kamen die Amis mit Panzern: Panzer hinter Panzer. Das kannst du dir nicht vorstellen: Von Warburg kamen die reingefahren. Panzer hinter Panzer mit aufgesessener Infanterie. Und dann merkten die, dass es keinen Widerstand gab, also kein Krieg war, und dann gingen die Deckel von den Panzerfahrern auf und dann hörte man, die ganz Kolonne lang, Musik: „In the mood" von Glenn Miller."

---

[338] Dorfchronik Daseburg, unveröffentlicht.

Erik sah, wie die schweren Panzer die Strommasten umfuhren und er beobachtete, wie ein Soldat, der in Daseburg geblieben war, gefangen genommen wurde. Amerikanische Soldaten durchsuchten die Häuser nach Waffen und manche von ihnen durchsuchten die Häuser auch nach Wertsachen. Die Waffen des Volkssturms und die Schrotflinten der Dorfbewohner wurden auf dem Dorfplatz gesammelt und dort vernichtet. Auf dem Wienholtschen Hof arbeitete zu dieser Zeit ein russischer Kriegsgefangener, der sich in der Familie Wienholt gut aufgehoben fühlte. Als die amerikanischen Soldaten die Diele des Hauses betraten, kamen sie an diesem Kriegsgefangenen vorbei: Ein Augenzeuge hörte ihn sagen: „Hier nix Nazi".

Nach dem Tod seines Vaters blieb Erik allein zurück. Mit dem Tod von Heinrich flossen für seinen Unterhalt keine Gelder mehr. Erik konnte weder bei der Familie Gillandt bleiben noch bei seinen Verwandten unterkommen. Das Dorf hatte viele Flüchtlinge aus den Ostgebieten aufgenommen; Platz für einen Vollwaisen gab es anscheinend kaum noch, und so wurde er zunächst herumgereicht. Mal kam er bei Nachbarn von Gillandts unter, dann lebte er bei einem alten Ehepaar. Letztendlich blieb er für fast zwei Jahre bei den Verwandten seiner Mutter, der Familie Wienholt.

Zunächst wusste Erik nichts über das Schicksal seiner beiden Brüder. Mindestens einen Monat lang erreichte ihn keine Nachricht: von Heinz ohnehin nicht mehr, aber auch nicht von Kurt. Der Zehnjährige lebte in der Vorstellung, dass er der einzige seiner Familie war, der den Krieg überlebt hatte. Als er mir dies erzählte, habe ich ihm die Frage, wie er sich damals als Vollwaise gefühlt hat, erspart. Dann fuhr er fort: *„Erst hab' ich gedacht, dass Heinz wieder zurückkommt, aber dann kam Kurt wieder."*

Mein Vater diente zum Schluss bei der Genesenden-Kompanie Grenadier-Ersatz-Bataillon 107 in Bayreuth. Am 04.05.1945, einige Tage vor der Kapitulation der Wehrmacht, wurde er aus dem Reservelazarett Feldkirchen nach Kassel entlassen. Vom Tod seines Vaters wusste er aber schon vor seiner Rückkehr nach Kassel, weil er von einem Vorgesetzten informiert worden war. Mir sagte mein Vater, dass er von dieser Information nicht überrascht wurde, weil er intuitiv gewusst hätte, dass sein Vater tot war. Hier taucht wieder die Sphäre des Übersinnlichen auf, der man bei Kriegserzählungen gelegentlich begegnete. Allerdings war die damalige Todesrate, auch in der Zivilbevölkerung, so hoch, dass jeder jederzeit mit dem Tod eines Angehörigen rechnen musste. Dennoch gab es kein „allgemeines" Kriegsschicksal. Die Verluste waren auf die einzelnen Familien ganz unterschiedlich verteilt. *„In der Familie meiner Frau* *war nichts!"*, sagte mir Erik, woraufhin ich ergänzte, dass auch in der Familie und der engeren Verwandtschaft meines Mannes niemand umgekommen ist. Hinzuzufügen ist, dass auch die Herkunftsfamilie meiner Mutter den 2. Weltkrieg ohne Verluste überlebt hat, und es musste dort niemand unter einer schweren Kriegsverletzung leiden.

Als mein Vater Anfang Mai nach Kassel zurückkam, stand die Stadt bereits seit einem Monat unter amerikanischer Besatzung.[339] In seine Wohnung war eine obdachlose Familie eingewiesen worden. In dem Zimmer, das ihm blieb, versuchte er sich häuslich einzurichten und vor allem musste er sich eine berufliche Existenz aufbauen. Er setzte seine Ausbildung an der Bauschule Idstein fort, erhielt dann eine Stellung bei der Eisenbahn und heiratete Ende August 1948 eine Kollegin, meine Mutter. Seine Verhältnisse hatten sich jetzt soweit normalisiert, dass er seinen jüngeren Bruder Erik im Herbst desselben Jahres zu sich nach Kassel nehmen konnte.

Bald nach dem Tod von Heinrich erkrankte seine Mutter schwer. Aufopferungsvoll gepflegt von ihrer Tochter Eva Burgau starb Emilia Zabel nach einer leidvollen Zeit am 05.06.1947 in Daseburg. Auf ihren Wunsch hin wurde sie neben ihrem Sohn Heinrich beerdigt.

---

[339] Klaube, Frank-Roland: Kassel, Chronik der Stadt Kassel. 2500 Ereignisse in Wort und Bild. Gudensberg-Gleichen 2002, S. 81.

Epilog

Im Mai 2010 rief ich Mathias Endrich an. Ich bat ihn darum, mir etwas über meine Großeltern zu erzählen und auch über die Verhältnisse, in denen sie gelebt haben. Mathias Endrich nahm mein Anliegen sehr ernst. *„Ja"*, meinte er, *„mit jeder Generation geht viel Wissen verloren."* Mathias war zwar im Nachbarhaus von Heinrich und Lisbeth aufgewachsen, wohnte aber schon seit ca. 50 Jahren nicht mehr in Kassel. Ich hingegen hielt mich vorübergehend in meinem Elternhaus auf. Also setzte sich Mathias in den Zug und fuhr nach Kassel, um mit mir in dem alten Doppelhaus zu reden, das den 2. Weltkrieg überstanden hat und im Jahr 2010 noch im Besitz der dritten Generation war.

Am 26. Mai empfing ich ihn auf dem Balkon, auf dem schon Lisbeth und Heinrich gesessen haben. Mir entgegen kam der hoch gewachsene Mann, den ich kannte, der nun aber im Alter von Mitte 80 vorsichtiger ging, als ich es von ihm gewohnt war. Mathias betrachtete mich für einen kurzen Augenblick. *„Du ähnelst eher deiner Großmutter"*, meinte er.

An diesem sonnigen Tag gewährte uns der Balkon einen schönen Blick in den Garten. Heinrich und Lisbeth hatten seitlich vor dem Balkon einen Fliederbusch gepflanzt, der mit seinem dichten Blattwerk etwas Schatten spendete. Damals in der zweiten Hälfte des Monats Mai zeigten seine weißen Blüten schon braune Flecken, die ersten Anzeichen des Verwelkens. Wir hatten uns hingesetzt: Der Kugelschreiber lag auf meinem Notizblock. Der Rekorder, mit dem ich das Gespräch aufnehmen wollte, stand einsatzbereit, als es im Fliederbusch anfing zu zetern. Einige kleine Meisen bettelten lautstark um Futter. Wir beobachteten die krakeelenden Federbällchen vom Balkon aus und warteten geduldig. Als schließlich Ruhe einkehrte, weil das Elterntier abgeflogen war, konnte das Interview beginnen. Ich schaltete den Rekorder ein, woraufhin Mathias anfing zu erzählen:

„Der Herr Müller ist für mich vom Charakter her ein ganz korrekter, pflichtbewusster Mensch gewesen. Er war vom Aussehen her ein schöner Mann. Als Mann stellte er was dar. Ist ein richtiger, waschechter, guter Mann gewesen. So hab ich ihn in Erinnerung. Frau Müller war eine zurückhaltende Frau, die versucht hat, manchen Streit unter uns Kindern zu schlichten. Sie war eher eine ruhige Person – sachlich und ausgleichend. So hab ich sie in Erinnerung."

425

Abbildungen

Abb. 1   Sophia (Pseudonym)

Abb. 2   Lisbeth

Abb. 3   Heinrich, vierter von rechts

Nächste Seite

Abb. 4a   „*Seppel auf dem Wall*"

Abb. 4b   „*Lude, Peppi, die bösen Buben in Seppels Bude*"

428

Abb. 5   *„Die lustigen Hacketäuer der Stube 47"*, Heinrich, der 4. v. links

Abb. 6   Heinrich als Infanterist

429

Abb. 7 Soldaten, in der Mitte Heinrichs Bruder Josef

Abb. 8 Blindgänger mit der Aufschrift: *„Liebliche kleine Dingerchen"*

Abb. 9   Feldpostkarte

Abb. 10   Lisbeths Brief vom 24.06.1919 (Ausschnitt)

431

Abb. 11   Lisbeth, Heinz, Heinrich

Abb. 12a
„Meine Camera"

Abb. 12b   „Objektiv zu meiner Camera"

Abb. 13   Heinz u. Kurt, Kommunion von Heinz 1931

434

Abb. 14   Erik und Lisbeth

Abb. 15   Erik, Lisbeth, Kurt und, über sein Buch gebeugt, Heinz

435

Abb. 16
Kurt als Hitlerjunge

Abb. 17
Heinz 1938

Abb. 18

Heinz beim Studentenjob oder Arbeitsdienst, um 1939

Abb. 19 Pater August Müller

Abb. 20
Heinrich, der 5. v. links

Ein Halbkettenfahrzeug mit leichter Fliegerabwehrkanone war eigentlich geländegängig. Hier scheint ein solches Fahrzeug jedoch festzustecken.

Abb. 22 Heinz 1943

Vorherige Seite:

Abb. 21a, 21b
Ein Halbkettenfahrzeug verfügte über eine Vorderachse mit Lufträdern und im hinteren Teil über ein Kettenlaufwerk.

440

Abb. 23   Kurt, aufgenommen Woronzowskij Palast, Alupka, 1943

Abb. 24   Heinrichs Notizbuch 1943

Heinrich,
ca. 1944

Literatur

AVH 1924-1954, NG-Sch 1864-1954, hg. v. Altherrenvereinigung ehem. Studierender der Staatl. Ingenieurschule für Bauwesen Höxter a. d. Weser. Holzminden 1954.

Baum, Thomas: Die SPD in der Kasseler Kommunalpolitik zur Zeit der Weimarer Republik. Göttingen 1998.

Baxter, Ian: Der deutsche Panzerkrieg. 1939-1945. Klagenfurt 2010.

Bolenz, Eckhard: Vom Baubeamten zum freiberuflichen Architekten. Technische Berufe im Bauwesen (Preußen/Deutschland 1799-1931) Frankfurt a. M. u. a. 1991.

Brinitzer, Carl: Hier spricht London. Von einem der dabei war. Hamburg 1969.

Busch, Norbert: Katholische Frömmigkeit und Moderne. Die Sozial- und Mentalitätsgeschichte des Herz-Jesu-Kultes in Deutschland zwischen Kulturkampf und Erstem Weltkrieg. Gütersloh 1997.

Chmella, Benno: Die Sanierung der Desenbergruine. In: Jahrbuch Kreis Höxter. 1991, S. 23-28.

Clark, Christopher: Die Schlafwandler. Wie Europa in den Ersten Weltkrieg zog. 16. Aufl. München 2014.

„Daseburg, das Dorf am Desenberg." Dokumentation zur Ausstellung im Museum im „Stern" in Warburg vom 26. Mai-07. Juli 2002. Warburg 2002.

Dettmar, Werner: Die Zerstörung Kassels im Oktober 1943. Eine Dokumentation. Fuldabrück 1983.

Dietz, Burkhard; Fessner, Michael; Maier, Helmut: Der „Kulturwert der Technik" als Argument der Technischen Intelligenz für sozialen Aufstieg und Anerkennung. In: Dies. (Hrsg.): Technische Intelligenz und „Kulturfaktor Technik". Kulturvorstellungen von Technikern und Ingenieuren zwischen Kaiserreich und früher Bundesrepublik Deutschland. Münster u. a. 1996, S. 1-32.

Drolshagen, Ebba D.: Der freundliche Feind. Wehrmachtssoldaten im besetzten Europa. Augsburg 2009.

Falter, Jürgen W.: Hitlers Wähler. München 1991.

Fischer, Heinrich; Quick, Fritz; Marré, Wilhelm: Chroniken der Stadt Warburg, hg. v. Strümper, Walter. Warburg [ca. 2002].

Fleckner, Johannes: Pater August Müller. In: Zeugen für Christus. Das deutsche Martyrologium des 20. Jahrhunderts, hg. v. Moll, Helmut im Auftrag der Deutschen Bischofskonferenz, 7. Aufl. Paderborn 2019, Bd. 2, S. 1640-41.

Friedrich, Jörg: Der Brand. Deutschland im Bombenkrieg 1940-1945. Hamburg 2006/2007 (1. Aufl. Berlin 2002).

Frieser, Karl-Heinz: Die Schlacht im Kursker Bogen. In: Das Deutsche Reich und der Zweite Weltkrieg, hg. vom Militärgeschichtlichen Forschungsamt. München 2007, Bd. 8 (Teil 2, I u. IV), S. 83-103 u. 173-208.

Frieser, Karl-Heinz: Der Rückzug der Heeresgruppe Mitte nach Weißrussland bis Frühjahr 1944. In: Das Deutsche Reich und der Zweite Weltkrieg, hg. vom Militärgeschichtlichen Forschungsamt. München 2007, Bd. 8 (Teil 4, II), S. 297-338.

Frieser, Karl-Heinz: Die Rückzugsoperationen der Heeresgruppe Süd in der Ukraine. In: Das Deutsche Reich und der Zweite Weltkrieg, hg. vom Militärgeschichtlichen Forschungsamt. München 2007, Bd. 8 (Teil 4, III), S. 339-490.

Frieser, Karl-Heinz: Die Rückzugskämpfe der Heeresgruppe Nord bis Kurland. In: Das Deutsche Reich und der Zweite Weltkrieg, hg. vom Militärgeschichtlichen Forschungsamt. München 2007, Bd. 8 (Teil 5, IV), S. 623-678.

Frießner, Hans: Verratene Schlachten. Die Tragödie der deutschen Wehrmacht in Rumänien und Ungarn. Hamburg 1956.

Fritzsche, Peter: Wie aus Deutschen Nazis wurden. 2. Aufl. München 2002.

Führer, Karl Christian: Mieter, Hausbesitzer, Staat und Wohnungsmarkt. Wohnungsmangel und Wohnungszwangswirtschaft in Deutschland 1914-1960. Stuttgart 1995.

Gerber, Stefan: Der Primat der Seelsorge als politische Offensive. Joseph Damian Schmitt 1858-1939 und Johannes Baptist Dietz 1879-1959 in der NS-Zeit – Bischöfe von Fulda 1907-1939 und 1939-1958. In: Zumholz, Maria Anna; Hirschfeld, Michael (Hrsg.): Zwischen Seelsorge und Politik. Katholische Bischöfe in der NS-Zeit. Münster 2018, S. 345-379.

Gessner, Dieter: Agrarverbände in der Weimarer Republik. Wirtschaftliche und soziale Voraussetzungen agrarkonservativer Politik vor 1933. Düsseldorf 1976.

Gottwaldt, Alfred B.: Deutsche Eisenbahnen im Zweiten Weltkrieg. Rüstung, Krieg und Eisenbahn (1939-1945). Stuttgart 1983.

Grüttner, Michael: Brandstifter und Biedermänner. Deutschland 1933-1939. Bonn 2015 (bpb: Bundeszentrale für politische Bildung, Bd. 1651).

Haffner, Sebastian: Von Bismarck zu Hitler. Ein Rückblick. München 2009.

Haffner, Sebastian: Geschichte eines Deutschen. Die Erinnerungen 1914-1933. 8. Aufl. Stuttgart München 2001.

Hengst, Karl (Hrsg.): Historisches Handbuch der jüdischen Gemeinschaften in Westfalen und Lippe. Die Ortsgemeinschaften und Territorien im heutigen Regierungsbezirk Detmold. Münster 2008 (Veröffentlichungen der historischen Kommission für Westfalen. Neue Folge 10).

Herwig, Holger H.: The Marne, 1914. The Opening of World War I and the Battle That Changed the World. New York 2009.

Hirschfeld, Gerhard; Krumeich, Gerd: Deutschland im Ersten Weltkrieg. Frankfurt a. M. 2013.

Hochschild, Adam: Der große Krieg. Der Untergang des alten Europa im Ersten Weltkrieg 1914-1918. Stuttgart 2013 (1. Aufl. New York 2011).

Holscher, Max: Geheimer Raum am Tunnel. Ein Kasseler, der als Schüler im Bunker Dienst leistete, berichtet von Gemälden. In: HNA, 28.02.2014.

Horne, John; Kramer, Alan: Deutsche Kriegsgreuel 1914. Die umstrittene Wahrheit. Hamburg 2004.

Janz, Oliver: Der Große Krieg. Frankfurt a. M. 2013.

Jarausch, Konrad H.: Deutsche Studenten. 1800-1970. Frankfurt a. M. 1984.

Kammler, Jörg; Krause-Vilmar, Dietfrid: u. a. Volksgemeinschaft und Volksfeinde. Kassel 1933-1945. Eine Dokumentation. Fuldabrück 1984 (Kassel in der Zeit des Nationalsozialismus, Bd. 1).

Kasprowski, Christian: Caspar Klein 1865-1941. Der Bischof/Erzbischof von Paderborn. (1920-1941). In: Zumholz, Maria Anna; Hirschfeld, Michael (Hrsg.): Zwischen Seelsorge und Politik. Katholische Bischöfe in der NS-Zeit. Münster 2018.

Katholische Kirchengemeinde St. Marien (Hrsg.): St. Marien, gestern und morgen. Festschrift 100 Jahre Rosenkranzkirche. Kassel 2001.

Keller, Ulrich: Schuldfragen. Belgischer Untergrundkrieg und deutsche Vergeltung im August 1914. Paderborn 2017.

Kellner, Alfred: „Alle zwei Minuten kam ein Auto." In: St. Marien, gestern und morgen. Festschrift 100 Jahre Rosenkranzkirche, hg. v. Katholische Kirchengemeinde St. Marien. Kassel 2001.

Kershaw, Ian: Das Ende. Kampf bis in den Untergang. NS-Deutschland 1944/45. 2. Aufl. München 2011 (1. Aufl. London 2011).

Kissel, Hans: Die Katastrophe in Rumänien 1944. Darmstadt 1964 (Beiträge zur Wehrforschung, 5, 6).

Klant, Michael: Die Universität in der Karikatur. Böse Bilder aus der kuriosen Geschichte der Hochschulen. Hannover 1984.

Klaube, Frank-Roland: Kassel, Chronik der Stadt Kassel. 2500 Ereignisse in Wort und Bild. Gudensberg-Gleichen 2002.

Klein, Thomas (Hrsg.): Die Lageberichte der Geheimen Staatspolizei über die Provinz Hessen-Nassau 1933–1936. Teilband I: A und B. / Teilband II: C. Köln, Wien 1986 (Veröffentlichungen aus den Archiven Preußischer Kulturbesitz, Bd. 22, I / 22, II).

Kösters, Christoph: Katholisches Milieu und Nationalsozialismus. In: Hummel, Karl-Joseph; Kißener, Michael (Hrsg.): Die Katholiken und das Dritte Reich. Kontroversen und Debatten. 2. Aufl. Paderborn u. a. 2010.

Kolb, Eberhard: Deutschland 1918–1933. Eine Geschichte der Weimarer Republik. München 2010.

Kolb, Eberhard; Schumann, Dirk: Die Weimarer Republik. 8. Aufl. München 2013 (Oldenbourg Grundriss der Geschichte, 16).

Kramer, Alan; Horne, John: Wer schießt hier aus dem Hinterhalt? In: Frankfurter Allgemeine Zeitung, Nr. 51 vom 01.03.2018.

Kruse, Wolfgang: Der Erste Weltkrieg. 2. Aufl. Darmstadt 2014.

Langnickel, Hans; Sonnen, Fritz-Rolf: Die Hacketäuer-Kaserne in Köln-Mülheim. In: Rechtsrheinisches Köln: Jahrbuch für Geschichte und Landeskunde, Bd. 12. Köln 1986.

Leonhard, Jörn: Die Büchse der Pandora. Geschichte des Ersten Weltkriegs. München 2014.

Lorenzen-Schmidt, Klaus-Joachim; Poulsen, Bjørn (Hrsg.): Bäuerliche Anschreibebücher als Quellen zur Wirtschaftsgeschichte. Neumünster 1992.

Münkler, Herfried: Der Große Krieg. Die Welt 1914 bis 1918. 2. Aufl. Berlin 2013.

Ottenjann, Helmut, Wiegelmann, Günter (Hrsg.): Alte Tage- und Anschreibebücher. Quellen zum Alltag der ländlichen Bevölkerung in Nordwesteuropa. Münster 1982.

Piekalkiewicz, Janusz: Der Erste Weltkrieg. Augsburg 1995. (1. Aufl. Düsseldorf 1988).

Piekalkiewicz, Janusz: Der Zweite Weltkrieg. Augsburg 1995. (1. Aufl. Düsseldorf 1985).

Piekalkiewicz, Janusz: Die Deutsche Reichsbahn im Zweiten Weltkrieg. 1939 bis 1945. Stuttgart 2018 (1. Aufl. 1993).

Piesczek, Uwe (Hrsg.): Truppenübungsplatz Senne. Zeitzeugen einer hundertjährigen Militärgeschichte, Chronik, Bilder, Dokumente. Paderborn (1992).

Pohl, Manfred: Von den Staatsbahnen zur Reichsbahn 1918-1924. In: Gall, Lothar; Pohl, Manfred (Hrsg.): Die Eisenbahn in Deutschland. Von den Anfängen bis zur Gegenwart. München 1999.

Raabe, Bernhard: Die Geschichte der St. Georgspfadfinder in Kassel. Kassel März 2002 (Manuskript, Archiv d. dt. Jugendbewegung, Witzenhausen).

Radkau, Joachim: Das Zeitalter der Nervosität. Deutschland zwischen Bismarck und Hitler. München, Wien 1998.

Rehm, Walter: Jassy. Schicksal einer Division oder einer Armee? Neckargemünd 1959.

Remarque, Erich Maria: Im Westen nichts Neues. 35. Aufl. Köln 2012.

Roberts, Andrew: Feuersturm. Eine Geschichte des Zweiten Weltkriegs. München 2019 (bpb: Bundeszentrale für politische Bildung, 10354).

Roerkohl, Anne: Hungerblockade und Heimatfront. Die kommunale Lebensmittelversorgung in Westfalen während des Ersten Weltkrieges. Stuttgart 1991 (Studien zur Geschichte des Alltags, 10).

Sänger, Hans: Die 79. Infanterie-Division, 1939-1945 (Eggolsheim 2004).

Schellenberger, Barbara: Katholische Jugend und Drittes Reich. Eine Geschichte des Katholischen Jungmännerverbandes 1933-1939 unter besonderer Berücksichtigung der Rheinprovinz. Mainz 1975 (Veröffentlichungen der Kommission für Zeitgeschichte, 17).

Schönherr, Klaus: Der Rückzug der Heeresgruppe A über die Krim bis Rumänien. In: Das Deutsche Reich und der Zweite Weltkrieg, hg. vom Militärgeschichtlichen Forschungsamt. München 2007, Bd. 8 (Teil 4, IV), S. 451-490.

Schönherr, Klaus: Die Rückzugskämpfe in Rumänien und Siebenbürgen im Sommer/Herbst 1944. In: Das Deutsche Reich und der Zweite Weltkrieg, hg. vom Militärgeschichtlichen Forschungsamt. München 2007, Bd. 8 (Teil 5, VI), S. 731-848.

Scholz, Dieter: „Ihr letzter Weg führte in die Börde." In: NW Neue Westfälische, 22./23.07.2017.

Schmitz, Gerold: Die Katholische Jugendbewegung. Von den Anfängen bis zu den Neuaufbrüchen. Stein am Rhein 1997.

Schulze, Friedrich; Ssymank, Paul: Das deutsche Studententum von den ältesten Zeiten bis zur Gegenwart 1931. 4. Aufl. München 1932.

Stickler, Matthias: Kollaboration oder weltanschauliche Distanz. Katholische Kirche und NS-Staat. In: Hummel, Karl-Joseph; Kißener, Michael (Hrsg.): Die Katholiken und das Dritte Reich. Kontroversen und Debatten. 2. Aufl. Paderborn u. a. 2010.

Strötz, Jürgen: Der Katholizismus im deutschen Kaiserreich 1871 bis 1918. Strukturen eines problematischen Verhältnisses zwischen Widerstand und Integration. Teil 1: Reichsgründung und Kulturkampf (1871-1890). Hamburg 2005.

Strötz, Jürgen: Der Katholizismus im deutschen Kaiserreich 1871 bis 1918. Strukturen eines problematischen Verhältnisses zwischen Widerstand und Integration. Teil 2: Wilhelminische Epoche und Erster Weltkrieg (1890-1918). Hamburg 2005.

Strotdrees, Gisbert: Höfe, Bauern, Hungerjahre. Aus der Geschichte der westfälischen Landwirtschaft 1890-1950. 3. Aufl. Münster-Hiltrup 1998.

Sturm, Reinhard: Vom Kaiserreich zur Republik 1918/19. In: Informationen zur politischen Bildung, Heft 261: Weimarer Republik, hg. v. bpb: Bundeszentrale für politische Bildung. München 2011.

Studier, Manfred: Der Corpsstudent als Idealbild der Wilhelminischen Ära. Untersuchungen zum Zeitgeist 1888-1914. Erlangen 1990.

Taylor, Frederick: Inflation. Der Untergang des Geldes in der Weimarer Republik und die Geburt eines deutschen Traumas. München 2013.

Tessin, Georg: Verbände und Truppen der deutschen Wehrmacht und Waffen-SS im Zweiten Weltkrieg 1939-45. Osnabrück 1973, 1974.

Theine, Burkhard: Westfälische Landwirtschaft in der Weimarer Republik. Ökonomische Lage, Produktionsformen und Interessenpolitik. Paderborn 1991.

Vollmann, J.: Burschicoses Wörterbuch. Graz 1969.

Waechter, Matthias: Geschichte Frankreichs im 20. Jahrhundert. München 2019.

Wegner, Bernd: Die Aporie des Krieges. In: Das Deutsche Reich und der Zweite Weltkrieg, hg. vom Militärgeschichtlichen Forschungsamt. München 2007, Bd. 8 (Teil 3, II-IV), S. 215-274.

Wildt, Michael: Volksgemeinschaft als Selbstermächtigung. Gewalt gegen Juden in der deutschen Provinz 1919 bis 1939. Hamburg 2007.

Wolf, Hubert: Papst & Teufel. Die Archive des Vatikan und das Dritte Reich. München 2012.

Zumholz, Maria Anna: Die Fuldaer Plenarkonferenz 1933-1945 im Spannungsfeld von Gesinnungsethik und Verantwortungsethik, von Seelsorge und Politik. In: Zumholz, Maria Anna; Hirschfeld, Michael (Hrsg.): Zwischen Seelsorge und Politik. Katholische Bischöfe in der NS-Zeit. Münster 2018.

Historische Tageszeitungen und Zeitschriften

Kasseler Tageblatt. Zeitung für Stadt und Land. Amtsblatt der Stadt Kassel (1919-1928), erschienen 1881-1932, vor 1926 Casseler Tageblatt.

Deutsche Bauzeitung. Jg. 15, Berlin Febr. 1904.

Hessischer Kurier, Tageszeitung für Niederhessen u. Waldeck. Paderborn: Westfälisches Volksblatt (1924-1932).

Hessischer Kurier, Tageszeitung für Niederhessen, Oberhessen u. Waldeck. Paderborn: Westfälisches Volksblatt (1933-1936).

Kasseler Neueste Nachrichten. Kassel (1940-1942), erschienen 1910-1943.

Kurhessische Landeszeitung: Gau-Organ der NSDAP, Amtsblatt der kurhessischen Behörden, Hessische Volkswacht, Kassel (1944), erschienen 1933-1945(?).

St.-Elisabeth-Blatt: religiöses Wochenblatt für die katholischen Gemeinden Kassels. Kassel 1904.

Publizierte Primärquellen

Adreß- u. Einwohnerbuch der Stadt Kassel sowie sämtlicher Ortschaften des Landkreises Kassel (Jg. 93, 1929).

Amtsblatt der Haupteisenbahndirektion Nord in Riga, Nr. 10. Riga den 18. Dezember 1941.

Delbrück, Joachim (Hrsg.): Der deutsche Krieg in Feldpostbriefen. Bd. 1: Lüttich – Namur – Antwerpen. München 1915.

Deutsches Reichsgesetzblatt. Teil 1: Deutsches Beamtengesetz 26.1.1937.

Fließ, Otto; Dittmar, Kurt: 5. Hannoversches Infanterie-Regiment Nr. 165 im Weltkriege. Oldenburg i. O./Berlin 1927.

Hein, [Max]: Das kleine Buch vom deutschen Heere. Ein Hand- und Nachschlagebuch zur Belehrung über die deutsche Kriegsmacht. Kiel u. Leipzig 1901.

„Merkblatt für den Eintritt als Freiwilliger in das Heer", hg. v. Reichskriegsministerium, Oberkommando des Heeres, Ausgabe August 1937.

Kurze Gebete für den christl. Soldaten im Felde. Verlag der Mariannhiller Mission in Köln o. J.

Leitzen, Hans (Hrsg.): Der große Krieg 1914 in Feldpostbriefen. Wolfenbüttel 1914.

Von Oertzen: Geschichte des 1. Westfälischen Husaren-Regiments Nr. 8 und des Reserve-Husaren-Regiments Nr. 5 sowie der übrigen Kriegsformationen auf Grund von Darstellungen. Paderborn 1939.

Rinck von Baldenstein u. a.: Das Infanterie-Regiment Freiherr von Sparr (3. Westfälisches) Nr. 16 im Weltkriege 1914/1918. Berlin 1927 (Erinnerungsblätter deutscher Regimenter 208, 16).

Schulz, [Walter] (Hrsg.): Infanterie-Regiment Graf Bülow von Dennewitz (6. Westfälisches) Nr. 55 im Weltkriege. Detmold 1928.

Seestern [Pseud. f. Ferdinand Grautoff]: Unter der Kaiserstandarte. Leipzig 1910.

(Taschenkalender 1936), „Anno Domini 1936". (Hrsg.): Katholischer Jungmännerverband Deutschlands. Leipzig o. J.

(Taschenkalender 1937), „Jahr des Herrn 1937". (Hrsg.): Katholischer Jungmännerverband Deutschlands. Düsseldorf o. J.

(Taschenkalender 1938), „Jahr des Herrn 1938", hg. v. Steiner, Albert. Düsseldorf o. J.

Troilo, Hans v.: Das 5. Westfälische Infanterie-Regiment Nr. 53 im Weltkriege 1914-1919. Berlin 1924.

Völker, Christoph: Der Kreis Höxter. In: Ders. (Hrsg.): Heimatbuch des Kreises Höxter, 1. Bd. 2. Aufl. Paderborn (1925).

Volquardts, G.: Feldmessen und Nivellieren. Leitfaden für den Unterricht an Baugewerkschulen, 3. Aufl. Leipzig, Berlin 1913.